My Wars Are Laid Away in Books

The Life of Emily Dickinson

我的战争都埋在诗里

艾米莉·狄金森传

My Wars Are Laid Away in Books

The Life of Emily Dickinson

［美］阿尔弗雷德·哈贝格　著

王柏华　曾轶峰　胡秋冉　译

中信出版集团 | 北京

图书在版编目（CIP）数据

我的战争都埋在诗里：艾米莉·狄金森传 /（美）
阿尔弗雷德·哈贝格著；王柏华，曾轶峰，胡秋冉译
. -- 北京：中信出版社，2024.2
书名原文：My Wars Are Laid Away in Books：The
Life of Emily Dickinson
ISBN 978-7-5217-5636-4

I. ①我… II. ①阿… ②王… ③曾… ④胡… III.
①狄金森（Dickinson, Emily Elizabeth 1830-1886）—传
记 IV. ① K837.125.6

中国国家版本馆 CIP 数据核字（2023）第 078689 号

我的战争都埋在诗里：艾米莉·狄金森传
著者： ［美］阿尔弗雷德·哈贝格
译者： 王柏华 曾轶峰 胡秋冉
出版发行：中信出版集团股份有限公司
　　　　　（北京市朝阳区东三环北路 27 号嘉铭中心 邮编 100020）
承印者： 北京盛通印刷股份有限公司

开本：880mm×1230mm 1/32 印张：23.75 字数：600 千字
版次：2024 年 2 月第 1 版 印次：2024 年 2 月第 1 次印刷
京权图字：01-2023-5504 书号：ISBN 978-7-5217-5636-4
定价：118.00 元

中译本序

　　早熟而难以取悦的艾米莉·狄金森成长于一个老式的舒适的大宅子里。她从小跟哥哥和妹妹还有许多朋友们亲密无间，可是到了 20 多岁以后，她的交往圈子渐渐缩小，以至从那个学院小城的社交礼仪世界里退隐了。在家人的劝说下，她离家旅行过几次，其间仍不断给家人和朋友写信，除此之外，她便一直安全地躲入家宅，在这个避风港里观察周边的世界并精心加工她独一无二的诗歌艺术。

　　这位新英格兰人在世时深居简出，如今她的诗歌却不胫而走，传遍全球，被翻译成几十个语种，她今日的声名已不亚于美国 19 世纪的另一位伟大诗人沃尔特·惠特曼，而惠特曼所代表的趣味刚好是狄金森所反感的。"把锁头从房门上卸下来！"惠特曼在《自我之歌》中宣告，就如同宣布了谦逊、得体、压抑和隐私的终结。"干脆把门从墙壁上卸下来！"

　　狄金森的世界则离不开有形和无形的门、墙壁以及各种栅栏，以保护她的隐私。惠特曼为纽约城开放的公路和随意偶然的现代性喝彩，狄金森则惧怕敞开。她不但避开不必要的接触，而且拒绝发表作品。有客人来访，她避之唯恐不及。浮光掠影者想当然地认为，闭门谢客必定会损耗她的创造力，殊不知这反倒滋养了她的创造力。对于狄金森的诗歌天赋和艺术追求来说，躲开世人反而是一个必不可少的条件。

I

这个留下了近两千首诗作的奇特女人究竟有怎样的一生？生活中发生的种种事件、她不同寻常的个性以及她遇到的麻烦、挫折、失望和冲突，如何走进了她的艺术世界？它们真的走进了她的艺术世界吗？狄金森的读者总是一而再地提出这样的问题。这样的问题显得有些粗浅，而且未免过于打探，势必侵犯诗人一向珍藏的隐私，更不用说威胁到生活和艺术的界限。不过，这也无妨，这些问题是难免的也是合理的。对于她欣赏的女性作家，比如艾米莉·勃朗特和乔治·艾略特，诗人本人也曾渴望多多了解她们的私人信息。她不但特别留心阅读她们的早期传记，而且还获得了一些深入的、令人满意的洞见。她读了勃朗特的传记，给一个朋友写信说："自《简·爱》以来，没有哪本书让读者如此震惊，像触电一般……如此奇异的力量。"

对于传记作家所展现的狄金森的奇异力量，我本人总觉得不太满意：若读起来像触电一般令人震惊，细查之后则发现，多出自主观臆断，不够信实；若出自信实的材料，则读起来死气沉沉。1994 年我刚刚完成了首部传记（关于老亨利·詹姆斯），便决意尝试写我自己的狄金森传记。当时我是堪萨斯大学的英语系教授，承担着各项日常教学任务。我希望完成一部信实、全面、深入的诗人生平传记，一方面考察现有资源，一方面不遗余力地挖掘新的材料，而且我很有把握地认为我一定能找到一些新材料。我意识到完成这个项目至少需要五年的努力，而且必须专心一意、不受干扰，只要仍在大学里任职，我就永远不可能安心从事这项工作。

我和妻子在俄勒冈州人烟稀少的地带拥有一块土地，我们那几年正利用暑假在那里修建一个小木屋，当时尚未完工，也没有接通电力（最近的电网在一公里以外），不过，电话已经有了，其他方面也基本上能满足我们的日常需要了，何况我们向来生活节俭。于是，我辞去了教职，卖掉了房子，同妻子来到西部，开始了我们的新生活。

我妻子一直渴望移居于此，我也是，这样我就能全身心地投入狄金森传记的写作了。不过，与此同时我也未免忧心忡忡，因为新环境也丧失了不少便利：与大学同事和学生的面谈，近在手边的大学图书馆，随时可以利用的网络。妻子主动提出帮我查找资料，可我还是担心，在相对孤立的条件下工作，且不依靠任何机构的支持，我有能力完成这个雄心勃勃的计划吗？

这是一个巨大的赌注，回头看，最后的结果比我当初所期望的还要好。一个离家90英里之外的州立图书馆允许我使用那里的资源。一个农夫租给我一间有电网覆盖的空房子，这就成了办公室，我每天在这里打开文字处理器。不过，在动笔之前，我有几百个问题要咨询各种图书馆的特藏中心和资料中心，我把它们打印出来，并邮寄出去。当时，人们开始普遍使用电子邮件通信，有几家图书馆无可非议地表示用老式的邮件来回复未免太麻烦。于是我及时地认识到，最好在信封里附上一个贴好了邮票、写好了地址的信封，以方便人们给我回信。

当然，若考虑到另外两个事实，这些难处可谓不值一提。第一个事实简直再好不过：我可以全身心地、自由地投入工作，再也没有什么理由或借口来拖延时间了。我可以随时根据需要飞到新英格兰，去阿默斯特学院或哈佛、耶鲁以及布朗大学，探寻丰富的狄金森藏品。若有什么手稿保存在其他机构，我也可以随时出发前去查考。那位狄金森资料的伟大发现者杰伊·莱达在20世纪50年代所发掘的档案，我也可以去探访了。更重要的是，我可以自由地根据我自己发现的线索和思路去追踪考察，特别是狄金森的学者们从未想到过的地方，比如教会保存的资料，它们揭示了诗人早年遭受到强大的宗教压力；又如政府档案揭示了她父亲的法律和财务运作情况；再如税务和破产记录揭示了发生在诺克罗斯亲属中间的几件严重的、令人窘迫的财务案件，而诗人与这几位亲属交往密切。另一个事实则艰难无比、费时费力：我需要一卷一卷地翻检报纸的微缩胶片，它们几乎全都没有经过数字化处理。

如今回望这一切，我有时会禁不住自问：我当初放弃教职最为迫切或者说最为强烈的"心理驱动"是否就是为了这个唯一的最好的理由——获得工作自由？我放弃了稳定的大学工作，是否就是为了做好准备（而不知道是否准备好了）去面对并尽可能理解一个独特的自主的人？移居到偏远的俄勒冈"失落的草原"，我是否就是为了把自己安顿在那里，以便能够同情式地理解一种从容选择的终其一生的隐居状态？

我只能用一个确切而清醒的"不是"来回答以上问题。我少年时代所接受（长大后不再相信）的宗教信条，有助于我理解狄金森本人在 19 世纪 40 年代美国西部马萨诸塞州的福音派传统中的成长经历，对此我不觉得有什么可大惊小怪的；可是，我无法声称自己跟她有任何特殊的个人的同情或契合，而且我也要劝告读者警惕那些传记作家的夸张之辞：诸如强烈的情感契合、靠直觉的飞跃顷刻间化解难解之谜之类。每个传记作家都与他／她的传主迥然有别。没有谁卸掉了狄金森房门上的锁或从墙上拆除了她的门。秘密的核心绝没有被解开，哈姆莱特就曾这样骄傲地对自己说，他当时斥退了那两个被派来探秘的大学朋友。

撰写《我的战争都埋在诗里》，我的目标无非是把我们所能知道的关于狄金森的一生写出来，特别是她的生活和作品之间的裂缝。如果说本书确实让读者进一步看清了那个裂缝，皆得益于我的职业生涯和训练：一方面来自于我作为 19 世纪美国文学的读者和教师的心得体会，一方面来自于我之前在传记创作中的辛勤耕耘。当然也来自于我个人的付出：时间的赐予，以及我获得了一个尽我所能去工作的机会。

十年之后，《我的战争都埋在诗里：艾米莉·狄金森传》中译修订版的出版为译者和我本人提供了一个机会，以纠正第一版所犯的不经意的失误。这里，我想特别指出的是，关于诗人的嫂子苏珊·吉尔伯特·狄金森在

1861 年短期雇佣的保姆阿比·肖，我的描述有所修正。阿比确实是奴隶出身，在南方的女主人听来，她的非洲名字听起来就像阿布（Abo、Abbo 或 Aboo）。但当她受雇为苏珊的孩子做保姆时，她并不是印第安果园的居民，印第安果园是春田镇郊区的一个产业工人阶级聚集区。根据人口普查报告和包含肖的来往信件及相关信件的私人档案显示，她当时与已故女儿的丈夫（理发师）和他们的孩子住在春田镇。她在北方的生活既不边缘也不贫困。

我们已有现代搜索引擎助力，不再需要向读者逐一列举与狄金森有关的网站。但仍有一个资源我必须提请读者注意，那就是克丽斯丹娜·米勒和多姆纳尔·米切尔新近编辑的诗人书信集，将于 2024 年由哈佛大学出版社发行。这部杰出的新版书信集将在文本的准确性、完整性和纪年方面树立一个新的标准。在此之前，我们有玛贝尔·卢米斯·托德于 1894 年编订的两卷本书信集和托马斯·H. 约翰逊和西奥多拉·沃德于 1958 年编订的三卷本书信集。新版书信集是一个高峰，但它并不能完全取代 1958 年的版本，因为 1958 年版采用了三卷本，可以容纳丰富的辅助文本。哈佛大学出版社为新版选择了单卷本，这大大限制了注释的范围，因此，仍建议读者参阅约翰逊对大量典故和书信段落的有益评论。

最后，我希望向本书的译者表达我的谢意，感谢她彬彬有礼的来信和不辞辛苦的工作，让我有机会跨越语言和地理的障碍跟中文读者交流。能够以这样的方式跟你们说话，对我来说是一个新鲜而动人的体验。这里，谨向中国读者献上我诚挚而美好的祝愿。

阿尔弗雷德·哈贝格
写于俄勒冈州失落的草原
首版于 2013 年 4 月
修订于 2023 年 12 月

前　言

　　任何一位伟大作家若远离了根深蒂固的习俗，必定被后人神化。在这方面，艾米莉·狄金森尤甚。她的隐居生活、原创性思考，以及对印行其作品的不情愿态度，恰好留下了信息缺口，使她越发成为一个传奇。但我们实无必要勉强接受那些被充作真相的简化形象，包括不可避免的神秘形象。尽管存在这些空白，我们仍有足够的材料为她的一生提供可靠的记录，包括那些塑造了她的艺术与思想之内在动态的条件。

　　至于本书的缘起——我觉得时机现已成熟，需要有人来评估关于狄金森的新近发现和论述，全面评述目前已知的原始材料，并寻找新线索。理查德·休厄尔[1]当年曾在狄金森庞杂的故纸堆中爬梳整理，而事隔 20 年之后的 1994 年，我诧异地发现，在狄金森实属不多的传记作者中，休厄尔仍是最好的一位，正是这一现状激发了我的工作热情。在那之后，女性主义变革催生了一些新鲜的洞见、推测和视野，其中不乏令人拍案叫绝之作。

1　理查德·休厄尔所著《艾米莉·狄金森传》（*The Life of Emily Dickinson*，Harvard University Press）首次出版于 1974 年，被公认为当时最完整、最权威的狄金森传记。——译注（如无特殊说明均为译注）

彼时，富兰克林也即将编辑完成狄金森诗集的一个新版本[1]，加之一些"理论"方法和零散独立的发现，皆为进入她的生活和作品开辟了新路径。然而，我读得越多，教得越多，再掂量各家的意见，就越发觉得她奋斗的一生和她的才华，还是没有被完整地讲出来。

理解狄金森的思想和方法是多种多样的，其中有两种思路特别突出。一种思路是将她视为一个先锋：她孤立地工作，先于其时代 50 年发展出断裂的思想和语言，这些成为后来的高度现代主义（high modernism）的典型特征。按照这个现代主义的视角，狄金森不可以被归入"古怪"之列，或解释为新英格兰清教主义的产物，值得重视的是她的创作，而不是她这个人。另一种更为新近的思路则将狄金森视为那个时代的女性，即一位美国的维多利亚人，与女性网络有亲密接触，与女作家们热情呼应。这种思路建基于卡罗尔·史密斯－罗森堡于 1975 年发表的开创性文章《爱与仪式的女性世界》（*The Female World of Love and Ritual*），以及发掘出的大量专业历史文献；该思路恰当地强调狄金森有不少朋友，她常常给他们寄送书札与诗作。

这两种思路都不无道理，但彼此对立，无法调和，而且二者都在某种程度上扭曲了关于狄金森的历史真相，其不足之处将在本书里陆续呈现。事实上，预先将这位独一无二的作家归入任何一边都是可疑的，无论是归

1　这里指拉尔夫·W. 富兰克林 20 世纪末出版的狄金森诗集。此前，托马斯·H. 约翰逊于 1955 年首次编辑出版了三卷本《艾米莉·狄金森诗集》（*The Poems of Emily Dickinson*），共收录狄金森诗歌 1775 首，包括当时已知的各种手稿中的异文，因此又称为"异文汇编本"，为狄金森学界提供了最完整的研究底本。1981 年，富兰克林编辑出版两卷本《艾米莉·狄金森手稿册：影印本》（*Manuscript Books of Emily Dickinson: A Facsimile Edition*），以影印图片呈现手稿原貌，收入诗人手工缝制的手稿册或"诗笺"（Fascicles）40 册和未缝制成册的"分组诗稿"（Sets）15 组，共计 1147 首。1998 年，富兰克林又编辑出版了一套三卷本《艾米莉·狄金森诗集：异文汇编本》（*The Poems of Emily Dickinson: Variorum Edition*），共收录诗歌 1789 首以及当时已知的各种手稿中的异文，为读者提供了更为完整可靠的研究底本，而且，富兰克林以他重新考订的系年顺序为狄金森诗歌做了新的编号。随后，富兰克林又为大众读者出版了一部一卷本《艾米莉·狄金森诗集：阅读版》（*The Poems of Emily Dickinson: Reading Edition*）。以上作品皆由哈佛大学出版社出版。在富兰克林编订的诗集出版之前，学界皆采用约翰逊编号（缩写为 J），近年来则多使用富兰克林编号（缩写为 Fr）。本传所引诗歌编号皆为富兰克林编号。

入当时的闺中密友交际圈，还是归入未来的超然独立的现代派。

更明智的做法似乎是，我们应当从始至终认清，是什么造就了狄金森的与众不同之处——她的天才，她恒久不灭的热情，她对公众生活的逃避，她对公开出版的不以为然。狄金森身后留下近 1800 首诗歌，若是换成大多数作家，我们当然会认为，作者寄希望于人们的阅读和理解。可是不论狄金森最后作何打算，她的大量诗作并未跟友人交流过，这一事实警告我们：不可臆测。乔治·斯坦纳对保罗·策兰[1]的一首诗发表过一个评语，这个评语可以更贴切地适用于狄金森的大部分诗作："在某些层面上，（此诗）根本不指望我们理解，而我们的阐释（即我们的阅读本身）就是一种侵扰。"

我们对狄金森的阅读就是一种侵扰，一直以来，这一不言而喻的认识是构成她的吸引力的部分原因。不同层次的读者都以极大的热情回应她，其中一个原因在于，读者觉得对她的生活和性格已然有所了解，然后就带着这些印象去读她的作品。一次又一次，读者感到，尽管她的作品难以索解，而她本人又离他们如此遥远，可他们还是一门心思地想要了解她。他们感受到了心跳，他们觉得那些词语都是原始的、直觉的，似乎从生命中直直逼来。不幸的是，这种阅读方法大体说来都是错误的，我们若幻想着可以调焦，可以放大她的生活图景，看透她的秘密本质，就更是大错特错了。关于狄金森的一个悖论是，她一边邀请你，一边又躲闪着不让你跟她亲密——她将"无可奉告"做到了极致。这究竟是什么原因呢？这正是本书试图追索的一个方面。

完成了詹姆斯一家[2]之后，我开始着手狄金森传记的写作。在关于这位诗

---

1 保罗·策兰（1920—1970），德语犹太诗人，生于泽诺维奇（原属奥匈帝国，今属乌克兰）。父母死于纳粹集中营，策兰历尽磨难，战后流亡巴黎，以《死亡赋格》（*Todesfuge*，1945 年）等诗作震撼诗坛，后期诗歌更加沉重、隐晦。1970 年投河自尽。

2 本书作者于 1994 年出版了《父亲：老亨利·詹姆斯传》（*The Father: A Life of Henry James, Sr.*）。这部传记描写了父亲亨利·詹姆斯的一生及其对子女的影响，三位子女包括哲学家和心理学家威廉，小说家亨利和日记作家爱丽丝。

人的大量批评分析中存在着一种假设，令我颇为吃惊。对于其他作家，比如查尔斯·狄更斯、乔治·艾略特、亨利·詹姆斯、詹姆斯·乔伊斯或 T.S. 艾略特，批评者都理所当然地认定，无论一个人的生活多么复杂，都有某种形状或曲线，而我们一旦了解一件特定作品是建基于曲线的哪一个点上，就可以更好地理解这个作品。换言之，写作随着时间的推移而有所发展，这种标示方向的趋势最终成为一幅地图，读者可以按图索骥。但对于狄金森却不然，人们常常认为这里没有地图、方向或发展——她的艺术是静止的，要理解她的艺术，我们不必了解她的人生阶段、手稿顺序、大小语境。狄金森的批评家们习惯性地在其 60 年代初期、70 年代和 80 年代的作品之间来回穿梭，仿佛事先就排除了一件件特定作品跟她写作时所处的位置点的关联，也排除了这个和那个位置点之间的关联。这位作家又似乎鬼使神差，不能从自身经历中累积经验，以至于她一生的写作都缺乏某种牵引力。前些年，一位颇有影响力的狄金森批评家戴维·波特分析了作为现代派的狄金森就是基于这样的观点："到目前为止，写作年表尚无法确立"，"在 20 多年的写作中，她的艺术没有变化"。

众所周知且无可置疑，狄金森一生只用同样的几种诗歌形式写作。她的诗听起来很"狄金森"，以至于读者们很容易被麻痹。但是，她生前缝制的手稿册、散页的抄本和草稿，以及寄赠出去的诗歌，其创作时间虽精确程度不等但已基本确定，因此我们完全可以根据一个粗略的年代顺序来追踪她的轨迹。读者觉得她的创作没有什么发展变化，这种感觉与其说出自她的全部作品所呈现的形态，不如说出自我们阅读时所遇到的困难。姑且不论她的某些作品天生晦涩，首先我们就遇到了两个实际问题：编辑和传记。她的创作既不标注时间，也不为出版而写，相反，她只将一小部分诗作托付给密友，而大部分自己留存，这样我们就不知该怎样组织、怎样排印。传记的问题同样令人生畏：她的许多信件没有注明日期；写给几位关键通信人的信件已被销毁或被篡改；她收到的信件也遗失殆尽，因而她的某些回复我们几乎不能释读，也无法对一些人物关系做出评价。她的隐居所引发的后果也无据可查。任何人若想忠实地叙述她的一生，尤其是特定阶段的经历，应该从一开始就承认这些难处。

不过，还是留下了一部分确切日期，可以推断出大致情状。本传的一个前提是，在理解艾米莉·狄金森的过程中，年表至关重要——不仅她的生活随着时间的推移而变化，她的作品也常常反映出人生不同阶段的状态。她的诗歌表现出一种显著而生动的演变。发展，是根本的一点：我们一次又一次地读她，需要思考离她最近的历史，以及这段历史如何塑造了她不久的未来。尽管诗歌不是日记，却仍带有许多当下经验的痕迹。她的诗歌差不多都和日记保持一定距离，但我们若错失二者的联系，也就可能错失其意义。

要理解狄金森的人际关系，特别是她与那些诗歌接收者之间的联系，传记必须完成两项不同的任务。其一，广泛调查档案，除了她本人以外，还要获取关于她的朋友们的历史事实；其二，探究她从这段友谊中明显期待的是什么，在这方面，她少女时代的信札提供了不可或缺的线索。唯有做到这两点，才可能领会她和他人之间的距离，她是如何用书信和诗歌架起桥梁，又是如何精心打造出那种特别的写作口吻，让我们感觉如此直接，且被深深吸引。我们唯有从最初，或者更确切地说，从她的父母以及他们的父母之初，一步一步地追踪，才能理解她在各个阶段的挣扎与成就。

以亲友为依据将狄金森打包分类，如今已成为一个惯例。1894 年，玛贝尔·卢米斯·托德[1]出版了具有开拓意义的书信集，她为书信分门别类时，

---

[1] 玛贝尔·卢米斯·托德（1856—1932）是阿默斯特学院天文学教授戴维·托德（David Todd，1855—1939）的年轻妻子，1881 年随丈夫迁居阿默斯特，后来成为艾米莉·狄金森的哥哥奥斯汀·狄金森的情妇。在诗人去世后的十年内，她编辑了狄金森的第一批诗集（共三部诗集，大约 550 多首诗作）以及第一部书信集（两卷本）。

为每个通信人专设一章或一节。尽管托德在编排时也遵循了先后顺序，但尺素之间终究无法呈现诗人一生的连贯写照。80年后，休厄尔撰写了两卷本狄金森传记（他幸运地接触到托德的女儿米莉森特·托德·宾厄姆[1]拥有的内部资料），同样遵循了这一组织原则，把整整一个章节都留给一个家人或朋友。25年来，休厄尔这部两卷本传记所设立的标准长盛不衰，它的一个长处是，审慎地调查了大量传说和谜团。然而，它们将诗人的一生仅仅呈现为一种彼此分散的人物关系和信件的混合，而未能勾勒出她的人生和作品的基本脉络。埃伦·露易丝·哈特和玛莎·内尔·史密斯合编了一本书《小心地打开我》（*Open Me Carefully*），这是狄金森致其嫂子（亦密友）苏珊·吉尔伯特·狄金森的书信选集，该书也沿用了类似的思路，试图透过单一镜头窥探狄金森。此外，还有大批印刷的和电子媒介的制品也采用了同样的组织方式。

如果说传记是这样一种叙述文体——将无论多么复杂的一切都整合到一个单一生命向前延伸的编织物里，那么艾米莉·狄金森的传记还有许多尝试空间。我的目的是，根据我们可获取的档案资料，描述出一条隐含其中的来龙去脉；与此同时，希望给读者一个走到幕后的机会，了解这些记录在何处发生了断裂。我希望拙作对一般读者和专家都有用——不是对每一个侧面、每一位熟人和每一首诗作给予百科全书式的考察，而是对实质性的事实加以全面叙述。当然我也留意了新近的洞见和争论，以及鲜为人知或尚未开发的重要资源，如1894年狄金森书信的印刷底本[2]。对于狄金森的若干诗作，我颇有心得，然而限于篇幅，未能详述，实为憾事。

---

1 托德夫妇的女儿米莉森特·托德·宾厄姆（1880—1968）继承了母亲的工作，继续编辑狄金森的诗歌和书信，并出版了几部相关著作，提供了大量诗人的传记资料。

2 托德所抄录和编选的诗作在送到印刷厂之前，很可能出于狄金森的兄长奥斯汀的意愿，做了多处删节，留下了大量用蓝色铅笔勾画删削的痕迹。由于这些有删节的原件多数已毁，这份有污点的印刷底本对于狄金森的一部分更为私人的书信文字来说，就是唯一的资料来源了。该版本现存耶鲁大学手稿与档案图书馆，仍未发表，亦未被批评家或传记作者所用。——原注在我全职写作传记的第四个年头，刚好写到 1850 年时（狄金森现存最早的诗歌就写于那一年），富兰克林编辑的狄金森诗歌异文汇编本出版，这真是一场及时雨。虽然对于大部分诗作写作日期的认定，编者未能提供证据和理据，且谬误在所难免，但编者格外仔细地考察了原始手稿和早期抄本。总之，在约翰逊和其他人的版本基础上，富兰克林确定了较为可信的年代和诗作的接收者，他的工作成果已大大超越前人。他还纠正了一些关键性的错误，这大大简化了我的工作，至少，周边大量嘈杂的噪声顷刻间戛然而止。

不过，给我恩惠最多的是我的妻子内莉·哈贝格，没有她热切、有力、机敏的帮助，这本传记就不可能完成。春去秋来，"哈贝格夫妇"像狄金森的小鸟或蟋蟀一样，往返于各家图书馆。在图书馆里，内莉帮我展开落满灰尘的书卷档案；在点着煤油灯的书桌前，我笨拙地想把一切付诸笔端，她读后提出批评和建议，也不避取笑；在本书中，她虽沉默，但不可或缺。

文本说明

狄金森在私人的诗歌手稿中有时会列出多个可选的词语或表达，似乎并未决定采用哪一个；但若是寄给友人的诗作，她总会给出一个最终选择。大体上我也遵循这一安排，推测并选定一个她希望呈现在他人面前的诗作。如果她对某个特定的选择表示青睐，比方说加了下画线，那么我就选择该版本。有时她对某些待选诗行做了特别排版，其外观也会强烈地暗示出诗人的偏好，不过这种情况并不多见。倘若诗人未表露出任何倾向，我就依据我自己的品位和判断进行选择。此外，依照惯例，我引原文时一字不差地保留了大写字母和标点方面的特征。狄金森还常常在物主代词中插入撇号，偶尔在复数名词中也是这样，对此我都悄悄抹去了，因为这些错误与她想表达的意思毫无关联，反倒对阅读造成干扰。和富兰克林一样，我也再现了她的"连接符"，不论它们是长是短，是升是降，还是有折角，都只用一个短横线表示，前后分别留空（ – ）[1]。

凡引自约翰逊编选的《艾米莉·狄金森书信集》（缩写为 Let）的书信，皆采用字母"L"加页码的格式（如 L92，表示所引文字见于约翰逊编选的《艾米莉·狄金森书信集》第 92 页）。至于诗歌，考虑到有些读者习惯约翰逊的编号，我在附录中提供了诗歌首行索引，囊括了本书讨论的全部作品；同时，我给每一首诗作都标明了富兰克林的编号。"Fr"代表富兰克林，我采用的即是他的分类系统和顺序。

---

1 本书所引狄金森诗歌均为本书译者王柏华所译。诗歌编号统一放在中译文下方。对于有些诗作，作者注明了年代，中译本一律放在编号之后的括号里。读者若想查阅狄金森诗歌的英文原文及其手稿，可登陆狄金森手稿电子数据库：Emily Dickinson Archive（edickinson.org）。

目　录

'Twas the old - road -
through pain -
That unfrequented - One -
With many a turn - and
then -
That stops - at Heaven -

这是古老的 – 路 – 贯穿痛苦 –

'Twas the old – road – through pain –

那人迹罕至的 – 一条

That unfrequented – One

1636

第一部分
Part one

1830

第一章

阿默斯特镇与父辈

1636 年至 1638 年间，艾米莉·狄金森的父系祖辈纳撒尼尔·狄金森和安·格尔·狄金森夫妇，从英格兰林肯郡的比灵伯勒教区移居美国康涅狄格州的韦瑟斯菲尔德镇——大不列颠未经开化的前哨基地。至少有一个动机促发了这次非同寻常的搬迁：要在没有干涉的情况下坚决实践后宗教改革的激进信仰，即所谓的清教主义。那真是一个如火如荼反抗英国国教的时代。

1659 年，纳撒尼尔和安带着他们的孩子，与另外一些家庭共同北迁至马萨诸塞州，沿着诺沃塔克乡村深处肥沃的康涅狄格河谷，建立了一座村镇，命名为"哈德利"（Hadley）。纳撒尼尔在市政、教育、宗教和军事事务方面皆为领袖人物。1675 年，原住民和英国移民发生血战，纳撒尼尔的九个儿子死了三个。英格兰的清教统治终结，那些曾经把查理一世送上断头台的人纷纷逃命，落脚于这座边疆小镇，一个在正义与暴力的基础上建起的小镇。将近一个世纪后，1759 年，哈德利东部崛起了一座新的市镇阿默斯特，以杰弗里·阿默斯特勋爵的名字命名，此人曾建议用感染了天花病菌的毯子把印第安人"灭绝了事"。

到 1830 年艾米莉·狄金森出生之时，阿默斯特镇随处可见浅肤色的、以狄金森为姓氏的农民，祖先的狂热在他们身上已演化为一种奇特的固执，当地人称之为"狄金森硬"[1]。1883 年，纳撒尼尔的大批后裔在这里参与狄金森家族的团聚。聚会上，一位牧师激情朗诵了艾米莉的一个姑妈伊丽莎白·狄金森·柯里尔所作的颂歌。这首诗称他们的族长"肌肉强健，一如大脑"，并指责任何一种有悖于他们福音主义热情的行为。祖先的遗产对聚会组织者的意义可从一张相片上看出：一杆长枪立在那里，旁边是这个家族的法官、将军、官员和牧师的肖像。据说这杆枪曾"用来杀死印第安人和狼"。

尽管艾米莉·狄金森可能没有参加这场虔诚的家庭聚会，她仍是这个群体中不折不扣的一员——精明、坚韧、果敢、独立、心系天堂、与众不同。《我的生命伫立一杆上膛枪》[2]是她最引人注目的诗篇之一，诗人或至少诗中的说话人，就像一杆致命的狄金森式上膛枪，活灵活现：

> 谁也休想再动一动 —[3]
>
> 一旦我锐利的眼睛瞄准 —
>
> 或强劲的拇指一搭 —

Fr764（约 1863 年）

后来她写了一首相对易懂的诗作，提到"在那神秘莫测的／内心的战役里"（Fr1230），意指为生命而战是不可避免的。另一首《我的战争都

---

1 "硬"（grit），本义为砂砾，后引申为坚硬、坚毅、坚韧不拔等。

2 狄金森的诗歌基本上都没有标题，按惯例，皆采用首行作为标题。

3 诗行中的连接符或小短线是狄金森诗歌中常用的标点符号，出现在诗行中间或结尾，在她的手稿中长短不一，有时略微倾斜。这些小短线通常具有表意功能，用于调节诗歌节奏，表示停顿、连接、省略、跳跃等。在英文和中文里都没有这个形式的标点符号，一般采用半字线表示，占中文半字字符。

埋在诗里》（Fr1579）显然是回顾性的，约作于 1882 年，那次家庭重聚就
发生在不久之后。或胜或败，艰苦的战斗是其终生的核心隐喻。她远非虚
弱的逃避者，而是和族人一样好战。不过，她的双手从未沾染任何人的血，
她也根本不或几乎很少关心家族和地区历史，包括 1859 年她父亲在哈德
利镇建立 200 周年纪念日上的祝酒词里提到的，那个如今已布满青苔的话
题——新英格兰向所谓的旷野进军。

　　艾米莉因其性别而无法进入公共生活，她所受的教育也告诫她不要以
时代集体性的挣扎来确认自我。这样一来，她所继承的遗产就变得更加复
杂了。父亲爱德华是公众世界中一座稳固的堡垒，而她则属于私人领域。
她所在的时代不仅将居家和温柔多情的特定品质派给女性，而且极度强
调和发展这种品质。当时，多愁善感的文风在男女两性的写作中都颇为流
行。如果说艾米莉的书信和诗歌经常以精致的敏感表达极端体验，那么我
们也不要忘记，那些能量原本有可能朝其他方向喷发，却被压缩到写作之
中，始终停留于私人生活领域，即便是向密友吐露心声也是如此。

　　狄金森在内战早期写过一首诗，在荒凉而陌生之地追踪一个女人的脚
印，以总结她的生与死。她使用了一个悖论式的表达：虽然这个女人的
道路无人涉足，但它已在那里，熟悉而古老：

　　　　这是古老的－路－贯穿痛苦－
　　　　那人迹罕至的－一条

　　这两行诗把我们带回清教徒古老的寓言：生活是一条艰难而孤独的
旅程，只是这里的旅程始于痛而不是罪。说话人好像从上方观察这个女人
的轨迹，对她屏息关注：

这里－是她穿过的－村镇－

那里－她－做了最后的－休息－

然后－脚步加快－

那小小的踪迹－密集

然后－不那么急促－

慢了－慢了－步子越走－越乏－

然后－停下－再无踪迹！

脚印暗含一种拼死的努力，似乎失败了。不过故事并没有完：

等等！看！她的小书－

那一页－为爱－翻回来－

正是她的帽子－

还有磨破的鞋子恰与踪迹吻合－

Fr376

结尾，我们确信这位旅行者已转移到"明亮卧室"的床上。供她休息的地方是由女人而非天使收拾打理的，这暗示着，她激情而未知的使命——奔向旷野——在某种意义上专属于她的性别。

这首诗狄金森只寄给了母亲家那边她特别喜欢的两个亲表妹。1862年前后，她将其誊写到秘密的手稿册里。她自己的轨迹也更加"密集"了，据富兰克林统计，仅此一年她就创作了227首诗。她的书也被翻得卷角了，因为爱、痛苦和孤独，还有欢笑、冒险、新鲜、力量，不一而足。比起她笔下爱冒险的女人，狄金森的踪迹曲折幽微，充满伪装和涂抹，更难索解。这首诗是关于一个单身女人在爱的能量的驱使下走向痛苦、孤独，以至于死亡吗？有时，诗人似乎就在那条"人迹罕至"的路上。但在别的女人停滞不前的地方，她继续向前。

1850 年，后来任达特茅斯学院校长的查尔斯·哈蒙德把阿默斯特描述为"父辈的土地"，在这里，"古老的圣坛"依旧受到礼遇和敬仰。若要追踪艾米莉·狄金森通往伟大之途的步履，我们需要首先回到她祖父那里。他忠心侍奉圣坛的精神帮助艾米莉确定了一些界标，在这些界标之内，她定义自己的天界召唤并勇于付诸实践——一位艺术家出入旷野的英勇使命，全靠她自己。

刚毅与坚定的全副武装

诗人的祖父塞缪尔·福勒·狄金森在行动和思想上都体现了她的父系遗产。他提倡教育，领导社区，捍卫加尔文派（Calvinist）正统。他因参与创办阿默斯特学园[1] 而伟大，却又因过分执着而失去平衡，且不无散漫。后来证明，他因自己判断失当而误入歧途，终至穷困潦倒。

1795 年，塞缪尔毕业于达特茅斯学院拉丁文专业，之后教了一年书。他发觉这个职业总是被校董们的"突发奇想"牵着鼻子走。那时他肺部不适，皈依之后，他师从新英格兰一位激情洋溢而杰出的加尔文派牧师纳撒尼尔·埃蒙斯。通过四个月的接触，这个年轻人确信自己不适合做牧师，不过依旧尊其导师为"伟大的神学家"。的确，就塞缪尔一生强烈的内驱力来看，他似乎一直铭记着导师的"训练方案"，这项新奇的教义特别强

1　阿默斯特学园（Amherst Academy）是阿默斯特学院（Amherst College）的前身，在早期阶段，二者经常混用，后来，学园一般指中学阶段，而大学部则被称作学院。

调意志的力量及运用意志的义务。[1]

塞缪尔回到阿默斯特后，又师从本镇首席律师西米恩·斯特朗。此人在镇中心拥有不少值钱的土地。这个时期，塞缪尔在一封给大学同窗的信中写道："为了踏入这个世界，我们需要刚毅与坚定的全副武装。"这个宣言出自这套"训练方案"的一个实践者，它生动地捕捉到塞缪尔及其后代内心深处那种严阵以待的内驱力：刚毅与坚定的全副武装正是他们需要的。于此，我们第一次通过塞缪尔看到了60多年后他的孙女所默默秉承的那种渴望成就伟大的坚定意志。

但"狄金森士绅"——这是他后来的头衔（只是名誉上的）——走过头了，缘于他不知道自己天生的局限。他是阿默斯特镇的政要，却缺少作为一个团体的主心骨所应有的冷静而权威的保留姿态。据伊丽莎白·柯里尔回忆，他"只睡四个小时，读书到深夜，四点钟起床，早餐前常常步行到佩勒姆或别的镇子。去北安普敦的法庭，他总是抓起绿包就走，一走就是七英里。'我得上路了，等不及了'"。他属于那种雄心勃勃、热心公共事业的人，却由于狂热过头，往往前功尽弃。他和斯特朗法官一样，拥有阿默斯特及其周边很大一块土地的所有权，却难以如数偿还抵押借款。州选举中，他十次被选入众议院，一次进入参议院，可是在1828年的国会竞选中，因在关税问题上与自己的地区对立，他在家乡遭到三分之二总人口的反对：1968票反对，246票支持。三年后，他向地区农业协会抛出一系列意见，关乎教育、烈酒、安息日学校、民兵改革、庞大的政府开支及农业的方方面面。"他工作极其卖力，"他老年时，一个女儿如是说，"如

1　纳撒尼尔·埃蒙斯是乔纳森·爱德华兹（译者说明：1703—1758，美国神学家，宗教复兴运动的领导者，亦被誉为美国哲学思想的开拓者）的后继者，传授上帝至上及人类堕落的常规教义。但在埃蒙斯看来，堕落并非与生俱来的状态（原罪），而是一种"自发的对上帝的对抗"。在他的系统中，罪的问题不在于人类是什么，而是选择成为什么，因此人们必须训练意志以获得重生，这就是"训练方案"（Exercise Scheme）。这种美国特有的精神动力论可能在塞缪尔的成长期对他产生了影响。——原注

果不能为身边的每个人助一臂之力，他就觉得自己活不下去。"

　　1802 年 3 月 21 日，塞缪尔和附近蒙塔古镇的柳克丽霞·冈恩结婚。他们的一个女儿说，母亲不大容易"跟人熟识及建立情感联系"。这也许说明她性格孤僻，抑或不那么友好。她的书信目前能见到的寥寥无几，大多是寄给儿子爱德华（艾米莉的父亲）的，信的内容没有超出家常和实际事务的范围，近乎无礼的直率充斥于字里行间："今天我们忙着杀猪，当然要写短些。""之前试图割喉管的希克斯夫人上周跳井结束了生命，此外想不出还有什么新鲜事。"1820 年，宗教复兴的消息激起了她的希望，儿子倘若能够皈依，"那就不必悲叹'收获的季节过去了，夏天结束了，而你还没获得救赎'"。有意思的是，也正是在那一年，她自己似乎才开始加入阿默斯特第一公理会，比丈夫晚了 20 年。按照玛莎·狄金森·比安奇[1]的说法，诗人的祖母性情尖刻，发起脾气来像她易怒的孙子孙女一样。若有人摔门，三个小滑头就借口说："那不是我啊，是冈恩奶奶！"

　　塞缪尔绝不是一个冷漠、不关心孩子的家长。一个儿子发烧，"士绅"在"床边"写下这封信："我把所有时间都给了他，日日夜夜。"其他事一概不问。又一个儿子患了同样的病，这位焦虑的父亲当时急需用钱，却"几乎不能工作"。为了女儿的教育，他力劝爱德华假期从耶鲁赶回来，送妹妹们去听植物学家阿莫斯·伊顿[2]的课。他不发号施令，但补充道："我并非指挥你，而是表达我的愿望，你应当这么做。"

　　塞缪尔共生育了九个子女，到 1813 年时已生育了五个，是时候了，该扩大住房了，而且也该建立自己的公众声誉了。他在自家的原址新建了

1　玛莎·狄金森·比安奇是艾米莉·狄金森的哥哥奥斯汀的女儿，她于 1910—1930 年间编辑出版了几部狄金森诗集，并撰写了有关狄金森的回忆录等。
2　阿莫斯·伊顿（1776—1842），北美植物学家，教育家，1817 年出版《植物学词典和北部各州植物手册》（*A Botanical Dictionary and Manual of Botany for the Northern States*），多次再版，他的植物学著作和教育思想启发了诗人狄金森未来的多位老师。

一座宽敞、雄伟的房子，可以从高处俯瞰大街。狄金森家宅[1]是阿默斯特镇的第一座砖房，为联邦式四坡顶对称结构，上下两层，每层四个大房间。诗人生于斯长于斯，她九岁以前及人生的最后30年都是在这里度过的；这栋房子此后又经历过多次扩建和装修，成年后她把这一切视为理所当然。装修大约很早之前就开始了：一间一层的木制"办公室"（现已不存）曾连着西墙，1821年一个女儿写道："整个星期，爸爸雇了十个人装修他的房子。"一年半后，她得意地向哥哥爱德华报告："我们给前面靠西的房间挂了窗帘，两三个星期之后我们的帘子就有望全都挂好了，那时候你回家恐怕都认不出我们的房子啦。"人称代词从"他"变为"我们"显得意味深长。看来，狄金森家当初的日常起居相当随性，这与家宅后来所显示的庄严气氛大为不同。

1817年，早在"士绅"因捐助阿默斯特学园而耗掉了自家的房产之前，他已将这所房子抵押，获得了2500美元贷款（大约相当于现在的75000美元），这也将成为他一辈子都无法解脱的负担。这个家庭拥有高远的理想和雄心、光辉而轻率的慷慨、每况愈下的财务状况及一系列绝望的权宜之计，最后以灾难告终。正是这样的家庭塑造了诗人的父亲。地位虽高但缺少相应的安全和尊严，这种生活会是什么滋味，爱德华·狄金森亲自品尝过，因此，未来成家之后，他将尽心竭力地为自己的家庭提供最周全的保护，特别是对妻子和长女。

---

1 "家宅"（Homestead）指一个家庭既有的住宅区域，包括房屋、外围建筑及土地。本书后文所使用的"家宅"特指狄金森家宅。

击退逆流

在塞缪尔生活的年代，令加尔文教派最感惊慌的事就是唯一神论[1]的盛行。正统教义认为，人类的堕落是不容置疑的，须经神启的新生方得救赎，而唯一神论把更大的空间留给人性之善。加尔文宗认为真正的宗教必含恐惧和超自然的暴力元素，而唯一神论代表宁静，提倡一种理性的生活美德，他们将基督视为模仿的榜样而非神圣的救世主。19世纪20至30年代，新教内部这些不同观点之间的纷争愈演愈烈，这导致了会众内部的分裂、教会财产诉讼以及普遍的社会分野。

正统派认为唯一神论背叛了开创者，不过这并非造成精神领域冲突的唯一因素。独立战争刺激了世俗主义的发展，作为宗教和政治联合体的城镇系统遭到侵蚀，西部不信教和缺乏教育的人口大量增加，联邦党[2]在国家政治中式微。这些新近的变化激起了保守派的广泛回应，掀起了一场运动，通常被称作第二次宗教大奋兴运动[3]。

这一场波及诗人成长岁月的运动轰轰烈烈，一次又一次的宗教复兴会成为会众生活的重要内容，并促进了新机构和新体制的发展——安息日学校、《圣经》传播和传教士派遣协会、声势浩大的禁酒运动、礼拜日关门法等一系列改革。这些新机构和新体制以抑制某些社会趋势、重申祖传的

1　唯一神论（Unitarianism），一作"上帝一位论"，因信仰上帝一位而不是圣父圣子圣灵三位一体而得名。作为一种神学理论，唯一神论由来已久；唯一神教则起源于17世纪的英国，19世纪初兴盛于美国（美国唯一神教协会成立于1825年）。美国的唯一神教是自由派与正统派公开决裂的产物，代表了当时宗教自由主义的主流。唯一神教派肯定自由、理性和人的尊严，反对正统加尔文宗的三大基本教义：原罪论、预定论和上帝选民论。

2　联邦党（Federalist Party）活跃于1792—1816年间，曾是美国在1801年之前的执政党，是后来的辉格党和共和党的前身。

3　大奋兴运动（Great Awakening），有时译作"大觉醒运动"，特指美国历史上大规模的宗教复兴运动。据历史学家和神学家确认，这一类由福音派新教牧师领导的美国宗教复兴热潮一共发生过四次，从18世纪早期延续到20世纪晚期。在奋兴运动中，人们的宗教热情受到极大激发，福音教堂会众人数猛增，并催生了新的宗教派别和运动。

使命为宗旨，试图促进基于臣服和顺从的神秘内心活动，即皈依。正是在这样的环境中，诗人出生、成长，耳濡目染，习以为常。

哈佛神学院曾于19世纪早期反对唯一神论，此时却发生了变化，令正统派感到不安。保守派认为哈佛已经抛弃了它的立身之本——培养忠于宗教改革的博学教士，这也正是人们于彼时彼地热心创建阿默斯特学园的理由。"我们看到错误的滚滚洪流正试图席卷我们的教会，"诺厄·韦伯斯特[1]在1820年的奠基仪式上慷慨陈词，"我们看到本应献给真理事业的基金却耗费在散布错误教义的卑鄙企图上。"背叛行径激起普遍的愤慨，这就不难解释，一个几乎没有多少财源可供支配的村镇何以能够组织、捐助并建立起一流大学，培养出许多大学生。

塞缪尔·福勒·狄金森便是其中的领军人物。他和斯特朗法官之子赫齐卡亚·赖特·斯特朗等人从1812年起，就开始筹划阿默斯特学园。1814年，一座三层砖石建筑向公众（男女不限）开放，成为马萨诸塞西部最优秀的私立古典学校之一。三年后，"士绅"参与了雄心勃勃的募资计划以提升学园的规模，该计划不仅要捐助语言教职，还试图筹集奖学金来资助那些渴望从事传教士或牧师之职的穷困青年。尽管付出了巨大努力，这项计划还是破产了。不过，后来居然出现了一个转机：诗人的祖父说服了一个热心的同道中人鲁弗斯·格雷夫斯上校，他们认为目标非但不应缩小，反而应当扩大。这些狂热的梦想家认为，一项宏伟的新工程会比对现存机构的修修补补更有吸引力。当时本州仅有哈佛大学和威廉姆斯学院，他们决心创建一所福音派学院与之竞争。于是，他们积极行动，齐心协力，对抗逆流，用一个早期学生的话来说，这股逆流就是"对父辈信

---

1 诺厄·韦伯斯特（1758—1843），美国辞典编纂家、教育家、政论家。他编撰的词典《美国英语词典》（缩写 ADEL，后称作"韦氏词典"，首版于1828年），后来成为诗人狄金森最重要的参考书。

仰的普遍背离"。

他们首先需募集五万美元,这是章程要求的最低额,尽管此时章程尚未获批。如果不能筹足首批款项,所有的捐款和整个工程都将化为乌有。未雨绸缪起见,1818年夏,塞缪尔和另外八个支持者签署了一份"保证书",尽其所能共筹资15000美元。此外,塞缪尔还单独出资1005美元。对于一个已陷入债务泥潭的人来说,如此大方的出手未免过于轻率。幸运的是,认捐活动于1819年完成了目标。

1820—1821年,学校的第一栋大厦"南院"动工期间,资金频频告急,时任建筑委员的塞缪尔常常伸出援手,给予杯水车薪。一个亲历者曾说,"士绅"——

> 将他的私人财产抵押给银行,所得一点现款用来接济工程。要是建材和工钱实在付不出,他就派自家的马匹过来赶工,连续数日、数个星期,后来有两三匹牲畜竟累倒在路边。有时他家的佣人也被派去赶马,紧急时刻他甚至亲自上阵。总之一句话:不能停工。

有时他"掏自己的腰包"付工钱,而那是"他的妻儿累死累活挣来的"。家庭内部的压力可从妻子柳克丽霞致儿子爱德华的一封心烦意乱的家信中看出来:"学院完工了,家事却依旧一片混乱。"大女儿解释说,所谓"完工"是指"南院"的屋顶搭好了,冬天暂且停工。而妻子在信中提到的一片混乱的家事无论是指什么,都充分表明塞缪尔公私不分。后来,他的儿子坚决捍卫工作和家庭之间的界限。爱德华懂得"人心齐,泰山移"的道理,但他绝不想由自己的家庭来为此买单。

热心还往往使人混淆目的和手段。[1]爱德华·希契科克是学院第三任校长，也是第一位历史学家，他曾批评校舍早期扩张过快，导致学校在30年代债台高筑，险些破产。如果希契科克的批评确有所指，所指对象很可能就是"士绅"。据塞缪尔的女儿说，1821年父亲着手"建（学院的）校长宅邸"。翌年夏季，他们在校长的院子里聚会，塞缪尔还出钱买老朗姆酒和斯林饮料。

阿默斯特学院背后的理念是，培养一批训练有素的、虔诚的牧师和传教士，希冀他们能够抵挡唯一神论逆流，阻止美国民主走向分裂，并将新英格兰重获新生的、有教养的福音主义传播到全世界。这一理念颇有影响力：伊斯坦布尔的罗伯特学院（Robert College）、贝鲁特的美国大学和京都的同志社大学（Doshisha University）都是由阿默斯特热忱的校友建立的。其中，同志社大学的创建者是1870级校友新岛襄[2]，一位武士的长子，该武士曾在东京一位博学的皇族手下供职。这些机构的建立都源于诗人祖父的视野和活力，在塞缪尔心中，用校友威廉·泰勒的话来说，"全世界的皈依事业经常迫在眉睫"。

祖父这种孤注一掷的热情对诗人的一生产生了复杂而隐秘的影响。她也在绝望的条件下工作，白手起家，尽管她的工作场所仅限于私密的、受到重重保护的家。那也正是祖父的家，由他一手建造，然后抵押，最后失去的家。而诗人则致力于不同的目标，她非但没有试图去拯救世界，也没有去做另外一件事——教书，这是她与19世纪的几乎所有英美作家的迥异之处。

---

1 说到塞缪尔·福勒的热心和狂热，我是指他极端的奉献精神、激进主义及冒险精神。1831年他对一篇"苛刻的论信仰的文章"表示不以为然。可见，对于不同的信仰，他并非毫不留情。——原注

2 新岛襄（1843—1890），本名"新岛七五三太"，英文名"Joseph Hardy Neesima"，系阿默斯特学院第一位日本裔毕业生，也是第一位在欧美获得学士学位（理学士）的日本人，第一个日本裔新教牧师。1875年他在日本创建同志社大学（日本第一所基督教大学）的前身：同志社英学校。

耶鲁对阵阿默斯特慈善学院

若想知道塞缪尔的刚毅与坚定如何以一种不同的形式体现在儿子身上，就要追踪诗人的父亲爱德华·狄金森大学期间及早期职业生涯的轨迹。

1819 年秋，爱德华入读耶鲁，发现了一个更加广阔而令人兴奋的世界，这是家乡所不能给予的。耶鲁教育的基本目标是"提高（心智）力量，并以知识充实之"，校长很清楚，他们的首要任务是"放手让学生开掘自己的精神源泉"。论文和演讲作业很多，优秀的学生辩论社团宏论不断，还有藏书丰富的图书馆。与哈佛相比，耶鲁对待宗教问题更加正统，对待社会问题更为保守，它要求每个非纽黑文市的学生须由一个"赞助人"实行监护。任何学生若否认《圣经》的神圣权威，则面临被开除的危险。任何人若被抓住参与"喜剧或悲剧"，都要处以罚款，此外还有名目繁多的各种禁令。不过在爱德华看来，所有这些监督措施既不陌生亦不压抑，他很快就告诉父亲，他对"学院的管理"颇为"满意"。从他保留的大量同学来信（有些信称他为"朋友狄克"）可知，让他最为高兴的是，这里有才华横溢的同龄人为伴。

然而，"朋友狄克"才度过一个学期，"士绅"就要求儿子卖掉家具回家。新学院尚未投入使用，这就意味着他不得不回到阿默斯特预科学校。起先塞缪尔哄骗儿子说，学院能提供的教育跟耶鲁一样好，他将"同等受益"，可是，没过多久事实就摆在了眼前：塞缪尔深陷"本季度账单"的泥淖。面对这个充满屈辱意味的落差，这位年轻人似乎仍在试图紧紧跟上耶鲁的一年级课程，因为他曾让前室友寄来课程进度报告。

幸运的是，狄金森"士绅"的财产状况有所好转，爱德华得以重返耶鲁并加入常规的夏季学期学习。此时的纽黑文市及其大学正被一场历史性的宗教复兴运动笼罩。8 月 5 日，福音派传教士阿萨赫尔·内特尔顿[1]前来讲道、祷告，或参与私人聚会，一直待到 12 月。学生变得安静、肃然，他们迫不及待地涌向集会，会场拥挤不堪，一个参与者说："数百人走出会场，根本挤不进去。"值得一提的是，长假来临又离去，爱德华该上大二了，校园里的宗教情绪日益高涨。集会更多，皈依的人更多，洗心革面的同学更频繁地劝诫那些不知悔悟者。第一学期，爱德华回到中院寝室，通道里时常躁动不安，而现在，"从通道经过……总能听到低沉、认真、恳切的祷告声"。颇受欢迎的四年级的"主谋"彻底皈依了，此事成为一份传单的主题，神学院因此获得了它最初的动力。爱德华的一些熟人和同学的一生从此被改变，而他的朋友——来自阿默斯特镇的奥斯闵·贝克和来自春田[2]的乔治·阿什蒙抵制住了，他自己也是。不仅母亲相劝，父亲也写道："爱德华，如果我听说你也加入拥抱主的行列，那会是多么令人高兴的消息啊！求主赐你新的灵魂。"[3]

大二结束时，爱德华接到一个令人沮丧的消息：他得再次从耶鲁辍学，回到阿默斯特，那里的小型学院即将投入使用。父亲提出的理由一如从前："燃眉之急——付不起纽黑文所需费用。"不过他缓和了这个打击，允许儿子"在学院大楼占一间屋子，除了回家吃住以外，可以不跟家里联系"。这个男生不用卖掉他在耶鲁的家具，这就意味着他还有机会再回去，

1　阿萨赫尔·内特尔顿（1783—1844）来自康涅狄格州，1805 年至 1809 年在耶鲁求学。1811 年起担任圣职，在第二次大奋兴运动中很有影响力。据统计，在他的教区范围内皈依基督教的信众人数多达三万。

2　春田（Springfield），又译作斯普林菲尔德镇。

3　塞缪尔的宗教劝告是温和的。1823 年，他给儿子写信说："当一个人陷入失望——经济困难和家庭麻烦——就似乎没空想着上帝和义务了……这是一个严肃的事实，你要思考思考。我个人的经验是，随着年岁的增长，困难越多，我们越难保持虔诚。"大体说来，爱德华后来与自己的子女交流不曾采取过这种信任而平等的态度。——原注

但直到在阿默斯特慈善学院[1]（这是它当初采用的不太恰当的院名）过完大三，他才得以真正返回纽黑文。

爱德华毕业一年后，根据他在耶鲁的辩论协会"兄弟联盟"的认定，阿默斯特慈善学院"对科学和文学将毫无建树"。"朋友狄克"1821年秋收到的一些书信显示，爱德华对父亲支持建立的小而匮乏的学校嗤之以鼻，将纽黑文那个更大更自由也更高傲的学府视为自己真正的精神家园。贝克对他表示同情，"离开这个可以从300人中选择同人和友人的学校，去到那个只能从50人中做选择的学校，而且那边大部分人的观念和生活习惯都和你大相径庭"。

爱德华的大弟弟威廉[2]是他忠实的同盟军，他机灵、独特又好斗。威廉对哥哥转学持更悲观的态度。他担心兄长被说服在自家旁边完成学业，劝他别让"那帮学院的管理者凌驾于你最明智的判断之上"，而且越想越来气：

> 我没法子不说这事毕竟我对此一清二楚……就是这么回事。一想到这事我简直要疯掉。首先格雷夫斯上校进来对狄金森先生说早安。[3]很不错的早晨先生……那么今天早上你去学校了没有先生我觉得你最好决定来一下这里……A给了这么多钱而B.（已经）给了校长宅邸场地还有C.将捐助……D.先生你这边

1　阿默斯特学院1821年正式建立，当初的名称为"阿默斯特慈善学院"（Amherst Collegiate Charity Institution），直译为"阿默斯特学院式慈善机构"。泽弗奈亚·斯威夫特·莫尔教士为第一任校长。

2　关于威廉，有一份讣告里提到，"他说话风格锐利，常表现出冷幽默"，而且"总是紧扣要点，论证有力"。托马斯·温特沃思·希金森曾对艾米莉·狄金森说，他想象不出还有"比你和他更不相像的两个人"。其实，希金森忽略了二人之间一些潜在的相似之处。——原注

3　原文在"狄金森先生"中间还夹着一个特殊符号，写作 Mr. e Dickinson，不知何意。威廉的这段话夹杂着不少斜体字，除了几个句号和省略号外，很少使用标点符号，且不合语法，滑稽模仿他父亲忙于应付各类琐事的混乱情景。

完事了最好来一下这里还有个空缺让他安排法律噢对，爸爸说他一来就可以用我的办公室。好吧，格雷夫斯上校说的确不错，对于你来说那简直再好不过了……我（格雷夫斯说）今天最好出发去印第安纳那儿有个人会给 3.75 元。

　　这个精彩的段子把诗人父亲不得不面临的基本问题戏剧化了，无论如何爱德华必须想出自己的对策：那股狂热的情绪来势凶猛，几乎将一切裹挟进去，他将如何是好？

　　爱德华的性格此时已开始变得坚忍而尽责，这在很大程度上也塑造了诗人狄金森的一生。尽管如此，有时他的情绪也会古怪地爆发出来。11月初，这个郁闷的大学生做了人生中一件丢面子的事。事情发生在阿默斯特慈善学院的一间学生宿舍，天色很晚了，他和另外几个青年吃了一顿牡蛎晚餐，还喝了不少樱桃酒和杜松子酒。至午夜，他们将聚会挪到户外（当时基本上是建筑工地），在那儿"行为粗野放肆，喧闹不止……持续到凌晨一点钟甚至更晚"。他们犯的错误是，吵醒了教希腊文和拉丁文的年轻教师约瑟夫·埃斯塔布鲁克，此人有些花花公子的派头，不大讨人喜欢。耶鲁的一个前室友描绘了当时的场面，很可能出自爱德华本人的描述：埃斯塔布鲁克冲出来，"在冬夜的狂风中打着赤膊，就为了在一群无辜的欢乐爱好者中间巡游一圈"。不管最后给予了什么处罚，我们不难猜到，爱德华对此摆出了一副充满嘲讽意味的尊严感，因为有个朋友以同情的口吻写道："阿默斯特慈善学院近日对你给予了特别关注，我不知该表示祝贺还是安慰。或许那帮人所能授予的最高荣誉就是惩罚。"这个插曲生动印证了当时的年轻人和父辈之间一触即发的代际冲突。

　　最后一件屈辱的事发生在爱德华回耶鲁上四年级的时候。他没能住校，秋季学期便与三个大一新生合租了一套房子。他对此愤愤不平，这从贝克给他的警告中可见一斑："你的性情很可能会惹得人家不高兴，那就有你受的了。"不过这段不愉快过去了，最后两个学期，爱德华与同是大四的乔治·阿什蒙成为室友，并结为朋友。阿什蒙来自春田，后来成为著名的辉格党人，再后来是共和党人。从阿什蒙的信件推断，爱德华是一个不敬神而很有趣的伙伴。

爱德华在学业上依旧是中等生，他在 1823 年 5 月的绩点是 2.4 分，赶上了自己此前的最好成绩，但远非优等生之列。当年父亲塞缪尔在拉丁文专业毕业时排名第二，他曾鼓励儿子"在同学间获得一个值得尊敬的位置"，[1] 可是颁奖大会宣布的时候，爱德华排名居后，和另外七个同学一起加入"被谈话"的行列。他留下来的不少大学论文进一步证实了我们对他的印象：他并非天才。

熬过黑夜之黑

从爱德华毕业之后到他恋爱以前有三年时光。为给职业生涯增加砝码，他跟着父亲学习法律，做他的助手，并于 1825 至 1826 年间去附近的北安普敦法律学校求学。对年轻人来说，这是一个艰难的时期，他父亲愈陷愈深的麻烦给他走向世界的奋斗之途又添了一重厄运。我们看到一些特征正在他的性格中结晶：一种沉默的冷酷态度，一种原则性很强的严谨习惯。这种习惯一方面基于意志坚定，另一方面则是因为他看清了一个事实：一家之主若不称职将导致这个家庭陷入何种困境。

1　一部缺少事实依据的传记何以演变成一本充满无稽之谈的小说，辛西娅·格里芬·沃尔夫的狄金森传记就是一个典型的样本。在没有任何证据的情况下，沃尔夫称爱德华是一个"优等生"，于是她奇怪地提出塞缪尔为何不表扬儿子"在耶鲁的优异成绩"。这个无中生有的问题又引出一个武断的心理学洞见："塞缪尔对爱德华并未扮演父亲的角色。相反，他把孩子当作一个可依靠的、可倾吐心声的人……爱德华只得'自己做自己的父亲'。"——原注

就在爱德华最后一次从纽黑文返回阿默斯特后不久，他父亲的房产交易记录显出凶兆。当年 11 月，塞缪尔将几项财产抵押给哈德利镇的内弟奥利弗·史密斯，借到 2000 美元。两个月后，他向马萨诸塞人寿保险公司追加了价值 3000 美元的抵押品。又过了四个月，为了借出 6000 美元，他交给史密斯一份长长的抵押物清单，其中，狄金森家宅已是二次抵押。这还是 1825 年 5 月的事情。8 月，塞缪尔长寿的父亲逝世 15 天后，老爷子的东街农场就被卖掉了。买主又是内弟史密斯，而史密斯的产业根基此时亦呈现自身难保之势。1 月，"士绅"和史密斯合伙，用抵押过的财产跟孤儿寡母的嫂子露辛达·狄金森换得 5000 美元，而这项交易显然是有问题的。

毫无疑问，以上这些抵押和售卖之举都说明了一个问题：塞缪尔试图偿付利息和其他债务，不惜一而再再而三地抵押其全部资产。那时的马萨诸塞州（欠债会被监禁）没有现代破产法，尚未建立起一套能给予债权人公平合理待遇的程序，以中止无望的债务，重新来过。简言之，爱德华的父亲走投无路，只能不断贷款，数额越来越大，侵蚀着奥利弗·史密斯和露辛达·狄金森的财产。

爱德华的性格因而变得越发沉默而坚忍。为了换取几个月的喘息时间，房屋、商业建筑及大片农田一次又一次被拿去交易，爱德华在现场，以证人的身份附上签名。虽然他没有留下任何相关记录，但他当时的大致情绪在贝克充满同情的来信中有所反映："像你这样的年轻人面临这样的境遇，自然感觉暗无天日，我很理解。"

更麻烦的是，"士绅"不仅扩展了他自己的公共事务，而且还把儿子强拉进来，以助其一臂之力，有时还给儿子讲解个中教训。学院说客奥斯汀·狄金森正在准备申请州议会的特许权，塞缪尔从波士顿写信回家，命令说，"狄金森先生的事业必须成功，且务必于周四前回信－尽可能确保成功－若不加固确保－听证会的人目前很不安稳"。

这次努力是成功了，可并非事事如意，爱德华曾多次险些卷入一些具有煽动性但徒劳无益的事务。阿默斯特第一教会的牧师丹尼尔·A.克拉克是一个博学的传教士，但为人粗暴强悍，他深深触犯了该教区的富人。（一所神学院的教授乔治·谢泼德曾不无钦佩地忆及，克拉克布道的某些段落如何"在听众间横空出世，振聋发聩"。）塞缪尔有意维持和平，可又考虑不周。在1823年12月的教友聚会上，他对克拉克提出了正式指控，然后就去波士顿了，而未能按规定实施公正的调查。于是爱德华被叫来顶替父亲的职务：从克拉克从前的康涅狄格会众中提取相关证词。爱德华婉言谢绝，理由是他"太年轻，毫无经验"，担心此事"会令我的名誉在职业生涯之初就蒙受损害"。不过，他最终还是被说服了，多半是因为"指控是以我父亲之名发出的"。爱德华硬着头皮踏上康涅狄格的舞台，再没有比这"更难受"的事了，他面临职业生涯的第一个巨大挑战。爱德华不喜欢克拉克牧师，但其调查资料显示，面对那一团杂七杂八的指控（包括克拉克曾被指控从他寄居的房子里"拔出钉子"等），在收集和筛选过程中，爱德华力图不偏不倚。最后牧师委员会达成一致，宣布塞缪尔所指控的人无罪，而爱德华因此获得谨慎、公正的好名声，开始崭露头角。

克拉克的罪名解除之后两个月，塞缪尔的财务状况也陷入最糟糕的局面。他和筹建学园及学院的老合伙人赫齐卡亚·赖特·斯特朗签署了一份涉及3600美元的债券，用于监护子女。结果，塞缪尔显然是"被迫出钱"，于是他起诉斯特朗，1824年8月，法院判给塞缪尔3800美元。可是，斯特朗不仅避免了赔偿，而且还当上了阿默斯特邮政局长，这恰是塞缪尔早就觊觎的位子。债务人的高招令塞缪尔恼羞成怒，他立刻给邮政总局局长写了一封抗议信，历数斯特朗财务管理如何不可靠，同时尽展自己的卓越品质。邮政局长是个肥缺，塞缪尔曾为爱德华谋划这个位子。一怒之下，他再次起诉斯特朗，希望解除斯特朗对其子女的监护权，理由是他很可能为牟取私利而挪用抚养费。

"士绅"曾在建立阿默斯特学院的过程中表现出原则性很强的固执，上文所述事件体现了这种固执的另一面。经济重压之下，有些男人会有所收敛，比如少参加些活动，三思而后行，但塞缪尔似乎将网撒得越来越大。晚年，他的后代（特别是小女儿伊丽莎白）把父亲尊称为以色列的义人，为了阿默斯特学院甘冒失去一切的风险——这是20世纪的传记作者普遍认同的家庭神话。可是人们忘了，塞缪尔不仅丧尽了自己的财富，还损害了亲友的利益，甚至贸然插手他人的事务。他的极端公共事业心常常遮蔽了他身后的遗产——除了骄傲，还有耻辱和艰辛。

在爱德华步入婚恋阶段之前的那几年，父亲留下的这些遗产极大地塑造了他日后的模样，即成长为什么样的丈夫和父亲。威廉和另外三个兄弟离开阿默斯特，到外地发展，但爱德华回来了，尽管他也在其他村镇寻找过律师岗位，但最后还是从不可靠的父亲手里接了班，没有表达丝毫的怨气。想到家里的压力，威廉简直要疯掉了，并将其转化为一出逗乐的戏剧，爱德华则不同，他学会了保持沉默，体面地自制，严厉地领导，绝对捍卫家庭尊严。他亲眼见证了父亲的灾难，屡屡遭受财产上的挫败，于是萌生了一个不可撼动的信念：家庭安全绝对优先，牢牢地抓住刚毅与坚定的全副武装是极其重要的。在这个意义上，诗人的父亲接管了那杆上膛枪，日后将要传给他的女儿。

爱德华的性格中显然有军人作风——纪律观念、随时应战、为生活站岗。1853年，阿默斯特和贝尔彻敦的铁路刚开通，他好好炫耀了一回，在女儿看来，他"环城游行……像一位胜利日的古罗马将军"。至暮年，据她女儿的报告，他取柴薪时"步履一如克伦威尔"。1824年，爱德华被授予州人民自卫队少尉军衔，很快晋升至少校，他有了剑、腰带、翎毛，构成一套正经八百的行装，并在他认为值得收藏的报纸的报头上方，留下了"狄金森少校"的签名。他热衷于集会和宿营，可不久就发现队伍整体上纪律松弛，遂确信民兵长官须"由西点军校的毕业生担任"。一个原本坚信州权利的人却支持这项改革，这表明他是多么信奉秩序、普遍正义以及亦民亦兵的基本理念。在军训日演讲中，他说"民兵合一是我们政府的一大特色。作为公民，我们拥有权利和财产；作为士兵，我们必须坚决保卫之"。这个措辞激烈的观点绝妙地契合了这个年轻人现已装备一新的斯多葛哲学，并深深影响了他对妻子和女儿的态度，而她们因性别而无法获得公民身份。

1826年初，狄金森少校在位于阿默斯特东南20英里的蒙森镇执行"营地任务"。一名陆军中校未请假擅离职守，爱德华获得一份正式的拘捕令，等待军事法庭以战争条款对此人做出审判。一天晚上，他和一个朋友兼同僚一起参加了蒙森学园校长的化学讲座。当时化学是一门新潮科学，观察一名听众怎么"取气体"，既受益又好玩。不过与邻座的年轻女子相比，台上演示的实验在狄金森少校眼里就变得黯然失色了。该女子名叫艾米莉·诺克罗斯，她可爱迷人，不会喋喋不休。她的气质对爱德华当时所秉持的男性权威发出了有力挑战。

两性智力比较

爱德华对女性的观念在他大三学期末的一次对谈中清晰可见，他向艾米莉的母亲求爱时所坚持的正是这一观念。这场"讨论"的话题是两性智力的比较，是为阿默斯特学院首届毕业典礼而设计的，两位对话人分别为爱·狄金森和西·帕卡德。这份手稿（出自爱德华之手）与他大学期间的论文一起被保存了下来。

辩论开始，A（"因身体不适而信息滞后"）问 B 最近"引起同学们广泛关注"的问题是如何解决的。B 回应说，他会证明"女性的能力"是被低估了，两性的心智力量是"相当"的。A 很诧异地问，如此匪夷所思的事情如何论证。B 解释道，因为"两性在获得智力开发的条件方面极不公平"。一个年轻女子渴望有机会"品尝一下探索文学和科学的感受"，却发现自己"为家务所累，脱不开身"。就拿一个年轻男子来说，若"朋友不停地劝告说，他能力有限，在这方面花钱花工夫得不偿失"，那么无论他多么积极上进，他的野心难道不会"被泼冷水"吗？尽管如此，有些女人——汉娜·莫尔[1]、斯达尔夫人——竟然克服了诸如此类的障碍而变得"出类拔萃"。

A 回答说，《圣经》上写得清清楚楚，男人是"造物主"，女人"臣服于男人"，这就是他们恰如其分的位置，尽人皆知。因为"依赖男人的保护"是女人的天性，"女人服从她的人生伴侣就是尊贵得体的选择"。难道不正是因为女人在力气上比不过男人，从而"在文学和科学上自然就比我们逊色吗？"为什么国家领袖从来不是女人？为什么她们不能统领军队？看看她们一旦忽略了心灵的本分将会变成什么样子："学究气、男性化"，就拿你所敬佩的斯达尔夫人来说，她"话多得令人无法容忍，固执得一塌糊涂"。

B 反驳说 A 离题了，而且未能论证，倘使给女人以机会她们是不是依旧不如男人。A 又回到生理性别差异上来：女人可能会有"更为活跃的想象力……但在那些需要艰苦工作、坚持不懈和深度思想的知识领域……

---

1 汉娜·莫尔（1745—1833），英国作家、教育家、慈善家，"蓝袜子"女性精英群体的活跃代表，创作多部戏剧、诗歌和散文，探讨道德和宗教问题，如《现代女子教育体系之弊端》(*Strictures on the Modern System of Female Education*，1799 年）、《考莱伯斯寻妻》(*Coelebs in Search of a Wife*，1809 年）等。关于爱德华后来对汉娜·莫尔的评价，以及他对女性美德的看法与汉娜·莫尔著作的关系，详见第三章。

她们从未表现出……和我们平等的价值"。看来双方几乎不可能达成一致，B 表示要穷毕生之力以纠正人们低估女性智力的成见，并结束了这场论辩。

尽管学生发言必须得到上级批准，不过，它们自然反映了其作者的观点。爱德华手里的这份手稿末尾的署名是爱·狄金森和西（西奥菲勒斯的缩写）·帕卡德，二者的下方分别为"A."和"B."。谁是 A，一目了然。

女性从属于男性，这是当时的主流观念，但爱德华在辩护这一观念上所秉持的尖锐而固执的态度却是他自己的。父亲的失败迫使这个年轻人不得不努力打拼，这让他产生了一种固执的信念，他的任何女眷都必须获得一个男人所能提供的最大限度的保护。在他求偶、结婚和为父过程中，这个信条将一以贯之。

第二章

蒙森的艾米莉·诺克罗斯

选乔尔兄弟任委员

化学讲座上，爱德华·狄金森与艾米莉·诺克罗斯坐在一起。当时，蒙森镇早已是一个标准的势力范围，一个小而稳定且关系密切的家族，掌控着那里的制造业、商业、教育和宗教组织。要查出谁是其中的顶梁柱，最便捷的方法是研究一下当地的税单。1834 年，中心区纳税的最高额为80 美元，纳税人是乔尔·诺克罗斯——艾米莉·诺克罗斯的父亲、未来诗人艾米莉·狄金森的外祖父；其次是乔尔开商店的内弟鲁弗斯·弗林特，75 美元；再次是乔尔开酒馆的弟弟阿莫斯·诺克罗斯，37 美元；接下来是乔尔的另一个内弟蒂莫西·帕卡德，36 美元。

这些数字还不足以反映乔尔·诺克罗斯的各项投资和活动的全貌。他是汉普登棉纺公司的一个大股东，该公司的工厂和水池离他的大家宅很近。他拥有一家兴隆

乔尔·诺克罗斯，诗人的外祖父

的大农场，此外还有数不清的田地、草场、牧场和林地。他是其内弟弗林特百货店主店的一个合伙人，又是活跃的"郡商"，不断买卖和交易大宗木材、牛肉、黑麦种子、桶装苹果酒等。他的日志记录了收支情况，现存于"蒙森历史协会"，我们只要稍微翻阅一下，就会明显感到，此人一贯井井有条——他具有精明的商人头脑，总能稳步前进。通过追踪这些文件，我们看到了一个与塞缪尔·福勒·狄金森手上令人绝望的抵押贷款完全不同的故事。

乔尔还是蒙森第一公理会的台柱子。该组织比阿默斯特那个内部纷争不断的第一教会更加稳定、活跃，而且据说更有"效率"。乔尔和阿尔弗雷德·埃利牧师合作密切，帮忙组织"联合慈善协会"），资助传教事业，整修"衰微的教堂"，支持"贫寒而虔诚的青年"从事神职。大量资料显示，乔尔虽然多数时候并非事必躬亲，却长期担任副主席，参与了筹委会的繁重工作。他的基本角色从 1828 年教会聚会记录可见一斑。该会议决定，在蒙森的卫星镇（位于缅因州）建一座小礼拜堂，为达成此事，有人提议"选乔尔兄弟任委员来制定和实施规划"，"包括筹资在内"——就是这么简单，一切事都交给他来办。该提议获得通过。

不过乔尔捐资最多的还是教育。蒙森学园 1804 年建立，早于阿默斯特学园，直到 19 世纪 30 年代衰落之前，蒙森学园始终是马萨诸塞西部的优秀学府。尽管州政府慷慨解囊，学园在更大程度上还是依赖当地的慈善家，其中首屈一指的是乔尔，捐款达 7250 美元。（第二名是蒙森的北方工厂主安德鲁·波特，捐资 3200 美元。）以今天的货币计算，乔尔捐资约合 20 万美元。关于诗人艾米莉·狄金森，特别值得一提的是，她的祖父、外祖父在教育方面都非常舍得掏腰包。

乔尔·诺克罗斯基本掌控了蒙森镇，但他却未能因此跻身所谓新英格兰教父之列。不论他的公众影响力源自何处，他在公共会议上清晰有力的发言、所获选票及相关会议纪要都表明了他的影响力，这与非民主的乡村政权的秘密权力完全不同。不过我们仍然可以确定，这个公益心很强的精明人也会常常冒犯到别人。他帮助建立了蒙森学园并支撑其运转，在他69岁去世之际，蒙森学园的校长却很为难地说："大家普遍认识到蒙森镇损失了一位捐助人诺克罗斯先生，尽管他生前遭到不少人忌恨。"

贝齐姐妹与第一女性祈祷圈

乔尔的妻子、诗人的外祖母贝齐·费伊·诺克罗斯一生家务缠身，她的女儿——诗人的母亲艾米莉，后来也是如此。1829年贝齐过世，她的牧师阿尔弗雷德·埃利在庄严的讣告中，着重强调了她对家庭的情感："她性情谦逊，不爱交际，但对身边所有人的幸福都给予细心的关爱，这一切，她的家人和那些有机会在家庭生活中近距离观察她的人，都看在眼里，记在心上。"这段话对诗人的母亲同样适用，某些条件下还适用于诗人本人。尽管许多人对诗人母系方面遗产的力量和价值表示怀疑，[1] 有位作者甚至说艾米莉·诺克罗斯·狄金森仅仅"携带着狄金森家的特点"；实际上，在贝齐、女儿艾米莉和有天赋的外孙女之间存在着极为重要的延续性，其中特别显著的一点便是与家宅和家庭的黏合，这种黏合是如此强烈而专一。诗人对家的爱，部分遗传自母亲和外婆那种罕见的隐居在家的生活状态。

不过，狄金森在母系方面继承的遗传因素是复杂、模糊、难以明辨的。有迹象表明，她对母亲的情感有些矛盾，但若想探明其母女关系，一

1　直到20世纪80年代后期，传记作者仍用一堆贬义词描述诺克罗斯家人。沃尔夫以"笨拙、修养不足"轻易打发了乔尔的书信。心理分析传记的开路先锋约翰·科迪（John Cody）说，诗人的母亲"情感肤浅、自我中心、无所作为、守旧胆小、唯命是从、缺乏生气"。根据玛丽·伊丽莎白·克罗默·伯恩哈德和玛莎·阿克曼的研究，上述判断恐怕是不可取的。——原注

直缺少确凿的信息。可喜的是，有一份非同寻常的关于"第一女性祈祷圈"（First Female Praying Circle）的档案，贝齐及诺克罗斯家族成员在该组织中颇为活跃。这份关于"第一女性祈祷圈"的日记材料共 60 页，时间跨度是贝齐人生的最后两年。它展现了在这位母亲的世界中严格构建的虔敬之心，这有助于我们领会诗人必须应对的压力和来自长辈的期望。

这个祈祷圈创立于 1827 年，创立者是汉娜·波特，她是一个充满活力的女人，而她的丈夫向蒙森学园的捐助额仅次于乔尔。这个圈子是镇里的那些男性组织的一个女性版，拥有书面章程、会议程序和轮值秘书，并得到埃利牧师的支持，吸引了当地最有影响力的家庭参加。其中最大的团体由诺克罗斯家的女儿和媳妇组成。其目标是通过祈祷、礼拜、筹资和对压力的谨慎管理促使福音派的日程更为充实。它和镇里其他宗教组织的最大区别是严格保密，章程规定"任何人不得向非成员自由发表有关聚会的评论"。

这份期刊显示了这个圈子在协调成员心灵方面多么有效。每次开会，她们都会达成一条关于下两周的"决议"——比如为"我们的文学机构"祈祷，或为传教协会募捐 50 美元。1829 年 4 月，在贝齐家举行的两周年纪念会上（她总共主持了六次），她们严肃认真地讨论，她们的"情感和意向团结一致"，她们如何变得"互敬互爱"；她们确信她们是因伟大的目标而会聚在一起，她们决定为宗教复兴祈祷，在宗教复兴来临之前，不再形成别的决议。可以说这是她们迈出的最勇敢的一步：用急风暴雨来征服天堂。

第一教会和其他正统教会一样，依赖不定期的宗教复兴运动以促进新陈代谢。贝齐辞世前几个月是该教会的低谷期，1827 年只吸纳了五名新人，1828 年则一名都没能吸纳。整整六个月，蒙森的女人们坚守她们的决议、祈祷、互相鼓励、做好幕后工作，终于，宗教复兴开始了。与西部的教会或卫理公会的情况不同，新英格兰的宗教复兴运动大多没有慷慨激昂和感情充沛的展演，不过依旧极其庄严、热切、鼓动人心。阿萨赫尔·内特尔顿牧师（他 1820 年在耶鲁时，爱德华·狄金森未得救赎）被请来协助日间祷告会，待这次宗教复兴完毕，一共新生了大约 70 名皈依者，包括贝齐的小女儿拉维尼娅。宗教复兴通常归功于虔诚女性的默默付出。1827—1829 年的祈祷圈期刊非常特别，昭示了这次事件的意义，以及诗人将要在关键时刻顶住的压力。

菲比·H. 布朗是该圈子的七个发起人之一，也是新英格兰最出名的女性赞美诗人。在搬到蒙森镇以前，她的早期生活一度十分贫困。她整天照料孩子，唯一的休息是傍晚的散步，一次，她走到一位富人邻居的宅地，受到了僭越的指责。为了回应，她写出了自己最有名的赞美诗：

> 我爱偷得一天的片刻
> 　　从小家伙和看护中抽身
> 在这日落的时辰容我
> 　　祈祷，以谦卑和感恩。

接下来抒情主人公叙述了她多么爱落下"忏悔的泪"，思考上帝的怜悯，并描绘了"更光明的天堂图景"。这一切恢复了她的力量。赞美诗结尾感叹道：

> 于是，当劳顿的生命走过一天
> 　　愿它临别的光线
> 平静如这感人至深的时辰，
> 　　通往时光之无限。

如此这般将情境从地上转到天堂，是当时标准的处理模式。这样，布朗夫人以一种温和适度而又积极的抒情诗体，满足了那个时代对诗歌服务公众的期待，这与我们今天的情况自然不同。

她的抒情诗于19世纪20年代中期收入《乡村社区礼拜赞美诗集》（*Village Hymns for Social Worship*），这是（再一次）由阿萨赫尔·内特尔顿编辑的福音派诗选，颇为流行。据一位和狄金森同龄的康涅狄格河谷区的女士说，"我们所有人都带着"这本赞美诗集。《我爱偷得一天的片刻》亦见于许多其他选集，最后成为妇孺皆知的歌谣。这个谦卑的女性祈祷者所获得的成就（这并非她唯一的赞美诗作品）让乔赛亚·吉尔伯特·霍兰[1]始终望尘莫及，因为虔诚而流行的霍兰的抒情作品没有一首成为赞美诗。她的影响力甚至表现在塞缪尔·鲍尔斯[2]身上，他的礼拜天差不多和马克·吐温的礼拜天一样虔诚，可是，当他提笔给狄金森的哥哥写信，布朗夫人的词句竟从他的舌尖溜了出来："'我偷得片刻'，从我的礼拜天祈祷'抽身'，向你和你的家人致以节日的赞美和问候。"鲍尔斯并不虔诚，狄金森亦然，尽管她表示愿意在"第一时间"把《乡村赞美诗集》寄给哥哥。那是1853年[3]，全家只剩她和奥斯汀两人没有皈依。艾米莉很清楚哥哥最不喜欢这本老套的赞美诗集了，于是她调侃道，"我此刻刚好想

1　乔赛亚·吉尔伯特·霍兰（1818—1881）是19世纪中期美国最受欢迎的作家之一，后来成为《春田共和报》（*Springfield Republican*）的文学版主编，后来又成为《斯克里布纳月刊》（*Scribner's Monthly*）主编。1853年后，霍兰夫妇，特别是霍兰夫人伊丽莎白，成为诗人的亲密朋友和重要的通信对象，详见本书第十四章。

2　塞缪尔·鲍尔斯（1826—1878），记者、作家、社会改革家、《春田共和报》的业主和编辑，他的热情和胸襟把一个死气沉沉的地方小报变成了当时全美六份最有影响力的报纸之一。鲍尔斯与狄金森全家结下深厚友情，特别是与奥斯汀和苏珊夫妇保持多年的密切往来。长期以来，一直有学者推断，鲍尔斯是艾米莉·狄金森浪漫爱情的对象，是她三封神秘的"主人书信"的收信人（即"主人"），但本书作者反驳了这个说法，详见下文。

3　当时，这位蒙森镇的诗人依然健在。1854年艾米莉·诺克罗斯·狄金森参加了蒙森学院50周年庆典，布朗创作并发表了那首正式的、说教的、回顾过去的诗作［……因为那时，义务（DUTY）就是口令……］。——原注

到你顶喜欢的一节诗，'会众不停，安息不止'"。这首赞美诗以这种不大吉利的方式描述天堂，亦收录于阿萨赫尔·内特尔顿的集子。

1847—1848 年，狄金森入读霍山学院 [1]，一场宗教复兴运动席卷学生群体。祈祷圈的创立者汉娜·波特似乎在这位未来的诗人周围组织起一个非正式的关注圈子。第一女性祈祷圈那时仍相当活跃，很可能将这个不肯皈依的倔强姑娘当作祈祷和施压的核心对象。

如果说狄金森从诺克罗斯家族继承了许多遗产，那么，她为了定义自身也不得不对它们加以反抗和拒绝。这一庞大的母系遗产的一部分就是菲比·H. 布朗——大众的诗人、会众的喉舌。布朗作为公认的标准伴随着狄金森的成长，同时也可以激发这个新鲜的灵魂去思考一种更私人化的作者身份。

狭窄受限的少女时代

狄金森的祖母、外祖母都生了九个孩子，被繁重的家务压得喘不过气来。不过，尽管柳克丽霞·狄金森的家庭状况可能令人"抓狂"，至少没有一个孩子先她而去。而贝齐·诺克罗斯则不得不为四个亲生子女送葬，其中老大海勒姆和老二奥斯汀都于二十几岁时早逝。海勒姆可能死于神秘的"消耗病"（肺结核）。这些悲剧对这个家庭产生了深刻而持久的影响。贝齐去世时，人们特别提到"她多次遭受亲生骨肉的病与死的残酷折磨"。大女儿艾米莉，即诗人的母亲，生了她的头生子，中名就取自已故的兄弟奥斯汀。

1　霍山学院（Mount Holyoke College）的全称为"霍利约克山学院"，前身为 1837 年建立的霍山女子神学院（Mount Holyoke Female Seminary），1888 年获得大学资格，是美国东北部七大女子学院之一。1847 至 1848 年期间狄金森入读该学院，关于诗人在霍山学院读书的情况，详见本书第十章。

祖母辈对诗人生活的明显影响还在于，柳克丽霞有四个健康的女儿帮她，而贝齐的成年助手只有两个——1804年出生的艾米莉和1812年出生的拉维尼娅。父亲乔尔拥有可观的财产和地位，照理说应该能为诗人的母亲提供一个无忧无虑的成长环境，但家里的艰难状况说明，事实并非如此。多年后妹妹回忆道，诺克罗斯的大宅子（由酒馆改造而成）得需要多少照料啊！不仅有寄宿生需要照顾，而且通常就只雇一个"女孩"。大部分活儿都得靠艾米莉来干，她是母亲的主要依靠，直到拉维尼娅长大可以挑起一部分担子，她才稍微轻松一点。1824年，奥斯汀和五岁的南希病逝之前，19岁的艾米莉必须承担起照顾病人的重任，那类艰苦的工作我们不难想象——"护理"，给额头擦汗，用脸盆接咯出来的鲜血，扶消瘦的病人起床。少女时代养成的这些极其负责的习惯在艾米莉·诺克罗斯·狄金森的成熟性格中彰显出来：执拗地坚持家里一定要井井有条；神情忧郁，面无表情，几乎无弹性可言。

　　诗人的母亲上过蒙森学园，但上了多久以及是否跟随常规学期学习，则不得而知，早期记载已佚。那个时代的学生不必始终跟同龄人一起一个学期接着一个学期循规蹈矩地念书，因为常规的教学年级只分初级和高级；并无我们习以为常的严格的年级划分。家里需要帮手时就不去上课，这是不足为奇的，常有学生中途休学。

　　现在能查到的关于艾米莉·诺克罗斯上学的最早记录是在1819年10月，当时她15岁，参加了蒙森学园学生成果公开展。1902年的一份报纸重现了一张80年前印刷的节目单，上面说"E.诺克罗斯"饰演罗莎蒙德，与王后埃莉诺[1]演对手戏。她还演过一个被派往切罗基[2]地区的传教士

1　罗莎蒙德（Rosamond）和埃莉诺（Eleanor）分别是金雀花王朝的首位英格兰国王亨利二世（1133—1189）的情妇和王后。
2　切罗基族（Cherokees），北美印第安民族，易洛魁人的一支。

32　第一部分　1636—1830年

之女苏珊，并在名为《寻找幸福》的一部田园剧中饰演"古代牧羊女"的女儿席尔瓦。演出结束后，阿莫斯二叔的酒馆里举办了一场舞会。伊拉斯谟·诺克罗斯小叔叔是酒馆的四个经理之一，按照惯例，纸牌背面的邀请函上印有他的签名。那个晚上似乎洋溢着一种不可思议的世俗情调。

下一条线索来自 1821 至 1822 年，有个二十出头的女子卡罗琳·P. 杜奇在学园任职一年。她在一张裁剪齐整的纸片上写下对艾米莉的评价，一直保存下来：

> 艾米莉·诺克罗斯小姐按时上课，专心致志，成绩优良，
> 行为谨慎，值得表扬。
>
> **女教师　C.P. 杜奇**

杜奇小姐在蒙森任教那年，还主管教会安息日学校的"女子系"。她身为牧师的女儿，自然十分关注学生的宗教和道德教育。她对艾米莉·诺克罗斯的评价所强调的正是勤奋和行为举止。

不过，这种令人不悦的拘谨风格并未浇灭学生对她的喜爱之情。艾米莉在一本布道笔记的第二项内容（"基督徒的生命是何等喜乐啊"）下面的空白处偷偷写道：

> 哦！我亲爱的卡罗琳
> 　　别忘了我
> 永远啊

如果这里指的是卡罗琳·P. 杜奇，那么她真的没有忘了她。1823 年杜奇回访蒙森，没过几天，她一向准时且谨慎的学生就在纽黑文市收到了

一条热情的信息，说老师"很想见见你"。

引人注目的是，这位令人爱戴的女教师嫁给威廉·W.亨特牧师后，不仅落户阿默斯特，而且成为诗人早年在阿默斯特学园时的老师。学界尚未注意到这个巧合，这说明母女之间的关联被远远低估了。我们不禁要问：这两个艾米莉·狄金森是否分享了她们共同的老师的讲课笔记呢？母亲对卡罗琳的依恋是否能够解释为什么女儿曾说"我总爱着我的老师们"？可惜，尚无材料表明诗人对这位老师的感情如何。

现存艾米莉·诺克罗斯学生时代的一篇作文，题为《论娱乐：玛丽和朱丽叶的对话》。这大概是一次小组口头发言稿：玛丽的上方写着萨拉，朱丽叶则对应艾米莉。对话符合道德，不愠不火，从玛丽开始："我们上次见面讨论娱乐问题，你认为娱乐是可耻的、有害的，我未敢苟同，难道戏剧娱乐、舞厅之类不是完全无辜吗？"这段对话生硬无味，却明显关涉当地的时下新闻，因为我们知道，1819年的展演活动结束后紧接着就是舞会。朱丽叶（艾米莉）则呼吁要有所控制和约束：

> 哦，我亲爱的玛丽，对年轻的心灵来说，还有比你现在追求的娱乐更有害的吗？反思一下你浪费在无谓的消遣上的宝贵时间吧，你会得到真正的满足吗？哦，不，根本不会，我敢肯定，玛丽，你会受到良心的责备，并为之长叹。

玛丽做了一次象征性的反驳后，终于被朱丽叶（艾米莉）"愉快的表情"说服了，"宗教并非像我从前一直想象的那样忧郁、阴暗"。既已改过自新，她表示认同朱丽叶（艾米莉）对娱乐的严肃观念以及友谊的回报："哦，请常和我做伴吧！因为我觉得和你谈话会让我受益匪浅。"

回顾爱德华和同伴的那一场火药味十足的辩论，双方都力图争出个结果来，相比之下，艾米莉的这场对话人为控制较多，显得不够真实，似乎更近于一场伪剧，令人遗憾。如果说这种对比或多或少揭示出男女学生教育的重点有别，那么它也反映了这两个个体之间的巨大差异。艾米莉在作文中显得比较得体、正式、不够自然，说明其中并无写作的乐趣，字里行间缺乏生气。而且，她还劝服另一个女孩放弃一些有趣的活动，以实现对话的"教益"意义。

艾米莉·诺克罗斯一生都似乎把写作当成例行公事，与心灵毫不相关，因此写起信来也自然呆板无味，且迟迟不回。1824年3月，当时在耶鲁的弟弟威廉责怪她，六周以来连一个字都没寄过。几个月后，威廉改变策略，干脆说他不"责怪"她的沉默了。她结婚离家后，妹妹拉维尼娅很郁闷地发现，"艾米莉根本不费心给我回信"。拉维尼娅认为爱德华回应更多，她跟姐夫说，姐姐的信"太短了，我不得不抱怨，她的信甚至不到一页"。爱德华的妹妹柳克丽霞则对嫂子的沉默感到气愤，不无讽刺地说，他最好叫她"在你的下一封信上签个名"，以免她"忘了怎么写字"。诗人的母亲与不在眼前的人交流，倾向于采用两种方式，一是不回信，二是信纸大半空白。

最能说明这一点的可能是艾米莉·诺克罗斯20岁前的布道笔记和大纲。蒙森第一教会和其他正教组织一样，每星期有两次礼拜仪式，也就是两场布道可听。1821年6月3日，一位访问牧师讲道时，摘选了《约翰福音》[（13：27）"你所做的，快做吧"]，她记下了他讲的要点：

第一，生命短暂、不确定。
第二，用于自我救赎的时间太短，和我们在世一样短。

另一个礼拜天，她像是为了做母亲而有所准备，忠实地记下了要跟孩子们解释的所有内容。第四点是："你必须教他们……肉体的心灵与上帝为敌，而他们所有的正是肉体的心灵。"第六点是："还要告诉他们死亡、审判和永生的真理。"这些提纲很可能已准确地描绘出知识上和精神上的繁重任务，诗人的母亲在成长中对此已习以为常。有太多律例，太多艰苦的工作，太多需要严肃对待的问题。她的布道提纲大部分是用钢笔写的，说明她不怕麻烦地誊写了她最初的铅笔笔记，因为在礼拜堂的座位上写钢笔字一般都很别扭。与此同时，尚未正式皈依的她，也不能认定自己做好了永生的准备。

仅仅因为艾米莉保留了那么一点点铅笔笔记，"哦！我亲爱的卡罗琳"，我们才得以一窥她私下的涂鸦。这一例外证明，律例的背后还是有生活的，同时也警示我们，对于那些无法在标准写作形式中表达自我之人，依赖书面证据（我们不得不如此）去理解他们，往往是成问题的。不管怎样，未来的诗人艾米莉·狄金森所需要的正是这种母亲。

1853 年奥斯汀在哈佛法学院读书，妹妹艾米莉告诉他，"你不指望收到母亲的信，她觉得这很有趣"。母亲古怪的笑——从一个非常规的脑袋里突然蹦出来——偶尔会在信中有所表露。有一年的一月份，丈夫不在家，她写道："天还这么暖和，根本不像冬天。我想零度老先生失掉了不少自尊吧。"几年后，她 15 岁的女儿处于同样的时令，不知道"冬天老先生是不是把自个儿给忘了"。诗人积累的一大包戏法正是从母亲的一小袋把戏开始的。

赫里克学校

1823 年夏，19 岁的艾米莉·诺克罗斯入读纽黑文市一所女子学校，在那里度过了几个月的时间，这是她婚前离家最久的一次出行。该校由克劳迪厄斯·赫里克牧师主持，声誉很高，校友包括蒙森的一个表姐玛丽亚·弗林特及词典编纂家韦伯斯特之女、阿默斯特学院威廉·C.福勒教授之妻哈丽雅特·韦伯斯特。艾米莉和表妹奥利维娅·弗林特一起在榆树大街上一栋两层五室的大房子里上课，全班共66人。（三年后奥利维娅又独自注册了一个学期，此时学生人数下降到38人，而学校似乎"更好"了。）这两个蒙森女孩显然跟纽黑文的一个教士之女伊丽莎白·惠特尔西同住。惠特尔西小姐49岁，她的"严格管束"至少给奥利维娅留下了深刻印象。

艾米莉虽然熟人"不多"，却毫无疑问博得了赫里克牧师的青睐。三年后他还提到艾米莉，奥利维娅转述道："他兴致颇高——说他非常喜欢你。"这份报告再次说明，老师和同龄人待这个姑娘都充满热忱。艾米莉成婚之后，惠特尔西小姐不无得意地给爱德华·狄金森发去一封信，宣称"对你颇为赞赏，因为你对你的太太颇为赞赏"。这段话暗示着，喜爱艾米莉的人很明白，她的好处不一定能被众人赏识。

或许像赫里克的许多学生一样，艾米莉·诺克罗斯由于繁重的家务活，只上了一学期的课。翌年，她的一个弟弟理所当然地认为，她"这个夏天得操持家务"，不过依然希望她不要"老圈在厨房里"，最好有些"社交活动或读点书"。这番担心貌似一语中的，他的下一封信写于11月1日，正是大批苍蝇从晒谷场迁往温暖室内的季节，他唯有祝愿她"战胜你永恒的敌人，苍蝇"。很可能是繁重的家务阻断了诗人的母亲培养智力及享受社交休闲的机会。

然而她自己却在信中说，她离开纽黑文回到家里是多么开心，在给妹妹的信中她写道："我亲爱的亲爱的家啊。"一个地道的本地人，她紧紧依恋着家人朋友、熟悉的日常事务，以及有限的乡村景色和声响。1826年夏，奥利维娅回到赫里克学校，她知道表姐会对某类情感入迷，便在信中渲染，她多么留恋"我们小村子的隐遁"，想念"亲爱的朋友圈子"。她收到艾米莉的信（"非常短"，毫无疑问）："说到亲爱的小鸟－夜鹰－我离家后就听到过一次－我相信蒙森的夜鹰是最多的－如果你没有忘记它们曾在圣殿街（惠特尔西家）演奏过多么美妙的音乐－这里能听到的只有纺织娘。""美妙的音乐"具有讽刺意味，不过这段话仍然拨对了心弦：艾米莉对家乡的深深眷恋，对宁静乡村的热爱，对声响的敏感——不仅有引人注目的夜鹰，还有蚱蜢和蟋蟀的背景音乐。

40 年后艾米莉·狄金森不得不去波士顿治疗眼疾，她问妹妹"是否记得有天夜里那只在果园栅栏上唱歌的夜鹰"？诗人和哥哥奥斯汀都从盛夏的蝉响中发现了一种特别的意义。她写过好几首诗，记录鸟声虫鸣的低吟，其中一首诗的开头这样写道："音乐家到处摔跤"（Fr229）。这些灵感部分得自母亲的遗传和影响，遍及乡村的嗡嗡声成为她观察和写作的一个对象，同时她自己也加入了合唱队。她是母亲的女儿，只不过这一点不那么容易被发现。

第三章

1826—1828 年：迎娶艾米莉·诺克罗斯

要了解艾米莉·狄金森家庭情结的根源，她父母求爱时期的情书可谓展现了一幅最清晰的图画。除了一封遗失，所有信件都被保留下来。在此之后，这对恋人之间的另一次大规模通信是从 19 世纪 30 年代后期开始的，当时他们的关系紧密且稳定，已不再紧张。我们若想分析那造就了艾米莉的婚姻，就得追踪她父母之间最初的交流。

1826 年 2 月 8 日，民兵训练和化学讲座结束后，爱德华的朋友小所罗门·沃里纳取笑他，"那个年轻姑娘，离咱们这儿一英里，就在一个工厂旁边。我根本没必要提她的名字，因为我想她在你心里的印象不会那么快就磨灭的"。就在这天，爱德华给这位年轻姑娘寄去了一封坚定而不失尊严的情书。"你我之间不过几次短暂的相遇，"他写道，"但我对你心生爱慕，并将继续珍视之。"他未提及他的内心感受，而是表达了"敬重"之意，因为她"身上汇聚了女性美德"，接着，他表白说，写这封信是为了"珍视一种友谊……如果得到回应，就可能给你我二人带来幸福"。他并非求婚，而是提议通信，这些信可能把他们引入婚姻的殿堂。

艾米莉·诺克罗斯对这番语义明确但或许过于老成的表白是否感到惊讶，不得而知。显然，她感到回复此信有些棘手，既要鼓励对方，又不能直接许诺，这让她用了三周时间斟酌再三。她承认他的提议给她带来了"快乐"，担心"我会不够谨慎，如果现在就给你一个明确的答复"，不过她在结尾明确地说，"我会很高兴收到你的来信"，这句话是爱德华最爱听的了。

双方都必须和沉重的束缚做斗争。爱德华当时在北安普敦法律学校肩负学业重任，同时还要帮导师做法律调查。而艾米莉一方面抽不出空闲时间，另一方面她认为，保持小心谨慎是首要之责。她担心邮政会侵犯隐私，在第二封信里她表示，"此刻无法说服自己通过邮局寄信"，也就是说，会让信赖的朋友帮她传书。她在闺房中草就这封信时，"没有人知道我现在是怎样赶着写信，我怕一会儿就有人问我在做什么"。

爱德华将他们的通信视为正式订婚过程中的一环，给予双方"最坦率、最自由"的交流机会，所以很用心地传达自己清晰而明确的观点、思想、抱负和期待。他最常说的是，勇气、决心和努力可成就大业，呼应了父亲年轻时的信条：一个男人要踏入这个世界，就必须具备"刚毅与坚定的全副武装"。"坚定"是爱德华最喜欢的一个词，他不断加以强调。"一个人若想做他想做的人，他需要的就是坚定。""一个人若想获得满足，与其说依赖想象……不如说依赖坚定。""一个人几乎可以做他坚定地想做的任何事——有人说，心灵是全能的。"斩钉截铁的背后却是令人尴尬的事实：艾米莉的家庭宽裕、舒适，而他所拥有的不过是一个负债的父亲和一个未来。"我知道你那方面风险很大"，他也坦诚承认。

通信四个月后，爱德华收到两封行距甚大的回信，并赴蒙森两次，每次停留一天，终于严肃地提出了求婚：

> 咱们上次的见面比以往都更自由，更无保留。我对你的品
> 质非常满意，而且确信你积累了许多美德，能使你自己和你的

朋友快乐。——我对你的坦率如此信赖，所以我想这么说肯定不会是对你的冒犯，那就是向你表示我毫无保留的敬重和心愿——做你一生的朋友。

随后，他给出一份又长又谨慎的建议，艾米莉有责任对他的性格和历史进行考察。为便于她考察，他推荐她咨询法律学校的管理人员、同学及许多教士。例如莱曼·科尔曼牧师，当时他正在追求艾米莉的表姐玛丽亚·弗林特，可以谈谈这位艾米莉的追求者"大学时候的性格"。[1]爱德华在信中加了一大段关于自己职业前途的描述，并力劝她，第一，在她觉得方便时做出决定；第二，把"她的决定告诉他"。这是他的热望最直白的表达了。

这个古怪的提议单单不提其核心意图，从某种意义上说，这是那个时代的产物。"一生的朋友"可能看起来像是"妻子"的委婉语，但在当时，配偶和亲戚都常被称为朋友——这一用法被别人长期废弃不用之后，诗人依旧保留之。不过，我们仍然不能将她年轻的父母与当时的传统和理念等同起来，即便以新英格兰人的标准来评判，他们俩的表达方式也显得过于刻板、守旧、生硬了，他们的性格中明显带有一种庄严开幕的味道。爱德华的求婚中有一种意义远大、从零开始的高尚精神。任何人都可以用平常语言许诺爱情和奉献，而他是在表达一种婚姻的组织方式，试图解释清楚艾米莉可能会遇到的境况。

这对夫妻恋爱两年，爱德华寄出 70 封信，艾米莉寄出 24 封。如果对他来说，通信预示着双方自由、彻底地交流，那么对她来说，在很大程度

1　对艾米莉来说，这些参考并无多大价值。早些时候爱德华去看她，她告诉他，我们"应该形成我们自己的意见或我们自己的判断"（他的总结）。这番话很可能忽然让他发觉了她的天真——这又是一个她需要被保护的理由。50年后，他们的女儿对两个不同宗派的朋友表达了同样的意思："我们无法相信别人。"——原注

上则成了一项被怠慢的义务，一个引起不适、回避和羞愧的缘由。似乎他越开放、越直白，那种不确定和难为情就越发折磨着她：他勇敢的直白似乎并未换来如期的反应。尽管她曾许诺只"听"不说，她在信的开头还总是要为没有及时回复而道歉，并在结尾处为不再写信而表示歉意。她宣称有言相告，或者说"我会很高兴回答你所有的问题"，可结果总是没有下文。她偶尔会解释自己在忙些什么——照顾家里的病人；去哈特福德采购冬粮；威廉弟弟的未婚妻从纽约来，要走亲访友。不过，她的惯例却是仅仅给些空白的借口："因为许多你不了解的事，我没法写信。"这些借口一旦成为必不可少的特征，就构成一种悲戚的幽默，因为有一次，在本来无须道歉的语境中，她在信末加上附言，"抱歉的话我就不写了"——这种突兀使我们想起诗人的狡黠和犀利。不过潜台词却是，她并不如她的追求者所期待的那样，因而有些心神不安："我想你希望我练就一种（表达的）自由，而我意识到我从来就做不到。"

这种不安，部分是因为艾米莉觉得自己不擅写作。她尽职尽力，不过距离掌握标准英语的写作规则依然相差甚远。杜奇小姐、赫里克牧师及爱德华那些受过良好教育的妹妹们，肯定对她错误的拼写、含糊的措辞、纠结的句法和不稳定的写作口吻感到迷惑不解——俚语元素和生硬的礼节杂糅在一起。

不过，艾米莉依旧可以表达出自己的决定和气势，而且还常常跳出些古怪的幽默感。比如，爱德华的朋友所罗门会突然变成"那个智慧的人"。又由于一连串事故，她说爱德华加入了"一个不幸的协会"。说到玛丽亚·弗林特的牧师未婚夫频繁地从贝尔彻敦过来，艾米莉开玩笑说："我们觉得科尔曼先生几乎就是个本地人。我是这么想的，他大概以为要是自己不做那么多演讲，玛丽亚表姐最喜欢的学科——神学，就不会取得进步了。"在这里，她的语言流畅，看不出任何拘谨的意味，叙述者沉浸于当地人的观点中，这似乎让她感到很舒服（"我们觉得"）。这段话说明诗人的母亲到阿默斯特以前，深深扎根于她的家庭和土生土长的乡村。

爱德华是在6月初提出求婚的，对方杳无音信。7月5日他骑马到蒙森，无果而归。不过他相信艾米莉沉默的原因是"好的"，于是他充满男子汉气概地继续写信给她，并在信中直呼她的名字。他巴望着她父亲认可他们的结合，并写信来。8月8日艾米莉终于回信了，她也直呼爱德华的名字，承认他的上封信给自己带来快乐，但愿他并未因她"迟迟不回"而发生误会。"我不是一直充分相信你的话吗？我不应冒昧地把你的幸福作为我的，可是现在我为此感到荣幸。"句子绕来绕去，简直像舌头打卷，她的矛盾情感于此可见一斑。她接着说，她读过了他借给她的"小册子"，并解释为什么到现在还没还。最后言归正传，给出了她的答复：

> 此前你一定已经确定你我的交往是相互的吧，尽管我一直没有如我所愿表达心意。但这次我要告诉你，我对你有温情的且与日俱增的爱慕，你的提议是我愿意遵从的，但若没有父亲的建议和同意我就不能这么坚持了。因为我非常在乎他的感受，假若得到他的赞同，我将一定告诉你我对你的信赖和感情。[1]

爱德华念完法律学校后，就向乔尔·诺克罗斯正式提亲，同时筹划在阿默斯特镇中心（现在的市政厅所在地）的一座砖石建筑里开一间事务所。他在提亲中涉及了所有要点，不失恭敬而明确有力：艾米莉的"美德"激起他"对她的倾心"，同时他的敬重也收到了回应，两人在这个问题上"沟通自由、亲密"，他渴望成为"她法定的卫士"。同样，他又附上推荐

---

1 诗人母亲的书信语言缠绕，缺少标点，并有单词拼写错误，出于可读性考虑，译文并未完全再现这些特征。

人名单，并请求"以任何你认为合适的方式，跟艾米莉或我交流一下吧"。

结果却是，乔尔没有寄来任何片言只语，艾米莉又缄口不言。她父亲是在给推荐人写信打听情况吗？对爱德华不确定的前途持保留态度？年轻人一封又一封地寄信，视沉默为默许，终于提出了那个微妙的问题，"关于择取佳期"。不过他并没有催促，他明智地认识到无须着急，而他自己也得立业。"几个月！或许。"这是妥当的方式，一周后艾米莉发出同意的信号："你可以得出一个正确的结论，那就是我的感受是和你的联系在一起的，我很高兴你没有仓促行事，你提出的理由跟我父亲的一拍即合。"

这对恋人终于订婚了，而商议过程远没有爱德华想象的那么直率。许多事情一齐向艾米莉施压：恋爱的张力、节制的要求、写信的蹩脚、对家的依恋。的确，她在诺克罗斯家中无可替代，关于她的离去，家人很可能根本不愿讨论，这恐怕也是父女俩对提亲保持沉默的原因。翌年夏天，她去纽约市待了几周，威廉弟弟觉察到"她不在……小家庭就冷清了许多，

爱德华·狄金森（奥蒂斯·A.布拉德 绘，1840 年早期）

艾米莉·诺克罗斯·狄金森（奥蒂斯·A.布拉德 绘，1840 年早期）

我们满心喜悦等她回来"。不幸的是，贝齐·诺克罗斯不仅"身体欠佳"而且"精神不振"，到了1827年2月，只能勉强地说，"我们但愿她正逐渐康复"。如果母亲已在弥留之际，她离了艾米莉能行吗？即便母亲可以，这一家子人呢？爱德华的求婚迫使诺克罗斯一家不得不考虑这些烦心事。

诗人的母亲模棱两可的态度也不能完全归咎于她未来的丈夫，问题在于如何平衡来自蒙森的牵挂和爱德华带来的压力。不过，他的直接而坚决的态度依旧是令人生畏的，这一点不可低估。这个年轻的律师给他们的关系带来的其他影响亦值得注意，他坚信他的男性权威和她的"女性美德"是互补的。

爱德华获得艾米莉的最终同意后，发表了一篇有力的文章，阐述了关于性别的美德。虽然这是诗人出世前三年的事，却对她的一生产生了重大影响，这篇关于两性结构的表达将决定和主宰她的生存。

"考莱伯斯"对妻子有何要求

爱德华对四个妹妹一直情深义重，责任心强。比如，在早期的一封信中柳克丽霞曾感谢他在教育上提供的建议。提供忠告和保护的总是他，而她们的角色则是听取和遵从，这于双方是不言自明的约定。三个妹妹中，他最喜欢玛丽，对于他对女性的专横意见，玛丽可能有所保留，但依然称赞他"优雅的风范"，贬低自己"散漫"。玛丽死后，爱德华是她四个女儿的监护人，多年以后，其中一个还时常回忆起他的慈爱："他的举止庄严、高贵，甚至显得苛刻，但天性却像一个母亲那样美好、温柔、充满同情……小时候我怕他，遇到麻烦和困难时，才晓得他是一位坚强、温柔、充满爱意的朋友。"这种温柔是忠实而诚恳的，不过其中谁是主宰，含糊不得。凯瑟琳妹妹没和兄长商量，跟一个尚未立业的男人订婚——"你不要瞪我，也不要抬起手来发怒"——这句话充分暴露出她的焦虑心理，担心哥哥得知此事会有什么后果。后来见到哥哥，发现他沉默、冷淡、"非常严肃"，而没过多久，她就不得不承认，他们之间"似乎并未讲和"。包括爱德华在内的大部分家庭成员，都未参加她在安多佛镇举行的婚礼。狄金森家从不把权威当儿戏。

爱德华认为女性应由男性来保护，这是当时的传统观念，不过，他对女性教育问题确实做过专门研究。自从大三那次辩论之后的六年里，这个年轻人对如何提高和保护"女性美德"越来越感兴趣，甚至有些过分。对于这个话题，他个人的见解是如此坚定和激烈，他的未婚妻和未来的女儿都不可能置之不理，从长远的眼光来看，这也有助于解释诗人对私密性的极端态度，同理，发表作品对她来说也将成为一个大问题。

具有反讽意味的是，爱德华的性别观念主要受惠于一个女人，博学而多产的汉娜·莫尔。[1]莫尔是塞缪尔·约翰逊的门徒，她既代表了18世纪的城市文化，又代表了19世纪早期的福音主义。她在专著《现代女子教育体系之弊端》中抨击教育过于强调传统的成就，她指出，在培养有身份的女性担当起婚姻和为人之母的义务方面，现代教育是失败的。她在美国最有影响的书大概是《考莱伯斯寻妻》，狄金森家有这本书，是1820年版的。这部几乎没有什么情节的小说讲述了一个年轻人考莱伯斯如何在英国社会寻求最佳伴侣，直到遇见一群又蠢又毒的妻子和女儿才幡然醒悟："那些造福社会，为社会增光添彩的女人"，总体说来都是"默默无闻的，因为出名不是她们的目标……如果她们在外面产生很少的影响，她们就能

1　多年之后，爱德华送给大女儿一本1851年版（1821年初版）的小册子《关于实用学科——致一个女儿的书信》（*Letters on Practical Subjects, to a Daughter*），此书作者为美国公理会和长老会牧师威廉·比尔·斯普瑞格（William Buell Sprague, 1795—1876）。他字迹潦草，难以判断送书时间是1852年还是1862年。他说，如果她读了，就会发现"莫尔夫人的所有作品都体现了女性的骄傲和光荣，你读得越频繁越好，越仔细越好"。——原注

在家里创造很多的幸福"。这不仅成为爱德华的一个根深蒂固的观念，而且他还不遗余力地传播之。

他的论坛是阿默斯特最早的报纸《新英格兰问讯报》（*The New-England Inquirer*）。这是一份四页的周报，首任主编是他的朋友奥斯闵·贝克，1826 年末，爱德华曾为报纸的创刊助过一臂之力。12 月 22 日，那时艾米莉·诺克罗斯刚刚答应嫁给他，爱德华关于"女子教育"的五篇论文就刊发了。他化名"考莱伯斯"，以一种温文尔雅的方式阐述了写这组文章的意图。然而第二篇的语气有所改变，声称他只说"我思考的东西，怎么想就怎么说"，不顾"公允的读者"是微笑还是皱眉。若想生活在一个更美好的社会，女人就得为人妻为人母，爱德华把这个习以为常的观点发展为一种具有讽刺性的反抗论调，这是莫尔那部温和的小说里所没有的。"考莱伯斯"问，如果女人"满口空话、喋喋不休地谈论那些有争议的话题"，让男人生厌，那对我们的社会有什么好处？如果仅仅为了获得"'福佑'的生活"，女人何必要上大学？答曰：与其让男人"坐在那里，任由女人凭借她们想当然的优越意识对我们滔滔不绝、指手画脚，向他们倾泻机智的思考和博学的论证"，倒不如让年轻女子戴上面纱，在修道院里度过一生。为了总结自己的观点，"考莱伯斯"描绘了这样一幅景象：一位有文学修养和进取心的女性，取代了丈夫的位置，主导着彬彬有礼的谈话，"她会向你的客人介绍上期'季刊'的内容……她会品评优劣……她清楚我们所有公众男性的性格，并总是直接对他们的提案、政策发表见解"。凡此种种，均是女性接受太多教育的后果。

即使回到 1827 年，这些寻衅好斗的观点还是因其过于极端且出言不逊而触动了不少人士，其中包括《新英格兰问讯报》的编辑，他称这位"考莱伯斯""有点主观臆断"，并发表了两篇读者评论，署名分别为"一位女士"和"塔比莎"（Tabitha）。（后来的一位主编则援引了一个牧师的话，这位牧师对女性的"体质无法胜任卓越的智力"或"灵魂是有性别的"这些观点表示怀疑。）爱德华受了刺激，匆匆撰写了一篇檄文，含沙射影地说"塔比莎"不是一个真正的女人："她是什么时候才开始脱下男装、穿上女装的呢？"贝克没有录用这篇檄文，反而刊发了一篇严厉的公开反驳的文章："'考莱伯斯'不可理喻。他将一眼看出，发表这种失当的、不公的文章只是为了引出"其他匿名作者。

爱德华在第三篇文章中承认文学作品适合女性阅读。总之一条，"要预防她们沉迷于学究气的、实证的、武断的和倔强的辩论风格"。女人的性格魅力是谦虚和忍耐，"乐于听从智力优越者的意见"。

爱德华的言论中所暗含的残酷无礼，在第四篇文章中达到了极致。在这篇反对时尚的讽刺长文中，爱德华描述了一个年轻女子一直"镶嵌在花边、皱褶和裙摆之间"，接着预设了她的行为所导致的令人震惊的后果——她竟然为了"聚会的乐趣"而抛弃家庭。最晦气的事莫过于在街上碰到这样一个怪胎，"看见她竟转过头来盯着你"。唯一的补救方法是：母亲必须教导女儿"早早起床参加从早到晚的家务劳动"并不是什么苦差事，而且只有"一直待在家里"才能找到丈夫。

这篇文章与回应"塔比莎"的那篇一样，也没法发表。爱德华的第五篇也是最后一篇论文，回归女子教育问题，列举了适合女性的对才智的追求。和严格的正统观念有所出入，他允许她们阅读一些较好的小说；化学知识对于料理家务具有实用价值；植物学，用他草拟的提纲中的话说，可以让女性变得"文雅纯净"；绘画有助于她们"爱好整洁"；而为了培养书信品味，他们应研习艾迪生和斯蒂尔主编的《旁观者》[1]。归根结底，

---

1 《旁观者》(Spectator，1711—1714) 是英国 18 世纪颇受欢迎的出版物，以清晰流畅的散文风格著称于世，内容主要围绕家庭、婚姻和礼俗等。起初是每日一期，后改为每周一期。主编为约瑟夫·艾迪生（Joseph Addison, 1672—1719）和理查德·斯蒂尔（Richard Steele, 1672—1729）。

爱德华文章的主旨是让女性"守在家里"。

　　该文刊出后，爱德华在致未婚妻的信中反思："我不知道我为什么会这么想，但一直以来……我都很关注如何正确引导女性并培养她们恰当的品位和判断。"他希望"有个不偏不倚的人"来提供一份女性义务的合理清单，却无人问津，于是他只好自己站出来。从他的表述来看，这个年轻人几乎不明白自己对文学女性的态度是多么矛盾。他和新英格兰最著名的女小说家凯瑟琳·塞奇威克[1]见面后，告诉艾米莉，她的"表情很有趣——外表就显出有许多思想的样子，英气逼人"。确定无疑的是，他并不希望"见到另一个斯达尔夫人——特别是如果有人考虑以她为人生伴侣的话"。"一个女子进入家庭关系中，更需要的是不同于男子的品质——你很早就知道我在这个问题上的意见了——我们见面时还会多谈谈。"毫无疑问，他们见面时的确谈得更多。[2]不过，爱德华还是很高兴和塞奇威克会面，而且"充满骄傲，我们国家的女性，还有我们州的女性不仅迎头赶上了英、法、德、意的女作家，而且赶上了这些国家的男作家"。读了她的最新历史小说《霍普·莱斯利》后，他十分赞赏其中的两个女主人公——一个是英国人，一个是佩科特人[3]，并表示一定要把这本书送给艾米莉。

　　实际上，爱德华经常劝未婚妻读女作家的书。他的确寄给她《旁观者》以改善她糟糕的文体，而且经常引用他所钟爱的爱德华·扬的《夜思》（*Night-Thoughts*）[4]。不过，他向她强力推荐小说类书籍，包括一些女作家

1　凯瑟琳·塞奇威克（Catharine Sedgwick，1789—1867），美国小说家，1822年起发表小说，主要作品有《一个新英格兰故事》（*A New-England Tale*，1822年）、《霍普·莱斯利》（*Hope Leslie*，1827年）、《自己活也让人活》（*Live and Let Live*，1837年）、《结婚或单身》（*Married or Single*，1857年）等。

2　考莱伯斯在第五篇文章中也谈到了更多，他赞扬了"我们的某些女作家的作品"，却坚持认为，她们对名声的追求自然会损害"家庭幸福"，因此命令"她们远离社会"。——原注

3　佩科特（Pequod），一译皮廓德，17世纪初住在美国康涅狄格州的印第安民族的一支。小说家梅尔维尔的《莫比·迪克》（一作《白鲸记》）中的那艘捕鲸船即以此为名。

4　爱德华·扬（1683—1765），英国诗人，他的《夜思》是18世纪传诵一时的名作。

的严肃的历史类作品：简·波特的《苏格兰首领》(*Scottish Chiefs*)、《华沙的萨迪厄斯》(*Thaddeus Warsaw*)[1]和莉迪娅·玛丽亚·蔡尔德的《反抗者，或革命前的波士顿》(*The Rebels, or Boston before the Revolution*)[2]。蔡尔德曾促进无数改革，爱德华对其作品的推许反映了他早期的自由主义，不过这种自由主义在他身上似乎渐渐萎缩。多年后，一个政治活动家和他的女儿接触后，得出的印象是，她从小到大都没"听说过蔡尔德夫人"。

"考莱伯斯"心目中的新娘不仅恋家而且能读会写、有一定文化修养，可是爱德华所选择的恰恰是一个对文学不感兴趣的女人。的确，我们不免怀疑，而且他在一篇文章中确实提出过这样的疑问："如果收到一封你很尊重的朋友的书信，有一半单词都拼错了——大小写混乱，复数名词后面跟着动词单数形式，你有何感想？"这对夫妻所生的女儿写诗常常不合语法，她的崇拜者无疑也得面临同样的问题。

一面欣赏女性从事文学，一面强调女子守在家中，爱德华对女性的激烈看法，给他的女儿——这位天才作家，造成了极其复杂的影响。对于狄金森来说，发表诗歌或表露雄心都是很冒险的做法。许多因素共同发挥作用，既赋予她活力又令她沉默，其中父亲的影响不可小觑。

其中的反讽实在太过极端，且自食其果。诗人的父亲戴上天才女子发明的面具，去解释为什么女性不应当开发和使用大脑。他为自己选择了一个（多半）顺从且不善表达的女人，这样她就不会篡夺他的发言权，而他却变成了一个疏远且时常沉默无语的家长。他是一个最伟大的诗人的父亲，却极有可能从未意识到这一点。

---

1 简·波特（1776—1850），苏格兰历史小说家和戏剧家。
2 莉迪娅·玛丽亚·蔡尔德（1802—1880），美国废奴主义者、女权活动家、美国扩张主义的反对派、印第安人权活动家、小说家、记者。蔡尔德是一位多产的作家，代表作如《一份上诉书，支持被美国人称作非洲人的阶层》(*An Appeal in Faver of that Class of Americans Called Africans*)、《勤俭的家庭主妇》(*The Frugal Housewife*)等。她的一首感恩节诗歌 "Over the River and Through the Woods"（《越过河流穿过森林》），在千家万户传唱不衰。

如果就此认为爱德华是一个暴君，那就错了。他欣赏一些女作家，这似乎是在以默许或以一种隐秘的方式引导女儿写作。她自己也注意到父亲的矛盾之处，1862 年她告诉希金森先生[1]，父亲"给我买了许多书 – 却叫我不要读 – 因为他担心头脑被弄乱了"。如果把"头脑"理解为"女性的头脑"，那么这个说法就像是一锤定音地总结了爱德华的"考莱伯斯"论文，其要义可概括为：女人应该接受读书写字的教育，可是风险在于，一旦接受了教育，往往导致疯狂的喋喋不休。如果父亲直接说，你不可以做公开的作家，那么潜台词则可能是，你应该私下写作。

"考莱伯斯"找到另一半

爱德华事务所的东边就是杰迈玛·蒙塔古宽敞的家，杰迈玛和爱德华的父母都沾亲带故，年事颇高，孀居于此。虽然丈夫的遗嘱可以保证她一生不愁住房，塞缪尔·福勒·狄金森却获得了这座房子及其附带的 17 英亩土地。爱德华从未想过会出什么意外，他告诉未婚妻自己"什么时候高兴"就可以拥有这地方，"因为它掌握在我父亲手中"。他可以"租或买，看哪个方案最好"。

1828 年初，一个木工受雇装修这位寡妇闲置不用的那一部分房屋。看起来，这里很快就会成为新秀律师和他可敬的新娘的理想居所，爱德华催促艾米莉·诺克罗斯来看房子，要她"在装修方面提些建议"。

这也涉及艾米莉婚前探访夫家的问题，爱德华的一个妹妹柳克丽霞写了一封既客气又迫切的信：

---

1 托马斯·温特沃思·希金森（1823—1911），美国唯一神教牧师、作家、演说家、社会活动家。关于他本人以及他与诗人的交往，详见本书第十八章等。

我们一直期待着你，诺克罗斯小姐，这个季度能够来访，并给我们带来快乐。得知你不便来，我们都很遗憾。我只能说，我们大家将会非常满意，如果今年冬天任何时候你方便过来，跟我们住上一两个星期的话；若能见到你，我们都会很高兴的。

对于一个写信笨拙、出错、拖拉的女人来说，这番简单的礼节会吓到她吗？准新娘唯一一次在阿默斯特露面，是来参加 1827 年 8 月 22 日的毕业典礼，由于这是公众活动，免掉了艾米莉跟爱德华家人的亲密接触。她有威廉弟弟和拉维尼娅妹妹陪同，而且是当天去当天回。爱德华又请又劝又求又逼，她都毫无反应，他终于忍不住问了一个惨淡的撒手锏式的玩笑——她是否打算"婚后还待在蒙森"？如此不为所动，确实罕见，如果能了解他的妹妹们对此如何解释就好了，可我们所能看到的只有 1829 年玛丽的一个温和的辩白："我知道艾米莉不喜欢旅行。"

到了 1828 年 1 月，艾米莉依旧没去未来的婆家。此事显得越来越尴尬，她便派遣 15 岁的妹妹拉维尼娅去看新装修的房子，并让爱德华的家人见见她。拉维尼娅显然是一个令人满意的使者，她更开朗、更善于表达。玛丽·狄金森当时在南哈德利镇教书，很遗憾在拉维尼娅做客的那个星期，不能回家见她。然而艾米莉太想念妹妹了，她（显然是一个古怪的玩笑）"差点害思乡病"。

恋爱的最后几个月，二人彼此之间都更加直接了，爱德华会表现出他的恼怒和权威，艾米莉也会说出自己的想法，不理睬他的控制。一次，他责备她不该晚上出去参加那么多毫无意义只会损害健康的聚会。另一次，她向他推荐一个她准备去听的历史讲座，他却回了一封长信，严肃地批评了主讲人。艾米莉在回复中表现出温和的反驳，并向对方请求宽容和自由：

你的感受如此威严，对我的影响极大，这不奇怪，但是过于强大，我很难表达我的。但是，我们应审慎一些，不要损害他人的名誉，让他们的作品来证明他们吧。

她的意思是说，爱德华太"威严"太"强大"，以至让她很难表达自己的观点。他的偏见太深，以至于让她无法评价这个讲座。尽管她的句法好像未经修剪的灌木丛，她一系列的"但是"却清晰地传达了焦虑不安、不善辞令的反抗。这使我们想起，爱德华建议她向他周围的人打听他的情况时，她曾说过的话——人要有主见。这正是诗人的母亲带到阿默斯特的东西：在外表顺从的面具下，不动声色地坚持独立。

爱德华在回信中以反讽的语气对未婚妻的建议表示感谢，嘲弄她的"果敢的性格"——"你装出一种权威和独立的气质"。他用上了他最喜欢的词，"坚决要把你带出来，一点儿——你以借口来拒绝已经太久了"。他变得更直率，更喜欢挖苦。1828 年 1 月 31 日的信一开头便说："你不觉得这很怪异吗？我每天都'找时间'给你写信，而你的回信通常一个月才收到一封？"2 月 9 日，她的回信以一个单调（而愠怒？）的短句开头，回应对方反复要她去他家的请求："又一个邀请。""我从不敢冒昧地忤逆你真诚的心意，"她接着说，"可是，有些原因阻止我完成你的心愿。也许你会说它们微不足道，可我觉得我的看法跟很多人不同，至少和那些我观察到的人不同，不过也没必要跟你解释了。"

这些通信暴露了困扰狄金森夫妇的张力，贯穿其婚姻的始终。爱德华发号施令，显示大男子权威；艾米莉只做她必须做的，不怎么解释。她沉默的反抗其实是在瓦解他的权威，爱德华明白之后自然会感到生气，然后一面调整自己，一面继续坚持。他想要一位安静的太太，具有家庭妇女的所有美德，可是现在，叫人恼火的是，这就是他所得到的。这就是诗人未来的母亲，她任性的转弯抹角为女儿提供了一个有用的典范，用以适应这个世界。

乔尔·诺克罗斯不期而至，来阿默斯特看蒙塔古的房子，爱德华深为感激：

> 你父亲今早回去，趁套马这空当，我写几句。我和他一直在我们的房子里转，做了彻底检查——他提出了一些修缮意见，我十分高兴——他见到了蒙塔古遗孀，会告诉你一切有关她和房子的事，以及他的想法——关于我们即将拥有一套舒适的住房。

艾米莉的父亲有身份、有判断，他的到来、认可和建议对爱德华来说意义重大。他偶尔寄给乔尔的装修进度报告也被保留下来，其中一封写于3月初，声称"蒙塔古一家从我的房子里搬走了，装修进展十分顺利"。

正如拉维尼娅曾做过姐姐的使者，乔尔在装修和布置方面同样代替了艾米莉。他送了许多贵重礼物给这对新人，例如一个崭新的铸铁的厨房火炉。这件设备重达四五百磅，从春田运来安装，爱德华喜不自胜："这不是你父亲想让我们相信的那种生锈的炉子，他以其特有的方式给我们制造了一个惊喜，这个炉子比他说的要好得多，是我见过的最整洁、最漂亮的了。"乔尔为他们进入婚姻生活发挥了助推作用，他已然成为爱德华的第二个父亲，比塞缪尔更有能力也更可靠。

最后是关于大扫除的事。爱德华深知艾米莉坚持要求一切整洁有序，婚礼一周前，他叫她放心，"一个黑人妇女给房子做了大扫除，不过我想，还得在你自己的监督下再找人清扫一遍——我跟她讲了，要是窗子上留有一个斑点，就把它们都拿出去，再洗一遍！——瞧，我尽心了。"他语调轻松，说明这对夫妇达成了一种友好的自由状态。

艾米莉明确表示婚礼尽可能从简，不要伴郎和伴娘。她在最后两封信中不再拘泥礼节，而是直率表达自己的决定。关于家里的帮手，她这样说道："你说雇一个女孩。我根本不会同意。"关于她离开蒙森去阿默斯特的感受："有许多朋友来看我，正如人们所说的，要为我送行。你觉得这些在我听来会是什么感受？但是，我亲爱的，我离去是为了和你在一起。"她平实、不事张扬，与客套话略微拉开距离（"正如人们所说的"），这些都显示出她与未婚夫那几个受过良好教育的妹妹之间的差异。这又再次让我们想起她的转弯抹角和坚持个人判断的那份执拗。不久，这一切就被一双明亮的小眼睛和灵敏的小耳朵发现了。时隔 50 年，海伦·亨特·杰克逊还在为艾米莉·狄金森那"古怪而直接的表达"感到纳闷，因为艾米莉称杰克逊先生为"那个和你住在一起的男人"。

1828 年 5 月 6 日举行婚礼，小两口搬进新居，这是新郎亟亟以求、精心准备的，他满心以为房产"掌握"在父亲手中。一周后，朋友所罗门对房子的"彻底装修"赞不绝口。"考莱伯斯"和他不善文学的太太组成了一个家。

有些话她没有说

狄金森有一首诗，写到女性婚后所付出的难以估量的代价，令人难以释怀：

> 她应他的要求而起 - 丢下
>
> 她生命中的玩具
>
> 承担起那份光荣的工作
>
> 成为女人，还有妻子 -

若她错过了什么，在新的一天，

广阔，或敬畏－

或第一缕期盼－或金子

在使用中，磨损

那也无人道及－好比海洋

培育珍珠，还有水草，

只有他自己－清楚

它们寄居的深度－

Fr857

对诗中的无名女人来说，婚姻意味着掉入一个深深的男性海洋，她的自我从此永远淹没其中。深海既能"培育珍珠"，又能"培育水草"，所以她的牺牲是不是一个错误，不可仓促下定论。这首诗反思婚姻关系造成的沉默效果——妻子对自己所放弃的前景再也无话可说，这是一个令人不安的事实。她是不愿说出结合之后的真相，还是不能？诗歌的结尾称，只有丈夫清楚她如今生活其中的"深度"。

该诗创作于 1864 年初，大概是诗人为她的某个熟人结婚而作。很可能是朋友伊丽莎·科尔曼——在 1861 年一个暴风雨的日子，她嫁给了一位活跃、强悍的牧师。这其中也暗含着诗人如何评判她父母的结合吗？毫无疑问，在她眼里，父亲是一个强有力的人物，而母亲弱小、穷于应付、忙碌不堪，对于女儿所看重的"广阔，或敬畏"，她毫无感觉。对比她的父母和诗中的夫妻，我们不难看出，一端是男人的要求，一端是女人的沉默和顺从，两端极不对称。不过，即便这首诗让我们想起狄金森夫人，那也不完全符合她的情况：她婚前干的家务活恐怕和婚后一样多，她的一生也没有显示出任何意义上的广阔或敬畏的迹象，而且她可以忽略配偶的命令，遵循自己的心意。

与其说这首诗写的是艾米莉和爱德华·狄金森夫妇，不如说是他们的女儿对女人结婚将面临的种种危险的想象。诗人是诺克罗斯－狄金森结合的产物，诗歌呈现的便是这个结合在其产物身上所激发的幻想和洞见。

第四章

1828—1830 年：釜底抽薪

艾米莉·狄金森出生时，她的父母刚刚度过婚后不稳定的最初两年，而爱德华所面临的经济考验到 19 世纪 30 年代才会显现，所以他们享受了一段平静生活。这位父亲终究会发达，可是他早期的财务压力给予她的女儿一种经济萧条的意识——对脆弱基业的不安。青少年时期诗人曾梦见"父亲失败了，母亲说'她和我一起种的黑麦地被抵押给了塞思·尼姆斯'"。在梦中担当主要说话人角色的是辛勤的母亲，她说，因为父亲，她和她女儿种的庄稼风雨飘摇。如果这个梦是可信的（总是需要画个问号），那么，它或许暗示出父母对破产的焦虑也传染给了女儿。奇特的是，那梦中景象对这个女孩来说太逼真了，她要哥哥向他保证，父亲并未失败。

出局

1828 年 5 月 6 日，艾米莉·诺克罗斯离开蒙森，搬进新家，据说这所房子一直掌握在强大的公公手中。5 月 1 日那天，阿默斯特镇官员进行征税财产评估，当日评估清单显示，塞缪尔·福勒·狄金森需为好几处房产交税。他的另一个公共身份也有据可查：他在马萨诸塞州议会选举中获胜，补缺一个参议员席位，5月30日宣誓就职。

6月11日，参议院休会的前一天，狄金森"士绅""获准缺席余下的会议"。一周后，他在《新英格兰问讯报》上发布了一则苦不堪言的告示（早前他曾决定办一所专门提供"法律知识和实践"的新学校）：

> 本招股说明书极度谦卑之至；所能许诺的仅仅是一个卑微个体之努力……在过去的一段时间里，此人在业内曾一度遭到某种排挤。但他相信只要在精神和行动上都坚持不懈、全力奉献，终能获得一种救赎的精神和克服的力量。签名人坚决全力以赴、牺牲一切，配得上公众为之慷慨解囊，这是他卑微的希望。

这份力透纸背的告示无处不彰显出作者本人的性格：血迹斑斑的坚韧，以迅捷、公开的方式，打出孤注一掷的最后一张牌，随时动用早年的老师，也就是纳撒尼尔·埃蒙斯牧师的训练方案中的宗教语汇（"救赎精神""克服的力量""全力以赴……配得上"）。总之，这份说明书非常不现实，而且过分自责，简直有些不可理喻（实际上这所学校从未动工）。不过，其中最关键的意味不在于心理问题而在于经济问题。

"士绅"正式破产，7月17日和8月28日的《新英格兰问讯报》的编者按语证实了这一点，文中指出，令他多年来深受折磨的"奋斗和尴尬"如今已被"处置和清理，他可以履行誓言，从此全身心奉献于本职工作"。直白地说，一锤定音，塞缪尔被淘汰出局，再无债务、工程和不动产，只剩法律知识来养活自己。该报的业务由一个审慎的委员会管理，爱德华是报社的业主之一，并显然是该委员会的负责人。几乎可以肯定的是，报纸编辑对于塞缪尔几乎没谱的最新冒险行为的支持是有内部权威作后盾的，这是为了给他的失败尽可能维护面子。11月，"士绅"在全国众议院竞选中落马，损失惨重，仅得到不足 10% 的选票。

这一切对于诗人的父母意味着什么？ 1828 年夏，婚后刚刚几周，他们就发现自己根本无权享有杰迈玛·蒙塔古一半的房产。为了这套房子，爱德华曾劳心费神，艾米莉又带来高标准的家居秩序，如今如何面对这个触目惊心的事实？原来，他们在这个世界上竟如此无依无靠，真是始料不及啊！

各种法律后果来势汹涌。10 月 29 日，塞缪尔的合作者奥利弗·史密斯陷入窘境，一份长长的清单上所列的被抵押之不动产尽数转手他人，其中包括杰迈玛·蒙塔古的房产和狄金森家宅。买主是阿默斯特学院的财务主管约翰·利兰和爱德华的堂兄、金器商内森·狄金森。这两人显然都不愿逼得太紧，但考虑到这项交易的面值高达两万美元，他们不得不把蒙塔古房产移交给一个尽可能妥善的账户。

艾米莉此时已有五个月身孕，12 月 8 日，爱德华向岳父寻求建议。这个年轻的丈夫解释说，塞缪尔财产的"受让人"不得不将其处置，并承认他父亲的"不幸致使我的房产陷入十分困难的局面，情况比我装修时预想的更糟"。他必须从两难中做出选择——租房吧，房东随时可能把房子卖给别人；买房吧，他根本买不起。这个坚忍的丈夫既不抱怨也不责备，但他那庄重的措辞确切地表明，在两个父亲之间，他尊重哪一位的判断和意见。

爱德华对妻子那边的亲戚格外亲近，充满信任。收到乔尔的来信后，他跟利兰和堂兄内森做了一笔新的交易，使对方可以从自己那部分房产中获得一些收益。这笔账不仅"很划算"，而且他相信可以卖出"比买时更高的价格"。事后证明，这第二份协议跟原先的一样脆弱，不过眼下爱德华还很有信心，认为他的财产基础足够牢靠。

你知道，担子落在你身上

艾米莉·诺克罗斯收到许多新婚贺信，其中堂兄洛林·诺克罗斯客气地祝福她和配偶"兴旺"，然后加了一句奇特的话："我想，蒙森的人很可能料想你俩会徒劳一场，但时间会决定一切。"

妹妹留下的许多书信最生动地揭示了艾米莉的处境和变迁。拉维尼娅活泼、率真，比诗人的母亲更善于社交，也更乐意表达自己的观点和各种情绪。蒙森第一教会安息日学校的记录表明，她还是那种高手：13 岁就能背诵至少 1343 首《圣经》诗歌，比当时记忆力最好的男生还多 600 首。拉维尼娅尤喜与人交流，她不仅是联结诺克罗斯家族和阿默斯特之间的使者，而且，在所有长辈亲戚中，狄金森家的孩子跟她是最亲近的。姨妈活泼、友好、富于表现力，诗人最轻松的、谈论新鲜事的书信都寄给了姨妈的几个女儿，这并非偶然。

现存拉维尼娅的第二封信写于姐姐婚后两周，信里似乎附带了乔尔的意见，"我好傻，如此经常写信给你"。信里清晰地表明蒙森的人有多么想念艾米莉，以及想象中艾米莉是多么"想家"。可是久久不见回音，拉维尼娅开始感到被抛弃了。她希望给姐姐寄去"家里的消息"，可又不得不怀疑这"对你无关紧要，尽管，家'曾经'至高无上"。后来拉维尼娅终于收到一封回信，"不知道你还会抽空回信，无论如何，你的信使我大受鼓舞"。在爱德华之后，现在轮到她来承担这份苦差事——最大限度地利用艾米莉又少又短的回信。

诺克罗斯家的人最担心的是，艾米莉坚持把所有的活儿都揽到自己身上。婚后第三个月，拉维尼娅捎来家人的强烈忠告：

我希望你少干些活儿，母亲很为你担心。如果你不对自己好一点，对你的丈夫和朋友来说，我觉得那是太不领情了。如果你不能按自己的心愿完成所有家务，也必须为身体着想，不要管那些没必要的事——你的健康取决于你自己是否小心，谨记。

两个月后，拉维尼娅写道："我知道你身体不大好，希望你能尽快有个帮手，帮你对付你那做家务的嗜好。"

这个劳累的妻子终于被迫同意雇一个仆人。拉维尼娅找到一个女人，愿意离开蒙森到阿默斯特，她请求艾米莉，"她到了以后，你要善待自己"。可是艾米莉发现自己很难留下她帮忙，正如家人很难阻拦她干活一样。没过几个星期，拉维尼娅问她："那个女孩回去了？"由此推断，女仆已经走了。后来又找到一个，诺克罗斯的家人终于舒了一口气："现在格林小姐和你在一起，想必你们会得到很好的照料——母亲问候你们。"可是不久格林小姐也走了，拉维尼娅不得不讲出实情，"妈妈为你的事焦虑不堪，因为要不了多久你就非得需要帮手了"。最后，艾米莉怀孕已七个月，父母擅自做主，叫自家的女佣玛丽去帮忙。次月，拉维尼娅焦急地总结道："很高兴得知你身体不错——希望你谨慎小心——很快玛丽就可以去帮你了。"

我们应该注意到，从艾米莉这边来讲，没有任何女性亲戚帮她操持家务，照看孩子。爱尔兰天主教徒的大量涌入带来了廉价劳动力，可那是后来的事，显然，新英格兰人并非可靠的家庭雇工。在这种情况下，再加上狄金森家目前的不安定状态，这个年轻的妻子却做出了一个失策的决定。1828年秋，春田的一个重要律师找到爱德华，他的儿子理查德·布利斯和侄子亨利·莫里斯在阿默斯特学院上学，希望为他们找一个"安定的家庭"寄宿。由于学校不提供伙食，接受寄宿的家庭要么是出于对学院利益的考虑，要么是希望挣得一点微薄的收入。从爱德华的角度来讲，此事可以满足他的另一个动机——职业进取心：理查德的父亲是州议员，亨利的父亲即将出任法官。不过，爱德华从春田寄信回来，将此事全权交给太太决定："你觉得怎么好就怎么办吧。你知道，担子落在你身上，对我来说，关系不大。"拉维尼娅和往常一样意见强烈，力劝姐姐下学期不要"接受寄宿生，因为你有没有帮手还是个问题，反正爱德华说一切取决于你是否愿意"。春季学期从 2 月初开始，到 5 月中旬结束，而艾米莉的预产期是 4 月中旬。妹妹的意见是明智的，可是，这个意见显然被忽略了，因为拉维尼娅在 3 月 17 日的信中向男孩子们表示问候。当然，这个安排无法长久，夏季学期又开始了，爱德华跟理查德解释"为什么我们家不能再接纳寄宿生了"。

艾米莉的第一胎出生在即，她却担起这项额外的工作，这个细节足以说明，这个家庭主妇奋发图强、极度节俭；同时也可以看出，她为了适应自己和爱德华目前不安定的处境，全力以赴、不畏艰苦，尽最大努力去改善生活，一切追求完美，而且全靠自己，不给丈夫增加任何负担或开支。即便在衣食无忧的条件下，一个年轻的主妇也得料理大量家务，特别是在储存和准备食物方面。对艾米莉来说，夫家经济上的飞来横祸进一步强化了她自力更生和追求完美的倾向。1830 年左右，爱德华送给艾米莉一本家用手册：莉迪娅·玛丽亚·蔡尔德撰写的《勤俭的家庭主妇》，它揭示了抚养诗人长大成人的这个家庭的某些态度和习惯。这本手册的主要读者是努力奋发的"中产阶级"。根据蔡尔德的传记介绍，"本书不同于同时期的其他家用手册"，它"并不认为它的读者应该依赖仆人"。该书的一条座右铭是"缝缝补补当好家"，意思是说，"勤俭持家是一门艺术，其要义是收集所有碎片，毫不流失。所谓碎片，不仅指零散的材料，还包括零散的时间"。该书本身即是一种杂布拼缝被，由上百条规矩、策略、窍门、食谱组成，不成体系。"永远不要放下针线活。如果在你自己家里没法做，就雇人来一起做。"蔡尔德的指南应有尽有,比如怎样正确擦洗铜器、皮革、灯芯、毛石壁炉等,这不仅意味着一种对居室整洁的超高要求,还意味着要付出无穷的艰辛。对于一位本来就严肃对待家务的主妇来说,这本书的影响可想而知。属于艾米莉的那一册看起来有些破旧,其中"家常蛋糕"那一节沾有油渍,而《如何忍受贫困》那一页已经卷角了。

这种节俭在孩子们眼里似乎太粗陋了。"我们和蔼可亲的母亲从不为我们裁衣,"多年后诗人写道,"我一想起幼年时母亲包裹我们的那些衣服,或者说那些用布拼成的代用品,就感到很好笑。"这里的"裁衣"是指雇裁缝做衣服,而不是自己缝制衣服,这个词的写法(tayloring)[1]跟乔尔·诺克罗斯记在一个账本上的写法一模一样。爱德华觉得妻子凡事自己动手有些过了头:"那些太吃苦头的事千万别做,不要为了生活节俭,一切都自己扛。"

母亲省吃俭用,井井有条,越来越过分,好像变成家里的局外人,微妙地脱离了它的日常欢乐和生活水准。1860 年初的一个深夜,女儿艾米莉在一封信的结尾编了一个出色的借口,解释为什么不传达狄金森夫人的祝愿:"母亲倒是乐意送上她的爱——可是她此刻正在'屋顶排水管喷口'里面清扫一片落叶,那是去年 11 月吹进去的。"这封信很可能写于 8 月,那片叶子掉进排水管喷口已经很久了,这就增加了这一幕的怪诞效果:黑夜中,一个瘦小的家庭主妇,一门心思,进入排水管喷口,为了那最后一片落叶。这是那个疯狂的清洁工的梦中景象,还是诗人想象母亲真的在排水管喷口里握着她的小笤帚?不论何种情形,这都是一幅令人难忘的画面:一个新英格兰主妇为了创造一个舒适的家,满脑子家务活儿,整日忙得团团转,没空问候亲友,更别说写信。

---

1 "裁衣"这个词通常拼写为"tailoring"。

姐姐！为何那灼热的泪水？

1829 年 4 月 16 日，狄金森家的第一个孩子出世，取名威廉·奥斯汀。大家都长长地舒了一口气，不久爱德华就开始吹嘘他"聪明的儿子"。而拉维尼娅立刻对这位父亲的骄傲表示揶揄，她预言说"如果孩子的进步像你说的那么快，他马上就可以上大学了"。不过没过多久，做大儿子的好处就被拉维尼娅姨妈的慧眼看到了，她希望冬天能见见婴儿，"也带带他"。她还警告爱德华，"你别溺爱他"，溺爱是危险的。

婴儿是阴影中的一个亮点，难怪他被如此溺爱。那年春天，爱德华觉得"死气沉沉"，到处是"疲倦和衰弱"。这和一颗发炎的牙齿也有关系，他明白早就应该拔掉的。剧痛去年就发生过，时不时一个"惊跳，震得脑袋发昏"。这个年轻的父亲不敢去看牙医，因为乙醚作为麻醉剂用于拔牙是 20 年后的事。拉维尼娅直言不讳，说他"耐心不够，受不住痛"。

1829 年 5 月 1 日，阿默斯特镇的财产评估显示，爱德华那风光一时的父亲如今第一次没有了任何房产。与此同时，蒙森的诺克罗斯家正与巨大的挑战搏斗：疾病、死亡、罪、救赎和不朽。艾米莉的婶婶，也就是伊拉斯谟小叔叔的妻子伊丽莎·诺克罗斯生了第一个孩子后，一度非常虚弱，此后再无生育。2 月，艾米莉的大哥海勒姆死于肺结核，遗孀和两个年幼的孩子也被传染了。但是没有什么比老母亲的病殁更叫人痛苦了。

7 月中旬，贝齐已不能进食，不得不用甘汞。甘汞的副作用很大，7 月末，她的嘴巴因中毒而刺痛，呕吐不止，无法行动，不得不靠人抬，拉维尼娅的来信充满痛心、绝望之词：

> 你无法想象她有多瘦，简直就是皮包骨。除了一点点流食，什么都不能吃……她急切地想见你，希望毕业典礼一结束，姐

夫就送你来，不要叫她失望吧。

　　是癌症吗？拉维尼娅觉得自己好像处于"死亡的黑暗山谷和阴影中"，在信的结尾，她恳求道："艾米莉一定要来啊——我觉得你必须来看我们，分担我们的悲痛。"这是 8 月 18 日写的，而毕业典礼要到 26 日举行。

　　引人注目的是，那年夏天，正当贝齐弥留病榻之际，她的女性第一祈祷圈两年来孜孜以求的宗教复兴运动，终于开始实现了。至于她本人，临终之前可能已无力关注那么多了。据说她走的时候很安宁，"确信获得了幸福的永生"。可是，她的两个女儿还未登上安全之舟，她果真能安宁吗？临死的母亲坚持要艾米莉回家，无疑出于这一考虑。如果艾米莉要接受她的祝福，从此焕然一新，那么她必须现在就来。

　　到了 9 月 1 日，爱德华还没送妻子去 22 英里外的蒙森。那天，弟弟威廉·诺克罗斯奉母之命致函一封，实际上就是直接要求艾米莉"必须来陪伴她几天"。当时乔尔有事必须走，玛丽（女佣）请了病假，而且显然贝齐"与我们在一起的时间不多了"。宗教复兴的力量强大起来，包括表兄洛林（不包括拉维尼娅）在内的好几个家人都找到施恩的宝座。9 月 4 日，一个星期五，上午 10 点之前，威廉骑马来到阿默斯特，当天把艾米莉接回蒙森。

　　艾米莉带着孩子，回家见了母亲最后一面，没过几个钟头老人家就走了，那是星期六的清晨。稍晚，威廉写信给爱德华，通知他贝齐去世的消息，并告知他艾米莉的黑帽、面纱、高竖领及盒子在哪里可以找到，也许这些东西都是艾米莉事先就准备好的，现在要用了。同时，阿萨赫尔·内特尔顿牧师也于 9 月初到达蒙森，宗教复兴运动在他的领导下蒸蒸日上。10 月，威廉和拉维尼娅感到"缓解"了——用拉维尼娅的话来说，"一种前所未有的心灵的宁静"。无疑，贝齐的弥留和宗教复兴同时发生，标志着诺克罗斯家族史上一个戏剧性的重要纪元。

这戏剧性的一幕深深震撼着拉维尼娅，几乎导致她的自我毁灭。1835年，她想转到波士顿福音派的鲍登街教堂，阿尔弗雷德·埃利牧师草拟了一封短笺，说到她在 1829 年曾不顾一切地渴望皈依。埃利的信被呈到教堂审查委员会面前，后者按常规加以概括并记录在案，信中谈到拉维尼娅觉得"自己是一个迷失的罪人，在基督里没有指望——一段时间后，她禁闭自己，决意服从，否则就不出房间"。贝齐的离世及葬礼约在一个月后，艾米莉·狄金森最亲的姨妈就是在这种决绝和孤独中挣扎着。考虑到诗人本人的隐居习惯，我们自然很想了解，诗人对姨妈的这段苦难经历知道多少。

拉维尼娅很想与人交流她新近获得的幸福感，于是写信到阿默斯特，"是的，皈依的喜乐是世人所不知的，我现在心情舒畅"。而姐姐艾米莉却没有这种解脱，她身着丧服，依旧未皈依，似乎陷入极度的悲伤、负疚之中，远谈不上心情舒畅。她结婚就意味着抛弃了那个正需要她的娘家。母亲走了，她甚至没能给母亲在天国重逢的安慰。况且，妹妹屡次提醒她，母亲"难以好转"的一个重要因素是担心艾米莉负担过重。这位尽职的年轻妻子和母亲背上了沉重的精神负担，受尽良心的谴责。

在这种情况下，拉维尼娅写了一首诗，希望缓解姐姐的痛苦。她或许还写了别的东西，不过这是现存唯一的一篇：

> 姐姐！为何那灼热的泪水
>
> 偷偷从你的脸颊慢慢滑落
>
> 请对我友善倾听的耳朵
>
> 将你全部的忧伤述说

这些诗行写于艾米莉·狄金森出生前夕，所以不可能被误认作狄金森的诗作，不过这首诗里表现出来的某种东西，在她的写作中也时时出现——一个是口齿伶俐的妹妹，睿智且富于同情心，一个是沉默的姐姐，无力表达内心哽咽的忧伤，狄金森的诗歌常常试图于这二者之间建立起一种生气勃勃的联系，以达到安慰的目的。写作的妹妹读着沉默的姐姐的思索，努力让她的想象从悲伤中转移出来：

> 就算曾经跳动的温暖的心
> 低沉地躺在沉寂的死者中间
>
> 哦，别看那儿！抬起你的双眼
> 投向高处，天使所在之地
> 那里，欢乐花开，永不消散
> 姐姐——我们的母亲的幸福在那里。

这首诗被整齐地誊抄在一张讲究的纸板上。纸板大约很贵，不仅边缘有印花，四角还嵌着贝壳。

我们不知道狄金森是否见过这首诗，但似乎显而易见的是，她自己对渴望和悲伤的深邃探索，正是从这浸透着爱的纸页开始的。

崭新的开始

爱德华的堂兄内森·狄金森是蒙塔古房产和狄金森家宅的一个新的合伙业主。不同于爱德华的父亲，他此时位于跷跷板上升的一端：1827年，他的应税额（含息）为400美元；一年后，达2600美元。1829年6月，内森结婚，艾米莉当时碰巧在蒙森镇，爱德华以不屑的语气描述说，内森迎娶新娘用的是"一辆碍手碍脚的旧马车，连张坐垫或水牛皮都没有——如此节俭——'省钱省到骨子里了'，真是'赚了一大笔啊'"。"你感觉如何？"他问太太，言外之意很清楚：他们不会效仿内森的成功之道。

尽管此后几年，内森在密歇根的土地和木材生意上相当得心应手，不过眼下他的确有必要尽可能从"坐垫"中节省开支。1830年初，他声明无法履行关于杰迈玛·蒙塔古房产的修订协议。换言之，爱德华和艾米莉再次面临被扫地出门的危险，而他们投入的装修成本也将一并付之东流。

爱德华和往常一样征询岳父的建议，他对自己的处境直言不讳，并列出几条可选的出路。蒙塔古的老房子称心舒适，而且"对于我的工作，任何时候都很方便"，总之很满意。可是利兰"还要加几百块钱"，这高出了他的预算。另一个方案是从利兰手中买下狄金森家宅西边的一块地——"周边待售的建筑用地中最好的一块"——自建一个小房子。爱德华强调说，他需要的只是建议，不是钱，而且他的行动也符合妻子的意愿。他没有提到曾跟自己的父亲讨论过此事。

艾米莉的父亲立刻回复，他指出爱德华的两大选择各有弊端：蒙塔古那块地容易起火，而造房子的代价很可能比预想的要高许多，更别提"浪费时间，劳心费神"——狄金森"士绅"的两个克星。乔尔建议爱德华先租几年，不要匆忙交易。不过，他直截了当地把这个问题留给女婿："归结到底，我想你最好能自己判断，哪一种选择对你和你的小家庭最好。"明智的扬基佬式建议，配合着友善的外交辞令，一个需要养家糊口的年轻人不可能期望得到比这更好的回复了。

最终爱德华做出了选择，这个选择在给乔尔写信时并没有拿到台面上来，不过极有可能是他跟自己的父亲一起协调行动的。他以1500美元的价格从利兰和内森堂兄的手中买下狄金森家宅靠西边的一半，并为此签署了一项涉及 1100 美元的抵押贷款合同。对一个仍在闯荡的年轻律师来说，这无疑是一笔沉重的负担。不过好处也不少：这是爱德华儿时的家，是全镇最气派的房子，而他的事务所就在公地的东北角，步行可及。内森和利兰依然享有房子东翼的所有权，西翼则属于爱德华，六个月后即可入住。现在好了，他的"小家庭"终于安全了，不会被随时驱逐了。

乔尔提供建议的那封信，邮戳显示的日期是 3 月 9 日，而协议的签字日期是 3 月 30 日。显然，在此三周内的某个时刻，爱德华取得了家宅拥有者的理解。九个月后的 12 月 10 日，艾米莉·狄金森出生。假如母亲受孕于 3 月——"充满期望的月份"，她在诗中曾如是写道（Fr1422）——这里出现了一个顽皮无礼的问题：母亲受孕是因为小两口想庆祝他们成功购置并拥有了自己的第一个家吗？这座砖房后来成为诗人的世界，她和这座家宅的联系是否比我们想象的更为紧密？

5 月，爱德华第一次出差去纽约。三年前她的未婚妻去过那里，当时他曾沉溺于可怕的幻想：城市的污浊和堕落——"下等人"的恶劣习气、"卑劣男人的引诱术"、成群的堕落女人。现在，目之所及都令他愉悦，他到处走，脚后跟都磨破了皮，只好用靴子跟别人换了双鞋，"一只鞋不跟脚……不过没关系——这里不像小村子那么讲究"。晚上，他去公园剧院看戏，看的是被宣传为"新歌剧"的《罗可比》（Rokeby）。他在那个深夜写就的家书中表示，城市的一切都"宏伟壮观——很合心意"。接着，防患于未然的焦虑意识又开始抬头了，他警告太太不要染疾："我相信你很谨慎，不会叫自己受冻，也不会去吹晚间的寒气——吃些我开的药……"

那年夏天，艾米莉已经有四五个月的身孕了，妹妹希望她"别再像从前那样受累"。可是，不仅老问题还在，而且更让拉维尼娅吃惊的是，艾米莉决定再次接受寄宿生。而爱德华"这个夏天工作缠身"，一个邮差甚至被劝阻，"不要去找他，因为他现在的情况一团乱麻"。两口子正期待着更换寓所，这个阶段他们一定忙得不可开交。如果玛丽·狄金森·纽曼迁入新居的经验有点参考价值的话，那就意味着狄金森家这回将有大量"粉刷、裱糊、擦洗"的活儿要干。8月下旬还要添上毕业典礼的忙乱，艾米莉得招待满屋子的客人。

9月1日搬迁，艾米莉入住她的第二个共享生活空间，隔着走廊和楼梯，另一边是爱德华的父母和几个妹妹。拉维尼娅确信姐姐、姐夫在新家会很快乐。她觉得唯一的缺憾是"离城太远"，大约指的是四分之一英里外的村镇商业中心。

那年秋天，乔尔打算续弦，因为艾米莉和贝齐都不在家了，需要一个能干的人，照看家里剩下的几个孩子——拉维尼娅、阿尔弗雷德和乔尔·沃伦。继母萨拉·维尔40多岁，未婚，和贝齐·费伊的"孤僻"性格大相径庭。萨拉出生于一个知名教士的家庭，曾当过教师，据说是个"很优秀的女子"，艾米莉谨慎地说她"口碑不错"。萨拉的父亲约瑟夫·维尔牧师在康涅狄格教堂任职达半个世纪之久，头脑精明，性格幽默，1839年他还成为一本传记的主人公。萨拉现存的书信令人愉快，但有点刻板，作者一直强调自己温和、有教养、乐于助人、脾气好。

为了迎接这位新娘，诺克罗斯的大宅子必须进行前所未有的清洁。11月11日，一个为蒙森镇的马车和栅栏刷漆的工人给乔尔发了一张"粉刷你家地板"的账单。一周后，拉维尼娅告诉姐姐，"我们都在忙"。婚礼定在1月初，日子一天天临近，拉维尼娅提出一个其他人可能都不会开口的问题："我们叫她什么呢？能叫妈妈吗？哦，我真想远离这儿——艾米莉，相信我，我真想和你在一起。"这一天是12月6日。

尽管有这些焦虑，诺克罗斯家仍满怀希望，准备迎接全新的开始。阿默斯特的破产挨过去了，发生在蒙森的死亡和其他变故也已成为往事。狄金森家和诺克罗斯家都已重振士气。就在拉维尼娅犹豫要不要叫"妈妈"

的几天后，艾萨克·G.卡特勒医生被请到狄金森家宅西翼。他是镇里的高级医师，非常熟悉这座房子，柳克丽霞较小的几个孩子都是由他接生的。后来，他在长长的助产记录上加上了新的一行：

爱德华·狄金森先生 12 月 10 日　女

爱德华打开太太的《圣经》，在家谱上添加了一条更为详细的记录：

艾米莉·伊丽莎白，他们的第二个孩子
生于 1830 年 12 月 10 日晨 5 时。[1]

很多迹象表明，新生儿是很好带的。她六个月大时，母亲给暂时不在家的丈夫写信（而他每天都写信），表达了一种宁静的满足："我躲到卧室来跟你交流一小会儿——跟睡在床上的小宝贝交流……我在数日子，盼你回到家的怀抱……昨天我参加了教义协会，很有意思。先写到这里吧，亲爱的，我得接着去干活了，那些日常活计，你知道的。"

签名下面又及：

抱歉

---

1 从这个出生日期来看，那个古老的传说就更加不可信了。据传，在诗人出生的同时，妻子违背丈夫的旨意，执意请人更新了房间的壁纸，工匠的名字叫拉法耶特·斯特宾斯。这个传说第一次出现在杰伊·莱达的《艾米莉·狄金森的岁月》一书中，其依据是玛丽·阿黛尔·阿兰写于1944 年的一封信。按照莱达在注释中的说明，阿兰是从马布尔黑德的一位富特太太那里听说的，而富特太太是从一个格雷戈里的后代那里听来的，那位老先生名叫艾德加·格雷戈里，给她提供园艺建议。而格雷戈里的故事想必来自他的太太，她1871 年在阿默斯特生下弗洛拉·戴尔·斯特宾斯，弗洛拉的父亲是拉法耶特·斯特宾斯，一个油漆匠和农民。可是，拉法耶特大约出生于1845 年，比诗人晚生了 15 年！而拉法耶特的父亲威廉，也是一个油漆匠，却住在温德尔。关于名人的小道消息大多捕风捉影，这一则亦然，不能当真。——原注

之所以抱歉，是因为她之前没写信？还是因为她为了参加一个聚会而冒险去吹"晚间的寒气"？丈夫是极力反对这些聚会的，认为它们对妇女毫无必要。

就是这个家，等待着这个熟睡的婴儿。

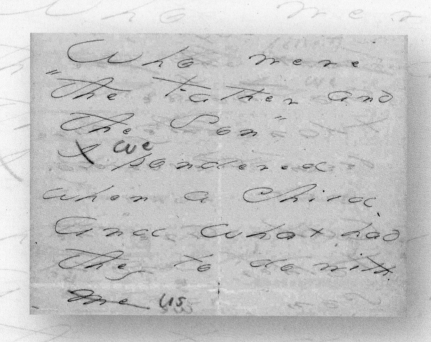

"圣父和圣子"是谁

Who were "the Father and the Son"

儿时的我沉思－

I pondered when a child －

他们跟我有何关系……

And what had they to do with me

1830

第二部分

Part two

1840

第五章

1830—1835 年：温暖而焦虑的家巢

1866 年，狄金森夫人希望孙子"成为一个好孩子"，她的女儿乐不可支地引用那个五岁孩子的答话："他说，'不要太袄[1]'，真是一个目无尊长的小可爱！"

这种开心随着年龄与日俱增。诗人 50 岁时，同样反向劝导一群邻家小孩："请不要长大，这是'好得无比的'－请不要'改进'－你现在就是完美的。"且不说别的，此处的用典显然大为不敬，暗指圣保罗在《腓立比书》第一章第 23 节中对天堂的渴望（"我正在两难之间，情愿离世与基督同在，因为这是好得无比的"）[2]。她在另一封信中再次拿《圣经》开玩笑：套用耶稣的话，"你们若不⋯⋯变成小孩子的样式，断不得进天国"[《新约·马太福音》(18：3)]，她建议一个虔敬的朋友："我们若不变成无赖的样式，断不得进天国。"在诗人看来，我们天生的反抗精神是有益的，它使我们有资格进入天堂，而不是把我们驱逐出去。

这些迷人的挑衅语汇提醒我们，狄金森生长于 19 世纪浪漫主义时期，

---

1 由于口齿不清，小男孩把"good"（"好"）说成"dood"，这里权且译作"袄"，以对应"好"。
2 本书所引《圣经》中译本，除特殊情况，皆采用中文世界早已熟悉的《圣经》（和合本），不再另外加注。

她在纯真童年的观念中找到了一些最好的素材。她的语汇彰显了她对各种传统和纪律漫不经心的藐视。它们警告我们，不能将她看作是"枯萎的童年"的产物（休厄尔驳斥这个传闻时采用了这个有力的短语）[1]，亦不应忘记她常常回忆幼年，那里有无尽的丰富性。它们还有这样的暗示作用，人到中年，她以一个有利的视角回顾早年，看到的很可能是一个过于乖巧的孩子。

传记作者为了描绘主人公的早年生活，总是尽可能收集那些散乱零碎的事实，组成一幅由内心塑造的真实画像。在此过程中，不能让一些戏剧性或激动人心的偶然事件掩盖了日常生活的本来面貌。而狄金森晚年的回顾则更倾向于尖刻、极端的表述，且不怎么考虑当时的语境，所以并非对原貌的忠实再现，如此说来，传记作者的重构工作便更加困难了。我们当然不可忽略白纸黑字的记录，上面有些冷酷的、耸人听闻的表述（"我从没有母亲"），但同时也要看到一些实实在在的基本情况：父母对长女的全心付出，女儿对父母割不断的依恋。诗人 14 岁那年，一个朋友的母亲过世，她的反应是，"非常同情她，没有母亲她一定很孤独"。小艾米莉是一个感情深挚、精神饱满的孩子，而她的家中则充满亲密、规律、忧虑的气氛。父母信奉俭朴的生活、系统的计划、不变的纪律和辛苦的工作，不过所有这些都由他们自己扛，并没有落到孩子们的肩上，父母对孩子们总是奖多于惩。诗人在少女时代确实遭受过一次不小的心灵创伤，不过那大约已是 1844 年以后的事了。

但这并不是说最初就没有阴影：拥挤的住房、不安全的经济状况、忧虑重重的父母、疾病的威胁、对死亡和来生的恐惧、父母之间权力的极不对等。

---

1 这里指有些传记作家凭主观臆断推测诗人的童年在疾病和沉闷压抑的环境中丧失了生气。

这个家时有凶险，但总体上充满不会枯萎的活力。我们面前的挑战是，不仅要同时看到这两个方面，还要追溯二者结合所生成的爆发力。

危险的晚间寒气

爱德华和艾米莉的周围有许多父母不幸丧子。爱德华的姑妈艾琳·狄金森·蒙塔古和他们住在同一条街上，她的头四个孩子中死了三个。在蒙森镇，女性祈祷圈里的汉娜·波特安葬了她仅有的四个孩子，最后一个夭折时年仅 13 岁。东汉普敦镇的塞缪尔·威利斯顿是个富有的纽扣制造商，他的四个女儿都在六岁前夭折，1831 年，两个大孩子分别死于"肺炎"和"猩红热"。一次，小艾米莉醒来，身上起了疹子，父亲再三叮嘱母亲，千万别让病情发展为"猩红热"。[1] 在她的姑妈中，柳克丽霞·狄金森·布拉德失去了大孩子，玛丽·纽曼则失去了头三个孩子。爱德华那时刚好在安多佛镇的纽曼家附近，他告诉太太艾米莉说，老三"今天凌晨一点咽气了"！他参加了葬礼，能向这对痛苦的双亲表示同情，他感到很欣慰。"我真的非常同情他们"，他写道。

小艾米莉两岁时，拉维尼娅小姨提醒狄金森家，蒙森镇一个两岁的孩子被"一桶热水"烫死了。她又加了一句，"我提到这件事是要你们对孩子一定要小心"。不过这个警告是多余的：爱德华一向对疾病、事故和犯罪袭击保持警惕。这既源自他对女性脆弱的定见，又源自他自己的病史，包括妹妹曾提到的"你的老毛病——心悸"。1823 年，他乘公共马车去纽黑文参加毕业典礼，途中发生意外，他的室友乔治·阿什蒙的一条腿骨折了。1826 年，阿默斯特的一个大二学生感冒，"没在意医嘱"，病殁，

---

1 正如约翰·哈利·沃纳（John Harley Warner）指出的那样，倘若医学知识不足，无法分辨"具体病种"，就会假设一些症状"可以从一种病转为另一种"。——原注

爱德华对此印象极为深刻。他是法律学士，却收集了一份急救文件：痢疾用黑莓根，误食氰酸用氨水，若是碰到雷电，失去知觉，就得浇凉水。35 岁左右，他就尝到了"风湿病引起的臀部、背部疼痛"。爱德华一生经常给人开药，诊治，叫人卧床休息，不要吹风着凉，他的家用处方既是公认的折磨，又是一个流传甚久的家庭笑话。父亲死后 12 年，诗人听说某人在家里被毒死了，这个古老的笑话立即复活了："你没发觉自父亲走后，烟熏消毒法就没人用了吗？"写下这句话的一个月后，她便追随父亲而去。

对于任何一个有症状的人，包括他自己，这位父亲的基本处方是，居家或回家卧床。1842 年，他盼着去附近的东汉普敦镇看望奥斯汀，结果"突然病了，所以今天不行"。他和拉维尼娅就适当的治疗有过激烈的意志较量：他会开一些药方，她则会坚持"他没必要为治好我而骄傲，因为本来就并非如此"。一个严冬，拉维尼娅去阿默斯特镇，她感到又焦虑又沮丧，因为拒绝了爱德华的建议，他们之间的僵局越发严重，直到她动身回家两人也没有和好。这场争吵使她"万分难过"，于是，就利用随行人等在贝尔彻敦镇停歇一小时的机会，匆忙给姐夫寄去了一张字条，希望他不至于忘记他们之间的深情厚谊。她提醒说，他当时并没有完全理解"我是多么难受"。

爱德华像他父亲一样，整夜坐在床边"看护"病人。当然，有些事情一般由妇女处理，但这家的男人有责任担当谨慎的保护者。如果他外出时有人生了重病，不管多忙，他都要抽身回家。如果实在走不开，他就必须严格地远程监控。早期，爱德华的家信总包含一定剂量的健康建议。1837年他去波士顿为困顿的阿默斯特学院周旋，"一旦谁病了"，他就准备离岗，"我必须照顾好我的家人，其他事一律往后排"。1874 年，他的儿子就阿默斯特镇公共绿化一事，征询弗雷德里克·劳·奥姆斯特德的意见，两人谈得非常投机。爱德华非常担心孙子内德的"风湿病",于是提醒当时 45 岁的奥斯汀,在这种情况下他的首要任务是什么:"即使是因为奥姆斯特德先生,我也不会忽略内德。"

爱德华叫妻子守在家里,其中一个考虑就是预防事故、疾病、湿气、露水——"晚间的寒气",1830 年他从纽约寄来的信中早已提过此事。可是,1835 年她去波士顿的拉维尼娅家住了很久,他留在家中,却寄去了一份完全不同的处方。他说有表弟桑克弗尔·史密斯临时在这里照料,孩子们都很开心,他劝艾米莉"不用担心家里,好好玩"。她要尽可能去参观一些"公共机构",包括邦克山精神病院,甚至特里蒙特剧院,而且,不管去哪里都要乘马车,不要心疼钱:"忘掉所有劳什子。"几天后有个波士顿人在信中提到,"E.狄金森夫人晚上来访"。写信人对此感到愉快,不过附带提到,时间太晚了,"母亲和安都睡了"。看来,狄金森夫人充分利用了这张难得的许可证,享受着晚间的寒气。

在阿默斯特镇,爱德华收到一份乐观的简报,很高兴"听说你玩得开心"。妻子不在的时候,爱德华曾不得不赶赴富兰克林的县治所在地格林菲尔德镇的法庭处理公务,深夜才回家,而次日五点钟又得去上班。虽然日程紧张,他还是希望她"按自己的喜好,尽量多玩玩,既然都出来玩了,你想去多远就去多远"。翌年,她去春田探访亲戚,他还是劝她什么都不用管,好好享受城市风光。

爱德华前后态度的反差在书信中显而易见,这应该如何理解呢?当年,也就是 1829 年 6 月,艾米莉在蒙森镇照看临终的母亲,爱德华老大不乐意:"这次回娘家要待到乘雪橇的季节吗?"1835 至 1836 年间,他依旧自封为妻子的健康监督,不过,如今他对她"神经紧张"的特质和要求,有了更好的理解。现在他明白了,她得的是当时尚未命名的"经前综合征"，夫妻俩曾小心委婉地讨论过此事。[1] 她还生过几场大病，留下来的相关记录很少，我们知道其中一回生病是第三次怀孕引起的，而且不由分说，她继续把自己弄得筋疲力尽。爱德华找到的解决方法是，要妻子保持健康，就得让她定期离家，外出休假。

在这样的成长环境中，小艾米莉理所当然地认为：母亲有许多活儿要干，常常累坏了，自己要尽量少烦她。"对你们的好母亲好一点"，爱德华时常提醒孩子们，"她照顾你们很辛苦"，"不要打扰母亲"，或"尽可能少给她添麻烦"，又或是"不要总是向她求助"，这些家训成为一种抑制力、一种基本义务，它塑造了母女关系，也塑造了这个未来的诗人对于两性力量关系的感受。这个明眼的女孩（她自己也被认为身体虚弱）一而再地被教导着，不要打扰亲爱的母亲，让母亲独自待着，这自然会让她反思成为一个女人和妻子的不利之处。

变故

1831 年 7 月 3 日，小艾米莉半岁，母亲在阿默斯特第一教会立誓信教。这意味着艾米莉·诺克罗斯·狄金森经历了令人满意的皈依，如今有望和贝齐·诺克罗斯在天国团聚了。在诗人人生的头一年，母亲似乎感受到了安宁和满足。

狄金森夫人是新一轮皈依浪潮中的一分子。那年，26 个小伙子在山

---

[1] 到 1838 年，这对夫妻在频繁的通信中澄清了这一点。1 月 1 日，爱德华离家赴州议会的首个任期，显然恰在艾米莉经期前夕。两天后，他得知她"头痛得厉害……原以为是……我希望你在收到这封信之前就已经放心了"。5 日，她说"关于我自己的身体，你走后好很多。原因不用解释了"。2 月 25 日，也就是不到两个月后，爱德华"担心你的周期性头痛，这个星期，我希望你少出去……尽量少干活"。后来一次，爱德华对妻子表现得不够理解，艾米莉温和地责备道："我亲爱的，我尽力做到平静，而且尽我所能达到你的要求。你很清楚你在家时，我感到不适、抑郁，这是特殊情况，所以你得原谅过去的一切。"——原注

上立誓加入阿默斯特学院教会。这是史上最激烈最广泛的一次宗教复兴运动，它还席卷了新英格兰的其他地区和纽约州，几百个团体都被震颤了。大艾米莉被时代之潮裹挟进去，我们得知，当时 11 个月大的"小艾米莉很健康，一如从前，而且可以独自站立好一会儿"，这个事实构成了一个妥帖的象征。

而爱德华虽然很久以前就接受了正教系统的真理，却从未体验过内心的屈服，从而获得"救赎"。恋爱时他严肃地承认自己"不是基督徒"，这引发了一些关于死亡和永生问题的悲观思考，不过这也激起了一个希望，那就是他和艾米莉可以共同经历心灵的变迁。可是如今她安全了，而他没有，他的信中出现了一种新的恐惧：永远的分离。他会是那个落在后头的人吗？弟弟妹妹也一个个加入了教会：柳克丽霞 12 岁就宣布了自己的信仰，玛丽在 1831 年加入安多佛镇的南部教会，凯瑟琳紧随艾米莉之后加入阿默斯特第一教会，弗雷德里克成为学院教会的一员，小塞缪尔则在佐治亚被救赎。接到关于弟弟塞缪尔的消息，爱德华抑制不住自己的沮丧："我们都应该随时准备迎接未来的幸福生活，可是我很清楚，我从前一直不把它当回事，而且恐怕将来也不会。"

与此同时，爱德华在第一教区却越发活跃。公理会由两个相互交叠的实体组成：教会和教区。教会由公开宣誓入教的信众组成，是内部组织；而教区由未经严格筛选的成员组成，负责财务。很常见的情况是，一些有影响力的男人不确定自己能否得到救赎，因而被排除在严格意义上的教会之外。艾米莉皈依后，狄金森家的权力结构好像一面镜子，反映出公理会的权力结构：丈夫拥有世俗权力，但没有宗教发言权；妻子则相反。此后的 19 年，艾米莉·诺克罗斯·狄金森既是家中处于从属地位的妻子，又是家中唯一的基督徒。在这个并不令人羡慕的位置上，她孤身一人，她的任务是在没有得到充足资源的情况下，把丈夫和孩子带到施恩宝座前。

具有讽刺意味的是，1831 年的宗教复兴运动和仁爱的传播——爱德华称之为"总体道德改革"，导致他的业务量大减。1832 年 2 月，他再次向乔尔·诺克罗斯讨教，承认律师行当的利润大大缩水，"现已无法支撑"。他的手头还不是很紧，也尚未陷入尴尬境地，不过倘若能在 4 月 1 日前筹到 500 美元，就会舒坦多了。两年前的 3 月 30 日所签订的抵押贷款合同，令他忧心忡忡，他在接下来的一句话中，回忆起当时如何孤注一掷，相信自己"前途大好，不久……时代变了"。现在生意这么少，他在考虑放弃阿默斯特和老本行，到银行或工厂寻找一个可靠的职位。

夏初，艾米莉有喜，狄金森家的压力更大了。预产期前两个月，拉维尼娅已预想到即将到来的非常时期，主动提出自己可以随叫随到："如果没人帮忙，自己身体又不好，那一定要告诉我，不要自个儿忍耐痛苦，若有必要我可以来帮你。"最后关头，最大的困难来自久违的住房威胁：2 月 27 日，《罕布什尔公报》(*Hampshire Gazette*) 上刊载了一则通知，称狄金森家宅的东翼即"士绅"一家目前的住处将被拍卖，署名是约翰·利兰和内森·狄金森。覆辙重蹈，这已是第三次，不同的是，这次等待他们的竟是一场不可预知的公开销售。"士绅"破产的余震经久不息。

通知见报的第二天，艾萨克·G.卡特勒医生在助产记录上加了一行：

爱德华·狄金森先生　2 月 28 日　女

这位父亲打开妻子的《圣经》，翻到《旧约》和《新约》之间的地方，用钢笔记下了重要的历史：

拉维尼娅·诺克罗斯，他们的第三个孩子，

生于 1833 年 2 月 28 日上午 9 时——

狄金森夫人迟迟没有康复，至于为什么，没有留下记录。5 月 29 日，距离她最后一次分娩已经过去三个月了，她的身体依旧非常虚弱，妹妹试图以别人遭遇的困难来安慰她："（蒙森镇）有个妇女，小孩子快六个月了，她现在要是离了拐杖一步都不能走。你要鼓起勇气，有些人比你更严重，比你好的也有。"更糟的是，新生儿比小艾米莉麻烦多了。所有人都希望婴儿"安静一些"，可是直到她三个月大时，家人只能说"不见好转"。

这个逐渐扩大的家庭再次驶入险滩。爱德华一方面收入减少，另一方面债台高筑，5 月 13 日，他将自己的那一半房子卖回给利兰和内森。九天后，合伙人将整个地方都移交给戴维·麦克将军，这两项交易无疑是经过协商的。麦克来自西部一个乐善好施的富裕家庭：父亲不惜重金支持教育和福音事业，宗教传单曾刊载他的事迹，儿子则将自己在米德尔菲尔德镇价值 2500 美元的房子捐给了当地教会。买主可能认为狄金森家本是个好人家，因行善而衰落，因此给出宽限，一年后再正式取得房产，以减缓狄金森家面对这次无情变故的痛苦，或许这也是一项交易条件。可是，住在自家的房子里，却要遵循另一个男人的意愿，这对爱德华来说无论如何谈不上满意。

母亲病了，婴儿哭闹不停，重大交易即将到来，在这种艰难处境下，家人决定将小艾米莉送走，以减轻压力。爱德华处理狄金森家宅西翼的几天前，拉维尼娅·诺克罗斯乘马车来到阿默斯特镇接两岁半的外甥女，在一个暴风雨的春日把她带回蒙森镇。

正因为有以上这些变故，以及拉维尼娅小姨的及时出现，我们才得以见到关于艾米莉最早的详细记录，包括她的言语、性格和举止。

热情的小姨，满足的小孩

拉维尼娅从一开始就对姐姐的孩子非常感兴趣。"我特别想见小伊丽莎白，还有奥斯汀"，1831 年时她曾写道（称呼艾米莉的中名，以区别于她的母亲）。1833 年春，她给外甥女做了一顶蓝色的童帽，急切地盼望她或奥斯汀到蒙森镇来——"如果我能逃过一劫"。

拉维尼娅加上了这个限制条件，是因为她对洛林·诺克罗斯痛苦的爱。这个年轻人不仅是她的堂兄，而且胜似亲兄弟，五岁起就由她的父亲监护，在诺克罗斯家住了很久。洛林青少年时代任性、反叛，1828 年他自己也承认，自从由乔尔·诺克罗斯"直接控制"后，没做过什么事"值得并获得过他的尊重"。如今，他刚刚踏上一条遥远而失败的路，力图立足波士顿商界。

拉维尼娅不确定"堂兄妹结亲是否合适"，他们"联系紧密……是一起长大的"，她为此忧愁良久。最后，终于决心不顾这些忧虑，到阿默斯特镇接外甥女去，并把自己的想法透露给姐姐。艾米莉大吃一惊，对这一结合她究竟作何感想，我们不得而知，但其他人认为，诺克罗斯家不喜欢"看到一对兄妹走得这么近"。由于某种原因，这桩婚姻费了许多口舌。1838 年，爱德华的弟弟蒂莫西和一个堂妹缔结连理，二人的父亲是兄弟，母亲是姐妹，这对新人更是近亲，可也没有费过如此多的口舌。

拉维尼娅在回蒙森镇的途中又冒了一次险，风雨欲来，她没在小旅馆中坐等雨过天晴，而是选择立即逃走。闪电比她预想的来得更快，一行人穿过贝尔彻敦西南部的松树林，"风雨、黑暗一齐袭来……雷声轰鸣"。幸运的是，马儿只是"摇摇头，就奔驰起来"，这给勇敢的小姨很大安慰。艾米莉把闪电叫作"火"，这是这个盗火者说出的第一个记录在案的词语。孩子一开始"有点怕，她说'一定要带我去我母亲那里'[1]。我用斗篷盖住她

---

1 小艾米莉说话偏好正式用语，这种情况三年后依然可见。乔尔的妻子萨拉·维尔·诺克罗斯写道，"诺克罗斯先生（你的小艾米莉这样叫他）今天早上去波士顿了"。萨拉在家信中一般称乔尔为"爸爸"。这孩子更乐意用正式称呼——是从她父亲那儿学来的吗？这显然引起了这家人的注意。（只要对比 1835 年 5 月 1 日萨拉给狄金森夫人的信中"Mr"和"Wm"这两个缩写词的笔迹，就会发现杰伊·莱达明显是将"Mr"误读成"Wm"了，从而忽视了这一点。）——原注

的整个脸，不叫她被淋得太湿"。拉维尼娅后来向姐姐承认，她最担心的是"怕你太担心我们"。

小艾米莉很快就开始学习弹钢琴，这大概是她第一次见到钢琴，她叫它"英乐"[1]。乔尔外公被她"逗得很开心"，她还被带去见贝齐·费伊还健在的老母亲，老婆婆说她像极了过世的奥斯汀舅舅。对于一个两岁的孩子来说，她在教堂里算是很乖了，有几次她突然"大声说话"，乔尔就"拍拍"她，拉维尼娅特地澄清，"不是要打疼她或惹她哭"。从此"拍"（pat）进入记载，被严重误读为"打"（slap）。温柔的小姨给外甥女做了一条小

拉维尼娅和女儿路易莎

格子围裙，在她身上花了大量时间和精力。在信中，她多次写到孩子多么快乐多么好，吃得多好睡得多香，给照看她的人带来多少欢乐。拉维尼娅至少有两次提到孩子"非常满足"。[2] "她提到父亲、母亲，偶尔还有小奥斯汀，不过没说过想见你们，希望这不会让你们太伤心"。下画线部分再次显示，艾米莉把从大人那里听来的称呼用到自己的哥哥身上。

1　这里指幼儿口齿不清，把"music"（音乐）说成了"moosic"，这里以"英乐"对译。

2　沃尔夫称艾米莉"顺从的举止"（一个意味深长的表述）是"对恐惧的一种反应，因为小姨正在服侍病人膏肓的"阿曼达（Amanda）。阿曼达是拉维尼娅的大嫂，有肺病，大家觉得她的日子不多了。在那封谈到艾米莉感到满意的信里，拉维尼娅确实描述过阿曼达病情的恶化，不过沃尔夫有过度阐释之嫌。艾米莉到蒙森镇之初，阿曼达差不多只在用餐时露面，言语不多且看起来"很愉快"。后来，她卧床不起，就专门雇了两个保姆，这样一来，她和大家庭的日常生活就越发隔绝了。沃尔夫声称，这个病人的身体状况给两岁大的孩子留下了持久的伤痕，这是在毫无理由地坚持所谓"枯萎的童年"之说。——原注

几年后，拉维尼娅的大女儿出世，爱德华写道，她"喜爱她的孩子，一个颇为像样的母亲"。一张银版相片中，她抱着一个后来的女儿，宛如一个心满意足（但内心伤悲）的维多利亚时代的母亲的象征。5月底拉维尼娅给狄金森家写信，"再没有比这更好的孩子了"，显然希望留小艾米莉多住一段时间。"她充满情感，我们都非常爱她——不曾有过在家里时的样子——她几乎不惹麻烦。"这是拉维尼娅信中唯一一次暗示，外甥女在阿默斯特镇曾感到不开心或令人烦恼——考虑到新生儿带来的困难、母亲的病痛及其他问题，这的确是可能的。

艾米莉和拉维尼娅住了一个月后，父亲就把她接回了家。那是6月初，次日早上，拉维尼娅看到扔下的小围裙。"你想象不到我的感受，"她给姐姐写信说道，"我无法告诉你我多么难过……我一直想哭。"

秋天来了，拉维尼娅"非常想见孩子们，尤其是小艾米莉"。第二年，她贸然跟姐夫说："如果一切顺利，今年夏天艾米莉·伊丽莎白可以离开你们一阵子。"这孩子十分讨人喜欢。

半个房子都不够我翻身的

8月4日，宝宝拉维尼娅五个月了，很健康，可以被带到父母的教堂受洗了。尽管公理会并不认为浸礼是救赎的必要条件，有时候甚至予以忽略，但这项仪式在阿默斯特镇依然具有某种意义。因为这里的浸礼只保留给"完全教会团契"[1]信徒的子女。所以，狄金森夫人1831年7月入教之前，奥斯汀和艾米莉都没有资格受洗。那么之后为什么没有呢？实际情况

---

1 "团契"指清教徒团体的教会生活，旨在增进教徒和慕道友共同追求信仰的信心以及相互分享、相互帮助的集体情谊。"完全教会团契"指正式入会并虔心投入教会活动的成员，只有他们的子女才能进行浸礼仪式。

比较模糊，不过，诗人似乎依旧未经受洗。弄清这一点，是为了理解她在一首伟大的诗作中对未受洗所持的自由态度："我已放弃－我不再是他们的－"，抒情主人公弃绝教名："他们洒在我脸上的名字／和圣水一起，在乡村教堂"（Fr353）。

　　此时，塞缪尔·福勒·狄金森尚未从经济困境中走出来。女儿柳克丽霞就要嫁给阿萨·布拉德了，老人给女婿的祝福是以遗憾开头的："我倒是希望能给女儿一笔嫁妆。"1832 年他带领委员会扩大了公墓的范围，可是"士绅"在阿默斯特镇的地位已难以挽回。第二年，他将爱德华仅仅在脑子里盘算过的事情付诸行动：去别处寻找机会。一群激进的福音派在辛辛那提的群山之间刚刚建立了一所体力劳动学校——莱恩神学院，其使命和阿默斯特学院相似，即为西部地区培养正统教士。塞缪尔被委派为管理员，负责管理农场、印刷和机械实业，这是学生们谋生的来源。他当时不曾料到，一个年轻的极具感召力的废奴主义者狄奥多尔·韦尔德[1]，将掀起美国改革史上一次声势浩大的学生反叛运动。1833 年 12 月 16 日，"士绅"独自上路，离开新英格兰，家眷则暂时留下来。三岁的小艾米莉从此再也没有见过他。

　　很快，家宅的新主人要搬进来了，狄金森家要重新安排自己的住处。拉维尼娅听到风声，于是她问"春天怎么安排——你们住这房子的哪一块"。5 月 1 日前后，柳克丽霞祖母和她的女儿凯瑟琳、伊丽莎白腾出东边的地方，去了俄亥俄州。爱德华、艾米莉及三个孩子跨过走廊，搬到东边，麦克将军一家住进西翼。在此过程中，这位将军给小奥斯汀留下了难以磨灭的印象，他"在任何地方都是引人注目的，身材高大挺拔，头脑清

1　狄奥多尔·韦尔德（1803—1895），美国废奴运动形成期的一位重要领袖，发表《美国奴隶制现状：一千名证人的证词》（*American Slavery As It Is : Testimony of a Thousand Witnesses*，1839），斯托夫人的《汤姆叔叔的小屋》的部分内容取材于这部作品。

晰准确，信奉违法必究……我记得四岁时见到他的第一眼，觉得仿佛见到了上帝"。此后六年，未来的诗人和貌似耶和华的房东就同住一个屋檐下。

　　一份房屋勘察报告显示，麦克为了扩大阁楼空间，用山形墙取代了四坡顶，还升高了南北边的屋顶线，给西边的木制"办公室"加了第二层。"办公室"早就不在了，从信笺页眉上尚可略见一二，上面印的是麦克在镇中心区的草帽厂和远景中的家宅。[1]新主人在扩大生活空间，老主人却失去了办公室，越发拥挤。家用水井位于麦克家的领地，这样狄金森家的日常生活就变得更加费劲。他们用完屋顶大桶收集的软水，就得去谷仓前院子里那个不太方便的水井里汲水。从1838年冬爱德华自波士顿发来的急令来看，从谷仓抬水肯定是一项要求更高的杂务：

　　　　凯瑟琳（雇工）和奥斯汀去谷仓打水时——告诉他们小心那头牛，别被钩住，别伤着。你自己无论如何也不能到院子里去——既没必要，也不准去。

　　这听起来既原始又不利于健康，不过这是当时普遍的生活水平。

　　塞缪尔去俄亥俄州后不久，爱德华寄给岳父一份评估报告，他的坦白已到了惊人的程度："我一直认为，我父亲的这次变动对我有利，这也是我留在此地的一个理由。"老"士绅"对儿子来说是某种沉重的压力。的确，镇里少了一个律师，爱德华的生意起色不少。这成为他命运的一个转折点，成功指日可待。1832年他进入镇里的学校委员会，1835年成为阿默斯特学园的一名理事。同年8月，他接替约翰·利兰做了阿默斯特学院司库。该职位的薪水达300美元，更重要的是，这是对他的充分认可，说

1　这里指麦克先生经营的草制品公司印制的信笺，上面印有阿默斯特镇中心外观图。

明他是一个值得信赖的受托官员。律师近年来始终笼罩在父亲破产的阴影中，对他来说，这真是一个重大的突破。

爱德华任职一个月后去波士顿出差，在信中跟太太抱怨住房拥挤："必须有一个更大的地方容我舒展——半个房子外加一杆子见方的[1]花园，都不够我翻身的。"毫无疑问，年轻律师的前途一片大好，一部分属于个人的成功，另一部分则是由19世纪30年代中期激动人心的经济繁荣推动的。土地投机买卖将地价炒到空前的高位，而爱德华不过是一个囊中羞涩的房客，担心自己错失良机。他像从前一样，又向精明的岳父咨询。乔尔选择在这个关头抛售一些值钱的工厂股份，放弃了过大的住房，而着手建一座希腊复兴式建筑，同时也做一些风险投资。他动身去缅因州考察投资项目，爱德华想要艾米莉趁机劝父亲"给我也买一点'缅因的地'"。这是真正赚钱的时机："如果我不在'东部'做土地投资，就必然在'西部'……要我永远'不露锋芒'，而几百个傲慢的家伙却几万、几十万地赚，我的精神受不了。""别以为我疯了"，他料想妻子一定惶惑不安，便加了这么一句。

阿默斯特人的狂热集中在密歇根州，不久，不少显赫的公民大量投资，包括内森堂兄在内，他最终搬到了那里，并获得了"土地精"的称号。爱德华没有亲自去西边，而是听从了内森和马萨诸塞州许多投资合伙人的意见。1836年他开始冒险，几年内就在临近休伦湖的拉皮尔县、圣克莱尔县以及密歇根湖附近的渥太华县和肯特县买了一些地。不过这些土地似乎都没什么油水可捞。

"这么说你的西部投机买卖已经干起来了"，1836年初，妹婿约瑟夫·A.斯威策，即凯瑟琳·狄金森的丈夫，写信给爱德华，表示自己不

1　约合25平方米。

信赖他们的智慧。麦克家出去考察，发现有多少好地就有多少欺诈行径。"许多人都会失望的，"他们警告爱德华，"我们不能指望靠投机迅速发大财。"在波士顿，拉维尼娅·诺克罗斯的牧师在布道中反对"急于致富"，坚信安稳的劳作才是获得财富的正道。一次，狄金森一家登上附近的霍利约克山，拉维尼娅取笑爱德华，"放眼遥望西方吧……瞧一瞧那肥沃的土地里生出的金银财宝"。在投机成风时，买下很远的荒地是否明智？听得出来，她也不免感到怀疑。

爱德华在阿默斯特镇的投资则谨慎得多。1834 年，他买下从麦克的家宅地基最西边起的八分之三英亩[1]的地皮，很巧，这就是他从前所谓"这一带待售的建筑用地中最棒的"。两年后，他跟麦克和卢克·斯威策及另一个人合伙，圈起西边邻近的"三角地"。契约规定，为保护买主利益，土地及其附属建筑要"保留为公园"。爱德华有自己的计划，这些计划总有一天会成熟。放眼世界，这个崭露头角的年轻律师无法抗拒那个时代疯狂的赚钱欲。立足本地，他毕竟还是一个头脑冷静之人。

她有没有说丢了行李？

职场上的成功使爱德华感到更自由，抱负也越来越大；而艾米莉却似乎依旧马不停蹄地陷在老一套的家务中，只是偶尔到波士顿和蒙森换换空气。妹妹和丈夫一如从前，不断对她提出意见和忠告。1833 年，拉维尼娅说："你力所不能及的事就别操心了——没有比焦虑更磨人的了。"1838 年，爱德华似乎有些恼火："你为什么不能劳逸结合呢？——那些无关紧要的小事就别管了。"

1　约合 1518 平方米。

尽管狄金森家的经济危机正逐渐淡出，找一个可靠的保姆却仍是个老大难的问题。1836 年 1 月，爱德华的妹妹柳克丽霞担心艾米莉"没有帮手……大冷天就你一个人忙活"。2 月，乔尔·诺克罗斯问，那个新女佣"到了没有……合不合你意"。当月，拉维尼娅还提出了一个惊人的问题，这说明狄金森家是多么急需帮手："你原来雇的那个女孩子还在接受监禁吗？"此人的情况我们一无所知，只知道拉维尼娅觉得她"精神错乱"，"在医院接受治疗——我觉得她看起来像个疯子"。

狄金森家的孩子们远离疾病、寒冷和劳累，在这方面他们被防护得很好，对他们影响更大的倒是父母处处防护的忧患意识。在狄金森家收藏的《勤俭的家庭主妇》一书里，有一个章节讲到孩子们应该干多少活儿，该文被圈圈点点：

> 我不会奴役孩子，逼他做重活，我只会因材施教。无论他自己的责任是什么，都是光荣的，而且，单单是外部环境，无法真正损害一个人的人格尊严。我不会强迫男孩子总是劈柴、打水，那会束缚他的精力。但我也告诉他，如果他干这些粗活被同伴看见，也不应羞愧。

这段话大体暗示了狄金森家的内务情况。奥斯汀和艾米莉在成长过程中，从未像奴仆似的干活，他们的活儿有性别之分，活儿少且简单，肯定比母亲少得多，责任也小得多。在某种意义上，母亲是家里真正的奴仆——她好像是心甘情愿的。

爱德华的家书说明，他一直在摸索着指导和管教孩子的最佳方式。家里有一本育儿手册——约翰·S.C. 阿博特牧师的《家里的母亲，或母亲的职责》(*The Mother at Home ; or the Principles of Maternal Duty*)，该书提供了许多建设性意见，狄金森家的父母似乎有所采纳："不要太严厉""不要总是挑错""不要骗孩子""不要制造虚幻的恐惧来惩罚孩子"。不过，仍然有太多防护、太多小心，以至于父母一边努力营造一个完美的港湾，一边却在港湾的中心引起了巨大焦虑。对于狄金森家的孩子来说，家就是天堂，这既是公开表达出来的事实，也是他们亲身感受到的；可是家里也有压迫，随着时间的推移，孩子们，特别是小艾米莉，渐渐创造出一种日臻完美的艺术——在亲密的环境中活出自我独立的空间。

那场儿时的暴风雨体现了艾米莉对母亲的亲密依恋，自此开始，孩子学会了许多母亲的话，她的某种幽默、坚韧、隐私意识及许多其他东西。可是没过多久，一方面母亲患病、心思狭窄、整天让自己筋疲力尽，另一方面家里尽量做到不拖累孩子，这些因素共同导致了一个结果：大女儿过早地养成了一种独立的性格。

这两个不同的阶段有助于我们更合理地解释诗人的一个说法："我从没有母亲。"有人因为这个句子认为，诗人的人生是无情的。1870 年 8 月，她和托马斯·温特沃思·希金森见面，希金森稍后做了谈话记录，这句话也被草草记录下来，他大概不会弄错的。从中难免得出这样的推论：她对母亲从来就没有依恋过，母亲从情感上让她失望，于是就造成了这个严重的歪曲变形。

事实上，说此话时诗人 40 岁，其具体所指应当是后来那个阶段，也就是容易被记忆的阶段，而非早期那个依恋母亲的阶段。希金森写过一篇关于母爱的文章，发表在《大西洋月刊》（*Atlantic Monthly*）上，那是在两人交谈前的上个月，或许她说这句话是对那篇令人敬重的文章的某种回应，表示自己在这个意味深长的话题上比他更坦率。她说自己没有母亲，随后立刻说"我觉得母亲是一个你有麻烦就会跑去找的人"。这番澄清意味着，她所针对的并非母女之间的情义，而是心灵的独立。这一点作为她最显著的品质，给希金森留下了极为深刻的印象。它是从哪儿来的？诗人的回答是："它来自，不要跑去找母亲，她有她的麻烦；它来自，要学会面对疑惑、恐惧和敬畏。""每个人的意识里都有深渊，"19世纪70年代她写道，"没有人可以陪我们到那儿。"面对畏惧和忧虑，她听从父亲的话，"不要打扰母亲"，独自承担。艾米莉·狄金森之所以成为她自己，原因之一就是，不麻烦负担过重的母亲做她的贴心密友。

19世纪30年代中期的一份记录充分显示，狄金森家的孩子们对母亲的焦虑是多么敏感。母亲独自旅行时总担心丢了行李。这种担心也许被夸大了，却并非没有根据。首先，别人也有同样的担心；其次，公共运输简陋而原始；第三，人们普遍认为女人出行最好有人陪同。艾米莉这个阶层的妇女往往会花大量时间和精力拾掇外出装备，一旦丢了就寸步难行——无法享受晚间的寒气。1835年母亲去波士顿后，有天夜里奥斯汀醒来，家人告诉他母亲来信了。这个六岁男孩的第一反应是焦急地询问"她有没有说丢了行李"。孩子们对母亲的爱和担忧有多深，这条逸闻是最好的证明。

关于狄金森的童年记忆，多数都出自19世纪30年代以后，不过有一点有必要在这里提示一下，因为它很能说明她早年对母亲的情感和认识。"有两样东西随童年而逝，"1882年狄金森夫人去世后，诗人匆匆写道，"我在泥地里丢了一只鞋，赤着脚走回家，心里无比开心，还涉水去采山梗菜。母亲骂我，与其说是因为给她添了麻烦，不如说是为我好，因为她皱眉时面带微笑。"[1] 这段话抓住了作家童年生活的许多侧面：对花的兴趣（部分得自母亲），探索和寻乐精神，偶尔不顺从的天性，意识到母亲总是疲惫不堪，以及理解母亲的责备并非发自内心。女儿对母亲的同情隐约

---

1 原文在这里保留了手稿涂改字词的原貌，例如在"涉水"（wading）之前还有一个"抓"（grasp）字，被一条横线勾掉了。译文从略。

可见，同时，二者之间也存在一条难以逾越的鸿沟。我们看到，这个后来说自己"总是喜欢泥巴"的女儿，开始把自己定义为一个与整日忙于家务的母亲相对立的形象。

不过，这一切的基石却是爱德华处处防护的焦虑心，比妻子有力得多，而且更加直白外露。"当我还是个婴儿时，"诗人年逾半百时写道，"父亲为了我的健康常带我去磨坊。我那时得了肺病！马吃'谷物'时，回头看了看我，好像在说：'我若不是被拴住，就叫你见识一下我的厉害，你还未曾耳闻、未曾眼见吧！'"[1]这段回忆和许多早期回忆一样，只是孤证，无法解释。家庭记录中从未提到过面粉磨坊，也没有明确提到女儿曾患肺病。任何人都不会把一个患肺病的孩子带到粉尘飞扬的磨坊，更何况爱德华。确实，作者似乎很吃惊，父亲居然会这么做。不过，身体不好，马的大眼睛向后看着，温和且含有危险，这些正是爱德华的严重警告造成的确切印记。我们几乎可以听到他在说："别出门，别到马跟前去，不然它会踹你。"然后父亲就去忙自己的事了，留下孩子坐在那儿，看着马的眼睛，她感到一种真切的恐惧，还有一种幻想的恐惧，她的思想在这双重压力下正慢慢成形。

1　"未曾耳闻、未曾眼见"出自《圣经·旧约·以赛亚书》(64：4)，狄金森喜欢玩这个文字游戏。这句话保罗已在《哥林多前书》(2：9)中引用过，文字有改动，《仲夏夜之梦》中的人物博顿（Bottom）也引过，这两个改编版本在当时都很有名。可参考狄金森的诗歌 Fr132、Fr1261，及书信 L92、L1035。——原注

第六章

1836—1840年：盗火者的童年

狄金森在19世纪60年代初期写过一首诗，在诗歌开篇，说话人以第一人称抱怨自己被关进了一个如散文一般平淡无奇的现实。接着主人公把注意力转向童年的一个场景：她想起自己是如何因为大声喧哗或多嘴多舌而被关进壁橱，她对自己的成功逃脱喜不自禁：

> 他们把我关进散文里－
>
> 就像当年我是小女孩
>
> 他们把我放进壁橱－
>
> 只因他们喜欢我"安静"－
>
> 安静！如果他们能窥视－
>
> 看见我的大脑－四处走动－
>
> 明智如他们会关押一只小鸟
>
> 因为叛逆－关他禁闭－
>
> 小鸟他只要自己愿意

就像星星一样轻松

蔑视这下方的囚禁－

发笑－我无需更多－

J613

最后四个单词标志着回到现在，其意思显然是说：像过去一样，为了逃脱囚禁，实现飞翔和歌唱，她"只要自己愿意"即可，仅此而已。

狄金森的诗歌经常宣称拥有某种权威力量，通常与传统意义上的"神的权威"相一致。本诗的惊人之处在于，这种权力意识似乎起源于囚笼里的童年。

启蒙教育

1839年的一个礼拜天，正值爱德华·狄金森在州议会的第二个任期，他去波士顿附近的州监狱，看看妻子的堂兄洛林在安息日学校如何教课。后来他给子女写信，提到一个不识字的囚犯："这个可怜而无知的家伙，拿一根（别针？）指着字母一个一个地读，却不会读单词。我教他念了几个小词，像'和、在、到、这个、的'等——他好像很感兴趣——说他希望每个安息日我都能教他。"父亲提到这件事是希望孩子们懂得，读书写字的价值是难以估量的。

在19世纪40年代艾米莉·狄金森入读阿默斯特学园之前，应该最晚五岁起，她就在一家公立小学学习拼写、阅读和简单的算术。没有记录表明是哪个具体的学校，很可能是西部中心区学校，位于现在的普莱增特北街220号，距狄金森家宅约半英里。该校是该区八校之一，建于19世纪20年代后期，是一个两层的砖石建筑。外面有一间柴房——所谓的必要之物，隔壁是霍勒斯·史密斯上校家的下水道，发出恶臭。学生以七岁为界分为两组，教学很可能是以圣歌、训练、标准拼写课本等为基础。《新英格兰初级课本》(The New England Primer)和《威斯敏斯特教理问答》(Westminster Catechism)则可能是留给家庭使用的教材。

我们认为艾米莉上的是西部中心区学校，而非什么私立学校，理由是她的父亲于1832年入选学校总务委员会，这意味着他是积极参与公立教育的。1841年，他主持了一个县级学校大会，大会成员包括州教育委员会秘书霍勒斯·曼。曼发表了一个长篇演讲，主张我们天生的情感应予以纠正，用学到的知识来补充。他举了一个反面教材，说有个母亲很慈爱"却很无知"，冬天把心肝宝贝憋在紧闭的卧室里，不知道这么做很容易让孩子害肺病。

不过说来奇怪，有确凿的证据表明，每逢下雨、生病，艾米莉都要严格地待在家里。父亲第一次说起子女上学的口气就像是他们经历了一场冒险："今天孩子们上学了——现在都舒舒服服地躺在床上。"健康和安全高于一切，不仅仅是爱德华，拉维尼娅小姨问起艾米莉和奥斯汀是否已开始上学，随即补充道："这么大冷天送他们去真是太糟糕了。"当然，坏天气的威胁对孩子们的影响是有区别的，爱德华曾写信教导奥斯汀"做一个好小伙儿——去上学——听妈妈的话"，同时给艾米莉的教导是："如果天冷或遇到不方便，就不要去上学了——你一定要小心，不要生病。"拉维尼娅快五岁时很可能也开始上学了，爱德华依然认为姐姐是保护对象。"上学时好好照顾艾米莉，"他命令奥斯汀，"别让她受伤。"

由于生病和"不方便"（"我原来一直不知道泥地这么深。"狄金森夫人写道），1838年1月的前三周，艾米莉只上了两三天的学。2月一个暴风雪的日子，爱德华从波士顿发来如下命令："暴风雪的冷天，别让奥斯汀出门太多。艾米莉压根儿就不准去上学。照顾好拉维尼娅，别感冒，别得喉头炎和突发性疾病。"即使到了 3 月中旬，爱德华依旧说，"我想奥斯汀上学去了——叫他小心别受风寒"——而艾米莉则没让出门。

别人家的父母对于女孩子生病似乎没那么敏感。在阿默斯特教师的子女中，海伦·菲斯克是一个淘气的假小子，丽贝卡·斯内尔则开心地"玩了一天的雪橇"。艾米莉比大部分女孩子都更深地体会到，冬天就意味着禁锢。我们不清楚她是否玩过雪。

在温和的冬日和"不方便"时，从爱德华给女儿（不是儿子）的建议里可以反映出艾米莉受教育的大致情况。她们应该"坚持学习，不要打扰母亲"，或者"坚持学习，等我回家告诉我，你们学了多少新东西"。"学习"就是记住那些可以口头展示的互不相关的片段，模仿课堂背诵或期末考试；"坚持学习"就是在家里做功课。那时马萨诸塞州的公立教育在全国数一数二，可是在该州 1835 年的修订法规中，唯有一处提到出勤率，要求牧师、行政委员及学校委员会"尽最大努力"鼓励出勤。这并非纪律松弛，而是时代使然。只要学校教育还被定义为记忆和背诵，这种礼仪性的客观要求就产生了一种令人惊喜的保护性效果，孩子们被留在家中，免受一种更难以觉察的、更具侵犯性的课堂暴政。后来人们开始懂得划分年级，制订教学计划，教师队伍也更专业，学校的意义就不一样了，孩子们需要在学校遵循精心设计的逐步的社会化过程。不过这种分等级的严格要求发生在艾米莉求学之后，所以，她还可以用我们今天难以想象的方式，自由地设定自己的节奏。

尽管我们拿不出具体数字，以证明艾米莉的出勤情况，不过，看起来，她的启蒙教育大部分都是在家里由母亲提供的，而母亲会把"感受"（feeling）这个词拼写为"fealing"。狄金森一生大多将"upon"拼成"opon"，而且他们三兄妹从来就没有学会标点符号的规范用法，也不曾为此费心，母亲的家教能否帮助我们解释这些呢？艾米莉从 11 岁起开始写信，第一封信[1]中既无句号也不分段，而单词"would"和"you"中的字母组合"ou"看起来像是字母"a"。不过，字体娟秀，排列工整，而且下一章我们会看到，她的文字清晰流畅，显然，作者手握钢笔，运用自如。

所以，诗人的启蒙教育似乎导致了这样的结果：她的基础还没有打牢就起飞了。这便是我们刚刚在《他们把我关进散文》里所见到的：逃脱平淡无奇的世界，进入自由与幻想之境。

儿童文学

爱德华恋爱时发现，未婚妻可以接触到当时一种轻松而得体的文学杂志。现在他为子女准备了《帕雷杂志》（*Parley's Magazine*），这是新英格兰地区面向上流社会青少年的一份主要月刊："我亲爱的小孩——我寄给你们几本《帕雷杂志》——你们可以读到一些有趣的故事。我希望你们记住一部分，等我回家了讲给我听。"杂志封面上印有六大专栏名称：旅游、传记、历史、诗歌、寓言和谜语，这基本概括了杂志的内容。每期杂志的页脚处都有一些押韵的谜语，此外还有一点世界奇闻。其中一期很可能是爱德华寄来的，上面有一篇关于罗马狂欢节的文章，描述了一群男扮女装的车夫"故作娇柔，摇着扇子"，而他们的情妇"穿着马裤，趾高气扬"，无非是为了提醒所有的好孩子读者，这类事情"在正常社会中是无法容忍的"。

爱德华把《帕雷杂志》带给家人，显然是想给子女提供一种被认可的娱乐和启发渠道。狄金森家似乎拥有一本小册子《家长的误区》（*Mistakes of Parents*），里面警告说，"一般家庭并不怎么煞费苦心地让家变得有趣、

1　这里指诗人现存的第一封书信，写信日期为 1842 年 4 月 18 日，是写给哥哥奥斯汀的，当时他正在外地读书。

愉快"。父亲的一个信条是，"幸福的家是人间天堂"，他总是"煞费苦心"地把自己的家庭经营为一个放松（不是太放松）而愉快的交流中心。"所有人都要彼此和睦，并努力使家庭愉快和幸福。"这条奇特的命令在爱德华的信中频频出现，不亚于"不要欺骗""听妈妈的话"之类的日常指令。

19世纪30年代没有多少愉快的青少年读物。艾萨克·沃茨[1]于18世纪编著的《给孩子的圣歌及道德歌曲》（*Divine and Moral Songs for Children*），艾米莉不可能没有读过。其中第18首《不可嘲笑和辱骂》，以《圣经·旧约·列王记下》（2：23—24）的故事为素材。42个坏孩子嘲笑先知以利沙，结果遭到两个母熊的报应：

当童子们，放肆取乐，

如此对待以利沙；

命令这位先知走开，

"走开，你这秃头！走开："

上帝立即阻止他们的恶行，

遣来两个狂怒的母熊，

撕扯他们的肢体，一个不剩，

拌着鲜血、泪珠和呻吟。

狄金森可能在安息日学校学过这首歌，这种附属于教堂的安息日学校一般在晨间礼拜和下午礼拜之间开设，19世纪30年代早期正处于蓬勃发展的状态。几十年后，两个表妹路易莎·诺克罗斯和弗朗西丝·诺克罗

---

1 艾萨克·沃茨（1674—1748），英国诗人、神学家和逻辑学家。沃茨创作了大量广为流传的赞美诗，被后人称作"英语赞美诗之父"，很多诗歌至今仍在传唱，且被翻译成多种语言。

斯[1]参加了一个更加开明的宗教学习小组，此时的狄金森回想起那两只残害童子的母熊，视其为童年时代残酷信仰的缩影："我希望上帝之爱不必被教得像熊一样。"

狄金森还可能学过沃茨的第 15 首道德歌曲《不可说谎》，其中一节如下：

> 主喜悦他们，所有那些
>
> 说真话的；而一切
>
> 说谎话的，他们的那一分
>
> 就在烧着硫黄的火湖里。[2]

19 世纪 80 年代狄金森给一个小男孩寄去一张字条，将恐怖的道德律令和耶稣的话做了对比：

> "一切说谎的都有他们的份"——乔纳森·爱德华兹[3]
>
> "口渴的人也当来"——耶稣

和许多人一样，狄金森把爱德华兹视为加尔文宗的恐怖论的始作俑者。不过，真正在她和同龄人中间散布死亡和地狱恐惧的却是姑父阿

1　表妹路易莎·诺克罗斯和弗朗西丝·诺克罗斯是诗人的姨妈拉维尼娅的两个女儿，未来将成为诗人最亲密的朋友和通信伙伴。

2　《启示录》(21：8)："……唯有胆怯的、不信的、可憎的、杀人的、淫乱的、行邪术的、拜偶像的，和一切说谎话的，他们的分就在烧着硫黄的火湖里；这是第二次的死。"

3　乔纳森·爱德华兹以 1741 年 6 月 8 日发表的布道词"罪人在愤怒的上帝手中"著称，其中，地狱场景被描绘得栩栩如生。

萨·布拉德。[1] 布拉德的性情较为平顺、狭隘，他的信仰和狄金森家的人有所不同。19 世纪 30 年代初，他任《安息日学校一览》（*Sabbath School Visiter*）的编辑。该杂志是有名的福音派儿童月刊，发表各种简短的讲道、道德故事、来自传教阵地的报告、针对家长和安息日学校教师的劝诫及关于皈依情况的统计数据。对现代读者来说，该杂志有两个显著特点：一个是驱使儿童皈依，另一个是大力渲染疾病、肉体肢解和早夭。在布拉德的杂志里，上帝和熊之间有一种潜在的关联。

爱德华与阿萨和柳克丽霞·布拉德夫妇保持着友好关系，他去波士顿时常常看望他们（不过，与洛林和拉维尼娅夫妇见面更频繁）。1837 年 2 月，爱德华的一封波士顿的来信称，他随信寄去 "《安息日学校一览》给奥斯汀和艾米莉——我想他们会高兴的，我就订了"。那时艾米莉六岁，应该识字了。

这份杂志的一月号刊载了《病危的查尔斯》的故事，并将其放在显著位置。这是一个真实的故事：小查尔斯虽然深受重病折磨，却不抱怨也不害怕。"如果你按你理应的方式爱基督，你就会有这样的感受，"故事总结道，"不过要记住，不论你是否爱他，你必然会死。"接下来是名为《小时偷钉或小罪》的故事，讲述 "一个年轻人站在绞刑架上，绞索已套在脖子上，希望跟母亲再说一次话。母亲从围观人群中走到他身边，脸贴近他的嘴，他却将母亲的耳朵咬下一块"。死刑犯最后总结了这个故事的道理："母亲，如果当初我偷小东西，你就责备我，我就不至于落得今天这步田地。"

---

1 布拉德记得他 16 岁皈依后，曾被其他孩子嘲笑。在阿默斯特学院的四年，"法律和规定……从未和我的愿望发生冲突"。他做学生时，曾给本镇的非裔美国人开《圣经》课，周一清早和 "菲莉丝妈妈"［据詹姆斯·埃弗里·史密斯的《阿默斯特黑人史》（*The History of the Black Population of Amherst*），菲莉丝妈妈当是菲莉丝·芬尼莫尔］"好好谈了谈宗教"。大三时他寄宿于狄金森家，后来跟 "士绅" 的女儿柳克丽霞成婚。他自告奋勇为年轻人和被剥夺公民权的人服务，组织力强，善讲故事，但狭隘守旧，且常常流露出不为人知的怨恨。他的姊妹是亨利·沃德·比彻（Henry Ward Beecher）之妻，比彻对她不忠。——原注

二月号上，狄金森家的孩子发现《病危的查尔斯》还有下文。这个四岁的男孩"失明"后，"带着焦急和恳求的语气"问母亲在哪里。"'我在这儿，我的儿啊，抱着你呢。''为什么，我看不见你，母亲。'"

三月号上有个故事叫《幼儿传教士临死的礼物》，讲一个三岁的孩子弗雷德里克·杜威掉进一桶沸水中，咽气前将自己所拥有的一切——60美分交给了传教士。

四月号和五月号两期连载了另一个故事《新年礼物》，一个虔诚的男孩临终前在他的《圣经》上为他的未皈依的兄弟"标记了许多章节"。

六月号和七月号两期讲述了另一个感人的故事，阿比盖尔·E. 德怀特热爱安息日学校的课业，可是心脏增大，父亲来时已太晚了：她的"尸体已经穿上了寿衣"。

七月号又讲了一个《幼儿基督徒》的故事。玛莎·安·格雷夫斯比艾米莉·狄金森小一个月，她两岁起就对宗教极为感兴趣，后来不幸夭亡，现在"欢乐的小鸟掠过她的窄房子，她的骨灰在那里安眠，等待着复活的清晨"。本文作者来自阿默斯特学院。

八月号，我们未来的诗人一定读到了一个真实的惨剧《失去的手指》。12 岁的伊丽莎白将手指插入工厂"回转梳棉机"的一个小洞里，第一关节之前的肉都被撕掉了，只剩下"一英寸雪白干净的骨头"。"哎哟！"叙述者接着说，"写字时，我的食指神经剧痛，瑟瑟发抖。"狄金森有一首诗描写了一个女性说话人，表现出和该故事的作者一样的虐待狂倾向："她运用漂亮话像用刀锋 – / 那锋芒何等闪亮 – / 每一刀都剖开一根神经 / 或挥霍一根骨头 –"（Fr458）。

《热爱祈祷的小女孩》是九月号的故事（"掉进满满的池水中，即刻淹死"），1837 年最后三个月的期刊上都是诸如此类的内容。

爱德华是否意识到他给儿女们的读物多么形象、悲惨？他是否续订了这份期刊？该杂志继续沉湎于死亡[1]和"死亡造成的分离"，并发泄一种愤愤不平的小气。与此同时，美国的教育向青年保证，到了世界末日，人们会发现，莎士比亚、司各特和拜伦的作品"毫无价值"，排在约翰·班扬和理查德·巴克斯特的作品之后[2]。

狄金森家和布拉德的交往，看起来比较无趣、敷衍，似乎他们的联系仅仅出于亲戚的名分。在 1839 年的一封信里，爱德华谈到两个妹婿的语气有鲜明差别："约瑟夫·A. 斯威策先生今天从纽约来……我见到他实在很高兴，他看上去也是……周一，布拉德先生来我这儿，待了一会儿——他全家现在都很好……"

显然，年幼的艾米莉加入父母与布拉德的交往之中，似乎并未意识到这种交往的日常性和教化性。1838 年 2 月，自艾米莉和奥斯汀第一次收到《一览》已经过去一年了，父亲让母亲"转告艾米莉，她送给布拉德的孩子的那包礼物，我已经交给布拉德姑父了"。爱德华没有提到奥斯汀或拉维尼娅送什么礼物，显然，只有艾米莉一人如此周到。不久，狄金森家的孩子收到一包回礼，他们回复说："很感激布拉德姑父送的小书。"

一幅小女孩的图画渐渐清晰起来，尽管是临时的、破碎的：情感丰富、慷慨大方、反应灵敏、体贴大人和语言早熟。部分是由于父亲的良好愿望，她每月一次得以接触到被官方认可的一种现实，潜伏着虐待狂的气息。她为之困扰，可是，由于她需要克制自己，不能跑去给母亲添麻烦，

1　布拉德的出版物很可能在遥远的密苏里州对一个小读者产生了影响。1841 年，该州有"五六十所新学校"，"马萨诸塞安息日学校协会"的出版物被发到"数百所学校和家庭……这些书将对远西地区成千上万的新一代人产生影响"。的确，《汤姆·索亚历险记》和《一个好孩子的故事》（他死了）都在受其影响之列。［译者说明：作者这里所说的"小读者"指马克·吐温，他成长于密苏里州，短篇小说《一个好孩子的故事》（*The Story of the Good Little Boy*）见于马克·吐温的《新旧素描集》（*Sketches, New & Old*），发表于 1875 年。］——原注

2　理查德·巴克斯特（Richard Baxter, 1615—1691），英国清教派领袖、诗人、神学家，复辟时代之后，成为不从国教派的最有影响力的领袖人物。

这个困扰就被焦虑不堪且不够敏感的父母疏忽了。这可能不是什么大麻烦，但也不会很轻松。

这幅图画显示，一个七岁的小孩被迫学会一种自我依靠，学会培养自己创造性反抗的巨大力量，学会在死亡的壁橱中歌唱，以获得出路。

放手不顾年迈的父母

19 世纪 30 年代中期，大艾米莉似乎生了一场重病。1835 年 5 月，洛林·诺克罗斯写信给爱德华，"听说你家磨难重重，我们很难过"。6 月，爱德华的妹妹凯瑟琳在辛辛那提住了一年后，回到阿默斯特镇，她让父母放心，母亲和孩子们都"很好"，并在信的结尾重复强调狄金森夫人"身体非常好"。这一暗示性的强调似乎意味着什么，可是无证可查。[1] 正是那年秋天，她去波士顿休养。艾米莉最后决定，不跟父亲和继母乘船去缅因州，继母松了一口气：艰苦的海路"几乎能把她累垮"。到了 11 月，艾米莉"受风湿病百般折磨"，爱德华自己也感到身体不适，一个妹妹劝他"入冬之前去南方——如果你要保持健康的话"。对狄金森家的日常困境了解最多的外人莫过于麦克一家，1836 年 6 月，麦克家的一个家人从密歇根州写信来，希望"你的家人早日康复"。

1837 至 1838 年的冬季，一场灾难性的大火摧毁了阿默斯特镇的商业中心。[2] 当天夜里，爱德华在波士顿尚未得知这个坏消息，他"从一个绝望的梦中"醒来，"我梦见一场大火吞噬了我在阿默斯特的朋友"。爱德华

1　狄金森夫妇生了拉维尼娅后就再无生育，或许是因为狄金森夫人身体状况时好时坏，而且住房拥挤。彼时彼地的数据显示，节育已逐渐成为准则。克里斯托弗·克拉克对阿默斯特镇及富兰克林县、汉普县的另五个镇的经济研究表明，19 世纪 20 年代，一个婚妇女平均生育 7.03 个孩子，30 年代为 6.22 个，40 年代为 4.47 个。狄金森家便处在这一下降趋势的时期。——原注
2　两个月后，小裁维·麦克买下公地北边的黄金商业地段，在那里修建了"凤凰街"（Phoenix Row）。——原注

如何心系家乡，此梦可见一斑。头天早上，他做了同样的噩梦，自然想知道"火灾和我的心思有什么联系"。他发现自己无法不去想"可怕而壮烈的"场景："它日日夜夜萦绕着我。"可见，这个男人并不只是一个他意图扮演的枯燥的理性主义者。

来自俄亥俄州的消息也好不到哪里去。塞缪尔·福勒·狄金森在莱恩神学院不大愉快，觉得自己的手"被绑得死死的"。1834 年发生了著名的莱恩辩论，之后，热情宣扬废奴主义的学生团体起来反抗教员和理事，"几乎全体"逃走。翌年，塞缪尔的女儿描述说，他"真的病得很重，非常不好"。母亲柳克丽霞想念家乡的人，在西部似乎没有结交朋友，而妹妹伊丽莎白由于缺乏得体的社交训练，变得"疯野、粗鲁、没教养"。凯瑟琳觉得"这么大年纪的人离开原来的家，去寻找另一个栖身之处，实在失策"。可是，塞缪尔"坚决不回东部"。爱德华曾收到一封信，谈及弟弟蒂莫西，其语句同样适用于塞缪尔："他很坚决，而你非常了解你们家人，知道这个词对他们意味着什么。"

1836 年，昔日的"士绅"在另一所刚开办的学校找到一份工作，即哈德森学院，临近俄亥俄州东北部的克利夫兰市，现属"西部保留地"。他语无伦次地宣布了这次调动，对于他的来信，在佐治亚的儿子认为，这简直"不知所云"。老人比从前更难集中精力，更难相处。1838 年 4 月 22 日，传来他死于"肺炎"的消息。

噩耗传来，爱德华的三个已出嫁的妹妹反应如何？柳克丽霞·布拉德假殷勤地提醒尚未获得救赎的爱德华，整个家庭最终会重聚天堂："让我们大家都遵从他的遗愿吧，我们也将到他那里去。"而凯瑟琳却并不想就此了事（艾米莉的姑妈中，只有凯瑟琳和诗人成为朋友），她希望父亲"到了生命的尽头曾说出自己的感受……哪怕就几个字，都是一个巨大的安慰"。柳克丽霞对他"一贯的好身体"抱乐观态度，而凯瑟琳聪明地猜到"精神绝望"才是致命杀手。她深深愧疚，自责"没有回报"仁慈的父亲，后悔儿女们未给年迈的父母一个安全的家。另一个妹妹玛丽的反应交织着自我满足与责备他人的情绪："我尽了我的本分……别人不一定能做到我这样。"此话的所指对象很可能不是爱德华，而是威廉，这个当时已发迹的家庭叛逆者。多年后，他在阿默斯特西墓园竖立了一块巨大的纪念墓碑，似乎是为了弥补过去的疏忽。

塞缪尔所在学院的账目极其混乱，他的薪水尚未支付。凯瑟琳和玛丽力劝母亲留在俄亥俄州，直到"理清账目，拿到你应得的一份"，然而，这只是为了回避儿女们面对的一个难题：谁带母亲过日子？柳克丽霞·冈恩·狄金森不仅像她的丈夫一样，年纪越大，要求越高，而且用凯瑟琳的话说，她和哪个孩子在一起都不会快乐。实际上，她回东部后找不到一个安定的歇脚处，除了偶尔在威廉和柳克丽霞家住一阵子，主要的支持来自两个妹妹，桑德兰镇的汉娜·冈恩·惠特莫尔和恩菲尔德镇的克拉丽莎·冈恩·安德伍德。这时期，母亲柳克丽霞常在信中抱怨疖子、头晕、儿女忘恩负义。"凯瑟琳不久前给我写信，讲为什么不能让我住她家，"她酸溜溜地告诉爱德华，"是因为她丈夫不喜欢老年人，我看这理由是要传代的。"她加上这一句可怕的预言：怠慢长辈也将应验在他们身上。接着她又以道歉掩盖这个预言，她的道歉像她的谴责一样轻率、过激："我已开始原谅一切了，并没想到要谈这个话题，我知道我全身都是缺点。"[1]

"我最好不提去你家，"她冷静下来的时候给爱德华写道，"因为我知道这不方便。"爱德华夫妇近年接收寄宿生——1835年的弗雷德里克·狄金森和1836年的乔尔·沃伦·诺克罗斯——不过他们都是健康的男孩子，适

---

[1] 如果柳克丽霞·冈恩·狄金森确如其1821年的一封信所示，早年曾沉湎于激烈的长篇指责，那么这也许能帮助我们解释，为什么爱德华在1822年的辩论和1827年化名"考莱伯斯"的文章中都明显表现出对女人训斥男人的反感。——原注

应能力强，可以和自家孩子同睡。对于一个经常生病又总为家务所迫的媳妇来说，一位难以相处的老太太会是一项沉重的负担。狄金森家的半栋房子完全腾不出空间给柳克丽霞住。于是，老太太只能和伊丽莎白一起生活。伊丽莎白排行最小，是当时唯一未出嫁的女儿，是她陪护母亲度过了生命的最后几个月。1840 年 5 月 11 日，老太太在恩菲尔德镇的安德伍德家死于肺病，伊丽莎白那时还不到 17 岁。多年之后，或许正是这一段凄凉的回忆促使伊丽莎白协助组建了伍斯特市具有开创性的"老年妇女之家"。

祖母死前，狄金森家的孙女至少看望过她一次：1838 年 9 月，艾米莉七岁，父母把她和拉维尼娅留在恩菲尔德几天，以便他们前往波士顿。这次或后来一次的做客经历，给艾米莉留下了迷人且难忘的回忆。祖母的妹婿金斯利·安德伍德为人坦率，是一个铁匠，当时已不适合干老本行，就为报刊做一些读写工作，同时创作讽刺诗。在当地，安德伍德以质朴的智慧而闻名，是"镇上最有学问的人"。几十年后，在一封写给凯瑟琳·狄金森·斯威策的充满温情的信里，艾米莉忆及这个姑姑如何"和我一起听那巨大的转轮，发自安德伍德大叔[1]的'书房'，它如何'多方别样'地打动了我，如此美好而不忍再提"。"多方别样"（divers other ways）一词窃取自《圣经》，这是狄金森惯用的小伎俩。保罗致希伯来人的书信是这样开头的："神既在古时借着众先知多次多方的晓谕列祖……"[2]安德伍德大叔的"书房"，一个专门思考和写作的地方，给未来的诗人留下了深刻印象吗？她和凯瑟琳听到的是什么呢？是旁边的一架水车在吱吱嘎嘎地旋转吗？凯瑟琳在场是因为 1840 年 5 月狄金森家族都来参加祖母的葬礼吗？

1　准确地说，金斯利·安德伍德是诗人的父亲和凯瑟琳姑姑的姨父，这里所谓"大叔"（Uncle）大概是模仿姑姑的口气。

2　见《圣经·新约·希伯来书》（1：1—4）。诗人熟读的"钦定本"（KJV）原文如下："God, who at sundry times and in divers manners spake in time past unto the fathers."

艰难时世

繁荣到 1837 年就终结了，这让爱德华明白，他在密歇根的投机买卖短期内得不到回报。随着春天的来临，一场典型的商业恐慌也席卷而来，银行停止黄金支付，土地价格骤降，无人再敢发放贷款。洛林和拉维尼娅的牧师将感恩节布道坚决地命名为"颤抖的喜乐"，他历数一年大事，回顾商业恐慌给经济和金融界造成的后果——"沉重的心情、不寐的夜晚、沮丧的神情、恐惧和颤抖"。

随之而来的萧条持续到 40 年代初，艾米莉·狄金森的近亲遭受了巨大的财产损失。在波士顿，洛林和他的妹夫马修·F.伍德是合伙人，两家在布尔芬奇街、平克尼街和麦克里恩街都有合租的店铺，一直以来这两个经纪人经营着大量天然纤维和纺织品，资金来源自然是借款。1838 年，拉维尼娅像从前一样轻率地告诉姐姐艾米莉："我们的丈夫们已感觉到这年头的巨大压力，获准推迟还贷……不过他们一点也没有气馁。"她的丈夫大概对妻子泄露自己生意上的困难而感到恼火，在妻子的签名下加了一句简短而挖苦的附言："这封信由洛林·诺克罗斯夫人执笔。"然而，洛林需要他明智的妻子的意见。一年后，他宣布他和伍德已"付清了我们所有的票据"，但接着又承认"至于我们今后能做什么，这不是自己所能左右的"。1842 年，老乔尔·诺克罗斯起草遗嘱，将艾米莉的一份直接留给她，而将拉维尼娅的那份交由受托人代管，这一安排用心良苦，几乎可以肯定是为了防止她丈夫的债主将其财产搜刮殆尽。这份遗嘱在爱德华手里，说明信托是他的主意。

在布鲁克林和纽约市，约瑟夫·A.斯威策也在难关中挣扎，渐渐灰心丧气。他不断更换合伙人，终于劳累成疾、日渐消瘦，1839 年 11 月，他的语气非常消沉："今年我的生意规模很小——时代对我并不眷顾，加上家庭的痛苦，我心情很沉重。"玛丽·狄金森的丈夫马克·哈斯克尔·纽曼奉劝这个沮丧的男人减少损失："不要永远沉沦……放下你的骄傲和现在的生意吧——擦掉过去，重新开始。"这个建议被接受了：斯威策、惠尔赖特和莱斯罗普的合伙关系终止，斯威策把家搬回阿默斯特镇，在阿默斯特银行当一个出纳员，全家加入了第一教会。一两年后，斯威策家又迁回布鲁克林，此时的他们已恢复元气。1842年11月4日，斯威策把一首关于他们婚礼的诗作拿给凯瑟琳看，这一类结婚纪念诗，他写了不少。这首诗语句流畅，可是这个男人的真正才能是在纺织品贸易上。

斯威策一家于1840至1842年间在阿默斯特镇短暂居住，毫无疑问，在此期间艾米莉和他们变得更熟了。她的姑父中有编辑（布拉德），有出版商（纽曼），现在又出了一位自娱自乐的诗人。等到1858年，她自己开始认真创作大量诗歌之后，她将给这位斯威策姑父寄出一封神秘且重要的信。

议员的来信

这段艰难时世，还因为父亲和阿默斯特学院的联系而影响了这个女孩。

学校资金严重短缺，只好动用神圣的慈善基金以应付年度开支。现在，随着这部分资金的枯竭，学校决定申请州议会的补助金。该补助金曾为威廉姆斯和哈佛大量注资，使两所大学得以复苏。

为了此事，1837年秋，爱德华·狄金森受托竞选马萨诸塞州众议院的一个席位，尽一切力量保证为学校拨款。那时，爱德华尚无从政的野心，而且不喜欢离开家和办公室，于是在答应接受这个委任之时，他附加了一个条件：做代表可以，但只负责这一项事务，问题解决之后，享有返回阿默斯特镇的自由。该职位任期一年，他1838年在任，后来拨款未能通过，1839年他又做了一次努力。

那时马萨诸塞州议院远非一个奢侈的舒适之地。议员有五百来人，坐在一个大厅里，长凳没有坐垫，用角落处的柴火炉子取暖——其中有个人回忆说，他们坐在那里，大多"穿着大衣，戴着帽子"。爱德华的家书显示，他专注而勤奋，结识了许多朋友和盟友，渐渐自在起来。一次，众议院议长邀请他一个人去家里吃便饭，没有请别人。这位来自阿默斯特镇的代表拥有高明的政治手腕，却碰上了不吉利的年头，而一直有人指控学院的宗派主义倾向过强。结果，尽管学院的请愿书得到委员会的大力支持，众议院还是投票否决了。翌年，众议院方面的意见虽然有利得多，但资金已告罄，请愿书只能交与下届立法机构处理。官方记录显示，爱德华的最后一招是将议案打回委员会，并"附上相应的解决方案"，可还是失败了。

如果说爱德华在波士顿的工作是徒劳的，那么至少在另一个方面却意义重大，他与家人在此期间的通信成为关于家庭关系和诗人早年生活环境的珍贵记录。每隔几天，爱德华就寄回一封长信，基本上都写得满满的。夫人艾米莉则一周写一两次，留白比以前少些了。1838年的前四个月，家书往来比他们一生中的其他任何时候都更频繁、更详细，从中可以得到一些关于年轻诗人的家庭处境和人格形成过程的确切结论。

尽管存在种种问题，父母的婚姻似乎正朝着幸福、成功的方向发展。爱德华再也不写傲慢的长篇大论，艾米莉也不再找许多模糊又纠结的借口。两口子现在说同样的话，坦率、利落地回答彼此的问题，字里行间明显流露出一种舒适和安全感。他们在每封信中都会提到多么不喜欢这种分离的日子；他们用深情而庄严的语言表达爱恋；一方有什么困难，对方总是很快表示同情；他们还常常"反复细读"对方的来信。简言之，他们努力经营夫妻关系，相互适应，对双方迥异的"责任"持大同小异的看法，并努力履行各自的责任，以使对方满意，自己亦因此而感到快乐。有人旁敲侧击地表示，他们结婚这么久了，爱情恐怕已经冷却了，不过，按照艾米莉的想象，"我可以告诉他一个完全不同的故事"。

在狄金森家里，她被"救赎"，而他没有，他们处理这一尴尬事实的方式很能说明夫妻间的情感状况。为了防止他们的不同之处成为一个隐痛，或者更糟——成为随时伺机出场的锋利话头，夫妻俩每天都会履行一项特定仪式，从而间接地再次确认他们对团聚的渴望。

就在爱德华当选的前几个月，乔赛亚·本特牧师加入第一教会，从而终结了四年来没有合适牧师所带来的麻烦。人们渐渐感觉到一股新的热情，1月1日爱德华赴波士顿的那天，这股热情达到高潮。这是"禁食和祈祷"的一天，本特牧师在教会记录簿上写道，"对宗教事业来说，这是一个宝贵的季节，充满希望"，在旁边的空白处，他画了一只表示强调的手指。[1] 这股新鲜的精神力量产生了一个结果：狄金森夫妇同意，为了使爱德华得以皈依，每天祈祷两次。"我亲爱的，"他提醒她，"我们将彼此挂念，朝思暮想——虽然我还不是我应成为的那样——我希望你的榜样和影响将成就我。"他提到太太的"期待"，她看到他是"如此乐意"皈依，这给了她一种深深的满足感。"我亲爱的先生没有忘记我的期待"，艾米莉会如此回复，用一种典型的正式言语表达爱意："我虔诚地祈祷，愿你成为你渴望成为的。"即便爱德华处于双重分离状态（未得救赎且身处异乡），这对夫妻每天也都以这种方式重复这个祈祷仪式，表达他们对合一的渴望。

而他知道自己还没有为天堂做好准备，这份压力格外沉重：

---

1 这是19世纪的读者在书籍的页边处做标记的习惯，通常画三只弯曲的手指和一只伸出的食指，指向需要重点注意和强调的字句。

倘若如你所信且不容我疑的那样，今生不过是为另一时期的存在做预备，那么，我们行事的关键即要以此为依照——然而，我们似乎真的很少这样考虑。不用我告诉你，我没有一天不在想这个问题，关于你，关于我们亲爱的小孩。一想到某时我们将必须分开，我就难以自禁——一想到我们来生可能无法相遇，我就难以自禁。

多年后他的女儿表达了类似的想法，只是语言更加简练凝缩："如果启程就是离别，便无自然，亦无艺术，因为世界都不存在了。"

爱德华的痛苦源自无可避免的分离，而非地狱的威胁，从中可以看出，他对家庭的投入究竟关系到什么。这又引起另一些问题，他的焦虑和恐惧的本质是什么，他自己可能并不完全理解这一点。他是否感受到需要养活家人却不得不每天与家人分离，甚至慢慢失去联系的遗憾？他是否直觉到他最终将陷入疏远之境？多年后，女儿注意到，他说起自己的一生来，就好像"穿过荒野，或置身孤岛……确实如此，因为早上听他说话的声音，我觉得似乎……有一种海的音调……暗示着远至胡安·费尔南德斯岛[1]的荒凉"。

19 世纪 30 年代这对夫妻建立起良好的合作关系，这样一来，双方关系中的永恒张力反而越发清晰了。其中最突出的问题是艾米莉·诺克罗斯·狄金森的健康，既是"神经"上的也是身体上的。简言之，核心冲突就是，爱德华确信她冒了许多不必要的风险，而她确信他担心得太多。一遍又一遍，他们用不同的语调重申各自的基本立场。例如，一场暴风雪捎来了爱德华的一封信：

---

1 胡安·费尔南德斯岛（Juan Fernandez）是南太平洋的群岛，属智利。据说，笛福所著《鲁滨逊漂流记》的故事就发源于这个群岛。

不要劳作过度——也不要负担过重——任何情况下都不要晚上外出——下午也不要出去太多。冷天待在家里，这对你最好不过了。如果你要骑马去教堂，就让奥斯汀去请弗林克先生带你去。

艾米莉说已经有人在照顾她了，这是隐约暗示丈夫没必要这么担心她，也没必要发出这么多命令：

我亲爱的，你叫我高兴时就去请弗林克先生实在是太好了，不过我要告诉你的是，我还没说，他就主动提出帮忙了……可以确信的是，我们是有些朋友的。

然而有时，她表达自己的立场时带着一种朴素的尊严，并且坚定地认为他太过紧张了：

你不要太担心我们，你要像你自己对我说的那样安心睡觉。昨晚我休息得很好，今天白天精神一直不错，我想你会很高兴知道这一点吧。

可是，狄金森夫人平静而健康的时候少而短。一次，爱德华派来办理公务的雇员看望了她，发现她"看起来不错，但抱怨神经太紧张"，她害怕丈夫不在时出岔子。这并非杞人忧天，当时有许多抢劫、袭击的报道。有天夜里，拉维尼娅得了喉炎，母亲不得不起来，"设法找到"一盏灯，给孩子滴一些"白酒"，使她呕吐出来（真的有用了）。艾米莉有次"全身发疹"，一直"说自己累"，母亲请来大夫，用了"一点药"，她就迅速康复了。一旦波士顿起风，爱德华就担心风会吹进妻子在阿默斯特镇的

"卧室窗户"，影响她休息。他的来信常常是一把双刃剑，给了她多少安慰，就带给她多少紧张。"夜里锁好所有的门，"他命令道，接着又加上一句空洞的话，"尽管没什么会伤害到你们。"

第一教会尚无小礼拜堂，平日活动都在地下会议室举行。后来人们回忆说，那是"一间很差的屋子，天花板很低，光线又暗，而且有一半在地下"。本特牧师的宗教复兴潮流期间，祷告会就在那里举行。4月1日，爱德华制定了法律：

> 关于给你的命令，我忘了一件（在回波士顿之前）——尽管你十二分地愿意晚上出去参加聚会，我明确的禁令是，我不在时，无论何种情况，无论出于何种目的，你都不准去那个小礼拜堂。不要不理会，如果你去了，我会发现的。那是极其危险的地方——我真想知道到底有没有人敢冒险进去。

毫无疑问，爱德华自己也在扮演那个熊的角色。一次，他威胁说，假如任何一个孩子要死，"而之前你将病情瞒着我，那我永远都不会原谅你"。我们真想知道这种提前宣告可怕报复的心理是否让他的妻子耿耿于怀。

我们不应忘记，这种为了保护家人而表现出来的盛怒，和焦虑而温柔的爱是相辅相成的。父亲的深爱和蛮横联手铸造了一道坚不可摧的防线，环绕着孩子们，这股力量对女儿尤甚，对长女最甚，使她周边的空间变得高度紧张，充满电荷。

阿默斯特镇最好的小姑娘

奥斯汀是老大，又是男孩，理当比妹妹们更结实，所以一再被选出来承担特殊的责任并享受特权。家里安排他去打水，还有许多跑腿儿的事情。家里的女人有时被迫待在室内，他则有资格不顾恶劣天气就出门。一次，母亲参加一个婚礼，一直待到将近结束，她让奥斯汀跑步去邮局，看是否有爱德华的来信。随着时间的推移，家长对儿女的区别对待越发不公平，特别是奥斯汀进入爱德华的行当以后。从那时起，父亲写给他的信会涉及政治和商业，对女儿谈的则是一些无足轻重的小事。从记录来看（不完整，我们提醒自己注意这点），他和女儿的交流仅限于某些话题。

可是 1838 年父亲和艾米莉的关系似乎温馨而充实，并且很好地融入她不断增长的关于自己和世界的体认当中。的确，那一年频繁的书信往来表明，父亲对大女儿有些特别之处，其方式尽管微妙却很重要。1 月 5 日，他给每个孩子一条简短的信息。给奥斯汀的貌似最普通："你必须做个好孩子——去上学……去取柴火……饭桌上好好表现，尽力帮助母亲。我会很想听到这一切。"给拉维尼娅的信息说明，她需要做出改正："不准骗母亲——如果你这么做，我会知道的。"可是，给艾米莉的信则没有威胁说要监视她，似乎理所当然地认为她的道德和情感具有更高的水准："对你的小哥哥、小妹妹友善，尽你所能，让大家友好相处。我希望你成为镇上最好的小姑娘之一。"字里行间可以感觉到，艾米莉是三兄妹中最热情的，与他人关系融洽，乐意讨人欢心。关于这一点，我们还可以找到其他证据，爱德华警告奥斯汀和拉维尼娅，大风天不要在室外玩耍，却未提艾米莉。伊丽莎白小姑注意到拉维尼娅孩子气的自我中心主义，她没有耐心，不顾他人，"在我肘边蹭来蹭去，一直吵着要我停下来"，关于姐姐却无类似记录。

狄金森夫人的信中也出现了同样的图景，她觉得艾米莉和哥哥、妹妹不一样，她更懂事，考虑更周全，更早地养成了责任感，并参与到成人的忧虑世界。给布拉德家的孩子送礼物的是她，关于回赠什么礼物，她的选择是"一点金刚砂"，用来擦拭她的缝衣针（而奥斯汀想要的是铅笔刀）。这个请求告诉我们，她不仅时常整理自己的日常工具，而且养成了节俭和自助的美德。母亲常常笼统地说孩子们想念父亲，却从未传达过奥斯汀或拉维尼娅的个人化信息。但我们可以看到两条发自艾米莉的信息，每一条都揭示了这个女孩多么有模有样地化用父母的语气，多么自如地表达自己的想法：

> （孩子们）十分想念父亲，我应该告诉他们的父亲养了多么好的孩子。艾米莉说她希望我写信给你，她会很高兴见你，不过她希望[1]你离家在外一切都好。
>
> （艾米莉）说到父亲时充满感情。她说她厌烦了父亲不在身边的生活。

这些表达说明，这个女孩多么充分地意识到整个家庭对爱德华的依赖，他强大有力，是家庭的支柱，家人都很爱他，而他不得不常常离家。

狄金森成年后经常暗示，自己过去绝非模范儿童，正如我们上文所提到的几条生动回忆，她曾因蹚进泥巴地而受责备。我们要格外小心，避免对她的第一人称的诗歌做字面上的阅读。不过，《他们把我关进散文里》一诗确实表现了保持"安静"的重要性，这使我们想起狄金森家紧凑的半

1　需注意母亲这里的用法，有一种自行摸索的"洋泾浜英语"的效果。（原文中的"hope"一词没有按语法规则变成第三人称单数形式"hopes"。）对此，我们应当如何理解呢？一种过于谨慎或古旧的虚拟语气？抑或非屈折变化？或者，这是依照女儿的原话写下来的，保留了她自己的用词？无论答案是什么，狄金森的诗歌确实公然使用这种反常的动词形式：

　　　普通玫瑰 – 凋零 –（The General Rose decay）
　　　而这一枝 – 在女士的抽屉（But this – in Lady's Drawer）
　　　创造夏季 – 当女士躺（Make Summer – When the Lady lie）
　　　在永不停歇的迷迭香里 –（In Ceaseless Rosemary – ）

Fr772B

（原文中"凋零""创造""躺"三个动词都未按照语法要求转换为相应的第三人称单数形式。）关于诗人的这个习惯，有两位学者的讨论富有启发性，见 Lindberg-Seyersted, pp.243—52, 和 Miller, pp.2—5, 63—69。——原注

栋房子，1834—1840 年，那时他们与麦克家仅仅一墙之隔。"我们是荨麻，我们中的一些，"在伊丽莎白·巴雷特·布朗宁的长诗《奥萝拉·利》[1]中，玛丽安·厄尔如是说，"因萌发而冒犯了别人。"狄金森有这本书，她在这一节上做了记号。

按照父母的描绘，她是阿默斯特镇最好的小姑娘，而她成熟以后却意识到，自己是喜爱泥地的荨麻，怎么理解这种矛盾呢？显然，这个精力充沛的小女孩一定破坏过不少规矩，而经常不在家的父亲并不需要随时应付她，抑或父亲对她所犯的小错不甚了解。然而，还有一个更深层次的答案，涉及她与父亲和母亲之间关系的反差。

在艾米莉青春期以前，爱德华是否斥责或惩罚过她？这方面的记录或回忆我们尚未发现。相反，只要提到幼年时期家长的惩罚，实施惩罚的都是狄金森夫人。"当我是个小男孩时，"1870 年她告诉侄子，"母亲说，我必须'掀开新的一叶'——我把它称作'叶子的警告'"。[2] 这段话告诉我们：在母亲眼里，这小姑娘常常行为不端，而女儿对母亲的唠叨则不屑一顾，这成为母女关系中的一个紧张点。还有一段回忆，记录在订在一起的两片纸上，诗人似乎在反叛母亲的局限之见，还有原罪的教义："我们说，她说，[3] 请我主耶稣——接收我的灵魂——我们被分开安排到不同的房间里，为我们的鲁莽赎罪。心想，耶稣给我们制造这么多麻烦多可恶啊，我们只不过把他钉在十字架上而已，何况那还是在我们出生以前。"我们不清楚

1　伊丽莎白·巴雷特·布朗宁的叙事长诗《奥萝拉·利》（*Aurora Leigh*）于 1856 年底在伦敦出版。关于诗人的成长与这部长诗的关系，详见本书第十六章。

2　以"树叶"比喻"书页"，这是英文中的一个常见表达，诗人借用妈妈的话，玩弄了一个文字游戏。因此这里直译为"新的一叶"（new leaf）而不是"新的一页"，以对应后文的"叶子的警告"（Foliage Admonition）。

3　这里语焉不详，具体发生了什么，是谁在说，说了什么，都十分模糊，权且根据原文翻译。正如作者所推测的，大致情形似乎是：她们玩游戏时无意间亵渎了神明，母亲刚巧从旁听到，所以惩罚了她们。

这里的另一个孩子是谁，也不知道这究竟是为了什么事，不过，看起来似乎是一个天真的游戏被误解为对神明的亵渎。

问题不在于母亲喜欢惩罚（她并不喜欢），而是母女关系中确实存在一种张力，母亲一方固守狭隘的思维定式，而女儿一方显然更为狂野，禁不住探索的冲动。"儿时，如果遇到什么不顺，我总是跑回家，寻找敬畏。"19世纪70年代，诗人在致托马斯·温特沃思·希金森的信中这样写道。"他是一个令人敬畏的母亲，可是我喜欢有他这个母亲，总比没有的好。"[1]对成年狄金森来说，"敬畏"意味着某种崇高的恐惧。这个女孩清楚自己不能把这个负担加给母亲，于是就把它留给自己，反复思虑，让它成为自己某种意义上的第二个家。

同时，这个女孩也特别留意《圣经》中的某些族长人物——他们的权力、对从属者的爱、隐秘的痛苦。大卫和他挚爱的儿子押沙龙之间发生冲突，他们的悲剧故事"萦绕着小女孩时候的我"。她尤其苦恼摩西所受的惩罚，他带领以色列人到达应许之地的边上，却不许进入：

> 我始终觉得－这是一个错误
>
> 对待老摩西－竟如此－
>
> 让他眼见－迦南地－
>
> 不得进入－

在诗歌结尾，摩西凝望着远方的禁地：

> 尼波山上的老人！晚景如此－

1　这里，诗人使用了代词"他"而不是"她"，"母亲"一词采用了首字母大写，"他"指代"敬畏"，诗人似乎以人格化的"敬畏"替代了人世间的母亲。

我的公义流血－为您！

Fr521

同样的场景还出现在诗作 Fr179 和 Fr1271 中，显然，此事给这个姑娘留下了持久的印象。

她对摩西故事的入迷和同情暗示出，她年少时对父权命令强烈而复杂的感受，父亲的命令迫使她因女性身份而被排除在外。与此同时，她对父权族长的同情和关切说明，她在意识和幻想中对父亲是认同的。我们可以将这种关切看作一种标志，标志着她将父亲的决断、自立和超然融入自己的视野和精神世界之中。

然而，除了对历经磨难的族长的同情，她表现出更多的怀疑和违抗：同情摩西，归根结底是质疑至高无上的统治权。根据第一教会的信条，《圣经》乃是"圣人……为圣灵感动"而作。对于这一点，这个女孩持有秘密的保留意见，或者正如她在 19 世纪 80 年代所写道的："'圣诞老人'的谎言总使我想起，我小时候喜欢问'《圣经》是谁写的'，回答则是'圣人为圣灵感动'。我现在不再问这个问题了，但那个答案总归有些牵强。"

在公开祈祷时，每个人都口口声声呼唤"圣父"，这个神秘的中心意象高于一切。19 世纪 30 年代，她所在的教堂使用的是赞美诗集《沃茨及其他选集》（*Watts and Select*），其中有一首独具一格的四行诗，谜一样令人不安：

无人能正确理解圣父，

除非通过圣子领悟；

圣子不会深受欢迎，

除非圣父为之扬名。

第六章 1836—1840 年：盗火者的童年 121

这是耶稣的话，由于配上了《老百首》[1]的调子（由约翰·道兰[2]作曲），给人留下的印象尤为深刻。一个有天分又警觉的女孩可能不禁感到奇怪，这种僧侣式的男性智慧究竟关系到什么？为什么这个神圣知识的圈子里没有母亲和女儿的份？狄金森作于70年代的一首诗可能回应了这个问题，诗作开篇如下：

> "圣父和圣子"是谁
>
> 儿时的我沉思 -
>
> 他们跟我有何关系……

Fr1280A

关于早年的回忆，有一件事可以确定具体时间：诗人参加的第一次圣餐礼。这项仪式两三个月举行一次，安排在常规的安息日早礼拜之后。这时，爱德华、他的孩子及其他非信众成员就会起身离去，接着，牧师会邀请已立誓信教的基督徒用圣餐，因此狄金森夫人是全家唯一在教堂里喝葡萄酒、吃面包的人。小艾米莉对这个她无缘得见的仪式一定感到好奇，而且她也一定想知道，一向权威有力的父亲为什么也（像摩西一样？）被神秘地排除在外。

1838年1月7日，当时爱德华是阿默斯特镇新选出的驻波士顿代表，妻子写信告诉他，那天早上在教堂，"奥斯汀和艾米莉……圣餐时在我身边"。这件事似乎不值一提，却给这个早熟的七岁女孩留下了难以磨灭的

---

1 《老百首》（*Old Hundred*，一作 Old Hundredth）是基督教世界几乎人人会唱的一首上帝颂歌，因歌词内容与《圣经·旧约·诗篇》之第一百首相关，因而被称作"老百首"，歌词第一句为："赞美上帝，所有的祝福都从他而来"。在钦定本圣经（KJV）中，第 100 首赞美诗的首行为："Make a joyful noise unto the Lord，all ye lands"（"普天下当向耶和华欢呼"）。

2 约翰·道兰（1563—1626）是英国文艺复兴时期的作曲家、歌唱家、鲁特琴手。他创作的歌曲带有浓郁的忧伤情调，舒缓、优美，传唱至今，如《泪水涌流》（*Flow My Tears*）《让我住在黑暗里》（*In Darkness Let Me Dwell*）。

印象，她感受到了非凡的礼遇。40 年后，在给玛丽亚·惠特尼[1]的信里，她追忆了这个场景：

> 有一次被留在圣餐礼上，因为我太小，无法离开（这里指自己离开），牧师让那些"爱主耶稣基督"的人留下。
>
> 虽然主耶稣基督对我来说是陌生的，这份邀请却是尊贵的。

在另外一封信里，她又回忆了这个事件，其中，"起立"的瞬间作为一个奇特的场景被留存下来：

> 圣餐礼的热诚最最吸引儿时的我。一次，牧师邀请"所有爱主耶稣基督的人留下"，我几乎忍不住起立，感谢他对我出乎意料的抬举，尽管我现在想，如果他说的是所有热爱圣诞老人的人，那我的狂喜就会更加不合时宜了。

以上两段回忆所涉及的最初经验似乎都被后来的材料层层覆盖了，所以我们现在所看到的东西未免受到种种干扰。不过，依据其中共通的要素来判断，这个女孩的最初反应是惊喜。本特牧师的邀请包含某种出乎意料的热诚，她感到自己受到了稀罕珍贵的礼遇，于是，她认真对待它，并很乐意做出回应。

对于她这样的孩子——拥有出众的语言和智力天赋，并渴望掌握大人的宗教奥秘，这样的回应在我们的意料之中。这是第一次，她被允许进入终极权力的现场，得以一瞥那等待她的殊荣。

1　玛丽亚·惠特尼，《春田共和报》主编鲍尔斯和狄金森兄嫂的朋友，后来成为艾米莉·狄金森的通信对象，特别是鲍尔斯过世之后。详见本书第二十一章。

我从林中采来一朵花 -

I pull a flower from the woods -

一只妖怪戴着眼镜

A monster with a glass

一口气算出了雄蕊数 -

Computes the stamens in a breath -

把她吞进了"纲目"!

And has her in a "class"!

1840

第三部分
Part three

1847

第七章

西街的最初年月

初到西街

1840 年，全美经济依旧萧条，可是这对艾米莉和她的家人来说却是标志性的一年。春天，他们从家宅的东翼搬出，住进当时的西街，即后来的普莱增特北街的一所大房子里。同时，第一教会请到了阿龙·梅里克·科尔顿牧师，他是 19 世纪第一教会历任牧师中最有影响力的一位，在诗人的成长期对她产生了重大影响。11 月，民主党成为艰难时世的替罪羊，辉格党把威廉·亨利·哈里森[1]提拔到白宫，狄金森、诺克罗斯及斯威策家都热烈欢呼。不是在那年秋季就是翌年春季，艾米莉开始入读阿默斯特学园。

1840 年 1 月，一个名叫奥蒂斯·A. 布拉德的巡回肖像画家在皮特金和凯洛格商店的楼上租了一间画室。他在《阿默斯特公报》（*Amherst Gazette*）上刊登广告称：他将在此停留"几周"，每天下午"一点到四点"都在。老"士绅"去世前没有留下一张自己的画像，爱德华则不同，他希望保留一家

1　威廉·亨利·哈里森（1773—1841）后来成为美国第九任总统，但不幸的是，总统任期刚满一个月他便去世了，成为美国历史上任期最短的总统。

人永恒的视觉记录——"模子"，这是不愿合作的女儿后来对此的称呼。与随后迅速风靡美国的银版照相技术相比，画中人似乎不够逼真，效果令人沮丧，不过终究还是传达了一些个人特征。看爱德华的画像，人们会惊异于他的红发、紧闭的嘴形、直直的逼视和早衰的皱纹——整体给人的感觉就是紧绷、严厉。他的妻子艾米莉，目光并未直视我们，用西奥多拉·沃德比较恰当的描述来说，"一张温和、得体的脸上露出一丝反对的微笑"。孩子们的脸比大人更难勾画，似乎全是一个模子刻出来的。为了区分，布拉德动用了道具，比如拉维尼娅拿着一张猫的图片，那是她最喜爱的宠物。

在兄妹三人中，艾米莉的特征表现得最充分。她手持一枝花，花下有一本书，摊开的那一页上也是花的图案。显然，这个九岁的孩子不仅对植

艾米莉 9 岁，奥斯汀 10 岁，拉维尼娅 7 岁（奥蒂斯·A. 布拉德 绘，1840 年早期）

物感兴趣，而且发现了印刷与自然这两个世界之间的联系，并希望我们也能看到。和哥哥、妹妹不同，唯独她继承了父亲引人注目的红发。

勇敢的新英格兰之声

在家庭之外，将声音、语言和意见灌输给艾米莉最多的人莫过于阿龙·梅里克·科尔顿牧师。

科尔顿在教义上属于正统派，在众人的回忆中，此人性情温和，爱好和平，从不夸耀，喜欢玩笑，厌恶奴隶制。他在一场布道中列举了诸多好习惯，牧师自己的性格从中可见一斑。

> 坦率、宽厚地判断是非的习惯；自制的习惯；用温和的回答赶走盛怒的习惯……对所有人友好、礼貌、和蔼的习惯；任何场合对孩子都给予愉快的目光、话语的习惯——这本身就是一项使命，且是最好的使命；留在家中和妥善安排时间的习惯；观察、学习和思考的习惯……

作为一个公众演说家，科尔顿并不追求崇尚庄严的那派牧师的严肃风格，也不希求"点燃"人们心中热情的火焰。相反，他设计了一种简洁的，虽然不是永远恰当的，但富于表现力的生动风格，这似乎对未来的诗人产生了重要影响。

1840年初，科尔顿是安多佛神学院二年级的研究生。《传道人的勇敢》（*Boldness in the Preacher*）大约是他的一篇论文，已刊印。"勇敢是有力的，"该文声称，"我们服从决定性的精神。我们这么做是出于本能的敬意。"不过，这个神学院的学生尚未做好赢取广大优秀会众敬意的准备。

后来乔赛亚·本特牧师逝世，阿默斯特第一教会邀请科尔顿这个年轻人为 1840 年 3 月的前两个礼拜天"临时代班"。所谓"临时代班"，是指按规定的酬金讲道，但不担任其他圣职。50 年后，科尔顿在教堂周年纪念会上栩栩如生地描述了如下经历：他如何乘马车走泥泞的道路，被引见去拜访"爱德华·狄金森阁下，当时住在麦克将军家的东翼"，并在那里用茶。一个礼拜天早上，这个神学院的学生发现与此前的协定不同，他居然要去申请一个牧师的空缺。第二天，教会和教区委员会在爱德华的律师事务所开了两个小时的会。会上，这个年轻人经劝说，声明自己为牧师候选人，并由委员会成员介绍给教区内的所有家庭。高压的聘任工作结束后，诗人的父亲为举荐这位受害人，给予了一番带有策略性的美言："科尔顿是一个奇迹——一周内拜访了 200 个家庭，拍遍了所有妇女的婴儿，把七个委员会成员都累得筋疲力尽。"

爱德华可能是在 4 月 1 日的教区会议上发表这番言论的，这次会议的意图是为支持"与教会联合起来"而投票，并录用年轻的科尔顿。投票一致通过——考虑到从塞缪尔·福勒·狄金森正式控告丹尼尔·克拉克牧师以来，严重的内部矛盾对这个团体所造成的创伤，这次选举是一个标志性成果。教区会议记录显示，发起这项决议案的是由爱德华领导的三人委员会。毫无疑问，爱德华是一个关键角色，通过一番迂回曲折的运作，恢复了会众团结，而且钓到了一位勇敢的一流传道士。

候选人被授予圣职之前，必须在牧师委员会的公开质询中证明自己的正统。科尔顿对这次严峻考验的描述很好地说明了他的省略风格。这里，他的句子大多缺少主语或谓语，造成一种私人记录的粗糙效果：

（1840 年）6 月 9 日，周二……文件提交、批准。然后游行队伍到教堂——主席、候选人手挽手，跟着一大群各教会的代表。老一代的惯例，甚至可以说得体。群聚教堂。站了近两个钟头考试……严峻考验后出教堂，一位克拉克·格林先生在门口迎接我，叫我次日（任命日）晚上去他家，为他女儿结婚[1]。好，好；这不是意味着工作加联姻吗？

"为他女儿结婚"让我们一下子就产生了误解，这种让听众起初误解的效果也许正是科尔顿所希望的。他是一个老练的作者和演讲者，知道模棱两可、悬而未决的话语会如何影响听众，让他们保持警觉和思考。他的紧凑的句子里有态度，持续不断地暗示那不曾说出的尖锐意见。而我们的诗人也将忽略许多规则，将节俭艺术发挥到前所未有的程度，对她来说，听听这个声音是绝好的训练。

科尔顿有时表现出一种情绪化的坦率，和他惜墨如金的幽默一样，令人印象深刻。他接受任命并主持婚礼后，回到"阿默斯特之家"旅馆（位于西街和阿米蒂街夹角处）的房间，因为太紧张而睡不着，三更半夜拉开窗帘，望着下面黑暗的十字路口。他能胜任这份被诱骗接受的工作吗？他忽然有一种冲动，下了"一半还多的决心"想趁机逃走。同时，内心的幽默又替这个镇子说出了它的反应："怪人；人被请来，安顿好，第一夜就跑了。"

正是此人的布道，艾米莉·狄金森从童年一直听到成年之初。16岁时，她觉得他的感恩节布道"极好"。可是1850年声势浩大的宗教复兴运动过后，她的信中透露出一些被激怒的迹象，由于"他认真的表情和手势，他的'现在，今天'的呼唤声"。1852年8月，科尔顿病重，提出辞职。这位年轻的女士大约是希望他走的。不过那时，他带来的礼物已经成为她的一部分了——不是传给教徒的福音，13年来一周又一周的宣讲，而是一

---

1 原文 "marry his daughter" 可理解为"和他女儿结婚"或"为他女儿主持婚礼"。

个人持续表现自己的方式，用的是一种朴素诚实的英语，而不是老套麻木的英语，轻轻地刮擦着你的笑骨。科尔顿唐突、精练的低调表述代表了新英格兰腔的精髓——狡黠、辛辣、游刃有余地运用方言，机智而不讲客套。总之，绝不是温和乏味的。

狄金森常常在信中摘引科尔顿的话，说明她对那些惊人的句子、短语多么警觉，而且能马上记住（经常事后修改）。这个习惯应该从童年起就养成了，因为她记得许多从教堂听来的《圣经》经文。一次，她听一个牧师朗诵道："哦，你坐在智慧天使的顶端，朝下观望，你那微不足道的水龟。"这位牧师试图用这一类虔诚的胡言来"点燃"信众内心的火焰，听众中至少有一位捧腹大笑。这位牧师肯定不是科尔顿。

除了语言风格，这个年轻的诗人还从她的牧师那里得到另一样难以估价的东西：意识到语言的力量。科尔顿那篇关于勇敢的论文有一个核心观点：一个传教士，无论他在个人生活中多么温和，作为基督的代表，他都与造物主和征服者站在一起，以至高无上的权威言说。科尔顿提到父亲"有一次批评我结束主祷词的方式"，他牢记父亲的教诲，确信牧师的权威须由一种深思熟虑的"抑扬顿挫"的声音来表达。例如，《马太福音》（6:13）的祷词以此作结："因为国度、力量、荣耀，全是你的，直到永远。阿门"。[1] 这些话，一遍一遍地说，带着意义的细微差别，对于成长中的诗人具有秘密而深远的影响。"小女孩时，"她30多岁时写道，"我记得听过这个不寻常的段子，喜欢其中的'力量'，那时并不知道'国度'和'荣耀'也包含在内。"我们无法确切了解，科尔顿音乐般的布道如何引起了诗人引人注目的挪用（"我的"就是力量），这个思想却从未离开过她：40多岁时，她力劝嫂嫂"珍惜力量"，它在"《圣经》"中处于国度和荣耀之间，

---

1 英文原文如下："For thine is the kingdom, and the power, and the glory, for ever. Amen."这里的"力量"（power），《圣经》（和合本）中译作"权柄"。

因为它比其他两个更激动人心"。这里，再一次，至上的力量可以被凡人抓住，尽管现在，它的能量无法无天，而不得不被包围在——的确，从句法上看，它是被嵌在——另外两个之间。

这一类教导就是这个安静的红发女孩坐在教堂里狄金森家的座席上，从勇敢大胆的（虽然也不是那么勇敢）科尔顿牧师那里学来的。

雄伟的老房子全属于他们自己

1839 年春，经济萧条仍在持续，州议会也拒绝为阿默斯特学院拨款，而爱德华却在当地的房地产上出手不小，如此可观的投资还是自 1830 年以来的第一次。他以 3000 美元的价格在西街买下一栋木结构的大房子，以及两英亩多的一块土地。后来的一个住户回忆说，那是"一所雄伟的老房子"，带传统的中央烟囱、宽木地板，"房梁……是用硬木做的，太硬了，木工都不敢锯"。庭院很长，呈不规则形状，南边和东边竖起一道曲折的栅栏，邻近阿默斯特墓地的南端。20 世纪 20 年代，为建美孚加油站，这座房子被夷为平地。如今另一个加油站占据了此地。

爱德华向卖主提供 1500 美元的抵押贷款做成了这笔买卖。但他应该不会感到手头紧，因为 1840 年 3 月，就在科尔顿首次来访之后，他又在另一栋房子上投资了 3000 美元——堂兄内森·狄金森从前的住处。在艰难时世中爱德华能够实现这些交易，是因为有岳丈的资助：乔尔不仅担保了一笔贷款，而且"提前遗赠"给女儿 2000 美元。爱德华将其中的一半付给堂兄，余下的金额提供了 2000 美元的抵押。这笔交易的风险是最低的：内森那块地有三英亩，位于公地西边的黄金地段，一直是稳定的收益来源。直到 1856 年，爱德华以 6000 美元的价格将其卖给纽曼地产，成为几个失去父母的外甥女的家。

从洛林·诺克罗斯对爱德华讲的一句话来看——"我们希望你们住进新居会感到很满意"——狄金森家从主街搬到西街大约是在 1840 年 4 月 1 日。虽然新家没有老家那么壮观，却不用跟人共享，而且可以开辟许多空间给花园、果园和葡萄藤，奥斯汀甚至还能种一小丛松树。全家人第一次体验到自己拥有充足的空间是什么感觉。但从二楼的后窗往下看，刚好是阿默斯特的墓地，一位当地的牧师描述说，那里一棵树也没有，"令人生畏""望而却步"。这个地方以多种方式进入了艾米莉的想象，有些是戏谑的，例如她发现了一个隐藏的同音异义词，"把公墓（Cemetery）叫塔里敦（Tarrytown）"。[1]

一个蒸蒸日上的县镇律师拥有许多公共责任，与此相称的是，访问者络绎不绝，需要家里的女人招呼吃饭，清理狼藉。偶尔还有常住客，主要是亲戚或寄宿生。1845 年，继外祖母诺克罗斯的侄女安·伊丽莎白·维尔·塞尔比在这里度夏。爱德华最小的妹妹伊丽莎白 1842 年的 4、5 月间也住在这里，1844 年她又应邀"住了六个月"。索思威克的一个医生有五个受过良好教育的女儿，其中一个简·汉弗莱上学时也搬了进来。所有这些人似乎都把这个家当作轻松的落脚地，并不拘礼。塞尔比夫人成为名义上的"姨妈"，给艾米莉上钢琴课。有天早晨，伊丽莎白 5 点 30 分起床，"吃完早餐才有其他人起来"。那时她 18 岁，害怕"一个人睡觉"，艾米莉大约是这么说的，维尼（拉维尼娅）不得不和她同睡一张床。[2] 这样，

1　所谓同音，指"Cemetery"和"Tarrytown"这两个单词中的斜体部分，读音相似。塔里敦是一个地名，位于纽约东南部，"塔里"（tarry）的本义是"逗留"。

2　这里或许是一个合适的地方，提醒读者注意医生的记录：伊丽莎白 1823 年 5 月 29 日生，男。她 43 岁时结婚，无子女，而诗人在一封信中称其为"狄金森家女方唯一的男性"。进入我们大脑挥之不去的解释是：出生性别不明。另一个解释是医生太忙，搞错了。狄金森的引号说明，伊丽莎白是这个警句的原创者。的确，诗人的侄女早期曾在一封信中报告说"昨天去看姑妈"了，"艾米莉姑妈（说）她总是想起古代戏剧中的一位伊丽莎白姑妈，剧中是这么说的，'小男孩，我是你的伊莉莎阿姨，是女方唯一幸存的男亲戚！'"伊丽莎白这么做可能是指医生的记录，或出于她自己不同寻常的活泼的操控方式，或兼而有之。——原注

艾米莉就和稍大一点的女孩汉弗莱同睡，从她后来寄给简的感情深挚的回忆可知，她可能更喜欢这个安排："你和我同睡时，我们常常蹦上床，那是多么美好的时光啊。我真希望你到阿默斯特来，跟我待得久一点。"

在冬天没有供暖的房间里，"蹦"是这对活泼的小姑娘上床的方式，接着，她们也许还会互相依偎一会儿。另一个女孩露西·福勒在韦斯特菲尔德市长大，其社会、经济和宗教背景跟艾米莉基本相似，多年后，她写道，"我们的房子总是满满的，没有人希求独占一屋甚至一床"，并且"卧室很冷"。回忆早年同睡一张床的小伙伴时，她写到曾和亲戚家一个同一辈分的女孩"经常一起睡，是我最甜美、最能干、最可爱的朋友"。一次，露西一时兴起，和菲丁山附近的亚比亚·鲁特一起过夜，鲁特是艾米莉的一位挚友。"我穿着亚比亚的睡袍，感觉好极了，然后躺到床上，我们聊得多开心啊。"

艾米莉·狄金森也记得这一类时刻——一厢情愿的独家记忆。19世纪50年代中期，在给简的一封信中，据我们所知这是最后一封，她表达了对1841—1842年间两人在家里那种亲密关系的渴望："我多么希望你是我的，就像从前那样，早上醒来有你，夕阳西下有你，而且我当时确信，没有你的陪伴，我是决不会去睡的，哪怕一会儿也不行。"这番表述即便在当时也显得过于强烈，这也揭示了朋友们有时和她保持距离的一个原因。

艾米莉在西街住到25岁左右，在这15年里，她完成了学业，结下了一系列炽烈的友谊，写出大量书信和几首诗。这个地方充满或好或坏的回忆，如此珍贵，以至于当全家搬回装潢一新而更加富丽的狄金森家宅时，她和母亲看上去都快快不乐。西街才是家。

可是对父亲来说却不然，他的目光始终投注在家宅及其西边他购买的那一小块地上。1843年，他从卢克·斯威策手中买下邻近的两块地，扩大了这个立足点。爱德华对他分离的社区是有长远打算的。他一片一片地慢慢累积，将它们连接为一个整体。

我送你上那儿寻求进步

艾米莉现存的第一封信是她 11 岁时所写，因为哥哥和一个女友不在身边，她闷闷不乐。其基本样式已经显现：一当提笔，亲密关系被中断的记忆洪流就向她涌来。

1841 年秋，阿默斯特学院还在走下坡路，委员会决定让爱德华回到州议会，以再次确保获得议会支持。爱德华这回竞选的是参议院，他以 3175 张选票（共 5184 张）的绝对优势当选，这说明他在汉普郡颇受欢迎，也说明当时的辉格党表现不凡。1842 年 1 月 5 日是他就职的日子。

汉普郡的另一名参议员塞缪尔·威利斯顿来自东汉普敦镇，他非常富有，创办了马萨诸塞西部第一所私人捐助的学校威利斯顿神学院，该校于一个月前开放，以高标准著称。这两个参议员同事无疑曾谈起这个学校，特别是因为爱德华不满意儿子在阿默斯特的表现。3 月 3 日，州议会休会六个月，父亲可以回家了，他终于接替奥斯汀承担起家里的警卫职责。3 月 22 日，阿默斯特学园 16 周的寒假结束。这个男孩又过了几周自由时光，就奔赴威利斯顿神学院，大约赶上了春季学期的最后一个月。父亲随之嘱托道："我送你上那儿寻求进步。"这暗示父亲希望儿子能全面发展。

与阿默斯特学园的教职工频繁更迭不同，威利斯顿能够招聘并留住最好的老师，且每年维持固定的培养方案。其他方面亦如此，比如，根据威利斯顿的"章程"（以独特的第一人称口吻制定），学校坚持严格管理。威利斯顿斥巨资引进实验设备，不过有一个先决条件：科学教育应"和自然宗教、启示宗教建立起一种适当的联系"，而且所有享受永久教职的教师都必须相信，人是堕落的，且需要赎罪，"始终不忏悔则会招致永久的惩罚"，等等。此外还有下面一系列惩戒措施：一个男孩因"在会议上玩耍"，"后背被鞭打，用掉五六根桦条"，另一个因为说了亵渎神明的话，遭到"金属包箍的狠打"。学生们不仅"完全照章守纪"，"彻底接受训练"，而且"拼写、书法、语法，哪一项不好"都不允许。总之，该校对阿默斯特学院在当地的主导地位发出了难以匹敌的挑战。奥斯汀的朋友、爱德华·希契科克教授之子内德·希契科克宣称，这所新学校"对男生、女生来说，都是本地最好的"。另一个男孩从阿默斯特转学到东汉普敦，梦见自己回到老学校，"不太高兴，很快就醒了"。

奥斯汀寄宿在卢瑟·克拉珀经营的罕布什尔公寓，公寓是三层楼房，过了东汉普敦公地，对面就是新学校。搬进公寓之后，男孩收到父亲的来信，信中充满各种命令和许可：

> 遵守学校的一切纪律——跟所有同学和睦相处……如果发生了以前那种头痛的情况，一定要向赖特先生（校长）请假。
> 用眼要注意——如果感到疲劳，就不要用眼了。
> 我认为你晚上学习最好不要超过一小时，除非你乐意。

父亲的信里还提到，奥斯汀要专心学习恺撒，提高"写作"水平（未指明具体途径），发音要更加清晰，"每一个小词的发音都要到位"。

这封信以"爱"作结，来自家庭的爱，还有来自"阿默斯特之家"旅店老板12岁的女儿萨布拉·豪的爱。热烈而简洁，这是爱德华表达对孩子们的关爱的典型风格。两年后，艾米莉外出求学，父亲告诉她，拉维尼娅和朋友们在卡罗琳·D.亨特夫人（一个新老师）家玩了一天的玩偶。

奥斯汀不在的一个月里，所有家信都似乎淋漓尽致地表现了各自作者的特点。伊丽莎白小姑，这个教官，总爱刺激侄子，叫他带文凭回家——

"如果没有别的，就带回来举止良好的证书"。[1]母亲的字条本来就很简短，而且还充斥着套语（"只有片刻时间""就说几句""匆匆"），不过仍然传达出对儿子的爱、对重聚的渴望，期待着他在公开考试中的表现。"我在喜悦中盼望着去看看你"，她写道。[2]

笔墨传达的"好哇"

读过这些信，让我们转向艾米莉的两封信，以及那四周之内她寄给简·汉弗莱的一封信。此后的两年半之内，我们再未见到她的只言片语，实在错过了不少东西。

我们听到她追随母亲的口头禅和焦虑的幽默感，她告诉哥哥，"我有权每晚查看床底下，你可以预想到我有进步了"。我们发现她对本地的八卦有强烈的兴趣——近来广为宣传的禁酒晚宴，大学生正在筹划一场更"高端"的晚宴，还有某人的保险金额为"8000 美金而非 6000 美金，这使此人感觉好多了"。她讲述威尔逊家是怎么搬家的，声音里带着一种尖刻的方言——"让普莱增特山的一个建筑成功到达它的目的地，这对众人来说是一件极大的喜乐"。

标点符号少得不能再少[3]，不分段落，过渡突兀、惊险："我的植物长

---

1 现存一份成绩单，大约是 1844 年秋奥斯汀在威利斯顿的记录。上面显示，功课的分数比举止的分数高。口头陈述方面，获得"完美"152 次，"不完美"60 次，"差"5 次。举止方面，获得"无过"34 次，"记过"20 次。——原注

2 有人称艾米莉·诺克罗斯·狄金森不爱孩子，而且从不拂逆丈夫的意愿，这里不妨提醒读者注意伊丽莎白的信里一些很普通的细节。4 月 21 日信的结尾说，"母亲专门寄给你许多爱"。将她 5 月 10 日的信和艾米莉致简的信放到一起看，可知爱德华突然生病，导致去东汉普敦的计划有变，但母亲违背了父亲的意思，还是去了。1841 年 9 月和 1842 年 9 月，狄金森夫人去波士顿不止一趟，无疑是去妹妹家。1842 年，菲斯克家的一封信无意中提到，母亲不在时，拉维尼娅寄宿在外，关于艾米莉却什么也没说，或许她那时也在波士顿。——原注

3 中译文尽量不添加标点符号，以保留原作的风格，同时也保留了原文中的多个小短线，在必要的地方，出于中文断句的考虑，添加了少许小短线，但没有增加任何其他标点符号。

得很漂亮－你知道奥斯汀时常想念的那只优雅的老公鸡－其他的鸡跟他打斗把他打死了－尽早回复这封信。"无论在这里还是在别处，我们都能听到一个 11 岁的孩子充满生气的音调，她沉浸于幼稚的事情，更确切地说，以一种幼稚的方式沉浸于这个世界。我们得到一个强烈的印象：她有一种热情饱满的天性，感觉不到任何通常的拘谨。她在致奥斯汀的信中写道："我们真的很想你，你无法想象你不在，我们觉得多么奇怪。只要你在，就总能听到一声'好哇'。我十分想念我的同床伙伴。"[1] 这个同床伙伴就是简，此刻她也不在身边，艾米莉致简："每一天都增加我对你的思念，学习玩耍在家，真的不管在什么地方，我都想我挚爱的简－我想要你给我写信－我想要你的信超过了想要一座金矿。"作者尽其所能回答了收信人关心的问题，从这个方面来判断，她那公开告白的爱是真诚的：简由此得知一个在阿默斯特教书的姐姐的消息，奥斯汀则确信萨布拉已经甩掉了又一个男孩。

女孩向哥哥报告，他的公鸡遇到了麻烦，于是描绘了一个十分精彩的故事，比父母现存大量书信中描绘的任何事情都更为详细生动：

> ……把你的公鸡带回家来－我去上学的时候另两只就和他打起来－妈妈恰巧朝窗外看发现他躺在地上－几乎死了－不过她和伊丽莎白小姑立即出去把他拎起来放到笼子里－他现在差不多好了－他被关起来后其他公鸡就过来用各种可能的方式侮辱他冲着他的耳朵打鸣－然后他们又跳到笼子上打鸣就好像他们－想向他显示他完全处于他们的权力之下－而且他们想怎么对待他就怎么对待他……

---

1 家人很喜欢引用艾米莉的话，例如伊丽莎白给奥斯汀写道："没有你我们很孤独——用艾米莉的话来说，一个原因是，'你总是发出那种'好哇'的声音'"。——原注

对于一个年仅 11 岁的孩子来说，这些信非同一般：那种势不可挡的自我表达的能量，那种直截了当地说出所思所想的劲头，那种投注到周围世界的充沛旺盛的注意力，那种凝视的天真、温情、时时闪烁的幽默、反讽，那种业已不乏储备的头脑、口语化表达和奇怪的错误——种种元素集合在一起，说明这个年轻的作者已经掌控了一大片领地。

值得注意的是，在以上种种丰富的表现之外，作者还保持着对写作效果的警觉和热情："今天下午是周三"，艾米莉告诉简。

> 所以当然是演讲和作文了－有个年轻男子读了一篇作文题目是三思而后言－他描述为什么人人都该如此－一个人－如果是一个年轻绅士－向一个年轻女士伸出他的手臂而他有一条没尾巴的狗而且他寄宿在小旅馆三思而后言。另一个例子是如果一个年轻绅士认得一个年轻女士他认为她是自然完美的产物那就叫他记住玫瑰藏刺吧我想他是最蠢的活物。我告诉他我觉得他最好三思而后言－咱们曾经有过多么美好的时光啊……

这一段活灵活现的即兴书写是诗人现存最早的写作样品，其中那夸张的幽默讽刺正是这个姑娘从十几岁到二十岁出头都一直极为擅长的风格，也因此引来周遭的羡慕和妒忌。一场天才的表演：年轻男士可能不善作文，且用言语侮辱年轻女士，而她则在脑中设计出如何回应，然后拿来供女友取乐。艾米莉告诉简她是如何以牙还牙的，说到这里，随即毫无过渡地回忆起她们往昔的乐趣：常常蹦到床上……

她写这封信时，父亲正在西街的房子里料理他的"风湿病"，母亲去了东汉普敦，查看奥斯汀在学校考试的表现。一方是独处的心智游戏的乐趣，另一方是人与人亲密交往的乐趣，对艾米莉·狄金森来说，写作的乐趣似乎将这二者合为一体，发挥了她的最大潜能。她的想象、发明与她的真实记忆，二者究竟哪个更多呢？她是不是忙得不亦乐乎，设计着并不存在的亲密关系？这一切是不是大多有来无往、回音寥寥，从头到尾只是她一个人的书写？也许是吧。我们所能确知的是，11 岁的她已开始积极加工着她透明的诱惑物。

与此同时，她迈出了诗歌写作的第一步，一种新的随手书写的方式，与生活嬉戏，按照她所了解的样子，而非追求凝固成铅字的最终结果。

证人

大约从这个时期开始，这个女孩开始留下另一类书面线索。1843 年 9 月 1 日，父亲将密歇根的 80 英亩耕地卖给阿默斯特的利瓦伊·D. 考尔。契约签订后，在西部执行，密歇根州拉皮尔县的地契登记处制作了一份正式副本。该副本证实了一个令人惊讶的事实，12 岁的"艾米莉·E. 狄金森"作为证人在上面签了字。

艾米莉在父亲准备的文件中签字，如今可查的有 19 个（见附录），上文所述是最早的一个。这些名字可能大部分是在家里而不是在中心区父亲的事务所里签下的。奥斯汀和拉维尼娅也做过证人，不过都是在年龄更大一些才开始的：哥哥最早的签字可追溯到 1843 年 5 月 12 日，当时 14 岁；妹妹最早的签字是在 1851 年 12 月 8 日，18 岁。妹妹做证人的次数比艾米莉少得多，这暗示艾米莉比拉维尼娅更容易找到——她待在家里的时候更多。不过，艾米莉小小年纪便参与到法律事务中，这进一步说明父亲认为她非常负责，把她当大人看。

艾米莉不大可能对她签字的文件特别关注，不过她的签名确实反映出，她在多大程度上生活在父亲的法律和不动产投资事务的边缘。她再三被叫来关注各种交易，交易双方在某时某刻作出承诺。这些事件帮助她建构了她所了解的世界。

　　我们若认真对待这个事实，再想到她最亲的姨父洛林·诺克罗斯和姑父约瑟夫·斯威策都是大宗纺织品的批发商，并在政治、经济上持坚定的辉格党立场，我们就不会奇怪，为什么这个隐居的作家比同时代其他英美诗人更为繁密地运用法律、商业术语。只有一个敏锐地意识到法律约束力和商业风险的作家——关于债券、诉讼、判决、破产、倒闭，才能像她那样书写爱情：

> 我把我自己给了他 –
> 得到他本人，算付款 –
> 这一生庄严的契约
> 签订生效，如此这般 –
>
> 这财富可能会叫人失望 –
> 我本人其实很穷
> 甚于这位大买家的猜想，
> 每日的拥有 – 爱情
>
> 令幻象贬值跌价 –
> 可是直到商人来买 –
> 仍是传说 – 在香料之岛[1] –
> 微妙的货船 – 停泊

1　格林纳达（Grenada）位于东加勒比海向风群岛的最南端，被誉为"香料之国"，肉豆蔻产量占世界总产量的三分之一。

至少－这是相互－冒险－

有人－发现－这是双赢－

人生甜蜜的债－夜夜欠下－

无力偿还－每个正午－

Fr426

　　说话人将双方爱情的相互交流想象成一笔无法取消的交易，并预想了两种可能且相反的结果。第一种，平淡的爱情比预想的更令人失望。第二种，心满意足，在夜复一夜的爱情中消耗整个财产（顺便一提，是和一个男人而非女人）。

　　很少有诗人对高风险的暴跌和有约束力的交易如此着迷。作于1859年的一首诗《我有一些东西，我称之为"我的"》，因上帝降下严霜，冻死了她花园里的一年生植物，所以她要发起诉讼（Fr101）。1861年她在诗中问，"为了见他一面我要付出什么？"（Fr266），最后提出和夏洛克[1]签约，用她所珍视的自然中的一切作为抵押，以换取"看一小时－她的君主的脸"。

　　这些诗包含此类夸张的假想交易，爱德华会作何感想？一问这个问题，我们就发现，他的女儿与辉格党的古板心态相去甚远，她既爱扮演又爱颠覆这种心态。

1　莎士比亚喜剧《威尼斯商人》中的人物。

第八章

阿默斯特学园

以后你会满怀欣喜

艾米莉断断续续地上了七年学，以今天的观点来看，她上的学校似乎过于严格且令人生畏。每天都以祷告始，以祷告终；教师有权"私下或公开地训诫或羞辱学生"；学生要读很长的无韵诗——弥尔顿的《失乐园》、爱德华·扬的《夜思》、威廉·柯珀的《任务》[1]，这些都是通过了正统检验的作品。不过，跟紧绷绷的威利斯顿神学院相比，阿默斯特学园在管理上还是宽松得多。学园没有任何资助（所有捐款都投入学院），只能依赖学费来应付开支，于是，教员有理由敷衍了事或另谋高就。艾米莉的老师中有三位有教学经验，但大部分男教师都是大学刚毕业，在继续深造前临时代课一年。一般认为，这一类教师，也就是那个时代处于上升期的学者和牧师，更倾向于鼓励学生的智力发展，而不是愤愤然扼杀之。总而言之，一个旷世奇才般的女孩，既需要适当的指导，更需要自我成长的自由，这

1　威廉·柯珀（1731—1800），18世纪英国颇受欢迎的诗人，擅于描写日常生活和英国乡村风景，被誉为浪漫主义诗歌的先驱。无韵体长诗《任务》（*The Task*），发表于1785年，通常被视为其最高成就。

所学园不失为一个好地方。

从另一个意义上讲，艾米莉也是幸运的。就在她入学前不久，阿默斯特学园一直不对女生开放，女孩子只有两条路可走，要么去别的地方求学，要么去汉娜·怀特的阿默斯特女子神学院。该校学生可以坐在阿默斯特学园演讲厅的两边，聆听爱德华·希契科克教授的地质学讲座，至于拉丁语教育，怀特夫人的女校跟男校恐怕无法相比。接着就是1838年的火灾，女子学校被迫关闭，阿默斯特学园开始招收女生，并教授赫赫有名的"古典课程"。

拉丁语由校长教授，校长的办公室就在一楼的大自习室和小阅读室之间，是监视学生的最佳地点。其他课程，女生经常和年纪稍小的男生一起，

阿默斯特学园

在二楼，由一位女老师教授。到了周三下午的"演讲和作文"课（艾米莉的原话），每个人都脚步沉重地爬上三层。据内德·希契科克回忆，整整一层就是"一个真正的漂亮大厅"，有拱形的屋顶和许多窗户。

1840—1841 年的名录显示，狄金森姐妹注册了英语课，新生一般都会先上这门课。[1] 现存一张四美元的学费收据说明，1841 年秋艾米莉还在上英语课，而次年春季她就可以告诉简·汉弗莱，她上了"你曾经上过的拉丁语课"。1842—1843 年第三学年的名录显示，她还在上古典语言课，拉维尼娅也在一起，不过妹妹很难算是这门课的学生，因为她中途又回到英语课了。而诗人继续读拉丁语，至少坚持到 1845 年 5 月，有当时的一封信为证。如果不算上她休学在家的学期，那么她在这门语言上共花了三四年的工夫。1846—1847 年，她在该校的最后一年又回到英语课上。

现存一本学生版的维吉尔诗集，上面标有"艾米莉·E.狄金森小姐"和阿比·玛丽亚·伍德的名字，说明诗人通过《埃涅阿斯纪》获得了扎实的基本功。阿比早年丧父，1838 年起住在叔叔卢克·斯威策家，就在狄金森家北面的山上。1840 年，年轻的诗人搬到西街时，她和阿比十有八九已是"特殊"好友，这是艾米莉 1845 年描述二人关系的措辞。那年她们都有一学期待在家里，空余时间常在一起，在学校里则是同桌。她们可能没有并肩翻译《埃涅阿斯纪》，不过艾米莉曾评论说，"埋头苦读我们的书，一如从前"，这说明她们过去确实是在一起学习的。不久前，阿默斯特学园从阿比后人那里获得了这本维吉尔诗集，上面的铅笔旁注很有意思，其中一行引自《任务》，唤起了女生偶尔的倦怠："哦，在广袤的荒野上寻一间小屋。"扉页上，我们读到如下的铅笔题词，出自艾米莉的手笔：

1　学校到年底发表年度名录，列出选课学生名单，未注明是哪个学期，亦未给出学生所选的课程数目。——原注

也许有一天我们回想起今天的遭遇甚至会觉得很有趣呢。
（《埃涅阿斯纪》卷一第 203 行[1]）

　　以后你会满怀欣喜地忆起这些（我们在学校的日子）

　　我在远方的时候，要想我——E. 狄金森

　　1855 年，阿比嫁给丹尼尔·布利斯牧师，成为一位传教士夫人，并渡海赴贝鲁特，这本学园用书似乎是诗人送给对方的礼物。赠送这一类礼物很符合狄金森的风格，她总是特别慷慨地馈赠珍贵书籍。

　　对男生来说，拉丁语是读大学和进入职业生涯的前提条件；这条刺激机制对女生则不适用，而艾米莉也不见得欣赏拉丁语录的妙用。不过，若是从未学过这门语言，她将是一个完全不同的诗人。按照洛伊丝·卡迪的观点，拉丁语可以帮助我们解释她极度混乱的英语词序，以及她为什么会使用"离格"[2]这一类语法术语。诗人描绘匍匐浆果鹃（Epigaea repens，即藤地莓）及其他植物冬天瞌睡、早春盛开的情景，它们的学名在她笔下信手拈来：

　　　　嘘！浆果鹃醒了！

　　　　番红花掀动眼皮 –

　　　　杜鹃的脸颊红了 –

　　　　她梦见森林啦！[3]

Fr85

1　原文为拉丁文，这里参考杨周翰译《埃涅阿斯纪》，译林出版社 1999 年版，第 8 页。

2　离格（ablativus），也称为"夺格"，常见于拉丁语、梵语等原始印欧语系。

3　诗歌中的拉丁学名翻译为中文时都消失了。

抽象的、起源于拉丁语的词汇，她可以轻松自如地运用，并娴熟地把它们与生机勃勃的盎格鲁—撒克逊英语融为一体，在这方面很少有英语诗人能跟她匹敌。她有一首诗推崇预期中的快乐而不是既成事实的快乐，诗歌结尾道：

> 问问行将凋谢的玫瑰
> 她更爱－哪一种狂喜
> 她会叹息着向你示意－
> 那已被撤销的蓓蕾。

Fr1365

最后一行把源自拉丁语的法律术语"撤销"（rescinded）嫁接到简单的"蓓蕾"（bud）上，创造出一种典型的狄金森风格。

没有舞蹈课

艾米莉现存的书信中提到了以下科目：拉丁语、植物学、地质学、历史、教会史、"心理哲学"、算术、代数和几何，她学的恐怕还不止这些。隔周的周三下午，他们都要写一篇作文，念给全体同学听。另一个周三，他们要朗读"趣书摘录"，以锻炼口头表达能力。几年后，艾米莉忆及"绅士的修辞和女孩的更温和的方式"，说明男生要求锻炼滔滔雄辩，对女孩则不提倡。不过，尽管存在女性在公共演说方面的文化禁忌，学校仍鼓励女孩表达自我。

这所学校的一大亮点是学生可以免费听学院的自然科学类课程。艾米莉 1845 年春学习了地质学，当时的授课教师似乎是阿默斯特的著名科学家爱德华·希契科克教授。[1] 希契科克专门考察了康涅狄格河谷页岩中的大量恐龙脚印化石，之后主持了本州首项地质调查。他才气出众、朴实冷峻，在立法委员会上应对质疑的方式让人印象深刻："他把手伸进旧毛领羽纱外套的口袋里，从深处摸出两三块岩石碎片……'噢，在这儿，你们自己瞧瞧'。"宇野指出，希契科克在《基础地质学》(*Elementary Geology*) 中对化石和火山的讲述，给狄金森的想象世界留下了深刻印象。山莫名其妙地增高，成为她诗歌的一个有力象征，比如《群山 - 不知不觉生长 - 》(Fr768)。

希契科克的主要观点是，科学远非对立于宗教，而是证明了宗教。休厄尔认为，狄金森对季节的象征化处理——她诗歌的一个核心主题，以及她对自然和不朽的基本态度，主要是受到了希契科克的《四季殊象宗教演讲录》的影响。在这些演讲中，四季现象几乎处处预示着死后的生命。

事实上，学园的每一种教科书都渗入了福音派观点。艾萨克·沃茨的《心灵的改善》(*The Improvement of the Mind*) 教导年轻人如何善用心灵，让"一切从属于对上帝的服务"。艾米莉 14 岁读托马斯·科格斯韦尔·厄珀姆的《精神哲学的要素》(*Elements of Mental Philosophy*)。当时心理学尚未形成一门学科，该书阐述传统的心理"机能"，把知觉、理性、记忆、欲望和想象与正统派关于万物的体系联系起来。玛丽·H. 琼斯，一个有教养的圣公会教徒，希望通过法语和舞蹈课将女儿调教得"举止优雅"，在她看来，"我们的阿默斯特社会有一种怪异的趋势，心理哲学就是一个恶名昭彰的症状"。换言之，对于这位女士，阿默斯特学园毫无品位可言，不过是一块"充斥着工厂、平等和独立的土地"。

琼斯夫人或许夸大了这个社区的平等主义，不过她对阿默斯特学园的

1　爱德华·希契科克 (1793—1864)，地质学学家，自然神学家，阿默斯特学院第三任校长 (1845—1854)。

看法并不过火。与上流社会的女子精修学校相反，阿默斯特学园是新英格兰艰辛奋发的清教文化的最新体现。

混乱

关于狄金森从课本中学到的东西，无疑还可以继续谈论下去。鉴于她从当代文学趣味中自我解放出来，其程度如此惊人，因此更为根本性的问题似乎是她从这样的学校获得了什么。如果一个女学生一味崇拜阿默斯特学园的老师，那么她后来又怎么能在既定的权威面前如此特立独行呢？

一部分答案在于，学园在艾米莉上学期间麻烦重重：教员前脚进后脚出，培养方案频频变脸，有时甚至被彻底颠覆，教师随堂发挥和随性教学成为常规。对一个强大的学生来说，制度上的摇摆不定可以带来自由，增强自足，自由和自足这两样东西正是艾米莉后来在严格的霍山学院所怀念的。再加上爱德华是董事会和咨询委员会成员（负责任命的执行委员会），他的女儿得以从一个内部视角窥探学校体制管理上的困境。

艾米莉在 1840—1841、1841—1842 和 1842—1843 这三个学年期间断断续续上学，每年秋季都会来一位必须向前任讨教的新校长。负责学校管理及拉丁语课程的所有教员——乔尔·萨姆纳·埃弗里特、威廉·W.惠普尔和丹尼尔·T.菲斯克——都是刚从阿默斯特学院毕业的年轻人，他们在工作中无疑带来一股能量和理想主义。艾米莉的首位拉丁语教师惠普尔很善良，时时鼓励学生，后来有个学生用"可爱"来形容他。当地的一个母亲认为他确实"优秀"，不过担心他"给学生太多压力"。而菲斯克似乎是一个具有非凡洞见的导师，这点我们以后会看到。从艾米莉的信中点缀的法语词来看，1842—1843 年，女孩的法语老师是查尔斯·坦普尔，其他学期可能也教过她；1845 年为她剪出一幅侧面剪影的正是坦普尔。

女生部的情况更为混乱。1840—1841 年的前两个学期，负责人是玛丽·梅纳德小姐。春季，卡罗琳·亨特夫人取代了她。亨特具有"卓越的名声和长期的教学经验"，这点在学校的宣传广告中得到充分展示；1841 年秋，我们知道艾米莉在上学，亨特任女教师。公告上说亨特会留下来，教一个 16 周的冬季学期，不过到了次年春季学期，简的姐姐海伦·汉弗莱接替了她的职位。那年秋季，经验丰富的亨特又回来工作了三个学期，直到 1843 年夏，她的位置由 29 岁的詹妮特·P. 狄金森接任。

总之，1840—1843 年间，掌权的女教师显然是亨特，她总共待了或长或短的六七个学期。我们所知艾米莉这一时期的三封信都写于海伦·汉弗莱在任时，所以不清楚那位在任时间更长的老师给这个女孩留下了什么印象。其实，亨特也是她母亲在蒙森镇读书时的女老师，即卡罗琳·杜奇，如此一来，这段空白记录无疑越发令人遗憾。她和多数女教师不同，婚后又回到课堂，一个原因是她别无选择：年纪轻轻就守寡，还有五个小孩要抚养，几乎陷入赤贫状态。

艾米莉读书时，亨特的职业生涯经历了戏剧性的起落。1841 年 7 月考试结束后，校方称赞她改善了"学生的举止"，在学生们的"优秀作文""植物学问答……以及智力哲学"方面也受到了好评。内德·希契科克回忆说，她是"一个聪明的老太太"，多才多艺，教"绘画、书写及其他"。她在北阿默斯特的牧师对她的概括如下："一位相当有文化的女士"，一生陷于经济贫困、住房紧张、"身体虚弱"和"神经紧张"。他说，"人们真厌倦了她的脾气"，这或许暗示她在 1842—1843 学年的工作中遇到了麻烦，那时古典语言课上的女生数量骤减，从 25 人下降到 10 人。同年 10 月，亨特私下抱怨过"好友的千金小姐们"给她出难题。次年 5 月，她身体状况非常"糟糕"，"丫头们……说我的坏话"，她很泄气，便辞了职。艾米莉是说老师坏话的女生之一吗？或许不是，因为两年后她对一个朋友表达过友善的意见："我对她们——那些女老师有些耐心。她们要接受的考验真是不少。"

亨特离开后，有记录显示，学校理事倾向于"常任"教员。这固然明智，可是新政策引起更加严重的不稳定性。离职的情况有增无减，而且监督无力，从1843—1844学年开始，连续三年没有年度名录。学校的名声下降，学生陆续转学到竞争对手那里，而课程设置也发生了急剧变化。1846年冬开设了德语课，可是由于授课教师期中辞职，又被取消了。

具有讽刺意味的是，在这段不稳定的时期，艾米莉和一些老师却更加志趣相投，且从他们身上获益良多。1843年12月，学校聘用了伊丽莎白·C.亚当斯小姐，她33岁，来自康威，后来成为艾米莉最喜欢的女导师。亚当斯是一名有经验的教师和管理者，到马萨诸塞州以前，曾于1840—1842年在纽约州锡拉丘兹市一所学校负责女生部。遗憾的是，尽管她在阿默斯特学园连续工作了四个学期，艾米莉却因为少女时期的一个重大创伤而被迫中断了不少学业，这个内容将在下一章讨论。1843—1844年度的校长是杰里迈亚·泰勒，刚从阿默斯特学院毕业，据一个见过他的人回忆，他是一位非常"讨人喜欢"的老师。他和前任一样，理所当然地认为，自己无须为这份临时工作设计宏伟蓝图。1844年春他给出了一个不痛不痒的评价，"阿默斯特学园'按部就班地运行'"，然后就准备离职了。

接替他的是莱曼·科尔曼牧师，他高大英俊、面色红润，和蒙森的玛丽亚·弗林特结亲，而弗林特是狄金森夫人的表姐，所以牧师也算是家里人。他属于另一种类型，履历丰富，好坏参半：他在爱德华上耶鲁时是助教；又是贝尔彻敦镇的牧师，后因受到严厉批评而辞职；他还曾在不止一所男校教书。他曾到德国深造，不过学识未达一流水平，若想在拉法耶特学院当上古典语言教授，那就要等到白头了。50岁的科尔曼到了阿默斯特学园，决心大刀阔斧地改革，却不怎么考虑学生的需求。他认为

"可以省去女教师"，并得到批准。不过后来证明这是不现实的，下一个学期他在公告上说，将有"一位来自特洛伊市的年轻女士辅助他，作为一名教师，她条件优秀，而且很成功"。字里行间暗示，这位新来的女士并不是以女导师的级别受雇的。科尔曼在公告中从未提到女教职工的姓名，她的身份就不得而知了。

像从前一样，艾米莉仍不喜欢找碴儿。1845 年 5 月 7 日，开学两周后，她高兴地宣称"我们有个很好的学校"。三个月后学期将近结束时，她说从未"比今夏过得更快活了，因为我们有这么令人愉快的学校和这么讨人喜欢的老师"。她的反应热情洋溢，这是毋庸置疑的，不过，她使用的是复数"我们"，这说明她是在为父亲所认同并试图管理的共同体而说话。她早熟、"负责"，分担着本镇对其根基不牢的学校的担忧，不过，在集体思维和她本人的所思所想之间，她尚未分出鲜明的界限，那是长大成人必需的步骤。

可是，科尔曼当时心烦意乱，无力维持局面。他不仅要在学院教希腊语和德语，还为患肺病的女儿奥利维娅忧心忡忡。奥利维娅才貌双全，是艾米莉的远房表亲。1846 年 3 月，这位焦虑的父亲放弃了阿默斯特，到气候更温和的普林斯顿谋得一份差事，于是，"学园这学期七零八落"，这是年轻的约瑟夫·莱曼深为惋惜的说法。这个男生曾和艾米莉一起学德语，如今希望回到威利斯顿神学院，因为那儿的"教学质量更好"。

阿默斯特学园从没这么弱过。新代理校长是杰西·安德鲁斯，他是斯堪纳迪市联合学院的毕业班学生。该校的学生账单大致展现了这个年轻人如何在两个职责之间表演分身术。[1] 1 月到 4 月，没有任何费用记录，这显

---

[1] 对式微的学校来说，安德鲁斯似乎成了最后的希望。1871 年，他又出现在密西西比州西部，为杰斐逊学院解决了燃眉之急，他与该校签订了工作协议，同时教授拉丁文、希腊文及"预科学校通常开设的所有英语类课程"，月薪 100 美元。——原注

然是因为他身在阿默斯特，忙着维持学校的运转，但是到了联合学院的夏季学期，他就付清了这里的学费和房租——证据很清楚，他已将学园转交他人管理。他回到斯堪纳迪之前打出广告说，"适合升入大学的男生将受到特别关注。女生部将配备胜任的指导"，这反映了校方轻视女生的一贯态度。然而，对于艾米莉来说，这一切仍是完美的，这位胜任的女性正是"亲爱的亚当斯小姐"，她再次回来任职。

艰难时世中，关于艾米莉的求学经历，有三个事实是惊人的：咨询委员会还能聘到有才能、有亲和力的导师；这个女孩不曾留下一丝抱怨的记录；她恐怕是她的圈子里唯一未转学的孩子。1841 年开办的匹兹菲尔德女子学院被公认为马萨诸塞州西部最好的女校，很快就吸引了阿默斯特最聪明的一群女孩子——科尔曼家的奥利维娅和伊丽莎，萨拉·波特·费里、海伦·菲斯克、玛丽兰·汉弗莱、玛莎·吉尔伯特·史密斯。除了阿比·伍德可能是个例外，1844 年，艾米莉最好的朋友个个都离开了阿默斯特学园，亚比亚·鲁特转到春田玛丽·B.坎贝尔的学校，萨拉·特蕾西和哈丽雅特·梅里尔去的学校则不得而知。甚至艾米莉的哥哥和妹妹也都转到别处去上学了，奥斯汀于 1844 年秋返回威利斯顿神学院，拉维尼娅于 1849—1850 年在伊普斯维奇女子神学院读了一年。

狄金森夫妇担心艾米莉的健康问题（有真实的部分也有想象的部分），这也许可以解释为什么唯独她没有去别的学校。她显然接受了现状，决心充分利用目前的师资，不过，假如可以自己选择，想必她也会乐意转学。1845 年秋，艾米莉以为亚比亚就要回春田的学校了，她在信中写道："我真希望我也能去。"四个月后，她的愿望越发强烈："我想……今年冬天你在坎贝尔小姐的学校里一定过得很好。我愿意付出很多东西，只要能去那里跟你在一起。"

1838 年早期、1844 年中期和 1848 年春季，艾米莉因健康问题不得不休学在家，时间最长的一次是在 1845—1846 年间，从 9 月开始，之后的 15 个月内，若以完整的课程而论，她只上过 11 个星期。"母亲觉得我是一个关不住的人，"那年秋天她写道，"她宁愿我锻炼身体。"冬天，她得到部分喘息的机会，获准上科尔曼的德语课，"父亲认为我以后可能再没机会学这门语言了"，她解释说——几周后，科尔曼老师辞职了。4 月，亚当斯再次被聘，艾米莉坚决复学，尽管她"咳得厉害……我的咽喉也有问题，全身无力"，更不用提"坏心情"（她后来承认"精神相当低落"）。可是到该学期的倒数第四周，她"挣扎了许久"，还是不得不退学，那个夏季的余下时间就在"野外"走走，随后出游到波士顿，在那里待了很久。等她回来时秋季学期已经开始，所以又没去上学，这次是她自己的决定。12 月初，她终于重新开始背书了。

女导师仍是亚当斯，可是到了期末，她便辞职结婚了。接替者是丽贝卡·M.伍德布里奇，她是附近哈德利镇的牧师之女，年方 20，仅是亚当斯年龄的一半多一点点，可能是迄今为止教过艾米莉的女教师中最年轻的一位。大约是春季学期开学 10 天后，这个 16 岁的女孩给朋友写信赞美新老师。这一段描绘既反映了这位迷人的年轻女性在女学生中引起的窃窃私语，也表达了作者本人对她姣美容貌和身材的反应：

> 我们都非常爱她，我亲爱的亚比亚也许会对一段简略的描述感兴趣吧。她身材高而苗条，比例恰到好处，一双摄人心魄的蓝眼睛、浓密的棕发、白皙的皮肤，脸颊可与开放的玫瑰花蕾媲美，齿如珍珠，时隐时现的酒窝如涟漪荡漾在那欢乐的小溪上。她如此亲切可爱。原谅我这些热烈的描述吧，因为你知道我总是爱上我的老师。尽管我们爱她，可是，没有"我们亲爱的亚当斯小姐"，似乎还是显得孤单、陌生。

作者将她个人对伍德布里奇的强烈反应和同学们的群体感受合并到一起的方式令人惊异。这里，哪一个词语搭配是真的，"我们爱"还是"我爱"？没有亚当斯，其他女生也感到"孤单、陌生"吗？

1846年，杰西·安德鲁斯返回联合学院，另一个青年伦纳德·汉弗莱接替了校长一职。虽然他也在读大学（阿默斯特学院）的最后一年，却不知何故还能在那年夏季负起这份责任。汉弗莱引进的是女导师而非女助手，而且事实证明他极有效地恢复了各方面的信心。那年秋天，艾米莉夸耀说，他在班里被选中发表毕业致辞[1]，并骄傲地宣称："我们现在有一所好学校。"

虽然她以前也这么说过，但这次学校的确时来运转——她自己也是。她不仅摆脱了她所遇到的最危险的病魔，而且获得父母的许可，离家去一所更好的学校读书。按照新计划，她将于1847年秋升入霍山学院，于是她全力以赴地准备入学考试。除去1847年初的一场重感冒迫使她待在家中外，自1846年12月至翌年夏季，她都紧跟着老师学习，并和伦纳德·汉弗莱成为好友，他后来还在霍山和她会过面。

狄金森和汉弗莱都有一段因病休学的经历，然而当这个年轻人1850年过世时，她觉得她失去的是一位老师，而非朋友或同辈：

> ……晚间是悲哀的－它曾是我的学习时间－我的导师去休息了，那个学生独自留在学校，书翻开在那一页，惹来眼泪，而我无法将它们抹掉；即使可以，我也不会那么做，因为它们是我能致敬的唯一方式，给过世的汉弗莱。

1　发表毕业致辞者通常为排名第二的学生。

狄金森学业结束两年后将自己描绘为他抛弃的学生，她夸张了对这位"导师"，也是她的第一位"导师"的依赖（她近来贪婪地阅读《简·爱》和许多感伤文学），可以看出，这其中自有一种微妙的愉悦。把汉弗莱当作将学校和她本人从黑暗中拯救出来的人，这确实不无根据，但这种对老师的亲密的、私人化的依赖感，尤为值得注意。

前任校长离开两年后再次访问阿默斯特，她脱口而出："哦！我真的爱泰勒先生。"这一类热烈的反应是她自身性格和老师的迷人魅力的产物，这反应会变得更为热烈，因为学校的命运动荡不安，教师来去不可预料，教学轨迹呈现出戏剧性的"之"字形，临时找来一个学生兼职教课，哪怕就是这样的课程，艾米莉都未曾完整地上过。所以，后来她对托马斯·温特沃思·希金森说，她"上过学－但是用你的话来说－没受过教育"。另一个结果是，她对老师的依赖关系成为一种她所期待的和成年人之间的友谊模式，比如和希金森就是如此。

这个女孩十五六岁就不无洞见地认识到，"期望总是大于获得，这是我的天性"。她的期望之一（或许是她回忆往事时发明出来的）是真正有控制力的统治。30岁出头时，她写下了一首关于失却天真的诗，诗里说，一个人最终：

> ……学会了悲哀的
> 技能－比如－
> 期望－某些凡人
> 而非国王－

Fr701

事实上，对国王的期待不仅成为她当时必不可少的精神状态，以至无法逾越，而且这种期待逐渐演化为她自己对诗歌权力的假定——诗歌是至高无上的。

我们总是好奇狄金森的友谊究竟是不是单边的，程度如何，不过，看起来她对老师们的依恋似乎并非有来无往。老师通常都留心寻找少数反应敏捷、天资卓越的学生，至少有两位老师对艾米莉表示过关注。让艾米莉意想不到的是，伊丽莎白·亚当斯曾寄来"一张报纸（没错，真是老师寄的）"和"一小束漂亮的压花"。可是，艾米莉回复了"一篇论文"（作文？）后，未见回音。"要是能再见她一面，给什么我都愿意啊。"这个女孩吐露了心声。当亚当斯终于回来"手持权杖，坐上王位"，艾米莉欢呼起来："哦！你无法想象，似乎是那么的自然，在学校又见到她快乐的脸庞。"当然，二者是不对等的：学生对手执权杖的亚当斯从未直呼其名，后者辞职、订婚时也不曾私下通知艾米莉。

另一个关注艾米莉的老师是丹尼尔·菲斯克。50年后，玛贝尔·卢米斯·托德大力搜寻诗人的书信，其中，菲斯克回忆了这位当年12岁的学生，他的清晰印象令人难忘：

> 我对艾米莉·狄金森的印象既清晰又愉快。她是我在阿默斯特学园1842—1843年度的学生。我记得她是一个相当聪明但看起来纤细柔弱的女孩，一个优等生，举止端庄，对学校的各项事务诚实守信，但有点害羞和紧张。她的作文具有突出的创造性，思想与文风似乎都超越了她的年龄，总是惹来学校里的许多目光，恐怕还引起了不止一点点的嫉妒。

这是对学生时代的艾米莉最全面可靠的描述。菲斯克一定是个敏锐的观察者，[1] 他获得并保持了半个世纪的这一总体印象与同时期的证据没有出入，甚至触及这个女孩在学校各方面的模范表现与她引人注目的创造性之间所暗含的张力。待到她 20 岁出头时回头看过去的自己，她也捕捉到这种张力："我从前，时不时胆怯地雀跃。"到了中年，她喜欢伪称自己过去是一个浪荡的男孩子，到后期则使用这样的说法："教养心智，使它走当行的道，它就会要多快有多快地偏离。"[2] 这个姑娘既令人惊异地成熟，又充满不确定性，然而，她所行的道并非如她所说的那样，她是个极其成熟又出人意料的女孩。

菲斯克之所以注意到她的瘦弱，一个原因在于他是当时鼓吹体育的先锋。他在早期的一份演讲稿中，曾攻击"教室和教堂通风不良"，又欣喜地提到"孩子们的运动和呼喊——他们高兴地制造噪声，没有任何目的——他们对跑、跳及各种运动的喜爱——他们对户外空气和阳光的渴望"。能写出这些话的青年一定是一位难得的好老师。狄金森有一首表达热爱自由的诗，描绘了周六中午放学的情景，想必他会喜欢：

> 从所有的牢笼，男孩女孩
> 狂喜地跃出 –
> 心爱的仅有的下午
> 监狱关不住 –
>
> 他们突袭地球撞晕大气，

1　菲斯克和杰里迈亚·泰勒一样，后来也去了安多佛神学院，被任命为牧师，并由阿默斯特学园授予神学荣誉博士学位。他在纽伯里波特市的一所教堂供职 40 年，写出大量学术评论和文章，享年 83 岁。——原注

2　这个句子似乎是对《圣经》段落的蓄意改写，见《箴言》（22：6）："教养孩童，使他走当行的道，就是到老他也不偏离。"

一群兴高采烈的乌合之众－

哎－那些皱起的眉头恐怕

正把这群捣蛋鬼等候－

Fr1553

倘若我们想到作者在少女时代远远算不上健壮，而她50岁出头写这首诗时差不多处于囚徒状态，那么这首诗就获得了某种力量。

艾米莉早年的字迹细小整洁，跟妹妹拉维尼娅马虎潦草的书写有天壤之别，从中可见她少女时代尽职尽责的紧张心理。一次，学期将近结束，她向一个朋友吐露心声：

> 一想到我们的考试我就喘不过气来，尽管我下决心不怕它，我知道这很愚蠢。然而就算我有英勇的意志，但一想到那些高大、严厉的托管人，想到若是不能背得像米底亚和波斯法律[1]那么精确就会失掉我的品格，我就未免忧心忡忡。

困扰她的不是老师，他们是站在她一边的（在去霍山之前一直如此）；困扰她的是那些托管人，他们扮演着《圣经》中的族长角色。在这个精神第一、身体第二的共同体中，面临学业考试的压力，令这个年轻的完美主义者感到焦虑的正是法律。除了托管人以及他们倡导的法律之外，她还有一重压力：她知道人们会拿她过去的出色表现来评判她。

1　语出《旧约·但以理书》（6：8）："按照米底亚和波斯法律，这样的命令是不能更改的。"

腊叶标本集

狄金森一生制作了两套集子。第二套集子辑录了大量诗歌，在其身后被发现，如今广为人知，这是当之无愧的。第一套集子是 66 页的压花，几乎被传记作者们忽略了。

这本腊叶集是一本用皮革特制的大册子，用来保存压缩的干燥植物。11 英尺 ×13 英尺大小，墨绿色书脊，印花封面，上面还留下了书商的标签（G.&C. 梅里亚姆，春田）。里面有四五百种野生和栽培的花卉标本。花一旦采来，就平整地放好，压制，使之干燥，并参考植物学手册做标签。每页的花茎上都粘有一片细纸条，上面用钢笔字注明通行的学名及两位数编号。有时标签若贴在植物的上半部分，纸条就会更窄。只有花、茎的上端和一两片叶子被展示出来，不包括根部。一页容纳几件标本，布置得既整洁又有美感。

我们不知道艾米莉的母亲是否也制作过腊叶集，不过她确实非常喜欢园艺，不在家的日子，有时爱德华要向她确认，她的植物"安全又茂盛"。布拉德给狄金森家的孩子画的画像说明，艾米莉最晚在 1840 年就养成了跟母亲类似的兴趣爱好。她于 1842 年和 1845 年的 5 月各写了一封信，信中均提及植物学课程。大概是在 1845 年，14 岁的时候，艾米莉开始采集植物标本。"今晚我去散步了，"5 月 7 日她给一个朋友写道，"采了一些极珍贵的野花。"她接着问朋友是否做过"腊叶集"，"如果你没有我希望你做一个，它会成为你的宝贝，大部分女孩都在做。如果你做，我可以采些附近的花充实你的收藏。"伊丽莎白·亚当斯寄给她的压花，可能也收在她的腊叶集中。

阿默斯特学园用的教科书是阿尔迈拉·林肯[1]的《常见植物学讲义》（*Familiar Lectures on Botany*）。林肯曾是特洛伊女子学校的教师和代理校长，她在阿莫斯·伊顿的指导下完成了这本教科书。伊顿是伦塞勒学校的讲师、植物学界的权威，一贯支持女性从事科学事业，他妻子的一个姐妹劳拉·约翰逊就是《北美植物学教师》（*Botanical Teacher for NorthAmerica*）的作者。部分得力于伊顿的鼓励，特洛伊成为植物学研究的传播中心。"特洛伊的年轻女士"被请到阿默斯特学园的那个学期，艾米莉对腊叶集表现得如此兴奋，这应该不仅仅是一个巧合。

　　林肯·费尔普斯还写了另外几本自然科学教科书，她最终入选"美国科学促进学会"（*American Association for the Advancement of Science*），成为史上第三位受此殊荣的女性。她认同一个流行的观念：植物学"尤其适合女性，它的研究对象美丽而精致，追寻植物可以把人引到户外，有益于健康和快乐"。与此同时，她也强调这门科学的智力价值——它能促进脑力开发，将事物分门别类，置入"漂亮、规则的系统中"。艾米莉在标签上附加的神奇数字说明，她的老师多么强调分门别类的系统。根据林奈分类法或称"人为"分类体系，一朵花的雄蕊数目决定其"纲"，雌蕊数目决定其"目"。举个例子，半边莲（又名红花半边莲），有五枚雄蕊、一枚雌蕊，因此属于第五纲第一目。艾米莉制作标签时可能参考过伊顿的《北美植物学手册》（*Manual of Botany, for North America*），该书建议为标本编号，以"方便在腊叶集中为标本做有序安排"。

　　艾米莉在一定程度上遵循了伊顿的意见。她在标签上写下红花半边莲（Lobelia cardinalis）和浮华半边莲（Lobelia inflata）后，各加上了数

1　阿尔迈拉·林肯（1793—1884），又称林肯·费尔普斯（Lincoln Phelps），美国科学家、教育家、编辑、文学家，她的植物学著作对北美植物学的教育和普及，特别是在年轻女子中间，产生了重要影响。

字"5.1."。但是，接下来她会将这些同属的植物放到不同的页面中。你会发现有联系的物种放到一起的情况并不多——毛茛属、天竺葵属、银莲花属、堇菜属、伞形梅笠草和斑点梅笠草——大体上，她的安排次序和林奈分类法没有关联。她的腊叶集中有重复的标本，并在物种识别方面越来越松懈，这说明主人对命名法、系统学和组织的兴趣越来越淡漠。这似乎也削弱了我们的积极性：是否有必要追究诗人后期手稿中诗歌排序的确切原则？她很可能和大多数人一样，一旦收集到一个标本，就立即加到集子里去。她的大部分诗歌大约也是这样汇集到一起的。

在早期的一首诗中，狄金森调侃严格的分类系统，正是依据这一系统，这个女生用墨水写下了大量标签：

> 我从林中采来一朵花 -
> 一只妖怪戴着眼镜
> 一口气算出了雄蕊数 -
> 把她吞进了"纲目"！

Fr117A

这个诗节准确描述了"人为"分类系统的雄蕊计数过程。待到19世纪50年代后期，当狄金森将这首诗誊抄到她的集子里，这个分类系统几乎已经被植物学家废弃了，她当时是否知道呢？

雄蕊和雌蕊是植物的性器官，大多数花都有。诗人认为花是女性，暗示了她对植物的爱出于文化意义甚于科学意义。尽管她常用学名和植物解剖学术语，对她来说，更重要的是花卉累积生成的丰富的人性内涵，这和植物学本身几乎没有关系。因为和季节紧密相关，花卉有助于表达出心境的季节变化。这些标本压在信纸间，成为她和朋友特别是同性朋友之间交流的一种媒介。室内花草栽培成为狄金森的一大爱好，特别是狄金森家宅添置了温室之后。

制作腊叶集需要到野外采集植物，野外经历给成长中的诗人留下了不可磨灭的印迹。没有比发现或得到一种新植物更令人兴奋的了，例如凯瑟琳小姑第一次给她看木樨草，又如她涉水去采半边莲，丢了鞋子也不在乎。正是这段经历的回忆而非那个分类数字"5.1."，决定了红花半边莲对她意味着什么。"小时候，在没有找到兰花之前我就早早地听说兰花了，"她45岁时写道，"第一次抓住花茎时的情景如今历历在目，像它生长的那片沼泽地一样令人难忘。"她的腊叶集中有黄色的流苏红门兰（Habenaria ciliaris）和稍大的流苏紫叶兰（Habenaria fimbriata），诗人当时兴奋地抓住的战利品想必就是其中之一。

后来瑞香成为她"最亲爱"的花，不过总要附加一个条件："除去野花——那是更为珍贵的。"比如转瞬即逝的亮丽的半边莲，[1]夏末开花，喜欢生长在"幽暗、蜿蜒的小溪"（希金森语）的阴凉处，暗含浓重的个人情结。"我收到过一条最甜美的消息，"诗人50多岁时写道，"（苏珊·）狄金森夫人送给你这朵半边莲，并让我告诉你她挂念你。"年轻的艾米莉还为另外两种植物"魂牵梦绕"，一是腐生的白色水晶兰，一是"奇妙的马勃"，这两个物种的营养取自腐烂的植物而非叶绿素和阳光。1882年，玛贝尔·卢米斯·托德赠给诗人一幅水晶兰画作，诗人慷慨地回复："未料想你会送来首选的生命之花，这近乎是超自然的……当我还是一个孩子在野外游荡，从地上抓到它的那一刻，我至今珍藏在心，那是一件神奇的战利品。"阿默斯特镇的一位妇女仍记得一个叫"响尾蛇沟"的地方，"据

1　罗伯特·L.冈瑟（Robert L. Gonsor）指出，狄金森在诗行中描述过这种花的壮观动作，"炫丽的花儿撕裂了花萼/沿着茎杆向上飞舞"（Fr523）。这戏剧性的瞬间开放犹如一个隐喻：一个女性痛苦的破裂，只为一个更高秩序的存在。这个意象或许也激发了另一首表现爆发的神秘诗作："我看不到任何路－天堂被缝合了"（Fr633）。——原注

我所知，幽灵似的水晶兰只有在那儿才能找到"。后来，托德的这幅水晶兰画作被印到狄金森诗集的首版封面上。

那些像孩子一样着迷于自然秩序中某一局部分支的人，最善于品味那种寻找和收集植物的强烈兴趣，例如科莱特、纳博科夫或 E.O. 威尔逊[1]。生长季过去，另一季开始，艾米莉曾一度坚持寻找，可激情还是一步步被冬天挫伤了。"小时候，眼见花儿一年年死掉，"她回忆道，"我读过希契科克博士关于北美花卉的书。[2]这让我感到安慰——使我确信它们还活着。"

艾米莉的父母很可能觉得，搜求标本是一项有益的户外运动，1846 年夏，小艾米莉一直咳嗽，精神消沉，不得不休学，于是，用她自己的话说，就"到野外骑马、漫步"，同时扩充腊叶集。她去世后，拉维尼娅回答一个询问者说，"小时候我们常常整天在树林里寻宝"。一位童年女友埃米莉·福勒·福特[3]回忆说，她们曾"两次到五英里开外的诺伍塔克山远足，在那儿我们发现了海金沙[4]，还有粉红和白色的延龄草，满载而归，后来又发现了黄色仙女鞋[5]"。腊叶集中有几棵延龄草，不过没有黄色仙女鞋。

许多野生植物仅局限于当地，且花期不长，因此，要认真收集，就需要细心考察，坚持不懈地寻找。埃米莉·福勒陪着这个比她年少的朋友在"林间漫步"，为朋友的知识面所折服：她"了解附近树林的知识，说得

1　西多妮－加布丽埃勒·科莱特（Sidonie-Gabrielle Colette，1873—1954），法国女小说家，以对女性和自然的观察力著称；弗拉基米尔·纳博科夫（Vladimir Nabokov，1899—1977），俄裔美国作家，以《洛丽塔》闻名于世，同时痴迷蝴蝶；E.O. 威尔逊（E.O. Wilson，1929—2021），美国当代生物学家，代表作《生命的未来》《生命的多样性》《昆虫社会》等。

2　希契科克从未就这个题目写过任何东西，于是，托马斯·H. 约翰逊认为，诗人脑子里想的是希契科克的另一本书《阿默斯特学院周边地区野生植物名录》。本书相当于物种清单，不大可能叫任何人相信植物"还活着"，即便是艾米莉·狄金森也不会。更合理的解释是，她将作者而非书名张冠李戴了，她当时所想的应是伊顿的《北美植物学手册》。——原注

3　埃米莉·福勒·福特（Emily Fowler Ford），因与艾米莉（Emily）同名，为作区分避免混淆，译作"埃米莉"。

4　一种多年生攀缘草本植物。

5　杓兰属植物，因花朵美丽，又被称作"女神之花"。

出她周边的每一种野生或花园植物通常长在哪里，它们的习性如何"。狄金森的探险到了何种程度呢？据玛丽·阿代勒·艾伦回忆，流苏龙胆草在阿默斯特镇附近非常罕见，"长辈早就告诫我们不要找它了"。这种晚季花位于狄金森腊叶集的第21页，在她的几首诗中也出现过。对照爱德华·希契科克的《阿默斯特学院周边地区野生植物名录》(*Catalogue of Plants Growing Without Cultivation in the Vicinity of Amherst College*)中所列的不常见物种及其产地，你会发现狄金森的腊叶集中收录了其中的10种。包括美洲列当（Orobanche americana，现在叫单花肉苁蓉）或列当属植物（希契科克称霍利约克山上有）、马鞭草（Verbena augustifolia，见于南哈德利镇）和北美杜鹃（Rhodora canadensis）。狄金森还有头状藜（Blitum capittum），又称草莓藜（Strawberry blite），是希契科克所谓的几个"稀有"品种之一。

　　显然，就算艾米莉接受过他人赠送的标本，她自己与周围的乡村确实建立了亲密的关系。正如林肯所言："搜寻本地野花并在它们各自的环境中观察它们……这种习惯大大增加了我们对花儿的热爱。"

　　至于独自在田野漫步是否害怕，多年后诗人写道："当我是个小女孩时，在树林里久久徜徉，人家说会有蛇咬我，我可能摘到毒花，[1]或者妖怪会来绑架我。但我走啊走啊，没遇到过任何可怕的东西，除了天使，它们怕我远甚于我怕它们。"最后，她回顾自己自由无惧的户外漫步，将其视为"小男孩时"她生命中的一项具有决定性意义的活动。"小男孩时"是

1　"采花时，你要小心有毒的植物。比如有五枚雄蕊、一枚雌蕊的……往往有毒。"见林肯《常见植物学讲义》，第31页。——原注

她退隐习惯确立后割舍不掉的短语,[1]在其著名的蛇之诗《草丛里一个狭长的家伙》中就出现了:

> 他喜欢沼泽地
>
> 冰凉得无法长玉米 –
>
> 可小男孩时,光着脚 –
>
> 我大中午不止一次
>
> 路过它,我以为,一条鞭子
>
> 绳扣散开在阳光下
>
> 于是我弯腰确认
>
> 它起皱,溜掉了……

Fr1096B

据说,她的朋友塞缪尔·鲍尔斯 1866 年左右读到这首诗,惊呼道:"那女孩怎么知道沼泽地不适合种玉米?"她嫂子的对答很贴切:"哦,你忘了那是艾米莉'小男孩时'!"实际上,这首狡黠的诗作中的说话人不是男性,而是曾为男孩的女人。

等到狄金森能够看清自己的性别变化(当然,这是一个比喻说法),她的少女时期就如同半边莲经历了一场爆裂的变形,进入想象生活。我们只有考虑到丰厚的腊叶集所暗含的意义——独自一人或与同伴一起,漫步户

---

1 狄金森最早使用这个短语是在 23 岁时,她说"那么 – 就像帕廷顿太太说的,我们曾经都是男孩"——这暗示了诗人和马勒普罗太太之间的联系,后者是希莱伯笔下的新英格兰版的帕廷顿太太,那些作品诙谐幽默,家喻户晓。[译者说明:帕廷顿太太(Mrs. Partington)是美国幽默作家本杰明·P. 希莱伯(Benjamin P. Shillaber, 1814—1890)塑造的人物,出现在他的一系列作品中。二者都以误用词语而造成喜剧效果著称。马勒普罗太太(Mrs. Malaprop)是爱尔兰裔作家理查德·谢里登(Richard Sheridan, 1751—1816)的戏剧《情敌》(The Rivals)中的人物。]——原注

外搜寻植物所感受到的丰富多样的快乐——才能判断这变形的代价。她在一首最痛苦的诗中暗示，睁眼的同时就是瞎眼：

在我的眼睛挖掉之前
我也曾喜欢看 –
正如其他生命，有眼睛
知道别无他法 –

但若告诉我 – 今天 –
天空可以归我所有
我会告诉你 – 我的心
会开裂，因我的尺寸 –

草地 – 我的 –
山峦 – 我的 –
所有森林 – 无限量的星星 –
凡我能带走的正午
在我有限的双眸间 –

鸟儿俯冲的动作 –
清晨的琥珀马路 –
是我的 – 想看就看 –
这消息会将我击倒 –

猜想，更安全——

窗玻璃上只放我的灵魂－

其他造物则放眼睛－

对太阳－不够小心－

Fr336A

随着狄金森逐渐将自己限制在父亲的房屋院落之内，她曾经仔细观察过的植物、小鸟、昆虫和周边的群山变得越来越具有象征性，它们宣告季节的来临，而季节又成为心灵存在之各阶段的象征。以这种方式以及其他方式，诗人从自然、户外转向想象的温室。

作文

腊叶集如此，艾米莉早年的书信和课堂作文更是如此：一般人对写作的预期只是程式化的，而这个女孩，带着如此巨大的热情投身于写作，将她的通信人、同学、老师都远远地甩到后面。

艾米莉两岁半时就表现出对语言的留意，十几岁时在写作上更是将这种天赋大加锤炼。1845 年至 1847 年初，她寄给亚比亚·鲁特 11 封信，是这一时期仅存的作品（我们能看到这些书信多亏玛贝尔·卢米斯·托德），它们显示出，表达是一项其乐无穷的活动。

出于模仿的兴趣，这位未来的诗人喜欢在自己的散文中加入别人的声音，而且似乎都是即兴发挥。14 岁时，一个比她大的女孩即将完成教师岗前培训，她带着嫉妒和嘲笑的口吻记录此事，老师平时用来评价学生背诵的套话立刻冒了出来："简·格里德利几乎到达山顶，我们在后面吃力地跟随。很好，通过。"她爱盗用成年人正式的、庄严的语气，随后迅速恢复女生的声音。亚比亚问有什么新闻，她如是作答：

亚比亚·鲁特是诗人的同学，1844年成为她最亲近的朋友

　　首先，琼斯·麦克太太和塞（缪尔·伊利）·麦克太太各生了一个小女儿。非常有前途的孩子们，我听说。我毫不怀疑她们活在世上必将为社会增光添彩。我想她们都将成为未来的有用之材（。）沃什伯恩·麦克太太现在有两个孙女了。难道她不令人嫉妒吗？

　　艾米莉拿出一副主妇聊天的派头，采用了她们得意的声调，遮掩了自己的立场，却也暗示了她更为疏远的情绪。哈丽雅特·沃什伯恩·麦克太太是戴维·帕森斯牧师之女，曾嫁给罗亚尔·沃什伯恩牧师，丈夫死后改嫁戴维·麦克将军（兼执事）。另一处，艾米莉在她的名字中间插入了停顿，造成一种鲜明的效果："沃什伯恩！麦克！执事！夫人！"据此可知，这位夫人一定有一种威严的气质。

艾米莉关于举止规范的观点指向了她的自由的文体风格背后的社交态度。"那儿的老师像咱们老校的老师一样和蔼可爱吗？"亚比亚离开阿默斯特学园后，艾米莉这样问道，"我想你们那儿有许多一本正经的淑女吧，我毫不怀疑她们都是举止得体的完美典范。"

可是，置身于一片赞许的语言和情绪之中，有时候这个女孩会主动丢掉自己尖锐的声音。在一个新年之际，亚比亚的来信充满惯常的劝诫，艾米莉试图以同样的方式回应，但还是放弃了：

> 对于这刚刚过去的一年你的自言自语我并没有不理不睬。但愿我们能将如今正在飞逝的这一年过得比我们无力回忆的那一年更好。我知道你会笑我还会说我纳闷是什么叫艾米莉这么多愁善感。

在这里她再次获得了自己的平衡；在其他地方她有时也会失去自我。最明显的例子是，她随后被华丽的宗教复兴修辞裹挟进去：

> 我希望绝好的机会就在不远处，那时我的心将乐于服从基督，我的罪将在记忆册上全部抹掉。或许到了光阴如飞的年终，我们当中的一个就被召到上天的审判台去，而我希望最终判决时我们不被分开，我们当中的任何一个若去了那痛苦的黑暗深渊，将会多么伤心啊。

19世纪40年代的其他书信中还有一些段落，都有类似的奇怪之处：说话人与感情色彩之间的分离。叙述者说她未得救赎，可是她的想法和修辞却好像出自一位很有把握的牧师，而非一颗挣扎着的灵魂。这段话非常混杂，它彰显了成长过快的巨大危险：这个女孩对那个时代最具入侵性和操控性的宗教习俗持开放态度。我们也恍然明白，在狄金森自由的成人语调中为什么会时不时闯入冒失无礼、不可救药的孩子气：她不得不回到过去，做那个她不曾做成的坏女孩。

　　在诗歌方面，艾米莉早年的趣味根本谈不上非传统。她喜欢凭记忆引用爱德华·扬的无韵体长诗《夜思》中的诗行，那也是她父亲最喜欢的："我们不留意时间，只留意失去。"她问亚比亚"是否看到最近在报纸上流传的一首漂亮的诗，题目是'我们就要到了吗？'[1]"不过她也热衷讽刺："要是有机会的话，我想送你一束花，你可以做成压花，并在下面写上：夏天最后的花。这不是很有诗意吗？你晓得，这就是当下年轻小姐们的追求目标。"

　　这个姑娘神经敏感，像地雷拉绊网一样，埃米莉·福勒观察到的一个小插曲可为佐证。似乎诗人詹姆斯·拉塞尔·洛厄尔[2]当时"特别为我们所爱，一次我见（狄金森）一阵痛哭，事情是这样的，学院的亨利·M.斯波福德老师……告诉我们，以他年长八岁的资历来看，'拜伦的风格好

1　《我们就要到了吗？》（*Are We Almost There?*）被谱成曲，颇为流行，讲了一个渴望回家的女孩殁于归途的故事：

　　　接着，她说起她的花儿，她想着那一泓清泉

　　　清凉的泉水飞溅，流过白色的巨岩……

　　　——原注

2　詹姆斯·拉塞尔·洛厄尔（1819—1891），美国作家、批评家、编辑及外交官。1855年继朗费罗之后任哈佛教授，数年后开始大量创作诗歌与散文。他还是狄金森家常年订阅的《大西洋月刊》的首任编辑，也曾为《北美评论》（*The North American Review*）工作。1877—1880年任美国驻西班牙公使；1880—1885年任美国驻英公使。

得多'"，建议我们"丢开洛厄尔、马瑟韦尔[1]和爱默生[2]"。这场交锋应该发生在斯波福德 1842 年秋至 1844 年 12 月执教期间。艾米莉此时是否读过爱默生，我们是可以怀疑的，不过，她哭的事实却没有理由怀疑。她有坚强的意志，却为自鸣得意的男性权威所压倒，于是意识到自己的弱势，终于忍不住哭了。

不过，艾米莉上学时最感兴趣的不是诗歌，而是散文。和压花一样，"文章"也在朋友圈中流传，"极其诙谐"是她很想得到的一种美称。一次她为自己延迟回信辩解道，匆匆草就的书信"不会比别人高出一筹，而你知道我讨厌平庸"。爱德华曾鼓励有天分的女儿成为阿默斯特镇最好的小姑娘，于是，渴望出类拔萃、为人钦羡，成为一种重要的激励。50 年后丹尼尔·菲斯克仍然记得，她"具有突出的创造性"的作文曾一度引人妒忌。

阿默斯特学园将作文转变为公开竞赛，这激发了艾米莉的雄心。"你想想，"一个女生在 1838 年写道，"我的名字出现在了作文榜首。"在埃米莉·福勒的记忆里，狄金森是"学校的一大才女"，她投给《林叶》(*Forest Leaves*)的"不可抗拒"的稿件给福勒留下了深刻印象。《林叶》是由一群颇有才干的女生创办的不定期刊物，每一期都是"手抄的，在校园里流传，文章作者很容易从字迹认出来。艾米莉的抄写很漂亮——细小、清晰、精美"。福勒还记得范妮·E. 蒙塔古曾为这些作品集画过钢笔画插图，蒙塔古于 1841—1842 年在阿默斯特学园读书，后转入匹兹菲尔德女子学校。所以艾米莉可能在 10 岁或 11 岁时就因作文而赢得了名声。[3]她的才气不仅体现在书面写作方面，另一个校友证实，休息时艾米莉"常被一群女生

---

1 威廉·马瑟韦尔（1797—1835），苏格兰诗人。
2 拉尔夫·沃尔多·爱默生（1803—1882），美国思想家、文学家、诗人。关于他的思想和诗歌对诗人的影响，详见后文，特别是第十一章。
3 但是，这个见证者往往混淆了时间和顺序。她声称狄金森为《林叶》写的某篇文章"被一个淘气的编辑偷到学院报纸"上发表，她所说的这篇文章其实是诗人作于 1850 年的那篇情人节散文。——原注

围着，听她现场编造稀奇古怪且极其有趣的故事"。

总而言之，艾米莉在本地颇有名气，她技巧高超，诙谐幽默，常常一波三折，一语惊人，词语在她手中变换戏法，游刃有余。大概她对自己的才华初展也是心知肚明，所以才说她一想到考试就"喘不过气来"，因为害怕如果不能交一份完美的答卷就会"失掉我的品格"。不过这种恐惧毕竟不能跟她日益醒悟的天分相比——她已意识到自己的能力远在常人之上。

30岁出头时，她在一首最直白的诗里回忆了这一清晰而令人激动的发现：

> 它是诸神对我的赐予－
> 当我还是一个小女孩－
> 他们赠予的礼物最多－你知道－
> 当我们新－而小。
> 我把它握在手里－
> 从不放下它－
> 我不敢吃－不敢睡－
> 唯恐它不见了－
> 我听到"富有"这个词－
> 当我匆忙赶往学校
> 发自街巷转角的嘴唇－
> 还伴着一个较劲的微笑。
> 富有！是我自己－富有－
> 占有金子之名－
> 和拥有金子－在牢固的金条
> 二者的差异－让我有胆量－

Fr455

诗中，她忆起自己曾为金子而欣喜，这使人联想起她最显著的特征——红发，她14岁时曾把它描述为"金色长发"。在那封信里，她还说到自己"长高了不少""变化很大"，因此我们可以这样理解，金子也代表了她渐渐显露的女人气质。不过最重要的是，金子是内在的奇妙财富，如今她明白那是她的。她意识到自己被赋予了某种具有最高价值的东西，因而与众不同。神谕说"力量是你的"，阿默斯特镇的同乡伙伴理解这一点。她脱颖而出，她是一个令人妒羡的神童。公众都认识到了，尽管还不能称之为真正的使命感，这一认识毕竟赐予了这个害羞、严肃（而又喜好玩耍）的姑娘以胆量。

这是狄金森一系列关于喜乐时刻的诗作之一，她第一次光荣地暗示她是天才，只要她足够大胆，就可以占有金子之名。然而，这个姑娘所置身其中的宗教要求她服从，而她挚爱的父亲坚信女性的智力低人一等，女性的公开写作毫无价值，面对这一切，她需要拿出多少勇气呢？

第九章

死亡与友谊

亲密交流

30 岁出头的狄金森感到自己的天真终归逝去，便写下《孩子的信仰是新的》（Fr701），全诗基于一个幼稚的假定展开：在一个非常世俗的世界也可以到达乐园。诗的背后是她对小女孩时的种种冒险的回忆。那时，她早熟而努力，常受称许，对于那些摆在她面前的所谓重要的、终极的律令和价值，特别是福音宗教方面的，她也积极回应，这使她陷入严重的内心问题。她和伊卡洛斯一样，一旦放飞，就朝着太阳飞去。她又像那个父亲代达罗斯，想方设法拯救自己，通过替代、补偿的方式，努力保持最初的理想主义，将坠落拖至而立之年。[1] 但是，面对人生中第一个死亡之季，哪怕是这个极其聪敏的孩子，也尚未做好准备。

1846 年，艾米莉向一个朋友吐露，她更小的时候曾一度误以为自己找到了救赎。"我敢说我从未感到过如此完美的宁静和幸福，"她写道，

---

1 代达罗斯（Daedalus）是希腊神话中一个著名的工匠。他为克里特岛的国王米诺斯建造了一座迷宫，用于关押半牛半人的怪物弥诺陶洛斯，但是连他自己都逃不出自己所建的迷宫。后来代达罗斯造出用蜜蜡做成的翅膀，尝试飞出迷宫，拯救自己。他的儿子伊卡洛斯（Icarus）率先飞出，他乘着父亲做的人工翅膀飞翔，因离太阳过近，蜡翼受热融化，坠海而死。

"在那段短暂的时期里，我觉得我找到了我的救世主。"回首往昔，她觉得"那少有的片刻时光，即便用现在一千个这样的世界来换，我也愿意。我独自和崇高的上帝亲密交谈，并感到他会倾听我的祷告，那是我当时最大的喜乐"。

对于这个错觉中的皈依我们所知甚少，只知道艾米莉的祷告很快就失去了自发的喜乐，而且她开始逃避她已经加入的小祈祷圈。这个团体的存在告诉我们，艾米莉的这次经历与另一个事件发生在同一时段：在阿龙·科尔顿牧师的主持下，一场周期性的宗教复兴运动震颤了第一教会。我们若能了解这个时段内的年代顺序，也许就能将狄金森的这次经历和她孩童时期的其他方面联系起来。曾有朋友"跟我理论，说我远离上帝的圣灵，会遭受痛苦的危险"，这些朋友可能就是这个圈子的成员。

艾米莉一度体验到完美的喜乐宁静以及与上帝的交流，却稍纵即逝，这导致了两方面相互对立的结果。此番经历建立起一套衡量日后一切经验的绝对尺度，这个孩子得以借此确信自己兴奋期盼的感觉，但这也使她对所有引诱服从的行为和自己过快的回应保持警惕。1845 年，她所在的教会发生了一场强大的宗教复兴运动，影响了许多年轻人，结果，那一年有 46人立誓信教。这一次，她避开每日例会，害怕自己"太容易激动，会再次受骗"。许多人私下找她谈话，而她"几乎就要服从了"。[1]"我心里有一片痛苦的空虚，我确信现世从来就无法填补……我不断听到基督对我说，女儿，要将你的心归我。"她毫不怀疑，若遵从这个声音，那将是明智的。

大约直到 1850 年，狄金森基本上接受了福音派体系，不仅认为自己需要重生，而且可能随时死去，从而错过天堂——唯有天堂值得为之而活。

---

1 艾米莉所受到的压力可从阿默斯特学园的校长希曼·汉弗莱 1844 年的《宗教复兴对话》(*Revival Conversations*)中略窥一二。该书由一位牧师和各色人物之间的对话组成，这些人物被称为探究者、伪君子和苛责者等。其中一个惊人的特征是，牧师强有力地反驳了每一个请求："问题不是……你感觉如何，而是你应该感觉如何。""打住，想想你欺骗的心正把你引领到怎样矛盾的混乱之地。""你要更多时间！假如你还没到家，就猝死了怎么办？"——原注

在这方面她和父亲相似，面对他们自认为必须实践的内心行动，无可推诿，却踌躇不前。这个女孩就这样在坐立不安中成长，面对突然降临的死亡，她防备不足。噩耗从狄金森家族的各支传来，一个接着一个，来得太快。

威胁正步步逼近

1882 年双亲都已离世之后，狄金森写道："小时候读《圣经》，觉得这一节经文是最最骇人的——'没有的，连他所有的也要夺去'，这是因为那黑暗的威胁正步步逼近我们自己的房门吗？"

第一眼看上去，这些字句似乎暗示，她担心家人很快就会遭受不幸，这种焦虑心态源自父母的极端保护意识。毫无疑问这个女孩感觉到了，然而我们应当注意，《圣经》中的这个句子对于狄金森家并不适用，因为他们家当时并没有丧失任何亲人：他们一个也没被"夺去"。事实上，这里的动词是"逼近"而非"入侵"，这暗示了死亡发生在家门之外，别人失去亲人的经历让艾米莉感到惶惶不安，隔着一扇坚固的房门，往外看，证实死亡的传染性，是在受保护的状态下体验一种特殊的恐惧。

阿默斯特镇的墓地就在西街狄金森家的后面，死亡不仅逼近这个年轻诗人的房门、院门，而且逼近她的窗子。一次，她坐下来给朋友写信，忽然打断思绪说："我刚刚看到一个黑人婴儿的出殡队伍经过。"不过，她提及这个或那个葬礼时那种随意的口气说明，这不过是社会生活的一个方面，她跟大家一样对此已习以为常了。她不是马克·吐温笔下的埃米琳·格兰杰福德[1]，只要有人死了，就会写一篇悲哀的悼词。

1　埃米琳·格兰杰福德是马克·吐温《哈克贝利·费恩历险记》（1885）中的一位女诗人和画家，据说，这个人物戏仿了 19 世纪 70 年代一个颇为出名的蹩脚美国女诗人朱莉娅·A. 莫尔（Julia A. Moore）。

当然，有些死亡的打击格外沉重。1842 年 5 月 19 日，拉维尼娅和洛林·诺克罗斯失去了大孩子，一个四岁的小女孩，她很可能死在波士顿。因为那年春天留存下来的书信都是孩子夭折以前的，随后的情况便无从得知了。然而，考虑到这个家庭和狄金森家的亲密联系，我们可以理所当然地认为，这个事件亦深深震动了西街。

在那个时代，人们对临终的话语和行为格外重视，特别是像阿默斯特镇这样的正教社区。1842 年秋，埃米莉·福勒的小弟弟死于热病，悲痛欲绝的母亲在寄给朋友的一封书信里，详细描述了孩子最后的谵语。临终前的男孩相信自己"在一口深井中，总是远离他快乐的家和亲爱的父母"。他觉得递给他的水杯"是一把举起来要害他的斧头"。最后，他不能说话，甚至不能"看我们"，肝肠寸断的母亲做了最后的努力："如果韦伯斯特爱母亲，就握她的手。"他勉强做到了。我们想知道，这个惊人的临终故事是否传到了年轻的艾米莉那儿。

"这里总是死人。"1843 年 9 月，玛丽·谢泼德写道，这句话表达了那个年月压迫着阿默斯特镇居民的强烈的死亡感。但与 1844 年上半年相比，1843 年就不值一提了。1844 年上半年，接二连三的死亡令小镇居民心惊胆寒，并引发了诗人最严重的童年危机。

德博拉·菲斯克，一个有才干有活力的女士，一位教授的妻子，有人记得她跟孩子们打招呼"总是充满善意的言辞"，不幸身患痨病，"撕心裂肺地咳嗽"，1843 年 8 月体重只有 79 磅。她知道自己活不长了，便让大女儿海伦·亨特·杰克逊不去上学，留在家里。她很担心小女儿安，安因疾病、失望、孤独而瘦了许多，她期待 12 月 25 日为九岁的女儿举办一个快乐的生日聚会。但她却在最后一刻向艾米莉·诺克罗斯·狄金森发出了迫不得已的请求："如果你方便的话，安今天下午去拜访艾米莉和拉维尼娅……我本打算让她去请你的女儿过来，另外再请两三位小姐……可我太虚弱了，实在（听？受？）不了任何玩耍的噪声。"

1844 年 2 月 21 日，艾米莉很可能参加了菲斯克太太的葬礼，并聆听了学院校长希曼·汉弗莱的悼词。汉弗莱的发言以贤妻良母的"家庭美德"的重要性为主题，他代表众人表达了对逝者的赞美，最后又依照惯例，将话题郑重地转向各阶层的幸存者，特别是"丧母的孩子们"，他们"现在还不能完全理解他们的丧失是何等惨重"。他严肃地说，丧母的孩子是最可怜的，他们享受不到"虔诚、尽责的母亲的爱抚，亦享受不到启蒙教育，其损失是无法弥补的"。似乎是为了证明这黑暗的预言是有根据的，他招来这个已故女人的灵魂，作为他看不见的听众："此时此刻，我仿佛见她把手指放在唇上，警告我话不多说，出言谨慎。我站在上帝面前；若还有什么其他不可见的存在，我就不得而知了。"这真是阴森可怖的一幕，其中的选词用字非同小可。即便艾米莉错过了这一幕，她也可以读到这些悼词，因为文本发表之后，鳏夫菲斯克送了一份给艾米莉的母亲。

接下来轮到哈丽雅特·福勒，她是诺厄·韦伯斯特之女，菲斯克夫人的密友，另一位教授之妻，还是韦伯斯特和埃米莉·福勒之母。哈丽雅特也受痨病折磨多年，她想方设法不让孩子们感染，并努力营造一个欢乐、好客的家。一个冬夜，灯已熄，她躺在床上，忽然感到嘴里全是血，若起身去吐，又怕咳嗽不止，会吵醒丈夫、孩子，便吞咽了"两三大口"。1844 年 2 月 16 日，福勒太太乘雪橇去看菲斯克太太，后者惊呼，"啊，你喘得太厉害啦！也许明年冬天你就要跟我去了，第一个接你（到天堂）的人就是我了。"她们明白这是彼此的最后一面，客人正欲离去，又被叫回，再做一次"深情的告别"。三天后，菲斯克太太走了。又过了六周，福勒太太果然跟她去了，据说她被折磨得"很厉害"。"死神在此地卖力工作。"杰里迈亚·泰勒如此说道。4 月 2 日下午，他允许学园提前放学，以便那些想参加葬礼的学生可以赶去。艾米莉很可能去了，并听到汉弗莱校长称赞福勒太太"谈吐活泼、举止斯文、品味高雅",以及"热情洋溢的母爱,生生不息"。想起福勒太太和菲斯克太太的临终会面,人人感慨万千。

安、海伦·菲斯克和埃米莉·福勒并非艾米莉最亲密的伙伴,但目睹熟悉的同伴失去母亲仍是一件可怕的事。福勒家的女儿为了料理父亲的家务,不得不辍学。翌年,另一个朋友卢瑟拉·诺顿也失去了母亲,艾米莉写道:"现在她母亲死了,她好像感觉很孤独,她的全部要求就是母亲还活着。我非常同情她,因为她全心全意爱着母亲。"

4月,毁灭性的死亡来临。索菲娅·霍兰是艾米莉的远房表姐,露辛达·狄金森的外孙女。露辛达把太多的钱款借给了塞缪尔·福勒·狄金森,后移居田纳西州。我们对这两个女孩之间的友谊了解甚少,大概开始于1846年,两年后艾米莉回忆道,索菲娅是我的"朋友,我俩年龄相仿,我的想法跟她的一样"。两人之间如此完美的交流与艾米莉所描述的那次皈依后与上帝的交流,不无相似之处,而且表姐比她年长两岁半。索菲娅4月29日死于斑疹伤寒,艾米莉的心灵遭受极度的创伤。起初,大人们允许艾米莉看护在她床边,后来濒死的女孩神志混乱,医生禁止这个年轻的探访者靠近。"我当时觉得我也会死的,"艾米莉回忆道,"如果不允许我看护她或哪怕只是看着她的脸。"

4月28日礼拜天夜里,卢修斯·博尔特伍德给某人写信说:"塞尼卡·霍兰的女儿得了严重的脑膜炎,恐怕活不到早上。"大约就在那天夜里或次日白天,艾米莉说服医生让她看最后一眼。她脱下鞋,轻轻走近病房,停在门口。那儿,索菲娅——

> 躺着,温和又美丽,好像健康的样子,她苍白的脸上闪着
> 一种神秘的-微笑。我看着她,一直看到允许朋友看的时间,
> 他们告诉我不能再看了,就任他们将我领走。

宁静息声、旁观者全神贯注的凝视、无法解释的诡异的"微笑"（前面的小短线大概表示停顿，作者在搜寻合适的字眼）：这就是 15 岁的艾米莉对她的第一次临终会面的回顾性叙述。这番叙述或许算不上老练，相比之下，比如沃尔特·惠特曼的诗作《列队急行军》[1] 可能要老练得多，诗中一个行军士兵在一个地狱般的地方遇到一个濒死的士兵，向"我"露出神秘的"一丝微笑"。不过，这一段文字准确地预示了诗人成熟之作的一些基本方面——人生中那些令人敬畏的高潮毕竟挥之不去又难以捉摸。在她的诗歌和书信中，那些全神贯注的参与者总是变为旁观者，尚未了结之事重重地压在他们心头。

艾米莉还没看完就让人领出去了，未能见证死亡的瞬间，也未能确定那个……微笑的意味。两年后，这个姑娘想起这段令人不安的经历，启用了那个时代的治疗方案：

> 我没有落泪，因为我的心太满了，哭不出来。可是当她被放进棺材，我觉得我再也不能叫她回来，我就任由自己沉浸在凝固的忧郁中。
>
> 我没有告诉任何人我为什么难过，虽然它正在啃噬我的心弦。我感到身体不适便去了波士顿，过了一个月健康状况有所好转，精神也就好一些了。

尽管不乏陈词滥调，如"凝固的忧郁""啃噬我的心弦"等，不过这段简短的描述却表明这个年轻的作者已多么留心于生命的感觉。在她的创

1　沃尔特·惠特曼（1819—1892），美国 19 世纪另一位最重要的诗人，1855 年发表《草叶集》初版，引发争议。《列队急行军》（*A March in the Ranks Hard-Prest*），见《鼓声哒哒》（*Drum-Taps*），这部诗集诞生于南北内战，发表于 1865 年，后来收入《草叶集》。

伤性反应中，有一种特别明显的强硬的尊严。不同于当时的流行文学，她坚持认为没有解决办法，没有终极的、治愈性的眼泪。她过去没有能够获得拯救和皈依，如今也不会宣布令她束手无策的悲伤可以一劳永逸地终结。她只是离家一个月，体验自己的"健康"和"精神"逐渐好转，这样一来，随着时间的推移，那从一开始就注定无法修复的经历（"我再也不能叫她回来"）至少还可以回看，可以讲述。完全不同于汉弗莱校长为菲斯克太太和福勒太太所作的悼词，她无能为力、诚实面对，这说明受伤就是"意义之所在"（Fr320）。

然而，1844 年还有一次死亡，是到那时为止最恐怖的。5 月 19 日至6 月 4 日寄往波士顿的家信暗示，艾米莉在 6 月底回到阿默斯特镇。其时，玛莎·德怀特·斯特朗自尽，时年 62 岁。她的丈夫是有名的赫齐卡亚·赖特·斯特朗，他的名字曾在狄金森家族史中屡屡出现（如前所述，两家在经济方面打了不少交道）。据《罕布什尔公报》记载，斯特朗夫人近来语无伦次，抑郁消沉，常常声称"她快死了"。30 号是礼拜天，她看上去"很快活"，丈夫去教堂，把她留在家里。可是丈夫回家后却找不到她，"最后在院子的那口井里发现了她"，显然她是"头朝下投井了"。官方的死亡通告认定此系"自杀。精神错乱，溺水身亡"。

一般说来，自杀者不具备进天堂的资格。但是，如果斯特朗夫人的心智不正常，其死亡还算不算自杀呢？而且，倘若约翰·加尔文[1]的全能上帝允许这样一个人升入天堂，谁能说他做不到呢？

狄金森有一封信，一般认定写于 1877 年 6 月父亲逝世三周年纪念日，信中提起一段关于葬礼的遥远回忆：

1　约翰·加尔文（1509—1564），法国神学家，16 世纪基督教新教运动的改革者，加尔文神学体系的创始人。

自从父亲过世之后，所有神圣的事都放大了－它一度模糊，难以索解－。几岁大的时候，我被带到一个葬礼上，如今我知道那特别的痛苦了，牧师问："主的手臂缩短了不能拯救吗？"

他强调了"不能"这个词。我将其语气误解为对不朽的怀疑，也不敢问，它至今一直萦绕着我。

狄金森30岁后往往夸大其早年的年幼和天真，有时候她的"小女孩的童年"甚至延续到20岁的最后几年。我们不应被她的"几岁大的时候"误导。牧师提出的问题最符合斯特朗夫人的情况。她和丈夫都是阿默斯特东教堂成员，其牧师为波默罗伊·贝尔登，东教堂距狄金森家不远，去参加葬礼很方便。诗人回忆的可能就是这个事件——这是她第四次见证死亡，死者都是女性，都发生在她14岁那年。只有父亲死后，"神圣"的事物放大了，"模糊"的事物恢复原貌，狄金森终于得以把这段记忆从斯特朗家恐怖的井里提取上来。[1]

狄金森如今知道这场葬礼有一种"特别"的痛苦，这说明她当时并不完全理解事情的全部性质。不过，她确实留意到执事牧师在保持公正的同时，尽量做到慷慨大度。这个例子为我们提供了一个线索，以了解她早年长久思虑的问题，这里她将此事误解为力量问题。这名年轻的听众猜测，上帝也许没有人们想象的那么强大，而天堂不过是一个传说——这两个问题太沉重了，不能拿去麻烦母亲或父亲，所以，必须靠自己不断强大起来。正如有一天，她会这样写道，

我能淌过悲伤－

1　同样写于1877年的一首诗是这样开头的："何等神秘笼罩着一口井！"诗作以自然之不可知作结，令人难忘："……那些了解她的人，离她越近／就了解越少。"（Fr1433［A］）——原注

一个个满满的池塘 –

对此我已习惯……

Fr312

她如此独立，一字不提

艾米莉在那一个月的疗养之旅中，去波士顿看望了拉维尼娅和洛林·诺克罗斯，还去伍斯特市拜访了威廉·狄金森家，具体情况我们只能从她父母深情的来信中略知一二。这些信只字不提她的病情和抑郁，似乎有意维护欢快的气氛。母亲谈起戴维·麦克娶了哈丽雅特·沃什伯恩，"真是令人高兴"，又叫女儿放心，她的花花草草"看起来很不错"，而且不止一次提及艾米莉的朋友们经常问候她。她在两封不同的信中两次写到同一句话，"没有你我们感到寂寞"，这既表达了母爱，又暴露了她的书信用语实在贫乏。维尼之前也病了，狄金森太太报告说，她"现在能帮我不少了"，维尼"在你不在时，过得还算好"，比事先估计的好一些，由此我们得以第一次窥见姐妹俩的亲密程度。

诗人晚年在给查尔斯·H.克拉克的信中写道，"你和兄弟的纽带关系使我想起我和妹妹 – 很早 – 热切 – 牢不可破"。这种牢不可破的联系，用艾米莉在波士顿时爱德华的一封家书来表达，再合适不过："（维尼）利落地扛起来——她是如此独立，关于你一字不提。她打算拼到底。我希望你平平安安地到家。"无论拉维尼娅是不是真像父亲所说的那么坚忍独立，这封信无疑揭示了他本人焦虑紧张而又含蓄的父爱。独立，一字不提，拼到底，这就是他心底里用来克服孤独和离别的方法。这也是艾米莉的方法，虽然她的方法绝不只这些。

爱德华的保护意识一如从前，只要家人出门，他总会提出各种建议，对艾米莉也不例外："你回家时——要当心，在帕尔默下车——别摔倒，抓住一个地方别松手，直到安全下来——以防车子突然跑起来，扔下你，碾过去。"显然他很担心，女儿独自旅行，处处都是风险。他把灾难性的后果描述得如此直白真切，似乎过于笨拙，何况收信人恰好是一个尚未摆脱死亡阴影的孩子。不过，这或许也是目光锐利的标志，他期望培养这种品质。

父亲的另一条建议也引人注目，"我希望你去看看伍斯特的精神病院，还有其他有趣的地方"。九年前她的母亲去波士顿和伍斯特休养，他也提出了同样的建议。他是不是觉得，若有机会观察到精神病患者的行为和治疗，他的过度紧张的女眷就会重获平衡？抑或，他想要她们也分享他对开明改良的兴趣？这个话题曾激发他在大学时代写了一篇文章，题目是"为精神病人提供精神病院的重要性"。

一见倾心与"五人行"

然而，将13岁的艾米莉从绝望中解救出来的并不是斯多葛哲学、宗教或访问伍斯特精神病院，而是时间、友谊和她自己的想象源泉。

6月的一个星期三，她回到家，赶上阿默斯特学园那天下午的"演讲"课。她和一些常规注册的学生一起登上学校的三层楼，重返往日光荣之地。走在她后面的是个新同学，她迷人、恬静，头上戴着蒲公英。"我永远也不会忘记那一幕，"八年后艾米莉对她说，"也不会忘记当时你夺目的光彩，使我一见倾心。"[1] 而年轻的艾米莉给人的印象则是"着装精致、

---

1 大约在同一时期，狄金森在一封信中将春天的大地拟人化为一个穿戴着新叶新花的女人："然后是她的秀发，珍妮（Jennie），戴上完美的花冠——哦，到五朔节的时候，她将出落为一位美女，如果可以的话，她将成为女王！"——原注

整洁、仔细"，而且总"戴着她的花"。然而，蒲公英女孩给艾米莉留下深刻印象的原因远不止于此，在疾病和死亡的背景下，这个焕发着自然的活力、准备帮助艾米莉重新开始的人，若不是五月女王，又会是谁？

这个女孩就是亚比亚·帕尔默·鲁特，艾米莉向她做了一个"不拘礼节"的自我介绍后，也得知了对方的名字。亚比亚来自春田附近一个叫菲丁山的小村庄，父亲是商人，兼任公理会执事，是一个名望颇高的家庭。亚比亚的卷发如花一般，她在阿默斯特还开始写"浪漫小说"，可见她大概是一个活泼生动、有创造力的孩子。女孩觊觎小说无疑显得野心勃勃，何况狄金森家的父亲爱德华对当下的小说越来越吹毛求疵，一定会觉得写小说有失体统。艾米莉第一次给这位朋友写信就恳求看一看她的浪漫大作："我都快想疯了，我觉得它会跟我的辉格党情感相反。"朋友转到春田的一所女校后，艾米莉写道，"别让那儿一本正经的淑女""束缚自由的灵魂"，这句话大概道出了两个女孩当时的大致情形。可是，这个劝告可能被忘记了：从亚比亚后来的少量材料来看，她并没有遵循早年离经叛道的风格。

"那学期我们一起上课，照管我们的是亚当斯小姐，大家多开心啊！"1845 年春天艾米莉回忆道；"但愿昨日重现，可我并不指望。"（此处下画线为本传作者所加）引人注目的是，两个女孩之间的通信一直延续到她们二十几岁时，差不多 10 年时间，但她们真正朝夕相处的日子只有两个学期[1]。这迅速确立的友情说明，艾米莉对爱的渴望，在很大程度上缘起于她默默的伤逝；但同时这也揭示了贯穿其一生的回应模式——迅速依恋别人，并抓住不放。"她全心全意地爱着，"埃米莉·福勒回忆道，立刻

1　1844 年 6 月 4 日的家书显示，艾米莉很快就要到家了。阿默斯特学园为期 11 周的夏季学期 5 月 22 日开始，此时已过了两周。1846 年她因错过前几周的课而放弃了整个学期。若这一次也一样，那么她可能要等到 1844 年 8 月 28 日秋季学期的第一天才重新注册。而那是亚比亚在阿默斯特的最后一个学期。——原注

又补了一句，"她从没沾过一点俗气。"这是共识：冲动、忠诚，慷慨到轻率的地步，抑或是天真。拉维尼娅说得好，诗人根本不是"离群、排外的"，而是"总在留意是否有值得交往的人出现"。

朗费罗[1]在1849年的小说《卡瓦纳》（*Kavanagh*）中描述了两个女生之间的亲密友谊：她们"在校同坐，放学同行，她们分享许多个人秘密，晚上写热情洋溢的长信给对方。一句话，她们相爱着"。狄金森家有这本书，这段话做了两次记号，其中一次是艾米莉做的。正如她在诗中所言，"灵魂选择自己的伙伴"（Fr409），她也将（不断地）"选择一个"，可是朗费罗的描述并不完全适用于她和亚比亚的友谊。与其说她们是排他的一对，不如说她们同属于一个志趣相投的小团体——"五人小组"，那是1844年秋在伊丽莎白·亚当斯老师的指导下组合在一起的。另外三人是阿比·伍德（上一章遇到过）、哈丽雅特·梅里尔和萨拉·S.特蕾西。一次，艾米莉勾画了她们的特点，阿比用功，哈丽雅特"搞笑"，萨拉"始终如一，平静可爱"——这两个形容词可以部分解释为什么萨拉被贴上"别号维吉尔"的标签。正是这个亲密团结且性格各异的五人小组让艾米莉觉得，这个秋季学期，紧跟在死亡季节之后，具有一种特殊的终生难忘的味道。[2]

诗人在信中试图长久维持这个短暂存在过的小圈子，致使一些粗心的学者误认为它存在了多年。实际上，亚比亚转学后不久，哈丽雅特和萨拉

1　亨利·沃兹沃思·朗费罗，美国19世纪著名诗人和小说家，哈佛大学教授。他的作品深受包括狄金森在内的广大读者的喜爱。

2　与此同时，艾米莉的母亲似乎被学院家属中的文学妇女圈子排除在外，或许是因为她拙于写作。菲斯克夫人、福勒夫人等经常互传短笺，这些短笺大部分现存科罗拉多学院的海伦·亨特·杰克逊书信档案，以及纽约公立图书馆的埃米莉·福勒·福特及其家人书信档案。玛丽·谢泼德是伯特伍德家的人，1843年曾去看望狄金森夫人，发现她"一如从前，谈话中充满悲哀"，在这封信中谢泼德还触及了那个棘手的问题，即为什么汉娜·特里（Hannah Terry）说"现在不去她家了"。特里太太是哈特福德一个法官的妻子，狄金森夫人1835年去波士顿曾拜访过她（在适宜的拜访时间过后）。这件事为一幅总体画面又添了一笔：一个令人尊敬的妇女感到被忽略、被孤立，变得越发忧郁。——原注

也相继离开。诗人给亚比亚的信中提到，她也给她们两个写过信，现已不存，不过毫无疑问，在维系友谊方面，艾米莉是迄今为止付出最多的人。她不愿接受哈丽雅特明显的淡漠，力劝亚比亚写信轰炸她——"不断给她写信，把炭火堆到她头上[1]，直到你收到回复。"直至1847年她还在给哈丽雅特写信，不停念叨："古老的恐怕已忘了的朋友。"哈丽雅特曾给阿默斯特镇的祖母寄过短笺，为何没有捎上对老朋友的问候呢？这种沉默中有什么"秘密"吗？"很长一段时间"哈丽雅特杳无音信，萨拉也是，艾米莉感到一种难以索解的痛苦。[2]

痛苦的事还有一件：艾米莉的朋友陆续皈依上帝，这影响到少女之间的亲密关系。只要亚比亚尚未得到救赎，艾米莉就可以轻松自由地沉浸在不着边际的幻想之中。"我最近得出一个结论：我是夏娃。"15岁生日后不久她这样写道："你知道的，《圣经》里没有关于她的死亡记录，那我为什么不能是夏娃呢？要是你找到任何你觉得可能证明此事的材料，你可要赶紧寄给我。"这个妙趣横生的段落采用了诙谐的语调，这提醒读者切不可咬文嚼字，但令人好奇的是，艾米莉如何理解身份，她觉得自己是一个原型人物或源头性人物吗？或是她在天性上比别人更任性，或是她在本质上无父无母？不管我们怎么解读这种迷人的语言挑衅，亚比亚却没心情回应。那时，她被一场宗教复兴大潮吞没了，她草拟了一份阴郁的报告，描述自己"不安的"心灵状态，寄给了对方。艾米莉效仿她，为自己之前的错误皈依悲叹了一番，并以最好的福音派方式，斥责自己拒不服从的顽固态度。

1　语出《圣经·箴言》（25：22）。

2　狄金森现存最早的诗歌写于1850年情人节，提到"萨拉"和"哈丽雅特"的名字。权威意见认定二者分别指萨拉·S.特蕾西和哈丽雅特·梅尔尔，即便两人已经淡出视野近四年了。实际上，诗人所想的很可能是萨拉·波特·费里，她曾帮助诗人的母亲在阿米蒂街经营一家寄宿公寓，以及哈丽雅特·奥斯汀·狄金森，她是威廉·考珀的姊妹、巴克斯特牧师的女儿。1848—1849年，哈丽雅特在阿默斯特学园念书，和维尼成为朋友。——原注由于亚比亚尚未进入新生的行列，艾米莉仍可以自由地说出自己消沉的想法：死亡固然可怕，可是长生不死似乎更糟。"你不觉得永生可怕吗？我经常想这个问题，对我来说它是如此黑暗。想到我们必须永远活着，永不停止，我简直希望没有永生。"艾米莉幻想自己是夏娃，没完没了地活着，这里，我们似乎看到这一揶揄的黑暗面。这个姑娘是否瞥见了什么东西，那东西将占据她作为诗人的心思？是幻象、意识、真诚这一类卸不掉的重负吗？

1846年3月艾米莉又写了一封信，当时她获悉亚比亚已经皈依，遂告诉阿比·伍德，两个朋友尽力消化这个重大消息。由于萨拉·特蕾西此时也已被拯救，艾米莉和阿比只得眼睁睁看着自己"被落下"。她们不知是喜还是忧，但愿这场正席卷校园的宗教复兴运动，最终让她们也得以皈依。

或明或暗地，亚比亚信中的说教味儿越来越浓了，这进一步侵蚀着往日无拘无束的嬉闹。艾米莉在不违心的同时，尽量积极地回应对方，她承认自己也很关心"这个非常重要的话题，你已在信中频繁而热情地唤起我的注意了。可是……我还是不觉得我可以为基督放弃一切"。1850年阿比皈依后，艾米莉向亚比亚描述她们这位朋友外貌的变化，她的脸似乎"更平静了，但充满光辉"。阿比坦陈自己的所思所感，令艾米莉大为触动，遂做出了一个对比，一方真诚坦荡，另一方则徘徊不前、鬼鬼祟祟，包括她自己："我潜逃，停下，思索，又思索，又停下。"不过，这段文字很难称得上潜逃，而是表现出一种新生者无法接受的坦诚。亚比亚和阿比退回到被普遍接受的信仰和情感的安全岛上，这对诗人富于表现力的表达欲望提出了挑战，这也可以帮助我们理解，她为什么多愁善感地回归过去，为什么嘲弄起来不顾后果。

狄金森晚年曾匆匆写下这样的句子，"我们不是一边失去一边得到（获得）吗？几年后，我们所能展示的就只是些破旧的陈迹了"。艾米莉是在失去索菲娅之后遇见亚比亚的，她如此执拗地依恋亚比亚恐怕与此有关，这种依恋一直延续到这个少女时代的朋友皈依、成年、结婚，最后，值得写的越来越少了。在这些书信里暗含一种有趣的反差：随着作者的思想和风格日益丰富，她却执拗地将过去保存在琥珀中。这段少女情谊曾把艾米莉从死亡的阴影中解救出来，但后来，二人的通信有时几乎成为一种变了味的关系的伪装。直到1854年，狄金森才甘愿承认一切都结束了。那时她有了新的所得，来补偿这最近的所失去。

1848年8月，亚比亚出乎意料地出现在霍山的毕业典礼上，然后又一句话都没说就消失了，一切再明显不过，难以否认。面对亚比亚的漠视，艾米莉坚持着，从中可以看出友谊、回忆和写作对她意味着什么："那天你为什么不过来，告诉我是什么封住了你的唇？……如果从今往后你不想做我的朋友，说出来好了，那我就会再次努力把你从我的记忆中抹去。快告诉我吧，悬而未决是不堪忍受的。"

思想与情感的交流，正如心灵本身一样，永远无法停步。如果说狄金森对她选择的密友太过忠诚，从而成为她们和她本人的一大考验，那至少说明意识的种种责任不可弃之不顾。

家中的友谊与共谋

当然还有别的朋友。"五人行"之外，尚有亚比亚在阿默斯特镇的表姐妹萨布拉·帕尔默和学院的一位修辞学教授的女儿玛丽·沃纳。简·汉弗莱已不在阿默斯特镇，但她们显然还有联系，还有伊丽莎·科尔曼，她后来成为诗人最要好的朋友之一。这些姑娘的家长都是专业或商业人士，相对来说，她们都接受过良好的教育，举止文雅，没有艾米莉避之唯恐不及的"粗鲁、无教养的行为"。她参加聚会、远足，但遵循父母的意愿，总是保持一定距离，即便是最安全的组织，也是如此。15 岁那年，"大多数同龄女孩"都参加了大型的"女士缝纫圈"，她却没有参加，理由是"母亲认为过早地踏入社会对我不大好"。父亲对于女性参与社交活动也持保守态度，在这方面，双亲不谋而合。

对艾米莉来说，或许意义最大的社交圈是家中兄妹之间的交往，而这恰恰是我们了解最少的部分。他们之间显然只在有人偶尔出门时才会写信，所以平常在家的亲密关系几乎无据可查。她去波士顿以及去霍山读书时，家人反复告诉她，她不在家的日子，"'他们如此孤独'，这令她很'开心'"。她在给奥斯汀的一封信里引用了他的原话（似乎是他当面说的），她不在时家里"有种葬礼的感觉"。关于这段时期，她后来还有一些回忆，比如她告诉希金森，奥斯汀曾带回来一本朗费罗的《卡瓦纳》，"藏在钢琴罩底下，暗中向她示意，然后他们一起读了这本书，但父亲终于还是发现了，不大高兴"。这个回忆中的细节完全符合我们对这个家庭的了解。然而，传记需要的是同期的证据。

狄金森家有一本约翰·本德尔顿·肯尼迪的流行小说《大燕仓》[1]，我们从中找到了一条模糊的线索。上面旁注很多，其中有这样一句话画了下画线："内德假装把所有这些单调乏味的感觉都归咎于礼拜天，他说，礼拜天永远是一周中最难挨的一天。"旁边空白处的手迹大约出自奥斯汀："这是事实。"另一个人——从字体来看是艾米莉——看到这条评论，就加了一个星号，在底下写道，"除非有这样的书来读读"。杰伊·莱达推测，这是 1844 年的事情。不论这些批注是哪一天写的，它们都形象地传达出奥斯汀和艾米莉心照不宣的情绪，他们联合起来反抗大人的严厉管教。19世纪 50 年代初期，她写给哥哥的书信的一个主要话题正是礼拜天的无聊。

1　约翰·彭德尔顿·肯尼迪（1795—1870）是美国内战前拥护奴隶制的代表作家，小说《大燕仓或客居老自治州》（*Swallow Barn or a Sojourn in the Old Dominion*）发表于 1832 年。

要洞察孩子们在家里共同生活的状况，最佳的信息来源是约瑟夫·B. 莱曼。他少年时代在狄金森家住过，时间不长，后来又成为诗人的一个亲密朋友。莱曼之所以入住这个家庭，是因为诗人的父亲但凡不在家过夜，就坚持要配备一个信得过的小伙子作为保护者，这个惯例至少可上溯至 1829 年，当时塞缪尔·福勒·狄金森不得不离开家，遂叫一个学生搬进来"当警卫"。19 世纪 30 年代后期，爱德华供职于州议会，而麦克将军住在家宅西翼，这个问题尚未凸显出来，因为将军本身就是民兵。可是狄金森家搬进自己的地盘后，爱德华参与政治越多，就越需要一名家庭保镖。[1]1845 年和 1846 年，他被选入州长的顾问委员会，负责审查一切赦免、司法任命和财政授权等事宜。爱德华进入这个很有权力的监察组织，给家庭带来了一系列结果，其中一项就是让艾米莉认识了她的第一位州长乔治·N. 布里格斯[2]。（1846 年和 1847 年，他两次光临阿默斯特学院的毕业典礼。后来，亚比亚吹嘘见过丹尼尔·韦伯斯特[3]，艾米莉则回敬道："可是你不认识布里格斯州长啊，我认得。"）不过，一个更重要的结果是，她认识了年轻的约瑟夫·莱曼。

　　关于家规，爱德华说得很简洁："我不在时，不能再让奥斯汀离开。"1846 年 3 月，阿默斯特学园的校长辞职后，学校陷入混乱，小伙子希望在学期结束时即 3 月 31 日返回威利斯顿神学院——这正是委员会忙得不可开交的时候，而他的父亲必须留在波士顿。爱德华想出一个两全之策，这在约瑟夫的信中昭然若揭。约瑟夫当时 16 岁，也预备转学到东汉普敦。3 月 12 日他还急切地渴望转学，可到了 4 月 7 日他给兄长写信时，

1　这些过度的保护措施导致一个奇怪的结果，那就是诗人喜爱引用《诗篇》（91：11）："因他要为你吩咐他的使者，在你行的一切道路上保护你。"在《马太福音》和《路加福音》中，那试探者向耶稣引了这句诗，劝他跳下殿顶。狄金森明白魔鬼的暗示，后来再三"吩咐他的使者"，要求她的朋友们保护好自己。——原注

2　乔治·N. 布里格斯（1796—1861），时任马萨诸塞州第十九任州长（1844—1851）。

3　丹尼尔·韦伯斯特（1782—1851），美国内战前重要的政治家和活动家，产生了广泛影响。

却报告了一个令人惊讶的消息：

> 我到这里（阿默斯特）上学后，结识了学院司库 E.狄金森阁下之子奥斯汀·狄金森。他原打算本学期期末去东（汉普敦），但是他父亲的工作性质要求他留在家中。他自然很失望，并说很希望我留下来陪他，寄宿他家，直到东（汉普敦）的夏季学期开始……我接受了这个友善且有利的提议，因为我不需要付寄宿费。我一如既往地勤奋学习……有（亨利·）爱德华兹的指导，假期还要向泰勒教授作报告，我觉得很荣幸……尽管学习是愉快的，我还有很快乐的娱乐活动，如骑马、园艺、"在小树林里荡秋千"等等。

委员会记录显示，3月31日至4月8日爱德华确实在任，4月14日至15日他又回来了一趟。同时，他的女眷很安全，儿子以及儿子的朋友得到了最好的辅导：亨利·爱德华兹是1847年在拉丁文专业毕业典礼上致辞的学生，威廉·泰勒则是希腊语教授。

小伙子去威利斯顿之前在狄金森家住了大约两个月。他讨人喜欢，聪明有才，热情洋溢，在一位耶鲁教授眼里，他颇有几分"小恶棍"的风格。约瑟夫精力好，有远见，很高兴被介绍到像狄金森家这样的"很有教养的社交圈"。他对女孩子很有吸引力，慢慢和拉维尼娅谈起恋爱来，此后的五年里时有如下场景：

> 她坐在我腿上，从柔软的栗色长发中摘下发簪，将光滑的长发绕在我的脖子上，一遍又一遍地吻我。她总在我身边，靠着我的臂膀，还常常搬来一张红色的小凳子放在我的椅子旁边，

把书摆在我的两膝间阅读。她的皮肤非常柔软，手臂又白又胖，跟她在一起我非常非常开心。

这一类调皮的爱情游戏与大女儿之间却从未有过。相反，艾米莉"和我一起读德语话剧，坐在我近旁，以便看同一本字典"。小伙子1846—1850年在耶鲁上学期间，这种友谊随之增长。和亚比亚·鲁特不一样，他定期来拜访这家人，觉得那里是"我的迷人的第二个家"。偶尔，他向人炫耀收到了"令人愉快的书信，来自阿默斯特狄金森家的姑娘们及奥斯汀"。10年后，他定居在新奥尔良市，和"艾米"依旧保持联系。尽管婚姻和内战（约瑟夫为邦联而战）曾一度打断了他们之间的通信，但他返回北方后，他们之间的通信又恢复了。1872年，他殁于天花。

跟亚比亚不同的是，艾米莉的友谊改变了约瑟夫。关于如何谈话和写信，他获得了一种更有挑战性的理念。1849年，他和哥哥就女性的谈吐能力交换年轻人的判断。"关于女士们的谈吐，你的意见不错，"约瑟夫写道，"她们不知道怎么说话。"他提到了几个"去年夏天跟她们调了调情"的年龄稍大一点的姑娘，不过他随即想到了一个例外："艾米莉·狄金森确实小一岁，不过，倒是更成熟一些……在头脑和心灵方面。"在这个小伙子心中，早在成为诗人之前，十几岁的她就显得与众不同。

约瑟夫为赢得女性的青睐而骄傲，遂在书信里跟一些男性朋友和未婚妻劳拉·贝克直言不讳地提到狄金森姐妹。有个男孩只是从约瑟夫的信中才得知狄金森家人，他如此描绘约瑟夫在阿默斯特的处境："玩——什么？'痴情'，我想——是跟维尼玩吧，或者，等到不那么关注精神的人比如警惕的父母熟睡时，和艾米莉坐那儿夜谈。"这个远距离的素描进一步证实了我们从别处得来的印象：父亲和母亲在家里满足女儿们的一切愿望，手臂丰满的拉维尼娅更易接近，而关注"精神的"艾米莉总体来说更引人注目。

内战后，约瑟夫从艾米莉的信中转录了几个片段（显然他做了改动），其中大部分是在他们彼此更加熟悉之后写的，不过有一封信或许可以追溯到 19 世纪 40 年代后期。它生动地呈现了奥斯汀和艾米莉兄妹俩在家里消磨礼拜天的顽皮和机智：

> 几天前我们曾开心地谈论过它们（大黄蜂）。奥斯汀想叫我说说它们的音乐是什么。于是，他就像一只蜜蜂一样嗡嗡地叫起来，我则学它们掉进蜀葵花盏里发出的细微的哼哼声。其实我不太了解大黄蜂，尽管我上百次见它们重重地落到金凤花头上就再也出不来了。可是父亲走出来，他礼拜天的小睡向来不可侵犯，他说很高兴看到小人儿玩得这么开心。

父亲仍然将他们看作"小"人儿，这进一步证实了我们的猜测：这封信很有可能作于 40 年代期。我们窥见了这迷人的一幕，为了消磨又一个无聊的礼拜天，兄妹二人即兴表演了大黄蜂的二重唱。艾米莉模仿"它们掉进蜀葵花盏里发出的细微的哼哼声"，这说明了她曾留心过什么，也颇能说明她本人的情形。充满性欲的寻花蜜蜂在她的书信和诗歌间游荡，上面这段大约是它们首次登场，而最著名的莫过于《慢点儿来－伊甸园！》，里面"那只晕头的蜂儿"：

> 缓缓靠近他的花儿，
> 围着她的卧房低吟－
> 数点她的花蜜－
> 进入－迷失在香膏里。

Fr205

艾米莉最初模仿蜜蜂"细微的哼哼声"是在她和奥斯汀做伴的时候，这说明在她的日常言谈中，那种（很可能是）无意识的色情色彩是多么普遍。在家里对兄长，在学校对女伴，在信中对她选择的密友，年轻的艾米莉·狄金森就是这样表达着自己充满爱意的激情，其方式即便从当时来看也是异常天真、超脱、毫不防备的。妹妹将头发缠绕在年轻性感的约瑟夫身上，以便亲吻他，留住他，艾米莉也一样，只不过她是用词语来缠绕。比维尼更甚，这位未来的诗人不可思议地严加防护，又不可思议地暴露自己。

早期银版照片

尽管缺乏令人信服的证据，学界曾一度认为狄金森的早期银版照片摄于 1847 年秋，当时她入读霍山学院，将近 18 岁。事实上，正如 1999 年伊丽莎白·伯恩哈德所指出的，这幅肖像很可能摄于 1846 年冬天。1846 年 12 月 10 日至 1847 年 3 月 25 日期间，一个名叫威廉·C. 诺思的"银版摄影艺术家"在阿默斯特的《罕布什尔与富兰克林快报》（*Hampshire and Franklin Express*）上刊登了商业广告。他的到来让狄金森夫人"迫切希望"为父亲的画像保存一份照片副本，他的父亲乔尔已于上年 5 月故去。现在看来，她和艾米莉可能在此时也分别拍摄了自己的照片，母女二人虽然表情各异，却采用了同样的道具和姿势。

此时，诗人的 16 岁生日刚刚过去三个半月，有了这幅照片，我们对诗人的了解就更近了一步。她的连衣裙在腰腹部收拢，以适应成长发育中的身材，衣服的颈部和手腕处似乎有点紧。相片中透露出一丝笨拙的青春期特征，似乎刚刚绽露，尚未成型。我们还记得她刚刚从一场凶险的肺病中摆脱出来，面颊消瘦恐怕正是这个缘故。狄金森成年后的相貌很可能

摄于 16 岁生日后，此前诗人刚生了一场重病（威廉·诺思　摄）

（有维尼的话为证）并不是这个样子。我们还注意到，在她被"银版摄影艺术家"拍照之前，她天生的卷发一定被弄直了。难怪她对这种工作室里制作出来的肖像不以为然，1862 年 7 月她写道："那些东西的生机消逝殆尽，[1] 就几天的工夫。"

这个年轻的姑娘重新回到阿默斯特学园，她的脸庞透露出重返世界、准备好再次迎接挑战的神情。不能说她长得漂亮，但是，在那笔直而坚定的凝视中，绝无退缩之意——没有一丝轻蔑、隐晦或厌恶的痕迹。无论她当时在想什么，有什么感受，都无一点表露的意思。若说有所表露的话，似乎只有那丰满的嘴唇，还有那细长而优雅的手指，跃跃欲试。

1　这里的复数形式是暗示她照了不止一次且无一满意吗？毫无疑问，她十分珍视别人的肖像，截至 1862 年 8 月她拥有三幅伊丽莎白·巴雷特·布朗宁的肖像。——原注

他吞饮那珍贵的词语 —
He ate and drank the precious Words —
他的心灵日渐魁梧 —
His Spirit grew robust —
他知道他已不再贫穷，
He knew no more that he was poor,
名声也不再是尘土 —
Nor that his frame was Dust —

黯淡的日子他一路飞舞
He danced along the dingy Days
而这双翼的馈赠
And this Bequest of Wings
不过是一本书 — 何等的自由
Was but a Book — What Liberty
带给一颗松绑的心灵 —
A loosened Spirit brings —

1847

第四部分
Part three

1852

第十章

1847—1848 年：霍山女子学院

　　1875 年，苏珊和奥斯汀的一个衣食无忧的朋友玛丽亚·惠特尼得到了一个在瓦萨学院（Vassar College）教课的机会，当时，惠特尼住在北安普敦一幢父亲死后为她留下的舒适的大房子里。她谢绝了这个教职，因为她不愿意"放弃独立自在的居家生活，而去跟一个女子军团关在一栋大楼里"。

　　玛丽亚的话有助于我们理解艾米莉·狄金森离家求学的境况，那段时光对她来说绝对是一种考验。艾米莉就读的霍山女子学院坐落在南哈德利，在阿默斯特镇以南约九英里。离开温暖舒适的家，艾米莉从早到晚生活在一幢四层的砖楼里，在那里学习、休息、背诵、参加宗教集会及用餐。学校有 235 名学生和 12 位老师，老师们很亲切但十分严格。跟阿默斯特学园的课程体系相比，这里的课程设置要系统得多，艾米莉不得不每天上一堂半小时的身体强化训练课。学院要求学生必须在六点起床，禁止学生在礼拜天偷偷溜回家，总之，几乎毫无隐私可言。还有很重要的一点，学院近乎无情地强调宗教皈依。而在家里，鉴于父亲对女人和集会以及教堂发霉的地下室的看法，即使赶上周期性的宗教复兴，艾米莉仍然可以不参加祈祷会，但在霍山，这绝无商量的余地。

霍山的学习生活让狄金森变得坚强，她在这里刻苦学习，取得了优异成绩，并一度对化学和生理学"很感兴趣"。但我们应该注意到，当时的女性高等教育尚处在极不稳定的初级发展阶段：艾米莉的老师们缺乏高级培训，几乎不从事科研活动，不编写通用教材，也没有想过他们的教学活动有助于推动学科建设。因为女性被剥夺了与男性平等竞争教师职位的机会，女性教育事业遭到极大伤害。按照通常的理解，那时的女人不该当众演讲、布道或以其他方式公开操控成人世界，女性修辞学和文学研究因此也就失去了合理性。霍山女子学院没有耶鲁大学那种鼓励自由争议的环境。爱德华·狄金森在耶鲁上学时曾发表过一篇关于公共政策问题的文章，在文中他满怀信心地认为领导职位是向他敞开双臂的。因为妇女连选举权都没有，教学重点就难免从对问题本身的分析转向对细节的关注。艾米莉学习亚历山大·蒲柏的《人论》（*An Essay on Man*），感觉很失望，学来学去，"不过是转换"。[1]艾米莉意识到自己缺少了一些东西，她对哥哥（轻描淡写地）抱怨道："我简直不知道这个世界发生的任何事情，只知道我自己神思恍惚……墨西哥战争结束了吗？怎么结束的？我们被打败了吗？"一位教师也有同感，于是不无遗憾地说："我们蜷缩在小小社会中，对外部的政治世界知之甚少。"

霍山女子学院并不鼓励学生们拥有独立的判断力，而是要做到对宗教、日常课程、规则的积极投入。狄金森从学院共寄出十封信，七封给奥斯汀，三封给亚比亚·鲁特，从中我们清楚地看到，随着时间流逝，艾米莉发现霍山的氛围越来越惨淡。最初的热情消失殆尽，她从未提到过这里任何一位她爱戴的老师或是一本令她愉快的新书。我们没发现在离开之后她曾与这里的任何一位新朋友保持联系，她也几乎没再提过这个地方。

---

1 转换（transposition），按照韦伯 1844 年《美国英语词典》的定义，"在语法上，指句子自然语序的变化。跟英语相比，拉丁语和希腊语允许自由'转换'的程度要高得多。"——原注

开学后的第三个星期，一场巡回动物展览在学院门前举行，女子军团纷纷跑出去看猴子和熊，艾米莉却待在房间里"好好地享受孤独"。

一个热切的学生

霍山学院新学年伊始将会进行一场分级考试，目的是开除少数不合格的学生，再把新生编入三个不同等级——初级班、中级班和高级班。尽管1847年的考试比往年的难度要大得多，艾米莉却毫不费力地通过了。后来她在信中写道："考试的内容和我猜想的一样。"前六个星期她忙着快速地复习初级课程，紧接着就和其他同学升入中级班。

学院当时还没有授予学士学位的资格，不过，完成高级班学年课程的学生可以获得一个证书。大部分学生并不需要这一纸证书，往往只读上一年就离开了，艾米莉也不例外。到1848年2月中旬，她确定不用再回学校，对她来说是免了多么大的苦役啊："我的好天使只等着看眼泪滑落，然后轻声说，就只这一年！"

艾米莉的室友是表姐艾米莉·拉维尼娅·诺克罗斯，她跟狄金森的老朋友简·汉弗莱同在高级班。表姐艾米莉是个孤儿，父母都死于痨病，父亲在她尚在幼年时就去世了；母亲阿曼达后来嫁给查尔斯·斯特恩斯，一个极富进取精神的春田的建设者，可惜婚后不久，1836年她也离开了人世。外公乔尔和叔叔艾伯特·诺克罗斯接管了艾米莉的监护权，父母双亡再加上母亲再婚，给她留下了丰厚的财产。在霍山，表姐艾米莉分享了诺克罗斯家族[1]的趣味，"在音乐上花了大量时间"。后来她到俄亥俄州教了一年

---

1 拉维尼娅·诺克罗斯在阿默斯特给妹妹写信说："我今天在教堂时想到你——我多么希望你也在这儿听我们唱歌——每个安息日我都会流泪——这歌声太美了——它完全将我融化。"——原注

书，不过，无论是霍山学院的创始人兼校长玛丽·莱昂[1]还是她自己，对她的"教学资格"都不是太有把握。

在性格方面，表姐艾米莉与诗人艾米莉的成长道路完全不同。1846年至1847年的宗教热情横扫整个学院，当时，表姐艾米莉给汉娜·波特写信，详细描述了自己在皈依之路上的磨炼：起初痛苦地纠结于要不要参加宗教聚会，以致"泪如泉涌"，结果却发现自己可以"交出去"并"相信救世主"——这给她带来了"平生从未体验过的平静"。大概就是因为她的这番皈依经历，而且又是亲属关系，表姐艾米莉才被安排和未获拯救的狄金森小姐同居一室。分配室友的策略以"情投意合和有益的相互影响"为基础。两人似乎相处得很好，诗人宣称表姐是"极好的室友"，"尽她所能地让我快乐"。第二学期开学，艾米莉·诺克罗斯迟到了10天，等她终于出现了，狄金森的情绪才缓和下来。

有表姐陪伴虽减轻了艾米莉强烈的思家之苦，却无法根治。起初，在给亚比亚的信中，艾米莉说"我似乎在这儿活不下去，但是现在我感到满足和快乐，如果说离开亲爱的家和朋友们我还能快乐的话"。她表明自己很满足，可又不像她表明自己的决心时那样充满真情实感。她以另一种方式表达自己的感受，一次，她坐在窗前看到父母到来，"高兴得手舞足蹈，飞奔下楼迎接他们"。

尽管十分想家，艾米莉还是迫切地想让自己尽快适应学院的生活。与阿默斯特学院不同，霍山的发展势头明显好得多，每年学生的数量和质量都在稳步上升。艾米莉非但没有抱怨学院的膳食，还寄给奥斯汀一张11月2日的食品账单——烤小牛肉、马铃薯、南瓜、苹果甜面团、盐、辣椒、水——然后欢天喜地地宣称，"这些难道不是呈给国王的最佳宴飨吗？"

---

1 玛丽·莱昂（1797—1849），美国教育家、提倡女性教育的先驱者。1837年创立霍山女子学院，担任校长11年。

她告诉亚比亚，老师们（和学生住在同一座房子里）"经常来看我们也要求我们去看她们，我们去时会受到热情接待"。学院分配给艾米莉的厨房活计简单极了，她"每天早、中、晚摆放第一排的餐刀，餐后清洗并擦干净"。这种给每个学生分派"内务活"的做法是为了缩减学院开支，有人嘲弄这个做法，认为女子学校应该是培养高雅淑女的地方。

12月，"任何时候都不会失败"的艾米莉通过了欧几里得几何考试，然后开始上化学课和生理学课，那是她更感兴趣的两门课。她每天都要练习柔软体操、声乐和钢琴。5月，她跟着索菲娅·D.黑曾学习天文学，跟着玛丽·W.蔡平学习修辞学。她兴高采烈地告诉亚比亚，学完这些课程"我就能升入高级班了"。艾米莉没上拉丁语课，这意味着她已经翻译了至少四卷《埃涅阿斯纪》，因为这是进入高级班的基本要求。

从诗人在霍山的学习可以总结出两点：一是自然科学的课程比人文学科的丰富；二是课程设置总体看来与学院的情况差别不大。学院的教材目录包括：纽曼的《修辞学》（*Rhetoric*）、希契科克的《地质学》（*Geology*）、厄珀姆的《精神哲学》（*Mental Philosophy*），这些都是艾米莉曾在阿默斯特学园学习过的。19世纪40年代末，霍山女子学院已初具大学的规模。艾米莉在第三学期即最后一学期写的一封信中，把这里称作"寄宿学校"，她很可能没有意识到这是一个当时具有首创意义的女子学院。

在阿默斯特学园，艾米莉每两个星期必须写一篇作文。比艾米莉小13岁的表妹克拉拉·纽曼·特纳记得艾米莉是"同学们和女校长的偶像，她交作文的那天就是'全红字母日'"。这也许是克拉拉夸大后的情形且缺乏旁证，但这样的溢美之词很可能源于维尼，她经常夸耀姐姐的才能。但在霍山女子学院，女校长和负责管理中级班的玛丽·惠特曼老师，都不觉得我们这位未来的诗人有多少值得崇拜的地方。

随着期中考试的临近，艾米莉越发惴惴不安，生怕考试通不过，耳边老响起父亲的话，希望"不要给自己丢脸"。学院里一个女孩儿的丢脸行为似乎给她敲响了警钟：

> 一个叫比奇的年轻小姐，今天早上离开学院回家了。她没能通过考试，此外还非常任性。莱昂小姐说如果她不肯改，她就会给她父亲写信，而她真的不改，昨晚她的父亲来了。他是个有趣的人，但现在看上去心情很糟，由于她女儿在学院表现不好，不得不离开。也许你见过一个报道，关于一辆马车，由一位比奇先生赠给亨利·克莱。就是同一个人。

亨利·克莱是辉格党成员，爱德华·狄金森一直是他的部下，小艾米莉对辉格党的感情显然与日俱增。值得注意的是，艾米莉对"任性的"比奇小姐所做的详细报道，重点突出了那位值得尊敬的父亲如何失望难过。

艾米莉逐渐适应"女子军团"的生活，心底里却深深依恋着那独立的、极其正直的、高贵的父亲：一位秉持正统观念但仍未得救的父亲，对"女性美德"持极端保守态度的父亲。一年前，艾米莉有感于萨拉·特蕾西对父亲比对朋友还忠诚，曾对亚比亚说："你知道，萨拉是个多么孝顺的女儿！她宁愿待在家里让父亲高兴，而不愿来阿默斯特跟朋友们一起度夏。"

这里有一个问题尚未确定：在艾米莉的成长过程中，父亲发挥了怎样的影响？当她置身于一个被女性包围的世界，她心目中的父亲形象如何影响她调适自己的言行举止？

汉娜·波特与霍山的宗教复兴

与 20 年前阿默斯特学院建立的情况相似，1837 年霍山女子学院成立之始就被赋予宗教和教育两种办学目的。创始人玛丽·莱昂是一位坚强有力的女校长，在任 11 年。她来自一个信仰虔诚的家庭，但家庭成员所属教派各不相同。她的见识和能量主要来自在阿默斯特学院等学校接受过的短期教育，以及与爱德华和奥拉·怀特·希契科克夫妇的友谊，他们都是福音派信徒。莱昂曾在若干学校担任过教学和指导工作，最有名的是伊普斯维奇女子学院，她日益感到有必要建立一个捐助机构，专门开发女性心智，培养出一批有影响力的妻子、教师和教士。

莱昂的理想既是保守的又是革命的。全美对外传教委员会（的会长鲁弗斯·安德森在霍山女子学院成立两周年庆典上发表讲话，认为学校应该坚持奋斗，从自由的无信仰的势力中争取精神上的掌控权，他还认为女人和男人一样，有责任和义务让全世界皈依上帝，他驳斥了那个"古老的偏见"，女人由于她们分内的工作而天生"不适合学习"。

玛丽·莱昂是位富有远见且不知疲倦的实干家，在学校的创建过程中发挥出十分卓越的领导才能。阿默斯特学院因为缺少有组织的虔诚的福音派的支持而岌岌可危，霍山女子学院不能再步其后尘。汉娜·波特就是一个支持霍山学院的福音派。1827 年汉娜·波特在蒙森镇组织了第一个女性祈祷圈，就是那个吸收了许多诺克罗斯家族女性成员的祈祷小组。这个组织为 1829 年的宗教复兴热潮推波助澜，并取得丰硕成果，成果之一就是汉娜的丈夫安德鲁·波特。1836 年，安德鲁在妻子的施压下担任委员会的监管人，负责建造霍山学院的第一栋大楼。第二年春天，施工受到经济恐慌的威胁，汉娜给莱昂写信，透露了关于财政状况的机密信息：只要有一笔 5000 美元的资金注入，她丈夫就能够"继续施工"。她还补充说，"你不能让他知道你对这个信息是知情的"。1848 年冬天，类似的伎俩汉娜又用在了艾米莉·狄金森身上。

从表面上看，波特家和狄金森家都属于辉格党和正统派，但深处的分歧却相当尖锐。爱德华坚持认为女人应该待在家里，需要不惜一切代价保护孩子们的健康；汉娜却是彻头彻尾的激进分子，她把更多的时间花在社交和集会上，而不是献给家人。她的前三个孩子都夭折了，最后幸存的女孩因罹患猩红热和"心脏病"身体非常虚弱，但在学校放假的间隙里，她却不得不在波特家的厨房里忙碌。这个女孩在 13 岁那年也死了。

没有谁能说清楚，波特和男人们并肩工作是为了共同行善，还是试图挫败他们，甚至将他们从职位上赶走。据一个牢骚满腹的男人观察，一位候选人之所以能成为蒙森第一教堂的新牧师，全靠他的妻子是"执事波特夫人的女人"。波特之所以全心投入霍山的建设，原因之一是她对男性杰克逊民主党人的暴政非常愤怒：

> 我想让二百到三百（后来又加上"千"）名母亲和教师在那里（霍山）接受教育；那里正在培养新生的一代——破旧立新似乎就在眼前，除非我们国家那些伟大的男人们多一点道德原则——假如他们早年接受过良好的文化教养，我们的国会议员何至于堕落到如此……邪恶的程度。

在波特和莱昂看来，为下一代培养合格的母亲和教师的关键就是让准母亲和准教师们在青少年时期就皈依宗教。1849 年希曼·汉弗莱在莱昂的葬礼上为学院的成就表示惊奇："12 年中有 11 次宗教复兴活动"，并且只剩下很少的学生没有得救。其中一年"无一人被划入没有希望的队伍，另一年则仅有三人"。没有谁在阿默斯特学院，当然也包括汉弗莱当校长的时候，能取得这样的佳绩。关于霍山每年宗教奋兴运动时期的整体氛围，伊丽莎白·奥尔登·格林撰写的出色的莱昂传，提供了生动的描绘：肃静，学生和老师们的庄重、紧张，祈祷小组的每个人都情绪冲动，以至于女孩们无法进食。"我从没见过一间屋子里能有那么多人,"一个学生在一次调查会后写道,"所有人的眼睛都是湿润的。"

在这样的屋子里波特最是得心应手。她在给莱昂的信中写道:"我非常高兴可以去你那里待一段时间,私下里了解那些年轻的皈依者。我发现现在的蒙恩工作让我无法感受到那种热诚的兴趣,不像上一次,我认识每一个人,一直在你的聚会上,在询问者的帮助下皈依,见证圣洁情感的最初证据。"

波特当时的激进态度于此可见一斑。1847年至1848年期间有12天,波特搬到莱昂的房间,亲自参与刚刚拉开序幕的奋兴会。在这12天里,波特和17岁的狄金森同住在学校的大楼里。10年前,正是波特为修建这栋大楼提供了经济支持,才有10年后的狄金森在这里用餐、休息、学习,以及参加那些令她痛苦万分的调查会。

没有希望

霍山学院有一份由教师编辑的校刊,并由专门的学生抄写员将它们复制多份,寄送给在世界各地传教的女校友。苏珊·L.托尔曼是1847—1848学年第一学期的校刊管理员,根据她的描述,学院每学年都会举行一个传统的开学仪式,学生全体起立,老师们逐个调查学生是否得救,然后将她们划入不同的"等级"(这个词已经引发了诗人的回应):"我简直无法形容那有多么肃穆,按照等级顺序逐一起立。我看到不止一个女孩哭泣,因为她们的名字后面被标注为'没有希望'。到年底之时会不会有很多人留在这个等级呢?"那些有理由认为自己能获救赎的学生可以公开表达信仰,这类学生被称为"公开宣称的"。那类"有希望的"意味着有得救的基础,正准备步入恩典的行列。被划归第三等级的则是那些至今"没有希望"的，因而是"冥顽不化的"学生。狄金森就属于最后这个"等级"。

学院频繁地召开会议，特别是为那些没有希望的学生。10月11日，学生们聆听了莱昂庄严的讲话，其目的是"为帮助她们寻找拯救灵魂之路"，其策略是"让每一颗心灵来描绘各自的想法和感受"。校刊管理员提醒各位分散各地的女牧师："你们都知道，她能做到这一点是多么惊人。"14日，一位教师与"冥顽不化的"学生会面，花了一个小时在《圣经》中查找涉及人类堕落的章节，"几乎每个人看上去都是专心致志"。18日，莱昂跟"冥顽不化的"学生谈起"人类极端坚硬的心"，然后针锋相对地提醒她的听众，她们虽已了解伟大基督的真理，却仍然拒绝用心感受："难道你们不知道，你们早已被定罪？难道你们不知道，自己如今生活在神的愤怒中，悲惨的来世就在你们面前？"

学院里有许多规矩，比如不许"在走廊高声喧哗"，学校还要求学生上交"批评纸条"，报告他人的违规行为。11月4日莱昂在师生集合上说：

> 知道前几年有些人，可能今年也有人，反对这个可以有效纠正错误行为的办法。如果在新来的学生中有这种人（这样的异类份子），希望她现在就赶快走人……这种人很讨厌，既然选择回来，且明明知道我们大大小小的规定，却说三道四拒不遵守。

莱昂要求每个学生都要诚恳地遵守规则，杜绝任何个人的保留意见。

艾米莉在莱昂训话的两天后给亚比亚寄去一封信。从她对霍山生活的全面描述看，这个特别的新学生表现出对学院规则的全面服从。"这里的一切都是惬意和快乐的。""有一点可以肯定，莱昂小姐和所有的老师凡事都照顾到我们的舒适和快乐。""这里看起来比我想象中的更像家。"但是，当感恩节临近，艾米莉期盼回家，她的真实感受才流露出来："亚比亚啊，只要再有两个半星期，我就能再次回到我自己的、亲爱的家了。"

在给亚比亚的下一封长信里，艾米莉用三分之一的篇幅回忆了感恩节放假的种种细节：她如何长时间焦急地倚在窗口，看着期盼中的马车越来越近，最后她发现来接她的是奥斯汀，以及她如何"猛冲下楼"。她生动地回忆归家的情景：雨水充盈的小溪在道路两旁流淌，远处出现熟悉的礼拜堂尖顶，还有"妈妈眼中的泪水"。令人奇怪的是，这些描述是在感恩节假期过了两个月之后写下的，这样一来，就等于略去了最近发生的事情，只是在信已写完的时候，又挤进来两句话，权且提供了一点解释："这里有很强烈的宗教兴趣，许多人涌向安全的方舟。我还没有把自己交给基督，但是相信我，我并非完全不考虑这个重要而严肃的问题。"宗教复兴正在进行，这一次，艾米莉无法在家中寻求庇护，除非靠回忆和想象。

12月19日，严酷的考验开始了。阿默斯特东部本堂区的牧师波默罗伊·贝尔登在南哈德利布道时当场宣布：他的教堂将以斋戒和祷告来庆祝平安夜。学院把圣诞节视为异教、天主教的复兴，因而一向置之不理。[1]对莱昂来说，牧师的安排是个一举两得的好机会，既可以解决学院过圣诞的难题，又可以借此唤醒那些冥顽不化者。于是莱昂建议，24日整个学院将在贝尔登牧师的带领下祈祷和禁食，她鼓励教师把这个想法传播到各自管理的班级，然后把大家对这个仪式的"期待"反馈上来。

1924年，诗人的侄女、不太诚实的玛莎·狄金森·比安奇讲述了一个传奇故事。当时，莱昂（据推测应该是她）在师生集会上问道，是否有人对圣诞的意义"迷惑不解"，竟因此反对斋戒？有一个学生站了起来，

---

1 这一时期许多新英格兰学院都没有圣诞节假期。1845年一个学生祝福玛丽·C.惠特曼圣诞快乐，"她惊讶地抬起头，'为什么要过圣诞节？'"1847年一个老师满意地报告，"今天早上她没有听到一声'圣诞快乐'"。形成对照的是，艾米莉在家的时候，她的床柱上挂着圣诞袜，并收到了圣诞老人的"一大堆礼物"。——原注

那就是公然反抗的艾米莉·狄金森。比安奇提供的逸闻在某些细节上很不可靠，果然在 10 年后，希妮·麦克莱恩通过对霍山女子学院校刊的仔细研究，推翻了这段逸闻的真实性。这个问题一度被搁置下来，直到 1960 年，杰伊·霍利约克从诗人的表妹克拉拉·纽曼·特纳未出版的回忆录中找到了相关叙述，大意如下：当莱昂"问道，想成为基督徒的请起立"，只有狄金森一个人仍坐在座位上。当时的情况究竟如何，我们只能阙疑，不过，无论这位年轻女子是站起来了还是坐着不动，她显然以某种引人注目的方式表明，她不赞成这种强制做法。同时，她在信件里说得很清楚，她苦苦挣扎试图说服自己，她应该"把自己交出去，成为一个基督徒"。

随着 24 日的临近，莱昂更是频繁召集"冥顽不化"分子们开会，警告她们，在神学院里"灵魂未获重生"的斋戒日还从未有过。气氛越来越紧张，时机越来越成熟，23 日晚上，汉娜·波特来到霍山住下来。

平安夜那天，本来住得满满的砖楼一整天都"十分肃静"。时间按小时分配给集体和单独的祷告者、教堂服务、祈祷式，然后，莱昂专门给"所有冥顽不化者"开会。会上她又一次深入强调伟大真理，并告诉那些愿意"把自己的心交给圣灵来引导"的人，在她的盒子里放"一张封好的纸条"。一共收到 50 多张纸条。此外还有"出现感觉的"。还有一个女孩"表达了希望"。接下来又是更多的会，波特在其中的一次会上"发表了非常精彩的意见。"但是中级班的 25 个女孩还是没有希望（这表明狄金森并不是唯一的坚持者）。

波特刚到学院的前四天做了很多祷告、布道和劝诫工作，由于劳累过度，27 日这天她的"嗓子完全哑了"。波特还花时间和狄金森的室友艾米莉·拉维尼娅·诺克罗斯以及全美对外传教委员会会长的女儿萨拉·简·安德森一起谈心。后来，萨拉回忆了她与这位令人安慰的年长女性谈话的情景："她坐在我身旁的摇椅上，倾听我说出那些我或许不得不说的话。"很可能艾米莉·狄金森也得到过类似的关注。

在波特离开霍山返回蒙森之后，表姐艾米莉、萨拉、老师玛丽·惠特曼纷纷写信，向波特报告艾米莉的情况。这些保存完好的信件揭示出，这是一场通力合作的战役，未来的诗人就是攻坚的焦点。

第一封报告来自表姐艾米莉，落款时间是 1 月 11 日。那天的气温只有零下 10 摄氏度，表姐艾米莉和狄金森两人在阴冷的寝室里"冻得不行"。她报告说，差不多有 40 个冥顽不化者在莱昂上个礼拜天的会上表示，她们在本学期感觉已得救。但是——

> 艾米莉·狄金森还是老样子。我也希望我有关于她的好消息可写。她说她并非特别反对成为基督徒……听说朋友们一个个都开始表示出皈依的愿望，她感觉很糟糕，但还是没更大的兴趣。

"没兴趣"是个很严谨的说法，意味着这位年轻女子觉得没有什么情感依据足以让她有理由领受上帝的恩典。问题不在于信、怀疑或是阐释，因为她有正确的观点，也承认重生的必要性。问题在于其他的东西，一些她没有说出也无法言说（至少对她表姐）的东西，是这些东西令她踌躇。

在信末，表姐艾米莉向波特保证，她的室友"本打算给您写个便条，但她没时间，她让我转告您，如果下次有机会她一定会给您写信的"。这句话向我们透露出，艾米莉可以直接给波特写信，或者说至少她觉得自己应该这么做。艾米莉后来到底写没写这封信，我们无从得知。

六天后萨拉又汇报了这个阿默斯特的顽固分子的最新情况："我想艾米莉（L. 诺克罗斯）上周给您写过信了，她大概已经汇报了她室友的状况。她看起来仍然无动于衷。"未来诗人在他人眼中的形象是孤高且捉摸不透的，她与那些新近皈依的同学形成了鲜明对比，那些同学用标准的措辞公开表白自己的"感受"和"希望"。那么,她是如何看待她们的呢?诗人1865年的一首诗写到感情的自我炫耀,一个答案或许就暗藏其中:"高声宣布/无关痛痒。"(Fr1057)另一个答案出现在1870年她对托马斯·温特沃思·希金森说的一句话:"女人说话:男人沉默:所以我害怕女人。"

上个学年表姐艾米莉接受学院的安排,和一个未得救的同学成为室友,她极其严肃认真地对待这个任务:"也许她与我同住一室就是让我有机会为她做点好事。我希望自己不要做个坏榜样而伤害她。"现在,又是一个冥顽不化的同学,而且还是她自己的天才表妹,这让表姐艾米莉再次陷入"焦虑",用萨拉的话说,"唯恐基督的神圣事业蒙受羞辱",特别是在这个如火如荼的复兴时代。萨拉·安德森的精神绷得更紧,当2月的考试来临,由于"神经系统高度紧张",她不得不放弃考试回家休养,此类状况萨拉在1846至1847年出现了不止一次。这种紧张而小心谨慎的激情将未来的诗人重重包围。

就在萨拉写信汇报的同一天,莱昂的副手,工作过度的玛丽·惠特曼也给波特写了一封信,谈到安排她个人去蒙森镇的事宜,并谈到一些关于狄金森的最新情况。写信的前一天是礼拜天,惠特曼在白天参加了47个新近皈依者的特别会议,她兴奋地说:"简直好极了,且非常肃静!"晚上,17个未得救的女孩参加了另外一个肃穆的会议,她们"那晚为了选择服侍上帝而异常焦虑"。这一次"艾米莉·狄金森亦在其中"。接下来她汇报了一个最大的新闻:"我听今天参加会议的一个女孩说,她觉得她(也就是狄金森)在会后找到了救世主。"这个传闻不符合实情,因为几个月后艾米莉在给亚比亚的信中充分驳斥了这个谣言,她说后悔当时没有"把自己交出去,变成基督徒"。

狄金森成为一群虔诚而坚毅的女人的目标,那么,她在多大程度上意识到自己的处境呢?这群女人包括她的室友表姐、朋友、老师,还有协调多方力量的波特夫人，蒙森镇的妇女祈祷圈很可能也发挥了一定作用。正是由于不得不面对这些亲密的、组织得天衣无缝的压力，就在朋友和老师给波特夫人写信的同一天，即1月17日，诗人也坐下来写信，回忆两个月前的感恩节，她逃回家去的情景。她以幽微曲折的方式承认自己的幻灭，读来尤为动人：

> 这个学期最是漫长，我可以肯定地说，我真的不愿意再过这种日子了。我热爱这个学院，所有的老师都用情感的绳索牢牢拴住我的心。这里有很多可爱的女孩还有一些新面孔我真的很喜欢，但我还是没有找到那个地方，几个心爱的人在一起，我也不希望在这里找到。

这段话听上去像是一个局外人的声音，她并不清楚自己的处境，也不明白来自四面八方的试图控制她的那种关爱与她所寻求的人与人之间的真挚感情可能并不等值。

到了5月，宗教复兴的热浪渐渐消退，人们可以安全地用另一种语调说话了，狄金森批评自己冷酷无情："当所有人都获得了它，我却轻慢了那个<u>不可少的一件</u>，我也许永远，永远不会再经历去年冬天那样的季节了，那是一个上天的赐予。亚比亚，我这样说，你也许会感到惊喜吧……但是我并不开心。"下画线标示的这个词出自《路加福音》（10：41—42），耶稣责备说："马大，马大，你为许多的事，思虑烦扰；但是不可少的只有一件。马利亚已经选择那上好的福分，是不能夺去的。"随着宗教氛围的缓和，狄金森为捍卫人格独立而进行的顽强抵抗终于可以松一口气了。可是，她现在却不得不面临自己内心的困扰：别人眼中的她是难以索解的，而她眼中的自己是不真诚、反复无常的。狄金森羡慕阿比·伍德的单纯简单，用她自己的话说，"只想……做个听话的孩子"。尽管狄金森知道这种简单透明并不属于她："我多希望自己可以真诚地谈这些，但我担心我永远做不到。"

如果一个人追求本质和终极，却意识到生命中轻慢了一件不可少的事，她怎么可能继续心安理得地与自己相处呢？此时的狄金森就像一朵暴风雨前的乌云，能量越积越多，随时都会爆发。

一个机密的叛逆者

漫长的第一学期共有16周，1月20日终于结束了，艾米莉随即回到阿默斯特镇，度过两周的假期。回到家的艾米莉感到焕然一新：家和朋友们从来没有如此"珍贵"，她的快乐因为迫在眼前的离别而大打折扣，"不论白天还是黑夜，离别总是出现在梦里"。回到学校后，她只能靠回忆来安慰自己，回忆家里的美餐和炉火，还有那些"欢声笑语"，但是这些生动的画面只能徒增现在的孤独。

艾米莉想念快乐的情人节周，想念维尼，不过，从她写给奥斯汀的信来看，她最想念的是轻松自在地和哥哥在一起的时光。比以往更甚，艾米莉现在多么需要哥哥做她的知己啊，她需要他的鼓励，也需要他来欣赏她创作的夸张故事。维尼，上帝眼中的小无赖、出色的哑剧演员，可惜是个很差劲的通信对象。跟妈妈一样，她对用信纸表达自己毫无兴趣；她的信里充满涂涂改改、拼写错误和最粗略的社交用语。于是，艾米莉只能给奥斯汀写信，描述宗教复兴降温后她与霍山女子学院的新关系。

2月，艾米莉收到一封奥斯汀的来信，"一封欣喜的信"，当时，她正"全神贯注地阅读硫酸的历史"！她的回信充斥着腐蚀性的讽刺气味，一副学院腔：

> 我沉思良久……是否应该得体地把它（他的信）交给惠特曼小姐，你的朋友。经过深思熟虑，我决定有所克制地把信拆开，采取严肃冷峻的立场仔细审读信中的字句，如果细致考察之后我发现没有任何内容能品尝出反叛的或难以驯服的意志，我就把它放进文件夹里并忘掉曾收到过这封信。我这么快就正确认识到什么才是一个得体而稳重的女子应有的举止风范，难道你不感到满意吗？

狄金森信中对女性教养的讽刺与她三年前的态度如出一辙。那时她劝说亚比亚不要让所谓"一本正经的淑女"来"束缚自由的灵魂"，现在，她的笔端已抑制不住内心的深恶痛绝。面对奥斯汀，艾米莉可以自由地发出不敬神的声音，可以品尝反叛的和难以驯服的意志，并即兴留下一些兴致勃勃的、带有火药味的散文。不过，尽情发挥之后，在此信的结尾，她拜托奥斯汀（写在空白处）"千万不要让别人看到，因为这是高度机密"。

狄金森寄给阿比·伍德的信（肯定有几封是从霍山发出的），可惜我们读不到，仅知道阿比的儿子1913年的一条读后感："我觉得'艾米莉'是个明显的叛逆者！"从现存的信件来看，艾米莉的颠覆性能量仅限于风格、语言和态度，她并不想公开直接地挑战什么。提到其他女孩违反规定在情人节写小纸条一事，艾米莉直截了当地声明："我一张也没写过，现在也不会写。"

关于想象力是否应该受到"辖制"，她和奥斯汀都很关注，不过，她的态度显然是谨慎小心的。刚开学的时候艾米莉得知奥斯汀正在读《天方夜谭》，于是她向哥哥提出建议（这是她最漂亮的一篇散文），"正如你任由想象力把你捕获，以同样的力度培养你的其他能力吧"。但随后，就好像一个敏捷的足尖旋转，她旋即收回了自己提出的明智建议，她问："我难道不是一位十分机智的淑女吗？"奥斯汀越来越放任想象力自由伸展，艾米莉则进一步施展她在文体上和想象性转换方面的天赋。艾米莉如果刚巧在家，她或许听到了奥斯汀在 4 月 18 日阿默斯特学院的展示会上朗读朗吉努斯《论崇高》中的一段译文，到了 5 月，她寄给奥斯汀一番半真半假的赞美："你的充满想象力的纸条让我深受启发，这翱翔的幻想对于你这个年龄确实了不起！！"在写这封信的第二天，莱昂发出一个严厉的忠告："全世界……一切重要的准绳中，最不该遵循的就是幻想。"对于怀疑的耳朵，这个忠告听起来会怎样呢？ [1]

现存的奥斯汀的"充满想象力"的文章，据学者认定，有一篇写于妹妹在霍山读书时期。虽然这篇费劲的文章引不起我们的兴趣，但其中有两句话引自一封消失的信，也许有一封出自艾米莉之手，顿时激发了我们的好奇心。场景在西街，一个宁静的夜晚，维尼、母亲和奥斯汀三人在家，这时，屋外有人又叫又跳，他拿着一封已经拆开的信，刚读了一小会儿就开始狂笑跺足，其效果就好比制造了一次"大冲击，整个太空被摇撼，整个行星系统错乱，群星乱闪，云朵带着白色羽毛状的物质从天国降落地球"。究竟是什么句子引发了这一番惊心动魄的高潮，并被刻意描写下来呢？让我们仔细读一读。句中的代词是关键："我"可能是指艾米莉，"您"是爱德华，"她"是霍山里的某个权威人物，有可能是惠特曼或莱昂：

> 我告诉她您不怕她对我过于严厉，她回答，告诉他我非常感激他……当我告诉她您对我们早起感到多么感激她说告诉他唯其如此才能培养出有活力的孩子。

---

[1] 尽管艾米莉对莱昂频繁的讲话保持沉默，但对牧师亨利·博因顿·史密斯的布道却予以即时的热忱回应："我从没听过这样的布道。我们都被他深深吸引，担心他结束太快。"玛丽·惠特曼也很欣赏牧师的"虔诚和才华"。——原注

这段话在 1955 年首次出版，一直不确定是不是出自狄金森之手。现存的狄金森写给父亲的话十分有限，如果这果真是她写的，那么这就是仅有的两条之一。[1] 根据奥斯汀夸张的描述，爱德华在从邮局回家的路上拆开女儿的信，读到了这一段她和老师之间冷冰冰的对话，被逗乐了，回来读给家人听，又禁不住笑出了声。这个小故事让我们看到了一个独特的细节，不见于任何其他地方：女儿准确传神地引用长辈们（也包括他自己）口中的严肃警句，其妙处让父亲大为享受。

如果信中的老师是莱昂，我们应该注意这样一个事实，这是她生命的最后几年，当时她正在生病，正遭受着前所未有的紧迫感与压抑感。早在宗教复兴前，她就质疑大学"有什么用"。1848 年 4 月，热潮平息了，学院里仍有 30 个女孩未能得救，莱昂再次陷入沮丧：以前任何一个学年都没有这么多灵魂"耽搁这么久"。5 月底，初级班的一个女孩死了，莱昂利用这个机会又做了一次艰苦的努力："如果她的死能够帮助一个人得救，她将会高兴地离去。"莱昂向众人解释，耶稣基督正通过这个女孩说话，天堂的大门本来是敞开的，"现在几乎要关上了"。她鼓励每个人都"看着尸体"。这个会议是为顽固不化者召开的，这是她们最后的机会。

就在这个令人毛骨悚然的一幕发生四天之后，艾米莉给奥斯汀写了一封信，信中并没有提到这件事，而是表达了她对学院越发强烈的不满。父亲写信给艾米莉，希望她和她的室友回阿默斯特镇度过 6 月的第一个礼拜天。于是，艾米莉向惠特曼请求许可，

> 她似乎对我的请求非常吃惊，一时间竟说不出话来。最后，

1　另一条写在一首诗（Fr1333）的背面，时间是父亲去世之时。全部内容如下："亲爱的爸爸－（很大一块空白）艾米莉－"　——原注

她说："你难道不知道在安息日离校是违反规定的吗？"[1] 我说我不知道。于是她从桌子里拿出一本学院纪律手册，指着那些规定给我看，她说的那一条在最后的部分。

她说我们不能去，然后结束谈话，我二话不说回到自己的房间。现在你看我被剥夺了回家的快乐，而你则被剥夺了见到我的快乐，如果允许我冒昧地称它为快乐！！……我们最好还是安心地服从纪律吧。

惠特曼搬出纪律手册，为了获得允许，狄金森完全可以说自己之前也获准在家里休养过。但她没有这么做，由此我们可以看出，一方面狄金森越来越憎恶学院；另一方面她还是决定接受"规定"。

另一条麻烦的律令是关于男性拜访者。在小内德·希契科克眼中，霍山女子学院是一个"禁忌森严之地"。无论是男孩或男人都要求"将姓名告知莱昂小姐，然后由她来决定是否能与女孩见面；如果可以，会面也只能在会客室进行，还得由一位老师在场陪同，她负责监视我们的举止和谈话"。有一次，狄金森家的朋友带着家人给艾米莉的信到学院探望，这位朋友发现莱昂是个严厉且高度警觉的女人，要想过她这一关颇有挑战。有趣的是，艾米莉只是对家人汇报说："鲍登冒险来看我，他会告诉你们具体的历险过程。"

1847 至 1848 年确实有一些女孩没有皈依基督教，这表明并非只有狄金森一人在抵抗这场席卷整个学院的精神运动。对狄金森而言，抵抗并不意味着不信，在思想上她已经被说服应该"交出去"；她之所以坚持不放，

---

1 "年轻女性不许安排或接受安息日拜访。在学期当中也不允许离开学校过任何安息日……拜访、会面、家庭场面容易引起激动，会极大地妨碍进步（原文如此）。每周例行劳动的地方是安息日活动的最佳地点。"简·汉弗莱即将毕业，但学院告诉她，一旦她接受了狄金森家的邀请就会被留级。甚至老师丽贝卡·菲斯克也被迫谢绝了邀请。——原注

主要源自她的宗教复兴经验，而且她信任自己的感觉与愿望，另外就是她内心深处对家、对她那高大、独立、未得救的父亲和哥哥的依恋。爱德华作为家庭的父权统治者，显然压制了他这个才华横溢的女儿，尤其是他对于发展女性心智一向不屑一顾。但是不管怎样，他也做到了另一点：让他的权威由她自行支配。一个深藏不露的、有权势的人（在奥斯汀翱翔的幻想中）竟会赞同、取笑和欣赏她的倔强，其意义不可低估。实际上，这就是奥斯汀所引用的那段对话的主题：怎么"培养出有活力的孩子"。

在波特家，妻子的坚忍不拔和无人匹敌的组织热情促成了丈夫的皈依，还帮忙创建了美国第一所女子学院，正在拯救世界。而在狄金森家，每逢圣餐日，妻子在餐桌上展示无效的精神力量，而她那未得救赎的丈夫不得不起身离开。[1] 这个对比告诉艾米莉，做父亲比做母亲更有优势。她可以保持超然独立的自我，把感情留在内心而不是"表明希望"。因此，狄金森以坚定刚毅的老式男性长辈为榜样，远远地避开那个由莱昂和波特领导的虔诚的、咄咄逼人的女性圈子。

一个令人不安的反讽是，1848 年 4 月 19 日至 20 日，正值诗人在霍山女子学院的最后一学期，一个小型会议在纽约州的塞内加瀑布城[2] 召开，掀开了女权运动的序幕。不止一位学者曾尝试将这个划时代的会议与我们这位伟大的抒情女诗人联系在一起。以本书作者之见，这一类尝试忽略了狄金森生平中的一些基本事实：她的家庭对女性问题极端保守，而且，她自己在霍山抵抗宗教洗脑，不会觉得女性是一个受压迫的阶层，也不会觉得女人必须组织起来去寻求解放。狄金森的一生受够了"等级"和"圈子"，她对政治改革和社会运动最没兴趣。她一生的工作将是尝试并最终获得前所未有的想象的自由，同时却居住在一个看起来享有特权的囚笼里。

1　关于圣餐礼上只有狄金森的妻子有资格留下，详见本书第六章结尾部分。
2　塞内加瀑布城（Seneca Falls）系纽约州中西部一小城，位于罗切斯特东南偏东的塞内加湖畔，1848 年第一届女权会议在这里召开。

"艾米丽"被得意洋洋地带走

值得注意的是，艾米莉明白"家"并不代表称心如意，家就是一个囚笼，这个洞见后来变得越发明晰。一位从阿默斯特镇来的朋友，很可能是阿比·伍德或玛丽·沃纳来到学校，与她共度了一个星期，后来，朋友回到阿默斯特后透露了一个秘密，艾米莉咳嗽很厉害，却一直瞒着家人。这可能是很严重的问题：艾米莉小时候患过几次肺病；诺克罗斯家族饱受肺结核病的折磨（当时还不知道是传染病）；四年后她的室友也将死于肺结核。1848 年 3 月 25 日，奥斯汀一声招呼都没打就出现在学院里，"带着总部的命令"，也就是父亲的命令：

> 无论如何要把我带回家。起初我诉诸语言，我和大学二年级的哥哥拿起各自的武器展开了一场孤注一掷的战争。发现语言没用，我就求助于眼泪。但是女人的泪水几乎是徒劳空虚的，我终于明白它们白白地流走了。你可以想象，奥斯汀大获全胜，可怜的、失败的我，被得意洋洋地带走了。

这段描述是寄给亚比亚的，它揭示了诗人的身份意识里的一个新的关键层面。父亲和哥哥不仅是家庭成员，更是占据优越统治地位的力量，男子军团。这个后来再次出现在诗人笔下的隐喻，也许来自她刚读过的一首诗——阿尔弗雷德·丁尼生的《公主》[1]。诗歌讲述了一所女子学院如何因一个意志坚决的骑士军团而瓦解。

---

[1] 阿尔弗雷德·丁尼生（1809—1892）是英国维多利亚时代的桂冠诗人（1850—1892），他的诗作准确地反映了那个时代的主流兴趣，创作于 1947 年的长篇无韵体叙事诗《公主》（*Princess*）回应了大众关注的妇女权益问题，最后证明女人最大的成就是幸福的婚姻。在那个有名的段落里，他让主人公这样唱道："泪水，空虚的泪水，我不知道你意味着什么。"

甚至签名的改变也微妙暗示了她试图重塑女性自我的努力。这是艾米莉第一次改动签名，拼写为"艾米丽·E.狄金森"（Emilie E. Dickinson），采用了"我的室友，艾米丽"的拼法。[1]真是表姐使她做了这个改动吗？诗人从来没有在合法签名中使用过"Emilie"，但在50年代她一直在"y"和"ie"之间变来变去。以"ie"结尾的签名主要出现在给奥斯汀和她亲密的朋友苏珊·吉尔伯特以及霍兰夫妇的信中。最后一次使用的时间是1860年，之后就一直恢复为"Emily"。

狄金森不希望被带回阿默斯特是充分理由的。尽管学院有这样那样的规定，再加上宗教复兴的热潮，她却一直努力坚持着，在学业上也表现不错。毫无疑问，她是担心自己像1846年那样错过这个学年的最后时光。最重要的是，她厌恶因病休学带来的羞辱：当众成为被怜悯的对象，私下又不得不屈服于父亲毫无商量余地的药物。[2]哭着不想回家，可又深深地依恋着家，这不是很矛盾吗？在给亚比亚的信中狄金森试图加以解释：

> 你千万不要因为我说的话就真的以为我不爱家——完全不是这样。可是，我无法忍受在学期就快结束的时候离开老师和同伴，被迫回家每天服药、面对医生、喝热水，还有镇上所有老小姐……的慰问……爸爸真是开药能手，尤其是病人最痛恨的药。回家后他们给我开了一个月的药，毫不怜悯，直到最后我的咳嗽完全是出于同情我而一走了之。

---

1 Emilie 和 Emily 读音相同，只是拼写不同，这里分别译作"艾米丽"和"艾米莉"。本节标题使用的也是 Emilie 而不是 Emily。
2 三年后，奥斯汀面部"神经痛"发作，艾米莉建议他"注意保暖和休息，喝凉水并小心照看"就是"最好的药方"。到了1890年，哥哥意识到狄金森家对疾病过分在意，便叫托德从狄金森的书信中编辑整理出一份"常被提到的家庭疾病"目录。——原注

"我是不是把因病从寄宿学校回家的情形写得很可笑？"艾米丽／艾米莉问道。这个问题概括了那种不安和纠结的身份意识，这是她和女子军团共同生活的岁月里结晶出来的：艾米莉发现自己何其深切地依恋阿默斯特的亲爱的家，但若是强迫她提前归家，她会激烈地、本能地加以抵抗。1848 年 8 月她终于彻底地回家了，她无疑非常开心，但她人生中的重大问题一个都没有解决。霍山女子学院未能在狄金森身上实现它预期的办学目标。

第十一章

1848—1850 年：初尝美酒

艾米莉的学校教育就此结束，关于她的未来问题就显得更为迫切了。母亲仍然承担着绝大部分家务，包括烤面包（后来专由艾米莉负责），家务问题关系到诗人是否拥有足够的闲暇。

1850 年春天，艾米莉稍稍体验了一回她有可能过上的一种生活。那时维尼在伊普斯威奇女子学院上学，母亲因"急性神经痛"而无法干活。父亲登出广告想找"一个能胜任一个小家庭全部家务的女孩或女人"，虽然可能会找到一个，但那段时间做饭洗碗的家务已暂时全部移交给艾米莉。在给亚比亚的信中，艾米莉诉说了承担家务的感受，显然，她之前一直"忽视了烹饪艺术"。带着新手的兴奋和自豪，她炫耀说："两大块面包……在我的主持下横空出世"；可是，有时候她又可怜自己像个《天方夜谭》中被施了魔法的囚徒："看我这个样子，你是不会喜欢的，一张巨大的绝望之网捆住了我的手脚，我环顾厨房，乞求解救，我以'奥马尔的胡子'声明，我从不曾陷入如此的困境。我的厨房，我想我是这样叫它的，上帝，请禁止它属于我，过去不是，将来也不会是我的——上帝，请让我远离人们所谓的家务！"真不知道收信人亚比亚对艾米莉的无礼和任性作何感想，牢骚满腹的艾米莉根本无意向这样的女性命运妥协。

与祖母萨拉以及表姐艾米莉·拉维尼娅等朋友不同，狄金森可能从来没想过当老师，哪怕是作为过渡。1848 年 8 月，她的朋友简·汉弗莱回到阿默斯特镇，此前在学院担任了五个学期的女校长。后来，狄金森曾回忆过这段时光，两个人坐在"大门口，在放学后的下午"，在回忆中她强调的不是工作所需要的严肃和限制，而是工作后的松弛和自在——"有伐木工在森林里伐木，你和我坐在那儿，能听见他锋利的斧头发出的声音"。

现在狄金森和年龄稍大些的女孩可以更加平等地交往了，比如阿默斯特镇多才多艺的"美人"埃米莉·福勒。此外，1850 年 1 月亚比亚回到阿默斯特镇待了一个星期，艾米莉发现她出落为"极好的姑娘"，她们决定继续保持通信，但是艾米莉这方的态度有了一些新变化，字里行间夹杂着不安，有时甚至是受伤的语气。总的来看，福勒和亚比亚这两位女友开始令艾米莉感到有些局促：有一次她告诉亚比亚自己正在读什么，随后马上责怪自己卖弄学问。跟苏珊·吉尔伯特[1]则不需要这样的道歉，苏珊是一个聪明活泼、雄心勃勃的姑娘，以她傲慢的棱角吸引并惩罚着她的崇拜者。苏珊将大大开阔狄金森的眼界。

但是，直到 1850 年的下半年，苏珊·吉尔伯特才真正走进狄金森的世界。在此之前，一个文学青年小组扩展了狄金森的阅读面和知识兴趣点。阿默斯特学院经常举行各种各样的公共活动，艾米莉会在他人的陪伴下参加这些活动，诸如巡回展览、毕业班招待会、毕业典礼等；还有一些特别活动，如 1848 年阿普顿博物馆的落成典礼、1853 年图书馆的落成典礼。现在艾米莉长大了，哥哥又是高年级学生，学校便成为不可或缺的资源，而且，从 1849 到 1850 年，已升入毕业班的奥斯汀加入了"阿

---

1 苏珊·吉尔伯特，诗人未来的嫂子，昵称"苏"或"苏茜"。

尔法·德尔塔·弗爱兄弟会"[1]，哥哥成为兄弟会会员激发了艾米莉的强烈兴趣。大多数拜访过艾米莉和维尼的学生和导师都曾加入过这个重要的"秘密团体"[2]。比如约翰·劳伦斯·斯潘塞，他和另一个大学生于1849年10月陪伴艾米莉及其他女孩一起登过霍利约克山；又比如瘦高的毕业班学生乔治·亨利·古尔德在1850年2月给艾米莉寄去了"糖果拉条会！"的邀请信——25年后，在这个邀请信的背面，艾米莉留下了一首诗，关于不请自来的冬天。

　　在与信仰虔诚的学生相处时，人们明显感到艾米莉很紧张，比如威廉·考珀·狄金森，一位杰出的传教士的儿子，威廉送给艾米莉的情人节之作让她怒从中来，因为其语气听上去是"故意屈尊的、讽刺的……就好像一只雄鹰弯腰向鷦鷯行礼"。还有一个准牧师朋友，1849级的詹姆斯·帕克·金博尔，他赠给艾米莉一本奥利弗·温德尔·霍姆斯[3]的诗歌集。金博尔后来成了牧师（威廉·考珀·狄金森也是），但早在他成为牧师之前，艾米莉就戏称他是"我们的'神学家'"和"年轻的'D.D'"，即神学博士（Doctor of Divinity）。得知金博尔对自己有些生气，艾米莉当即寄去

1　阿尔法·德尔塔·弗爱兄弟会（Alpha Delta Phi），由三个希腊字母组成。美国大学的兄弟会体系始于威廉玛丽学院的"弗爱·贝塔·卡帕"（Phi Beta Kappa）兄弟会，但兴盛于耶鲁大学。早期的兄弟会往往是大三、大二甚至是大一学生的组织，掌控着校园的政治环境。

2　可以列出一个大致的名单：除了斯潘塞和古尔德，还有塞缪尔·朱利叶斯·勒尼德（Samuel Julius Learned）、弗朗西丝·安德鲁·马奇（Francis Andrew March）、伦纳德·汉弗莱（Leonard Humphrey）、威廉·考珀·狄金森（William Cowper Dickinson）、约翰·米尔顿·埃默森（John Milton Emerson）、小爱德华·希契科克（Edward Hitchcock）、乔治·豪兰（George Howland）、约翰·豪兰·托普森（John Howland Thompson）（奥斯汀大二及大三的室友）、约翰·艾略特·桑福德（John Elliot Sanford）、布雷纳德·蒂莫西·哈林顿（Brainard Timothy Harrington）、爱德华·佩森·克罗韦尔（Edward Payson Crowell）、亨利·沃恩·埃蒙斯（Henry Vaughan Emmons）、约翰·朗·格雷夫斯（John Long Graves）。威廉·加德纳·哈蒙德（William Gardiner Hammond）是"阿尔法·德尔塔·弗爱兄弟会"的对手，"普赛·宇普西隆"（Psi Upsilon）兄弟会的成员，他是位高材生，曾拜访过阿默斯特镇所有的女人，但他的日记中却没有提到过狄金森。

3　奥利弗·温德尔·霍姆斯（1809—1894），美国诗人、散文家、医生、博学家，《大西洋月刊》活跃的撰稿人，他的创作跨越了"炉边诗人"（Fireside Poets）和以爱默生为核心的超验主义圈子。1858年发表讽刺诗《教堂执事的杰作》（The Deacon's Masterpiece），以犀利的措辞驳斥了加尔文宗的逻辑，受到广泛关注。

一封犀利的信，打算让他"明白些事理"。"我只为骄傲祷告，"她告诉简，"我已收到了很多，冷漠。"一张诗人留下的字条大概跟这场莫名其妙的争执有关，根据笔迹鉴定，书写年代当为 1850 年：

> 以诚挚的憎恨，来自
>
> 　一个女人。

这张折叠的纸条上可以看到明显的锯齿状印痕，很可能是挂在链子上的圆形物留下的，如花边浮雕奖章或挂链盒。说不定是金博尔说了什么关于女人的话让艾米莉非常生气，索性退还了他的礼物。

在这段时期，艾米莉乐于接触的朋友大都不是特别虔诚的教徒。奥斯汀的一封信透露了一些信息，那天他和艾米莉单独在家："古代人（父母）不在家，我们正盼着度过一段好时光，希望你在这里给我们助兴——我想今晚我们可以利用这个机会好好玩一玩。"收信人是约瑟夫·莱曼，一个无拘无束的家伙。另一位合拍的朋友是埃尔布里奇·格里德利·鲍登，他是爱德华 1847 年到 1855 年间的初级法律合伙人，属于第一教区但不属于教会。鲍登比艾米莉大 10 岁，被打上了"坚定的单身汉"的标签，说话简洁的他让艾米莉感到有趣。正是这位鲍登激发她尝试创作了目前已知的第一首诗作，即那首戏谑的情人节诗。他还借给她《简·爱》，一部扣人心弦的颠覆性的小说，其作者是一位新的不明身份的英国作家。

还有一位年轻律师，也是二十八九岁，对当代文学同样十分敏感。对于 18 岁的艾米莉日后成长为诗人，他发挥了重大影响，其影响力超过她之前所有老师的总和。

我的导师

本杰明·富兰克林·牛顿 1821 年出生在伍斯特市，比狄金森大九岁。不同于狄金森社交圈子中的几乎每一个人，他不属于正统派，而属于伍斯特的第二个唯一神社团，即"联合教会"，法官本杰明·F.托马斯是其创办人[1]。乔治·梅里亚姆认为 19 世纪初马萨诸塞州的"社会基本上可以划分为正统派和自由派"。牛顿是第一个来自另一阵营的朋友，并给艾米莉留下了非常深刻的印象。

牛顿去世后，狄金森给一个陌生人写信，信中解释了她和牛顿之间的关系："去伍斯特前，有两年时间他跟随我父亲－求学，经常到我家来。"牛顿跟随爱德华和鲍登做学徒可能始于艾米莉离家去霍山读书之际，那一年，艾米莉准备回家度过四天感恩节假期，她写信问奥斯汀，牛顿会不会在她回家以前"离开"。这个问题表明，她很期待见到他。

1849 年 8 月，牛顿即将离开阿默斯特镇，他在艾米莉的笔记簿上留下一条审慎的评语：

> 每个人都能写自己的名字，但只有少数人能写文章；因为
> 我们大多不过是名字。——B.F.牛顿

这句妙语说得既机智又谦逊，反映出牛顿的个人品质，这位年轻律师死后的讣告也突出了这一点："他因温和的性情和高尚的道德操守而受到普遍尊敬。"

在牛顿离开人世一年后的 1854 年初，狄金森写了一封信，寄给一位

---

1 本杰明·F.托马斯（1813—1878）后当选美国众议院议员，又是美国古文物学会的会长。

唯一神教牧师，以表达对牛顿的怀念和赞美，她说，牛顿对她心智和精神的成长有塑造性的影响：

> 那时候我还是个孩子，但我已懂得敬仰一个智者的力量和优雅，一个远在我之上的智者，我因此获得了许多教益，当一切已成往事，我心谦卑且充满感激。牛顿先生成为我的导师，一位温柔而又庄严的导师，他教我读什么书，哪位作家值得敬仰，大自然中最宏伟、最美丽的是什么；还有那更崇高的教导，信仰不可见的事物，还有生活，那更高贵的、更有福的。

当时，有才华的女子对男性导师表达深切的感激之情并不奇怪。海伦·亨特·杰克逊在小说《梅西·菲尔伯利克的选择》（*Mercy Philbrick's Choice*）中曾这样概括一位牧师对女主人公的影响："他教导她、训练她、培养她，耐心而又严格，同时又是那么温柔，就像对自己的妹妹一样。"狄金森的颂辞也带有时代的风味，它表明牛顿的出现帮助她克服了所受教育的缺欠。她已接受过不少教导和灌输，不过，牛顿完全不同，他是第一个把朋友的温情与导师或牧师的庄重结合起来的导师。狄金森对权威男性表达强烈的敬仰之情，这并不会是最后一次；崇拜英雄成为狄金森重新发现自我的一种方式。

一般认为，1862 年狄金森在一段自传式的表白中又提到了牛顿——"还是小女孩的时候，我有一个朋友，他教我不朽－但他探险，靠得太近，他本人－一去不返－"（L261）。"小女孩"以及"还是个孩子"的说法很容易让人产生误解，实际上都是指她接近 20 岁的时候。随着狄金森年龄的增长，回忆中的"小女孩期"（Little Girl' hood，这个短语的起始日期是 1882 年）似乎不断被拉长，一直延长到 30 岁。当她用中年人的视角回望自己的少年时期，她所看到的孩提时代始终停留在时间之外，似乎她的早熟把她带到了一个奇特的、不再成长的弃置地带，她用了很多年才得以从那里逃脱。

颂辞的结论部分似乎不符合事实，因为在牛顿之前，她所有的牧师、老师及精神顾问都在反复灌输"信仰不可见的事物"和得救者被赐福的来生。事实上，这段话记录了狄金森对事物的认识正经历一次地震式的转变，她开始挣脱加尔文宗关于堕落与自律的教义，转向生命内在的尊严及人类直觉的正当和有效性。按照这个新的方向，信仰并不意味着"交出来"，而是将尊敬投向"宏伟而美丽"的自然和书籍。人的心灵有自主权，有能力升华，进入自然之外的境界；正如牛顿所教导的，从正统的天堂教义中走出来，进入一片"更崇高"的境界。"来世"（Eternity）这个词曾让15岁的艾米莉觉得"害怕"，而这个法律实习生的"不朽"（Immortality）则提供了一种不带恐怖色彩的超越。

牛顿的教导刚好切中了要害：对于加尔文宗的福音主义，艾米莉既接受又抵制，以至陷入"没有希望"的僵局，牛顿则为她走出困境提供了出口。牛顿若不是直接的起因就是催化剂，他激发艾米莉去重新阐释自己丰富的清教徒天赋，并最终把这种天赋转变为某种意义上的浪漫主义。艾米莉笔下的牛顿的教导充满了华兹华斯式的回响，令人不免怀疑牛顿是不是向她推荐过华兹华斯。她所描写的发展过程——从享受自然到欣赏"更崇高"的精神存在——与《丁登寺》颇为默契，《丁登寺》中的说话人也经历了一个类似的过程：从无知无识地享受大自然之美发展到"一种崇高感 / 与事物深深地融合"[1]。诗人1852年的一封信表明她对华兹华斯的《我们七个》（We Are Seven）非常熟悉，诗中的孩子始终坚信死去的哥哥姐

---

[1] 此系华兹华斯（William Wordsworth, 1770—1850）的长诗《丁登寺》（Lines Composed a Few Miles Above Tintern Abbey）第95—96行：a sense of sublime/Of something far more deeply interfused。

姐一直和剩下的五个孩子在一起，一直都是"我们七个"。

我们知道牛顿送给艾米莉一本书，这本书让她获得了解放。在牛顿离开阿默斯特后，1850 年 1 月 23 日艾米莉告诉简·汉弗莱："前几天我收到了牛顿的信－还有拉尔夫·爱默生的诗集－一本美丽的书。我很愿意为你读这些诗和信－它们让我感到非常愉快。"爱默生当时的名声主要来自他富于挑战的演说和散文。牛顿为艾米莉挑选的是爱默生的第一部诗歌集，即 1847 年出版的《诗集》(*Poems*)，这个选择显示出牛顿超前的文学品位，这也说明他了解艾米莉的需求。"三个星期之内我就能给他回信了，"艾米莉宣称，"我一定会的。"

这本《诗集》中收入了《斯芬克斯》(*The Sphinx*)、《难题》(*The Problem*)、《为爱献出一切》(*Give All to Love*)、《梅林ⅠⅡ》(*Merli I II*)、《黄蜂》(*The Humble Bee*) 等。这些诗摒弃了那些建构人类现实的律法、区分和界限，认为它们都是短暂易逝、虚幻不实的。乌列[1]写道：

> 自然中找不到直线；
>
> 单元和宇宙皆为浑圆；
>
> 徒劳生产，一切光线回返；
>
> 邪恶将有福，冰雪变火焰。

爱默生的其他诗作，展示了一个拥有广阔直觉力的诗人，他的德尔斐神谕式的洞察力直接穿透了造物的核心。最令人激动的是，新的神谕就来自平凡的新英格兰，由一个坚忍的扬基牧师以一口简明的新英格兰方言说出来：

1　乌列（Uriel）是希伯来传统中的大天使，其名字出现在《圣经》的次经中。

创造新罕布什尔的上帝

用渺小的男人

奚落这块高傲的土地。

《颂诗，献给 W.H. 钱宁》[1]

爱默生对狄金森的影响无处不在却难以确指，正如乔治·弗里斯比·惠彻很早以前就说过的，其影响的背后有一个巨大的文化权威支撑。爱默生学说的基点是相信自己：万事万物都是为一颗创造性的心灵而存在，任何机构、先例、禁律都不该束缚之。他不怕反对常识，不怕不被理解，也不怕通过意象和隐喻——"幻想"来阐明自己。他若在霍山，早就被逐出校门了。狄金森喜欢他的诗歌，这表明她为选择新方向做好了准备，在这条道路上她是不会孤单的。就在狄金森提到牛顿的这份礼物不久后，阿默斯特学院的文学杂志《指引》（*The Indicator*）首次刊登了爱默生的相关文章，是关于《代表人物》（*Representative Men*）的一篇书评。评论人不喜欢爱默生"飘忽不定的天分和才华横溢的古怪"，也不喜欢他与基督教的"彻底敌对"，但书评最后说："精读其作品我们一直在提升，同时体察到我们的心智通过与一个大师进行心灵的交流而变得越发活跃和强大。"

狄金森在《痛饮他们令人振奋的头脑》（Fr770）一诗中说，来自另一个"与世隔绝的头脑"的饮料可以让此人"灵活而有弹性地"穿越沙漠，像只骆驼。后来的一首诗也表达了同样的想法，即一本好书如何让人变得

1　威廉·埃勒里·钱宁（William Ellery Channing, 1780—1842），美国唯一神教的领袖。1798 年毕业于哈佛大学，一生大部分时间在波士顿传教。钱宁曾公开宣称，如果他的理性与《圣经》发生冲突，他宁可相信自己的理性，因为他的理性也是上帝的造物，而上帝的造物本不该相互抵牾。

灵活而有弹性：

> 他吞饮那珍贵的词语－
>
> 他的心灵日渐魁梧－
>
> 他知道他已不再贫穷，
>
> 名声也不再是尘土－
>
> 黯淡的日子他一路飞舞
>
> 而这双翼的馈赠
>
> 不过是一本书－何等的自由
>
> 带给一颗松绑的心灵－

Fr1593

 这首诗本身也是"松绑的"，狄金森的诗歌往往如此：不受制于特定情境，也没有提到任何一个人或一本书，因此获得了更广阔的适用性。但我们不该忽视，男子的贫穷、微薄的名声、暗淡的环境、欢快的心灵，种种细节都与牛顿的大致情况相吻合，而且这首诗写于 1882 年爱默生去世几个月之后，他的离世让狄金森想起牛顿，并写下了我们所知的最后一条关于牛顿的记录："拉尔夫·沃尔多·爱默生－这个名字是父亲的法律实习生教给我的－已触摸到那秘密的源泉。"[1]

 看起来狄金森与牛顿这位"导师"的通信似乎不带什么浪漫色彩。如果牛顿从伍斯特发出的第一封信具有这种私密性，艾米莉绝不会想要与简一同分享，或者将此信和爱默生的《诗集》不加区别地称作"非常愉快

---

1 见狄金森给洛德的书信（Let752）。这里的"源泉"译自"Spring"。从字面上看，"Spring"既可指"源泉"也可指"春天"；不过，从此信上下文的语境来看，显然这里暗示的是死亡，与地下世界相关，亦与新生相关，泉水从这里发源，春天的种子也从这里萌生。

的"。因为狄金森没说可能写信,而是说"三个星期之内就能给他回信了",推迟回信可能是因为牛顿那边的情况,而不是因为父母的命令。既然她说"我一定会的",这表明她的热情和决心是无可怀疑的。

两人通信交往的情况我们所知不多,不过,可以明显看出牛顿对狄金森颇为看重。1862年,希金森赞美了狄金森的部分诗作,这让她想起从前那位"导师"曾激发过她,她对比了这两次的感受:

> 您的信没有让我醉倒,因为我以前尝过朗姆酒-多明戈只有一次-不过,快乐如此深-深如您的见解-我尝过的不多,若向您表达感激,我的眼泪会阻塞我的舌头-
> 我的导师临终前告诉我,他愿意活到我成为诗人的那一天

希金森的信让她感动,但最初的迷醉来自牛顿的赠予,后来的朗姆酒,也就是"多明戈",都无法与之媲美。

显然,那是因为牛顿第一个向她宣告了她的自我、预言了她的天职。在《路加福音》中有一个正直的老人名叫西缅,他相信若见不到弥赛亚他是不会死的,当襁褓中的婴儿耶稣被带到耶路撒冷,西缅说:"主啊,现在让你的仆人平静地死去吧。"牛顿在临终前给狄金森写信说,他"愿意"活到那一刻,为她最终成就他所预言的伟大做见证,他是在演绎和修正这经典的识别真身的场景。

狄金森最后一次(隐约地)提到牛顿的预言,或许也应该带着这样的理解来阅读。1876年,诗人在给希金森的信中所提到的大概仍是这同一封信,"我最早的朋友在去世前一星期写信给我,说'如果我活着,我会去阿默斯特-如果我死了,我肯定还是会去的'"。这句话的原始语境应该与牛顿所预言的诗人的天职有关。他临终前一边与肺结核抗争一边清理

私事，似乎还不忘给狄金森写信，寄上最后的声明，再次确认他在她身上看到了诗人，想要看到她戴上荣耀的桂冠。如果她在他死前赢得桂冠，他会到阿默斯特观看她的加冕仪式；若是死后，他仍愿意做一个见证者。就这样，他确认了不朽——她的，作为诗人；他的，作为神灵。正如她后来所说，他"教我不朽"，这也许就是其中的一种方式吧。

一位令你敬仰的老师郑重宣告了他对你的信任，你是不会忘记的，你也不会忘记他是如何激发了你的狂喜，如醉酒一般。然而，狄金森受福音主义的浸染太深，这使她不可能成为华兹华斯式或爱默生式的浪漫主义者；这两位男性诗人早期的自由主义思想和宁静的心态以及强烈的男子气概，都不是她要接受的东西。牛顿让她看到了一个关于天职和统治权的远景，可是路途遥远，充满痛苦和不确定性，这条路将带领她穿越漫漫荒野，那是她的导师未曾预见到的。

阅读

奥斯汀在毕业典礼上的演讲题目是"我们的民族文学的要素"，这暗示出奥斯汀对文学的关注，同时也会引发妹妹的思考。在结束学校教育之后的两年里，由于奥斯汀和其他年轻人的推介，艾米莉读了好几部对她产生重要影响的小说。

朗费罗的小说《卡瓦纳》（*Kavanagh*）以甘醇的笔调描写了新英格兰的乡村生活，1849 年夏天这部小说走进大学校园，随后又走进狄金森家，艾米莉的哥哥把它藏在"钢琴罩"下面。那真是个好地方。这部小说篇幅不长，但却闪烁着"文化"的光泽，它展现了新英格兰地区的宗教等风俗文化，一幅幅栩栩如生的画卷和场景，里面还装点着欧洲艺术的典故，并配有一行诗体的（但很认真的）批注。发表在七月号《指引》的一篇短评认为，这部小说流于空洞——"既无深刻的情感亦无伟大的真理"——不过，读起来引人入胜。艾米莉也有同感，她把小说中那乡村宁静的色彩与阿默斯特镇玫瑰般的美景联系在一起。最打动她的情节是潘德克斯特一家的离去，当一位新来的、现代的、开明的、有教养的牧师掌管教区以后，他们就干脆"放弃"了教区。

艾米莉用竖线把自己喜欢的段落标注出来，她的线条虽细小却有力，很容易与奥斯汀那长而轻的画线区分开。最吸引她的东西是什么，一目了然：爱丽丝和塞西莉亚之间的亲密友情（另一个读者也在此处做了标记）；爱的箴言；富有表现力的段落（"与流水声押韵的诗歌"）。最能说明问题的是，她标注了小说中的反思文字，关于那些交流思想和表现生活的作品。小说的主题是"必须马上行动"，这个主题表现在小说中的一位教师身上：他终其一生都在计划写一部浪漫作品，却迟迟不动笔。这暗示他被知识压倒——"背负太多，被大脑压得太重"，艾米莉在此处做了标记，还有一些类似的段落也被标注了，比如，尚未充分发展的意识，让思想发出声音是一门艺术。[1]

她是否想到了摆在她面前的任务？小说中有个角色叫海勒姆·阿道弗斯·霍金斯，他想要成为诗人，喜欢夸大自己的优点，总是一副"难过、沮丧，也许还有点病态"的样子。在 1853 年的一封信里，艾米莉把自己跟这位装腔作势的海勒姆联系起来："上个星期我给你写了一封信，后来想到你会嘲笑我多愁善感，我就把那封尊贵的信留给了'阿道弗斯·霍金斯先生'。"此时，艾米莉还没有收到牛顿临终前对她的确信。

---

1 "知道爱已开始并不难，难的是知道爱从哪一刻开始。""那无法形诸于语言，因为它甚至还没有形诸于思想，只是模糊、无形地漂浮在头脑中。""许多人都有天分，但是，缺乏艺术，不得不永远做一个哑巴。"

艾米莉在 1849 年读的另一部小说是圣泰因的《皮西欧拉》[1]，她又把自己跟小说联系起来。这部轻巧别致、风靡全球的小说讲述了查尼伯爵内心的朝圣之旅。查尼抛弃信仰，变成一个怀疑论者，尝遍了世上各种职业，后加入一个无意义的反拿破仑组织。他被关进一个叫作"费纳斯特拉"（Fenestrella）的城堡，故事的情节转入囚禁中的精神回归。救赎的中介是查尼在两块铺路石之间发现的一株幼苗，他小心翼翼地照看它，为它取名小小的"皮西欧拉"。也许因为这本书证实了宗教的力量，所以威廉·考珀·狄金森才把它赠给了艾米莉，不久之后他便开始了牧师的学习生涯。

读了这部巧妙的说教小说，也许读完了，也许只读了一部分，狄金森表达感谢：

> 如果这个世界是"费纳斯特拉"，我就是"费纳斯特拉的囚犯"，在我地牢的院落中，从寂静的石板路之间，生出一株幼苗，它如此脆弱又如此美丽，我胆战心惊生怕它死去。它是第一个消磨了我的孤独的活物，我在它的世界中获得奇特的快乐。这是一株神秘的幼苗，有时我幻想它跟我悄声诉说着开心事－自由－和未来。

这本书显然触动了她的心弦。尽管狄金森当时的生活（情人节的季节）几乎没什么孤独感，但主人公查尼因幽禁而恢复了信仰，想必她自己在精神深处也能体验到类似的处境。囚禁的想法吸引了她的注意，成为她后来写作的中心主题；但是她目前的愿望显然着眼于自由和未来。

1　沙维尔·博尼法斯·圣泰因（Xavier Boniface Saintine, 1798—1865），原名约瑟夫·沙维尔·博尼法斯（Joseph Xavier Boniface），1798 年生于巴黎，是法国戏剧家、小说家。发表于 1836 年的小说《皮西欧拉》（*Picciola*）是感伤文学的名作，被翻译成多种欧洲语言。这部小说为圣泰因赢得名声，也成为法国文学的经典。

艾米莉的手稿本中有一首诗，大约写于1859年，与圣泰因的小说有密切关系：

> 我的花束为囚徒 -
> 暗淡 - 期待的双眼 -
> 被拒绝了采摘的手指，
> 忍耐直到天堂 -

> 至此，只要它们悄声诉说
> 清晨和荒野，
> 就不再承担别的使命，
> 而我，再无别的祈求。

Fr74

狄金森的"花束"（诗歌）与查尼的皮西欧拉的使命是一样的：把另一个世界的消息悄声诉说给那些被剥夺了自由和快乐的人们。一旦查尼的信仰恢复了，花儿也就死了、被遗忘了，艾米莉诗中的说话人也声称，她自己再无别的祈求。

1849年底在得到爱默生的诗集之前，有一本书让艾米莉投入了极大精力，比任何一本书都要多得多，那就是埃尔布里奇·鲍登借给她的《简·爱》。当时，小说的假名作者柯勒·贝尔正在遭受各种卫道士的猛烈抨击。英国的《评论季刊》（*Quarterly Review*）认为他／她"拥有强大的精神力量，完全漠视社会习俗，品位极其低劣，其宗教思想充满异端邪说"。这本书"最大最危险的祸害"是主人公简的道德力量，它"属于彻底的异端思想，简直无法无天"，她是"不知悔改、毫无规矩的灵魂"的化身。康涅狄格河谷的年轻读者们却欣然接受了这部作品。威廉·加德纳·哈蒙德在《指引》上发表了一篇赞赏有加的书评，他把女主人公最显著的特征概括为"自立……一种对自我的关注——她倾向于……以内在自我而不是外在世界为依据来确立动机或行动准则"。一位年轻女子非常喜爱这部小说，她这样写道："读了《简·爱》，我对它很感兴趣——我没读出任何值得反对的东西——不知道是不是因为我对什么是得体缺乏正确认识，或者是我压根就没有在其中觉察到不得体的东西。"

狄金森把书还给鲍登时，附上了一张小纸条，写着她的感想，由于篇幅短小且使用了理所当然的措词，很容易被误读。花季已过，她随书附上了一束芳香的黄杨叶。纸条上写着："如果所有的叶片都是圣坛，每一片上面都有一个祈祷者，祈求柯勒·贝尔得救 – 如果你是上帝 – 你会应允。？[1]"问题既天真又聪慧，狄金森认定鲍登十分清楚小说中的不得体和异端之处，而柯勒·贝尔不可能得到绝对正统的神明的拯救。狄金森提出这样的问题，是因为在这场针锋相对的论战中，她已经站在了坚定的支持者一边，企图为那位不知名的作者探寻某种非正统的不朽；她甚至像德鲁伊教士一般，将黄杨树叶点化为圣坛。[2]问题最后的两个标点符号似乎泄露了她当时的心迹，她恭敬地向比她年长十岁的人提出了一个问题，这样，她的危险观点就被掩藏起来了。

人们急切地想知道《简·爱》的化名作者到底是男是女。哈蒙德在《指引》上肯定地说，"历史上的女杰没有谁曾写出过这种风格，简洁而雄辩，充满能量，有时表现得近乎粗鲁"。1851 年谜底终于揭晓，这部不像女人写的爆炸性小说的作者是夏洛特·勃朗特，狄金森对此有何反应呢？

1　这里使用了两个标点符号：句号和问号，见作者随后的解释。

2　德鲁依教士（Druid）是凯尔特人的祭司、法师或先知。据说，古老的德鲁依教崇拜自然力量，以橡树为圣树。狄金森在诗歌里多次使用"德鲁依"这个词，表达神秘的自然力量，比如"比鸟儿更深入夏日 –"（Fr895D）。

几年后，她为这位小说家写了一首挽歌，诗中不仅宣称夏洛特最终得救，而且天国因她而受益：

> 啊，这是天国多么美好的午后，
> 当"勃朗特"进入其中！

Fr146

　　这是狄金森接触的第一部女作家的作品，难免激发人们的诸多好奇：她自己曾在冷冰冰的霍山女子学院抵制宗教运动，那么她怎么看待小说里的洛伍德学校呢？那是一所为女孩开办的（由男人管理的）加尔文教派的学校。她对傲慢又浪漫的罗彻斯特是什么感觉？专制的圣约翰·里弗斯坚持让简成为自己的妻子兼传教工具，她对此有何态度？当然还有那位瘦小的女主人公，她起初顺从，后来一次次反抗男性权威，狄金森对她又作何感想？《简·爱》中充满不少值得挖掘的材料，看起来就像是对狄金森个人经历的变形或理想化的描述。

　　在读《简·爱》的这个冬天，她得到了她的第一只，也是唯一的一只狗——纽芬兰犬。这大概又是父亲的主意，出于一贯的安全考虑，认为她离家外出时应有一个护卫。1850 年情人节，这只纽芬兰犬有了一个名字——卡洛，与圣约翰·里弗斯的狗同名。多年后，镇上的居民依然能回忆起这只大型犬，它常陪诗人外出拜访或散步。

　　1865 年夏洛特·休厄尔·伊斯门（Charlotte Sewall Eastman）赠给诗人一册《简·爱》，在描写里弗斯极端虔诚的那两个段落旁边，狄金森用铅笔做了标记："生活中的人情和乐趣对他来说没有吸引力——生活中恬静的享受也没有魅力。毫不夸张地说，他活着就是为了精神追求。""在炉边，却往往只是一根冰冷讨厌的柱子，阴森且放得不是地方。"[1] 有些人认为狄金森此刻联想到了她日益疏远、神色阴郁的父亲。朱迪思·法尔认为，在诗人写给"主人"的第二和第三封书信里，她是在扮演简的角色。另外，狄金森在写于 1870 年的一封信里突兀地引用了罗彻斯特的一句话，就是简把他从火灾中救出之后，他说的那句："简，我并不感到你的恩惠是个负担。"——可见诗人对《简·爱》是多么熟悉，可以信手拈来。

福音派解释学（如果可以采用这个术语的话）要求把神圣文本运用到个人身上，这对狄金森产生了深远影响。她喜欢通过书本来定义自我，在这方面，她似乎比大多数读者尤甚，比如，她借用简对罗彻斯特的态度来调整她对男性导师的依赖关系。此外，勃朗特的另一部小说《维莱特》[2]（狄金森拥有一册 1859 年的版本）中的叙述者对保罗·伊曼纽尔的依恋，也起到了同样的作用。对于狄金森来说，正如对于那些维多利亚时代的女主人公一样，谦卑的崇拜和内在的强大力量是和谐相容的。事实上，狄金森在实践着她从书中读到的力量，找寻并提取出能为她所用的东西。她不像《卡瓦纳》中那个迟迟不动笔的教师，湮没在知识的重压之下。

写作

愉快的阅读体验受到进一步激发，因为艾米莉陷入了 1849 年 12 月到 1850 年 1 月的社交狂潮，这是艾米莉的第一个灿烂的冬天。据一个女孩回忆，这些"甜蜜的派对和赏心乐事"似乎都是奥斯汀发起的，他"总是

---

1 参考祝庆英译《简·爱》，上海译文出版社，1980 年。
2 《维莱特》（*Villette*）发表于 1853 年，是夏洛特·勃朗特生前发表的第三部小说。

领头人物"。奥斯汀利用假期啃读大卫·休谟的多卷本《英格兰史》[1]，终于读到结尾，用妹妹的话说，"那是信号，即将引发普遍的骚动"。他们乘雪橇去迪尔菲尔德[2]郊游，按她的描绘，那是"一场嬉闹，包括猜字谜－无止境的散步－音乐－聊天－晚餐－样样都是最现代的"。她到家时已是凌晨两点，"第二天醒来没感觉多么糟糕"。然后是更多的派对，比如主席希契科克家的舞台造型表演——"一个惬意的交谊会"。似乎父亲关于晚间警告和危险的无节制的律令都不起作用了。

艾米莉一边往外跑，一边却也常常蜗居在家，而且，由于维尼离家上学，她从没有像现在这样为家务事劳心伤神。牛顿走了，后来，她最好的朋友简·汉弗莱也不在城里，艾米莉哀叹道："我一个人－孤孤单单的。"艾米莉此时的生活交织着束缚与自由、沉静与轻狂——如同一张被不安、冲动、诱惑同时拉扯的织布。去年夏天奥斯汀读了一篇题为《在行动中开发心智》(*Mind Developed in Action*)的获奖文章，后来又读了朗费罗的《卡瓦纳》，其中刻画了懒惰的准浪漫小说家和愚蠢的准诗人。是不是到了该行动的时刻？

1850年2月至3月，艾米莉因为忙着做自己的事而没给简回信。直到4月，简在第二封信中说出父亲病重的消息，艾米莉才马上回信。她的借口有些莫名其妙："你的第一封信寄来时，我正远离这个拥挤、匆促、忙碌的世界。"她没有说真话是为了不伤害朋友的感情，实际上这段时间她在忙着写作：大胆的长信、目前所知她的第一首诗、还有第一次公开发表的情人节散文。她突然爆发出无畏的能量，这些大多是直接写给比她年长、教育水平在她之上的男性的。

---

1 大卫·休谟（David Hume, 1711—1776）苏格兰哲学家、经济学家、历史学家，最先是以历史学家的身份成名。他所著的《英格兰史》(*The History of England*)一书在长达60至70年中，始终是英格兰历史学界的基础著作。

2 迪尔菲尔德，马萨诸塞州东北部的一个小城。

第一份作品寄给波士顿的乔尔·沃伦·诺克罗斯。乔尔和牛顿、鲍登年纪相仿，是诺克罗斯家族中最年轻的舅舅，介于她和父母那一代人之间。他在波士顿和姐姐拉维尼娅搭伙生活，靠进口花哨商品自食其力，经常到欧洲进货，很快便在商界崭露头角。作为诺克罗斯家族第一个关注时尚的人，乔尔给一些人留下了古怪、自负、虚荣的印象。在访问阿默斯特镇期间，他给艾米莉的印象是，她一定会收到他的回信。然而乔尔完全忘了这回事，只给她的父亲写了信，于是，艾米莉给他寄去一封异常激烈的信，表达讥讽和责备。

信的开头是一个梦中景象：男人们出门工作、远航、照料羊群，经营"快乐的商店"（就像乔尔一样）。他们为快乐而活并做出一个又一个承诺——"其中一个男人对他的外甥女说谎"。所有人都被定罪，将受到折磨，这时，做梦的人（"非常害怕地"）听到他们大声呼救，于是被叫过去，"看看他们是谁……从你说过的坑里上来！"艾米莉在这里停顿，问道"还没有唤起对真理的认识吗（？）"说话的口气听起来像一个福音传教士看到了罪人。

她想当然地认为舅舅如此冷漠无情，毫不留心，于是就对坏分子发出了长篇大论、慷慨激昂的指责——"你这个无人能及的恶棍－无人能比的罪犯－前无古人后无来者的无赖"——这番指责以要求决斗并扬言"我要杀了你"而达到高潮。她还列举了可能用到的杀人方法：用氯仿麻醉、进入他的房间摘取心脏、"趁熟睡"刺杀之。

当然这都是为了取乐，在签名之前（"Emilie——我想是的"），她又转为熟悉的通报消息的写信模式（"阿默斯特今年冬天生趣盎然"）。若把她的暴力语言读成一种愤怒的表达，那就太天真了。她采用了一贯小巧而工整的字体，与严词谴责构成了鲜明对照。就像奥斯汀夸张的幻想一样，这封信是对幽默、赘言和"想象力"的一个有意识的展览，洋洋洒洒

1500 多字。然而，跟奥斯汀写过的所有文章相比，艾米莉这个取乐的想法是更为极端和危险的。那些惩罚场景过于直接，令人不安，任何人收到这种信都会浑身不自在。

信中还有一段奇怪的题外话，提到杀人犯可以对自己的罪行不负任何责任。这段话泄露了这场表演背后的一个最基本的驱动力——一种在男性力量面前的挫败感，无缘接近那个让男人们大显身手的世界。为什么父亲收到了信而她没有？她过剩的精力无处释放，难道就只能用来烤那两大块面包？ 12 年后，希金森指责狄金森和她的诗歌"无控制力"，她的回复是"我没有法官"。这句话以更自觉的方式表达了同样的意思：在一片虚空中行动，无拘无束，她怎么可能不走过了头呢？

给乔尔写信 12 天后，她又写了一封带威胁口气的短信，这次是给简·汉弗莱。她对简抱怨，和密歇根州的第二代堂姐（内森·狄金森的女儿）在一起她感到很无聊，接着她便威胁道："现在如果你敢把这话告诉别人－我一定会让你睡着了就再也醒不过来！"对于简的离开，她戏剧化地颁布了一系列惩罚命令："把她关进州监狱－关进教养院－拿出长长的鞭子来。"

总的来说，写给闺中密友的信不像给乔尔的信那样充满故意为之的暴力言辞，然而，她还是获得了一种勃然喷发的自我表露的方式，超越了她以前所写的一切东西。15 岁时的狄金森对亚比亚诉说自己"忧郁""情绪低落""精神不集中"，但是现在呢？抛弃了人们书信里常用的套语套话，她开始恰当地描述自己的情绪："我沉浸于无礼－闷热－乖戾－然后我想起你－我觉得要对你公平－还有对自己－这大大安抚了我的心。"她描述自己反常的精神状态，任由自己浸淫其中，尽管随后又来一番自我劝诫。她早早就期待与简相见，并如此描述那不得不等待的几个星期：它们"瘦骨嶙峋的手指将我戳开－我多恨它们呀－我多想祸害它们啊！""啊丑恶的时间－和空间"，她喧嚷道（这句话在给埃米莉·福勒的信中也出现了）。狄金森意识到这些话违背宗教，便试着做出悔悟的样子："简，这样说是不是很邪恶－可我怎能不这样说它们呢？邪恶的话发自邪恶的心－让我们将它清除吧－刷去蛛网－修饰一新－迎接主人！"但是这种家务管理，无论是实际意义上还是比喻意义上的，并不对作家的胃口。她参加缝纫社团的冬日活动，没过多久就开始暗暗发笑："如今所有穷人都将得到救助－受冻的人暖和了－暖和的人冷静了……"

19 岁的狄金森正处于情绪饱满的喷发状态，对长辈们强行灌输的规则不理不睬。1860 年后的狄金森好比是一座中心火山势不可挡，而现在的她则好比是一眼间歇泉，水蒸气朝各个方向喷涌，只是，她会用手捂住那假装道歉的嘴巴。50 年代早期的一系列让人头晕目眩的创作，还只是一个年轻人尝试着发出自己的声音，她总是惊讶地听到自己刚才竟说出了这样的话，然后又根据它继续发明出新的说法；她任自己沉浸在古怪花哨的即兴创作之中，一直以来它们总能逗乐各类读者；不过，如今她让它们成为一种工具，以释放那些排遣不掉的复杂情感。

若要看清狄金森成为诗人的历程，我们必须聚焦于她 1849 年冬天到 1850 年春天那段时间的发疯一般的创作，同时也不能忽视和抹杀其矛盾性与真实性。有一个例子很重要，给简写信六天后，在给亚比亚的信中，狄金森一开头就严肃地断言："上帝就坐在那儿，瞄准我的灵魂，看我是不是在正确思考。"作者声称她并没有因为这目不转睛的监视而感到压抑，因为"我努力做好、保持正确，我的每一点努力他都知道"。可是，当她用寓言式的手法解释她是怎样患上感冒的，她心灵上的努力似乎就被忘在脑后了：她外出散步，遇到一个"小小的生物"紧紧依偎着她，并跟她回家，当她脱掉帽子和披肩，它就用胳膊搂住她的脖子，"开始放肆地亲我，表达缠绵的爱意，我被弄得完全不知所措"。现在它正躺在她床上，吃她盘子里的食物——意思是，她被感冒缠住了。

这个性别模糊的朋友是不是在暗指艾米莉自己执拗地依恋她的朋友，比如亚比亚呢？或许吧，不过，重要的不是去猜测这里有什么心理学上的象征意义，而是要看到她编造这个故事（与她哥哥的杂文同属一种风格）无非是为了让读者发笑、困惑和震惊。她正沉醉在叛逆与自我意识的"想象"游戏中，完成之后，便模仿长辈的口气，指手画脚地谴责自己："好了，我亲爱的朋友，让我告诉你吧，刚才那些想法都是虚构——空洞的想象会让愚蠢的年轻姑娘误入歧途。它们都是言语的花饰，它们两个都在编造和传布假话，像避开蛇一样避开它们吧。"为了申明自己是完全坦率的（"彻底坦诚"），她劝亚比亚要小心蛇——但不料她又一次掉转方向，声明她喜欢"那些小小的绿色的东西，围着你的鞋边在草丛中滑动－在弯曲处发出沙沙的声响－总的说来，它们倒是我的最爱，但我不会把这种喜好强加于你！"

总的说来，在这部最蜿蜒曲折的作品中，艾米莉自己似乎才是真正的一条蛇。尽管此信试图重建一度松弛的通信关系，她却在信中直言不讳地承认找不到合适的话题可写。

> 除了重感冒和蛇，还有别的东西，我们会努力找到的。它不可能是（冬天的）花园，或草莓园，它应该属于花园，也不可能是校－舍，或律师事务所［是指牛顿吗？］。天哪，亲爱的，我不知道那该是什么！对不在场的人表达爱意，听上去总是不太对劲，但试试看吧，看看效果如何。

随后，按照预定，她煽动出一个告白，对不在场的亚比亚的爱的告白："我真的非常想你，晚上想你……白天想你，满世界的牵挂……把对朋友的爱藏在我们心中。"

人们很容易被这种带讽刺意味的假面告白所误导。这封信就像发生在语言中的蛇咬，一边表白感情，一边流着鲜血转弯抹角地道出冷漠。在信末，艾米莉试图做一些修补，她解释道，"在这封信里我一直在把你引见给我"。艾米莉在信末签名时承认"需要亲密友情"，然后是签名："你最真诚的，和邪恶的朋友"。收到这封信，亚比亚是什么感觉呢？我们不得而知，不过，可以从她收到艾米莉的第二封信的评语加以推断，她说那封信写得"比以往热烈得多"。

艾米莉将亚比亚的关注视作一面镜子，在她面前试戴各种故意迷惑人的面具。时机已到，我们年轻的诗人在情人节季[1]如鱼得水，康涅狄格河谷开始享受温柔版的狂欢节，每一个角落都涌动着或真或假的爱的告白。比如在1852年，贝尔彻敦的女人们主办了一个情人节盛会，准备了很多牡蛎和冰淇淋，重要的情人节信件都是通过"邮局"交换。艾米莉非常喜欢这项娱乐，为此创作了为世人所知的第一首诗歌和唯一一篇公开发表的散文；她把作品寄给了一个男人，每件作品都是一个喜剧绝品，而作者的真情实感则无从捉摸。

狄金森把这首打趣之作寄给了鲍登——父亲的法律事务合伙人，30岁，对恋爱和婚姻毫无兴趣。[2]

1　当时，圣瓦伦丁节（俗称"情人节"）不是庆祝一天，而是一周。在1848年2月17日诗人写给哥哥奥斯汀的一封信（L27）里，她提到周边的几个好朋友大概都收到了大量爱的字条，"而你的修养不凡、才华横溢的大妹妹却完全被忽视了"。

2　鲍登从各方面来看都不是一个善于表达的人，正是这种性格使他成为狄金森无法抗拒的目标。第二年，在读了《单身汉的幻想曲》（*Reveries of a Bachelor*，1850）后，她又一次假装知道了他秘密的浪漫美梦："我知道有个快车－我知道小仙女的礼物－'生命之灯'的垫子－小单身汉的妻子！！"四年前威廉·加德纳·哈蒙德得到一位年轻女子赠送的手工灯垫，以此判断，这在当时是一份普通的礼物。——原注

万物都需要求爱，无论在陆地，天空，或海洋，

上帝造物总是成双，唯独你孤身一人，在他美丽的世界上！

有新娘，然后有新郎，两个人，然后合为一个，

有亚当，就有夏娃，他的伴侣；有月亮，就有太阳。

看看身边，到处是求欢觅爱的场面：蜜蜂追求花朵，风儿追逐枝条，暴风雨扑向海岸。甚至"蠕虫也追求凡人"。鲍登坚持独身违反了大自然的法则，说话人通知他，树上坐着六位"标致的少女"等待他来采摘。其中五个女孩的名字是——萨拉、伊丽莎、埃米丽妮、哈丽雅特、苏珊。第六个女孩没有名字，"有一头卷曲的秀发"，这只可能是艾米莉自己：

谨慎地接近那棵树，勇敢地攀缘，

抓住你最爱的那一个，别在意空间或时间！

把她带到森林，给她造一个闺房，

她要什么都给她：珠宝，或鸟儿，或鲜花；

带着横笛和小号，敲打着小鼓－

向世界道一声早安，走进你荣耀的家！

这首诗刚好展示了这个阶段的朋友们眼中的她："喜欢'打趣'和'揶揄'"，而且也解释了这股突然爆发的创造力为何没有延续下去：打趣需以作者不在场为前提，那种彻底的、离奇诡异的不在场。诗人采用了一系列带有祈使语气、充满活力的动词如"接近""攀缘""抓住"，大胆地给求爱者鼓劲，这与古代少女仅仅高居树上等待采摘与出嫁是不一样的。那个"有一头卷曲的秀发"的"她"与作家艾米莉没有任何共性。卷发少女强调的是外表，她是单身女性，可被追求，她没有发出声音；而作家艾米

莉则好像一个机智的专家，洞悉世间的求爱行为，和鲍登一样"独来独往"。换句话说，她可以成为诗人，因为她不在婚姻系统之内，因此刚好符合20年前父亲在化名"考莱伯斯"的文章中所制定的文学女性的生存法则。

在40年代末和50年代初这段时期，狄金森曾向埃米莉·福勒求问，如果人们说起话来像"扒光了灵魂的外衣"却不能让她为之"颤抖"，这该如何是好？尽管那种典型的新皈依者的坦白让她不安，但她也喜欢把靶心对准她在别的地方提到过的"懦弱的灵魂，害羞而退缩的灵魂"。若想成为19世纪60年代那位极度个人化、充满激情和复杂的诗人，狄金森需要停止做精彩的娱乐作家，而应该以某种方式赋予这个隐藏的女性主体以力量。不过，狄金森从未成为"自白派"，直接的、自传性的细节在她的诗作中基本上是不协调的。狄金森继续以种种方式隐藏自己。

1850年的另一篇情人节之作将打趣和揶揄——女性的勇敢——提升到一个新的高度。诗中的说话人告诉一位年轻男子，她要求与他单独见面："先生，我想见见您"，地点随意，"在日出或日落或新月升起之时"。不只是见面，她还想要：

> 聊一聊，先生，抑或一次面谈，一次私聊，一次对立思想间的交流汇合……我想，您会同意的。我们可以是大卫和约拿单，或达蒙和皮西厄斯[1]……我们可以聊一聊我们从地理书上之所学，或是从布道坛和报刊以及安息日学校之所听。

---

1 大卫和约拿单的故事详见《圣经·旧约·撒母耳记上》：约拿单是国王扫罗的儿子，他爱大卫，"约拿单的心与大卫的心深相契合。约拿单爱大卫，如同爱自己的性命。"大卫杀死了歌利亚，受到万民爱戴，扫罗嫉妒大卫，与之交恶，想除掉大卫，约拿单违背父王之命，始终保护和帮助大卫。达蒙和皮西厄斯的故事出自希腊历史传说：皮西厄斯被指控反叛锡拉库扎的暴君狄奥尼修斯一世。皮西厄斯请求狄奥尼修斯允许他在被处决之前去办理后事，在此期间他的朋友达蒙愿意扣为人质，如果皮西厄斯没有按时归来，就代替他赴死。后来，暴君被感动，释放了他们二人。

这些是激进之言，先生，但却真实……

文章的结尾提到了一件基本上被狄金森家族忽视的事，即19世纪40年代那一场最激进的改革运动：

> 但是这个世界在冷漠和谬误中沉睡，先生，我们必须做打鸣的雄鸡、歌唱的云雀、初升的太阳，去唤醒她；或者我们把现在的社会连根拔起，找一个不同的地方重新种下。我们将修建养老院和超凡绝伦的州立监狱和绞刑架－我们可以吹熄太阳和月亮，鼓励新发明。阿尔法应当亲吻欧米伽－我们将站在荣耀的山巅－万众欢呼，哈利路亚！

这番没头没脑的疯话俨然出自一个狂妄的女人之口，在导师的刺激下，她头脑发热，疯狂地关心起政治来，那本来是男人才关心的事儿。不似那些等待被采摘的少女，这个女人表现出十足的男子气概，她不仅翻转了性别角色，而且将两人的关系比作历史上经典的男性伙伴关系。她扮演的一个女性角色是"女英雄朱迪思"[1]，将男人降级为演说家。似乎为了打消他的顾虑（朱迪思砍掉了荷罗孚尼的头），她故意屈尊地说，"那就是我们国家所说的隐喻。别害怕，先生，它不会咬人"。然后，紧接着"咬"，她提到了她的狗，卡洛，因此巧妙地暗示了她的身份。

总而言之，如果说这些文字是对当时活跃的女性激进分子的一个讽刺，它本身所蕴含的巨大的喜剧能量则使其超越了讽刺和任何意义上的保守主义。狄金森在为她内心的狂野寻找一个发泄口。那首情人节诗作建议

---

1 朱迪思是犹太女英雄，详见《圣经》"次经"之《朱迪思记》：朱迪思是一个寡妇，她用自己的美貌和智慧诱惑并欺骗了前来攻城的亚述将军荷罗孚尼，在他的军帐里砍下了他的头颅。

要"谨慎地接近那棵树","勇敢地攀缘"。"谨慎",在于她没有提出结合，只是提出思想的交融；"勇敢",在于她的散文跟爱情诗一样，都有一个玫瑰一般乐观而又戏剧化的结尾："我们将站在荣耀的山巅"和"走进你荣耀的家！"

两个月后，艾米莉向简·汉弗莱坦白说："自从你走后……我鼓起勇气做了好些奇特的事－大胆的事，而且没向任何人征求过任何建议－我悉心关照那些美丽的诱惑，不过，别以为我在做错事。"考虑到她随性涂鸦留下了不少火热的信件，以及这段时期的记录尚有不少空白，我们无法确定她这里对简·汉弗莱所说的主要是或仅仅是指她的情人节之作，不过，情人节之作确实符合奇特、大胆、美丽等特点，而且根本不是什么"错事"。狄金森这番半遮半掩的坦白不单是指她夸张打趣地向男人倾诉衷肠，还指另一件最大胆的事——她的一篇情人节之作在阿默斯特学院的文学月刊《指引》上发表了。

19世纪80年代，一位拉丁语教授回顾《指引》期刊，以"后代学生无法超越"赞誉之。狄金森的文章发表在1850年的2月号上，不知是巧合还是刻意为之，这一期的主题大多与文学中的女性有关。其中有位年轻的男子在散文中赞扬斯达尔夫人，尽管她的"观点过于辛辣，理论过于大胆，算不上女性手笔"。第二篇文章讨论莎士比亚笔下的女性，认为她们"轻信，信得太快太彻底"，从不推敲根本性问题，所以"没有女哈姆雷特"。第三篇是为《简·爱》和《谢利》（Shirley）的作者辩护，并推测这位不明身份的作家当是男性。狄金森的篇什出现在最后两页的"编辑之角"，字体较小，它被嵌入编者对本期主要问题的讨论之中。一位化名为范·托乐的编辑断言，她的文章在众多"拘谨的"情人节书信中脱颖而出。关于她的身份，托乐推断说，作者一定谈笑风生，从不语塞，由于酣畅淋漓、妙语连珠，恐怕连"一半的真实情感"都没表达出来。然后他还附上了一个标准而精确的首字母缩写：Q.E.D.[1]，随后还有一行诗以解释如何阅读它：“此乃最终的也是最有教益的。”这位匿名的情人节之作的作者至此昭然若揭，明眼人一看便知。

范·托乐的真名是亨利·希普利，同奥斯汀一样，也是毕业班学生，父亲是激进的民主党。这位浪荡才子喜欢玩惠斯特纸牌，时不时喝得酩酊大醉，修辞学练习表现出色，据眼光挑剔的哈蒙德判断，此人是“一流才俊”。亨利后来又在西部编过一系列报纸，包括萨克拉门托[2]的《民主党州刊》（*Democratic State Journal*）。据一位希腊语教授评价，他是“最强硬、最无药可救、同时又是毕业班最有才华的学生”。

尽管埃米莉·福勒把编辑称作“无赖”，“盗窃”了情人节，我们仍不能排除以下的可能性：希普利或是他的编辑搭档确实得到了狄金森的许可（“我悉心关照那些美丽的诱惑”）。考虑到她后来拒绝发表，一个更为迫切的问题在于，她发表那篇怪里怪气的作品究竟造成了什么后果。虽然父亲称赞奥斯汀的创作，但文学女性则另当别论。在爱德华眼中，斯达尔夫人是个令人生厌的家伙，他最无法忍受的就是那种气势汹汹的女人。她的女儿是怎么回事，竟然发表这种玩意？尤其是维尼不在家，而母亲又在病中，难道她不应该更明智地利用她的时间吗？我们不妨推测，诗人首次公开发表作品就受到了父亲的斥责，作为教训，从今往后一切创作务必要更加小心谨慎。

在那封4月里写给简的信中，她谈到奇特而大胆的行为，还希望可以“坦白那种体验，唯有你知情，喜悦与痛苦参半，可是，我禁不住被那喜

1　Q.E.D. 是艾米莉·狄金森的姓名首字母缩写，同时，这三个字母通常代表以下三个拉丁词语——“Quod erat Demonstrandum”，意思是“这就是证据”或“这已被证明”，常写于一道习题被成功解答之后。
2　萨克拉门托（Sacramento），位于加州中北部奥克兰的东北方萨克拉门托河上，1854年成为加利福尼亚州首府。1848年萨卡拉门托附近发现金矿，导致移民的快速增长，从而成为贸易和航运中心。

悦迷惑住了－生活有了一个目标－对你那可怜的苦苦挣扎的妹妹来说，这个世界是多么珍贵啊！冬天是一场梦，春天还没把我唤醒"。这番话是不是指她苦心文学创作的结果呢？她故意语焉不详是为了引起简的疑惑：

> 你用这些线团究竟编织出了什么－我知道我跟你说了这些
> 之后你就没闲过，把它拿到窗边让我看看，哈哈全错了，除非
> 里边有那根金线，长长的闪闪发光的线，其他的线都被它遮住
> 了－你若抓到它，它就会消散到天国去，然后再返回到我这里。

这里，我们面对的是一个出色的织谜者，她很清楚自己的读者一定会首先怀疑：谜底是浪漫爱情。

那么谁是这篇情人节书信的收信人呢？人们普遍猜测是乔治·亨利·古尔德，他是《指引》编辑团队的一员，家境贫寒，靠慈善基金的资助来完成学业。古尔德身高六英尺八英寸，长着漂亮的鹰钩鼻，下笔机智，擅长公开演讲，后来成为受人尊敬的牧师，尽管一直遭受慢性疟疾的困扰。他还是"阿尔法·德尔塔·弗爱兄弟会"成员（希普利则属于"普赛·宇普西隆"兄弟会）；曾邀请狄金森参加糖果拉条会；与希普利不同，我们知道他与狄金森通过信，经常参与狄金森兄妹的社交生活，他的名字出现在维尼1851年的日记和奥斯汀1853年的信件草稿。基于以上事实，如果收信人确系古尔德，我们自然想知道，古尔德让他的编辑搭档把此信公之于众，那个私密爱情信件的作者是否有遭受背叛之感呢？就算她事先同意了，那个公然大胆的Q.E.D.签名会不会让她觉得太暴露了呢？

5月初在给亚比亚的信中，艾米莉提到，她在清洗室洗午餐碗碟时，一个"非常亲爱的"朋友恳求她一起去一片"甜美宁静的树林"骑马，以及她如何克服了这个"诱惑"，显然因为母亲犹在病中，她不能逃避家务。

1890年维尼向几位熟悉的朋友透露，古尔德曾向姐姐求婚，但父亲没有批准，在两人最后一次热烈的约会中，艾米莉对古尔德发誓，终生信守，至死不渝，从此只穿白色衣服。虽然这似乎符合爱德华的脾气，他大概不会支持女儿嫁给一个身无分文、前途不定的男人，但一直以来大家对这个故事都不太当真，这基于以下两个合理的解释：其一，种种细节显示，这个故事不过是狂热平庸的浪漫想象；其二，狄金森只穿白色衣服始于1860年代。

不过，艾米莉当时犹豫要不要拒绝跟自己"非常亲爱的"一个朋友去骑马，这倒确实透露出她当时的浪漫情怀，其对象很可能正是古尔德。她对简说，希望"唯有你知情"，这说明奥斯汀和维尼基本上不明底细，也就是说不能以他们为信息来源。此时维尼在伊普斯威奇上学，她不可能最直接地了解姐姐的最新情况，特别是发生在清洗室里的一幕。依据自己后来学到的浪漫知识，维尼可以轻而易举地把它编织成一个老掉牙的情节剧。总之，轰轰烈烈、终生不渝的爱情之说可以不去理会了。可是，在艾米莉的书信等材料中确实发现了一些模糊的暗示，关于情人节作品发表之后产生了不愉快的后果，这是不能不理会的。"我们的父亲，当我们不再是孩子以后，从不阻碍我们的友谊"，这是维尼1895年的一个断言，它纠正了关于父亲的这个不实的说法：他曾阻止过艾米莉的婚姻。有趣的是，维尼这个言之凿凿的说法倒是符合这样一个假设，一个合情合理但无法证实的假设：爱德华采取了一些约束手段以限制19岁的女儿与身无分文的编辑交往。而正是在与这个编辑的共谋之下，她的女儿才胆敢在印刷品里抛头露面。[1]

1　玛丽·李·霍尔（Mary Lee Hall）从维尼那里收集的热情故事与维尼后来对卡罗琳·H.多尔（Caroline H. Dall）所说的"艾米莉在感情上没有经历什么灾难"不一致。据说，诗人死后，她的妹妹透露说，"艾米莉有好几次称心如意的求婚，她总是说——没有一个人让我真正在意，除了你，维尼"。——原注

正如艾米莉在 4 月描绘的，一定发生了些事情，一种"喜悦与痛苦参半"的体验，牵引出"那根金线"的梦。"没有人想到那快乐，没有人猜到它，显然，旧事正变得引人入胜，"艾米莉在给简的信中写道（又一次表明家人并不知情），"现在没有什么是旧的了，事物在发芽、生长、歌唱"。到了 5 月她仍在"做梦，做一个金色的梦，每一刻都睁大双眼"，尽管"清晨将至"，她投入了一天单调无味的家务劳动。她一直期盼的喜悦似乎包含着失望的可能，甚至是背叛："我希望信仰不是邪恶的，是肯定的、可以完全信任的……我希望人性中有真理存在。"这里可以听到一种反加尔文教派的调子，否定堕落说，她发出了一种充满希望的宣言，类似于她后来从本杰明·牛顿那儿学到的东西——"信仰不可见的事物，还有生活，那更高贵的、更有福的"。同时，她的希望似乎放在了不那么抽象的事物上，更个人化的事物，也许是个体的"人性"。

关于她此时的梦想，有人认为是文学，有人认为是浪漫爱情，也许两个猜想都是对的，至于二者的配方和比例，现在已无从得知。总之，这个谜语让我们捉摸不透，留下的只是寄给简和亚比亚的一些耐人寻味的意象，昭示着一个太丰富又太冒险以至于无法诉诸笔墨的希望——一个拥有金线团的光明未来，这个未来对于旁观者来说是模糊难辨的。

禁止嬉笑或喧哗

1862 年的一首诗，采用第一人称叙述，开头如下：

绝不会－再普通－我说－

不同－已经开始－

确信所有的"痛苦"都已结束，说话人感到她的快乐自行"公布"[1]在她的眼睛里和脸颊上。她"给每一个造物／金子的词语"，不需要任何意义上的谨小慎微。没有说明任何原因，她突如其来地遭受了一次彻底而迅速的崩溃，跌落到过去一贫如洗的状态。看着墙上挂着的粗布衣，她不明白究竟发生了什么将她摧毁。

> ……可是在哪儿，我的锦缎时刻－
>
> 我的－印度－滴露？

Fr388

这首诗提供了关于狄金森的一个十分重要的实情：午夜在正午（midnight at noon），在即将彻底圆满之际，她又跌落到绝望之中。尽管我们不能想当然地认为50年代前五年发生的事是这首午夜在正午诗的灵感之源，不过，这首诗似乎符合当时的情况。狄金森在写作以及与男人的友情方面都较以前有了更深的开拓；与此同时，她又被裹挟到前所未有的最汹涌的福音派浪潮之中，这一次，妹妹和父亲也皈依了，她的第一次创作浪潮随即终止。

维尼的内心变化发生在伊普斯维奇女子学院的一场"奋兴"运动，组织者是时任校长的约翰·P.考尔斯牧师。他的妻子，女舍监，曾是玛丽·莱昂的同事；伊普斯维奇的训练模式与霍山的如出一辙。据维尼的朋友，也是同班同学简·希契科克的描述，老师们每天教导我们要"约束我们的情感"，劝诫女孩们"要拧紧思想上的螺钉"，并威胁说，"如果我们自己不这么做，她们就来帮我们做"。维尼给奥斯汀的第一封信处处流

1　诗人这里使用了"publish"一词，大概与"发表"作品构成了某种对照，耐人寻味。这里考虑到中文的语境，权且译作"公布"。

露出她一贯的满不在乎的态度，但到了 3 月，抵抗已然松懈："有时，我需要信仰，超过所有的事，这个世界似乎真的很小……艾米莉会想这些事吗？天哪！她也许会吧！"

在屈服之前维尼还在想，阿默斯特镇的冬日喜庆是否会促使某个"好人"站出来"预见到某种毁灭"。她的想法是对的：2 月一到，阿默斯特镇便进入一个严峻的公众反思阶段——用科尔顿牧师的话说，"一个焦虑的悬而未决的季节"。重点关注酒品销售，一些大学生饮酒，到了太随意太公开的程度。禁酒问题已提上小镇年会的议事日程，3 月 4 日这天，众多投票人聚集在一起，大会主席希契科克先生发表演说，"他加重强调语气，以至噎住了声音"："让年轻人到这里来被酒馆给毁了，倒不如让大学关门。"只有一两个人斗胆投了反对票。第二天"朗姆酒馆"就关闭了。

宗教复兴运动紧随其后在大学里展开，其肃静而又强大的景象丝毫不亚于 1820 年耶鲁大学和 1847 至 1848 年霍山女子神学院的情形：灵修会频频不断，"没有一丝笑声，没有人大声说话"，甚至"大厅里也听不见脚步的声响"。好几位教授的孩子都被这种氛围感染了，包括艾米莉的朋友玛丽·沃纳。就在春假前的最后一天，曾经渎神的亨利·希普利也终于"有望皈依了"。在前些年里，只有零星的学生走进学校教堂表白他们的信仰，然而今年仅仅某一个礼拜天，就有 32 个此前从不进教堂的学生成群结队地入会，这是历年来最高的数字，希普利也在其中。[1]

从那以后，宗教复兴的热度从大学传到镇上，艾米莉仅有的两位未得救的朋友——阿比·伍德和苏珊·吉尔伯特，此刻正经历着一场巨大而神秘的转变。"基督在召唤这里的每一个人，"艾米莉写道，"我所有的同伴

1　四年后希普利声名鹊起，当时他是一名报纸编辑，因含沙射影地批评了著名舞蹈家洛拉·蒙特兹（Lola Montez）的品格而被她用鞭子抽了一顿。后来他从马上摔下来受了重伤，这导致 1859 年 11 月他在加利福尼亚一家旅馆自杀，他服用了马钱子碱，在极度痛苦中死去。阿默斯特镇的报纸刊登了这个悲惨的消息。现存的狄金森书信中没有提到此事。——原注

都已做出了回应，甚至我最亲爱的维尼，她相信她爱他、信任他，只有我还在孤单地反抗。"教会在阿默斯特学院的大楼举行晚间聚会，不再是父亲不愿走进的阴暗的地下小礼拜室。原来站在门外观望的人也开始一晚接一晚地参加，"骄傲而坚硬的心灵至今还在抵制每一个召唤"。这些挤满了人的集会"弥漫着死寂般的宁静，除了被几声无法抑制的啜泣打破"。5月26日礼拜天，阿比·斯威策夫人和费黛莉亚·凯洛格夫人（她是狄金森家的邻居）告诉范妮·H.博尔特伍德夫人，爱德华·狄金森"有望皈依。他一直在与自己的情感作斗争"。这个传言是真实的，[1]因为到了8月，爱德华和苏珊·吉尔伯特，还有其他68人一同加入了第一教会，维尼11月也加入了。我们可以想象到母亲一定为此感到莫大的欣慰和喜悦。此时的艾米莉与奥斯汀贴得更近了，因为家里只剩下他没有站到那一边了。

复兴运动中，未获新生的人总是被各种关切的拜访和信件包围。艾米莉跟阿比等人交谈，也许还包括维尼，然后，她向简吐露说，她不知道"他们到底找到了什么，但他们认为那是很珍贵的。我在想，真是这样吗？"她注意到那些"抗拒者的双眼是怎样低垂下来，眼神变得羞愧"，而那些已得救者"看上去非常平静，声音是那么的和蔼温柔，眼里常常泛着泪光"。艾米莉请求简和亚比亚为自己的皈依祈祷——但她依然留恋着她那"金色的梦"以及大胆奇特的行为，那份激动和兴奋仍然围绕着她。

这种矛盾现象该如何解释呢？需要注意的是，目前为止我们所见到的狄金森的交谈或通信材料，涉及的都是已皈依的朋友，我们不禁想知道，她和牛顿、奥斯汀等非正统派的朋友究竟是怎么说的？最近发现的一封奥

1　根据杰伊·莱达的说法，乔治·古尔德25年后在笔记本中写道，爱德华的牧师告诫他，"你想做一个律师去接近基督——但是你在他面前首先是个可怜的罪人"。这个传闻的问题在于，很难想象这两个当事人中的任何一个会把这个消息泄露出来。更令人困扰的是，莱达没有提供古尔德这段秘闻的任何背景以及那个笔记本究竟在何处。以上两个问题若不解决，古尔德的笔记一说就不足为信。1930年古尔德的一位亲戚宣称不知道"古尔德任何手稿或日记"的存在。——原注

斯汀的信件提供了一个答案。

在 3 月或 4 月，埃米莉·福勒给艾米莉和奥斯汀寄来一封劝谕信，奥斯汀很快回了信。第二天福勒又寄来一封长信，诚恳地奉劝奥斯汀不要"为你的情感焦虑。让你在极度痛苦中确信自己有罪，这不是上帝的做法……也许他正通过爱的绳索把你牵引"。福勒还特意强调："不要让缺少'原罪感'变成一个严重困难。"

这件新发现的档案保存在埃米莉·福勒·福特收藏的一本 1890 年出版的《狄金森诗集》之中，信是奥斯汀写的，试图征求对方的建议。在信中，奥斯汀承认自己一直是个怀疑论者，"几乎对每件事都提出异议"。但在最近几天里，他感觉宗教似乎"越来越真实——越来越可取"，主要是因为他被那些皈依者"表现出的可爱的品格打动了"。他开始用心思考这个问题，他"一生中还从未"这么用心过——"我最大的困难在于如何理解我的原罪"。

我们关心的内容出现在信的结尾处，这个年轻人透露了妹妹的信息，关于她对福勒的善意干涉的反应。有了这个记录，我们终于得以窥见诗人对社会压力的直接反应，没有哪个档案材料如此有说服力。

> 你的信是对我的褒奖－我将它读了又读－我估计艾米莉是不会答复的－她目前相当狂野－维尼倒是很严肃－决心做基督徒－她为你送上爱的问候－如果你还要再写双人信－我想你最好写给维尼和我－而不是给艾（米莉）和我。

维尼给福勒送去诚恳的问候，而艾米莉却什么也没有，这很说明问题。奥斯汀向对方表示自己内心愿意服从，而艾米莉"目前相当狂野"——失去控制，劝说不动，不"严肃"。这番揭发从哥哥口中说出，而他本来是艾米莉心目中搞恶作剧的最佳搭档，奥斯汀的行为已表现出一丝背叛的意味，他在背后悄悄议论她的行为，说她如何一如既往，坚持我行我素，不够理性。

奥斯汀对妹妹的描述与她这年春天在信件中表现出来的特征是一致的：暴力话语、情绪摇摆、伪装、矛盾，这为我们提供了一个旁证，正是这种本真的情感状态催生了那样的写作。这也有助于我们解读她1850年初写给福勒的信，那是她写给对方的第一封信。诗人自称怀着热烈的感情，要不是因为"邪恶的暴风雪"（1850年3月共有四次暴风雪报道），她一大早就来拜访对方了。奥斯汀说妹妹太狂野、劝说不动，大概他暗示的正是这封信，在信的开头，她奇怪地表白说：前一天晚上她做了一个关于福勒的梦，没提梦到了什么，于是"今天早晨我和我的灵魂一直在打架"。她显然是想缓和气氛，与这位热心的朋友保持距离：在一个无法拜访的日子写信，而且还如此这般地写到她的混乱和愤怒，其余的就让福勒去尽情想象吧，想象她的内心如何为宗教而努力挣扎，总之，不要打扰她。

奥斯汀的信让我们想起霍山女子学院，一群她信任的人结成了针对她的同盟，他们给汉娜·波特写信秘密汇报她的最新情况。奥斯汀建议福勒不要再给艾米莉写信，这引出了一个问题，关系到她未来的隐居：大家都认定隐居是出自艾米莉的自我选择，可是，来自家庭的压力是否也是一个原因呢？她被"施以锁链"了吗？［这是她诗里的一个词语，用来对付不顺从者（Fr620）］每个人都在皈依，都变得严肃起来，所有的朗姆酒馆都关门了，而她却在品尝她的第一杯多明戈。

4月，艾米莉在信中对简说，"这世界变得多么孤独，一种如此荒凉的东西逼近灵魂，我们不知它的名字，它不会走开"。几年之后，她将其命名为：午夜在正午。

第十二章

1850—1852 年：某个人的白日梦

生活在一个安全温暖的巢穴中，狄金森可以避开种种施加在年轻人身上的社会期待，在她心目中她的家无疑十分优越。妹妹和哥哥也有同样的心态，兄妹三人都表现出独立与依赖、自大与自恋的倾向。不难预料，面临长大成人，他们都未免忧心忡忡起来。维尼希望"我们能再次变回孩子，生活的战争还没开始"。奥斯汀宣称他"喜欢永远做一个小孩子……拥有小孩子的快乐，无忧无虑，小孩子有……父亲和母亲可以依赖"。不过，三兄妹中最麻烦的要数艾米莉，这个才华出众的姐妹正越过重重禁忌，一步步缓慢地迈向文学创作的征途。"我希望我们现在还是孩子，"1853 年艾米莉向奥斯汀吐露心声，"我希望我们一直是孩子，我不知道怎么长大。"

狄金森兄妹三人身上最不吸引人的品质源于他们在成年后仍保留了某些童年的特征和习惯，这一点有助于解释诗人何以在墨守成规的成人世界之外获得了创造的自由。无论是好是坏，这种成长的延滞是她的诗歌事业的一个至关重要的因素。

阅读与幻想

追寻狄金森 1850 至 1852 年的阅读轨迹，可以发现她进入了一个更和缓、更内在的阶段。在过去的两年里，她在《简·爱》等作品以及本杰明·牛顿、埃尔布里奇·格里德利·鲍登、乔治·古尔德等人的激发下，创作了一批疯狂的作品。[1] 从宗教和父权制文化的压抑到她天生脆弱的体质——在诸多原因共同作用下，外部世界将她拒之门外，并要求她寻找其他渠道表达自己。无可避免地，艾米莉被吸引到幻想世界，通过想象性的自我投射来书写未来。如今，幻想——在与闺中密友的交流中被打造得越发精致细腻——成为最重要的源泉。

狄金森比以往更加喜欢将她读到的零散材料生动地复制到自己的生活中。如狄更斯的《大卫·科波菲尔》，她摘取其中著名的求婚情节，用"巴克斯非常愿意"来描述母亲想要一顶与拉维尼娅姨妈一样的帽子；还说自己会像米考伯夫人一样坚定忠诚（"我绝不会抛弃米考伯"）地给奥斯汀写信。最奇怪的是她对霍桑《带七个尖角阁的房子》（*House of the Seven Gables*）的借用：作品中那位可怜的老妇人赫普兹伯（Hepzibah）对智障的哥哥十分忠诚，陪着他在城里到处流浪，直到"好心的天使将他们带回家"。在艾米莉看来，这"几乎是个教训"，当哥哥离家去往波士顿，艾米莉一直站在猛烈的风雨中，直到他消失在视线之外，生怕他"回望家园最后一眼而我却不在那儿"。有一样东西是幻想激发不了的，那就是冷静而稳健的判断。

狄金森对许多平庸之作同样严肃对待，其数量是惊人的。1850 至

1　不过，1852 年她为维尼的求爱者威廉·豪兰德写了一首情人节诗，其中包括这样的句子："死亡是命中注定 – / 优雅固然好，/ 恶行，英勇，/ 无力偿还，崇高！"（Fr2［B］）这 68 行夸张声势的诗句被寄到《春田共和报》，这份报纸以"逗乐组曲"为名目，发表了这首诗，并邀请这位无名作者将来参与直接对话——她未接受。——原注

1853 年，她引用最频繁（多达六次）的诗是朗费罗的《雨天》（*The Rainy Day*），那首湿乎乎的安慰诗：

> 天气阴冷昏暗、沉闷凄惨；
>
> 下雨了，风也无休无倦；
>
> ……
>
> 平静些，难过的心！停止抱怨；
>
> 阴云背后依然有阳光灿烂；
>
> 这命运是大家共同的命运，
>
> 人人的生活都会经历些风雨，
>
> 总有些日子昏暗凄惨。

　　狄金森不断引用这首诗作，表明她既看重那忧郁的气氛，也看重那矫揉造作的道德劝慰。当然了，朗费罗是当时最适于引用的美国诗人，而且"平静些，难过的心"也是她的自我安慰之词，特别是在 1850 年春天发生了那些事件之后。

　　但是，我们很难理解为什么对另外一些书她也那么费心劳神，比如《山谷明灯：纪念玛丽·伊丽莎白·斯特林，卒于哈登菲尔德，新泽西，1852 年 1 月 30 日 》（*Light in the Valley : A Memorial of Mary Elizabeth Stirling, Who Died at Haddonfield, N. J.*），一本冗长的宣扬道德虔敬的小册子。还有玛蒂尔达·安妮·麦卡尼斯粗制滥造的《唯一》，淋漓尽致地宣扬了自我放纵的恶劣影响。诗人还读了她的另一部小说《岩石上的房子》：女主人公与一个身份地位比她高的男人（别忘了作者是英国作家）产生了"激情狂热的……浪漫爱情"，后来她放弃了爱情，做了一名学校教师，过着"冷静而安宁"的生活，终身未婚。[1]狄金森给苏珊·吉尔伯特写信，提到了这几本书，并承认"它们一点都没把我迷住。没有林中散步－没有热烈的低语，没有月光，也没有被窃取的爱情，全是卑微的生活，爱上帝和父母，遵从这块土地的法则"。狄金森对这一类严重说教文学做了很好的概括，既然下了这样的定论，她就无需再去理会它们了，可是，出乎我们的意料，她同时称赞它们"甜蜜真实""对人有益处"。渴望被作品迷住，她想当然地认为她的品位并不足取。

尚无证据显示狄金森接触过 19 世纪 50 年代由美国女作家创作的一批新鲜精彩的小说，是它们占据了当时图书市场的主流，其中有不少作品追随苏珊·沃纳《广阔世界》[2]的风格套路，也许是因为它们根本没有进入阿默斯特时尚品位的平台。无论出于什么原因，狄金森这一时期所阅读的女作家的作品主要来自英格兰，且大都不出宗教题材。1852 年春天，艾米莉、奥斯汀、苏珊·吉尔伯特阅读了乔治亚娜·富勒顿女士的《埃伦·米德尔顿》[3]。小说讲述了一个女人悲惨的一生，她因为卷入一桩儿童意外溺水事件而陷入无尽的内疚和复杂难解的困境之中。作者带有国教派思想，喜欢描述良好的郡县社会、睿智的牧师和痛苦的献身场景。[4]艾米莉觉得这部小说离自己的生活很遥远，希望能与苏珊交换看法："我们必须弄清楚里

---

1 玛蒂尔达·安妮·麦卡尼斯（1825—1881），英文小说家，主要致力于儿童文学和道德小说，1849 年发表小说《捕捉阳光的陷阱》（*A Trap to Catch a Sunbeam*），畅销一时，从此走红。小说《唯一》（*Only*）和《岩石上的房子》（*The House on the Rock*）分别发表于 1849 年和 1852 年。
2 苏珊·沃纳（Susan Warner, 1819—1885），美国福音派宗教小说家，创作了 30 多部小说，《广阔世界》（*The Wide, Wide World*）是其第一部作品（1853），出版之后大受读者欢迎，很快被翻译为法语、德语等。据说，除了《汤姆叔叔的小屋》以外，它是美国当时最畅销的作品。
3 乔治亚娜·富勒顿女士（Lady Georgiana Fullerton, 1812—1885），英国小说家，小说《埃伦·米德尔顿》（*Ellen Middleton*）发表于 1844 年。
4 富勒顿后来创作的一部小说《瓢虫》（*Lady-Bird*）聚焦兰姆凯什尔的殷实的天主教徒生活圈，错误的婚姻让女主人公不得不面对生活的苦难。奥斯汀追求苏珊的时候刚好在读这部小说，他强烈劝说苏珊不要读，生怕给她带来什么有害的影响："这个故事全是苦难和不幸……光明的希望遭到诅咒——凡人的生命徒然浪费——真实的内心被撕裂（原文如此）。"——原注

面包含的东西是否真实，如果是真实的，对你我有什么用处！"这番话说明狄金森把阅读视为一种带有实验性的田野调查。

对于另一个更有吸引力的英国小说家黛娜·克雷克[1]，艾米莉的反应更为充沛，特别是小说《一家之主》中的那个有道德过失的女人雷切尔·阿姆斯特朗，引起了她极大的兴趣。雷切尔出身低下，被一个无赖迷住了，此人擅长花言巧语，读诗给她听，让她幻想自己也能改变人生，进入高层文化圈子，后来两人在一个可疑的秘密仪式上结为夫妻，随后男子便消失了，并让她保守秘密。她全然不知自己中了男人的圈套又遭抛弃，仍对那个无赖一往情深、忠贞不渝，只不过时常伴有精神错乱。有人问她，把她带入书的世界的男人是否是她的主人（意思是导师）。"'我的主人？'那骄傲的女人抬起头，然后卑微地低下，甚至还带着微笑，回答，'是的，他是我的主人。'"艾米莉在1852年4月提到她准备读这本小说，还有《奥利芙》，克雷克的另一部小说，是关于女艺术家生活的先锋之作。如果艾米莉真的（似乎极有可能）读了《奥利芙》，就能在其中（如同在《简·爱》中）找到自己未来生活的榜样。小说的女主人公奥利芙·罗思赛先天脊椎轻微畸形，成长于一个加尔文教派的家庭背景（笔调饱含同情），过于早熟地"向往着无限"。当她意识到自己可能终身不嫁时，"几乎有一种恐怖之感。虽然她命中注定得不到爱，但她无法阻止自己去追求爱"。解决方案是："像我这样的女人，我不惧怕任何东西－我能忍受一切。让我成为艺术家吧！"克雷克的与众不同之处在于，她在维多利亚时代的框架内部，为一个极富天分却又先天残疾的单身女性设计出一条道路，让她成

1　黛娜·克雷克（Dinah Craik，1826—1887），英国小说家、诗人。1846年，黛娜在母亲去世后定居伦敦，决定靠写作谋生。她起初写儿童小说，后来一步步跻身一流的女性小说家行列，代表作有《绅士约翰·哈利法克斯》（*John Halifax, Gentleman*，1856）、《以命偿命》（*A Life for a Life*，1859）。小说《一家之主》（*The Head of the Family*）和《奥利芙》（*Olive*）分别发表于1850年和1851年。

为一个"自立的灵魂",追求"生命的伟大"而非"甜美"。我们将发现,小说的关键节点与狄金森50年代末和60年代早期的一段生活极为相似。

有一本书对20岁出头的狄金森产生了最为直接的影响:马维尔的《单身汉的幻想曲》,出版于1850年秋天,作者真名为唐纳德·格兰特·米切尔[1]。这一组文笔精美、充满惆怅的散文在阿默斯特的冬天不胫而走,受到读者大众和批评家的普遍欢迎。到了2月22日维尼读完了,艾米莉马上如饥似渴地读起来。这部作品呈现了一位富有教养的单身汉热烈的回忆和白日梦,他的一生就是由一连串未完成的心愿组成的。作品在结构上由对婚姻的三个幻想组织起来,分别名之为"烟雾"、"火焰"和"灰烬"。在"烟雾"中单身汉思考了不结婚的全部理由;在"火焰"中他的想象开始燃烧,憧憬婚姻生活的欢乐图景;在"灰烬"中他眼望着燃烧的木柴化为乌有,想象妻子因病而亡,于是含着热泪决心一辈子单身到底。

《单身汉的幻想曲》的逻辑前提是,没有任何东西像"思想和激情"一样真实,人类真理的本质是通过我们的幻想而不是行动来表达的。对狄金森来说,这本书强化了《皮西欧拉》的一个教导——把培养情感变成一件严肃的事情。奥斯汀对这本书同样印象深刻,1851年的秋天,他说起自己最近一直随手不离的书,第一本就是《单身汉的幻想曲》。奥斯汀的这本书现今保存在耶鲁大学,书的页边空白处有很多不同形状的铅笔竖线。那些艾米莉留下的线条让我们想起她在诗中所描述的一本朋友的赠书,"谁的铅笔-这一处,那一处-/在令他愉悦的地方留下刻痕"(Fr640)。用"刻痕"来形容艾米莉小巧整洁的字迹真是再合适不过了,它们刻写在她喜欢的段落旁:"乡村的中午十分宁静:鸟儿不歌唱,农人也不在田野。""这伟大的此刻,多么迅捷、多么辽阔、多么转瞬即逝,是

1　唐纳德·格兰特·米切尔(1822—1908),笔名伊克·马维尔(Ik Marvel),美国小说家。代表作《单身汉的幻想曲》审视了当时美国人的理想生活,成为当时最畅销的作品。

属于你的；——在一小时内它将属于不朽的过去。"有一段文字让没有信仰的男人和女人形成对照，旁边也留下了她的刻痕（"一个女人如果没喝那种被他们称为信仰的酒，就会随波逐流，不过是一个残骸！"）。1852年2月狄金森以"文笔精致"来评价马维尔的"伟大"作品，这是我们所知她第一次用这种方式赞美一位作家的写作风格。

这个年轻女子对《单身汉的幻想曲》的喜爱密切关系到她和苏珊·吉尔伯特刚刚建立起来的友谊，以及她们二人共同分享的"愉快的玄想"。"如果有你在这儿，"艾米莉写道，"我们就可以按马维尔的方式'幻想'。"那将会"同样的迷人，不亚于那个孤单地抽着雪茄的单身汉——而且会比他更有成效，'马维尔'只是惊叹（marvelled）而已 [1]，你和我可以尝试为自己设计一个小小的命运。"这段话表明她是多么有意识地按自己的需要来改编抽雪茄的单身汉。她，或者应该说她和苏珊，幻想不是孤独的、顺从的、徒劳的，而是有人陪伴的、有成效的，指向一个可能的未来。不过，马维尔的方向是正确的：他不像富勒顿小姐那样粉碎希望，他知道如何"阐释我们的生活"。也许正是因为他不假思索地认定白日梦、友谊和写作是相辅相成的，因此也就为狄金森1859年的创造性实践埋下了伏笔，那时，她把一首又一首的诗作寄给苏。那些诗歌，就好比她的幻想，部分源于她坚持将苏作为亲密的参与者。然而无论是诗还是幻想，几乎肯定都是她独自一人而不是她们两人的。

艾米莉转向苏珊，是因为在她的二人世界的幻想里，亚比亚·鲁特无法继续做她的搭档了。她在50年代后期的一封信中写道："你变得比我更明智了，总是掐断幻想的小芽，而我却让它们开花结果。"艾米莉让亚比亚留在岸上，自己却选择"与大海搏斗－我可以在这快乐的水域里数点

---

1 这里，诗人利用马维尔（Marvel）这个名字（字面意思：惊叹、赞叹）玩了一个文字游戏。

悲惨的沉船，听见海风啜泣低语，但是，啊，我喜欢这危险！"亚比亚总是来去匆匆，艾米莉对这些"不完美的简短会面"表示不满。按照她的想法，她们应该"坐在一起，谈谈我们的过去是什么，我们的现在是什么，未来是什么——关上百叶窗，亲爱的亚比亚，有风儿芬芳细软，悄然入室……我喜欢那些小小的幻想"。也许这样的时刻正是成年的亚比亚想要躲开的吧。1848 年亚比亚曾悄悄离开南哈德利，这样的事在 1851 年 8 月和 1852 年 1 月又发生了两次，艾米莉试图贴心谈话的计划落空了。亚比亚的逃避被觉察到了：狄金森姐妹在一起做针线活，维尼"放下手中的活计，大为困惑地说，'我不知道亚比亚是怎么回事'"。如果不能分享幻想，那还算得上朋友吗？

她的小马鞭

一两年之后，马维尔的另一部小说《梦幻人生：一个季节寓言》（*Dream Life: A Fable of the Seasons*）让他的崇拜者们大失所望，包括艾米莉。此时，父亲抛弃了他自己的一部分古旧的文学观点，在此过程中，为她

> 好好地修理了一番"汤姆叔叔"、"查尔斯·狄更斯"以及这些"现代文人"，他说跟他孩提时代的那些繁荣一时的前代作家相比，现在这些根本不值一提。然后他说，那个"某人的幻-想（rev－e－ries）"，虽然他不知道是谁的，十分可笑，所以我目前陷入相当丢脸的境地。

父亲的这些观点艾米莉并没有反驳，相反，这让她想到了奥斯汀的傲

气——"那个'尖顶',若有人冒犯你,你总是登上去"。这成为"一种安慰",尤其是父亲"下定决心,一切都是真实的生活。""父亲的真实生活和我的,"艾米莉写道,"有时会发生冲突,不过,可以毫发无损地躲开!"基于很多原因,狄金森明显倾向于一种新的生活选择:不拿幻想做试验,以《皮西欧拉》和《单身汉的幻想曲》的方式,体面地回避。

遇到爱德华心情糟糕,狄金森一家顿时死气沉沉,两个女儿踮着脚尖走路,就算是私底下也不敢大声说话。有一次因为来了访客,爱德华不能出门听演讲,维尼在日记中写道:"鲍登,汤普森在家吃晚饭。父亲 ＿＿＿ 因为他想听比彻先生(亨利·沃德)的演讲。"[1]其他的记录还有:"一场风暴在屋子里酝酿","父亲在家'病了'"。维尼对奥斯汀吐露说,家已经变成"一个阴郁的地方",密布着"乌黑的"云。艾米莉的信件也证实了相同的印象,然而她愉快地画了一幅爱德华长角的素描图,这说明她没有感觉到受压制。总有一定的自由和信任的余地:终于盼来了奥斯汀的信,艾米莉不想念出来的段落,父亲并没有坚持一定要她念出来。她始终坚信,家是"神圣之所""一小块伊甸园""任何怀疑和不信任都不允许进入这扇被赐福的大门"。

总的来说,艾米莉对家里的温暖与冷淡、自由与束缚的尖锐矛盾应付自如。这是她的土生土长的荆棘丛,无论父亲对想象的生活如何不屑一顾,她仍然尊敬他,并认为他是男人中的佼佼者。当公共绿地发生火灾,爱德华和治安官"带领"大家救火,挽救了小镇;当北极光出现,他"摇响教堂的大钟",叫大家观看;当他穿着马裤外出,脚上随意套双靴子,她"觉得'便装'"不太适合一个如此威武的男人。

父亲最坏的一点就是"时不时狠狠地抽"他的马。维尼1852年给奥

1　这里的下画线及其空白,原文如此,表示省略了一个词语,比如"愠怒""不高兴"。

斯汀写信，突然被刚刚发生的一个消息打断："噢，天哪！父亲在杀他的马……他鞭打他因为它看起来不够'谦逊'……艾米莉高声尖叫。她非常气愤。"这是据我们所知让艾米莉最为愤怒的事件，这表明肉体惩罚会让她多么不安。然而，她对某些惩罚性的仪式又很喜欢。一次，盼望苏珊早点回阿默斯特镇，艾米莉描述自己坐在"这里拿着我的小马鞭，将时间抽碎，直到一小时不剩"。鞭子就是她的笔，她敏捷的思维，她催打的是时间本身。因为想念奥斯汀，她命令时间"赶快逃走——'如果你还敢逗留，小心我用蝎子鞭打你！'"缓慢拖沓的每一周、每一天、每一小时都让她失去耐心，以至快要发疯。"我会惩罚它们，"她对期盼中的简·汉弗莱说，"你知道它们应该挨鞭子。"

她的小门飞速敞开，看到她回家啦

在 20 岁生日前不久，狄金森参加了学院折中主义者学会的一个展览活动。又漂亮又受欢迎的维尼由一位年轻男子陪伴，此人的演说《过去》出现在当晚打印的节目单上。艾米莉，她的大脑显然在飞速运转，却和一对古板的教职员工斯涅尔夫妇坐在一起。

艾米莉一边听着年轻男子们的演说，一边在手里的节目单上做笔记，记下一些她觉得有趣的东西。约翰·E.桑福特演说的内容是评点（迄今为止）美国政坛中最招人厌烦的人物，艾米莉记下了他大胆的评判和一个整齐的对偶句："亚伦·伯尔[1]是一个毋庸置疑的杰出人物"，同时又是"一个公然而非伪装的无赖"。后来，艾米莉不再记录观点性的内容，而是一些能引起她共鸣的、措辞精妙的段落，有些触及她私下里最关心的东西：

1　亚伦·伯尔（1756—1836）曾是美国总统托马斯·杰斐逊（Thomas Jefferson）执政时期的副总统，任期为 1801 年 3 月 4 日至 1805 年 3 月 4 日。

集中产生强度……

在云集人类天才的银河系中－"最闪亮的那些星体"

他的男子气概的威严消失了－

他站在那儿像一棵树被扒光了自尊的树叶，被自我谴责的
冲击波击碎－

快乐如同暮晚的钟声那遥远的回响，他听到了从面纱后传
出的声音

"对灵魂既是愉悦的亦是悲伤的－"

　　回家后，艾米莉写了一些秘密的备忘便条，后来被擦掉了，但字迹依
稀可辨："……这个悠长的夜晚是多么值得回忆。发生了一些新情况。'歪
曲的变成正直的。'一个信任我－另一个鄙视我！而且，还有一个！"这
是狄金森留下的唯一一条类似日记体的对事件的记录，它似乎具有某种标
志性意义，因为它象征了她身处这个组织严密的学院小镇的奇特位置。让
人惊讶的是，尽管知道自己遭人"鄙视"，狄金森却既没有陷入自怨自艾，
也不打算证明自己。相反，她将自己的处境戏剧化。

　　同时期的一封信表明她不再以阿比·伍德为友，暗示出阿比正是鄙视
她的人之一。艾米莉给阿比写信说，她们对"生活持不同观点"，如果再
见面很可能会发生"争执"。阿比已从女孩变成女人，艾米莉却还是喜欢
"做小孩子"。这朋友曾经多么令她欢心啊，可如今感情一落千丈：1851
年在斯威策家每年定期举行的感恩节餐后聚会上，当阿比开始唱歌时，艾
米莉便离开了房间。

　　在这次演讲之夜以后的一年半里，艾米莉的社交活动记录异常详尽。
1851年的新年，维尼得到了一个日记本，尽管开本很小，容不下大量细
节（反正与维尼也不相称），不过，她的社交笔记揭示了她姐姐的日常生

活。奥斯汀在波士顿的一所学校教书的那一年，他每个星期都能收到艾米莉的信和维尼的小纸条。信件还会寄往巴尔的摩，因为艾米莉近来的一个最好的朋友苏珊·吉尔伯特，在那里尝试为期一年的教师职业。生活中两位重要人物的缺席让艾米莉耗费了不少笔墨，从 1851 年 6 月到 1852 年 6 月，这段时期的信多得可以堆成小山，差不多是她前九年所有信件的总和。有了这些材料（再加上其他的），我们就可以大致准确地判断她社交生活的基本倾向：社交的范围缩小了，但越发深入了。

另外艾米莉还参加了一个有组织的读书俱乐部，一个由年轻的单身男女组成的精选的文学圈子，每周二和周五晚上聚会。根据维尼的记录，从 3 月 21 日到 7 月 25 日（最后一次聚会），她共参加了 11 次。根据艾米莉给奥斯汀的两封信，她虽然也参加了，但没有维尼那么频繁。有一次周二晚上的活动结束后，维尼"一点都不高兴"，埃米莉·福勒便花了一个上午到狄金森家"朗读莎士比亚"，很可能是为了鼓励两姐妹多参加活动。福勒是俱乐部的组织者之一，一开始她设想的是"莎士比亚俱乐部"。几十年后，福勒回忆起俱乐部的往事：一个男人提议把每个人的副本里的猥亵台词都用墨水涂掉，狄金森"站起来准备离开，她说，'莎士比亚里没什么邪恶的东西，如果真的有我也不想知道'"——这个措辞代表了对审查制度的果敢而模棱两可的攻击。这很可能就是维尼一点都不高兴的那次聚会。

拉维尼娅·狄金森

狄金森在《安东尼和克莉奥佩特拉》中发现了对激情的处置方式，在《奥赛罗》中看到了不可抗拒的兴趣冲动，不过，这些都要等到 60 年代中期以后，在那之前她还没有为接受莎士比亚做好准备，至少找不到什么确实的证据表明她对莎士比亚的热情。那一次福勒到狄金森家里读了一上午的书，两天后，艾米莉抱怨这个俱乐部"似乎太寂寞－也许它哭着要你（奥斯汀）"。第二个星期她告诉他，阅读结束后，福勒的哥哥露面了，"我们最后跳舞了"，随后导师们护送女人回家。她还补充说"我们很开心！"这说明她兴致极高。"愉快的时光"——她妹妹在日记中留下了记录。

维尼的日记就像是从19世纪中期发给我们这个时代的每日电报，它敲打出阿默斯特镇世俗社会的节奏。其中最主要的活动是"拜访"，它占用了维尼的大部分时间，父母一再试图把她拉回来。用艾米莉的话说，维尼的"胆子一天比一天更大"，有一次她未经允许私自与她的追求者威廉·豪兰去韦尔镇[1]一日游。但是维尼不需要离开阿默斯特，在镇上她就够忙碌和刺激了。在这一年的前八个月，她在日记里记录了35次与苏珊·吉尔伯特的交往。这些交往艾米莉很可能也参与了，特别是苏珊和玛莎来访的时候。这一整年的日记中，维尼记录了唯一一次与姐姐的争吵："冒犯了艾米莉［因为？］连衣裙。"

狄金森姐妹俩去了一趟波士顿，此外，我们还知道她们一起参加了13次活动，包括"拜访""散步""外出""骑马""坐马背"（横座马鞍？），或者一同参加音乐会、"新生招待会"、蒙塔古或霍山的集体郊游。只有四条记录表明艾米莉没有维尼的陪伴独自外出：3月5日"艾米莉和奥斯汀不在家"，24日"约瑟夫（莱曼）和艾米莉一同散步"，9月8日"艾米莉和勒维特先生骑马"[2]，12月16日晚上艾米莉拜访了南边的邻居凯洛格一家。维尼的这些记录当然不是刻意追踪姐姐的行踪。3月25日蒙古塔

1　韦尔镇，马萨诸塞州罕布什尔郡的一个小镇。
2　27岁的托马斯·H.勒维特是一名会计，是波士顿鲍登街教堂的成员，与洛林·诺克罗斯的生意合伙人马修·F.伍德搭伙，住在麦克莱恩街22号，对街就是诺克罗斯家。——原注

的快乐旅行结束后，维尼并没有费心记录她的朋友约瑟夫·莱曼"和艾米莉一直在一起"，这是他在书信中透露的。不过，在维尼的日记所记录的活动之外，艾米莉在自己的书信中提到的额外活动确实不多，仅有几次，如毕业生的获奖演说，亨利·沃德·比彻[1]在毕业典礼上作关于想象力的演说，6月的某天晚上拜访苏珊·吉尔伯特和埃米莉·福勒。对于一个住在社交活跃的小镇上的 20 岁姑娘来说，这些活动记录显然不算多。

由于内部和外部的压力，艾米莉必须经常待在家里。拜访吉尔伯特和福勒的那天晚上，艾米莉是九点到家的，她发现"父亲因为我迟迟未归而大为焦躁－妈妈和维尼都在流泪，生怕他会杀了我"。艾米莉的描述虽然带有喜剧性的夸张色彩，不过，她确实发现父亲的焦虑持续不散，还传染了身边的所有人。第二年，艾米莉在给简·汉弗莱的信中说："一些愉快的朋友邀请我去玩一个星期，我看着父亲母亲还有维尼，于是，我对所有的朋友们说，不－不，我不能离开他们，如果我离开时他们死了怎么办。"尽管这里不无幽默，但我们还是不能低估或忽视她的恐惧：害怕永别，担心女人离家在外会出什么事情，这些都是从父亲那儿感染的焦虑。

待在家里远离群体活动实际上成为艾米莉的最佳选择和最自然的选择。不知什么原因，她错过了一次去附近佩勒姆温泉的愉快旅行，还有几次展览。礼拜天的上午或下午，艾米莉待在家里一封接一封地写信。此时，母亲、父亲和维尼去听科尔顿牧师的布道，听他的布道对艾米莉和奥斯汀来说已成为一种无聊的折磨。"除了我，他们都会去，去平常的那所礼拜堂，听那些平常的布道；严酷的暴风雨真是好心，把我拘留在家；我坐在这里，独自和风在一起，苏，还有你，我又有了那种老国王的感觉。"

---

1 亨利·沃德·比彻（1813—1887），美国公理会牧师、社会改革家和演说家，以支持废除奴隶制、强调上帝的爱和 1875 年的通奸罪审判而闻名。《汤姆叔叔的小屋》的作者斯托夫人是比彻的妹妹。

多亏她"体质纤弱",遇到坏天气可以不去听布道。在一个美丽的春日,她"买下特权",可以留在教堂的圣餐室里,得以逃过下午的布道会。

对艾米莉来说,维尼喜欢的社交礼仪是"一种没完没了的你来我往,浪费思想和情感,随后又不得不去修复和更新 – 缺乏充沛的感情"——与那种老"国王的感觉"同属一类。她喜欢与精选的少数人相见并享受分离后的思念;实际上,一个人待在家里正好可以保持距离,以便更热烈地交谈。她在几十年后写给苏珊的一个铅笔字条上总结了这种想象性的热烈:"离别的忠诚就是见面的压缩 – 针对别人,但又没有别人 –"同理,对于哥哥那种反社交的倾向,她感到有些不安,奥斯汀曾在波士顿一家寄宿公寓生活过一段时间,艾米莉和维尼常常敦促他多和朋友们在一起,担心孤单会把他"变成一个苦行僧"。

狄金森也无法全靠沉着应对来摆脱尴尬。在一个寒冷的 3 月的夜晚,父亲坐在起居室内忍受着风湿病发作的痛苦,一个男性访客犹豫着不肯跨进房门,而父亲则命令她"别站在门口"(由于风会钻进来[1]),艾米莉陷入左右为难的境地。摆脱窘境后,她回到厨房,看到母亲和维尼正在"拼命控制自己"[2]。后来又有两个年轻男子来访,艾米莉回到起居室,由于父亲态度生硬,她尽力让谈话继续下去。她动用了老一套的天气评语,对方以紧张和"奇妙的一致赞同"回应之。接着,她突然冒出一个荒谬的声明:上个礼拜天的牧师"酷似"上世纪的福音派牧师乔治·怀特菲尔德[3]。艾米莉告诉哥哥:"天哪,风湿病大人当时用怎样的眼神看着我啊。"似乎还嫌不够困窘,父亲的表妹,来自哈德利的土里土气的桑克弗尔·史密斯走

---

1 根据约瑟夫和劳拉·莱曼的《居家哲学》(*Philosophy of House-Keeping*,1867),"气流可以穿过门上的钥匙孔吹到坐在温暖起居室的人身上,这经常会成为一个引发致命疾病的祸源"。——原注

2 从后文推断,这里指她们强忍着,不让自己笑出声来。

3 乔治·怀特菲尔德(1714—1770),英国宗教领袖,是约翰·卫斯理的追随者。他曾在美国殖民地广泛传教,是在美国建立新教教义大奋兴及卫理公会派的中心人物。

了进来，她裹着一身"祖先的皮草和袍子"。艾米莉恨不得"缩回到原始的虚空中"。直到父亲和桑克弗尔离开厨房，她和维尼及两个年轻人才开始有说有笑。

这个尴尬的段子富含启示，透露了狄金森家庭生活的大致局面以及居家生活为她提供了什么样的创作源泉。厨房里母亲和维尼那努力憋住的笑声，让人听出她们在紧张地迁就在同一屋檐下生活的严厉父权制家长。这种情况促使艾米莉（当然会添油加醋地）编造她自己对这些事件的有趣叙述，那两个不会写作的家庭妇女憋在喉咙里的欢笑，滋养了她的写作。这一幕有助于我们理解诗人为什么那么喜欢怪诞的玩笑，甚至不惜以自己为代价：对她而言，好笑话和好文笔需要抛开一定的社会尊严。

这些思路也有助于我们了解她与埃米莉·福勒相处为何总感到不安。她的这位老朋友不仅是大家眼中"阿默斯特镇史上最漂亮的女人"，而且福勒拥有艾米莉所缺少的公众保险。埃米莉·福勒从小就在能干的母亲（诺厄·韦伯斯特的女儿）的栽培下镇定自若地接受公开考验。1847年秋天，密友奥利维娅·科尔曼病危，福勒独自前往普林斯顿陪伴病人——这是狄金森不可能完成的任务。福勒喜欢对他人施加影响：1873年，她给乔治·艾略特[1]写信，称自己"从出生到地位……都属于新英格兰的所谓'婆罗门'种姓"。我们无法想象狄金森会如此吹捧自己，特别是在自己景仰的名人面前。

后来，福勒的命运发生痛苦的逆转，狄金森表现出深切而复杂的同情，1851年秋天她告诉奥斯汀，他们的美丽朋友"似乎比任何时候都诚恳"。福勒的兄弟成年后各自离家，造成了家庭分裂；缺乏同情心的父亲不接纳

---

1 乔治·艾略特（1819—1880），英国女作家、期刊编辑、书评家，本名玛丽·安·埃文斯（Mary Anne Evans），发表《亚当·比德》（*Adam Bede*，1859）《弗洛斯河上的磨坊》（*The Mill on the Floss*，1860）《织工马南》（*Silas Marner*，1861）《米德尔马契》（*Middlemarch*，1871—1872）等小说，成为维多利亚时代家喻户晓的女作家。

她的未婚夫——弗朗西丝·安德鲁·马奇，阿默斯特学院的优秀毕业生，正准备到华尔街施展才华。这年冬天，马奇肺部出血，被迫去南方休养，放弃了与搭档的合作，并解除了与埃米莉·福勒的婚约。狄金森一直密切关注事态的发展，2月她告诉奥斯汀那个生病的人已抵达"哈瓦那－还写来了鼓舞人心的信……埃米莉（福勒）有太多的伤心事－数不清的磨难，不知道她是怎么承受的"。狄金森对福勒的同情和安慰溢于言表，始终认定福勒对落难的情人忠贞不二。5月，诗人"非常想知道M（马奇）先生现在的情况……已经有好几个星期没有他的消息了……我会为他祈祷，还有你，以及你在地球上的家，它就靠近那个在天堂的家"。[1]在天堂的家又出现在另一封信里："别哭，你们俩都会幸福的，那里'忧伤不会降临'。"

狄金森不知道福勒的父亲此时相中了一个竞争者，而福勒本人也不反对。3月12日这位长辈给戈登·L.福特寄去了一封热情的邀请信："我们所有人都很期待见到你。"（斜体为发信人所加）。这位福特是福勒前任未婚夫过去的合伙人，是个有钱人。到了月底，不知底细的诗人发现福特在镇里，他是来拜访另一个艾米莉的。第二年，维尼简直不敢相信福勒竟然忘掉了她正在康复的前任未婚夫[2]，而嫁给了另一个男人。狄金森客气地表达了祝贺，私底下却称福特为"花花公子"。

美丽、文雅、镇定并最终获救——马克·吐温所谓"持有四张王牌"的基督徒，这就是埃米莉·福勒，但她绝不是狄金森想要亲近的人。然而在伪装的亲密关系终止之前，正是福勒让诗人最大程度地道出了她性格中

---

1 多年后，为了避免尴尬，福勒为1894年的《书信集》提供这篇书信的副本时，将其中的"M（马奇）"更改为"福特"。1958年，这个经篡改的版本被收入哈佛大学出版社的《狄金森书信集》，落款日期为1854年春天。这样一来，就与改动后的内容表面相符了。而真正的日期应该是1852年5月10日后不久，据维尼记录，当时，福勒离开阿默斯特镇去避暑了。——原注

2 马奇后来步入了漫长而杰出的职业生涯，他长期担任拉法耶特学院英文教授，成为古英语教学和现代文学（字对字式）方法的早期开拓者，他于1892年接替詹姆斯·罗素·洛厄尔（James Russell Lowell），成为现代语言协会（MLA）的主席。——原注

那珍贵的、幻想的一面。根据维尼的日记，1851 年里福勒拜访狄金森家至少有 18 次。诗人给她发去 10 封短信（限于镇内），其中有七封都在试图解释不能回访的理由。一次，为了说明她最近一次不能回访的理由，艾米莉用了一张只有两英寸半宽的纸，宣称她决心要多多拜访而且要"多待一会儿"。而真实的信息则是：避之唯恐不及。

其中最有趣的一张纸条应当全文复制如下：

星期四上午

亲爱的埃米莉，

今天上午我来不了，因为我太冷了，但是你将知道我来过——摇响了门前那个大铃铛，为你留下了一张纸条。

哦，我是想进来，我现在就很想跟着简到你温暖的起居室里；你在那儿吗，亲爱的埃米莉？

不，我要抵制诱惑，我从门前跑开，我的脚能跑多快就跑多快，我怕我一旦进去，就会太开心了，开心，我就会永远待在那儿，永远不愿回家！当你快读完这张纸条时，我已跑到邮局了，你能想象我跑得有多快吧！

你挚爱的
艾米莉

P.S. 我已飞速冲过拐角，现在，又跑过了路边所有的房屋，小门飞速敞开，看着我回家啦！

狄金森动用了一连串精巧的想象，把自己放入纸条，她一路飞奔回家的情景正是收件人所读到的。读到附言，她刚好踏进家门。一路飞奔的艾米莉声称她很想留下，可是她一路向北穿过主街和西街的交叉口那逃跑的速度，泄露了她的真实想法。她的门竟然自动打开，欢迎她归来。

这封短笺是用墨水笔写在一张很小的纸张上，纸被剪开，剪成一定的尺寸，然后折成四面或者说是四页，其中一面写着收信人的名字。附言整洁地写在第三面的最后剩余空白处，看起来十分自然，这表明她事先做好了设计，以达到即兴书写的完美效果。

在埃米莉·福勒眼中，诗人"穿着优雅整洁，十分在意她的连衣裙"，不知道收到这个纸条的她会作何感想。传记作家们需要明白：这个纸条的设计者把自己保护得很好，她的父母也为她建造了一个防范严密的家，我们需要动用全部的智慧，甚至更多，才能进入那扇自动打开的门。

甘油内服

1851 年，维尼的日记和艾米莉的信件经常提到健康状况不佳以及找约翰·米尔顿·布鲁斯特医生看病之事。姐妹俩被这位医生弄得"团团转"却毫无效果。后来艾米莉和维尼被带到格林菲尔德，寻访另一位专家的意见，艾米莉在信中写道："我们干活、外出、有人陪伴，但我们俩都没有好起来。"她把自己比作夏天的小苹果或说自己"皮包骨"，虽然这是幽默自嘲之语，但言语之间还是能觉察出她对自己瘦弱的体质有些担忧。家里决定让她们去波士顿求医问药，计划 7 月动身。但在出发前最后一刻，旅行被神秘地取消了，艾米莉告诉哥哥，姐妹俩被她们的健康问题弄得颇为"沮丧"，以及她们多么盼望见到拉维尼娅姨妈的顺势疗法医师威廉·韦塞尔赫夫特医生。

波士顿之旅最终在 9 月成行。她们先在伍斯特短暂停留，看望叔叔威廉（他的妻子伊丽莎 7 月 11 日去世了），随后便在波士顿同洛林和拉维尼娅·诺克罗斯住了两个星期。1846年艾米莉为摆脱咳嗽和"坏心情"来过波士顿，她参观游览过邦克山[1]、州议会大厦以及奥本山公墓[2]，在那儿她第一次见到了现代的公园式墓地。她还聆听过几次音乐会，参观了一个园艺展览，在一间"中国博物馆"见到了震惊的一幕：两个曾经吸食鸦片烟的瘾君子（"我对他们的自我克制特别感兴趣"，15岁的艾米莉记录道。见书信p.37，有半页的篇幅）。而现在的艾米莉对城市景观不那么感兴趣了，她劝说奥斯汀不要"为了让我们高兴而安排太多活动"。不过，还是安排了一些走访，还参加了冰淇淋沙龙，参观了哥哥教书的学校。另外，维尼还去听了几场音乐会并观看了《奥赛罗》的演出，但没有证据显示艾米莉也同去了。回到阿默斯特后，艾米莉声称她们俩"深深地鄙视波士顿和波士顿人"，不过这个声明不可全信，因为奥斯汀记录说，维尼"过得很开心，她跟陌生人在一起时总能让自己开心"，而"艾米莉更加坚定了她的观点：世界之空虚和可怕"。多年后，艾米莉回忆起这次波士顿之旅的一个细节：麦克莱恩街诺克罗斯家宅旁有一棵树，"叶子翻覆颠倒……露出灰色的一面"，象征"惊恐"。

她们咨询了韦塞尔赫夫特医生，然后满怀信心地带回他的治疗方案，但还是无济于事。幸运的是，在离开波士顿的前一天，维尼感到非常"不舒服"，需要找一位普通医生看看，于是"拜访了杰克逊医生"，他开出的药方是甘油。这位内科医生就是哈佛的药学教授詹姆斯·杰克逊博士，他是阿默斯特镇一直传说的专治"肺部疑难杂症"的专家。在《给年轻内科医生的信》中，他给痨病（结核病）患者的基本建议是：健康饮食，户外锻炼；"在花园里工作对某些人比较适宜"。

1　邦克山（Bunker Hill），一座326米（107英尺）高的小山，位于波士顿的查尔斯顿。美国独立战争时期第一场主要战役于1775年7月17日发生在附近。

2　奥本山公墓（Mount Auburn Cemetery）位于美国马萨诸塞州堪布里奇市，修建于1831年，是美国第一座"花园公墓"，也是全美最为迷人的公墓之一。

说到甘油，1849 年《波士顿医学和外科杂志》上专门提到，"这种新的极好的东西"对于治疗各种皮肤病症状"有显著效果"，特里蒙特街的伯内特先生那里有高纯度的甘油。后来，甘油的第二个功效也被发现：用于内服，能缓解或控制由痨病引起的干咳。然而，一直到维尼拜访杰克逊医生四年之后，这份医疗杂志才刊登出甘油的第二种效用。这其中必有原因：要么是姐妹俩都有皮肤方面的问题，要么是这位医生在标准方案颁布之前就为治疗咳嗽开出了甘油的药方。皮肤病的推测恐怕很难成立：不仅因为缺乏确实的证据，而且诗人白皙光滑的皮肤受到过他人的赞美，这说明她应该不存在皮肤过干的问题。在这方面，诺伯特·赫希霍恩[1]的观点肯定是对的，就像艾米莉在霍山的室友及其他人一样（参见附录 3），她确实患有肺部的结核病，两大主要症状是体重过轻和咳嗽。

这年秋天，爱德华告诉奥斯汀，艾米莉"从波士顿回来后，整个状态比前几年要好得多"。维尼同意父亲的看法，说姐姐的健康状况"大大改善。她真的长胖了，信不信由你。我对她要求非常严格，总有一天她会焕然一新，对此我不会感到惊讶"。艾米莉自己也发现甘油很有效，在后来两年半的时间里她经常寄给哥哥旧的"小药瓶"或"大瓶"，好让他源源不断地给她寄来甘油。帮她装甘油的药剂师正是医疗杂志推荐的那位伯内特先生。

尽管艾米莉的病情大大缓解，维尼的预测还是过于乐观了。1852 年 1 月，亚比亚不辞而别离开阿默斯特镇，艾米莉为下一次见面提供了一个可怜兮兮的诱惑，她保证"等你下次来之前，我要努力变胖一些"。之后的

1　诺伯特·赫希霍恩（1938—）是美国专攻公共健康的内科医生，因他对妇女儿童和社区公共健康的关注，1993 年被克林顿总统赞誉为"美国的健康英雄"。诺伯特在 1999 年 3 月号《新英格兰季刊》（*The New England Quarterly*）上发表文章《是肺结核吗？再议艾米莉·狄金森的健康问题》（*Was it Tuberculosis? Another Glimpse of Emily Dickinson's Healty*），得益于诺伯特的专业背景和细致分析，在狄金森是否患有肺病的问题上，他的观点令人信服。

几年里她的小药瓶总是不断地填满，这说明她的咳嗽一直没好，她依然不"胖"。看来，这种夺去了大量生命的损耗性神秘疾病一直是艾米莉甩不掉的一根芒刺。

无力偿还

另一个迫切的问题是，诗人对洛林叔叔破产一事到底知道多少？这桩家庭变故被隐瞒得很好，在各种往来的家信中只字未提。我们有许多理由想知道其中答案：比起其他亲戚，艾米莉与洛林家往来最为密切；1851年夏天的波士顿之旅就因为洛林家的变故未能成行；"无力偿还"这个词在她的诗作中异常突出。

随着诺克罗斯和伍德家的应税财产的估定价值慢慢变成可怜的10000美元，公司的债务一下子上升到67000美元，最终迫使这对合作伙伴在1846年关闭了公司。州破产法为三位债权人提供坐下来商讨的机会，随后将按比例分配并清偿债务。在诺克罗斯和伍德的第三次会议上，一些重要的债权人反对分配方案，迫使伙伴关系陷入泥潭，僵持了四年之久。1851年7月初，《波士顿每日广告》（*Boston Daily Advertiser*）刊登告示，第四次会议将在7月22日举行。洛林为此要准备"法律允许范围内的"（每位家庭成员三美元）津贴请求书，还有其他各方面的考验和准备，所以外甥女的波士顿之旅自然要取消了。会议的第一个正式通告刊登于7月8日。维尼7月10日的日记里记录道，"不能去波士顿的消息真让人失望透顶"。艾米莉7月13日写给奥斯汀的信没有说明她是否被告知突然取消行程的原因。

借助于乔尔·诺克罗斯的信用，洛林的妻子所继承的财产无法被冻结，尽管家里被迫卖掉好些家具，生活依然是舒适的。最后一次债权人会议将在 1852 年 1 月 22 日召开，会议前两个星期，为了防备最后的结果，拉维尼娅草拟了一份遗嘱，将自己父亲的遗产以信托的方式划归两个女儿名下。她指定洛林为唯一托管人，授权由他来管理财产及支配收入。拉维尼娅这么做既能保护女儿们的权益，同时可以支持困境中的丈夫。尽管遗嘱保留在她丈夫手中，这仍是令人痛心的决定。

9 月，艾米莉和维尼来到波士顿，洛林家是否有人向她们谈起过这桩悬而未决的破产案呢？也许真的没有，因为钱的问题不是淑女们感兴趣的话题。奥斯汀为两个妹妹支付了波士顿之旅的账单，艾米莉坚守诺言，只用一个道歉来回报，因为知道奥斯汀不"喜欢我们谈起钱之类的事情"。甚至拉维尼娅姨妈，一向快人快语，无所顾忌，这次显然也学会了不"说什么"。1852 年至 1853 年间，维尼三次向奥斯汀抱怨姨妈的缄默："这是什么意思？""告诉她我没耐心了。""我觉得这实在太奇怪了。"但却收不到任何回应，不过，不难猜想，洛林家正处在紧张严峻的关口，个中复杂因素无法向狄金森姐妹解释。

周围的人若有意不让诗人得知洛林的财务危机，那么，机警敏感的她也不可能没有捕捉到风声，其结果必然是——一个神秘的版本。1852 年 1 月洛林与他的债权人举行了最后一次会谈，之后不久，狄金森创作了激情洋溢的诗句"无力偿还，崇高！"（Fr2［B］），这难道只是巧合吗？读者一定注意到这诗句否认了明显的事实。

借助无与伦比的语言天赋和激情四射的幻想，狄金森为自己划出了一片私人的属于想象力的领地。这是她自己的选择，一部分原因在于她厌恶"世界之空虚和可怕"（奥斯汀的总结）。而且，她没有多少选择，世界对她关闭了一扇又一扇大门。

苏珊·吉尔伯特

苏珊·吉尔伯特

诗人去世后，她的嫂子苏珊准备写一篇纪念文章，她在草稿里罗列了一些标题，第二个标题是"感情，她的力量"（第一个标题是"花朵之爱"）。这个词语非常恰当，感情正是诗人巨大的个人能量的一个源泉，是解决生活中一部分难题的方法。她的爱是慷慨的，同时也是严格的和不容妥协的，强烈的自我表达使她对友情的要求很高。嫂子苏珊非常清楚这一点，25 年来她正是诗人精心选择的亲密伙伴。巨大的讽刺在于，这个特殊的一辈子的朋友——从小失去母亲，后来成长为一个具有非凡才干、见多识广、在社交场上颇有抱负的女人——竟然跟埃米莉·福勒十分相像。

苏珊·吉尔伯特出生于 1830 年 12 月 19 日，比诗人晚九天。她是家中七个孩子里最小的，其祖先是康涅狄格河谷的望族：祖父科洛内尔·伊莱尔·吉尔伯特拥有一家小酒店（即旅馆），曾六次入选州议会，据说他还拥有格林菲尔德的第一架钢琴。他的儿子托马斯，苏珊的父亲，略为逊色，他曾在州立法机关工作，只任一期，同时在格林菲尔德、迪尔菲尔德和阿默斯特镇多处经营小酒店。晚年他常以醉汉形象示人，于是，苏珊在社交场上出人头地的渴望有时被赋予一种试图挽回家庭耻辱的意味。这种脱口而出的解释似乎难以取信于人，一个原因在于：苏珊有几个受过良好教育、事业有成的叔叔、姨妈、哥哥值得崇拜和效仿。[1] 诗人的这位嫂

---

[1] 她的叔叔埃比尼泽·怀特·阿姆斯毕业于耶鲁大学，后来在纽约的奥罗拉成为一名成功的律师。她的两个哥哥与他合伙开发了位于密歇根州的格兰哈芬，靠木材生意和湖上运输发了财。到 1870 年，他们每人的身价都达到 10 万美元，其中一人还是密歇根大学的董事。——原注

子也许有些傲慢和势利，但她不是新贵。

苏珊六岁那年母亲患痨病离世，记忆中母亲的面影渐渐淡去。然而，不曾淡去的是母亲对信仰的虔诚，用孤儿苏珊自己的话说，那是一种"悄无声息却强有力的影响"，她珍惜并深信母亲哈丽雅特·阿姆斯·吉尔伯特一直是"一个基督徒"，那"天堂里欢乐的重聚"正等候着她皈依的后代。苏珊一生中时不时会坚持某些正统的禁忌，在安息日写信或拜访会让她不高兴地撅起嘴巴。1851 年她第一次在巴尔的摩观看戏剧演出，感到"剧院令人恶心"。1878 年读到《为你的人生冒险还是保险》（*Risk, or, Insure Your Life*）一书，她发觉"这种乐趣对我来说有点太粗俗了"。袒胸露背的衣服也会让她十分气愤。

1841 年苏珊的父亲去世后，她彻底变成孤儿。母亲那边的一个善良愉快的姨妈索菲娅·范·弗兰肯将苏珊和姐姐玛莎抚养长大，她住在纽约州的杰尼瓦。索菲娅的丈夫是联合学院的毕业生，他显然希望培养苏珊的才智，于是，1846 年至 1847 年送她到阿默斯特学院求学。苏珊选修了古典课（艾米莉当时修的是英文课，那是她在学院的最后一年）。从 1848 年到 1849 年期间，苏珊转到最好的女子学校西特罗伊尤蒂卡女子学院继续学习，学院以气宇轩昂的爱奥尼亚式门廊为荣，提供伙伴式教学指导，从拉丁文到"技术"，从花卉画到吉他课，无所不包。不像风雨飘摇的阿默斯特学院，尤蒂卡女子学院拥有一位公认的能干的常任校长——简·E. 凯莉小姐，她很重视教师培训。在苏珊和朋友凯特·斯科特共用的一个练习本上，不知是谁写了这样一句话："放出你的想象，插上翅膀"，这大概符合凯莉的教育观点。不过，苏珊早期的信件并没有表现出多少飞翔的特点，而是相当优雅镇定。她最擅长的科目是数学，并一直注意提高自己的思维能力，当一本重要的新书出现，比如 1862 年让·保罗的《泰坦》[1]出版了英文本，她会马上弄到一册埋头阅读。艾米莉则很少会这样做。

1848 年第一届女权会议在尤蒂卡附近的塞内加瀑布城召开，凯莉赠给苏珊一册丁尼生的《公主》，那首古怪的且常被嘲笑的长诗，关于一所虚构的、由女子创办并为女子创办的大学。从苏珊做了标记的片段可以看出女性在她心目中的地位："这都是你们男人做的：我恨你们所有人！""玩弄奴隶的把戏以获取专制""女人是更好的男人"。她时不时地在一些关键词下面画线，如"伎俩，让我们成为男人的玩物"，或是"展开少女的旗帜，捍卫我们的权利"。不过，到了诗的结尾处，大学在男人的爱与诡计中被摧毁了，苏珊所做的标记似乎表明，她接受了丁尼生明显的反女权主义论断："女人的事业就是男人的事业，他们一起／上升或沉没。"

后来，已长成少女的苏珊到已婚的姐姐哈丽雅特·卡特勒家生活，和另外两个姐姐玛丽和玛莎在一起。哈丽雅特的丈夫威廉是阿默斯特镇最大的商业批发店"斯威策和卡特勒"的合伙人，1843 年的年度销售额达到三万美元。[2]根据各方面的描述，威廉是个典型的包法利式的人物，装出一副资本家的做派——刻板、审慎、自满、毫无魅力。内德·希契科克永远不会忘记卡特勒家的派对，大人们坐在客厅里，孩子们时刻准备服务，威廉"表示极不耐烦因为我给他拿糖和奶油慢了点！"1851 年 2 月 27 日狄金森三兄妹到卡特勒家拜访，事后维尼用一个词来总结："可怕！"有一次，艾米莉向奥斯汀报告卡特勒家的事，她偷偷模仿起一家之主的腔调："一想到我的精明就能得到莫大的满足－希望'本人和妻子'总能如

---

1 让·保罗·弗里德里克·里希特（Jean Paul Friedrich Richter, 1763—1825），德国浪漫主义作家，其代表作小说《泰坦》（Titan）共 4 卷，900 页，出版于 1800—1803 年。

2 爱德华·狄金森曾做过国家信用评级机构最早的调查员，该机构即邓白氏集团的前身。在 19 世纪 50 年代，调查员仍使用姓名的缩写而不是更其匿名性的数字代号来提供情报，所以爱德华用他的名字缩写"E.D."报告说，卢克·斯威策和威廉及乔治·卡特勒的公司"排名第一，现金充裕"。——原注

此'统一'－希望我没有冒犯之意。"寄人篱下的苏珊和玛莎因为不得不依赖这样一个男人生活，还要忍受他对生火和调节风门的痴迷，真是受尽煎熬。玛莎在一个春天写道，"最后那几天我简直要窒息了，卡特勒先生最享受的事就是把烤炉塞得满满当当并看着我们汗流浃背"。被困在火炉旁的苏珊更加渴望一个属于自己的家。

1849 年 4 月，吉尔伯特四姐妹给远方富有的哥哥们写了一封信，从中可以见出苏珊不一般的特质。三个姐姐先写，每人写了大约一页。玛丽说玛莎又开始"胡来"（懒散），玛莎希望哥哥们喜欢她们做的灯垫，哈丽雅特则谈到家里的装修和当地的一起抢劫案。在这些新闻报道之后，18 岁的苏珊写下的文字暴露她出类拔萃的愿望，她写道："我可以向你保证……在姐姐们精彩的抒发之后，我也要尝试写上一个诗行，不免激动不已。"她给卡特勒家的房子取名为"老女仆的静安居"，这些都说明她是怎样一个少女——刺痛的自我意识，拼命想让自己与众不同。

玛莎因为境遇不佳而性格随和，她更温柔、更富同情心、更消极。虽然苏珊是妹妹，玛莎却觉得自己始终"处处赶不上她——人人都觉得她是完美的典范"。两姐妹还有一点不同，玛莎没什么脾气，苏珊却很容易为实际或想象中的轻视而生气。狄金森写道："苏珊正对着墨西哥湾流[1]。"1850 年内德·希契科克经常到卡特勒家陪伴苏珊，后来内德去威利斯顿学院教书，苏珊非常想念他，他是"她近来最大的安慰""她唯一的真朋友"。可是，一次内德在一封信里随意地称她为"苏"，她顿时非常"气愤"。

苏珊对内德的感激之情与她的一段经历有关。1850 年 7 月 14 日礼拜天，生活在密歇根州格兰哈芬的姐姐玛丽突然过世，25 天前她刚刚生下

---

1 墨西哥湾流，是世界上最强大的一支暖流，对北美东岸和西欧气候产生重大影响。狄金森大概以此戏谑苏珊容易动气。

一个女孩，分娩后的高烧和"间歇性休克"夺去了她年轻的生命。玛莎早已赶到格兰哈芬照顾玛丽，直到1851年2月才回来，这七个月来，姐姐玛莎不在身边，她一个人沉浸在丧失亲人的痛苦之中。每个礼拜天，那一幕幕遥远的想象中的葬礼场景就会在她脑海里残忍地浮现出来，"痛苦如此真切"。

正是在苏珊失去亲人的日子里，玛莎不在，艾米莉和苏成为朋友。我们所知的诗人写给苏的上百封书信中的第一封，确定日期是在1851年的2月底，那一天玛莎返回阿默斯特镇，路上耽搁了很久才回到艾米蒂街的卡特勒家。[1]这封信充满感情，谈到亲吻，还提到"成为圣徒的玛丽"，从各方面来看，都呈现出一种相当亲密的关系。艾米莉写道，"别忘了所有的小朋友都曾努力想成为姐妹，特别是在你孤单的时候"。显然艾米莉这里指的是她本人。两姐妹分别已久终得重聚，这时候不应该去打扰她们（"我和苏如何交谈"玛莎写道），艾米莉明白这一点，自己的出现将是一种"侵扰"。但她还是用钢笔和墨水侵扰了她们，表现出一种占有欲，要求分享一小部分苏珊姐妹的亲密，还把她们的房间比作朗费罗《卡瓦纳》中的艾丽斯·阿彻的避难所——"灵堂（鸽舍），温暖且柔软"。这个比喻很契合诗人发自安乐窝的想象，但它是否吸引吉尔伯特姐妹却是个问题，别忘了她们是被困在烤炉一般的姐夫家里。还记得苏说内德·希契科克"是唯一一个经常看望她的人"，那么，对于艾米莉一直想做她的忠诚姐妹的声明，她会作何感想呢？

躲在避风港里的狄金森兄妹不了解丧失至亲的痛苦，也不知道在世上没有一个安全的立足点的滋味。艾米莉、奥斯汀、苏珊、玛莎现在联系非

---

[1] 约翰逊、莱达、哈特、史密斯都错误地认为这封信写于1850年底，然而那时玛莎还没有从西边回来。在2月27日之前维尼的日记里一直没有出现玛莎的名字，那一天，狄金森兄妹去卡特勒家拜访，此后玛莎才重回阿默斯特的社交生活。——原注

常密切，他们四个人的关系也随之变得复杂起来。1850年12月，奥斯汀与苏珊发生误会，苏珊突然拿出"拒人千里之外的尊严和僵硬的礼节"，他被吓了一跳。1851年秋天，苏珊让奥斯汀知道，她对那些没有"'天然纽带'"关系的人是多么不信任。由于他们之间在生活背景和观点上存在诸多差异，稍有不慎，狄金森家的人就会伤害到敏感的苏珊，唤起她潜藏的凶狠。狄金森家将因为苏珊的到来被永远改变。

悄悄的恋情

在1850年夏天玛莎去密歇根州之前，奥斯汀没有表现出更偏爱吉尔伯特家两姐妹中的哪一个。由于比较亲切温柔的姐姐有大半年时间不在视野之内，他的友情就渐渐集中到急躁易怒的妹妹身上。玛丽去世两星期后，考虑到苏在服丧，奥斯汀写信邀请苏出去骑马，单独骑。秋天，这位年轻的大学生毕业到桑德兰一所学校做管理工作，那里距阿默斯特镇北部只有几英里，于是，在一学期的时间里各种纸条和信件的数量激增。二人商定，每天"晚祷的钟声敲响第一下"，他们在两地同时吃栗子，以此象征两人日益加深的亲密关系。没人知道这个有趣的秘密仪式，用奥斯汀的话说，除了"所有明眼的精灵"。

与此同时，维尼和艾米莉感觉被忽视了，她们严厉谴责哥哥既不回家也不写信。"回家吧！顽皮的男孩！"艾米莉在维尼的小纸条后附上一句责备；在她自己的信中她更是对哥哥的冷漠和傲慢大加谴责：别再扮演奥林匹斯山巅上的朱庇特，"削劈闪电，吆喝亲戚"了，[1]"徒有虚表的冠

---

1 艾米莉这里提到的是奥斯汀在1850年秋天寄给伊丽莎白姨妈的一封很不友好的信。12月10日，她的50行长诗已经完成，她抱怨奥斯汀爱争论、说话罗嗦，想要"揭发我"，指责他陷入超验主义的迷雾中，并屈服于"圆球形幻想"的力量。第二年，为求和解，她答应不再"执迷于任何回忆，它们并不令人愉快"。——原注

鸟"，摘掉他的校长王冠和权杖的时候到了，"又有一个坚忍的孩子遭到训斥"。她还说，奥斯汀应该参加东汉普郡第一届农业家畜展览会——"校长和猴子均半价出售"。她用一句苏的玩笑话结尾："'服侍上帝，敬畏国王'！退下，苏！！！"显然，苏刚刚来过狄金森家。后来苏隐约回应了艾米莉的尖刻建议，但什么也没有泄露，更别说她和奥斯汀以吃东西的古怪仪式来庆祝这个丰收的季节了。

11 月，桑德兰学校的秋季学期结束，奥斯汀回到阿默斯特镇。再次和苏见面，他感到一种神秘的"内心满足"，特别到了感恩节，他的妹妹们邀请苏的家庭"加入这两三年里逐渐形成的家庭圈子"。父亲把苏接来，奥斯汀等待时机，苏去参加斯威策家每年固定的餐后聚会，两人单独在一起的机会终于来了，那一刻在黑暗中——"你知道后面发生的事"，奥斯汀写道。

二人的恋爱悄悄进行，双方家人都不知情。玛莎从杰尼瓦来信抱怨妹妹近来太沉默，没有消息。玛莎在阿默斯特时看到苏和内德·希契科克经常见面，所以 11 月她给内德的信中还自然而然地把他们的名字联系在一起。没有确凿的证据表明玛莎喜欢奥斯汀，然而，在 1851 年 2 月玛莎即将返回阿默斯时，奥斯汀有些"怕见她"，似乎要面临一大堆棘手的解释以及坦白真相。艾米莉也一直蒙在鼓里，没有发觉她身边的两个最亲近的朋友——苏和奥斯汀已经发展出如此亲密的关系，早已超过了她同他们中任何一个的亲密程度。

遇到好天气，艾米莉喜欢和苏在"宽石阶"上聊天，那曾经是她和简·汉弗莱常坐的地方。但是她和苏之间不断发展的友情没有留下什么书面的记录，直到 1851 年 6 月，奥斯汀前往波士顿接受另一个教职。艾米莉的第一封信（写于他走后第二天）让他确认苏和玛莎都为他的离开感到遗憾。第二封信里还是没有对吉尔伯特姐妹区别对待："她们都很想你 –

为你送上'联合的爱'。"看起来，诗人此时还没有成为苏珊或奥斯汀的心腹，尽管她"见苏珊的次数比见任何女孩都要多"。

苏突然焦躁不安，一个人跑到纽约拜访朋友，并聆听了珍妮·林德[1]的音乐会。不顾威廉·卡特勒的反对，她开始寻找临时教职。苏的母校有一项规定，随时为已毕业的学生提供"合适的推荐信"。不久后苏珊便在巴尔的摩的一所女校得到了一个教职。对于这个让人惊讶又颇有胆识的行动，苏珊的解释表现出典型的含糊其词和不够坦率（她对自己的选择从来不提供充分的解释）。这份工作很合她的"心意"，她认为这可以"在做一点好事的同时，提高自己"。她实在是"厌倦了阿默斯特的安静"。而且，她需要钱，这一点她不止一次提到。然而最主要的动机也许是急切地想到外面的世界去闯一闯，而且她似乎需要摆脱狄金森一家的纠缠。

阿彻夫妇为年轻女子创办的这所寄宿兼走读学校位于巴尔的摩的列克星敦街 40 号，共有注册学生 130 人，是南部最好的女子学校。校长阿彻先生毕业于西点军校；管理员阿彻夫人是马里兰州首席法官的女儿；在学校长达两页的推荐人名单上，第一位就是温菲尔德·斯科特（1852 年辉格党总统候选人）；教师队伍里有竖琴演奏家梅瑞夫人和一个"舞蹈教授"。学校的委托人及其影响力从 1850 年联邦人口普查表上清晰可见，名单中列有：密西西比的巴纳德、路易斯安娜和南卡罗来纳的波因德克斯特，以及两位宾夕法尼亚的沙普利斯西斯。学校年度公开考试结束后，当地报刊以无关痛痒的赞许报道说："对《失乐园》的分析，植物学课堂实践，是其中特别突出的科目。"但这里没有古典课，简介中也没有提到教师培训，科学教授同时还教书法。与纽约州和马萨诸塞州其他的日间学校相比，这所学校有明显的贵族气。这种贵族气很可能加重了苏对等级和炫

1　珍妮·林德（1820—1887），瑞典女高音歌唱家，1850—1852 年间在美国做巡回演出。

耀的喜好。

奥斯汀所在的公立机构的情况则大为不同。波士顿的恩迪科特学校设在一幢砖房的第二至三层，满满当当地装着 400 多名男女混合的学生，大部分是爱尔兰人。奥斯汀是"接待员"（教学岗位中的下层），这个职位似乎上一年还是空缺。增加这个职位一定是洛林叔叔的建议，1851 年是洛林任职于波士顿学校委员会的第一年，同时他也是恩迪科特校务委员会的一员。在奥斯汀来工作的几个月前，老师们抱怨学校仅有的六个房间的空气"根本无法满足呼吸的需要"，"到处是黑色的灰尘"。新置一个火炉的申请得到批准的时候（奥斯汀的任期已到），学校已决定关闭。

对奥斯汀来说，到学校教书只是他投身于法律学习之前的临时工作。学校里的孩子大多是马萨诸塞州没受过教育的爱尔兰天主教徒的后代——艾米莉称他们为"暗黑的小男孩"，也许是照搬了哥哥的说法——奥斯汀到这所学校来照看这些孩子的动机不难猜到。大学生毕业后通常会花一到两年时间到学校教书，奥斯汀认为自己"喜欢"这份工作，他看到了公众的需要，感到一种责任。但是当他负责管理的是 50 个不安分的男孩，他发现这份工作比想象中要"辛苦"得多，准确地说"几乎令人生厌"。他在给苏的信中表达了这些想法，而苏的情况要好得多，她教的是高年级女生，下午两点就下班了。

奥斯汀在家信中不无夸张地描述了他管理学生所采用的训诫惩罚方式。母亲担心奥斯汀的做法太过火，会不会伤害到某个孩子，而艾米莉的态度则与母亲大为不同，也与她上次看见父亲"抽打"马匹时表现出的愤怒不同。奥斯汀幽默地描述他如何惩罚男孩，她则回信说，希望他可以"杀掉几个人－现在人太多了，美国人都没地方待了"。这当然是个玩笑，但玩笑背后潜藏着某种严肃的情绪：爱尔兰人"在黑暗中变得很坏"，她不想让他们"进入光明世界"，特别是通过奥斯汀"这个亲爱的中介"。

艾米莉的这种冷漠的本土主义情绪与美国党或一无所知党[1]的政见一致，该党派主张外来移民在成为美国公民前有一个 21 年的等待期。我们应该注意到艾米莉的父亲是厌恶这个党派的[2]，而且她自己后半生的生活方式俨然已不属于公民的范畴。艾米莉的反爱尔兰人的暴力幽默背后所表现的并非是她一贯的政治观点，而是一种深深的无望。在 1850 年那封写给乔尔叔叔的恐怖信件里，她认为她无论说什么或做什么都不会起作用。艾米莉总有一种感觉，只要哥哥不在家，她和他的生活就会停滞不前。在给哥哥的信中，艾米莉描绘哥哥走后落满灰尘的空房间，以及她如何避免在天黑之后去那里；一想到哥哥错过了秋天丰收的葡萄，她就想哭；在梦中她正要打开奥斯汀的信，父亲刚好把她叫醒，她便会一整天设想，果真有信来了她如何揭开封印；她担心哥哥会孤单寂寞，或用眼过度或面部"神经痛"[3]加剧。艾米莉希望"这个波士顿之年……消失逃走，永不再来"，并热切地请奥斯汀读一读《圣经》的最后一节："圣灵和新妇都说来。"[4]

　　艾米莉得知哥哥要回来参加 1851 年畜牧展览会，她"放下手中的针线活，走到院子里思考"。也许她当时刚好在琢磨一首诗，于是就把它信手写在回信的空白处："这里的小树林绿叶长青，这里有更明亮的花园且不结霜冰，在永不凋萎的花朵上我听见了蜜蜂哼鸣，请求您，我的哥哥，来我的花园！"她把诗歌写成散文，一个原因是信纸上没有足够的空间让她采用分行的形式。她一边邀请哥哥进入她的封闭空间，一边整齐地填满了信纸的空白边缘，这行为本身似乎具有某种既诡异又细腻的精确性。

1　一无所知党（Know-Nothing Party）是美国 19 世纪的一个政治党派，活跃于 50 年代，源自一些反对移民进入美国的秘密社团。

2　有位学者断言奥斯汀是"一无所知党的积极成员"，这种说法毫无根据。——原注

3　詹姆斯·杰克逊医生写道："现如今我们听到很多疾病都被称为神经痛"，"这个名称可用于称呼任何一种情况下无法归结为炎症或器官感染的剧烈疼痛。"——原注

4　见《启示录》（22：17）："圣灵和新妇都说来。听见的人也该说来。口渴的人也当来。愿意的都可以白白取生命的水喝。"

如果仅仅关注艾米莉这个邀请含有天真的色情意味，就会因小失大：随着生活的空虚之感日益扩大，她对高大、优越、活跃的哥哥就更加依赖了。越孤单越需要哥哥的陪伴；反之亦然。奥斯汀离家的时间越长，她就越容易忘却他们之间的隔阂，特别是哥哥对她的多愁善感很没有耐心。艾米莉在奥斯汀离家后的第一封信中提到了这点，回忆他是如何"对我的感情'大加取笑'"。她还故作可怜地提起谷仓里的谈话，回忆他如何摆出一副轻蔑的样子："我想我是个傻瓜——你总这样说我。"对于艾米莉的多愁善感，维尼似乎一直比较有耐心："家里的一切都跟往常一样。艾米莉此刻正在沉思，你知道的'老伙计'，她在回想那些'过去的时光'。""老伙计"是姐妹俩对奥斯汀的昵称。

　　艾米莉对哥哥的固恋符合维多利亚风尚，乔治·艾略特的小说《弗罗斯河上的磨坊》（The Mill on the Floss）将这种情结诠释得淋漓尽致：麦琪满腔热情地希望侍奉哥哥汤姆一辈子，但事与愿违，冷漠的汤姆并不领情。现实中的艾米莉也常常会走过了头。艾米莉会在给奥斯汀的信中把父亲对奥斯汀来信的赞扬添油加醋地奉承一番——"喝彩震聋了喝彩……太阳坠入乌云–月亮在荣耀中升起–阿尔法、德尔塔，通通欢呼！"——奥斯汀说他看不懂，更喜欢"简单一点的风格"。[1]

　　奥斯汀的指责让艾米莉深受刺激，她当天就写了一封长长的回信："再次表明我之前的立场……我说话时我爱的人们在认真倾听，我知道了会开心得像个皇后。"艾米莉乐意随时随地做奥斯汀的家园，喜欢为他提供每周的信息和娱乐。有一段话是在艾米莉疲倦时写下的——"你不能指望有什么风格。这是真正的即兴之作，奥斯汀–我的口袋里一张纸条都没

1　这番指责促使维尼打开了话匣子，她顿时写下一封比平时长得多的信："艾米丽（Emilie）长期用她的信把你吹到天上，我认为一点'健康的常识'或许不会歪曲平实的英语，比如父亲喜欢的那种，你知道的。"奥斯汀对苏抱怨过艾米莉的一封"来自某块迦南地的信"，"她总是让他高高地悬在空中，无法片刻停留在地面"。——原注

有"——这显示出她平时是多么小心。她的庇护人大部分时候是满意的，奥斯汀告诉苏"艾米莉的信对我的意义就像玛蒂对你一样——她每周都给我写信——而且总是我喜欢读的内容"。

瑞典女高音歌唱家珍妮·林德的到来轰动一时，奥斯汀属于少数无动于衷者，其他家庭成员都到北安普敦观看了珍妮的精彩演出，曲目有陶伯特[1]的《鸟之歌》（Bird Song）、《回声曲》（Echo Song）、《从麦田来》（Comin' thro' the Rye），但大家也都没有被打动。艾米莉对珍妮"这个人，而不是她的音乐"更有兴趣，她在歌唱家的眼中幻想出一种对家的渴望。而整场演出中最有趣的对象是爱德华·狄金森，他比林德更吸引艾米莉的注意：

> 父亲整晚坐在那儿，一副疯疯癫癫、痴痴傻傻的样子，然而他是那么开心，你若看到肯定会笑死－演员们向观众鞠躬时，他说"晚上好，先生"－当演员退场时，他又说"很好－就这样吧"，这既不是讽刺，也不是鄙视，而绝对比讽刺和鄙视这两种美德要有趣得多，仿佛是老亚拉伯罕来看演出，觉得一切都很不错，只是有点太滑稽了。

苏不在的日子，艾米莉就特别依赖安静的玛莎·吉尔伯特的陪伴。1852年5月，她们"在一起悲伤地谈了很久，谈了（苏）[2]、密歇根、人生、我们的未来，玛蒂哭了，我也哭了，我们都很沉重"。"密歇根"是指玛莎到密歇根州照顾姐姐玛丽·吉尔伯特·勒尼德，亲眼看到她死于产褥热。"我们的未来"意味着年轻女人生命中的爱、婚姻、性和死亡。下个月这

---

1 卡尔·戈特弗里德·威廉·陶伯特（Carl Gottfried Wilhelm Taubert, 1811—1891），德国钢琴家、作曲家和指挥。

2 在这里和其他地方，括号内的单词是很久以后被人擦掉的，但仍然勉强可以辨认出来。——原注

两位朋友又在一起聊天，"在大门前的石阶上……聊人生和爱情，悄悄谈起我们儿时如何幻想这些至极至乐的事情"。正如现在是空虚一片，未来似乎同时装载着狂喜和危险。

"儿时幻想"的段落寄给了苏。苏珊给别人写信一贯使用泰然自若、彬彬有礼的口吻，人们想知道她会如何回复艾米莉越来越热情、越来越私密的来信，就像马维尔的单身汉所谓的"在信纸上燃烧的心灵之交谈"；艾米莉在信中引用了苏珊的话——"'如果你果真回家'，就多爱我一些'，你会吗"？——这表明苏意识到自己对艾米莉的躲闪并打算以后要积极回信。但是有谁能做到积极充分地回应艾米莉的来信呢？甚至她自己都承认"'眼睛看不见、耳朵听不见、心也无法构想'我的苏茜，我深爱的"——我的苏茜是她想象中的一个可以将自己全部的幻想耳语倾诉的人。除了玛莎生病一事，艾米莉很少提到阿默斯特镇的新闻，也对苏在巴尔的摩的生活只字不提，关注的焦点几乎都是自己的渴望与恐惧以及私人符号。事实上，她试图让她的通信对象把信写得"更为圣洁，更像苏茜的精灵"，再次显示出巴尔的摩的来信无法完美地配合艾米莉的精灵。

有一次，艾米莉预想玛莎和苏会相继结婚留下她一个人，她坦白说，仅仅是"想象孤单一辈子"就让她难过得哭起来。接着她的思绪又转到了死亡，"倘若我们这个亲密而珍贵的组合中，有谁死了……"于是，就开始勾勒那个令人痛苦的场景，这时她突然想到她的通信人仍在为姐姐服丧——对现实中的苏茜（而不是苏茜的精灵）来说，她的"珍贵的组合"已被拆散。艾米莉表现出一种居高临下的自我专注的倾向。这一点跟奥斯汀很像，他经常向苏提出建议，即使在不同的地点也可以在相同的时间做相同的事，比如吃栗子、读阿默斯特镇的报纸，诸如此类。这些不过是那位诗人所追求目标的另一个更日常的版本，那就是分享、控制苏的内心世界。

10 年后，苏有了家、丈夫和孩子，艾米莉显然已经意识到了自己一辈子单身的宿命，她寄给嫂子一首回顾往昔的书信诗，谈及她们的不同命运："你的富有教我懂得贫穷"（Fr418A）。这时的艾米莉已丢开了"'小女孩'身份"，劲头十足地投身于一项复杂的探索：充满欲望的悲剧人生。50 年代初期的她则完全不同，种种因素都促使她想入非非，她梦想和一个能干、独立且富有想象力的女孩一同分享幻想的生活。苏有一年时间不在，这留给成长中的诗人足够的空间，任她沉溺在这个梦想中，那是她之前没能从亚比亚·鲁特或简·汉弗莱或埃米莉·福勒那里得到的。她自己供认，本该做家务的时候，她却喜欢"躲开这一切，藏在亲爱的苏茜的怀抱"；别人都在教堂唱赞美诗，她却在"编歌词，一直唱着我有多爱你，你却走开了"；苏在信中写到她的"'所失和所爱'"（父母？姐姐？），艾米莉回复："别再哭泣了，好吗？苏茜，因为从今以后我的父亲就是你的父亲，我的家就是你的家，你去哪儿，我就去哪儿，直到我们肩并肩躺进墓园。"但这些能满足苏的需要吗？她能抛开悲伤，迎接这热烈的，甚至有点病态的未来吗？

还有几个星期苏就要回来了，艾米莉无法再回避这个已经浮现出来的问题。冒着巨大的风险，她提议苏回来后她们要亲密地谈谈"那些结合……两个生命合二为一"。苏是否拥有"美好的幻想，点亮（她的）全部生命"？她对苏的投降行为又作何感想："我们不该跑开……应该安静地待在这里，快乐起来！"艾米莉把男人比作"强有力的太阳"，把女人比作依赖太阳的花朵，这表达了她对男人在两性关系上的统治地位的恐惧以及她自己潜在的卑微心理。新娘当然会拥有暂时的快乐，但如果"正午的男人"对她失去了兴趣，而她却感到自己永远属于这个男人，那又怎么办？这些女人难道不是注定因欲望而自取灭亡吗？

她们渴望阳光，渴望灼热的正午，尽管正午将她们灼伤……
啊，苏茜，这太危险了，简直太昂贵了，这些容易轻信的灵魂，
以及那些更强大的我们无法抵抗的灵魂！当它来临时，我就感
到撕心裂骨，苏茜，我怕有一天，我，也会屈服。

艾米莉对"屈服"的恐惧如此深邃，不无根源：首先是她父母之间极
端的权力差异，然后是她在复兴运动中所经历的内心挣扎，她需要把自己
的一切都"交出去"，献给救世主，再后来，就是她和玛莎泪水涟涟地谈
到"密歇根"以及那预示着什么。这种恐惧在黛娜·克雷克的《一家之主》
中已有过具体描绘，两个月前艾米莉向苏提到过这本书，其中，奥维德的
故事给艾米莉留下了深刻印象：克洛泰深深爱着太阳神阿波罗，最后化
为一朵花，永远追随他所在的方向。[1]这部小说里的雷切尔·阿姆斯特朗
的人生把艾米莉的困境栩栩如生地展现出来，雷切尔对那个骗子的爱也经
历了自我变形，她的

爱疯狂、真挚而无望，恰似克洛泰对太阳神。直到有一天，太
阳俯视它的领地，终于看到了这朵花，是他的光来唤醒了它的
生命——于是，他看见它，爱上它，将它捧在心上。可怜的花
朵感到万分满足，哪怕太阳的强光将她烧焦至死，至少她能在
他的怀中停留一个时辰。

花朵被晒焦，雷切尔被抛弃，然后变形：诗人意外地发现了她的一

---

1 根据古希腊神话传说，克洛泰（Clytie）爱上太阳神赫利俄斯（Helios），被后者抛弃之后，她
脱光了身子，坐在岩石上，不吃不喝，凝视太阳，经过九天九夜，化作天芥菜属植物。在晚期
神话中，太阳神赫利俄斯和阿波罗混淆，生长在岩石上的天芥菜属植物则被后人转换为向日葵。
这个神话故事的一个详细版本见古罗马诗人奥维德的《变形记》。

部分基本素材，然后扩充改编之，以一种气喘吁吁的口吻透露给远方的知己。[1]

可是，这位她努力构想出来的红粉知己——苏茜的精灵，跟苏茜的肉体不是一回事。苏茜的肉体是个在困境中挣扎的活人，她不得不对艾米莉隐瞒她的秘密恋情，她不是无望的花朵，而是一个很有手段的女人，正积极准备展示她的身手。1852 年 7 月苏计划回阿默斯特镇，日子一天天临近，艾米莉焦躁不安地质疑那个迷人的美梦是否真实："你真的会在下个星期六回来吗？你又是我的了，像过去那样吻我？……或是我在幻想，在做那个被赐福的美梦，直到有一天终于被唤醒？我……感到我现在必须拥有你——这个期盼……让我浑身发烫、狂热，心跳加速。"让她如此焦灼的究竟是什么，是这个欲望还是害怕从这个诱人的幻想中惊醒？她自己似乎并不知道，她感到"如此可笑"，几乎希望"这珍贵的一天不要来得这么快，等到我知道该如何感觉、做好思想准备了再来"。"为什么，苏茜"，她说，"就好像我不在身边的恋人回来了"——那个既令她渴望又令她恐惧的恋人。

1　克雷克的另外一部小说《奥利芙》（那年春天狄金森可能读过此书）里有一个重要的主人公罗思赛夫人，是一个得不到爱的妻子。这部小说的一个主题是关于拒绝，拒绝那个"让人渴求、抢夺、珍爱，而后厌恶、忽视、轻蔑的东西"。——原注

美的定义，就是

The Definition of Beauty, is

没有任何定义 —

That Definition is none —

对于天堂，免去分析吧，

Of Heaven, easing Analysis,

因为天堂与他合二为一 —

Since Heaven and He Are One —

1852

第五部分
Part Five

1858

第十三章

1852—1854 年：生活在避风港里

狄金森一家在西街的大房子里已经生活了 12 个年头，每一天、每一个季节的日常活动都像树根一样固定下来。夏秋季节，他们采摘桃子、葡萄、获过奖的苹果，还有无花果；到了吃饭的时间，他们最喜欢一种由全麦面粉烤制的"格雷厄姆"面包，还在"冒着烟"（艾米莉的说法）便直接从烤箱端上餐桌；到了 11 月初，他们会把餐桌从餐厅抬到温暖的客厅，过不多久，就到了新英格兰一年一度的节庆，他们用心准备丰盛的食物，虔诚地纪念祖先。[1]

秋天是奥斯汀的季节。他在哈佛法学院学习了三个学期，因为长时间待在阿默斯特，他的学位是导师为他提出申请后才获得的。当他的衣服需要清洗和修补时，他就把它们装进行李箱寄回家，这是母亲和妹妹们极力坚持的安排，待她们洗好补好后再寄回哈佛；一并寄去的还有精选的苹果，擦得亮光光的，用干净的亚麻布包裹好。艾米莉用铅笔而不是钢笔给奥斯汀写了很多信，不厌其烦地抒发对哥哥的思念，并报告她和父亲如何喜欢读他的令人捧腹的来信。虽然如此，父亲近来的神情变得十分严肃，

---

1 这里指感恩节庆。1621 年兴起于马萨诸塞州普利茅斯殖民地，之后，庆祝感恩节的传统逐渐传遍了新英格兰地区及其他各州，成为一个传统节日。

这让两个女儿忐忑不安。一天晚上，维尼为了让父亲高兴，为他读了一段范妮·弗恩[1]的"辛辣"小品。弗恩是一个狂妄的通俗专栏作家，笔调时而刻薄时而端庄。维尼拿在手中的很可能是弗恩的第一部畅销书《来自范妮文件夹的蕨叶》。父亲的情绪有所缓和，但他建议语速过快的维尼把每个词的读音都要读完整。

有时，艾米莉第一个起床，她会下楼生火，为家人做早餐。冬日清晨做家务活，光线微弱。如果我们此时坐在阴影中，听着铁具发出的叮当声，看着她往壁炉里扔木头、调整火势、为烤炉加温——我们绝不会再觉得她是无望的。

父亲的责任

1852 年 3 月，住在布鲁克林的姑妈玛丽·狄金森因肺结核去世，同年 12 月，玛丽的丈夫马克·哈斯克尔·纽曼也死于肺结核，撇下一群孩子。纽曼家的男孩被指定由伍斯特市的威廉·狄金森作监护人；女孩们则由爱德华监护，其中，年纪较大的两个出于自愿选择，年幼的两个（克拉拉和安娜）则由遗嘱鉴定法庭判给爱德华监护。1853 年 4 月，爱德华带着纽曼的四个女孩和她们的爱尔兰女仆，还有纽曼的妹妹、寡妇汉娜·纽曼·费伊一齐回到阿默斯特镇。爱德华准备把 13 年前从表兄内森手中买下的那座公地的房子作为孤儿们的新居所，由于梅里尔夫人的寄宿公寓拒不接待女仆，所以在房子收拾妥当之前，一行人只能暂住狄金森家。

1　范妮·弗恩（1811—1872），原名莎拉·威利斯（Sara Willis），美国报纸专栏作家、幽默作家、小说家。1853 年，弗恩将专栏文章结集出版，取名《来自范妮文件夹的蕨叶》（*Fern Leaves from Fanny's Portfolio*），当年就卖出 70000 册；"弗恩"（Fern）这个名字，字面意义即"蕨类植物"。1854 年发表自传体小说《露丝·霍尔：一个当今的家庭故事》（*Ruth Hall: A Domestic Tale of the Present Time*），受到普遍赞誉，甚至得到霍桑的好评。到了 1855 年，弗恩成为美国收入最高的专栏作家。

狄金森家的孩子们完全不喜欢这四位来自城里的、虔诚的表姐妹。艾米莉语带讽刺地说，她们的到来，还有斯威策家的表兄们的到来，会让奥斯汀"高兴"；维尼则担心"只要我们活着，这关系就会一直保持下去！"她看到孤儿们"完全被动地坐着，等着父亲的下一个指示"，就不胜其烦地感叹道："父亲揽上这件操心事真是糟糕。"艾米莉的排斥心理也不亚于维尼，不过，她面对此情此景的态度多了一些自我反思："纽曼家的女孩们看上去讨人喜欢，但是她们跟我们不一样。究竟是什么让我们几个跟别人不一样呢？这是我常常问自己的问题。"

很快，费伊夫人嗅到了冷淡的、被孤立的气味，她向阿比·斯威策抱怨了一番，阿比转过身马上告诉哈丽雅特·卡特勒，哈丽雅特告诉苏，最后，苏再将这个没良心的怨言传回维尼。维尼一下子火了，她告诉奥斯汀她要去找斯威策夫人说清楚，"把过去所有的不满，一桩桩数给她听，看她还能说什么……她太嚣张了"。维尼的计划被奥斯汀制止了，他的态度把狄金森家孩子们的权利意识表达得清清楚楚：

> 如果她觉得这样更高兴，就让她说去吧……至于那个可怜的、焦躁的老寡妇（费夫人），也由着她去……如果她叫得太凶，影响你睡眠，就去告诉父亲，让父亲去通知她，这里已经不需要她了，再雇一个更有用的女孩来照顾那些孩子。我们可以随时把她赶出这所房子，她不敢说一个"不"字。

对爱德华来说，真正的麻烦是纽曼十分欠考虑的遗嘱，其中有大宗复杂多样的财产都捐赠给国内及国外的传教机构。纽曼不太在意后代们在世俗世界的利益，他关心的是拯救灵魂的福音事业，所以他只给五个孩子留下三分之一的净资产——25000美元。尽管遗嘱中还留有第二笔相同数目的款项作为子女的生活和教育开支，但他们只能拿到利息，主要资金及剩下的不动产全都交给美国家庭传教协会。这些条款与爱德华总是优先考虑孩子的做法完全相反，而且，这些条款所包含的责任和义务往往互相掣肘，让他这个集监护人、遗嘱执行人、财产托管人于一身的角色十分难当。此外，他还不得不暂时维系与纽曼的合伙人的协议关系，处理布鲁克林价值不菲的地产，一块 4000 平方英尺的地皮，从克林顿大街一直延伸到范德比尔特大街。这比爱德华自己的地产要复杂得多，作为外州律师，他未能及时意识到遗嘱赋予他的部分权利在纽约市是无效的。1853 年春天，爱德华很快以 22000 美元的价格卖掉了纽曼的房子，但五年后他才意识到所有权凭证没有提供清楚。为了保护继承人和自己的合法权益，他只好求助于金斯县布鲁克林最高法院（布鲁克林的审判级法院，而不是上诉法院）重修遗嘱。据后人回忆，纽曼家的孩子们最后得到了"一大笔教育津贴"，超过了原始遗嘱中的数目。

1852 年 8 月爱德华又碰上了另一桩麻烦事。第一教堂的阿龙·科尔顿牧师萌生了退休的想法。塞缪尔·C.巴特利特牧师的一封信件透露，在为第一教堂寻找合适的牧师继任者的微妙工作中，诗人的父亲是一个关键角色。巴特利特刚从俄亥俄州的"西部保留地"回到新英格兰，以虔诚、品位和智慧为人称道，他后来做了达特茅斯学院的校长。9 月，爱德华告诉巴特利特，阿默斯特第一教堂有个牧师职位空缺，邀请他择日共度"安息日，并在我们的圣坛上布道。你可以完全自由和自信地回答"。行事谨慎的律师补充道："我现在不便多说。"狄金森家的孩子非常熟悉这句谨慎的客套话。上年，艾米莉在给奥斯汀的信中上演了她独特的模仿秀："我们的教堂更有趣了，锡安山抬起头－我无意中听到有关耶路撒冷的谈话，我今天不便多说！"

在这个寻找新牧师的过渡期，两位由供职委员会聘请的临时牧师的表现让爱德华大为光火。快 70 岁的菲尼亚斯·库克牧师身高六英尺六英寸，过去在新罕布什尔州担任圣职，退休后住在北阿默斯特。他是一位严格的正统派，人们总是记得他威严的风度，友善、坦率、快人快语。有一次他用《新约·哥林多前书》（1：13）"基督是分开的吗？"作为自己演讲的题目，认为《圣经》教义中关于堕落和神圣选举权的内容已经说得非常清楚了，人们对此不该有任何疑问。在某个圣会的最后一场布道中，他对刚把他解雇的信众说："有罪的人啊，这是我的告别演说，让我告诉你们，如果我知道你在受审判，不管你是谁，无论你现在忍受着何种厄运的折磨，我必须对你说，阿门。"1853 年 1 月至 3 月，库克成为第一教堂的本堂牧师，他一直工作到 3 月 27 日生病后才休息，一个月后不幸死于流感。奇怪的是，爱德华非常看不惯这位继承了祖先优秀品质的牧师，维尼注意到父亲"对库克牧师[1]很恼火，上个礼拜天他甚至不许我和艾米莉去教堂。"3 月 20 日，正是爱德华禁止女儿去教堂的那一天，也是库克牧师的最后一次布道，之后他的病情急剧恶化。父亲"希望"母亲最好也不要去，但母亲还是去了，听到了这位意志坚定的老牧师的最后一次布道。

供职委员会提供的另外一位临时牧师约翰·亨利·马丁·利兰给狄金森家留下的回忆是一个笑柄。利兰是前阿默斯特学院司库的儿子，他显然是个差劲的布道者：根据学院校友录，利兰的牧师经历包括在几个偏僻的乡镇担任过短期圣职，然后就很快拿着一份"火灾保险"退职了。1853年 5 月，利兰从缅因州的圣会退职回到阿默斯特镇。6 月的第一个礼拜天艾米莉写信给奥斯汀：

---

1 这位牧师一直被当作是乔治·库克，不过，当年本堂区的账目上写着：1853 年 4 月 5 日"菲·库克"领取薪水 99 美元。还有一张 5 月 17 日的原始单据显示支付的薪水为 109 美元。坚韧而诚实的老人在单据上写道，"多出了 10 美元，减掉后为 99 美元。菲尼亚斯·库克"。——原注

其他人去听马丁·利兰牧师的布道。今天午前我在一种近乎狂怒的状态下已经听过他的布道了……今天的朝会真是可笑至极，中途休息的时间我们都用来模仿他的样子……我从没见过父亲说话那么滑稽过……（在教堂里）他不敢看苏一眼－说他看到苏的软帽朝我们这边走来，他只能"直视前方"……他还说如果有人问他（觉得布道如何），他会以手贴口，口贴尘埃，大喊，不洁净－不洁净！！

爱德华是在戏用《旧约·耶利米哀歌》中的诗句，那里描写的是耶路撒冷城和神殿的毁灭："他当口贴尘埃"（3：29）以及"不洁净的，躲开，躲开"（4：15）[1]这里，我们捕捉到了爱德华那古怪的幽默感，通常是隐而不发的。

父亲向来是众人心目中稳重、权威的代表，所以他突发的幽默吸引了艾米莉的关注。1850年一群不知名的大学生举办了一场公开的滑稽模仿秀，爱德华的尊严也成为被模仿的对象。节目单显示有撒旦的小鼓独奏，还有"阿默斯特的雄心勃勃女孩"（难道也包括最近在《指引》上发表情人节诗歌的艾米莉？）的一首歌曲。供众人狂欢的最后一个节目是《司库的大崩溃乡村音乐伴奏》。这个节目很有意思，我们忍不住想象诗人严厉的父亲如何身穿大衣打着领带，上身僵直，双脚发疯似的搅起尘土。他一边跳舞一边痛惜地咕哝着"不洁净，不洁净！"。

在爱德华的带领下，供职委员会找到一位牧师候选人爱德华·S.德怀特，他受到了众人的一致认可。与辛辣的科尔顿相比，德怀特在布道台上的表现更为优雅，他给乔治·C.谢泼德留下了非常好的第一印象，对

---

1 这是当时的演说文化中的一个修辞。1852年乔治·T.戴维斯在众议院发表演说，敦促他的反对者"以手贴口，口贴尘埃，然后道歉"。——原注

方把他描述为一位"英俊、讨人喜欢、擅长社交的绅士"。跟菲尼亚斯·库克牧师不同，正统教义经他一讲不但更顺耳了也更现代了，大家都被打动了，甚至艾米莉也觉得他是最佳人选。她跟教会一起担心他会不会拒绝这个职位，而且，她还开始重新参加午前和午后的集会了。"他的布道棒极了，"她写信告诉奥斯汀，"我多希望你也在这儿。"

尽管狄金森经常向牧师寻求建议和安慰，德怀特却成为最后一个吸引她定期去听布道的牧师。有段时间，狄金森甚至一个人去过教堂，坐在右侧通道比较靠前的狄金森家固定的长凳上。她在信中描述过她如何走向那张显眼的长凳，如何厌恶众人的目光，如何需要有亲密的同伴陪在身边。有一次她提前五分钟到教堂，"就不用在大家都坐定后再进去"。有一段时期，维尼去上学了，苏也不在旁边的卡特勒家的长凳上，狄金森感到在众人的盯视下极不自在："通道怎么变得又宽又长……我哆嗦着往前挪步－终于到达我的座位！我徒劳地想躲在你的羽毛里－苏茜－但是羽毛和鸟都已飞走，我坐在这儿叹息、奇怪，我怎么会这么害怕，整个世界没有什么需要我害怕的－不过，有幽灵。"为了让这种恐惧显得合理，她写道，苏不在的日子里，"这世界在盯视，我发现我需要更多的面纱"。[1]

到了 1860 年，德怀特牧师不再受欢迎，他妻子的健康状况又很糟糕，是到了该请辞的时候了。在谢泼德眼中，德怀特最后畏缩成一个裁缝的模特架子，"只是一个精致的小人标本，穿着搭配好的一身黑外套，打着黑领结"。他的布道从不"出错——既不指引人也不启发人——他成了一件漂亮虚无的摆设！"谢泼德（他在神学院教授如何讲道）的愤怒不是没有来由的，只要翻看一下德怀特出版的薄薄的文集，再听他用那平淡无味、

---

1 这番话之后，紧接着是狄金森信件中很少谈论的婚姻话题："弗兰克·皮尔斯认为我是指结婚（berage）面纱，他还兴致勃勃地打算进一批结婚面纱的'货'，但是亲爱的苏茜知道我说的是什么。"伤风感冒时，"结婚（marriage）"听上去就像"Berage"，显然，诗人是在模仿皮尔斯的腔调。——原注

不温不火、令人生厌的声音布道，就能理解谢泼德的不满。后来德怀特做了阿默斯特学院的职员，他终于找到了自己的用武之地——一个小小的文案秘书。威廉·S.泰勒撰写了一篇德怀特的简明传记，在这篇不冷不热的传记中，传主的可取之处只提到了一件：德怀特作的记录"整洁、得体、信实"。

艾米莉到最后也对德怀特的布道失去了兴趣，不再参加集会，但她始终是牧师夫妇忠诚的朋友。德怀特牧师的主要思想包括宗教教育的自愿性和政教分离。从根本上说，德怀特跟科尔顿、库克、谢泼德及其他福音派牧师的区别在于，他绝不咄咄逼人。艾米莉之所以喜欢这个"漂亮虚无的摆设"，是因为他提供了一种保护——以便她躲在后面编织那个复杂的、让她有安全感的"面纱"。

阿默斯特与贝尔彻敦铁路

狄金森相信父亲的正直，并希望他无往不胜，但对父亲具体的市政工作、生意、政治活动等，她并不是很清楚，这一切对她的影响主要在于，她要招待源源不断到家里来拜访的各类客人，诸如神职人员、法官、地方长官等。她对父亲事业上的成功非常在意，如果不小心让她听到有谁赞扬父亲的竞争对手是"阿默斯特镇最好的律师"，她会愤怒地指责这种看法是"人类最轻率的判断"。

那么，对于父亲积极反对女权主义的态度，20岁出头的艾米莉有什么反应呢？遗憾的是，没有任何相关记录足以解答这个有趣的问题。1853年，曾经当过老师的普鲁登丝·W.伊斯门以家庭暴力为由，起诉她的牧师丈夫并要求离婚。根据当事人提供的证词，原告的丈夫严厉苛刻，她长期遭受"神经刺激"。普鲁登丝的母亲亲眼见过女儿身上的瘀伤，亲耳听见她在紧闭的门后痛苦呻吟，并证实牧师确实犯下了所诉罪行——企图将妻子"强行限制"在家里并逼她进精神病院。妻子一方的律师是州检察长、杰出的出庭辩护律师鲁弗斯·乔特；丈夫一方的辩护律师是爱德华·狄金森。《春田共和报》一直跟踪报道整个庭审过程，把爱德华的辩护称作"有力的进攻""战火一直烧到了非洲"。他找到好几位证人，基本上是女人，证明她"有时非常激动，语速很快，还会大把大把地掉眼泪"，这样一来，他便巧妙地把普鲁登丝情感上的脆弱解释为"精神错乱"，使妻子一方陷入劣势。我们知道艾米莉当时密切关注《共和报》，可是，上诉被驳回之后，她究竟同情哪一方，我们只能靠猜想了。

爱德华在这段时期完成了两件大事：为阿默斯特镇带来了铁路以及他本人当选为国会议员。艾米莉对这两件事的反应我们倒是知道不少。

许多年前，爱德华曾尝试将一条铁路支线引到阿默斯特，未果。1850年，一条铁路线从新伦敦修到了阿默斯特附近的帕尔默，爱德华决定再试一次。考虑到修建支线回报率太低、很难找到资金来源，众人决定提议另修一条北起帕尔默、穿过贝尔彻敦和阿默斯特、终点设在蒙塔古的交叉线，正好与现有的干线相连接。于是，爱德华·狄金森、卢克·斯威策和伊塔马尔·康基等人联合组建了"阿默斯特和贝尔彻敦铁路公司"，并开始筹集资金。《罕布什尔和富兰克林快报》(*Hampshire and Franklin Express*)拍手称快并鼎力支持；阿默斯特学院授权司库狄金森以100美元一股的价格购买50股股票（尽管部分学院理事质疑这项投资的风险性）。本地居民也被吸引到这项投资冒险活动中。反对派的声音也随之而来，主要是一些农民不愿意他们的土地被拦腰截断，[1]但这阻止不了修建铁

---

1 1852年，南阿默斯特的托马斯·黑斯廷斯（Thomas Hastings）向最高法院递交了一份满含怨气的请愿书。爱德华和孔奇等人组成的律师团打败了托马斯，他们两个同时是铁路公司的董事会成员，这决非偶然。——原注

路的热情。

1852 年 2 月，400 多人聚集在斯威策家的大厅收听新闻广播：已售出的股票达到了一定数额，新伦敦、威利曼蒂克和帕尔默公司决定动工。爱德华等人在集会上发表了演说，大炮鸣响。两天后奥斯汀收到了父亲的纸条，那洋洋得意的心态与干巴巴的喜剧文体相得益彰：

> 在今天的《快报》上你就能读到编辑写的赞美文章啦，阿－贝铁路已是"板上钉钉的事"。合同已经签订，工人们下个星期就要在圆木镇动工－用不了多久，我们就能看到那些活动的小木屋带着粗大如面粉桶的烟囱呼呼冒烟啦……
>
> 阿默斯特历史上的两个伟大时代：
> 1、一所学院的建立
> 2、一条铁路的修建
> 在这里我们"立起自己的以便以谢（Ebenezer）"。
> 呵哈！！

根据《旧约·撒母耳记上》（7：12），"以便以谢"或称作帮助之石，它的树立是为了铭谢上帝显神迹，在以色列人与非利士人的战斗中帮助以色列人取胜。《旧约·约伯记》（39：24—25）中的战马"将地吞下……角每发声，它说呵哈"。

信封里还装了一封艾米莉的报晓信：

> 每个人都很振奋，万物都被唤醒，人们涌上街头奔走相告，兴奋不已……想想吧，奥斯汀，工人们下个礼拜就要动工啦；我确实相信我们应该跪拜第一个来这里的"爱尔兰之子"，他翻

出的第一块草地应该永远保存，那是我们英雄的父亲们斗争与胜利的象征。老伙计科尔顿·史密斯和他妻子，手挽着手满足地说，"嗯，我宣布，我们终于办到啦。"－办到了，你们那一套都没用！我们做到了，管它讥笑还是同情，以及来自四面八方的侮辱；我们要坚持到底，不论地上还是天上！

信中的诗人似乎完全站在父亲的一边，呼应了父亲的党派偏见和模仿嘲弄的语气。这时的艾米莉俨然一匹呵哈的战马。

不过，等到了1853年夏天，新伦敦的居民到阿默斯特庆祝铁路通车，艾米莉表现得像个旁观者，在森林和工业进步之间，她宁要森林：

> 跟往常一样，父亲是那天的大元帅，在新伦敦人的簇拥下绕镇游行，犹如胜利日的某位古罗马将军……一节节车厢火花般掠过，在这里在那里四处绽放。所有人都说好。可能是吧－我坐在泰勒教授的树林里看着火车开走了就马上跑回家，生怕有人看见我，或问我在干什么。

最初的设想是分两段来修这条铁路：第一段九英里，从帕尔默到阿默斯特镇；剩下的一段一直延伸到蒙塔古。第一段修完之后发现资金耗尽，第二段的计划就被无限期推迟了，于是，这条铁路最终只是一条支线。工程总计花费了29万美元，远远超出了修建客货两运铁路的成本。庆祝会一个月后，维尼报告说，父亲"对所有新伦敦公司都十分气愤，他们太卑鄙太放肆了"。《共和报》公开抱怨阿－贝公司迟迟没有支付印刷费；一家全国信用评级公司在阿－贝公司财务总账中发现，他们发行的股票没有一点红利，公司只能通过为"还款找担保人"来筹集资金。爱德华从来都是本地发展建设的有力后盾，这次也不例外，截至 1854 年底，他共买入价值 8100 美元的阿-贝公司的债券。不过，有人注意到，爱德华所买的债券属于有偿债券，与阿默斯特学院持有的股份性质不同。

狄金森那首著名的描写火车的诗，以第一人称叙述者的视角兴致勃勃地观察一匹铁骑不由分说地疾驰而来，吞没了大地与江河，遇到崎岖的山坡还会发出尖利的咆哮声。根据查尔斯·安德森的看法，她的火车没有搭载任何货物或乘客，其存在只是为了演示强大的机械的意志力，令旁观者叹为观止。最后，按照多姆纳尔·米切尔的说法，火车头只不过是"看起来无可阻挡"：

> 我爱看它舔食一里又一里-
> 看它一个个舔掉山谷-
> 停在水槽边灌饱自己-
> 然后-又迈开惊人的步履
>
> 盘旋在群山之间-
> 目空一切地-瞥一眼
> 道路两边-简陋的小屋-
> 然后是一片被削平的基岩
>
> 以适合它的腰身
> 一路攀爬而过
> 一路抱怨-发出
> 可怕的-呜呜的音节-
> 然后朝山下猛冲-

一声雷鸣般的嘶吼

然后，准时如星辰

温顺而又万能地停靠

在自己的马厩 —

Fr383

　　这首诗完美地展现了工业革命带来的摧枯拉朽的力量，也没遗漏掉小木屋和被削平的基岩。不过，诗歌以一种纯真的安心的田园牧歌情调作结：铁马平安地回家了。这首诗唤起了狄金森生活中的两个互相冲突的现实：她同情父亲一往无前修建这条铁路的热情，她依赖父亲为她提供田园牧歌式的避风港。她和这个火车头一样，都具有典型的矛盾特征：野性难驯与圈养在家，无所不能与温柔顺从。

　　抛开诗歌，让我们看看阿默斯特铁路支线的真实情况吧。海伦·亨特·杰克逊在《梅西·菲尔伯利克的选择》（*Mercy Philbrick's Choice*）有这样一段描述：杰克逊乘坐火车准备去支线终点站的村子，还没到站，车里就只剩下两个乘客了，售票员告诉他们，原来铁路公司计划"与北部的干线相接；但工程停了，因为没有资金了，大部分时候，最后这十里路的火车上一个乘客也没有。我们镇的人大多数都走另一条路——水路。更近，而且还便宜"。阿-贝公司的实际情况如此暗淡，跟诗歌的调子无法相提并论。真正激动人心的是那种雄伟的决心，试图拥有排山倒海的力量，这是爱德华和艾米莉共同追求的东西，只不过方式截然不同。

无回报的忠贞不渝

　　爱德华在国会的一届任期不幸成为他政治生涯的谢幕演出，期满后他变成了一个沮丧的靠边站的无党派人士。爱德华简短的国会议员生活却带给狄金森两个重大影响：第一，她遇到了那个男人，下一章我们会看到，他是她心目中"尘世间最珍贵的朋友"；第二，父亲在政治上的孤立处境让她得以理解并直面自己未来的命运。

爱德华不是靠竞选为生的职业政治家，所以他不必为了紧跟主流政见而随时调整自己的观点。当时党派间的争论有一个激烈的焦点就是奴隶制。爱德华对奴隶制的憎恶似乎是显而易见的：大学一年级时他就认为"一个人奴役自己的同类显然是不公正的"。1840 年阿默斯特镇的三个黑人绑架了一个 11 岁的黑人女孩，想阻止这个孤儿被卖到奴隶市场，爱德华站出来为他们充当辩护律师。另一方面，爱德华也反对废除奴隶制，他认为如果联邦政府禁止奴隶交易会侵犯州权，破坏宪法。爱德华与其他保守派辉格党成员认为，美国的建国文献本身就是谈判和妥协的结果，文献实际上承认了蓄奴制的合法性。建国文献中出现的这个最初的灾难性的缺陷令爱德华和众人都无法面对。

爱德华沿用了辉格党的经典做法，他反对建立新的蓄奴州，但不允许联邦政府干涉州法。爱德华追随丹尼尔·韦伯斯特支持《1850 年妥协案》（*Compromise of 1850*）。这项妥协导致美国南方公布了《逃亡奴隶法》（*Fugitive Slave Law*），作为交换条件，加利福尼亚州获准成为自由州并获得其他政策。废奴主义者群情激奋，指责韦伯斯特，马萨诸塞州的辉格党保守派却一直站在韦伯斯特身后，成为捍卫《1850 年妥协案》的中坚力量。从那以后，爱德华发现自己与奴隶制的支持者，如威廉·C.福勒（埃米莉·福勒的父亲），成了同道中人。多年后，爱德华阅读辛顿·黑尔珀的《迫在眉睫的南方危机》（*Impending Crisis of the South*）一书，在关于韦伯斯特憎恶蓄奴制的段落做了标记，因为这似乎也是在为他自己辩护。

1852 年 6 月爱德华作为地区代表前往巴尔的摩参加辉格党全国会议。

他在家信中平淡地说"全世界的人都在这儿，还有来自其他世界的人"。他也说自己很高兴，找到"很多老朋友"。艾米莉对此感到很宽慰："父亲终于跟一群志同道合的人在一块儿了，他们知道他到底是怎样的人。"艾米莉知道，尽管父亲是个恋家的男人，但他更需要在政治和原则的斗争中获得男人的一席之地。孤独的恐惧，无论是父亲的还是其他人的，都让艾米莉牵肠挂肚。[1]

支持韦伯斯特的力量很有限，因此很难获得党内提名，最后，战争英雄温菲尔德·斯科特将军被提名为总统候选人，他在人们眼中是一个反对蓄奴制的南方人。因为爱德华是党内坚定分子，9月他被任命为马萨诸塞州第十届国会选区议员。但是辉格党内部出现了分裂，北方的辉格党在生机勃勃的"自由之土"运动中分崩离析，南方的辉格党人则转而投奔民主党。马萨诸塞州的辉格党向国会输送了一批辉格党中坚分子，其中就包括爱德华，他在12月的一次决定性的竞选中赢得了超过一半的票数。但是，在全国范围内，斯科特一败涂地，辉格党从此一蹶不振，丧失了政治力量。[2] 爱德华虽然仍可以去华盛顿就职，但身为辉格党的残兵败将，没有人还会理睬他的意见。

艾米莉显然听说了父亲在12月16日取得险胜的消息。竞选结束的第二天，艾米莉给苏写的纸条上流露出的那种情绪，似乎更像是兴奋而不是沮丧，但其语调模糊不定，难以索解。纸条第一句话便宣布自己惊呆了，被赶出了她自己的领地："我很遗憾地告诉你，昨天下午三点（那时

---

1 奥斯汀返回坎布里奇后收到艾米莉的来信："回到威尔夫人家，你觉得孤独吗？"艾米莉给埃米莉·福勒（当时弗朗西丝·A.马奇不在她身边）的信中提到："我担心你会孤独。"在福勒结婚后，她写信说："礼拜天晚上你父亲来了……我觉得他看起来孤孤单单。我觉得他变老了。想必他一定是多么孤独啊——我很难过。"给玛丽·海文（阿默斯特学院教授的妻子，她的丈夫在芝加哥找到一份新工作）的信中，她写道："我知道你很孤单。"——原注

2 在这次竞选中，民主党的富兰克林·皮尔斯大获全胜。1852年辉格党迅速瓦解，随后被共和党取而代之。

她听到了获胜的消息？），我的脑子突然不转了，自那以后一直处于静止状态……因为不幸的神意，一个智力与道德并具的人被无情地扫地出门。"接着她像是在做一连串的即兴演说和角色扮演，像是获胜的政客大佬："我看到波士顿的报纸说吉丁斯又冒出来了－希望你和科温赶快安排一下，务必把北方的事摆平……我已经订购了 52 捆黑核桃木。"乔舒亚·吉丁斯和托马斯·科温是前辉格党和现任辉格党成员中支持废奴制的一派。无论庆祝胜利的篝火需要多少木材（爱德华的木料堆完全可以应对庆祝活动的需要），52 捆黑核桃木显然是太多了。

1853 年 12 月，国会开始了为期 8 个月的会期，爱德华离家前往华盛顿。艾米莉拿出一张印有国会大厦浮雕装饰的信纸，画了一个戴满羽毛的印第安人走向一个半球形的大厅，旁边配有说明文字："第十选区议员。"画中还有一个冒烟的烟囱，并用粗线条强调曲线的屋顶，艾米莉巧妙地把国会变成了棚屋——一种东北部印第安人的圆锥形建筑，这是民主党政治机构的象征符号，从坦慕尼协会[1]时代起就一直沿用。由于东北部的民主党有很多爱尔兰裔的支持者，这幅画还让人联想到小木屋和圆桶烟囱。艾米莉试图表达：国会已是民主党的大本营，画中的第十选区议员单枪匹马走向一场未知的战斗。

艾米莉的画还讽刺了父亲身上的那种小镇人的粗鲁和凶狠，所有人都认为这个缺点确实应该改一改。父亲寄回贺卡，维尼点评道，"他说他不懂礼节，但正在学习中"。然而这个傲慢的新英格兰人根本不想改变自己对华盛顿的看法，他在给奥斯汀的信中说，这里"缺少一种把一切凝聚在一起的精神""漠不关心的空气使每个人对一切美好的事物都麻木不仁"。

---

1 坦慕尼协会（Tammany Hall）建立于 1789 年 5 月 12 日，最初是美国一个全国性的爱国慈善团体，专门用于维护民主机构，尤其反对联邦党的上流社会理论；后来则成为纽约一地的政治机构，并且成为民主党的政治机器。

没有什么能胜过爱德华对家庭和社区的忠诚。在得到许可后，爱德华在1854年1月回到马萨诸塞，为当地的一桩诉讼案充当仲裁人，2月又回来帮助促成了一项交易。

也许就在这往返的旅途中，爱德华想到了安排妻子和孩子们参观华盛顿的主意，两个女儿都被纳入考虑。但是对其中一个痛恨旅行的女儿则要特殊关照，对付她那古怪的脾气需要一点技巧。爱德华是这样告诉奥斯汀的："我已经写信给家里，让拉维尼娅和你陪着你们的母亲一块儿来——还有艾米莉，如果她愿意——我不坚持她一定得来。"

这将是狄金森夫人与维尼的一次时间最长的旅行，出发前她们紧张地置备衣服、采购用品。艾米莉在此期间写下的书信对于错过这次盛大的旅行没有流露出丝毫遗憾之情。让维尼为难的是该不该"撇下艾米莉"，但她很快决定让苏珊·吉尔伯特来陪伴姐姐，让阿默斯特学院的学生、堂兄约翰·朗·格雷夫斯作护卫。所有人都觉得一个23岁的女人不能单独留在家里。

75年后，格雷夫斯的大女儿在《波士顿礼拜天环球报》（*Boston Sunday Globe*）中回忆起父亲对她说过的话："狄金森先生作为阿默斯特的国会议员代表常常待在华盛顿"，当他的妻子和女儿需要"一个男人保护时"，格雷夫斯就会搬到狄金森家。有时格雷夫斯被钢琴声唤醒，艾米莉早上告诉他，"夜晚可以更好地即兴创作"。这段回忆在1856年艾米莉给格雷夫斯的信中得到了印证："我弹奏着那些古老－而又古怪的曲调，它们在你遵循老实人的古训按时就寝之后，常在你头边掠过－唤醒了亲爱的苏，让我发狂，以其忧伤和快乐。"

关于那些西街的夜晚，苏的描述却截然不同。在一封信的结尾，她透露自己"一整天心情都不好"，非常想见到玛莎和巴特利特，"我忘了告诉你"，她说，"我陪艾米莉住在她家，其他人都去华盛顿了——我们几乎每晚都把对方吓个半死——除此之外，我们都是各干各的"。这暗示白天艾米莉和苏珊互不干扰，这封信也没有表明苏珊陪伴艾米莉有什么快乐可言。苏多年后曾回忆起自己年轻时对夜晚的恐惧，与这里的说法是吻合的，[1] 不过，这些说法与诗人夜里在家弹钢琴的乐趣是有矛盾的。艾米莉在后来的书信中也表达过对黑暗的恐惧，不过这些信全都写于 1855 年搬回狄金森家宅以后。

在华盛顿，爱德华被任命为春田和哈珀渡口一家国有兵工厂的特别内务委员会委员。当时兵工厂正陷在争论的旋涡中：这些兵工厂和军械库究竟应该由军方还是由文官管理。春田属于爱德华所在的第十选区，所以他对这个地区的情况相当熟悉。自从 1842 年一个军队长官接管兵工厂之后，旋即解雇了许多机械师，由什么人来管理工厂的问题就一直是争议的焦点。春田文官统治的积极倡导者查尔斯·斯特恩是阿曼达·布朗·诺克罗斯的第二任丈夫。斯特恩是一位自学成才的第三级共济会会员，属于辉格党内一个没有新闻话语权也无实权的小派别。与正统的辉格党人不同的是，斯特恩支持技术工人应享公民权利。他的儿子是个激进的废奴主义者，会当众宣讲"盒子"亨利·布朗的故事。[2]

爱德华年轻时就主张维护军事学院的利益，并支持一项其他州官员很少能接受的民兵改革：接受西点军校的监督。现在，他不顾当地民众的情绪，全力反对恢复文官控制。由于民主党人暗中作梗，爱德华就自己前往春田的兵工厂视察，然后回到华盛顿宣布说，那里的工人们干起活来很

---

1 在苏的一张草稿纸上写着，夜晚的客厅变成了一个"漆黑的地窖"。另一张草稿谈及"一生中最可怕的夜晚"，隔壁房间的一个生病的女人"在噩梦中"发出毛骨悚然的尖叫，苏将她"从恐惧中"叫醒。此事发生之后，她就辞掉了"照顾"病人的差事。——原注

2 亨利·布朗（约 1815—1889），美国 19 世纪弗吉尼亚州的奴隶，因向往自由积极计划逃亡行动，他躲在一个盒子里，随船只邮寄到宾夕法尼亚的反对奴隶运动团体，终得获救。从此，"盒子"（Box）成为惨无人道的奴隶制的象征，也变成了他的中名，即亨利·盒子·布朗（Henry Box Brown）。

带劲，工厂极具现代化气息，生产效率很高，蒸汽机"是我见过的最美的机器"。

爱德华发表上述意见是在众议院委员会的听证会结束之后，当时议会主席已决定恢复文官治理，并已将这项议案划入政府年初预算案。爱德华激愤地发表了将近一个小时的演说，谴责议会主席对议会程序一无所知、行事无礼、不公，是个"十足的偏执狂"（有人指出，爱德华又一次指责他人精神错乱）。"世界上被任何人授权的任何一个委员会，没有任何一个被委以重任，最后却如此失败透顶。"这是爱德华在议员任期中的一个重要演说，透过这些言词，我们对他作为立法委员的角色和效力不禁产生疑问。身为立法委员，难道他非要这般坚持己见、锋芒毕露、咄咄逼人吗？难道诋毁当地舆论，把问题偏激化、绝对化，弄到不可调和的局面就是明智的吗？如果回答"是的"，那么就不得不承认问题的实质在于，这是在维护权威——爱德华的"偏执"。

我们不要忘了爱德华所属的党派是一个正在分崩离析的少数党，而且，1854 年 5 月又发生了一个重大事件：就在狄金森家的旅行团离开华盛顿后不久，国会不顾马萨诸塞州代表团的强烈抗议，通过了《堪萨斯－内布拉斯加法案》(Kansas-Nebraska Act)。这部法案撤销了之前限制奴隶制扩展到西部新开发地区的决定，允许白人定居者自行裁决是否将新加入联邦的州定为蓄奴州或自由州。来自新贝德福德的托马斯·道斯·埃利奥特在 4 月 17 日取得了议员席位（他后来成为爱德华在国立酒店的室友），他强烈抗议国会颁布的法案暗中剥夺了自由的黑人定居者的公民权。相形之下，爱德华没能一针见血地指出该法案的问题所在，而且表现得很好斗。当时，一个来自南卡罗来纳州的代表对马萨诸塞州杰出的老政治家塞缪尔·霍尔做出了一些不恰当的评价，爱德华顿时勃然大怒，"我不希望我的州在这个问题上被人错误地提出异议"，第十选区的这位头戴羽毛的战士宣布，然后，他补充道，"在美国没有比霍尔先生更纯粹的人了"。霍尔先生无疑是一位勇敢而有原则的好公仆，但是爱德华怒气冲冲的反驳对辩论毫无实质意义。

法案通过后的第二天早上，一群北方的辉格党人聚集到爱德华和艾略特所在的酒店房间商讨对策。"只有少数人仍坚持维护辉格党，"但大部分人认为需要召集一个新组织——共和党。在这个旗帜下，辉格党人和"自由之土"党人得以把密歇根州和其他一些地区的党员联合起来，却不包括马萨诸塞州，特别是第十选区，因为那里的辉格党重新任命了爱德华，拒绝谴责支持《堪萨斯－内布拉斯加法案》的南方辉格党人。

在连任竞选中，爱德华得到了本地主流报纸及俄亥俄州显要的"自由之土"党参议员塞尔门·P. 蔡斯的支持。但是，州选民被新的党派力量分散了注意力，在1854年大选之时，一件令人震惊的事件发生了。辉格党被赶下了台，而神秘的美国人党或一无所知党在每一个州和联邦选举中都取得了胜利，进入马萨诸塞州后，获得了辉格党三倍的选票。最终，爱德华以2754票败于7712票。在阿默斯特的败绩是1:2，而在佩勒姆是1:19。重演了他父亲在1828年国会竞选中的遭遇，同样的结局：爱德华被逐出政治的角斗场。获胜者是亨利·莫里斯，此人是25年前爱德华家的寄宿生。或许最刺痛人心的是，莫里斯是在上任之前被一无所知党的当选州长诱导后辞职的，对方承诺为莫里斯提供一个法官职位作为幕后交易的酬劳。

战败的第十选区议员已回天无力。美国人党蒸蒸日上，爱德华控诉它是（运用巧妙的夸张法）"自叛徒犹大出卖耶稣后……最邪恶的……政治流氓集团"。到了1860年辉格党已不复存在，爱德华仍然试图在北方新建的政党中寻觅旧党的踪迹，并坚持与这个新党保持距离，不愿意"以共和党人的名义……为一无所知党人投票"。1865年狄金森家的一位朋友给家中每位成员送上祝福，他祝愿爱德华"忘掉过去"。然而这个愿望终究无法实现：诗人的父亲始终不肯和解，1869年他声明"自从一无所知组织叛乱"之后，他就不再参加政党投票。可是，到了那个时候，几乎没有人还记得一无所知党了。

艾米莉·狄金森把父亲坚守"高地"及其彻底的政治孤立状态阐释为高尚人格的标志。这样一来，父亲的人生境遇似乎在为她树立榜样，让她隐约看到了自己未来人生的样子。父亲的坚定允诺了她自己的坚定，这尤其关系到她一生的事业。她的诗歌有一个核心的激励性的观点：无望获得回报，仍要保持忠诚。另外一点是：伟大就意味着悲剧与孤独。还有一点：你必须极端坚强。用基督在《新约·启示录》（2：10）中的话说，"你务要至死忠心，我就赐给你那生命的冠冕"。狄金森把这个命令牢记在心，像她父亲一样，弃绝报酬。于是，出版就意味着出卖灵魂，背离了她甘心受难的信念。用什么方式才能验证她坚守了"誓言"，对自己的信念孜孜以求、忠贞不渝呢？大概只能如此：

　　　　那就等他们扭断我的头！
　　　　肢解我长雀斑的乳房！
　　　　让我长出男人的胡须！

Fr267

她都会说，绝不！

在父亲1874年去世几年之后，狄金森大胆地修改了《启示录》中的句子：

　　　　"至死忠心"被修改 -
　　　　来自天国的条款 -

忠贞不渝被附加了一个条件

令忠贞不渝反感——

　　"生命的冠冕"是给奴仆的奖赏

　　对于庄严的心灵，

　　为给予而被给予，足矣，

　　无需报酬。

Fr1386D

　　她眼中的父亲不计报酬、忠贞不渝，对此，诗人大加赞赏，这也概括了她自己的天职所坚持的核心价值。

　　当然，不同之处也是明显的，最重要的一点是，诗人没有被苦涩的自尊压倒。正如黛娜·克雷克笔下的女主人公奥利芙·罗思赛在最脆弱的时刻找到了力量，狄金森喜欢无偿的付出，这样一来，她在情感上就能够保持柔韧自如。正像她于1864年左右所写下的：

　　不报希望的服务——

　　最温柔，在我看来——

　　因为它不靠……支撑

Fr880

复杂的订婚

　　1852年7月，苏珊·吉尔伯特和奥斯汀分别从他们任教的巴尔的摩和波士顿回到了阿默斯特镇，这下艾米莉不需要再给他们写信了，许多事情我们只能靠猜测。比如，奥斯汀和苏日益亲密的恋情她究竟了解多少，之前她一厢情愿地相信，面对男人献殷勤，苏是不可攻克的："如果（我的心）坚硬如石，你的心更是石头中的石头，你从不向任何人屈服。"那么，这种幻想究竟维持了多久呢？

艾米莉的这个预言大大应验了，不过，碰壁的追求者不是别人，正是她自己和他哥哥。这年冬天，苏向朋友抱怨阿默斯特的冬天太沉闷，"女孩子都走了，阿比－简－维尼"，完全无视艾米莉的存在，另外一些时候则拿艾米莉作借口。奥斯汀的一个纸条泄露了他们的经典诡计：苏告诉卡特勒，今晚她跟狄金森姐妹在一起，"你跟她们玩半个小时后——我负责送你回家——然后我们在附近找一辆马车，就可以单独待上半小时或一个小时"。10 月的畜牧展览会上，奥斯汀、苏、维尼、埃德蒙·康弗斯、乔尔·W. 诺克罗斯等其他人（艾米莉不在）坐在最后一排的桌子上。据随后的传闻，奥斯汀和苏整个展览会上"一直在一起"。初冬，经历了"永远难忘的一周"后，奥斯汀和苏珊秘密订婚，奥斯汀从此过上了"精美如梦的新生活"。

二人的关系越发隐秘了，苏把自己的一本书借给奥斯汀，这本书就是伊丽莎白·巴雷特·勃朗宁的《被缚的普罗米修斯和其他诗篇》（*Prometheus Bound, and Other Poems*，保存完好），奥斯汀花了整整一天在家阅读苏"标注的段落"。《葡萄牙十四行诗集》（*Sonnets from the Portuguese*），就收在这本书里，这些诗作都是罗伯特·勃朗宁向伊丽莎白求爱之后所激发的饱含深情的爱情诗。苏从中读出了罗伯特·勃朗宁的求爱与她本人的相似之处，她让奥斯汀着重阅读和思考这些段落。在《十四行》的第三首旁边，我们发现了一个重重的记号，这首诗的开头两行是："我们原本不一样，尊贵的人儿呀！"[1]第五首也做了记号，这首诗显然触动了苏对亡故

1　参考方平译《布朗宁夫人抒情十四行诗集》（四川人民出版社，1982 年），略有改动。

亲人的回忆：

> 我肃穆地端起了我沉重的心，
>
> 像当年厄勒克特拉捧着那坛尸灰；
>
> 眼望着你，我把灰
>
> 撒在你脚下。请看看，
>
> 我这心里埋藏了多少悲伤。

有一首被画了两条着重线，是第35首，进一步描述了把悲伤通通抛开的身心折磨，不再顾怜"死者的双眼，太温柔，不知道任何改变"。结尾这样写道：

> 唉，我经历过伤痛很难再爱。
>
> 你会爱我——真的吗？把你的心敞开，
>
> 好让你那羽翼湿透的鸽子扑进来！

这些爱情十四行诗唤起了苏矛盾复杂的内心情感。但现在的她是温顺的厄勒克特拉[1]，正努力忘掉悲伤，把自己倾情交给一个外人。

尽管这对恋人的信件到最后全部被烧毁了，奥斯汀这方不知出于什么原因保留了很多当时的草稿："噢，我的上帝，我一文不值——是你给了我一切——我在狂喜中颤抖……我不是在做梦吧——这一切都是真的！"玛莎来信祝贺他们订婚，奥斯汀回信说他和苏是"真心相爱——热烈而充满激情——强烈到你猜不到的程度——强烈到超乎所有人能想象到的程

---

1 厄勒克特拉（Electra），阿伽门农与克吕泰墨斯特拉的女儿，与其弟奥瑞斯特斯一起，杀死了杀父仇人——他们的母亲和母亲的情夫埃古斯托斯。

度 [1]——我们深爱彼此，玛蒂，这是一种强大的爱——比生命本身还要强大"。这3年中奥斯汀不断说着类似的话，这种絮絮叨叨的爱的宣言在他看来，也许就是很美的散文，所以他从来没试过诗体，像妹妹那样随手写下一些诗行。

奥斯汀沉湎在乏味的想象中，始终不愿正面承认他和苏之间的不和谐。他对玛莎说，很惊讶两个"骄傲呆板的人（就像他和苏）竟然那么容易生气……（竟能）说出伤人的话——看看吧，如此冰冷——如此狠毒，积怨最深的两个仇敌也说不出这样的话"。这种冷冰冰的怨恨越来越多、越来越表面化，奥斯汀把自己比作迷人的毒蛇那"致命的拥抱"的受害者："苏你知道……我等在那里——战栗着——病痛着——你知道我最常读的那一行（在她给他的信中）——读得最仔细的。"有两次奥斯汀写了"毒蛇"这个词，马上又擦掉。在信的末尾，他总是梦想着回到文学作品中的理想结局："我们一定会过上美好的生活，就像朗费罗的《卡瓦那》所写的那样美好。"

1853年2月，苏去新汉普郡的巴特利特家旅行了一个月，艾米莉重新开始写信。第一封信的时间是2月24日，信中显示艾米莉知道了秘密订婚，她和苏的关系开始重新定位。在信末，艾米莉毫无征兆地语气大变，似乎再也把持不住似的，她用去年春天那种亲密的口吻写道："啊，苏茜，苏茜，我必须用原来的方式唤你——我必须说我是怎样听着时钟静静地滴答掉所有的时间，为我带来的不是我的礼物——而是我自己的，我自己的！"在签名后艾米莉附上"我的"妈妈和妹妹的爱，但马上又改正了代词，因为订婚后应该称为"你的妈妈和你的妹妹，以及那个青年，孤独

---

1 在这个句子中间还有一个词语"鸦片烟的梦"，后又被勾掉了，原书这里采用了词语加中间画线的形式来表达，这里省略未译。因为这是书信的草稿，大概起初奥斯汀想说比"鸦片烟的梦"还强烈，后来又修改为"强烈到超乎所有人能想象到的程度"。

的青年，苏茜，其余的你知道！"这段文字记录了诗人知道秘密订婚后的第一反应，没有愤怒、忌妒或精神分裂的迹象，那只是某些学者的猜想。相反，她采取了主动调节的姿态，还用"原来的方式"称呼苏，以表明她接受了二人之间关系的改变，最后还特意强调了暂时被抛在阿默斯特镇的孤独青年。[1]

这些多重的态度在随后的信件中也表现出来。狄金森坦白，没有苏的日子"比你在巴尔的摩的日子……还孤单"。但她也恰当地提到这对订婚情侣更喜欢谁："有人更爱你——否则我今晚就在那里了"，这是艾米莉在苏从纽约旅行归来时写的。当奥斯汀离开阿默斯特镇，艾米莉告诉他，"星期六晚上我取代了你的位置（陪伴苏）……只要你一到家我就立刻把苏还给你。快回来吧，亲爱的奥斯汀"。显然，她很乐意充当为奥斯汀提供方便的密友。5月5日奥斯汀前往哈佛法学院学习，艾米莉替哥哥寄了很多信封给苏，这样一来，这对恋人的通信就能躲开监管。他们计划在波士顿旅馆秘密相会，艾米莉得意地在中间扮演联络人的角色。为炫耀她与苏的姐妹情谊，她告诉奥斯汀"昨天我确实'去了里维尔好几趟'（在幻觉中）。我希望你们快乐"。维尼也寄去了同样的口信——"我想你今晚会很快乐，奥斯汀"——这提醒我们，我们面对的不只是一个人的心理，而是一家人的不寻常的心理。可以这么说，哪怕应对浪漫情事，狄金森兄妹

1　多年后，狄金森给奥斯汀的信中凡是提到苏的内容都被删除了，后来，这些有意删除之处在1955年出版的《艾米莉·狄金森的家》中被详尽地揭示出来。最近有人提出，诗人可能是同性恋，那些有意的删除是为了遮掩这个事实。反对这个说法的观点认为，狄金森即使想表达这种同性之间的情感欲望，她也不可能把它们表露给他的哥哥兼情敌。另一个反对的理由是，所有可辨认的被抹掉的词句，没有一处涉及性的内容，或关系到某人的名声，或容易造成尴尬等。"你应该让维尼和我（还有一个比我们更亲爱的人）照顾你。""上个星期我很快乐，［因为我们住在苏茜家里（？），或者苏茜大部分时间都在我们家，苏茜（？）总是让我们很开心。维尼现在下去了（？）］。"最合理的解释大概是，有人故意要抹掉一切关于苏的内容，无论它们多么无伤大雅。这个解释和1931年米莉森特·托德·宾厄姆的说法相符。米莉森特引述了她母亲（奥斯汀的情妇）的原话，她说，是奥斯汀一直坚持1894年的诗人书信集中不要提到他早已疏远的妻子，在某些段落中甚至将他"自己也从手稿中删除了"。——原注

仍然手拉手。[1]在父母知道之前就知道订婚消息的狄金森姐妹非常急切地欢迎一个外来者加入她们轻易不让外人加入的圈子。艾米莉对苏说："我喜欢这个机会，可以帮你减少这条总是'好事多磨'的道路上的崎岖。"[2]

尽管狄金森姐妹热情投入，苏的回应却是不冷不热。苏在巴特利特家的一个月里，狄金森寄给她一首标题为"写信！同志，快写信！"（Fr3A）的诗以及三封热情的信。她在第二封信中恳求道："亲爱的，你为什么不给我写信？是不是在那封短信（第一封信）里我说错什么让你难过了？让你不能拿起你常用的钢笔，为你的又糟糕又伤心的艾米莉写点什么？"显然艾米莉担心是自己用"原来的方式"称呼苏，还说"我自己的，我自己的"这些话逾越了底线。后来艾米莉只收到一张简短的纸条，她告诉奥斯汀上面"没写什么"。最后是维尼实在忍无可忍，义愤填膺指责苏的沉默"让艾米莉很难过，让我很生气"。

苏回到阿默斯特镇后写给巴特利特的信，暗示出她越来越焦虑和苦恼。她说她"非常想念"巴特利特一家，随后，她写下了一个惊人的句子：一想到他们，就觉得"这个世界并不都是空洞的，有时候自杀是一种解脱"。虽然艾米莉才智过人，又很依恋苏珊，她却似乎一点儿都没看出她未来嫂子的反复无常、有所保留的特性。奥斯汀也是如此。当他读到苏对他们在里维尔酒店见面的事后回忆时，惊讶地发现："当你坐在我身旁——枕在我胸膛，感受我的手臂环绕在你的颈项，我的嘴唇触摸你的脸颊，我的心带着强烈的爱为你而跳动——甚至就在那个时刻，在当时——你仍怀疑——怀疑——你到底是不是爱我。"奥斯汀称苏为毒蛇就是在这封信的

1　恋爱进行到现阶段，奥斯汀也把自己的爱情"集体化了"。他在给未来小姑子的信中说"我真的爱你，玛蒂，我也爱艾米莉……你们全都进入了我和苏的未来计划"。——原注

2　"总是好事多磨的道路"（the path which never ran smooth）取自莎士比亚《仲夏夜之梦》（第一幕第一场），诗人似乎暗示，真爱总会遇到一些崎岖和阻隔，如果相爱的双方愿意告诉她，她很愿意从中帮忙。

草稿上。

　　尽管这个紧密的排外的小圈子中的成员相互之间感受到"伟大的爱"，可他们之间的同情和理解却十分缺失。艾米莉从苏的一张纸条中得知，苏在新汉普郡过得很愉快，她在回信中瞥见"阴影正在迅速笼罩着"她自己的生活，这既暗示了她对未来的不祥预感，同时也希望对方能有所回应。对奥斯汀也是如此，艾米莉逐渐意识到哥哥对自己的意义大于她对哥哥的意义。她在信中提到，狄金森兄妹和"大多数人"不一样，他们"依赖彼此来获得快乐"（这是一个含蓄的请求），她怀疑奥斯汀是否"像我们总是想着他那样想着我们"。这个问题"让我很烦恼"，她承认道。的确，她的不安是有理由的。艾米莉给奥斯汀写信，精彩地描述了"展览会之夜"德国音乐会的盛况，奥斯汀读了之后告诉苏，艾米莉完全没提展览会的事，他甚至怀疑"她是否知道有展览会"。艾米莉如此费心为他写信，他却如此疏忽大意，正如之前他一再说她总是太遥远。

　　艾米莉对奥斯汀的恋爱过于关心。当苏终于把对玛丽·勒尼德的哀悼放到一边（就像勃朗宁夫人十四行诗中所描述的），艾米莉给奥斯汀寄去了苏的素描图，画中的苏身穿漂亮白裙、淡黄色的丝质披纱，还有草帽。关于里维尔酒店约会的流言蜚语越来越多，艾米莉非常希望奥斯汀能安心，结果却惹恼了他，让他难堪。6月9日的信中，艾米莉恳求奥斯汀让她这个值得信赖的仆人为他"做点儿什么"，希望他不要被"任何言论"困扰。四天后她向奥斯汀保证"流言还在传……但是苏茜说她现在一点都不在乎。他们不会来烦你－因为他们是地球上的－低等生物－他们够不着我们的天堂"。这个天真的集体的天堂与一切粗俗的污蔑无染，这让我们想起两年前艾米莉"清高地"为莎士比亚辩护——"莎士比亚中没有什么邪恶的东西"。

　　奥斯汀责怪妹妹们插手他的事情，维尼马上表示道歉："昨天晚上我们收到了你的纸条……我感觉很糟糕，我希望以后再也不会发生这样的事了。我想艾米莉和我有些地方做错了。我认为她不应该把昨天早上做的事说出来，我试过阻止她，但她觉得你必须知道。"艾米莉的信流露出异常懊恼的情绪："你想收到我的信吗，奥斯汀？我还是要写，尽管你似乎并不在乎我。我不知道到底是为什么，不过一切都很沮丧，今天，我简直不知道该怎么办，一切看起来都那么奇怪。"这段插曲揭示了这位 22 岁的少女遭遇的苦恼，似乎因为逾越了少女言谈的界限，而且她还不知道"到底是为什么"。

狄金森成熟期的诗歌作品不乏坦诚、炽热的情与欲，不过，这与她少女时代的天真并不冲突，那时的她不允许性和"尘世间""低等"的东西，不允许它们与只有在"天堂"中才能找到满足的爱有任何关系。她那充满青春气息的夸张的文风，汹涌而又越界，昭示了她持续过久的纯真。

第十四章

1853—1855 年：
来自古往今来的真正诗人的消息

霍兰夫妇

1853 年 6 月 9 日，爱德华·狄金森领着新伦敦的客人参观阿默斯特镇，艾米莉·狄金森结识了客人中的一位重要人物乔赛亚·吉尔伯特·霍兰博士[1]。这位客人的重要性在于，他是《春田共和报》的文学版编辑、19 世纪中期美国最受欢迎的散文家之一，他还是艾米莉结识的第一位全职作家。霍兰到西街狄金森家拜访时展现了性情率直、风度迷人的一面，他请求狄金森夫人允诺两个女儿有机会到他春田的家中做客。7 月里，霍兰带着他那同样迷人的妻子伊丽莎白出其不意地再次拜访狄金森家，"晚餐喝了香槟，大家度过了一个美好的夜晚"。这一下，狄金森家开始认真对待对方的邀请了。霍兰当晚兴致很高，艾米莉告诉奥斯汀，他一再说"你会做大法官的 - 注定的 - 你一定得是个大法官！""完美的拜访。"维尼回应道。

---

1 霍兰（1819—1881），美国小说家、诗人、与塞缪尔·鲍尔斯合作编辑《春田共和报》，后创办并编辑《斯克里布纳月刊》（*Scribner's Monthly*）。

亚比亚·鲁特曾邀请艾米莉到她家里做客，她当即婉言谢绝："亲爱的，我太老派了，你的那些朋友都会盯着我看的。"但对于霍兰的邀请，则无任何推托。1853年9月，狄金森姐妹来到位于春田布利斯街和沃特街一角的霍兰家回访——这是艾米莉唯一一次离家拜访亲戚之外的朋友。一年后艾米莉和维尼再次来到春田，待的时间更长。这次拜访告诉我们诗人的生活中添加了一种新鲜的、重要的刺激物，由此开始了一段最亲密、持续时间最长的友谊。不过，这段友谊远远没有被充分理解。

与狄金森不同，霍兰不仅在内心深处是一个传教士，同时也能准确把握大众文学市场的口味。无论是为大众解释谚语的智慧，还是揭示女性想象力的弱点，他知道如何用读者欢迎的迷人而又准确的方式驾驭主流观点，在文章的结尾常常表现出一种惩恶扬善的姿态。霍兰的散文优美简练，他在中西部地区获得了比在波士顿和纽约更多的追随者。一位敏锐的讣告作者总结道，霍兰的作品"有一个巨大的优势，那就是在众多普通读者之上保持一种思想的高度"。狄金森称赞过霍兰的一首抒情诗，但对他广受欢迎的畅销书却几乎没说过什么。然而对于他热忱的举止，她总是立即报以回应，她一辈子都记得第一次去春田拜访时霍兰祈祷的样子，"那么简朴，那么虔诚"——她的声如洪钟的父亲大人则完全不同，他主持家庭祈祷时总是粗声粗气地说，"'我对你说'……好战的口吻很是吓人"。霍兰身材高大、温文尔雅、肤色黝黑，还有一副"清亮的男高音嗓音"，总之，他是诗人在小说里所熟悉的男主人公形象的综合化身。

在第一次拜访春田之后，狄金森在信中表达了对霍兰夫妇的思念："若不是有普照的日光、烤炉和公鸡，我想你们会常常为我的信而会心微笑，确信'必死'的散文可以'不死'，邻家院子里的乌鸦飞过，打破了幻想。"《新约·哥林多前书》（15：53）："这必朽坏的，总要变成不朽坏的。这必死的，总要变成不死的。"这是狄金森又一次奇怪地化用她熟悉的《圣经》文本，这表明她对难以释怀的天堂这个问题的那种幽微曲折的自觉意识。自 50 年代以后，这个问题成了她书信中一个主要的关注点。

在给霍兰的信中狄金森时不时信口开河，对上帝不恭不敬（"我纳闷上帝是不是公正－就算是吧，可是，这不过是《马太福音》的一个错误"），但她仍表示渴望与霍兰一家在天堂重聚（"如果上帝愿意，我们到时可以做邻居"）。那么，这位作家和编辑先生怎么看待这位令人困惑的年轻女子呢？她既是"没有希望"地却又总是热切地期盼天堂。听了 1854 年的一次关于"死亡与审判"的布道，她"吓坏了"，于是用孩子般的口气对霍兰说，"想去找你，把一切都告诉你，想学会怎样做才更好"，这时候的她为什么又依偎到他的权威那里去了呢？要回答这两个问题，我们需要关注霍兰博士如何强调宗教热忱与忠实教条之间的区别："基督教，若仅仅作为一种抽象学说、以宗教信条的形式而存在，那么，它对我来说没有什么特别的意义。"他说，"我要通过我的心和最佳的感觉来测知万物"。正是这个观点后来给他惹来了麻烦，也正是这一点在独自求索的诗人和讨好大众的道德家之间建立了一个暂时的联结基础。她从他那里得到了继续相信感觉的权威支持。这是一个有趣的联系：一个仅仅闻名一时的成功作家曾经鼓励过一个原创作家。

霍兰的妻子伊丽莎白是一位典型的贤内助，一心一意为丈夫的事业铺平道路。身材瘦小的她属于"典型的有女人味的女人"，有着迷人的外貌和风度。90 年代的一个传记作家回顾霍兰夫妇的关系，用了传统意义上的"甜蜜"一词来概括。"在出版每部重要作品前他一定会先读给她听""黝黑的男人带着洋娃娃般的妻子""天使般的妻子"，这些场景都是狄金森对霍兰夫妇的写照，深深地吸引了她。在 60 年代初期的几首诗作中，狄金森似乎把自己写进了这种关系：

永远走在他身边 –

二人中那较小的一个！……

Fr264

　　狄金森更在意的不是霍兰博士，他从来没有成为她浪漫世界中的男主角；她更在意他的妻子所扮演的角色。后来霍兰博士渐渐退出了狄金森的世界，霍兰夫人则成了狄金森情感依恋的对象。

一种情感的神学

　　在狄金森研究中，我们犯了一个重大的错误，疏忽了她与19世纪50年代宗教思潮的关系。事实上，没有这个思潮，狄金森就无法成为狄金森。这关系到发生在正统派内部的一个最重要的思想倾向，它质疑理性表达信仰的重要性甚至必要性。是否一定要匡正抽象的教义？是否有一种来自内心的真正的宗教，它可以被"审美地"而不是抽象地表述出来？新英格兰最无畏的新教思想家——霍勒斯·布什内尔[1]和爱德华兹·A.帕克为以上问题找到了答案，正是这些思考让狄金森最终成为一个诗人。

　　布什内尔1849年出版的《上帝在基督中》是一部非常重要的思想著作，它通过考查人类语言的本质来挑战宗教信条。布什内尔对语言的不精确性和内在的不充分性深有感触，他提出在处理宗教问题时，语言总是模糊的，充满了比喻和悖论。语言文字最多不过是"暗示或图像"；终极真理只能通过一次次诗的途径才能获得；只有预言家或诗人说的话才是真正的宗教之音。基督教的基本思想——不可言说者化为肉身降临，上帝

1　霍勒斯·布什内尔（1802—1876），美国公理会牧师和神学家。出版《上帝在耶稣中：三篇纽黑文论稿》（*God in Christ: Three Discourses Delivered at New Haven*，1849）等。

化身为基督——几乎复现在"每个作家的笔下，是一种显著的精神生活"。写作活动就是"获得新的生机与力量""每一位值得关注的作家都有声言某种自由的权利"。布什内尔还大胆宣称，宗教复兴运动的力量已经"耗尽"，一种新的精神生活正在诞生，它将指向审美的力量。他的观点让我们联想到其他一些类似的具有反理性倾向的语言论与创作论，如柯勒律治、女性书写（écriture féminine）、解构。

　　就在布什内尔的著作面世的当年，狄金森便把这个关于神圣"生命"化身的观点运用到自己的信件中，并索求完美的友谊："正如这些残言片语不等于灵魂的完满交融，卑微浮躁的生活不等于更好的永恒的生活，但愿我们可以过这种生活，充满了这种真正的交融，我不会停止祈祷。"到了40年代末，狄金森已底气十足地宣称她"不遵奉'信条'"。她的诗歌有时会表现出布什内尔式的解脱：放弃命题式的分析，从神学中"解脱"，转向艺术：

　　　　美的定义，就是

　　　　没有任何定义－

　　　　对于天堂，免去分析吧，

　　　　因为天堂与他合二为一－

Fr797B

　　如果说有哪一位同时代的思想家曾经为狄金森的诗人天职提供了语言学的基本原理的话，那么这位坚持三位一体说的自由主义者布什内尔就是最贴近的一位。[1] 尽管我们无法确定狄金森是否真的读过他的著作，但在

1　这就是为什么狄金森有一部分诗歌看上去像是对布什内尔思想的点评，如《肉身化成的词语只是偶尔》（Fr1715），这表示不仅是诗人，所有人都理解，鲜活的生命是无法言说的："人人都品尝过 / 带着秘密的狂喜……"——原注

当时的新英格兰，他的神学思想是最杰出的，而且他在年青一代牧师中间产生了广泛而深远的影响，其中就有狄金森认识的"阿尔法·德尔塔·弗爱"兄弟会成员乔治·H.古尔德，他曾经发表过华丽的篇什《语词的音乐》（*Music of Words*），并遭到批评。

然而在狄金森周边宣扬布什内尔美学观念的最重要的人物是爱德华兹·A.帕克[1]，他是布什内尔在神学战场上的亲密盟友，帕克在安多佛神学院教课，并与阿默斯特学院关系十分密切。尽管帕克没有像布什内尔那样完全摒弃系统神学，不过，1850 年他在《智性的神学和情感的神学》（*The Theology of the Intellect and That of the Feelings*）一文中有力地论争道，抽象的命题无法捕捉到宗教的真理，只能通过象征和夸张的方法庶几接近之。如果教义让人们觉得"神的管理太严苛"或是致使"感觉迟钝麻木"，那么"肯定有什么地方错了"。帕克为美学真理开辟了独立的空间，并毫不含糊地认定，必须"把为诗歌存在的事物还给诗歌，把属于散文的东西还给散文"。在 1857 年的一篇文章里他再次强调，"凝缩世界的意义"是为了揭示"'眼所未见，耳所未听'的事物"。

帕克将这样的观点积极化入实践，这使他成为新英格兰最令人倾倒的布道家和演说家，他那充满戏剧性和卓越才华的布道、他在圣坛上提出的"奇怪的抽象概念"，还有他那瘦削的下颚，一再震惊了他的听众。他的学生感到"整个神经系统都在战栗"，怀疑他们听见了"天使的号角"。一位阿默斯特学院的教授写道"他真是一位伟大的布道家""在思想和举止上，有时候他无比惊人。"

1853 年 11 月 20 日，帕克教授在阿默斯特第一教堂发表了关于犹大的著名布道。第二天早上，狄金森便写信告诉哥哥他错过了何等的布道：

---

1 爱德华兹·A.帕克（1808—1900），美国公理会神学家，毕业于布朗大学，与美国大奋兴运动的领袖爱德华兹的孙女结婚。

"我从来没听过这样的东西，别指望再听到了，直到我们站在那伟大的白色宝座前……讲完之后，那个奇妙的人坐下来，人们面面相觑，个个面无血色、失魂落魄，就好像见到了神灵。"多年后狄金森称这次布道"是我听过最妙的布道"。

出于对帕克的喜爱，狄金森很可能参加了两天以后阿默斯特学院新图书馆的落成典礼，帕克在典礼上发表了一篇正式演说。他的主要观点认为艺术和宗教并不像人们所想的那样会发生冲突，而是紧密联系在一起的。"崇敬、敬仰、敬畏"应该是"完满的精神状态，宗教与审美品位在这里相遇"。帕克还提到阿默斯特镇优美的风光是伟大的诗歌和艺术的温床："看着这条丰饶的河谷——圆形剧场般的村落、小溪、浩瀚的森林……我常常想（这里的居民）……被赐予了一方诗人和画家渴望的艺术福地。"在结语中他发出了一个预言：这片土地将诞生"一位诗人"，他/她将"享誉世界"。

也许您觉得我的想法奇怪，先生

1854 年初，狄金森给牛顿所在的唯一神教教区的牧师领袖爱德华·埃弗里特·黑尔[1]牧师写信，询问牛顿临死前的情形，那封信显示出她追求诗歌和宗教的结合还有另外一个层面：她想为自己在正统派之外找到一个"希望"。

1850 年牛顿离开爱德华·狄金森的律师事务所，回到伍斯特市继续完成学业，后来成为地方检察官。狄金森有两次提到牛顿的文字都表明他们之间未能保持密切的联系。1851 年夏天艾米莉写信给奥斯汀，在信的

---

1 黑尔（1822—1909），美国唯一神教牧师和作家，他写了 150 多部文学著作，包括小说《没有祖国的人》(*The Man Without a Country*, 1863 年)。

结尾处用大大的字体写道，"BFN¹ – 结婚啦"。实际上，在艾米莉写这封信的 18 天前，牛顿就已结婚了，她显然没有在第一时间得到消息。两年后，她用同样的方式在一封两姐妹合写的信中报道了牛顿的消息，这次是写在信封的封口："送上所有人的爱。周一中午。啊奥斯汀，牛顿死了。我自己的第一个朋友。愿安宁。"写信的时间是 1853 年 3 月 28 日，正是奥斯汀和苏珊在波士顿秘密相会五天之后，当时狄金森很看重那种仅限于两人之间的友谊。她特别强调牛顿是她自己的第一个朋友，可能是指她的第一个成人朋友，也是第一个没跟奥斯汀或维尼分享的朋友。

牛顿去世那一年，狄金森花了大量时间思考他的离世，随后她给牛顿所属教堂的黑尔牧师寄去了一封奇怪的信：

> 先生，请您原谅我的冒昧，一个陌生人给您写信，但是我想您一定知道我的朋友临死前的情形……我很想知道他生命的最后时刻是否快乐，是否愿意死去……也许您觉得我的想法奇怪，先生，但是这位死者是我心爱的人，我非常想知道他是否安宁地长眠……他以前常谈到上帝，但是我不确定那是不是他天国中的父 – 请求您，先生，请告诉我他是否真的愿意死去？如果您觉得他安心在家，我将非常乐意地确知他这会儿已在天堂。

狄金森之所以不断追问这个极其单纯的问题（牛顿上天堂了吗？先生，请告诉我。）是因为牛顿信仰的是唯一神论，在福音教派体系之外。牛顿死时是否像他生前那样平静？他的灵魂是否会因为预知了未来的痛苦而备受煎熬？1854 年 1 月 13 日，当诗人在信中提出以上疑问时，父亲

1　本杰明·富兰克林·牛顿（Benjamin Franklin Newton）的首字母缩写。

正在华盛顿，奥斯汀在坎布里奇，维尼在波士顿，苏很可能也不在阿默斯特镇，艾米莉只能独自一人与恐惧和幻想为伴。两天之后，她只身去参加祈祷会，"那个幻影"令她浑身颤抖。她在信中也解释了她为何对临终时刻那么感兴趣，但是那种温和的文化学解释是不得要领的：她执着地追问死亡与不朽，她渴望找到那个知道答案的人。

然而狄金森不知道她找错了牧师。伍斯特有两个唯一神教教区，尽管牛顿确实属于黑尔牧师的教堂，却是另外一位阿郎佐·希尔牧师参加了牛顿的临终仪式。希尔牧师专门为临终人送行，并细心地保存记录，渐渐地他汇编了一份私人的奇特讣告，并根据这些记录（类似达尼洛·契斯的杰出小说《死亡百科全书》[1] 所写到的）总结那些死者的一生。1853 年 3 月 24 日希尔牧师如下记录道：

> 本杰明·F. 牛顿先生，33 岁（实际上是 32 岁），死于肺病，是联合教堂的成员，他在病危的最后日子里希望我为他临终送别。他是一位有才干的成功的本区律师，虽然后来因病而日渐衰弱。他死前一天还骑马出门。他获得一份价值 1500 美元的人寿保险金，5 月 1 日到期。葬于联合教堂。

牛顿知道自己无力偿还债务，所以他在生命的最后时刻冒险更新了自己的人寿保险。不过，他的妻子最终还是流落到一个贫穷的农场。

艾米莉在 1854 年 2 月寄出了一封感谢信，上面没有署名，不过很可能是寄给黑尔而不是希尔的：

---

1 达尼洛·契斯（1935—1989），塞尔维亚小说家，代表作《死亡百科全书》(*The Encyclopedia of the Dead*)。小说里有一个教派为审判日做准备，精心记录各位死者的生平。

感谢您告诉我他很勇敢、耐心－以及他勇敢赴死。

我一直觉得他是不会害怕的，因为他的灵魂是－英勇的－

但是它们相会过，斗争过，最后我的兄长获胜，他凯旋而死，

如今我知道了这一切，多么令人快慰。

值得注意的是，狄金森在给黑尔的信中表达出希望和牛顿"共度一小时"的愿望："如果世界任我取用的话，我愿意花掉整个世界去买其中的一个小时，但是那些时刻太昂贵了，我们大都太穷，买不起。"

几年后，似乎仍为自己天真的提问感到不安，狄金森再次给黑尔写信，提醒他："也许您已经忘了几年前的一个陌生的少女－她向您询问关于她朋友的永生，天真的她仍然记得您，为您挑选了一朵玫瑰，希望能在一个更纯净的清晨为您摘下更安详的花蕾－请您原谅她，和她们。"她在为一段已经可以安心忘却的记忆而致歉。如果"安详的花蕾"是指狄金森开始创作的诗歌，那么这段话（采用抑扬格节奏）就暗示了她已从昔日对天堂的迷恋中摆脱出来，开始投身于诗人的工作。

埃蒙斯和蜜蜂

诗人 50 年代中期经历了一段最令人好奇的文学友谊，这段友谊开始于牛顿突然结婚半年之后。如果牛顿确曾是狄金森虚拟的一位"兄长"，那么，比牛顿小两岁的亨利·沃恩·埃蒙斯则很像是牛顿的同胞兄弟。1851 年埃蒙斯从缅因州的哈洛韦尔来到阿默斯特学院，他的父亲威廉·埃蒙斯法官是一位虔诚的、受过良好教育的、韦伯斯特派的辉格党成员，在哈洛韦尔当地享有同爱德华·狄金森在阿默斯特一样的声望与地位。[1] 这

---

1 据说埃蒙斯的家宅拥有"哈洛韦尔任何一家旧式家宅都无可比拟的庄重、优雅的气派"。一场火灾后，大量的书籍及文件被烧毁，里面很可能就有狄金森的信。——原注

个年轻人的母亲来自沃恩家族，一个文化教养极高的名门望族，据说，沃恩家的私人图书馆有哈佛大学图书馆的五分之四那么大；她的父亲（也就是埃蒙斯的外公）在英国跟随约瑟夫·普里斯特利[1]学习，后来成为谢尔本勋爵[2]的私人秘书。埃蒙斯的爷爷纳撒尼尔·埃蒙斯是位牧师，18世纪90年代他曾给塞缪尔·福勒·狄金森上过加尔文神学课。60年后，他们的孙辈们聚在一起，将用他们的智慧共同构建一种新的美学，以代替新英格兰迅速衰落的正统派。

亨利似乎是一个头脑清醒、我行我素的博学青年。大学二年级时他曾逃课回家，后来的三年，他索性不顾校规住在校外。到1852年2月，他和艾米莉已经相当熟悉。有天晚上艾米莉陪伴"二年级的埃蒙斯"骑马——"只有我们两个"，她向奥斯汀强调。她向苏描述说，这是她的"漂亮的新朋友"。随后他们又多次一起骑马、散步，埃蒙斯常常在室友艾米莉的表哥约翰·朗·格雷夫斯的陪伴下到狄金森家做客。6月当维尼去参加高年级招待会时，亨利和艾米莉两人外出散步。

从随后两年艾米莉给亨利的便条可以看出，他们之间的深厚友情是建立在文学与"精神"而非浪漫情感之上。不久后，他们开始交换各自的作品。"自从收到你漂亮的文章，"她对他说，"我总想用我的几朵花来表示谢意，选最美的那朵给你。"她还补充说，"我今天只有一点点，与你为我采摘的不朽花朵相比，它们太无足轻重了，不过，请你接受好吗？－为天堂而生的'野百合'；如果不是我把这些不会枯萎的花朵采摘下来，那么，在我们没见过的花园里，你一定会采到一朵比我今天摘到的更鲜艳的花。"

1　普里斯特利（1733—1804），英国化学家，发现了氧气，1766年当选英国皇家学会会员，1782年当选巴黎皇家科学院外籍院士。

2　谢尔本勋爵，一位有重要影响力的政治家，1782—1783年担任英国首相，在与刚独立的美利坚合众国协商和平关系时发挥了重要作用。谢尔本勋爵支持普利斯特里的研究工作，一直为他提供研究经费。

她的这番谨慎而又谦虚的预言（在给黑尔牧师的最后一封信中使用了同样的句法和措辞），暗中羞涩地承认了希望成为一位诗人的雄心。在亨利回复了"美丽的答谢"后，艾米莉礼貌地提醒他"我很高兴地借给你的小诗本，现在我想请你还给我。"第二张便条上的语气就不那么客气了："请你想一想是不是有我疏忽大意借给你的两本小诗集。"艾米莉急着追回诗稿可能是因为想到了1850年发生的事：她的情人节诗歌寄给了一个学生编辑，结果被刊登在现已停刊的《指引》上。

艾米莉知道亨利也是个编辑，最近在领头创办一份学院文学杂志。这位品格高尚的年轻人在创刊计划书上写道，希望"抵挡学院当前风气的不良影响"，改变阿默斯特缺乏"教养和文学力量"的印象。以耶鲁大学为参照，他写道，"成群的蜜蜂集结在耶鲁——空气中到处都是嗡嗡的喧闹——而这里的蜜蜂们却默默地酿蜜"。

《学院杂志》（Collegiate Magazine）出版的第一年，刊载了埃蒙斯的11篇辛苦而认真的文章，篇篇都布满了不同凡响的意象。他大谈伟人和历史转折点，并回溯到文艺复兴时代，那个高尚的建功立业的时代，津津乐道于想象的力量和人文知识。"力量"是他常用的关键词，但不是那种逻辑、制度、意志的力量——那是埃蒙斯的爷爷纳撒尼尔所秉承的极端理性的正统派观点；他追求的是摇曳多姿的符号与图像的力量——蜜蜂默默工作。

埃蒙斯的两篇散文对于帮助狄金森意识到自己的诗人身份起到了推动作用。一篇是《诗，忧伤之音》（Poetry the Voice of Sorrow），发表于1853年10月号《学院杂志》，文章建议上帝选择少数几个人，让他们"比其他人更近地聆听他的声音。"这些少数人就是诗人，就像雅各"和忧伤天使摔角，直到天使赐福于他"，后来他们"把平静和美丽带给普通人"；他们是真正的利未族。写到这里，埃蒙斯引用了勃朗宁夫人的诗句，取自

《诗人的一个幻境》(*A Vision of Poets*)："知识因苦难而增进/生命因死亡而完美！"1853年苏得到一本勃朗宁夫人的诗集，她也很喜欢这句诗（维多利亚时代的老生常谈），并做了重点标记。

1853—1854年，狄金森对自己和自己的天职有了更深入的理解，在此过程中，《诗人的一个幻境》一诗发挥了举足轻重的作用。这首一千行的叙事诗时而平板、时而啰嗦、时而令人兴奋。诗中描绘了一个梦中情景——诗人的万神殿，巴雷特·勃朗宁称之为"国王诗人"，尽管其中还包括一位女诗人萨福。梦中人看到每一位诗人的心脏部位都是"一个伤口而不是一颗心/那里流着鲜血一直滴到双脚"。为诗歌付出心血是否感到满足？面对这个问题，他们"紧蹙/威严的眉头，答曰'满足'"。总之，在这首诗里，诗歌好比《圣经》，诗人就好比圣徒和殉道士，是一群被选中的受伤的救世者。

狄金森一直不能接受以教义形式规定的福音派思想，就这一点而言，她很容易被《诗人的一个幻境》所打动，她从中发现了一种新途径：沿着布什内尔和帕克提出的审美化的思路，将正统派思想转化为一出由受难的诗人担当主角的戏剧。狄金森后期的很多诗作都描画了这个图景，比如这首诗的开头："殉道者诗人－并不诉说－/但将苦痛锻造为音节"(Fr665)。

埃蒙斯的另一篇散文《临门磐之辞》(*The Words of Rock Rimmon*)源自一次郊游——为山命名，这是学生会主席爱德华·希契科克组织的年度活动。1854年6月6日，一大群学生，大多来自阿默斯特学院，登上了贝尔彻敦的一座花岗岩圆丘，此后，这座山就有了一个名字"临门磐"[1]。这一次，埃蒙斯大胆地把自己融入《诗人的一个幻境》中的一个梦里。在

1　"临门磐"(Rock Rimmon)，地名，语出《旧约·士师记》(20：45)："其余的人转身向旷野逃跑，往临门磐去。以色列人在道路上杀了他们五千人，如拾取遗穗一样，追到基顿又杀了他们二千人。"

这次登山仪式中，一位教授发表了演讲，他说，山是"许多优秀文学作品的灵感来源"，他列举了赞美诗人、希腊和拉丁诗人、弥尔顿、华兹华斯、拜伦等。埃蒙斯正好是仪式的主持人。

虽然狄金森不大可能到现场聆听教授的演讲，但埃蒙斯的这篇散文发表于《学院杂志》1854 年 7 月号，她认真读过了。文章叙述了一个梦境，关于他一个人在新命名的山顶守夜时发生的故事：霍利约克山脉的巨人精灵和其他山峰的精灵全都来到临门磬，认真谛听那里的精灵回忆某些与《圣经》有关的山峰的神圣事件。这些马萨诸塞州的古老山峰还有一个秘密的目的，巨人精灵宣布：为新英格兰拯救世界的使命做好准备。这时，天空破晓，作为唯一旁观到精灵聚会的人类，他不禁凝望下方的平原，感到"一股奇异的热流充盈于心"。文章以《诗人的一个幻境》中的三行诗结尾：

> 金色的晨光开启万物
>
> 摇动树儿弯腰低语
>
> 吟诵那赐福的诗句

在巴雷特·勃朗宁的原诗中，这三行出现在高潮时刻，一个精神饱满的诗人"穿越森林朝家的方向行进"；在埃蒙斯的文章里，它表达了一个年轻人热烈的梦想——加入古往今来真正的诗人行列。

1854 年 8 月埃蒙斯就要毕业了，此时的艾米莉已不觉得毕业典礼有什么新鲜可言了，无非是演说、公地上摆满脏兮兮的货摊、一大堆好奇的围观者、中间夹杂着许多系着教士领[1]的历届校友。艾米莉就要与一位亲

1　教士领，一种坚挺的白色带状领，式样不一。

密的朋友分手，然而，今年的毕业典礼显得格外拥挤、痛苦，同时又是令人清醒的。艾米莉一边忙着在家里招待客人，一边还要抽出时间和亨利单独见面，此外，还有伊丽莎·科尔曼，她显然跟狄金森家人住在一起。伊丽莎临别之前，翻开艾米莉的《圣经》，在《旧约·诗篇》第121章的第八节诗上用铅笔画了括号，诗的开头是这样的："我要向山举目。我的帮助从何而来。"似乎是为了纪念分别的时刻，伊丽莎在页边写下"E.M.C，1854年8月14日"。[1]第二天，艾米莉给约翰·格雷夫斯写信说"朋友们离开的日子真是难过，更难过的是，他们都走了之后，我只能坐在忧伤的窗边，回想他们"。

让艾米莉更为"忧伤"的是，埃蒙斯刚刚宣布了与哈德利的苏珊·D.费尔普斯订婚的消息。得知消息后，艾米莉马上安排与埃蒙斯骑马，可以好好"谈谈她"。诗人声称她的内心"充满了喜悦"，热忱地"感谢把她赐给你的那位父亲"，还补充了一句"我的双手颤抖"。狄金森也许是在引用埃蒙斯最新发表的文章中那个描述强烈情感的段落，当"强烈的感情哽咽了语言"，灵魂只能用别的方式表达，比如"颤抖的身体"。

友情、孤独、受伤的心、诗的雄心、圣山，交织在一起，同时向狄金森涌来。埃蒙斯离开前赠给狄金森一件文学礼物，她在感谢和送别信中说，"我找到它了，朋友－我读了－我为此停下来感谢你，就像这个世界静止了－我为这一切感谢你－珍珠，然后是玛瑙，然后是祖母绿宝石"。尽管这里有些语焉不详，其实她是在借用《启示录》第21章的丰富意象：新耶路撒冷城的大门是用珍珠做的，城墙的根基用各种各样的宝石修饰，

1　E.M.C是伊丽莎·科尔曼（Eliza M. Coleman）的首字母缩写。

第四和第五根基分别由绿宝石和红玛瑙装饰。[1]也许狄金森是把埃蒙斯的礼物比作天国的宝石。信中还写道：

> 我的桂冠，真的！穿着这身华贵的外衣，我不害怕国王。
> 请你再寄给我些宝石－我有一朵鲜花，就像宝石，类似的明亮和鲜艳，收下它吧。

如果宝石是指埃蒙斯的散文或诗歌作品，难怪狄金森要求更多的宝石。作为交换，她寄上"一朵鲜花"——另一首诗？在现存的书信中，这是她第一次大胆地跟通信对象谈起她的桂冠：在埃蒙斯的鼓励下，她感到自己盛装打扮，获得觐见"国王"的权利。这个暧昧的国王形象有可能是指巴雷特·勃朗宁的"诗人国王"，也可能是强大的父辈，甚至也可能是克洛泰的阿波罗。不论我们怎么解读这个象征符号，狄金森确实把自己的胆量归功于埃蒙斯和那位女性前辈，接下来她便引用了《诗人的一个幻境》中的那三个诗行，只不过换成了散文形式："对你来说那是愉快的旅程，无论是归家还是奔赴远方－那时'金色的晨光开启万物，将摇动树儿弯腰低语，吟诵那赐福的诗句。'"她把埃蒙斯的归家之旅与勃朗宁夫人诗中的那位雄心勃勃的诗人的旅程并列在一起，这表明她对朋友未来的艺术生涯很有信心。

狄金森一直颇为慎重，不肯轻易谈及自己的未来，但是，她与这位年轻人（后来成就很小）的友情却显然让她从一个更加庄重的意义上认识到，成为一位诗人意味着什么——这是她自我意识的一次结晶。如今，这

1　根据丽贝卡·帕特森（Rebecca Patterson）的研究，无论是宗教作家或是世俗作家，都对《宝石篇》（狄金森的说法）相当熟悉。1847年秋天爱德华·希契科克在霍山学院布道时曾谈到这一章。有人提到第一封关于珍珠、玛瑙、绿宝石的信是在暗示埃德加·爱伦·坡，这个说法缺乏足够的依据，尚无证据显示坡对狄金森有什么影响。——原注

个轮廓更加突出更加清晰了。现在的她不但更有信心去觐见"国王",而且看上去越来越接近艾米莉·狄金森:意象性、简洁性、隐秘性。几年后,狄金森告诉约瑟夫·莱曼,她如何弃唠叨而求简练——这是她的一个重大进步,她还提到了另一颗宝石:"约瑟夫,当我还是个未经筛选的女孩,你很博学,我们常把语言想得太廉价太虚弱。现在我才明白没有什么比语言更有力量……有时我写下一个词句,观看它的轮廓,直到它像蓝宝石般闪烁。"

在8月底或9月的一封写给苏的信中,她暗示说,要不是有埃蒙斯,那几个星期简直又暗淡又空虚:"毕业典礼周真有点太甜蜜了 - 但是大多数都是灰蒙蒙的,好在我的蜜蜂采到了许多最甜美最纯净的蜜。"艾米莉采用了埃蒙斯的文学杂志计划书中的意象和观点,蜜蜂"默默地酿蜜"。她不加停顿地补充道:"我和埃蒙斯谈了很多,那些话我不会忘记的,还有那迷人的骑马告别,在他离开之前 - 毕业典礼结束后他多待了一个多星期,常常来看我……埃蒙斯走了,我会非常想他的。"

作为狄金森最后一位亲密的学生朋友,埃蒙斯和牛顿一样,帮助她唤醒了她身上潜藏着的那个诗人,之后便退出了视野。这两位良师益友的不同之处在于:牛顿是一个仪表堂堂的兄长,信仰唯一神教,给她带来了爱默生的难以吸收的诗作;而埃蒙斯与她更为平等,同属正统派,而且为她引见了一个可以效仿的女性榜样。在埃蒙斯和巴雷特·勃朗宁的共同指引下,狄金森获得了两个重大发现:写作何以发自受伤的情感,如何将具有攻击性的福音派传统审美化,并以自己的方式与之抗争。孤独和痛苦可以化为艺术。九年后狄金森在一首缅怀勃朗宁夫人的诗中写道:"黑夜 - 感觉是美好的。"(Fr627)

阿默斯特的朋友完全误解了她

或许是无可避免地，艾米莉和苏吵架了，这个夏天因此变得更加紧张，也充满了种种澄清。苏那边则经历了一场身心崩溃，持续了好几个月。

卡特勒认为苏是因为针线活儿做得太多"把（她）自己累病了"，苏则认为这"一年来"她一直处在崩溃的边缘。按照苏的自我诊断，或许是订婚的压力加剧了她的焦虑和紧张。确实有太多的因素在折磨着苏的神经：她的生活依然得依赖卡特勒，来自奥斯汀和艾米莉的爱是占有式的，未婚夫犹疑的宗教信仰，他的"男人的要求"，最后，还需要马上定下结婚的日子。种种压力一齐袭来，苏终于扛不住了。苏病倒之后由一位专业的护士护理，其他的亲属及朋友，包括艾米莉都来照看她。艾米莉在 7 月底描述说，苏"这几个星期深受神经性热病的折磨"。8 月 4 日，也就是毕业典礼周的前四天，哈丽雅特"赶紧"把苏带出城外。一个月后苏说"背部无力"，怀疑自己的头发会掉光。"可怜可怜我吧"，苏在给内德·希契科克的信中写道，"别让我得上神经疾病"。苏珊在纽约州和密歇根州的亲戚家休养了六个月之久，才回到阿默斯特镇。

这场病让苏的审慎严格和苛刻挑剔的性格习惯大为松动。8 月 13 日，她在一封信里首先对她的高标准做了一番调和："我从来不在安息日晚上写信，但我相信在目前的情况下是允许的。"12 月，苏听说玛丽·巴特利特两个月前生下了一个女儿却没有告诉她，顿时火冒三丈，气势汹汹：

> 这真是一件了不起的大事啊，牧师府上最近添丁加口却不通告苏姨妈本人——我真想只字不提，四处宣布拒不接纳这位尊贵的小姐——如果我是女巫，我准保会从钥匙洞钻进她的卧房，用隐形的手指扭她的鼻子，以惩罚——一个坏女人——她妈妈犯下

的罪过——朱利叶斯告诉我这个消息时我惊得目瞪口呆。

让犯错的人感到羞愧难当，这是苏的拿手好戏。这里，苏俨然是一位复仇女巫或神仙教母，俯视着下面的洗礼仪式。

关于苏和艾米莉因何吵架，一直难以索解，虽然诗人确有两封信提到了此事，但写信的时间被确定在苏离开阿默斯特之后，而且顺序颠倒了。第一封极有可能写于苏即将动身去杰尼瓦之前，信的开头说"苏 - 你可以离开或留下"。"最近我们经常意见相左，"艾米莉继续写道，"那么这是最后一次了。"几年前，艾米莉曾如下解释她和阿比·伍德的友情为何变淡了："我们对人生的看法不同 - 我们的想法无法相容。"而现在，在与苏发生了一系列的争执后，艾米莉失去了耐心并宣布这份友情陷入危机，下一步如何发展，交由苏来决定，至于诗人何去何从，不需要她担心和顾虑："你不必因为担心我孤单而不敢离开我，因为我常常与我自以为心爱的东西分离，有时是与坟墓分离，有时是与比死亡更痛苦的忘却分离。"她归还了一件象征二人友谊的物品以示决裂："它一度是我梦想中的天堂的象征，总在我心中荡漾，不过，就算把它拿去，让我保持孤独，就算是到了最后的日子，你所爱的耶稣基督说他不认识我 - 总会有某一个更黑暗的神灵，不会拒绝接纳它的孩子。"

但是，接下来这封信发生了惊人的变化。以一种苏无论如何都不会采取的姿态，艾米莉慷慨地为这个疏远的朋友作了一首诗：

　　我有一只鸟儿在春天

　　它只为我歌唱 -

尽管"夏日将至"，这只鸟儿飞走了，诗中人确信，它只是飞到别处学习新的曲调，"这里每一点不和谐"都将消除：

> 于是我不再埋怨
>
> 知道我的鸟儿
>
> 虽已飞走
>
> 将从远方的树
>
> 把欢快的曲调为我
>
> 带回。

Fr4A

最后一行诗暗示说，就算苏不回阿默斯特，她还是可以通过书信重修旧好。

在争执最激烈的时候，她仍在试图沟通，这种充满希望和让步的返回（"带回"）表明了艾米莉正朝着诗人的方向转折。她最大限度地寻求依恋而不得，最后关系破损，她就从中解脱出来，转向更广阔的艺术天地。尽管这首诗作包含"私密信息"［正如克丽斯丹娜·米勒（Cristanne Miller）在讨论另一首诗作时所说］，它也是"普遍化了的，因为它从私密条件中获得了双重解脱"。这种解脱同时是情感的也是艺术的，因此，信的开头本是承认一段友情走到了终点，最后却转化为一首诗，预示着令人安慰的转机。正是在这里，我们得以见证艾米莉艺术的生机，它就发生在她的孤独快要大获全胜的时刻。从某种意义上看，她的诗歌是一种替代品，替代了那未能实现的关系，成为某种超越或复活，并满足了她少女时代的理想：天堂是必要的，因为它可以修复在尘世中受挫的友情。

今年的毕业典礼周，伊丽莎·科尔曼似乎住在狄金森家，如果她知道艾米莉和苏为什么吵架，便可以解释她为什么要劝艾米莉向大山寻求力量。秋天，伊丽莎给约翰·格雷夫斯写信说："艾米莉也给我寄美丽的信，每封信都让我更爱她。我知道你很欣赏她，但我觉得她在阿默斯特的朋友却不是这样。我想他们都误会她了。"她的朋友被划分为两组，一组是阿默斯特的朋友，苏无疑是其中非常重要的一个；一组是来自其他地方的朋友（如埃蒙斯、格雷夫斯、科尔曼）；这封信暗示了苏尚未原谅艾米莉。听说格雷夫斯和一个一度疏远的朋友重归于好，狄金森写道："我眼中充满了欢乐的泪水。"写这话的时候，她自己这边的和解姿态尚未取得成效。

到了 8 月底 9 月初，那只飞走的鸟儿仍是音信全无，于是，艾米莉又试了一次。这次她寄去了一封语带幽默的道歉信，没有一丁点反责的意味："我太蠢了，为那些小事生气，希望上帝能原谅我，他不得不一次次地原谅我们，如果他活得够久。"她没具体说明是哪些"小事"，只是说她的感情如何从怨恨转向宽恕：尽管"有那么多的难过积聚在你的名下，我们之间本来只有和平，可我继续回想，一步步就走到了那一天"。艾米莉还透露说，苏不回信的事，除了奥斯汀和维尼，她谁也没说。信的结尾发出了一个信号，只等她的朋友做出行动了："如果你爱就写信吧，给艾米丽（Emilie）。"

终于，苏从格兰哈芬回信了，但是不清楚这封信是不是写给艾米莉还是其他人的。得知苏一个人散步、做针线活，艾米莉让苏相信"我也是一个人散步、做针线"。不过，这样的联系未免太单薄了，沮丧之下，诗人希望能画一幅肖像，让她铁石心肠的朋友见了落泪："场景应是－孤独，人物－孤独－光和影，样样都是孤独。"奥斯汀这时候准备去芝加哥，艾米莉宣称："他会去看你，亲爱的！而我却不能去。啊，我多想去！"她满脑子想法，又是反讽，又是大呼小叫，粗读之下让人觉得写信人似乎没有那么沮丧。或许是写信这件事本身让她振作起来。有一点是明确的：她正在尽其所能地操练语言的诱惑力。

到了 1855 年 1 月底，艾米莉开始愤愤不平。回想起在门前台阶上推心置腹的朋友，她要求一个回答：

> 我爱你，苏茜，一如当初我们在门前的石阶上、在常青藤下。如今想起这些，我有时会伤心，因为我收不到你的信。自从我上次写信给你，已经过了很多天，我不说很多个星期，因为那样就显得更难过了，我现在无法再写……我含泪睡去，为你亲爱的脸庞，然而还是没有任何音信来自沉默的西边。如果一切都已结束，那就告诉我吧，我会打开我的幻影盒子，再放进去另一个爱……为什么苏茜－想想吧－你是我珍爱的妹妹，永远都是，直到你死。

为什么没有任何曲调带回？

坚不可摧但却没有回报的感情、不会消散的天堂情结、父亲政治生涯的彻底失败、作为隐喻和视觉显现的艺术、受伤的艺术家、忠贞不渝的艺术家、私密的小盒子……种种元素汇集在一起，那个诗人呼之欲出。

第十五章

1855—1858 年：纷乱与谜语

1855 至 1858 年是一段晦暗不明的岁月，经过这几年痛苦的煎熬、崩溃和转变，一个酝酿已久的诗人终于浮出水面，狄金森以清醒的自我意识开始投身于诗歌创作。关于诗人这几年的生活，档案资料过于单薄，于是有人推测她经历了一段被掩盖的精神打击，丧失了工作能力，甚至可能有过彻底的心理崩溃期。不过，跟各种臆测和假说相比，最有效的办法还是要翻检史料、细心甄别、寻找线索。种种迹象表明，这三年她的确经历过严峻的困境和不断加剧的烦恼；但是，另一方面，她的能力并没有因此而丧失或减少，无论是在履行家务职责还是写作上。写于这个时期的现存信件数量急剧减少，原因不止一端：她早年的朋友都已不再联系；新的通信对象的书信往来几乎全部被毁；奥斯汀和苏就在隔壁安家，没有机会详细记录 50 年代初期的生活。最重要的是，狄金森的写作模式继续诉诸抒情而非报道，这给她的生活蒙上了另一层面纱，是目前为止最严密的一张。从某种程度上说，她消失在她的诗歌里；1858 年狄金森开始保存自己的诗作，把它们整洁地抄写在稿纸上，然后手工缝制成小册子，此事，她没对任何人说起。渐渐地，她的消息便藏匿在一个没人能看到或拜访的地方。

从华盛顿到沃兹沃思

1855 年 2 月 10 日，狄金森议员和两个女儿入住华盛顿的威拉德酒店，吉尔伯特姐妹刚好计划在这一天返回阿默斯特镇。因为错过了苏，艾米莉对这次长途旅行更添了几分反感，但父亲的意志似乎不可阻挡。他一直认为一次城市之旅是治疗小镇忧郁症的最佳良方，艾米莉需要出来走走振作振作，就像 1851 年的波士顿之旅一样。爱德华的议员生涯即将结束，这是带女儿来看看国家首府的唯一机会。可是，穿着时髦新装的艾米莉觉得自己像一只"尴尬的孔雀"。

她的尴尬明显表达在寄给苏和霍兰一家的信中（寄给奥斯汀的信没有保存下来，他在家陪母亲）。维尼乐此不疲地和新结识的女士们外出散步，艾米莉则很高兴因病而免于这些"乐子"，她马上补充了一句，"我比前几天要快乐一些"。艾米莉觉得华盛顿"到处都很拥挤－匆忙而混乱"。她总是沉浸在自己关注的圈子里，于是，发生了一件被家人津津乐道的事。一天，火焰梅子布丁被端上餐桌，她提出一个错误而天真的问题："啊，先生，吃地狱之火在这里可以免受惩罚吗？"她对华盛顿的机构和社会相当不屑："浮华－法庭－礼仪－都是地上的－进不了天堂"——这与四年前她给波士顿下的断语如出一辙。她也表达过赞赏的意见："很多可爱的小姐和高尚的绅士拉着我们的手，友善地冲我们微笑。"不过，她的社交眼力仍显得十分幼稚。

华盛顿之旅唯一的观光项目是乘船前往弗农山庄[1]，山庄刚刚向公众开放，风化的外墙漆面斑驳。艾米莉告诉霍兰：下船后，"我们来到乔治·华盛顿将军的墓地，在墓旁停留，谁都没说话，然后手牵手继续走，

---

1 弗农山庄（Mount Vernon），乔治·华盛顿总统的故居，位于弗吉尼亚州东北部，华盛顿于 1799 年去世前一直居住于此。

没有因为大理石碑上的故事而少一分明智或悲伤；我们来到房门前－打开他最后一次回家的门闩－感谢那位光明的掌灯人，自那以后他已穿过了一扇更明亮的小门！"与霍兰通信时艾米莉经常使用这种简单的笔调，不过，如此迟钝和平淡无味的散文竟然出自伟大诗人之手，还是未免令人沮丧。狄金森对首府华盛顿非常不适应，到了后内战时代，面对同样的混乱，她也非常不适应，而那些日益崛起的年轻作家——马克·吐温、亨利·詹姆斯、威廉·迪安·豪厄尔斯[1]——恰恰都是通过游记和准确的社会描写而站稳脚跟。这些新生代作家引导国民去关注公共领域，而狄金森在这方面确实无所作为。事实上，她已经发觉自己"太过时了"。

她对一位新朋友的描述就很典型。维尼在酒店大堂被介绍给一位名叫鲁弗斯·萨克斯顿的官员（苏的亲戚），艾米莉也被劝说下楼去陪伴妹妹。在相互介绍后（艾米莉在给苏和玛莎的信中写道），"我们在大厅散了很长时间的步，谈论你们，我的孩子们，赞美所爱的人，相互较量看谁赞美得更好"。狄金森是否知道萨克斯顿中尉刚刚参与了密西西比河和哥伦比亚河排水系统的重大探险活动……谈谈这个是不是更有意义？从各方面来看，包括在大厅里散步这种温和的冒险经历，都揭示出狄金森只能在一个被紧紧圈定的范围内施展她自己的自由。

我们对狄金森在华盛顿的社交活动所知甚少，大部分都来源于他人的记录。2月19日，两周前就入住威拉德酒店的来自阿拉巴马州的詹姆斯·布朗夫人，送给狄金森姐妹一本伊丽莎白·斯图尔特·费尔普斯去世后出版的作品《阳面的最后一片树叶》（*The Last Leaf from Sunny Side*）[2]，

---

1 威廉·迪安·豪厄尔斯（1837—1920），美国小说家、文学批评家及《大西洋月刊》的主编。曾任俄亥俄州报记者，因协助林肯竞选总统并为他写了一篇传记而闻名。1861 至 1865 年任美国驻威尼斯领事。回国后在波士顿、纽约等地创办文学杂志，出版长篇小说《塞拉斯·拉帕姆的发迹》（*The Rise of Silas Lapham*，1885）等。

2 费尔普斯（1815—1852），美国小说家，儿童文学作家，发表半自传体短篇小说《右肩上的天使》（*The Angel Over the Right Shoulder*），描绘居家女性承受的精神压力和分裂。《阳面的最后一片树叶》（*The Last Leaf from Sunny Side*）出版于 1853 年。

扉页上有赠书人的签名。同住酒店的还有来自马萨诸塞州韦斯特菲尔德的威廉·G.贝茨一家，艾米莉喜欢他们的女儿珍妮，说她"有一颗宽容温暖的心，天性热情，品位高雅，我们很快就成了朋友"。1890年维尼还回忆起（是否准确就不得而知了）一位名叫托马斯·道斯·埃利奥特的人，他是爱德华在议院的同事，也住在同一家酒店，艾米莉和维尼"非常崇拜和喜爱"他，看着他就像是看着"她们少女时代梦中的"完美男人。

在华盛顿待了三星期后，爱德华带女儿们去费城，把她们留在伊丽莎·科尔曼家，留给她们至少两周时间和朋友相聚，然后他便返回阿默斯特镇。伊丽莎家住在切斯纳特高地下面的第十九街。酒店生活结束，诗人又回到了她熟悉的、由私密关系编织的世界：伊丽莎的父亲莱曼先生是她以前的德语老师，现在他管理费城长老会学院，这所学院是当地长老会教派"名门望族"的首选之地。

尽管事情的来龙去脉总是扑朔迷离，毫无例外，不过，大家都普遍认为，狄金森被带到阿驰街的长老会教堂，聆听查尔斯·沃兹沃思牧师的布道，这位牧师给狄金森留下了如此深刻的印象，以至于后来她又向他寻求忠告，由此开始了一段她人生中最重要的友情。毫无疑问，沃兹沃思在圣坛上的演说口才让他成为费城最著名的牧师，"门口的陌生人"都会进去听他的布道，1855年3月，他身体健康、精力充沛。还有一个事实也是毫无疑问的，在沃兹沃思1862年迁居旧金山之前，诗人与他通过信。在他死后，狄金森赋予他各种称呼："我的费城人""我

查尔斯·沃兹沃思牧师

的牧师""尘世间我最珍贵的朋友""我'小女孩'期的牧羊人"。这层关系对她来说显然是举足轻重的。为理解二人的关系，如果无法把握其内核，我们至少也要理解艾米莉·勃朗特所描述的一种 19 世纪的相处模式，"知性的女孩通常会把崇敬的、热忱的友情献给比她们年长的男人"。

按照同代人的描述，沃兹沃思有一副男低音般的深沉嗓音、克制内敛的情感力量和明亮清澈的语言，再加上他个人对老派长老会的独到解释，这一切都给人们留下了难忘的印象。无论是教徒还是非教徒，都喜欢听他布道。马克·吐温在旧金山的时候也去听过，非常喜欢他幽默的神情。沃兹沃思极其孤僻，他尽量避免和教堂会众或其他牧师同事接触，只希望别人通过他的讲道来了解他，他的讲道似乎都来自一个幽暗的内在源泉，那个同时被他隐匿又不断朝它涌来的源泉。一个敬佩他的同事说，"你会感到在他的话语背后一定深藏着多年的挣扎与痛苦、煎熬与悲伤、深重的忧郁与无望、愤怒的呐喊与泪水"。坚强、不幸、不可知，正是这一切吸引了狄金森，多年后她把他概括为"一个'悲伤的男人'"，并回忆起一个奇怪的场景："一阵莫名的阴郁几乎将他击倒，我说'你有烦恼'。他打着冷颤回答，'我的一生充满了幽暗的秘密'。他从不谈自己，我明白，侵犯和打扰，会要了他的命。"在献给沃兹沃思的悼词里有这样的句子，他发挥了"来自另一个世界的使者"的作用。他去世后狄金森读了一篇他写的或别人写他的文章，她概括说："我有了一封来自另一个世界的信。"

狄金森小心地不去侵犯，这一点让我们想到希金森与她相处时的小心翼翼（"只要稍微尝试一下向她直接发问，就会让她缩进自己的保护壳；我只能坐在那儿静静地看着她"）。但是，相比之下，沃兹沃思神秘莫测的自我表现更加奇特和悲剧，似乎他在拼命掩盖一块不忍回看的可怕创伤。普林斯顿神学院负责校友联谊的干事向沃兹沃思索要个人信息，他回复说他过的是一种"即兴的"生活，"生来就没有回忆"。根据资料显示，

1855 年后狄金森与沃兹沃思只见过两次。"他的生活如此腼腆，他的品位也鲜为人知"，看来，她对他的了解十分有限。

沃兹沃思无疑是有秘密的人，不过，他的人生的基本轮廓从破碎的青年时代开始似乎也并不多么神秘。1814 年沃兹沃思出生在康涅狄格州的利奇菲尔德附近，他的先辈颇为显赫和富足，曾是这个地区某个切割工厂（把钢条或钢板切割成方形的制钉用铁）的合伙人。沃兹沃思曾回忆说，他"从未挨过鞭打，因为我是'沃沙'[1]，我父亲是'庄园领主'"。所有的特权终止于 1830 年，父亲亨利去世并破产，他们拥有的一切包括他的衣服都被拿去卖掉以清还债务。亨利显然没有给妻子和孩子们留下任何生活来源，还清债务后不久，寡妇玛丽·安 1834 年 12 月再婚。查尔斯和母亲似乎一直非常亲密。

沃兹沃思离开利奇菲尔德前往北部的纽约州，到过很多学校就读，如位于怀茨伯勒的奥奈达学院，一所受人尊敬的体力劳动学院，专门培养未来的牧师。因为擅自离校，沃兹沃思被汉密尔顿学院开除，他最终毕业于联合大学，这所学校在当时可谓是一个学位工厂。当时，沃兹沃思因诗才而小有名气，他的作品以塞德利的笔名出现在有名望的出版物上。沃兹沃思的诗娴熟、流畅、传统，可以看出多种风格和印迹，如正统的加尔文派、18 世纪的"墓园"冥想，更有趣的是，还有拜伦勋爵。就像《恰尔德·哈洛尔德游记》[2]描写的主人公一样，塞德利也因为过早地品尝了生活的忧郁和悲伤而精神颓废。沃兹沃思显然从新英格兰流亡到异地他乡，消失的伊甸园和亲人的亡故是重压在他心头的悲痛记忆；他的诗歌主题包括夜空、孤独、1832 年的霍乱。沃兹沃思有一首诗很有意思，题目叫《献

1　沃沙（Wadsor），很可能是沃兹沃思记忆中那些文化不高的乡民们对"庄园领主"沃兹沃思（Wadsworth）家的公子的一种简称或尊称。

2　《恰尔德·哈洛尔德游记》（*Childe Harold*）是英国诗人拜伦创作的浪漫主义抒情长诗。主人公恰尔德·哈洛尔德是一个叛逆的贵族青年，一个孤独而忧郁的漂泊者，是"拜伦式英雄"的雏形。

给＿＿》，大约作于 17 岁，很可能写于奥奈达学院。诗中人跟他爱着的女人道别，是她把他从绝望中拯救出来：

> 夫人！我不相信，也无法相信，
>
> 　一年前，爱情竟能抛撒
>
> 彩虹迷梦般的魔力
>
> 　在我精神萎靡的翅膀之上！

　　沃兹沃思因早熟的天才而得名，后来从事牧师工作，把他的语言天赋用于布道文的写作，放弃了诗歌。这是他人生的转折点：远离悲伤和艺术化的回顾，走向现代的现实世界和宗教生活。"诗人，那些后来时代的创造者"，1852 年沃兹沃思坚称，"带来的不是白日梦，而是现实"。蒸汽机是"比《失乐园》更有力的史诗"，电报是"比莎士比亚的《暴风雨》……更可爱、更崇高的真正的诗歌创作"。1857 年感恩节，沃兹沃思发表了一篇题为"宗教的荣耀"的布道文，这篇慰藉心灵的布道文试图在经济大恐慌的背景下劝谕人们振作起来，他在文中激烈批评"诗性冲动的弱点"。文中引用华兹华斯的《不朽颂》只是作为一个反面例子，用以指责抒情诗歌是非哲理的、是自我放纵的"无节制的哀叹"。第二年他公开批评"我们的诗歌""太容易莫名地激动——表达的全是超验主义的虚无，太疯狂，而且平淡无味"。在沃兹沃思眼中，瓦尔特·惠特曼的诗不属于上述的类型，到了 1865 年他改变了对华兹华斯诗歌的看法，再次引用其颂诗时已是赞赏的态度。

　　作为传道士，沃兹沃思常常用他的诗才歌颂盎格鲁-撒克逊的胜利，但他所歌颂的胜利究竟是精神上的还是军事上的并不明朗：

看那远方的伟大的印度城市，城墙高耸入云，城垛坚不可摧，装备齐全的士兵部署在每一个角落，个个带着骄傲炫耀的神色，似乎不可征服、永存于世。可是，听！午夜时分传来了奇怪、沉闷的声音，起初是震颤，模糊而遥远；现在越来越近，越来越响——你现在明白了——那是一支荷枪实弹的先遣部队；整齐的队伍踏步向前；大不列颠的钢铁在铿锵作响；高地的音乐多么嘹亮；撒克逊的口号多么庄严——基督教的骑士们征战强悍傲慢的异教徒。现在，穿过黑夜的暗影，你看到发怒的盔甲在闪光，羽毛和旗帜在飘舞，强健的队伍在前行。看！他们攻破了堡垒——他们跨过了界线——他们在战壕中蓄势待发——他们冲向战场……

他在旧金山的会众们听到了这一段激动人心且令人畏惧的演说，在他们的记忆里，他"抱定一个念头——布道坛就是他的宝座，他明白这一点，他总是尽力发挥其国王一般的地位"。在沃兹沃思儿子的眼中，父亲卓尔不凡，"人人都知道他是个'坚强的男人'"。一些证据表明，沃兹沃思的"撒克逊"力量一方面深深吸引着狄金森，另一方面又在二人之间制造了某种张力。

蒙森的欧多西亚·弗林特很清楚狄金森仰慕沃兹沃思牧师，于是在1858年1月4日给诗人寄来"沃兹沃思先生的布道词——宣讲于费城"。这场布道的内容很可能就是刚刚发表的《宗教的荣耀》(*Religious Glorying*)，文章贬低抒情诗的意义，认为那是一种软弱的、向后看的哀号。

狄金森是为我们而生的，因为她有能力把悲伤、快乐、回忆，还有多得多的东西都包裹在一首首紧致的、永远新鲜的抒情诗里。这里，我们遇到了一个令人不安的反讽：她想寻求牧师的建议，可她找到的却是这样一个男人：青年时代就因早熟的诗作而得名，随后又通过否定诗歌和过去、歌颂现代工业新教的胜利而获得成功。根据奥斯汀的说法，诗人"热切地甚至是狂热地投向任何一个可以点燃火花的人"。尽管我们对狄金森和她选择的牧师之间的故事几乎一无所知，不过，这位牧师"生来就没有回忆"，这对狄金森来说显然是不那么容易的。

奥斯汀皈依

1853 年 5 月爱德华·狄金森终于知道了奥斯汀和苏秘密订婚的消息。下一次教堂活动结束的夜晚，爱德华骄傲地护送准儿媳回卡特勒家，艾米莉一想到镇上人们吃惊的样子便乐不可支（"我想他们肯定瞪大了双眼"）。父亲和苏之间很快建立了融洽的关系，用艾米莉的话说，父亲觉得"苏比任何人都要钦佩他"。苏崇拜爱德华威严正直的男子气概，特别是他漂亮的骑马姿势，"他笔直地坐在马背上，拉紧缰绳"，要求马儿像他一样昂起头。瞧一瞧乡绅（他现在已是名副其实）驾着他 1851 的马车行驶在阿默斯特镇安静的土路上，他的老练、自制和骄傲就一览无余了。

奥斯汀的形象也不错，给人们留下了"聪明""优秀"的印象。订婚的消息被公开之后，苏在给哥哥德怀特的信里是这样描述奥斯汀的："他强壮、坚定、有男子气概——很懂人情，他会好好照顾我的。"不过，她在信里所说的真正的肺腑之言大概只有一点："我内心一直期盼能有一个家，可以让我的兄弟姐妹们过来。"她口中的奥斯汀不过是"一个爱到一定程度，可以跟他结婚的男人"。这样的淡漠，令我们想起她当年如何热衷于丁尼生的《公主》中的独身主义和姐妹情谊，以及她对内德·希契科克的旧情，内德当时正在威利斯顿学院教书。[1] 不过，困扰苏的主要问题在于奥斯汀内在的基本品质。

那么，奥斯汀究竟是不是那么坚定、那么有男子气概呢？现在的他"又穷又年轻"，还没开始挣钱，他能和他的父亲或是苏的哥哥们相比吗？有一次，奥斯汀像一个被宠坏了的男孩一样对玛莎·吉尔伯特说，"世界很大，财富到处都是，恐惧和怀疑只属于（弱者）和恶人"。这似乎在暗示，一个孤儿的警戒是懦弱的标志。1854 年冬天，奥斯汀到西部旅行，顺便寻找工作机会，主要是去芝加哥，他的大学室友约翰·汤普森似乎在那里开办了律师事务所。奥斯汀是否真的是在寻找机会我们不得而知，总之这次旅行是空手而归。

约翰·科迪中肯地指出，苏对未婚夫的质疑从一开始就让她占了上风。奥斯汀时不时被恐惧击倒，恐惧袭来"有如横扫一切的西蒙风[2] ……也许我不能（此处字迹模糊）你幸福——也许我不能满足你"。苏坦白说，"一想到为人妻"就让她"陷入沮丧"，于是，奥斯汀做出策略上的让步，说他们的结合不必是肉体上的："我说过的，你可以过你觉得最快乐的那种生活……如果你喜欢永远做个女孩，觉得这样让你最快乐的话——我绝不向你要求什么，绝不带走你的任何东西——如果把自己交给我不让你觉得更快乐的话。"奥斯汀还特别关切地向苏保证，他们婚后的第一年绝不

---

1 1853 年 11 月 30 日，内德和玛丽·贾德森结婚。九个月零一天后，玛丽生下一子。这对夫妇带着孩子来到阿默斯特镇，艾米莉向在密歇根州的苏报告说：
　　　我今天去看了玛丽－她看上去非常甜蜜，小宝宝长得很像她……玛丽十分友好地询问你的情况，她让我写信时送上她的爱。苏茜－这本该是你啊－哦，哦，我必须住口，姐姐。有些东西摇来摆去，亲爱的苏茜，仍在摇摆。
艾米莉在想象苏的另一种生活：如果她当初嫁给内德，为他生下孩子将会是什么样子。随后她发现这样不太合适，又克制了自己的一连串想象。这段话表现出狄金森喜欢触探微妙复杂的事物，并在想象中追索幻象一般的生活的各种可能性。"摇来摆去"的东西（肯定）是指人们的舌头，也就是说关于怀孕和月份有人在风言风语。——原注
2 一种沙漠地区的强烈的干热风。

会是"充满'恐惧悲伤'的一年"。

在宗教信仰方面,奥斯汀同样做出了很大的让步。苏反对他参加坎布里奇的唯一神教,他就没去。当苏怀疑他"不理会(她的信)……继续漠视伟大的宗教真理",他恳切地保证"一定会严肃思考这个问题"。他说到做到,阅读了苏指定的宗教作品,如彼得·贝恩的《社会的和个人的基督生活》。[1] 书的扉页题有"送给奥斯汀——苏",这本书在序言性的开篇文字中打消了一种观点,即"福音主义宗教……把厄运等同于理智的坚固和指引作用。"书的最后几页还夹着收信人的领结。苏的档案中保留了一封奥斯汀的求爱信,上面滔滔不绝地感谢苏对他的拯救:"啊多么神秘——爱的神秘!它带给我多少影响啊,我一直不愿相信现实——我以前从未感觉到任何真实……也许上帝选择用这种方式将一颗纯洁、诚实、求索的灵魂从没有信仰的黑暗带入这神奇明亮的真实世界。"

总之,诗人最后的盟友也停止了抵抗。1855年底,奥斯汀在第一教堂聆听午后布道,结束语"现在开始选择吧"将他击中。几个星期后,他在一次晚祷中起立,表达了皈依上帝的心愿,到了1856年1月他已正式成为教堂成员。奥斯汀是第一教堂1856年全年新入会的唯一会员。大多数皈依者是在宗教复兴时期得救的,他们跟众人一齐皈依,但奥斯汀是单独一人皈依的,有人可能会说,他的得救全是因为苏。

奥斯汀的档案中保存了一些写在稿纸上的自述,像是他的公开告白,此文开篇奇特地(并非自发地)承认:"我自己的声音……说出来时吓了自己一跳。好像……有另一个人在我身体里说话。"因为法律学习的经历,奥斯汀把自己想象成一个提供伪证的证人,现在希望修改证词。以前他说

1　彼得·贝恩(1830—1896),苏格兰作家。在爱丁堡大学学习神学,跟随威廉·汉密尔顿爵士学习哲学。代表作《社会的和个人的基督生活》(*The Christian Life Social and Individual*)出版于1855年。

过，宗教"是一种错觉，《圣经》是一部寓言，生活是一个谜语"。如果上帝"想对我们显形，他应该通过不让我们产生误解的方式出现"。现在的他则确信《圣经》"不是寓言，它所掌控的爱的法则不是从任何人的胸怀里产生的"。奥斯汀在公开的告白中没有提到原罪、罪责和教义，他对自己的听众保证，基督教是心灵所能知晓的"最幸福光明的最快乐的事物"。

奥斯汀的声音洪亮而单调，有人说像"嚷嚷"。[1]如果艾米莉在教堂听他自大地高谈阔论一定会觉得难听刺耳。就像哈尔亲王指责福斯塔夫一样[2]，哥哥奥斯汀不仅当众谴责了自己和妹妹率直的渎神行为，同时带着他一贯的自信向未得救者建议道：上帝"对你满是慈爱"，也许你也应该"做出选择——也许就在今晚"。今晚上帝"会让你的暗夜变得光明"。老套的威胁又来了："我现在说的话也许有一天会像火苗一样烧烤你的灵魂。"

两年前，爱德华兹·A.帕克的布道常常谈到"出卖"，特别是犹大如何出卖耶稣。两年后，艾米莉仍然记得那是"我听过的最妙的布道"。她念念不忘"耶稣多么失望啊……这听起来就像是人间的两个亲密朋友的故事。我想这不奇怪，人们最厌恶的事情莫过于此"。

奥斯汀表白信仰五年之后，艾米莉在给一位唯一神教朋友的信末写了一堆古怪的理由，抱歉没有像往常那样附上其他人的爱。维尼，睡了，跟"明天见面去了"；妈妈在外面"扫一片落叶"。奥斯汀"本应送上他的（爱）-但是现在-他不住在这儿-他已结婚-去了东方"。这段话让人迷惑不解，不仅是因为奥斯汀和苏的房子在狄金森家宅的西边，而且他们结婚的消息已是陈年旧事。可能的解释是奥斯汀因为获得了信仰所以"去了东方"，在事情已过去很久以后，那种被哥哥遗弃的滋味重新涌上狄金森

---

1 几年后，斯金纳（J.L.Skinner）上校去钓鱼，奥斯汀当着众人的面羞辱他，嗓门太大，一直嚷嚷，半英里外都能听见"。——原注

2 "哈尔亲王"（Prince Hal）和"福斯塔夫"（Falstaff）皆为莎士比亚历史剧《亨利四世》中的人物。哈尔亲王年轻时曾跟福斯塔夫厮混，成为国王后则严厉指责福斯塔夫的种种罪行。

的心头。她用奇怪的现在时态"我不了解你，很久了－我想起你－好几回"（I do not know of you, a long while － I remember you － several times）巧妙地传达出记忆的永恒状态，在这种状态下，任何事情都不会终止或解决。

"曾经是婴孩的我们已被埋葬，"诗人在给亚比亚的信中写道，"他们的影子沉重而缓慢地移动。"狄金森有若干超凡的天赋，其中之一是她能够感知那些过去的、模糊的自我（沃兹沃思选择逃离的那个自我）将走向何方。还有一点是，她在与朋友交心时仍能保持自己的独立与完整。以前她请哥哥来她的花园，请他回家，请他把家想象成天堂，她是在请哥哥陪伴她永远留在回忆与童年的国度。这些，奥斯汀自然做不到，可是，他有必要公开出卖妹妹吗？

也许，奥斯汀首先将他自己出卖了——为了未婚妻他轻易就皈依了。他妹妹的孤独感现已越来越深，未来几年的岁月将证明这一点。

父亲搬家

1851 年那年，当时年老的戴维·麦克仍拥有并居住在狄金森宅邸，艾米莉曾宽慰她的家人说，这样就不用"像以前那样，一回家就回到老城堡了"，按她的描述，那城堡里充满了幽灵、回声、霉菌。艾米莉九岁之前一直住在那里，她把这幢房子和祖先的历史联系在一起，对于回去看一看，她完全没兴趣。

1855 年麦克去世一年后，他的儿子塞缪尔，住在辛辛那提，需要迅速筹措资金，以便还清生意合伙人的债务。于是，阿默斯特镇最抢手的房产重回市场，吸引了很多买家的关注，其中包括哈特福德的法官塞思·特里。但是他晚了一步，4 月 20 日阿默斯特的报纸就登出了消息："爱德华·狄金森阁下，房产的原主人塞缪尔·F.狄金森的儿子"已将房产买回。

包括房子和土地在内，爱德华一共花了6000美元，按照气急败坏的特里夫人的说法，捡了个大便宜，因为卖方"一点判断力都没有，把父亲留给他的东西全败光了"。爱德华共买下了2.5英亩的宅地和马路对面11英亩的"草地"。在杰迈玛·蒙塔古时期，这块地皮共有17英亩，但是麦克把东边的三分之一卖给了阿-贝铁路公司，用来堆放铁轨或搭建仓库和厂房，所以这块地皮的面积到最后便缩减为现在的13.5英亩。

爱德华买回房产的动机不言自明，那是他父亲建造和失去的。他不但要拥有阿默斯特镇最好的房产之一，他还试图挽回父亲当年失去的财产和声誉，同时也挽回自己在最近选举失败中丢的面子，他要向世人证明，他依然是成功的。爱德华登出广告，准备招募一位在石工、砖墙、石膏等方面技艺精湛的泥水匠，雇佣期为半年，他想来一次全面的改建，有人传言说整个工程花费了不下5000美元。我们现在看到的狄金森宅邸的大致规模和布局都是这次改建的成果：在原来的房体上加盖了一个方形的顶楼；原来的西翼被游廊取代；房子后部的厢房推倒后重建了两层宽阔的服务厢房，包括一间厨房；房子的东北面还修了一间温室花房（后来毁坏了）。这间花房应是为大小两个艾米莉修建的，最后却成了小艾米莉的专属领地。"我们马上就要搬进新房子了，"诗人在10月中旬预计，"正在贴墙纸。"

几周后，爱德华劝诱儿子放弃移居西部的想法，答应让他成为正式合伙人并为他和苏建一所房子。至此，爱德华和埃尔布里奇·鲍登的合作关系终止，后来，鲍登迁居爱荷华州，据说是"由于身体不好"。新房子将建在家宅隔壁，爱德华曾说过，这块地是周边"最棒的建筑用地"。多年来爱德华一点一点把他看中的地皮买下，似乎就是为这一刻做准备。实际上，他的地盘一直在扩大和巩固：在教堂，在狄金森家长凳的对面，也就是过道右侧，有一排象征权力的座椅，奥斯汀买下了其中的一个；在墓园，有一块地原本埋着某家的婴儿，在爱德华的安排下，成为狄金森家现在的墓地。爱德华一反美国人的散居模式，建造了一个有围墙的父权制大家庭——这个工程可以跟艾米莉的梦想媲美：把朋友们聚在一起，"别再有人出去"。

苏在信中把岳父激动人心的计划告诉哥哥，并用她典型的坚定沉着谈到她与奥斯汀之间的紧张关系：

> 奥斯汀的父亲驳回了我们拒绝留在这儿（阿默斯特）的各种理由，尽管这对奥斯汀的精神来说是一种牺牲，或者说他不得不与先前的主意斗争一番，但我觉得很满足，这终归是最好的办法……我们决定把婚期推迟到明年春天，这会让我有大致够用的时间来安顿新家……在寒冷的夜晚为你呈上牡蛎大餐会让我感到多么自豪！不说这个了——这太让我兴奋了。

她即将实现期盼已久的梦想：让破碎的吉尔伯特家族重新团聚，按她的描绘，奥斯汀乐于为此做出牺牲。这个图景基本上是准确的，除了一点，她说"我们"决定推迟婚期，事实上她的未婚夫反对再次推迟婚期。不过，说到底，奥斯汀也相信珍贵的梦想就要成真："苏，你和我将拥有一个什么样的家啊，有谁曾梦想过有这样的家？"

最终的决定是，奥斯汀和苏的房子由父亲出钱并保留所有权，由儿子负责设计。苏的某一位富有的哥哥寄来了一幅房子的正面图，在他的鼓动下，奥斯汀宣称自己不"喜欢漂亮的房子——舒适的房子才是我喜欢的，比较简朴的（宽敞的？）舒适的外观意味着建基于财富，但不依附于财富"。尽管如此，德怀特的"伟大"计划还是吸引了他，奥斯汀愿意考虑"一到两个比 G.R.（大急流城）[1] 目前的民房建筑更好的设计角度"。不知道

---

1 大急流城（Grand Rapids），密歇根州中西部城市。

这所房子最后是否以密歇根州的设计为基础，总之，它类似当时最新式的意大利别墅，有一个平顶的塔楼，还带一个装饰了很多"角"[1]的游廊。来自北安普敦的威廉·芬诺·普拉特是当地的建筑师，他肯定为房子的设计和建造出了不少主意。那年冬天，在建房子的过程中，奥斯汀加入了教会。房子命名为"常青藤"，以满足他对树木和自然景观的兴趣，这是阿默斯特第一栋有名字的房子。从平滑的石青色墙板到鲜绿色的百叶窗，再到树下散播的杜鹃花，其整体布局显然花费了设计者不少心思。

1855 年 11 月，狄金森一家搬回家宅，永远离开了他们西街的房子，还有精心打理的花园、果园、葡萄藤、松树林——奥斯汀栽种的老常青藤。这一刻属于爱德华：他收复了父亲的失地，他的儿子和儿媳很快就会搬进隔壁的新式住房，全体家庭成员都安全入会并注定升入天堂，除了艾米莉。可是，这次搬家却给诗人和她的母亲带来了身心的困顿与崩溃。

诗人对这次搬家的叙述重点描写了自己的眩晕感和分裂感。回忆起霍兰夫妇拜访狄金森家原来的客厅，她觉得有一种"幽灵的气息"，所有的参与者最后都化为"幻影"，然后消失。在搬家的当天，她感觉自己"在一片混乱中迷失"，仅存的一点神智"无可修复地粉碎，我不禁嘲笑自己的灾难"。她想起一句陈腐的谚语："心在哪儿新家就在哪儿。"并毫不犹豫地修改为："我认为是房子在哪儿（心就在哪儿），还有周边的建筑。"这等于是说，虽然看上去漫不经心，她的心并不在新房子里。

搬家本应是快乐的，之后，狄金森就说到了真正的麻烦："我亲爱的霍兰夫人，我因为另一件事再也笑不出来……我们一到家，妈妈就生病了……她总是躺在沙发上或坐在休闲椅上。我不知道她到底得了什么病，

---

1 跟传统的新英格兰房屋的布局相比，意大利式的别墅把厨房设计在不太显眼的地方，以达到"极其舒适和精致"的效果。苏和奥斯汀把厨房设计在原来的旧房体中，与宽敞的新房相连却比较隐秘。常青藤经修缮后现已向公众部分开放。——原注

我只是个什么都不懂的小孩，我也害怕自己（病倒）。"小艾米莉把这个家恰当地称为"我们的父亲的房子"，看来，回到这个家让两个艾米莉都不太开心，而且，大艾米莉恰好在这个时候奇怪地病倒，这让诗人担心起她自己，生怕她自己的"机器会发生什么齿轮故障"，担心有人不得不"停止运转"。

这封信表达了极其复杂的情绪，写信人的混乱和担心全都语焉不详。但是信件没有试图掩盖母亲病倒与艾米莉的恐慌之间的联系，虽然具体原因难以解释。母女二人的麻烦开始了。

衰弱与崩溃

按照诗人的粗略描述，母亲无力、不愿或拒绝离开她的椅子，我们对狄金森夫人这次一病不起的大致情况也只了解这么多。诗人写于这段时期的书信不多，在两年之后的一封信里诗人才再次提到母亲的病情。1858 年夏天在给一位教授夫人的信中，艾米莉说她很想去拜访夫人，前提是她可以"离开家和母亲。我现在哪儿也不去，免得父亲回家时看不到我，或错过什么小事，我忘了做的事，我应该逃开吗？–妈妈还是老样子。我不知道她什么时候能好起来。请别忘了维尼和我，因为我们两个经常感到困惑"。每逢狄金森夫人生病，诗人承担的家务活便会增多。不过，这段话带有一种策略性的含糊：它没有提供任何关于母亲病症的信息，也没有说明到底是母亲还是父亲要求女儿留在家中。母亲不离开椅子，艾米莉不离开家，这两个"不"留下许多猜想的空间，这个女儿到底是不是真心希望"逃开"。

大约在 40 年后，为了让一个采访者正确理解姐姐的离群索居，维尼提供了一个说法："我们的母亲曾经有段时间病倒了，必须得有一个女儿始终待在家里；艾米莉选择了这个角色，她发现与书本和大自然为伴的生活很惬意，于是就继续这样生活下去了。"维尼的说法显然简化了诗人隐居在家的原因及其真实感受，不过，母亲的病情看起来确实强化了这个倾向。

我们在家庭成员之外找到了一些同时代的人对狄金森夫人病情的描述。最有价值的一条来自简·希契科克 1856 年 9 月的一封信："现在伊丽莎·科尔曼正在艾米莉和维尼家，她们姐妹俩正在当主妇呢；因为狄金森夫人的身体很差，她正在北安普敦接受水疗。"水疗法在 19 世纪 40 年代非常流行，具体方法是用冷热毛巾交替按摩身体，主要用于疗养各种生理系统和神经系统的紊乱。1864 年北安普敦因开设了一家现代水疗中心而名声远扬，年轻的亨利·詹姆斯也被吸引到这里住了好几个月。只要艾米莉·诺克罗斯·狄金森在水疗中心，艾米莉和维尼就自觉地承担起狄金森宅邸的主妇工作，负责管理这所对她们来说依然陌生的大房子。压力重重的姐妹俩当然乐意有伊丽莎来做伴。

1857 年底，一位在辛辛那提的朋友"听说狄金森夫人的健康状况有所好转非常高兴"。1859 年 8 月狄金森夫人在丈夫、维尼、夏洛特·休厄尔·伊斯门的陪伴下登上了霍利约克山，大部分路程可能都是乘坐马车。这年冬天狄金森夫人甚至可以到玛丽·谢泼德家做客，玛丽很快报道，"来访的客人中有爱德华·狄金森的夫人，上周四她来过，她上一次来我家的时间是四年前"。第二天早晨，谢泼德给来访者寄来一张便条，谈的都是女帽，出于拘谨的礼节："好心的狄金森夫人能否把她冬天的帽子借给我看一看，借一整天？如果她想起帽子里一共用了多少丝绸，请告诉一声。"狄金森夫人把这张讨人欢心的纸条和她为数不多的信件珍藏在一起，足以见出她一生社交生活的贫乏。

多年之后，狄金森家的儿媳，因通晓社交礼仪，经常主持各种婚礼、葬礼、接待会、短途旅行，可是，在筹备自己的婚礼时，苏却遇到了难题。婚礼订在 1856 年 7 月 1 日，阿默斯特镇两个地点都不太合适：奥斯汀家的房子笼罩在病魔的阴影下，卡特勒家的一家之长简直让人无法忍受。最后，苏决定在杰尼瓦的索菲娅·范·弗兰肯阿姨家举行婚礼，尽管这个决定看上去很合理，却遭到阿默斯特镇所有人的反对，其结果是，用苏的话说，"动摇了原来的计划，融化了幻想的冰冻之作"。她没有说明这两个隐喻的具体所指，其中包括奥斯汀和艾米莉：奥斯汀一直计划着他和苏的完美未来，艾米莉总在幻想加深友情。[1] 现存的苏的两封婚礼书信完全没提狄金森一家，只提到吉尔伯特兄妹和"我们的几个特别的朋友"。这样的忽略非常奇怪，就算狄金森夫人行动不便，艾米莉和维尼无法出门去杰尼瓦参加婚礼。看起来，苏的婚姻生活从一开始就以一个象征性的行为把狄金森家人排除在外。

至于狄金森夫人的症结，显然绝不仅仅是不时发作的"神经痛"那么简单。我们可能会注意到她的妹妹拉维尼娅在结婚初期的疲劳和抑郁："我不常出门，因为多走几步我就会很累，我的背也很痛……大部分时间我看上去很苍白，实际上我觉得所有的一切都是负担。"在搬回刚结婚时就居住的狄金森宅邸后，艾米莉·诺克罗斯·狄金森病倒了——这个引人注意的细节不禁让我们联想到，是过去生活的光景和百般滋味重返她的心头。她想起了刚结婚时还不太懂得应付各种家务，赶鸭子上架般地成为一名主妇；她不善言辞，又得面对自己家族中好几位亲人的离世，我们猜想是否过去没有解决的心理问题现在卷土重来？难道是当年经历的悲伤，因为生活压力而无法及时得到充分释放，现在一股脑涌现出来，让她心力交瘁，什么也不想做？是否因为隔壁住着一个傲慢、文化水平高又擅长社交的儿媳而加重了她的不安？为什么苏所写的东西里一点也没提到她的婆婆？

妹妹拉维尼娅的丈夫破产的消息是导致她病倒的另一个原因。1852

1　苏在唯一一张写给狄金森的便条上点评过一首诗的一个诗节："鬼火一般的幽光"，"只要一想到它"，她就总是想"到火炉边取暖"。这大概就是她所描述的"幻想的冰冻之作"。——原注

年通过诺克罗斯与伍德的破产方案，洛林似乎已经脱离困境。他继续在波士顿学校委员会工作，萨拉·维尔·诺克罗斯听取了爱德华·狄金森的建议，指定洛林为遗嘱执行人；洛林这时看上去还是坚实的。[1]接下来的1854年对代销商来说，却是"商业大萧条的灾难"年。洛林签署了一张六个月或九个月后兑现的支票，事后证明这是一张空头的橡皮支票，被银行弹了回来，于是，他被债主告上法庭。从1855年开始的四年内，波士顿商业区对洛林的可征税财产估值为零。1856年波士顿市的地址簿中甚至没有收入洛林的办公地址。

这还不算更糟，后来又发生了一场痛苦的家庭诉讼案，爱德华·狄金森为失败的商人洛林辩护，结果败诉。从1846年开始，洛林和弟弟艾伯特成为乔尔·诺克罗斯一部分遗产的托管人，这部分遗产属于威廉·O.诺克罗斯的孩子。1849年，洛林急切想把信托基金投资到新泽西州纽瓦克（威廉住在那儿）的一块很有升值空间的10英亩土地，因此兄弟俩希望获得纽约州外合法投资的许可。爱德华马马虎虎地起草了一份申请书，但是没有获得通过。洛林和艾伯特还是想方设法买下了那块地，用了3000美元。

这是洛林非常英明的一项投资，五年后这块地便以7000美元的价格卖出，兄弟俩认为赚取的利润属于他们自己。遗产的继承人对此事却有自己的看法，1857年1月他们把托管人告上法庭，理由是托管人把信托基金的收入"据为己有、挪作私用"。汉普敦遗嘱认证法庭同意了上诉申请，并责令洛林和艾伯特把投资的利润返还到信托基金中。兄弟俩不服，继续上诉最高法院，还是由爱德华作辩护律师，他们坚持认为投入的资金是他们自己的钱，但是爱德华的辩护论据不足，1858年4月马萨诸塞州最高法院驳回了他们的上诉，让洛林陷入一生中最羞辱的境地。从那以后，无

---

1 萨拉在狄金森家待了一个星期，最后，爱德华亲手草拟了遗嘱执行人的法律文书，并在1853年7月1日正式签字生效，洛林、维尼和艾米莉在场作见证人。——原注

论洛林和艾伯特作为托管人曾经的功劳有多大，在外人眼中他们就是骗取自己侄子侄女钱财的人。

乔尔的子嗣一直是亲密团结的，这似乎是发生在他的继承人之间的唯一一桩官司。这对艾米莉·诺克罗斯·狄金森一定造成了重大打击，因为她和拉维尼娅十分亲近，而且之前跟威廉也很亲近。在这场官司发生之后，艾米莉·诺克罗斯·狄金森是否更加关心爱德华法律方面的事务或积极分担其失败的痛苦？对于这个问题，我们只能猜测：现存的家庭信件中没有一封提到过这场官司。

由于洛林经济上的失败和后来的官司，他的女儿路易莎和弗朗西丝拒绝把她们和诗人的完整通信交给诗人的第一位编辑，而是摘取了其中的片段，毁掉了原文：她们是在保护自己的以及表姐的隐私。她们敏感地保护家族历史的行为可以帮助我们更好地理解诗人所说的一些话，比如 1863 年洛林去世后诗人为他写了一篇奇怪的颂文："这位温和的绅士，他对所有人的本意不是伤害而是和平。"在一片怨恨的非议声中狄金森（对那些知道实情的人）说，洛林犯下的错误并非是故意的，不能因此怀疑他的正直和善良。对于这件复杂微妙的事情，狄金森显然和她的家人站在同一边。

鉴于爱德华有大宗地产和建房协议，有人怀疑他为洛林和艾伯特辩护是因为看上了纽曼的地产并想从中捞取利益。有一位学者认为爱德华在 1857 年仔细研究了信托基金后"以牺牲纽曼继承人的利益为代价扩大了狄金森家的收益"。这项指控有三条重要的缺陷：第一，这项指控是在误读爱德华财产清册的基础上提出的；第二，除此之外没有其他证据；第三，纽曼的继承人或她们的丈夫对于爱德华的监管从未表达过任何不满。

指责爱德华侵吞遗产完全是无的放矢。《波士顿信使报》（*Boston Courier*）建议提名爱德华为州长，理由是他的管理将不会受到"目前困扰我们的贪污腐败的坏风气"的影响。1858 年国家信用评级机构认为爱德华和他的儿子是"完全值得信赖的人，可放心与之进行大宗交易"。[1] 诗人认为父亲正直清廉，这也是公众对他的评价。

不过，这个男人是地地道道的美国佬，他很知道如何在法律允许的范围内打伦理道德的擦边球。1856 年 3 月，他把内森·狄金森的房子以6000 美元的价格卖给了弟弟威廉，然后以纽曼遗产托管人的身份再将其按相同价格买回。实际上他将自己的财产抛售给自己管理的信托账户，威廉只不过是整个操作过程的中转人。问题的关键是这个价格是否公道。对此，有人回答说，他付了同样的价钱 6000 美元买下狄金森家宅和地皮，而按阿默斯特的税率估价下来，两笔地产相差悬殊；纽曼地产的估价为3200 美元，狄金森地产（在改建前）则为 5600 美元。就算估价有误差，显然，在纽曼的地产上爱德华精心算计，尽量抬高价格，而塞缪尔·E.麦克出卖家宅时却没跟他那么算计。没经过任何讨价还价：他利用托管人的身份美美地大赚了一笔。

艾米莉在一封最神秘最重要的信件中，隐约暗示过一桩更暧昧的交易。按照一条新闻报道的用语，"大修铁路的热潮"在 1857 年的大恐慌中结束，阿默斯特和贝尔彻敦铁路陷入了财政崩溃。这条铁路线存活下来，是因为重新组建并注入资金 8.5 万美元，这个数字还不足最初投资额的三分之一；最大的输家是股票持有者。另一方面，公司的债权人，爱德华是其中之一，却可以买下这条铁路从而保护了自己的利益。在这个关键时刻，走在前面的不是别人正是威廉·狄金森，他扮演了官方接管人的角色。这个不为人知的交易是阿默斯特居民投资生活中的重大事件，镇里唯一的报纸《罕布什尔和富兰克林快报》（由爱德华和铁路同僚控制）对

---

1 这里有多处字迹不清，作者做了标记，但不影响句子的意思，译文从略。

于这个重组却没有提供任何清楚的解释，也没有提过威廉的名字。[1]

　　母亲令人困扰的疾病，洛林叔叔的破产，诺克罗斯家人之间的官司，经济大恐慌，阿 - 贝公司的惨败——每个事件都如出一辙：走向崩溃、遮遮掩掩，而且麻烦重重、盘根错节、无从定论。这就是 1858 年到来之前从狄金森宅邸的二楼看出去的世界。它带来的结果是：对于阿默斯特镇，新一轮的皈依热潮即将登场，对于艾米莉，一个天职将被接受，并永远担当。

大奋兴

　　在狄金森现存的书信中写于 1857 年的信一封也没有，有人曾因此推断诗人彻底病倒了以至无法写字。不过，我们知道她与新奥尔良的朋友约瑟夫·莱曼有通信往来，因为莱曼在这年春天和夏天的信件里明确提到，他收到过艾米莉和维尼的信。1857 年 5 月 24 日，莱曼的信纸不够了，只好把艾米莉刚寄给他的来信的信封拆开，当作信纸给未婚妻写信。信封外可以看到两个模糊的邮戳，上面显示寄信的时间是 5 月 16 日，新奥尔良邮局收件的时间是 5 月 24 日。信封上还可以见到约瑟夫的名字和地址，是狄金森的笔迹，字比较大、笔画流畅，看起来很自信。很有可能伊丽莎·科尔曼等人在 1857 年也收到过狄金森的信。

　　这并不是说母亲的病情和其他的崩溃与失败没有让她感到压抑。在她的书信中一直都有一条线，把这个世界和那个世界分开，这条线尤其痛苦而明显地出现在 1856 年和 1858 年。回忆她和伊丽莎白·霍兰第一次见面的地点——西街房子的客厅，狄金森写道："我们将会坐在一个'不是

1　狄金森的各种传记对这个被遮掩的事件都只字不提，所有的传记都一再声称，阿默斯特学院在爱德华担任司库期间从未损失过一便士。实际上，学院的一位前任校长斯坦利·金很久以前就透露说，学院在司库提议的铁路投资中至少损失了三分之一的资金，"所幸"没有继续损失。——原注

人手所造'[1]的客厅里，除非我们很小心！"她让约翰·朗·格雷夫斯回想"那堵把我们和斯威策先生隔开的斑驳的墙"（狄金森家北面的邻居），突然又跳到其他必死的事物：开败的花朵、去年的蟋蟀、"一半已化为尘土的翅膀"。"我们，也在飞散－消失，"她用说教的口吻补充道（也许扫了一眼她的诗歌？）："活着，然后死亡，然后在一个得胜的身体中再次登场……不是小学生的作文题！"这一类想法频频出现，十分显眼，于是，1858年2月莱曼对未婚妻抱怨道："我过去很喜欢艾米莉·狄金森，现在也是。但她有点病态和反常。"

这是同时代人对她精神状态的描述，它刚好与新一轮宗教复兴运动同时出现，这场运动如此热烈、影响面如此广泛，以至于被赋予了一个兴起于乔治·怀特菲尔德[2]时代的名称：大奋兴。爱德华·希契科克曾见证过数次激动人心的宗教复兴运动，但是这场运动的"征服力度"比任何一次都更加"普遍而彻底"。在布鲁克林的亨利·沃德·比彻的晚间教堂集会上，所有人"一会儿哭一会儿笑，完全不知道哪一种情绪更合适""热泪盈眶地从羞愧的过去走出来"。在费城的阿驰街教堂内，沃兹沃思牧师宣称，"自从耶稣诞生之日，只有三次宗教复兴运动能与现在的相媲美：1世纪的圣灵降临节；16世纪的宗教改革；18世纪的大奋兴"。当这场运动的喧哗传到法国时，亨利和威廉·詹姆斯的父亲认为这是一个标志，美国正经历"一场规模巨大的精神革命"。

在阿默斯特镇，大奋兴运动始于1857年冬天并一直延续到第二年春天，其成果是24个人公开表白信仰并加入第一教堂。毫无疑问，艾米莉肯定又成为众人特殊关注的对象，因为她是家中唯一没有皈依的成员，她

---

1 见《新约·哥林多后书》（5∶1）："我们有一所上帝的房子，不是人手所造，是在永恒的天堂。"
2 乔治·怀特菲尔德（1714—1770）是基督教大奋兴运动中的重要人物之一，他接续先驱点起的复兴之火，把复兴运动引至最高潮。他的神学思想受加尔文宗影响，以英国清教徒的原罪、因信称义及重生等议题为中心。当时的北美殖民地至少有80%的人曾听过他讲道。

的被排斥感变得越发强烈。1859 年初狄金森给玛丽·黑文写信，感谢她还记得她这个"不值得被记起"的人，她补充说，"'恩典'——圣徒会这样说。而像我这样粗心大意的女孩，无法为之作证"。

也许就是这次宗教复兴运动促使狄金森给查尔斯·沃兹沃思写信，寻求精神上的帮助；或许也可能，按照狄金森研究者莱达猜测，她写信的时间更早一些，是在运动爆发之前，母亲生病之时。不管怎样，牧师发现狄金森的请求十分模糊又十分痛苦：

我亲爱的狄更森小姐：[1]

您的字条让我感到极其难过，在收到的这一瞬间——我只能靠想象，是什么样的苦恼降临到您的身上或仍在降临……

我非常非常为您感到担忧，很希望能更明确地了解您的困境——尽管我无权闯入到您的苦痛之中，然而我请求您回信，哪怕是一两个字。

极其匆忙之中

诚挚的、最热烈的您的——

沃兹沃思显然是希望让这个深受折磨的写信人明白，他对她的关切是真心实意的。但是他急切的关怀以及最后画线的词会不会激起一种意想不到的情愫呢？

尽管学者们对这封信的写作时间说法不一，有人甚至认为是写于1877 年，然而这封信的写作时间不可能晚于 1862 年春天，因为自那之后，

1　这里，写信人把狄金森（Dickinson）的姓拼错了（Dickenson）。

沃兹沃思就离开了阿驰街教堂的布道坛，而且，他所使用的有花押字的信纸与他写给另一人所用的信纸是相同的，那封信的落款时间为"阿驰街 12 月 19 日"。另外，沃兹沃思拼错了诗人的名字，以及他不甚清楚她的苦恼是什么方面的，这些都表明这封信应当写于他们通信之初。

为什么在他们的来往书信中独有这封短信保存完好？我们可以设想出各种解释，其中最有可能的解释是：它标志着一段友情从此开始，这是一个重要的新起点。在诗人深陷痛苦的时刻，它张开热情的双臂和温暖的胸怀——诗人的心中涌起了希望：有人愿意理解她。

"我边写边踌躇"

奥斯汀的皈依，母亲和洛林叔叔的接连崩溃、诺克罗斯家族的官司、铁路、宗教复兴、求助沃兹沃思，以上这些事件有助于我们理解狄金森的两封谜一般的信件，很可能写于 1858 年的春天和夏天：一封是一个短信的草稿，写给她称作"主人"（master）的某人；另一封写给约瑟夫·A. 斯威策。"亲爱的叔叔，近来发生了许多事"，她提醒斯威策"太多了——我边写边踌躇"。显然，一系列外部事件导致一场内心危机同步爆发，危机以令人不安的方式呈现，让不知情的陌生人，比如我们，完全摸不着头脑。

在给主人的短信中，有感于他[1]生病的消息，她一开篇就透露，她又度过了一个糟糕的冬天：

---

1 我认为这位主人不太可能是女性。狄金森的所有书信中的"主人"都不是指女性。《简·爱》中的主人公简称呼罗彻斯特为"主人"，狄金森读了这本书之后，称伦纳德·汉弗莱是她的"主人"。黛娜·克雷克《一家之主》中的雷切尔·阿姆斯特朗把唤醒了她的心灵的男人唤作"主人"，参见原书第 248 页。狄金森有七首诗中出现了"主人"这个称呼，其中四首中的"主人"有明显的性别称谓，表明此人是男性（Fr75，Fr133，Fr185，Fr764），另外三首（Fr395，Fr427，Fr697）则没有指明性别；也许诗人觉得这是不言自明的。Fr395 的稿纸背面写有"苏"的字样，后来被擦去了。——原注

我病了－更难过的是，您也病了，我强撑着这只稍有力气
的手告诉您－那时我想，您也许在天国吧，当您再次说话，听
上去是那么悦耳、神奇，让我如此惊喜－我希望您好起来。

　　狄金森显然是打算写一封干净的信，写着写着她意识到修改是必须
的，就在行间添加了一些字词。写完之后，她是不是马上誊写了一份寄出
去了呢？信末的几句话带着某种急切感——"您会告诉我吗，您的身体一
旦好转，就请告诉我吧"——这说明她有理由尽快把信寄出来，但我们仍
无法下任何定论，正如我们不清楚收信人是谁。这封信温柔、热切，把收
信人列入她所爱的人之中（"我希望我所爱的人，每一个都别再体弱多
病"），但它不是一封确切的情书。我们观察到一些错位的痕迹：她的"鲜
花"（诗歌？）似乎让他困惑不解；有一点她还必须马上予以纠正："主人，
请再听一遍－我没有跟您说，今天是安息日。"这些误解以及这个男人在
地理空间上的距离，让我们觉得沃兹沃思有可能就是收信人，但仍缺乏确
凿的证据来支撑这个判断。

　　在短信草稿中狄金森说，在春天的促动下，她特别想谈一谈她眼中的
大自然及其之外的东西："这的确是上帝的房子－这些是天国的门，天使
们飞来飞去，还有他们可爱的信使－我希望自己像米开朗基罗先生那么伟
大，可以为您描画。"最后这句话明白无误地暗示了她的艺术渴望，这也
是她首次把"伟大"这个词和自己联系在一起。怎样把自己的经历与体验
再现在图画上，做一个伟大的真正的画家，这个问题开始刺激她、折磨她，
这是写信的甜蜜与痛苦的自然延伸。在友情与雄心之间存在一种温情脉脉
的联系。

　　给斯威策的信也是从当下的麻烦扩展到更大的折磨——艺术再现。现
实生活中那些烦恼事让她"边写边踌躇"，但狄金森的关注点不在于此，

而在于四季更迭背后那不变的事物："花开的夏日－霜冻的月份，铃声作响的日子－不过，这只手一直靠在我们的火炉旁。今天在外面多么高兴，可是进来却多么悲伤－太阳照得那么欢欣－现在，月亮出来偷走了一切，所有人再也高兴不起来了。"那只扫兴的壁炉旁的手也许就是母亲令人困扰的疾病，如今已持续了整整三个夏天；另一些麻烦也是造成情绪低落的祸首：铁路的困境越陷越深，爱德华刚刚输掉了诺克罗斯的官司。

这里，诗人笔锋一转，写给"主人"的信也是这样，转到现下的季节，她跃跃欲试，多想谈一谈她所看到和听到的一切，但却忍住了：

> 这里，夏日灿烂，令鸟儿歌唱，蜂儿奔忙。
> 枝条上冒出奇异的花朵，树儿迎来了他们的房客。
> 我愿你也能看到我所看到的一切，吸入这音乐。日头已落，
> 早就落下了，但仍有一个小型唱诗班在吟唱诗章。

音乐是指树上的蟋蟀或蝉的叫声。狄金森知道住在纽约东 24 街 17 号的斯威策听不到这种"唱诗班"的吟唱，如下面这句话所暗示的，这成了她在黑暗和沮丧中是否有能力歌唱的象征："我不知道是谁在唱，就算知道，我也不会说！"这里的强调和隐晦暗示了她的写作与夜晚的音乐之间的关系。

这年秋天写给苏和霍兰夫妇的信也表达出类似的缄默："我永远不会说！""我不会说时间是多么短暂。"近年发现的一张狄金森晚年的纸条表明她对蟋蟀的认同感多么深入："我是粗人，不知自己是否有资格回复你迷人的礼仪，不过，蟋蟀们很不起眼，不会遇到审查，它们灰黑色的致敬应当不会搅扰到任何人。"

为什么诗人把她的暗夜消息发送给约瑟夫叔叔而不是其他人，比如他

的妻子凯瑟琳呢？代销商约瑟夫平安度过了最近的生意大恐慌，他肯定知道洛林的事和阿－贝铁路的资金危机，所以他当然读得懂艾米莉的开场白，"最近发生了很多事"。而且，约瑟夫是叔叔们中间文学修养最好的，会为妻子写精美的结婚纪念诗；1855 至 1858 年他还在阿默斯特学院设立了第一个面向演说和文学创作的基金。"斯威策英文创作奖"颁发于 1858 年 6 月 29 日；"斯威策演说奖"颁发于毕业典礼周的 8 月 9 日。艾米莉的信说不定是为了迎接叔叔来阿默斯特参加上述某个活动的。

既然斯威策热心于美文，这就不难理解狄金森为什么在信末流露出那种自觉意识："我不知道我说了什么－我的语句戴上它们的全部翅膀－四处翻飞。"这几乎是在承认她的信是表演给有眼力的鉴赏家看的，可是，在这个麻烦不断、遮遮掩掩的非常时期，这样做会不会让人觉得有些过分呢？她跃跃欲试，想要宣布自己是诗人，可又不得不自我防卫、保守秘密。"我永远不会说！"

第一本手稿册

1858 年，显然是在夏天，狄金森开始了那项富兰克林所谓的"大盘点"工作，"对她的全部作品做了一次筛选"。她一边创作新作一边把很久以前和不久前创作的诗歌通通检查回顾了一遍，用上好的纸张将它们工整地誊写下来。按照纸张出厂时的折叠线，每页纸上抄写几首，每抄满四页就用针和线缝成一个小册子，缝在折叠线附近。她是在学习父亲当年的做法，爱德华就是通过缝制小册子来保存自己大学时（凌乱的）文章。

爱德华没有费力去重新抄写；艾米莉就不一样了，她拿出十几年前制作植物标本册的认真态度，将她的诗稿整理成小本子或小册子。当年那个女学生劲头十足，显示出非凡的雄心，这一次整理诗稿也是如此。从 1858

至 1865 年的七年里，她一共制作了 40 本小册子，共计 800 多首，还整理出 10 "批"未缝制成册的诗歌。区别在于，学生时代的腊叶集是供他人翻阅的，而成年后的诗稿册绝不是。诗人去世之前，没有人意识到她曾多么悉心地保存自己的诗歌，也没有人知道她写过多少。制作腊叶集既是为了保存也是为了展示，而诗稿册只是一个私人珍藏，或是一个保存作品的神秘花园，或是一件因其内在价值而存在的东西。关于这个浩大的工程究竟对她意味着什么，我们只能猜测，因为诗人并没做过任何明确的说明。

尽管狄金森给朋友们寄过几百首诗歌，但她没有向任何人，包括苏，甚至包括维尼，透露过这些诗稿册的存在，它们严密地藏在"面纱"后面。她是不是早已预见到它们最终会被发现并发表？当托马斯·温特沃思·希金森劝诫她说，她的诗还不到面世的时候，她郑重其事地告诉对方，发表"跟她的想法毫不相干"。狄金森显然认同女性的自尊与公共生活不相容的保守观点，[1] 她好几次质问海伦·亨特·杰克逊怎么能忍受"把灵魂印在纸上"。这与爱德华·狄金森化名"考莱伯斯"的文章中对于女人出版作品的态度简直如出一辙。

狄金森抄写在第一册中的《在这片奇幻的海上》（Fr3），曾于 1853年寄给苏。还有一些诗，特别是那些与早期信件相呼应的诗，都是她前几年的旧作。《我有一枚金基尼》是在抱怨朋友的沉默——

> 但愿庄严的悔恨
>
> 攫取他的心扉

---

[1] 诗人和专栏作家玛丽·克莱默·埃姆斯 1858 年深有感触地提到了这样一件事，一个有教养的女人看到朱莉娅·迪恩·海恩的剧院海报非常震惊地说道："一个女人不可或缺的矜持和优雅全都丢掉了，竟允许自己的名字张贴在大街小巷！"对于这种反感，埃姆斯做出了如下解释："如果一个女人的生活像娇嫩的花朵一直生活在温室中被精心保护，她就会脱口而出这样的话。"——原注

让他在太阳底下

找不到任何安慰

Fr12

　　这首诗让我们想起 1850 年她对乔尔·诺克罗斯的攻击。富兰克林认为这 16 首诗作誊写于"1858 年夏天",其中有七首是为了寄送礼物(主要是花)而设计的。她秘密地制作诗稿册,但其中的诗作却在友情传递过程中扮演过鲜活的角色。

　　那两封分别寄给主人和斯威策的信流露出纠结和困扰的情绪,相比之下,她的第一本诗稿册至少表面上平静多了,也更加"积极肯定"了。与此类似,那首作于 1854 年的《我有一只鸟儿在春天》起因是她和苏的关系出了问题,信里对此表达得很清楚,可是,诗里却显得很平静。这些诗歌似乎不是为了轻松地宣泄,而是为了容纳或掩盖痛苦而写:那原始冲动有一部分保留着不说出来。比如下面这首诗歌就很有说服力,它以"欣喜若狂"的方式书写了狄金森一个无法释怀的主题——从死亡到天堂的过渡:

　　　　飘零! 一只小船飘零!

　　　　此时夜色渐深!

　　　　难道无人引领小船

　　　　驶入最近的小镇?

　　　　水手们这样说 - 昨天 -

　　　　正当黄昏渐浓

　　　　一只小船放弃了挣扎

　　　　汩汩下沉下沉。

天使们这样说－昨天－

正当黎明泛红

一只小船－狂风中精疲力竭－

又竖起桅杆－扬起风帆－

飞奔－欢腾而去！

Fr6

　　这首诗的韵律格式通常被称为民谣体或（赞美诗中的）常规体，四音步和三音步诗行交替出现。[1]在最后一个诗节，第四和第五行冲破了韵律格式的束缚，象征着小船飞速前冲——冲出了死亡的限制，获得自由。通过这种方式（在其他诗作里也使用过），狄金森把注意力集中到从此生向永生过渡的瞬间。但是这首诗未免太轻易地"放弃了挣扎"：推动诗歌的痛苦与不幸轻松自如地发生了逆转，很难看出作者努力挣扎以探索出一个非正统的"希望"的痕迹。第一本诗稿册的诗歌大多如此，那些对狄金森来说悬而未决的问题就这样被巧妙地包裹起来。这似乎为她的谜语提供了一个心照不宣的答案。

　　诗作誊写并定稿之后，之前的草稿就被销毁了，这样一来，大多数诗作的创作起源与生活背景都无从知晓。在 40 本诗稿册中只有一首诗作的草稿神秘地存留下来。令人高兴的是，这是一首写于 1858 年夏天的谜语诗，刚好是同期诗作中最难解的一首：

如果我爱的人丢失了，

哭喊声会告诉我－

如果我爱的人找到了，

1　民谣体（ballad meter），奇数行使用抑扬四步格，偶数行使用抑扬三步格，押 ABCB 韵。

根特的钟会敲响

我爱的人若已安息，

雏菊会将我激励

菲利普困惑不解时－怀揣他的谜语－

Fr20A

　　最后两句莫名其妙，约翰逊指出，它与奥斯汀收藏的一部同名诗剧中的主人公菲利普·范·阿特威尔德有关，此人在剧中不光彩地悲惨死去。狄金森诗中的说话人面对生死问题很容易找到公开的答案，而诗剧中的菲利普却带着他的谜语，不得其解。

　　这张唯一幸存的草稿是用铅笔写的，写在一张很小的对折的纸片上，纸片上的空白处都写满了，却一个字母都没溢出，从中可以看出诗人格外地，用富兰克林的话说，"留心于边界"。看来，诗人从一开始便打好了腹稿，除了最后两行，草稿上的版本是："菲利普被急切询问／我，带着我的谜语。"最后一行开头的"我"让人困惑，这样一来，这一行似乎应该加上引号。也就是说，有人急切地问菲利普，他只是回答说，他带着谜语，只能让它悬而未决了。这首诗使用了对位法，诗歌结尾处暗示出重大问题很难轻易处理，而前面那些问题相对容易；狄金森的早期诗作大多涉及这些比较容易处理的问题。

　　与其说我们从这张幸存的草稿中取得了什么"突破"（这是个陈词滥调），不如说我们追踪诗人写作的步履，看到她刚好在关键的时刻脚步蹒跚、踟躇。面对迫在眉睫的选择，奥斯汀选择了皈依，站在教堂里"大声嚷嚷"地发表他的安抚人心的、随手获得的新真理。艾米莉却继续选择谜题，而非首肯确认，就像"飘零！一只小船飘零！"一样。"如果我爱的人丢了"预示了她将面对什么样的未来，像菲利普一样，她将学会怀揣谜语上路，并一直揣下去。

这变化我无法界定 —

I could not have defined the change —

思想上的反转皈依

Conversion of the Mind

像灵魂中发生了圣化 —

Like Sanctifying in the Soul —

被见证 — 但没有解释

Is witnessed — not explained —

1858

第六部分
Part Six

~

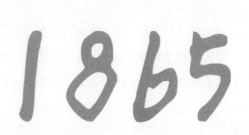

第十六章

1858—1860 年：没有什么是渺小的

　　也许是因为波士顿的诺克罗斯一家不让他人分担他们的麻烦，拉维尼娅姨妈从 1858 至 1859 年冬天一病不起，维尼不得不过去帮忙，用艾米莉的话说，帮姨妈度过"卧病的冬天"。维尼在那里待了好几个月，从圣诞节前一直到第二年春天过半。艾米莉在信中说得很清楚，家里简直不能没有维尼：不仅因为需要她做针线活、操持家务，而且还需要她做伴、提供信息以及裁决大小事宜。

　　这个姐姐越来越依赖精明强干甚至有点专横的妹妹，但是姐妹之间的关系不能简单地归纳为依赖与被依赖的关系，艾米莉有关姐妹关系的谈论基本上都是从维尼这次离家开始的，所以她大谈特谈的自然都是她多么需要这种姐妹情谊。姐妹俩虽缺乏智识上的默契，但这并不影响姐妹情谊，艾米莉自己对此也感到吃惊。正如她在给约瑟夫·莱曼的一段精彩的文字中所言："真是太奇怪太神秘了，（维尼）睡在我身旁……这个纽带是那么重要；可是，对于我说的话她却总是无比吃惊，假如我俩刚刚从两个不同的井里孕育出来，第一次见面，大概她也不会比这更吃惊了。"这种亲密的疏离感让诗人觉得"空间和时间是身体的事儿，与我们自己几乎没有一点儿关系。我的国土是真理。维尼大部分时间都生活在后悔国。我喜欢真理——它令人解放是自由的民主国。"这段话捕捉到一个悖论：一种赋予自由的依赖。这是诗人的家庭关系的根基。

嫂子苏珊也激发了艾米莉的能量，不过方式不同。如果说维尼住在后悔国，那么苏则统治着一个广大的帝国，囊括文学、宗教、上流社会，还有一条与真理激烈对抗的国界线。随着狄金森夫人缓慢康复，女儿们渐渐从繁重的家务活中解脱出来，苏和奥斯汀的"常青居"成为艾米莉社交与文学生活的中心：在那里她认识新朋友，阅读新作品，了解新观点，这一切激发她创作出一首又一首诗歌。从 1858 年至 1861 年，这个丰富多彩的社交场景似乎是一把有力的双刃剑，它表面上缓解实则加重了艾米莉这口井的孤独感。那是一种复杂难言的感觉，似近还远，撩拨人心，迅速积极的反应却找不到一个可以互动的对象。对于艾米莉来说，这种感觉早就不新鲜了，只是现在越发痛苦难熬。于是，诗人杰出的创造力和才华以前所未有的强度爆发出来。

一位诗人和隔壁的生活

奥斯汀深信他与苏的结合是世间少有的完美结合。在婚后的第二个圣诞节，奥斯汀送给苏一本考文垂·帕特莫尔的叙事诗《家里的天使：婚约》。[1] 这首讨人欢心的诗作叙述了维多利亚时代理想的求爱过程。在奥斯汀的赠言里，男主人公追求霍诺丽亚（三个女儿中最小的一个）的过程成了他追求苏的写照："苏，有人在看着我们呢。"吉尔伯特家四个女儿中

---

1 《家里的天使：婚约》（*The Angel in the House: The Betrothal*）是英国诗人考文垂·帕特莫尔（1823—1896）的一首长篇叙事诗，首先在维多利亚时代的美国，然后在英国，受到热烈欢迎，几乎家喻户晓。此诗第一部分发表于 1854，最后一部分发表于 1862 年。全诗从始至终赞美妻子的美德：顺从、柔弱、娇媚、优雅、富有同情心、甘于奉献、虔诚和纯洁。后来，"家里的天使"成为一个俗语，指那些为了丈夫和家庭甘愿妥协一切、牺牲一切的"完美女性"。

常青居，一栋意大利别墅式住宅，1856 年为奥斯汀和苏珊夫妇修建

最小的女儿认真品读了这首诗作，并在她赞赏的诗句旁画上了她常用的着重线和 X's。诗中有一处提到，女人只有最初抑制她自己的性喜好才能救赎男人，苏在这句话的旁边画上了第一条双横线以示大为赞同：

知道他只能选择付出

她如何让天堂廉价；

如何白白送出无价的礼物，

如何糟蹋了面包撒了酒，

欠债花费，各自节俭，

创造出野蛮的男人和圣徒。

30 年后，在为艾米莉撰写的悼词里，苏引用了帕特莫尔这节诗中的最后三个词语（用来描述霍诺丽亚和姐姐们共有的精致的家）[1]，以强调艾

---

1 苏引用的最后三个词为："duties beautifully done"（漂亮地履行了义务）。

米莉如何精心料理家务：

> 一个帐篷安扎在一个不公正的世界
>
> 　仿佛，里面的居民，每一副
>
> 平静的脸庞都洋溢着光辉
>
> 　因为漂亮地履行了该尽的义务。

而此时苏自己的帐篷已无法补救地撕裂了。

苏对分娩的危险十分敏感，因而她对性生活的态度也是谨慎而苛刻的。[1] 与奥斯汀结婚五年后，苏才开始生育孩子，我们不禁怀疑他们是否一度像奥斯汀承诺的那样没有性生活。朋友塞缪尔·鲍尔斯在妻子产下死婴后给奥斯汀写信，暗示他们最近在聊着性和后代的话题："我不会奉劝你逃离这种风险：它们很可怕，但是……它们还是有用的。生手把草种在火烧之地。"时间更早的一封信中也触及了生育的话题，既诙谐又细腻：祝愿"你们两家幸福"（常青居和家宅），鲍尔斯补充道："我的宝宝牙牙学语的声音传入我的耳朵，我很想写一个含有字母'b'的词，但是谨慎和得体的要求及时制止了我的冲动。"含有"b"的敏感词肯定是"baby"（婴儿），这是两个男人近来讨论的话题。

对生孩子的问题奥斯汀目前的感受一定相当纠结，既出于容忍也不乏理性，既要自我防卫，又难免有所爆发，这一点可以从简·希契科克的一封信里推测出来，信是 1860 年 12 月写的，寄给他的远在欧洲的哥哥内德：

> 我告诉（奥斯汀）你很想念孩子们，他惊叫道，如果他有

1　多年后，似乎是为奥斯汀的不忠表示辩护，奥斯汀的情妇把情人对妻子的埋怨记录了下来。其中第二条是"对所谓的婚姻生活彻底失望"。现存的信件让我们不禁怀疑，奥斯汀早在 60 年代中期就对他和苏的婚姻产生了破灭感。——原注

三个孩子，他相信他会立刻动身去欧洲，在那里待得越久越好。
我冒昧地提出，他没有能力评判做父亲的感受，然后他暗示说
自己是幸运的，他确实还没有成为父亲。

苏在这时已有三四个月的身孕，显然她还没有通知自己的丈夫他就要
体会"做父亲的感受"了。

更为讽刺的是，奥斯汀此时已经有了孩子。1858 年秋天，纽曼家的
孤儿们被打散，费伊夫人打包走人了；两个姐姐离开了阿默斯特镇，14
岁的克拉拉和 12 岁的安娜搬进了常青居。因为爱德华仍然是女孩们的法
定监护人，这种新安排并不是真正意义上的收养。但是不管奥斯汀和苏珊
扮演的角色是监护人还是照看者，这种抚养关系在常青居持续了九年。至
于纽曼家的男孩，据一份在布鲁克林签署的文件，他去了费城，与一个叫
玛丽的女人结了婚，但玛丽不能签名，只能用"玛丽＋符号"的方式替代。

有证据显示，1858—1860 年奥斯汀与艾米莉的关系比较冷淡。期间
艾米莉的一封信说起在礼拜天下午"拜访他"——奇怪的正式用语。苏到
杰尼瓦看望玛莎（1857 年玛莎嫁给一个生意兴旺的纺织品零售商），艾米
莉用一种扬基人经典的干巴巴的口气报告："奥斯汀和我们共进晚餐，'看
上去不错'。"这种简短的措辞和距离感与她过去热心参与二人的求爱过
程构成了鲜明的对照。

一个月后奥斯汀感染了伤寒，看上去不太好。当时，阿默斯特学院校
长的儿子弗雷泽·斯特恩斯也得了这个病，"病得很严重"。后来猩红热席
卷了整个小镇，夺去了很多人的性命，包括狄金森家杂务工的八岁的女儿
哈丽雅特·马修斯。艾米莉当时给霍兰夫妇寄了一封情绪激昂、令人眼花
缭乱的信，戏剧性地表达出她本人随时准备赴死：

晚安！我无法在这死亡的世界多待一刻。奥斯汀仍在发烧。上个星期我已经埋葬了我的花园－我们的杂务工，迪克，因为猩红热失去了一个小女儿。我想也许你们死了，不知道教堂司事的地址，审问雏菊。啊！挑剔－挑剔的死神！啊！民主的死神！从我的紫色花园中抓去了最骄傲的百日菊，－藏在他的怀里，又去召唤奴隶的孩子！

狄金森把"奴隶的孩子"与她的被冻死的花相提并论，令读者们大为惊讶。[1] 对于这种表面上的冷漠无情，我们不能忘记那个年代流行病频发，死神常常张狂肆虐地在人群中起舞，成批的生命被夺走。难道是因为死亡人数太多，所以对奥斯汀危险的发烧症状也有些麻木了吗？还是因为医生认为奥斯汀"好些了"所以就不那么担心？无论是哪一种解释，总之她没有说明奥斯汀病情的严重性，他的病情一直拖到 1 月，"表现为神经痛"。

如果说艾米莉现在对奥斯汀不再那么依赖了，她却还是像过去那样紧紧抓住她那有时毫无回应的嫂子。狄金森不遗余力地声称她和苏有一种亲密的、充分的相互关系，但她时不时会传达出某种被忽视的情绪。她寄往杰尼瓦的信一开头又发出了那个熟悉的哀叹，哀叹苏的沉默："我没收到任何信，亲爱的，但我的信念依然坚定。"这个经典的句子符合抑扬格的句式，如果在"亲爱的"这个词后面断句的话，这两行就符合常规体格律。[2] 这是诗人对沉默的朋友发出的一贯抱怨，从 1845 年就开始用在哈丽雅特·梅里尔身上了。

1　另一方面，狄金森在 1863 年给路易莎和弗朗西丝·诺克罗斯的信中，温柔地谈到马修斯失去女儿的悲伤。1881 年加菲尔德总统遭枪击，狄金森又一次轻率地把花和人并列："维尼也失去了她的苏丹红－这是'吉特奥'之年－总统和苏丹红都遭此厄运。"（吉特奥是芝加哥一位头脑糊涂的落魄律师，是枪击加菲尔德总统的凶手。）——原注

2　原文如下："I havn't any paper, dear, but faith continues firm."

大约就在苏从杰尼瓦回到阿默斯特镇之时，基于两种不同的姐妹情谊，艾米莉创作了一首颂诗。她深爱的维尼：

　　　　从我的来路来
　　　　穿着我去年的外袍

　　苏的出现则像是一个令她深深眷恋的外乡人：

　　　　她唱歌不像我们那样
　　　　那曲调多么不同 –
　　　　她是她自己的音乐
　　　　就像六月的黄蜂。

　　叙述者毫不费力地坦承，她一直依赖着这个自给自足的陌生人：

　　　　如今早已不是童年
　　　　但是上山下山
　　　　我紧紧握住她的手
　　　　路途因此变短

　　尽管苏已是狄金森家的一员，她还是跟大家不同，仍沉湎于破碎的过去和自己的内心世界：

　　　　她的哼鸣依旧
　　　　经过这些年月

仍把蝴蝶哄骗

她的眼睛里仍

躺着紫罗兰

已朽烂如此多的五月。

奥斯汀就是那只蝴蝶吗？总是误读外来人的哼鸣？苏眼中"已朽烂"的紫罗兰是否指她的姐姐玛丽，陨灭于生命的春天，让她依旧无法释怀？有一点似乎是清楚的：这个陌生人的自持和不变的本性深深吸引着叙述者，让她弃当下而求永恒，尽管是以不同的方式：

我抛下露珠－

却带走清晨；

从夜空中的万千星宿－

我选中这单独的一颗

永远的－苏！

Fr5A

这番效忠誓言中已明确表达的内容和未说出的内容同样引人注目。无论苏是自我哼鸣的蜜蜂，还是被崇拜的星体，总之，她似乎总是令人猜不透。她们之间没有轻松自在的、切实可感的相互回应；艾米莉紧紧握住的那只手不一定会握回来。正如这首诗并没有澄清苏的孤高的心理状态究竟是什么，也没有深究叙述者的依恋是怎么回事，总之，那是某种持续不变的、坚定的、超出心理学范畴的依恋。艾米莉已经得到一个妹妹，又得到了一个完全不同的妹妹，两个妹妹她都紧紧地拉着。但是这两种姐妹关系很不一样，后者既抽象又令人兴奋。

尽管 1858—1860 年只有三四首诗是直接关于苏的，但这几首诗明显属于一组，它们都以某种缺失或距离为前提。诗歌的主题（无论怎样界定）不是亲密而是渴望亲密。其中最早的一首《我常经过那个村庄》，一个没有名字的叙述者从墓地呼唤"多莉"（吉尔伯特家对苏的昵称）。提前到达了那个村庄，诗中的叙述者——狄金森的诗作里发自坟墓的第一个声音——向多莉确保那是抚慰性的和宁静的，然后发出了邀请：

> 请相信爱的承诺
>
> 发自地下的土壤
>
> 喊"是我，""来接多莉，"
>
> 我就会张开双臂！

Fr41

　　张开双臂准备拥抱的那个"我"不是死亡，而是一个耐心的充满爱意的人的灵魂，在"地下"腐烂。就算我们把这颗灵魂当作是苏早年失去的姐姐玛丽·吉尔伯特·勒尼德在地下等待苏，那也要给艾米莉留一个位置，因为早在 1852 年她就在寄往巴尔的摩的信里热情洋溢地声明："我们将肩并肩地躺在墓园里。"这个表达所渴望的前景显示出大致相同的基本元素：遥远的距离、浓重的悲伤、孜孜不倦的爱的等待，直到一切距离都不再存在。

　　另一种试图消除距离的策略出现在 1859 年的一首诗中，它强调了苏和艾米莉在等级上的不同，艾米莉是苏谦卑的客户：

> 她的胸脯适合戴珍珠，
>
> 可我不是"潜水员"－

她的前额适合御座

可我没有王冠。

她的心灵适合家园 -

我 - 一只麻雀 - 在那儿搭建

甜美的嫩枝和藤条

我四季常青的小巢。

Fr121A

诗中寻找居巢的叙述者如此彻底地贬低自己，不再期待任何互惠的东西。

另一首大概于同期寄给苏的诗作暗示了苏在社交和知识上的驾驭能力对诗人产生的影响。诗中"低微"的叙述者尝试解决一个数学问题（这是苏的强项），却发现自己一片迷茫：

埋首于我的问题 -

另一问题又出现 -

比我的更难 - 更沉静 -

涉及更庄严的总额 -

我检查我忙碌的铅笔 -

我的密码溜走了 -

为何我迷茫的手指

你的极限？

Fr99A

不过，住在隔壁的那个"更庄严的"存在并没有抑制诗人忙碌的铅笔，

1859 年这支笔又写了至少 13 首涉及低微、温顺、谦卑状态的诗作。[1]

尽管有人推断艾米莉与嫂子之间不存在等级之分，可是，诗歌所呈现出来的面貌则是：一方渴望，另一方则疏远冷淡、高高在上。这种失衡的关系刺激了狄金森的创作力，一首接一首的诗歌被送到隔壁的常青居。根据富兰克林的统计，1858 年共有 9 首或 10 首，1859 年共有 21 首，1860 年共有 20 首。也有一些诗作在那几年寄给了其他朋友，但苏是最主要的接收者。我们无法假设，如果没有苏珊，艾米莉会不会如此多产。不过，毫无疑问的是，若即若离的苏的存在激发了艾米莉源源不断的创作灵感。

还有一点也是确切无疑的，苏很欣赏艾米莉的诗歌，这种欣赏意义重大。那么，苏是否提供了有价值的批评意见呢？ 1861 年苏对《安卧在他们的汉白玉舍》提出批评，促使诗人又写出了另一个版本，可嫂子还是不满意，于是两个版本都进入了诗稿册。[2] 既然这样的批评发生过一次，就有可能发生过多次，玛莎·内尔·史密斯根据这个推断，把诗人的嫂子提高到合作者的地位，说她们在"诗歌工作室"合作写诗。这个观点得到很多支持，同时也面临广泛的质疑，至少，仅凭一个例子无法得出有说服力的结论。下一章我们将详细讨论二人对于"汉白玉舍"诗歌的交流过程。现在我们只能说，苏似乎一直是狄金森诗歌的读者——机敏、有见识、有品位、点头赞赏、经常沉默。苏珊的女儿玛莎据说珍藏了相关的记录，并积极强调母亲和姑姑之间关系亲密（这种强调包含了私人目的），即便如

---

1 《延迟直到她停止感知》（Fr67），《偷看她我如此害羞》（Fr70），《今晚增长了一年！》（Fr72），《有一种尊严总是姗姗来迟》（Fr77），《我把自己藏在我的花里》（Fr80），《简单的花纹才不让她厌烦》（Fr81），《我们本不会留意如此小的花朵》（Fr82），《在这样的夜晚，或这样的夜晚》（Fr84），《在这些神秘的碎片中》（Fr102），《在陆地上我从没见过－他们说》（Fr108），《正如从腐土里》（Fr110），《野心我找不到他》（Fr115），《一颗可怜的－撕裂的心－破旧的心》（Fr125）。

2 在狄金森所有的诗里，关于这一首的创作过程我们了解得最多。诗人与嫂子之间关于这首诗的通信、讨论和若干版本，见约翰逊编《艾米莉·狄金森书信集》（1958 年）第 238 封，其完整叙述又见约翰逊编三卷本《狄金森诗集》（1955 年）第 151—155 首。——原注

此，她也未能提供更多的例子，证明苏提供过其他批评意见。作为一个创作者，艾米莉基本上全靠自己。

1860 年寄给隔壁的一首诗就表达了强烈的自律和贫穷：

> 一点点面包，一片外皮－一粒碎屑－
>
> 一点点信任，一个细颈瓶－
>
> 足以让灵魂存活－
>
> 一点不丰硕，注意！
>
> 但呼吸－温热－
>
> 醒觉……

喜欢把自己比作战火中的士兵或是为自己加冕前夜的拿破仑，狄金森似乎觉得她的人生需要用勇气、献身、自律、荣誉这些字眼来形容：

> 一场刺痛而甜蜜的快速战役，
>
> 就是丰富！就已足够！

Fr135A

早在南北战争爆发之前，狄金森的诗歌中就有很多引人注目的军事语汇，这不禁让我们想起她和爱德华·狄金森少校之间的相似之处。对她来说，军事并非为了表现男人的好战，而是用来表达刚毅的人生态度。它与匮乏感、北方人的性格特点及隔绝感相关。

来自苏的疏远的亲近感之所以强烈地激发了她的创造力，是因为对狄金森来说它符合人生的基本法则：总是寻求亲密却遇到层层阻隔。这种模式不仅体现在友情上，也体现在她对自然和宗教的态度和倾向上。天真地固恋天国是美国新教思想的核心内容，它迫切要求人们在尘世之中追求绝对，狄金森未曾体验皈依就已不经意间把它放在心上了。这种经久不衰的热切期望给她的诗歌烙上了狄金森式的印记，特别是那些关于蜜蜂、日落、四季的诗歌：

> 有一物在夏日的一天
> 她的大烛台慢慢燃烬
> 令我肃然起敬。

> 有一物在夏日的正午－
> 一种深度－一种湛蓝－一种香气
> 超越心醉神迷。

最后一句不是夸张。狂喜随满足感而来，不过，让狄金森感动的是期待：不是在伊甸园泛舟，而是想象着在伊甸园泛舟。后面的一个诗节描绘了大自然的手指如何拨动那颗善感的心：

> 魔术师的手指－从不停歇－
> 仍有紫色的小溪在胸膛
> 摩挲着它窄窄的床－

Fr104

有性的意味，没错，但远比性要复杂丰富。正是这种不停地摩擦促生了一种有力的、勇敢的、纯熟的诗作：一种唤醒之诗，一颗孤零零的心躺在窄窄的小床上，梦想着最终的自我解脱。

另一首寄给苏的诗表达了诗人劲头十足，做好了准备：

> 每一次我听到"逃脱"
>
> 莫不是血流狂奔！
>
> 一种迸发的期盼！
>
> 一种飞翔的姿态！
>
>
> 我从未听闻阔大的牢房
>
> 曾被士兵们砸烂－
>
> 但我，幼稚地，拉我的门闩－
>
> 只能是又一次失败！

Fr144A

一个显然处在血流加快状态下的人，如何才能避免狭隘的自大呢？奥斯汀或维尼身上都明显表现出自大的倾向，狄金森在这方面的成功或许得益于她"幼稚的"女性声音。她故意采取了一个无力的位置，她的声音既不是发号施令也不是道德教化——后者是维多利亚时代的典型口吻。甚至也不像惠特曼的，因为她的是一种非公民的、被剥夺了公民权的声音，她明白自己不善辩论和劝说，永远没有获胜的机会。她只能诉诸个人的、感性的、神性的一面，通常采用第一人称，并含蓄地承认她的无力和"低微"。

然而，狄金森远不像她看上去那样直接或坦诚。她诗歌里存在各种距离，其中最重要的是她与自己的距离。在一个视自然和人类经验为天堂神秘符号的文化中长大，她很早就学会了将自己的生活进行典型化的艺术再现——把它变成故事或戏剧。奥斯汀试图把他的婚姻看作是小说《卡瓦纳》或《家里的天使》的翻版，而狄金森的做法其实更为专横，但没那么自大。

1859 年底，诗人把一首杰出的诗作《我们的生活是瑞士》送给苏，这首诗演示了各种距离，但说的不是"我"而是"我们"。它不禁让我们想起，这年冬天作者是一个受束缚的旁观者，从她的卧室望出去，南边是霍利约克山脉，西边是隔壁意大利式别墅的窗户，挂着窗帘。然而，若局限于这样的视野就等于扼杀了这首诗的灵魂，在诗人的感性经验基础上，早已焕发出卓越的变形力量：

> 我们的生活是瑞士
> 如此安静－如此冰凉－
> 直到某个奇特的下午
> 阿尔卑斯山疏忽了窗帘
> 我们得以遥望！
>
> 意大利就站在另一边！
> 可是，像一个守卫－
> 庄严的阿尔卑斯山－
> 塞壬的阿尔卑斯山－
> 永远的阻隔！

Fr129A

这是一首秩序谨严的诗，把广阔的地图式抽象和凝缩的抒情活力汇聚在一起。它在对苏说话，同时也让作者站在一个不受时空局限的舞台上。

1860 年的狄金森还没做好准备去探究"永远的阻隔"的最终结果。只是在一些诗作里（大部分是送给苏的）尝试着去挖掘她的素材中潜在的悲剧性阻隔。在其中一首，我们看到她把自己关心的一些基本问题——愉悦与否定、挣扎与失败、距离与理解——熔铸到一个最令人心碎的时刻：

> 谁认为成功最美
>
> 是那从未成功的人。
>
> 要领会甘露的滋味
>
> 先要干渴难忍 –
>
> 曾手握大旗的权臣武将
>
> 没有一个，如今
>
> 能把胜利的含义 –
>
> 如此清晰地说明 –
>
> 如战败的他 – 奄奄一息 –
>
> 在他被禁的耳际
>
> 远方凯旋的乐声迸发
>
> 痛切而又清晰 –

Fr112A

这首公认的名作是从诗人的人生体验中凝练出来的，不过，它没有使用第一人称，而诗人创作于 60 年代初期的很多悲剧性诗歌大多使用了第一人称叙述者，把一个女性的"我"放回到那个痛切而又清晰的视野之中。

秃鹰凯特

跟艾米莉·诺克罗斯·狄金森截然相反，苏很享受女主人的身份；常青居向客人开放，杰出的文学家和政客纷至沓来。到访的客人有拉尔夫·沃尔多·爱默生、布雷特·哈特、温德尔·菲利普斯，还有活跃在南北战争中及战后的先锋女演说家安娜·狄金森。[1]1874年，英国著名文人查尔斯·金斯利[2]到访美国，苏因为没能邀请到他遗憾不已。尽管苏的家并不是真正意义上的文学沙龙，但它确实对隔壁的诗人起到了沙龙的作用，有益地激发了她的创作。[3]如果苏不把艾米莉带入社交和文学世界，不向她介绍新朋友，不为他们的谈话提供舒适的氛围，不借给她《大西洋月刊》，艾米莉的诗歌肯定不会那么有趣。

当然了，常青居并不是诗人通向社会的唯一大门。1858年9月，是艾米莉第一个拜访了刚刚嫁到阿默斯特镇的新娘——玛丽·艾伦夫人；有一次去拜访亚伦·沃纳一家让她感到筋疲力尽，以至于不得不请求免除她参加当晚计划在常青居举行的音乐之夜。看起来，诗人在小镇的社交圈里仍然扮演一个小小的角色；不过，与此同时，她似乎已有意识地避开人群了。1859年冬天，诗人特意对表妹路易莎说，她（路易莎）属于少数几个"我不会躲开的人"。我们不太清楚1857年12月艾米莉是否在常青居见到了爱默生（如果没有，是因为她避开了还是没被邀请？）。1865年爱默生第二次来访，她很可能刚好在坎布里奇。

狄金森在常青居认识了很多人，但能成为朋友的很少；和她成为朋友的有年轻美丽的凯瑟琳·斯科特·特纳。狄金森刚认识凯特时，凯特正在服丧，像苏在1850—1853年间一样。在纽约州库珀镇长大的凯特曾和

---

1 布雷特·哈特（1836—1902），美国短篇小说家、西部文学的代表作家，描写矿工、赌徒、淘金热等。温德尔·菲利普斯（1811—1884），美国演说家、改革家、废奴主义的著名鼓吹者。安娜·狄金森（1842—1932），美国演说家，活跃于废奴运动和妇女选举权运动中，她是美国第一位在国会发表演说的女性。

2 查尔斯·金斯利（1819—1875），英国作家、牧师。曾任剑桥大学的历史教授。1873年成为英国女王的牧师。

3 也许是因为休厄尔和莱达非常感激米莉森特·托德·宾厄姆，所以他们极力弱化苏对诗人的重要性。而后来的一批学者，如玛莎·内尔·史密斯和艾伦·路易莎·哈特，急于恢复苏的重要性，于是就强调二人之间私密的情爱关系。这两派观点都极大地简化了苏在社交与文学方面对狄金森发挥的作用。——原注

苏一同就读于尤蒂卡女子学院，二人都在凯姆斯法官的《批评的要素》[1]一书后签上了自己的名字。1855年凯特嫁给一位医生，医生不幸患上严重的肺结核，据当地人的日记，医生的样子"十分可怕"，"为他感到难过，也为可怜的凯特"。一年半后医生便撒手而去，年仅26岁。

1859年1月年轻的寡妇来到常青居，一直住到2月18日；1861年10月和1863年1月她又分别来过两次，住的时间更长。多年后回忆起在常青居度过的夜晚，凯特觉得那仿佛是她最快乐的时光："书房里度过的那些美妙夜晚——熊熊的柴火——艾米莉——奥斯汀，——音乐——肆无忌惮地玩闹——止不住的笑声，我们选中的那些喧闹的灵魂——我们最情投意合的圈子。"凯特生动地回忆道："艾米莉带着她的狗，还有灯笼！经常坐在钢琴边弹些古怪而美妙的旋律，全都是她自己的灵感，啊！她真是一颗百里挑一的灵魂。"凯特这里提到的"灯笼"以及那个感叹号是指这件事：一次，他们的狂欢一直持续到夜深，艾米莉的父亲突然提着灯笼出现，把他那玩起来不顾后果的女儿带回家。第二天早晨仍处在亢奋之中的艾米莉立即实施报复，从现代版《新英格兰初级课本》中剪下一幅木刻画，画的是一个少年脱离魔鬼的情景。木刻画被送到隔壁，还加了一个说明：逃跑的少年代表她，追在后面的"爬行动物"代表"更近一层的朋友和关系"——当然是指过度保护自己的父亲。

后来的某天晚上又发生了一件更丢脸的事，导致艾米莉和凯特在一位体面的先生面前出了丑。此人就是鲁本·A.查普曼，狄金森家的友人，即将升迁到马萨诸塞州最高法院就职。据回忆，查普曼先生对"现存机构怀有最真诚的敬意"，在废奴问题上持保守观点；作为一个虔诚的加尔文

---

1 凯姆斯法官（Henry Home, Lord Kames, 1696—1782），苏格兰律师、法官、哲学家、作家和农艺学的倡导者。《批评的要素》（*Elements of Criticism*, 1762）或许是凯姆斯最著名的作品，提倡抛弃一切专制的文学创作条例，努力建立一种以人性为基准的新理论。

派，他"特别反感"人们"改变古老而熟悉的赞美诗旋律"。在家里，查普曼一贯"安详镇定"，喜欢读一些严肃的神学著作。艾米莉在给伊丽莎白·霍兰的信中描述了出丑的经过：那天晚上（"像往常一样"）她和苏、凯特在一起玩，"有人拉门铃，我就跑，这是我的习惯"。凯特也跑，她们俩站在门后，"像犯了错的老鼠紧紧贴在门上"，接着听到了大法官的声音。"兴许死人都能听到我们跑跳的声音"，艾米莉提议赶快返回，但来不及了，门外客人已瞧见了她们。艾米莉连忙"气喘吁吁地道歉"，羞愧难当，特别是又遭到奥斯汀的责备。艾米莉把正式道歉的草稿寄给伊丽莎白，请她修改后转交给对方。"查普曼先生是我的朋友，"艾米莉解释说，"他和我讨论我的书。"

凯特返回库珀镇后，艾米莉给她寄过一张纸条，回忆她们这个惬意的小团体的快乐时光。不久前，艾米莉思念的"女孩们"只有苏、伊丽莎、玛莎。现在来了一位新的候选人在敲她的门，她假装代表这个小圈子对来人说道："回家去吧！我们这儿不欢迎凯蒂！"紧接着她又突然改变心意，继续开玩笑（"留下！我的心为你投票"），对这位申请人严加审问，看她是否有资格进入这个排外的姐妹圈子："你敢住在我们居住的东方吗？你害怕太阳吗？当你听到新生的紫罗兰在一片硬草皮上为她自己吸出一条路，你能坚定吗？我们都是陌生人……朝圣者！……士兵。"这封信似乎提供了另一扇窗口，让我们窥见狄金森有一种被特殊挑选和召唤的意识，既感性、俏皮，又严肃、崇高。信封里装入一支玫瑰，表示要"戴在胸前"，并在信末发表了以下声明："我起床，戴着她－我睡觉，拿着她－睡着了仍将她紧紧握在手里，带着她一起醒来。"

狄金森后来给凯特的三封信也同样直接而热烈，激情而幽默。关于凯特的寡妇身份，她们之前未曾提起过，诗人声称她也曾目送过亲爱的人儿入土，花儿在他们的坟头开放："在长满雏菊的小土堆下，我也有掩埋的宝藏－因此我为你放哨。"她以相当抒情的语气说到那些失去所爱的人们（"有多少爱人的脚步穿过雪地，被'阿尔卑斯'阻隔，到葡萄园和太阳的距离多短啊！"），这一段文字应和了她的诗句"塞壬的阿尔卑斯山／永远的阻隔"。那首诗创作于上一年冬天，冰山和阻隔巍然屹立在那里无可撼动，如今，这热情的书信跃跃欲试，似乎要将它融化。

这样一个总是处在白热化的写作、玩耍和调笑状态的人，谁能跟得上她的脚步呢？"你真的不说话了"，艾米莉在给凯特的第二封信中这样说，这封信是为了表达她对新朋友的坚定忠诚。第三封信写于 1860 年夏天，一开头就对凯特这个通信对象玩忽职守的借口嗤之以鼻："这个借口很好，亲爱的，但用在像我这样的山猫身上就不起作用了。"没有人能跟得上或躲得开艾米莉。

山猫艾米莉不依不饶的追逐体现在下面几行纠缠不休的诗句里，同时附上她为新朋友织的一对吊袜带：

> 当凯蒂行走这简朴的一双陪在她身边，
>
> 当凯蒂不倦地奔跑它们在路上相伴，
>
> 当凯蒂跪下，它们爱抚的带子扣住她虔诚的膝盖－
>
> 啊！凯蒂！冲好运微笑吧，这一双专门织给你戴！

Fr49［A.1］

凯特是个迷人、轻浮的女人，同时又是一位严肃的圣公会教徒。她的第一任丈夫曾是一位极其虔诚的信徒。1872—1873 年她和第二任丈夫（同样不幸身亡）到欧洲旅行，她一丝不苟地遵守教堂活动的日程安排，专心听布道和祈祷。狄金森很了解凯特对宗教的虔诚态度。她淘气地扣住她那虔诚的膝盖，似乎不想让它们那么轻易地因虔诚而下跪。

塞缪尔·鲍尔斯

另一个通过常青居走进狄金森生活的人是塞缪尔·鲍尔斯，他是《春田共和报》颇有影响力的老板兼主编，也许他是狄金森最有活力、最多变而又最迷人的男性朋友。鲍尔斯是苏和奥斯汀无拘无束的亲密朋友，孩子们称他为"山姆"大叔。对于艾米莉，他是鲍尔斯先生或（在后期给玛丽亚·惠特尼的信中称）"那个阿拉伯幽灵"。二人之间的感情不是爱，或者说不是严格意义上的爱，但不管怎样，他的确激发她创作出一些最热烈的作品。

苏在那篇《常青居史册》(Annals of the Evergreens) 的草稿里描述了她的最显要的客人们，文中说鲍尔斯是第一位到"我们婚后新家"的重要客人。鲍尔斯是在一个"女性朋友"的陪伴下来到阿默斯特镇的，"为《春田共和报》报道在我们附近的地产上进行农业试验的结果"。尽管苏想用事件发生时的口吻来记录，并补充尽可能多的细节（她一开始是用"农场"这个词，后来改成"地产"），这件事的经过其实在《春田共和报》上有详细报道，报纸专门开辟了一周"农场与花园"特写，报道的范围还包括马匹和家畜展览会。1858 年 6 月 30 日，在北阿默斯特的利瓦伊·D. 考尔斯的大片农场上进行了一场农业工具竞赛，以验证一些新设计的机器能否替代长柄镰刀。第二天《共和报》就登出了这场规模不小的比赛的新闻——《阿默斯特的割草机试验》(Trial of Mowing Machines in Amherst)。正是这个事件把塞缪尔带到了苏和奥斯汀的常青居，也把他带进了诗人的世界。[1]

两年前，爱德华·狄金森就带头将第一教堂的地下室改建为农业大厅。狄金森一家不仅在观念上跟鲍尔斯一样对农业生产进步很感兴趣，而

---

[1] 鲍尔斯走进诗人生活的时间是在 1858 年春天过后，据学者们普遍认定，1858 年春天是第一篇"主人"草稿的写作时间，由此可证明鲍尔斯不会是狄金森的"主人"。——原注

且用他们自己草场里的干草来喂养家畜过冬，这从诗人房间南边的窗户一眼就能看到。艾米莉在第二年给鲍尔斯的信中突如其来地提到干草，这说明他们对这个话题相当熟悉："工人们在第二块草地上割草。干草堆比之前的小一些，香一些。"

塞缪尔和妻子玛丽都是唯一神教信徒，在宗教和社会问题上是自由派。狄金森兴致勃勃地给他们写信，她要让这对夫妇一开始就知道她对牧师的教导不屑一顾，"我们是条'虫'"（天生堕落），对"'矶法和亚波罗'[1]完全不感兴趣。"玛丽送给她一部由颇受争议的作家西奥多·帕克[2]写的书，她回复道，"我听说他是'毒药'。那么，我很喜欢毒药"。这本书应该就是《两种圣诞节庆典》（*The Two Christmas Celebrations*），帕克在书中用他直截了当的风格阐释说，耶稣不是救世主，而是"一个有宗教天赋的好人"，耶稣死后，他的真实历史就湮没无闻了，后来衍化出"大量虚构故事"。

此时的鲍尔斯刚过30岁，英俊潇洒、充满活力，事业蒸蒸日上。凭借他独特的新闻敏感，敢于报道新奇的、别人不敢写的、充满争议的新闻，《共和报》发展成为全美最进步、最有影响力的报纸。在1854年辉格党倒台之前，《共和报》一直支持爱德华·狄金森及其他保守派；后来基本上支持共和党，但对独立派的挑战仍保持浓厚兴趣。正是得益于鲍尔斯，《共和报》才成为"难能可贵的、真正能发挥新闻舆论作用的报纸，它将公共福祉置于私人利益和党派关系之上，做好冒天下之大不韪甚至是经济损失的思想准备，支持它认为正义的事业"。

鲍尔斯凭良心做事但也不乏精明谨慎，他常常到纽约、波士顿和华盛

---

1 《哥林多前书》（1:12）中的两个教条派领袖。
2 西奥多·帕克（1810—1860），美国超验主义者，唯一神教牧师。作为一位改革者和废奴主义者，帕克的著作和言论启发了亚伯拉罕·林肯和马丁·路德·金。

顿拜访显要的政界人士，利用他的报纸从事重大推进活动。[1] 比如 1861 年 8 月，《共和报》透露了林肯的战时内阁需要进行必要改组的风声。第二天乔治·阿什曼写信给纳撒尼尔·P.班克斯，把鲍尔斯放在显要位置："跟鲍尔斯先生的一次随意聊天，于是就诞生了昨天的社论……他们本打算为破冰做准备——而不是现在就动手。"阿什曼主持召开过共和党全国大会并提名林肯为总统候选人。班克斯是众议院的发言人，并担任了三个任期的马萨诸塞州州长。鲍尔斯去世 50 年后，人们依然记得他属于"靠私人阵地控制马萨诸塞州"的小团体，可见他在当时的影响力。

主编鲍尔斯只要一坐上火车就喜欢与人交谈，结识新朋友，他毫无保留的外向性格也体现在他的写作中：他总是以最快的速度把一切搞定。像狄金森一样，他对待规范英语也很随意；与她不同的是，他的文风更具体更活泼更时尚，这为他的报纸赢得了"俚俗"的名声。他可以是机灵的单身女子出入社交界极好的向导。1872 年玛丽亚·惠特尼陪伴鲍尔斯到华盛顿，鲍尔斯那些"东道主朋友"及其"政治生活和斗争的幕后世界"令惠特尼大为震惊。诗人对鲍尔斯的反应也往往是震惊和紧张的，但她把惠特尼感兴趣的政治问题过滤掉了。1860 年班克斯州长前来参加毕业典礼并住在狄金森家宅，据我们所知，狄金森的反应不过是在给苏的便条（感谢多烤了一条面包）里说："但愿主教回罗马去－就这样。"

从 1858 年到 1877 年（1878 年塞缪尔去世），塞缪尔一共给奥斯汀和苏写了 163 封信，可见，狄金森夫妇很可能是他最亲密的朋友。塞缪尔和奥斯汀两人有很多共同之处，他们都在阿默斯特学院董事会任职，都喜欢收藏艺术品、崇尚安逸、私人的生活时尚。他们都很讨厌沉闷和乏味。"油点，你最近如何？"塞缪尔在一封信的开头这样写道。另一封信的结尾则

1　塞缪尔·鲍尔斯的孙子切斯特·鲍尔斯（Chester Bowles）是美国对外政策专家，他对东南亚地区经济发展的预见遭到肯尼迪总统及其冷战分子的忽视。——原注

极尽讽刺之能事："你会经营一个马房吗？我准备开一家幼儿园，还有蔬菜园。那样，我们就可以好好过活了。"休厄尔认为，塞缪尔没有受过像奥斯汀那样的教育，这一点似乎加强了他对奥斯汀的依恋。塞缪尔的妻子长期受哮喘病困扰，性情孤僻、易怒，他不止一次在常青居讲述他的婚姻苦恼。与常青居一家结识四年后，他开始对苏直呼其名，并谈论过微妙的话题——关于出轨的诱惑（但从未屈服）。他认为苏是一位能干、迷人的女子，是一个"贵族"，"佩勒姆的皇后"。

与塞缪尔相比，苏和奥斯汀要保守得多，不过，这没多大关系。塞缪尔显然很需要这对夫妇，需要定期拜访他们，需要随时向他们汇报他眼花缭乱的生活。也许狄金森夫妇总是能够帮助他稳住阵脚，特别是当他眼看要被一股股离心力撕裂的时候。在塞缪尔的多卷本书信集里只有寥寥 11 处提到艾米莉，显然他对她的依赖是很有限的。

1858 年底塞缪尔在玛丽的陪同下第二次到访常青居，当时，奥斯汀尚未从伤寒中恢复。1859 年 1 月 2 日，塞缪尔匆匆忙忙地给新朋友写了一封恭贺新年的信，他说"自从我们'探望了身受折磨的你'，我已在想象中给你们写了一打信"。他还邀请"你父亲宅邸的女孩子们"到春田玩。1853 年伊丽莎白·霍兰第一次到阿默斯特镇拜访狄金森姐妹后，霍兰发出了回访的邀请，现在塞缪尔的邀请也是出于同样的礼节。那一次，艾米莉是跟维尼一起去的；现在妹妹在波士顿，她无疑谢绝了。

诗人与霍兰夫妇的联系很快就集中到霍兰夫人伊丽莎白一个人身上，但对于鲍尔斯夫妇，她却一直试图与他们两人分别联系。三年来她努力和玛丽建立联系，给这个迟钝的女人寄去了若干最秘密、精巧、感人的诗作，诗中的作者大多被表现得柔弱无力。1859 年底，艾米莉强调她拥有的"领土太少"，她寄给玛丽的不是一朵花而是"我的心；小小的，晒伤的，有时几欲破碎，却紧紧跟随朋友，就像西班牙猎犬一样"。差不多与此同时，

伊丽莎白·霍兰　　　　　　　　塞缪尔·鲍尔斯

　　她又表现出"孩子气的愿望，想把我爱的人都聚在一起"，她央求玛丽用书信表达爱的情感："也许你可以写封信，说你很想来（做客）。"待到下一次交流，她的脸颊"因为羞愧而绯红，因为我的信太频繁"。

　　玛丽没有反应，狄金森寄上了一首诗作，把自己被拒绝的感受跟基督的相比：

> "他们没有选中我，"他说，
> "但我选中了他们。"
> 勇敢的－心碎的声明－
> 发自伯利恒！
>
> 我本来不会讲出来，
> 可是既然耶稣敢－
> 君主！认识一朵雏菊吧

受过您受的羞辱！

Fr87A

另一首巧妙的诗歌写在一张包裹铅笔头的纸片上，大概也是写给玛丽，而不是写给她丈夫的：

> 如果它没有铅笔 -
>
> 可以试试我的吗 -
>
> 旧了 - 如今 - 钝了 - 亲爱的，
>
> 为您写了太多。
>
> 如果它没话可写 -
>
> 可以画雏菊吗，
>
> 按我当初的大小 -
>
> 当它把我采下？

Fr184

且不谈她的坚持不懈，很显然从一开始塞缪尔就是艾米莉真正在乎的人。塞缪尔在 1859 年 2 月 4 日给奥斯汀的信末第一次问候艾米莉："最后请转达一些我的问候给另一所房子里的妹妹，她从来不忘记我的精神饥渴。"这句话说明塞缪尔一语道破了狄金森关心的双重"精神"——她对天堂的兴趣；她总是细心为他奉上他喜好的开胃"烈酒"（主要是雪利酒和自制的醋栗和浆果酒）。[1]

5 月 15 日玛丽产下死婴，身心备受打击，此后，双方的友谊进入了

1　塞缪尔这里所使用的"spiritural"一词来自"spirit"——既可以指"精神"也可以指"烈酒"，所以作者说，塞缪尔一语道破了艾米莉关心的双重"精神"。

一个新阶段。塞缪尔回复了诗人以及苏和奥斯汀的慰问信，他写道"艾米莉美好的心愿"（艾米莉的信后来丢失了）让他们"十分感激"。这是塞缪尔第一次使用诗人的教名，他没有直接感谢她，而是靠常青居来转达。也许这是一个证据，狄金森的社交生活已开始需要他人做中介。塞缪尔出现在狄金森周围，不过，他的目标是常青居而非家宅。他到了之后，苏才告诉隔壁一声（也不是每次都告诉）。一次，艾米莉没来得及呈上她的鲜花和美酒（以及诗歌？），于是，她哀叹道："我不知道您那么快就走了－啊，我拖拉的双脚！"1862 年塞缪尔去欧洲旅行，她用一个很牵强的比喻谈起他对她一向遥不可及：靠报纸上的零星迟到的消息来追踪他的行迹差不多就像"苏说你会来访，你已在拉门铃"。这句玩笑话看起来异常轻松，其言外之意却耐人寻味。

玛丽已是第二次产下死婴。这年夏天，为了帮助玛丽走出悲痛，塞缪尔带她进行了一次恢复性的短途旅行，旅行路线包括阿默斯特镇。旅行结束后，鲍尔斯夫妇收到了艾米莉的信（尽管她心中的真正读者是他）。艾米莉希望"你们的旅行是愉快的，能让鲍尔斯夫人高兴起来"。有了新友情就有新依恋，痛苦也会随之而来，于是，艾米莉说："难过的是你们来了，因为你们又走了。今后，我不再采摘玫瑰，怕它枯萎或刺伤我。"这番自相矛盾的话代表着诗人典型的说话风格，起因于玛丽始终不回信，尽管她确实给艾米莉寄过鲜花、一本书及其他礼物。

艾米莉把黄色与紫色交融的日落场景比作"耶路撒冷城"，然后她补充道，"我想耶路撒冷一定很像苏的会客厅，在那里我们有说有笑，您和鲍尔斯夫人就在旁边"。[1]用这个看似精巧的比喻，艾米莉暗指她与鲍尔斯谈到的《新约·启示录》第 21 章，其中罗列了装饰新耶路撒冷城的 12 根城墙根基

---

[1] 在 1894 年版的狄金森书信中，这句话以及其他有关奥斯汀妻子的话全都被删掉了。——原注

的 12 种宝石。20 年后鲍尔斯去世，为了安慰玛丽，狄金森又回忆起这次谈话："当佩勒姆染上紫色，那天下午我们说'这是鲍尔斯先生的颜色'。我跟他聊过一次他的宝石篇，那漂亮的眼睛抬了起来，高到我够不着。"

1859 年 9 月 6 日是鲍尔斯夫妇结婚 11 周年纪念日，艾米莉很可能在这个特别的日子送上了她的礼物——一朵鲜花和一首谜语诗：

> 如果她是槲寄生
> 而我是玫瑰 –
> 多么欢喜啊我天鹅绒的
> 生命在你桌上枯萎 –
>
> 既然我属于德鲁依 –
> 而她属于露滴 –
> 我就装饰传统的纽孔花
> 把玫瑰寄给你。

Fr60A

妻子玛丽是玫瑰，朋友艾米莉是槲寄生——更属于德鲁依教而不是基督教，并特意强调不属于"露滴"，这些都比较奇怪。诗人想象自己与那个妻子交换位置，把生命结束在"你的"桌上，那会怎么样——如此大胆，如此标新立异。但最后诗人还是回归传统习惯，送上一枝玫瑰以表达她的爱意。

狄金森第一次收到鲍尔斯的信是他寄来了一本纪念哈德利建城两百周年的小册子，上面印有诗人的父亲为新英格兰的拓荒使命发表的致辞。在表示感谢的回信中，狄金森不谈这个纪念活动，只谈个人的、灵魂的话题。因为担心玛丽的健康，她说出了她个人长期的恐惧，生怕"在这样一个瓷器般的生活里……一个人把希望搭建在一堆破陶碎瓦上"。仿佛为了防止鲍尔斯嘲笑她病态地沉溺于丧失朋友的苦恼之中，她补充道："我的朋友是我的'地产'。原谅我想要贪婪地囤积他们！"

这是一首老调。每朵玫瑰都有刺，朋友注定会失去，亲密造就孤独。"我们很想见你，鲍尔斯先生，"她说，"但是，那些'老调的真理'就不必再对你重复了吧。"

练习泰坦的歌剧

1860 年后只有一封信署名"艾米丽"（Emillie），这是她在霍山女子学院时起用的名字。她放弃使用这个拼写，意味着她的"小女孩期"最终结束。

诗人与鲍尔斯的友情含有一个复杂的元素，那就是鲍尔斯在妇女问题上的自由主义观点和他对女性写作的支持。早在 1860 年这位编辑就超前地意识到，必须极力扩大女性的公民权利和作用，哪怕仅仅是为了社会的发展。他的进步思想似乎让狄金森对自己"渺小""过时"、易变的一面更加敏感。据目前所知，她那首自卫性的诗歌《也许你觉得我弯腰屈膝！》（Fr273A）只有鲍尔斯收到过。狄金森很清楚自己和鲍尔斯钦佩的现代女性几乎没有什么共同点，比如后来在史密斯大学教法语和德语的玛丽亚·惠特尼、《纽约论坛报》（New York Tribune）的专职作家露西娅·吉尔伯特·朗克尔。[1]

鲍尔斯和他的文学编辑乔赛亚·霍兰在妇女问题上存在很大分歧。霍兰拥有《共和报》四分之一的资产，因而可以自由发表自己的观点，比

---

1 他称朗克尔夫人（1844—1922）是"美国最优秀的女报人"。鲍尔斯给朗克尔的书信目前保存在耶鲁大学塞缪尔·鲍尔斯档案中心，在其中一封信的背面，有人（也许是他的儿子塞缪尔Ⅲ）列出了鲍尔斯的六位最好的女性朋友：朗克尔夫人、罗丝·金斯利（Rose Kingsley）、埃姆斯夫人、艾米莉·狄金森、比斯利（Beasley）、苏·狄金森。——原注

如他发表过一篇轻视女性写作的未署名的文章《文学中的女人》(1858)。文章重复了一个老套的观点：因为男人表述原则、女人擅长幻想，"每种语言中的真正的经典之作都出自男人而非女人之手"。《简·爱》和《奥萝拉·利》"让世界躁动一时"，但那是因为女人的真正职能是"短暂的"——不是去创造"永久的文学财富"，而是为人们提供每日的面包。不仅如此，霍兰始终强硬地反对女性的参政权。南北战争后，他在《女性问题》的演讲中继续坚持己见，反对立法改革，反对妻子们"独立掌控"她们的财产。狄金森跟这两个在女性问题上分歧如此巨大的男人交朋友，我们很想知道他们相左的观点会对她将要承担的天职产生什么影响，并如何体现在她的探索过程中。然而 1860—1865 年她和霍兰之间基本没有通信，对这个有趣的问题也就无从获知答案。

与霍兰完全相反，鲍尔斯不仅非常推崇伊丽莎白·巴特雷·勃朗宁的《奥萝拉·利》，同时还积极发掘、提携本地的女作家，为她们的作品出版提供平台。正因为如此，两位编辑互生敌意，1860 年 4 月霍兰提到两人之间存在"一个看不见的横梁"，并开始脱离《共和报》，他的职位后来由菲蒂利亚·海沃德·库克接替。引人注目的是，菲蒂利亚是个寡妇，《共和报》刊登过她的诗歌和小说，之后的六年她一直是该报的新文学编辑。库克也许就是《我们应该什么时候写作》一文的作者，女性的"文学的痛苦"正是这篇 1860 年的编者按的主题，读者一直普遍认为该文的作者是鲍尔斯。据说，有史以来女人在有广泛影响力的日报社当编辑，库克是"世界第二位"（第一位是玛格丽特·富勒[1]）。[2]

1　玛格丽特·富勒（1810—1850），美国超验主义文人圈子中的一员，与爱默生、梭罗交往密切，曾编辑《日晷》（*The Dial*）杂志，被誉为美国新闻出版界第一位全职女性书评家。她的著作《19世纪的女人》（*Woman in the Ninteenth Centuray*, 1845）被公认为美国第一部重要的女性主义著作。
2　有些读者似乎认为，狄金森是以创造性手稿为基础的女性写作文化的旗手，她们抵制的是标准的、以印刷为基础的男性文化。支持这个观点的人没有注意到，就在诗人的创作力最旺盛的时期，《共和报》文学部的主管正是一位女性。——原注

一次，显然是 1861 年初，鲍尔斯夫妇外出旅行，库克拆开了一封来自阿默斯特的信，发现了狄金森的《北美夜鹰的一片羽毛》(Fr208A)。库克把信转交上司时附了一张便条："信封里装有一棵五针松的小枝，我已小心保存。"由此可以推测出以下三点：这位文学编辑很清楚狄金森的为人，明白这首诗作属于私人交流，并非投稿；如果鲍尔斯担心信件里有什么尴尬内容的话，绝不会授权库克随意拆开狄金森的信；库克在鲍尔斯不在的时候也许还看到了一些更私人的信件。

由鲍尔斯推上前台的最多产、最坦率的女作家是玛丽·克莱默·埃姆斯[1]。1859 年 8 月这份报纸上刊登了她为鲍尔斯五岁的女儿写的一首热情洋溢的诗：

> 玛米头戴清晨的荣耀花环来用早餐，[2]
> 紫色杯盖乐队在她的前额旁跳跃狂欢……
> 奇妙的预言世界就在我们宠儿的明眸之间。

也许是因为鲍尔斯一家近期常到阿默斯特镇，狄金森刚巧读到了这首平庸的诗作。这年冬天她让玛丽·鲍尔斯确信，"'玛米'眼睛的特点……是遗传的"，大约两年后狄金森承诺，她要为玛米捕一只蝴蝶，如果玛米可以"用她的'牵牛花'为他建一所房子"，如果不知其中典故，这段话便会十分费解。狄金森很可能读过一些在《共和报》上刊登的新英

---

1 玛丽·克莱默·埃姆斯（1831—1884），有时被称作埃姆斯夫人或哈德逊夫人，是 19 世纪美国异常活跃且多产的女作家和女报人，发表了大量诗歌、小说等作品，19 世纪 70 年代她一度成为当时酬金最高的女报人。

2 "清晨的荣耀"（morning glory）与牵牛花的英文名字相同，不过，作者在这里有意突出了牵牛花的字面意义即"清晨的荣耀"，因而这里采用了这一译法。在下一段的书信里，狄金森再次提到了这个"牵牛花"的典故，为了照顾上下文的语义，则将其直译为"牵牛花"。

格兰女诗人的作品，不过，她（或鲍尔斯[1]）似乎不会多么欣赏或赞美她们的诗作，特别是跟维多利亚时代的几位一流女诗人相比之后，比如巴雷特·勃朗宁、勃朗特姐妹（她一度收藏了她们的作品）。在狄金森心目中最有分量的当代女作家显然都是英国人。

　　狄金森的那一册《奥萝拉·利》是1859年发行的，正是在这一年她与鲍尔斯讨论了《启示录》"宝石篇"。[2]该话题无疑是由勃朗宁夫人这首感情炽烈的诗歌的结尾引发的，大功告成的奥萝拉为她失明的恋人观看黎明，她看到

> 这新日子即将来临，它最初的基石
>
> 当是源自天国、献给上帝。

（9：955—56）

　　接着奥萝拉按顺序列举了各种颜色，与《圣经》中的宝石相同，预报了即将到来的神圣的千禧年：

> "碧玉第一"，我说，
>
> "第二是蓝宝石；第三是玉玛瑙；
>
> 其余依照顺序，——最后，紫水晶。"

（9：962—64）

1　塞缪尔给苏和奥斯汀的一张秘密纸条暗示了埃姆斯对他的意义："我附上了一封埃姆斯夫人刚写的信——确实非常像她写的。请烧掉并忘掉。"似乎没有理由认为，他会把任何艾米莉的信销毁。——原注

2　《圣经·新约·启示录》（21：18—20）："墙是碧玉造的。城是精金的，如同明净的玻璃。城墙的根基是用各样宝石修饰的。第一根基是碧玉。第二是蓝宝石。第三是绿玛瑙。第四是绿宝石。第五是红玛瑙。第六是红宝石。第七是黄璧玺。第八是水苍玉。第九是红璧玺。第十是翡翠。第十一是紫玛瑙。第十二是紫晶。"

鲍尔斯非常熟悉这几行诗，甚至可以信口引用。

1851年艾米莉有一次用一支钝笔给奥斯汀写信，她说"我在赶时间 – 这支笔太慢了 – '它所作的，是尽它所能的'"。她摘取的是《马可福音》（14：8）的一个句子："她所作的，是尽她所能的"。当时耶稣为一个女人辩护，那个女人往他头上撒了香膏。这句话后来成为谚语，常用来劝诫女人要心安理得地接受最适合她们的、附属性的服务工作。她俏皮地将这个谚语挪用过来，不过，此时的艾米莉远远没有意识到女人的笔也可以成就伟大。几年后她接触到勃朗宁夫人那首雄心勃勃的诗篇《诗人的一个幻境》，这首诗对她产生了决定性的影响，但并没有具体涉及女性的体验和艺术雄心。直到1859年，主要归功于《奥萝拉·利》，狄金森的眼界才得以打开，因为这首诗为女性的想象力发表了一套崭新的声明，正是这个信息让奥萝拉眼中的宝石黎明如此振奋人心。

《奥萝拉·利》之所以能给狄金森和19世纪中期的许多读者（当然不包括霍兰）留下深刻印象，是因为它本身就是太阳底下的新鲜事——一部关于女作家成长的史诗性作品，探讨了女人特殊的负担和才能。诗中的女主人公奥萝拉由姑妈抚养长大，姑妈过了一辈子"笼中鸟的生活"（1：305）——狄金森在这个短语旁做了记号——女主人公奥萝拉从姑妈的一生中深切了解到一个女人通常的社会功能：

> 女人的工作是象征性的。
>
> 我们缝了又补，手指刺痛，眼睛干涩，
>
> 创造出什么？一双拖鞋，先生，
>
> 你累了可以穿上 – 或是矮凳
>
> 随时翻倒，惹你气恼……
>
> （1：456—60）

女人的象征性的服务被作者一语道破，狄金森在这一段（让我们想起狄金森送给埃尔布里奇·鲍登的灯垫）做了标记。

大约在 1863 年，狄金森写下一首诗作，回顾她对巴雷特·勃朗宁的最初反应：

> 我想我被施了魔
>
> 当初一个阴沉的小女孩 –
>
> 阅读了那位外国女士……

叙述者把她的反应描述为一种迷幻的欢喜，而勃朗宁成了女巫或魔术师，她的作品造成了知觉的变形。在她的魔咒之下，这个被施了魔法的读者发现，小东西现在都变大了：

> 蜜蜂 – 变得像蝴蝶 –
>
> 蝴蝶 – 像天鹅 –
>
> 靠近 – 而后丢开狭窄的草地 –
>
> 那不过是最卑微的歌
>
> 大自然独自呢喃低语
>
> 让它自己欢欣 –
>
> 我当作是巨人 – 在练习
>
> 泰坦的歌剧 –

Fr627

按照这首诗的描述，"外国女士"对狄金森最近承担的诗人天职起到了宽慰和推动作用；实际上，勃朗宁更像是个榜样而不是中介，她以自己的写作证明，女人在思想领域也可以成为一种力量、一个巨人。伟大并非不可向往，特别是《共和报》（也在1859年）揭开了一个秘密：《亚当·比德》的作者乔治·艾略特的真实身份是英国考文垂的女作家玛丽安·埃文斯小姐。用《奥萝拉·利》的话来说，

> 真的，我重申，没有什么是渺小的！
> 夏天的蜜蜂裹在百合花里哼鸣，
> 却发现与旋转的星星遥相呼应；
> 你脚下的小鹅卵石，其实自成宇宙。

（7：813—16）

在苏的那一册《奥萝拉·利》上，有两种标记出现在第一个对句的旁边：长长的波浪线是苏在50年代常用的标记；此外，还有两条短的平行下画线。正是这些微小的画线（但是"没有什么是渺小的"！）为我们提供了踪迹，诗人在献给勃朗宁夫人的那首颂诗中所描述的令人迷醉的"思想上的反转皈依"就源自这里。

对于每一位在狄金森家族中长大的人，坚持女性伟大的看法就等于公然蔑视万物的基本秩序。在艾米莉现存信件中最早谈论这个观点的信（这封信的写作时间不小心被编辑们弄错了）是1859年12月的一封，是寄给洛林和拉维尼娅·诺克罗斯快满18岁的女儿路易莎的。它回忆起一次谈话：

> 你和我在餐厅，决定要出类拔萃。立志"伟大"是一件伟
> 大的事，路（易莎），你和我也许一生努力挣扎，永远达不到
> 目标，但没有人可以阻止我们仰望它。你知道有些人不会唱歌，

但果园里到处有鸟儿，我们都可以听。如果有一天我们了解了
自己，那会怎么样！

L199

　　这次谈话发生在一个"10 月的早晨"，那天路易莎的家人都驾车外出
了。此时正是狄金森与鲍尔斯谈论宝石篇两个月之后。

　　谨慎委婉地表白一番诗人的理想后，狄金森问路易莎，"你还参加范
妮·肯布尔[1]的朗诵会吗？"范妮·肯布尔是位女演员，起初跟丈夫生活在
南方的一个蓄奴家庭，后离家出走，以朗诵莎士比亚戏剧为职业，先在美
国后来返回英国，和亨利·詹姆斯成为朋友。1858 年冬天范妮在纽约公开
表演，她朗诵的《奥赛罗》得到了玛丽·克莱默·埃姆斯的热情赞赏，她
在纽约写信寄给《共和报》："这部悲剧的天才艺术因这位读者的天才朗诵
而大放异彩。范妮·肯布尔的伟大是无可争议的。一个女人以艺术家的身
份站在世人面前，多么令人高兴……我要说，'她是伟大的'。"阿默斯特
镇的读者有没有注意到这条鲜明有力的评语？ 1859 年冬天肯布尔在波士
顿的特勒门大厅（Tremont Temple）公开演出，从 12 月 9 日到第二年 1 月
7 日期间共表演了"一个系列"12 部戏剧。狄金森给路易莎的信就是在这
段时间寄出的，它耐人寻味地留下了一个记录，表明她与家宅的权威统治
者意见不一致："亚伦·伯尔和爸爸认为（肯布尔）是一只'动物'，但我
担心动物园里没有几只这样的动物。我听过很多极其糟糕的朗诵，一个精
彩的朗诵简直就是仙女下凡的惊喜。"（L199）（"亚伦·伯尔"很可能是
阿默斯特学院退休的修辞学教授亚伦·沃纳。）

1　范妮·肯布尔（1809—1893），英国女演员、作家、废奴主义者。肯布尔出身于戏剧之家，19
　岁开始登台表演莎士比亚戏剧，首演《罗密欧与朱丽叶》中的女主角，大获成功。范妮 1834 年
　结婚后一度退出舞台，但 1849 年离婚之后又重返舞台，开启了单人朗诵莎士比亚戏剧的演绎生
　涯，在大西洋两岸颇受欢迎。

肯布尔的崇拜者不会用"仙女"这个词来形容她富于感染力的朗诵，然而这一小段文字足以表明，她与时代之间的巨大距离已开始松动，她开始有自己的立场了，尽管是私下的、柔和的（"我担心"）。她渐增的勇气部分源于她和女战士巴雷特·勃朗宁、肯布尔并肩战斗的孤独感。尽管远大的志向让她心潮澎湃，但站出来面对公众却完全是另一回事。

对狄金森来说，要找一个发表作品的渠道真是太简单了。她的朋友鲍尔斯一向鼓励女作家；《共和报》肯定是向她敞开双臂的，特别是库克担任文学编辑之后。这份报纸的品位绝不是墨守成规的：在障碍面前鲍尔斯从不退缩，而是不断尝试跨越界限，寻找充满生气的女性之声。尽管带有"德鲁依教"的味道，她的作品显然是可以发表的——当然，要接受通常的编辑和调整。自 1853 年遇到霍兰夫妇之后，她再没有发表过任何作品，不过，1858 年 8 月 2 日，就在鲍尔斯到阿默斯特采访割草机竞赛后一个月，《没人知道这朵小小的玫瑰》（Fr11）刊登出来，还带着一个解释性的标题："赠给 ＿＿ 夫人，附上一朵玫瑰。（秘密地寄给《共和报》）"这显然是有人（绝不是作者本人）代作者寄出了这首诗。[1]

事实上并不是狄金森拒绝发表，或是因她的诗歌在当时显得"太现代""不正确""太胆大"而无法发表。根据卡伦·当迪朗（Karen Dandurand）和乔安妮·多布森（Joanne Dobson）的研究，19 世纪美国的保守派人士坚持认为，最好的作品是私下流传的。收到狄金森诗歌的朋友们发现她的诗歌非常独特，通常便会与品位相投的朋友分享。这也许就

---

[1] 这首诗究竟赠给了哪位夫人？大概是以下三位中的一位：陪伴塞缪尔参加割草机试验的"女性朋友"、玛丽·鲍尔斯、苏。苏在悼词中提到有人未经诗人同意"秘密地"发表她的诗歌。没有足够的证据证明狄金森生前发表的10首诗歌中有任何一首曾获得过诗人的许可。蔑视报酬［《发表‐是拍卖／人的心灵》（Publication‐is the Auction / Of the Mind of Man）］不太可能是她不把诗歌投给《共和报》的理由，据鲍尔斯供认，他的报纸"从不为诗歌付报酬"。历史总要经受无穷无尽的扭曲，例如在某些现代读者看来，狄金森的诗稿仅在有特权的上流社会读者中私下传阅，这是一种政治上的激进行为。——原注

是狄金森希望被阅读的方式，而且这样做也符合父亲对得体女人的一贯要求，还能消解哥哥对她的"狂野"感到的不安，何况她自己内心深处也希望躲开众人的目光。对她来说，放弃她所需要的保护与隐私是无法想象的。她的生存状态与鲍尔斯的启蒙主张背道而驰，后者倡导女性应该在公共领域扮演更重要的角色。然而，狄金森胆敢写出这个勇敢的向往伟大的宣言，这对她来说，显然需要押上全部赌注。

无足为奇，是鲍尔斯有意无意间让狄金森注意到了这个矛盾。1860年秋天鲍尔斯拿到了霍兰的小说《吉尔伯特小姐的事业》（*Miss Gilbert's Career*）的一册样书，这是一部攻击文学女性的小说。小说年轻的女主人公来自新英格兰西部，她立志拥有"自己的事业"，并写了两部有一定反响的小说。赢得了她梦想的名声之后，吉尔伯特小姐发现她越来越不开心，她再也没有合意的求婚者了，好奇的窥视让她有种被冒犯的感觉。不久，"被她长期抛到一边的女人的天性占了上风！于是，雄心不再，对自由的热爱消失在对束缚的渴望中！"最后，女主人公正确地选择了臣服，放弃了写作，"高兴地放下她曾经引以为傲的自立，回归了妇人之道"。

在霍兰新书发售的前三天，即 10 月 10 日，《共和报三周一刊》（*Tri-Weekly Republican*）上用整版的版面刊登了鲍尔斯的未署名的评论文章。鲍尔斯花了很多篇幅称赞小说写实的地方主义色彩，并摘取了大段原文。直到最后一段才谈到文章的要点——这部小说的"使命和寓意"。鲍尔斯指出，如果"一味追求事业"，就算男人也会有失落感，然后他直截了当地抨击了女人的工作和男人的工作不是一回事的普遍观点："如果我们像这样分配劳动，人类永远也发展不到新千年。"狄金森对任何一种实际的职业工作从来没表示出丝毫兴趣，尽管外祖母萨拉·维尔·诺克罗斯曾温和地鼓励她从事教育工作，还送给她两本关于女性教育家的著作。多年后，编辑托马斯·奈尔斯劝说她工作，她以一首诗表示谢绝，诗中将卑微的独立与有职业的生活做了对比：

> 小石头何等幸福
>
> 独自在路上漫游
>
> 不为职业操心费神……

Fr1570E

1860年下半年，大概是在8月或10月，鲍尔斯和狄金森为一个"女人"的话题发生了争执。事后狄金森感到很不安，于是就给鲍尔斯寄去了一封致歉信，这成了少数最能透露她真实想法的信件之一。

礼拜天晚

亲爱的鲍尔斯先生：

　　我很羞愧。今天晚上我很失礼。我可以坐在尘埃里。我担心我不再是您的小朋友，而是吉姆·克劳夫人[1]了。

　　很抱歉我嘲笑女人。

　　事实上我很尊敬那些圣洁的女人，比如弗赖伊夫人和南丁格尔小姐。我不会再那么轻佻了。请求您现在能原谅我：再次尊敬林肯的小鲍伯！

　　我现在朋友很少，扳着手指就能数出来，而且还有剩余的手指。

　　见到您我很开心－因为您来得太少，不然我会更肃穆一些。

1　"吉姆·克劳"是当时流行的一个滑稽喜剧角色，出自1828年的一支歌舞"跳跃的吉姆·克劳"（Jump Jim Crow）。这支歌舞节目由白人喜剧演员托马斯·达特茅斯（Thomas Dartmouth，1808—1860，又名Daddy Rice）表演，为了达到喜剧效果，他把脸涂黑，并模仿非裔美国人的俗语。

晚安，上帝会原谅我的－您能试着原谅我吗？

艾米莉。

看起来，塞缪尔摆出了他的观点：认为女性应该在公共生活中发挥更大的作用，而艾米莉对此嗤之以鼻。现在她改变了立场，她告诉对方，她尊敬那些勇于献身的慈善家如弗洛伦斯·南丁格尔[1]和致力于监狱改革的伊丽莎白·弗赖伊[2]，她们在狄金森眼中是无私的、"圣洁的"。我们不知道塞缪尔对她的解释做出了何种回复。这封信中表达的观点跟塞缪尔的比起来显然是太过时了。但是这封信最显著的特点在于谦卑和自我诋毁——字面意义上的自我抹黑。艾米莉担心失去了朋友的尊重，就假装朋友把自己看成是白人喜剧中常见的把脸涂黑的黑人角色，只不过是女性版的。她以这种方式来夸大她不受欢迎的处境，试图一边以幽默吸引他，一边打消他的蔑视；这是一种和解的策略，她把自己置于一个不平等的地位，强调她的无足轻重。既然上帝都会原谅她，那么鲍尔斯也得屈尊，不再计较她的顽劣，特别是她的朋友不多，不能再失去他。因此她把脸涂黑，装扮成一个被遗弃的人和恶棍，好重新博得主人的青睐。

无论在内容上、修辞上还是在风格上，这封信完全没有《奥萝拉·利》和肯布尔朗诵莎士比亚所表现出的那种大胆的自我肯定。借助于鲍尔斯，我们看到在狄金森的历史时代以及她的性格之中存在着深刻的矛盾性。这个事件似乎是个不祥之兆，预示了诗人将会面对的痛苦人生：更加深重的孤独，更加激烈的甚至是自虐般的自我贬低，随时面临崩溃的恐惧；以

1　弗洛伦斯·南丁格尔（1820—1910），英国社会改革家、统计学家和现代护理学的奠基人。南丁格尔自愿奔赴克里米亚战地医院救治伤兵，被誉为"提灯女士"；归国后，她受到维多利亚女王和艾伯特亲王的接见，努力承担起改革和规范护理行业的重担，主要得益于她的不懈努力，维多利亚时代的护理水平得到普遍提升。

2　伊丽莎白·弗赖伊（1780—1845），英国监狱改革家、社会改革家、慈善家和贵格会教徒。主要得益于弗赖伊的努力，英国通过了新的立法，改善了囚犯的待遇，因此弗赖伊夫人被誉为"监狱天使"。

此为参照，让我们来读一读写于这段时期的一首优秀诗作，其背后的深意不难理解：

> 受伤的鹿－跳得最高－
> 我听猎人这样讲－
> 那不过是死亡的狂喜－
> 随后灌木丛无声无响！
>
> 岩石受击要喷涌！
> 钢板被踏要反弹！
> 脸颊终日绯红
> 只因肺痨叮咬！
>
> 欢笑是痛苦的盔甲－
> 里面小心防护，
> 以免有人窥见血
> 惊呼"你受伤啦！"

Fr181B

英语文学中如此凝练、紧凑，又充满律动、力度和能量的诗行并不多见，在这方面，这首小诗可以跟威廉·布莱克的《虎》（*The Tiger*）媲美。痛苦而又无法表白（恰在那个临界点上），唤起人们无限的联想——吉姆·克劳夫人没能得到的快乐到底是关于什么。"钢板被踏要反弹！"

"岩石受击要喷涌！"根据《旧约·出埃及记》（17：6），摩西在西奈山用棍子击打一块岩石，为以色列人带来了水。现在这个棍子在狄金森手上，眼下的问题是，流出的到底是鲜血还是诗歌。

第十七章

1860—1862年：
承载和歌唱压在心上的重物

拉维尼娅·诺克罗斯的身体"衰竭得极快"，维尼去年就过去陪伴姨妈了，直到1860年4月姨妈去世（终年48岁）；留在家里的艾米莉怎么也无法相信这个事实，直到看到维尼的信中白纸黑字地写着"拉维尼娅姨妈'临终前'说的话"。这是艾米莉经历过的最亲近的家族成员的亡故，她"啜泣不停，直到眼前一片模糊"。

在相互安慰的过程中，诗人和姨妈的女儿路易莎和弗朗西丝走得更近：[1]"我知道你们比之前好多了，"她在9月的一封信里写道。她还寄去一首安慰诗，"'妈妈'绝不会忘记她的鸟儿"，坚信离世的母亲（和艾米莉）仍会继续照顾这对姐妹：

> 她的任何一只"麻雀掉了"，
>
> 她会在上面"关注"。

Fr130

1　狄金森研究者更倾向于用路易斯（Louise）而不是路易莎（Louisa）这个名字，诗人常常提到的昵称"路"是指路易斯，"范妮"是指弗朗西丝。实际上，路易莎才是拼写正确、具有法律效义的名字。从弗朗西丝保存的诗人信件看，艾米莉常常变着法儿地称呼她为范或范妮，称路易莎为卢、路、路丽。——原注

诗中的典故取自耶稣安慰十二门徒的话，"两个麻雀，不是卖一分银子吗？若是你们的父不许，一个也不能掉在地上。"（《新约·马太福音》10：29）狄金森用"妈妈"替代神的看护，这表明她越来越倾向用一种特别的女性情感来取代父权，并流露出一种新的、更坚韧的温情：充满爱意的心最好是顽强的、独立自主的，随时准备好迎接麻烦和挑战。

两年后，乔尔·W. 诺克罗斯 29 岁的妻子拉米拉在纽约的一家旅馆去世，同样是因为肺病，同样是留下两个孩子。诗人给乔尔寄去一封情感热烈、措辞得当的安慰信。艾米莉和维尼过去都很讨厌乔尔的自大及淡漠；这一次艾米莉毫不含糊地提醒他不要忘了做父母的责任，并尖锐地指出"我们应该多关心对方，为了她的缘故－快点学会温柔"。不是宗教而是女人的亡灵要求男人必须承担这份责任。她没有说那些平常的安慰话，相反，她说鸟儿是否"比我更了解天堂－我在下面－离它太远"。在她眼中，拉米拉似乎是被"夺走的"。

不祥的措辞还出现在她谈论一个完好的家庭或夫妇的片段："他们多么幸福，你知道。但却让人怀疑。天堂四处寻找那些在下界找到它（也就是在下界找到了天堂）的人，然后夺走性命。"这封信寄给了弗朗西丝和路易莎，从此，她们不断接收到诗人这一类表达阴郁情绪的文字："眼睁睁看着人们无法解除痛苦，这就是恶魔……天堂太冷酷！"一想到拉米拉"在黑暗中的脸庞"，艾米莉多希望她能把这"世间的痛苦"解释清楚，"我希望有人能向我保证这些痛苦有可爱的一面"。难道真的没有最终的彻底的安慰吗？狄金森把这个疑问传递给失去母亲的 20 岁女孩，这表明她们之间的关系是何其坦率与平等。

1863 年 1 月洛林去世，路易莎和弗朗西丝彻底变成了孤儿。诗人寄了两封温暖的书信，第一封信表达了全家人对她们的关心和支援："我能跟亲爱的人儿说什么呢，除了说我的父母也是她们的半个父母，我的家也是她们的半个家，只要她们愿意，什么时候都可以来，想多久就多久。"艾米莉的信对很多事情都没有明说，比如洛林在事业上的失败不清不白，他的女儿们必须肩负多少重担，她只是提到，自姨妈去世后洛林叔叔是多么"疲惫"（消沉？），现如今他们能在天堂重聚该是何等快乐。她单纯地献上自己的同情与安慰：她要让表妹们知道，阿默斯特镇的朋友们都为她们感到难过，因为"我不能祈祷"，于是她"唱"，把死去的人比作南飞的鸟；把撇在世上的亲人比作"留在树上的鸟儿／一群颤抖者守在农场主的门口"（Fr528［A］）。这首诗写于隆冬时节，诗人尝试鼓励路易莎和15岁的弗朗西丝，让她们从孤独的处境中有所解脱，虽然悲哀是免不了的。"你们一定不要怀疑麻雀"，她写道，[1] 不是因为相信神的福佑，而是因为人与人之间的爱。

拉维尼娅·诺克罗斯把从父亲那儿继承的大笔地产以托管的形式为女儿保存起来，但是她委托洛林根据自己的判断来管理。由于洛林在投资上总是判断失误，拉维尼娅的决定对女儿们来说可谓代价高昂。洛林去世前三个月，作为托管人的他在波士顿新开发的切斯特广场投资了一套房产和两块地皮，共计 17500 美元。就在这时，后湾区的开发引得人们纷纷迁出波士顿南端，1863 年 6 月，女儿们处理财产时才发现，这项投资已缩水至 12000 美元。洛林去世时拥有妻子 11200 美元的遗产，后来只剩下2400 美元（他的债务是他资产的五倍）。尽管如此，妈妈在神意下所作的安排，仍能让她的小麻雀依靠波士顿近郊林恩的房地产投资过活，虽然收益不多但还算是衣食无忧。

一个真正令人担心的问题在现存的信件中从来没有提过，那就是洛林

1　1894 年版的书信集收入这封信时漏掉了一段话：诗人告诉两个表妹，"奥斯汀——路和范妮可能会觉得他考虑不周，他说她们的父母是唯一曾经对他这个小男孩格外照顾的亲戚，所以他也一定会好好照顾他们的小女儿－低声说'路和范妮现在很孤单'，而我和维妮说'不'。令人高兴的是，总有人更懂。"这段漏掉的话一直未被出版。——原注

和拉维尼娅属于近亲结婚。从 50 年代初期开始，公众从新闻报纸上了解到近亲结婚的"恶果"：其后代有一半可能是"聋子、哑巴、瞎子或智障"。这些报纸都在诗人的阅读范围之内，但是我们不知道她对这种残忍的预测有何反应；诺克罗斯姐妹（路易莎和弗朗西丝）不肯结婚是否也是受此影响？人们对近亲结婚的产儿——弗朗西丝和路易莎投以怀疑和好奇的目光，似乎这非但不会减弱只可能加强姐妹俩对诗人的吸引力。1859 年的德鲁依到了 1862 年则成了"美人中唯一的袋鼠"[1]，她称范妮和路丽是她的"小兄弟"。跟她们在一起，有一点点怪异，有一点点不受欢迎，这种感觉让狄金森觉得不错。透过 1894 年版的狄金森书信，我们发现她似乎跟范和路丽在一起要比跟别人在一起要"自然和无拘无束"得多。

根据常青居第二个孩子玛莎的回忆，在家宅所有的客人中，"我们小孩最喜欢的"是诺克罗斯姐妹。弗朗西丝在"两所房子里都很受欢迎"，她"漂亮迷人，总是乐意陪我们玩，而且很有趣"。路也很爱嬉戏，却有一种更平静、更古怪的吸引力。路娇小迷人，爱好不切实际的幻想，她对孩子们说，她会变成一枝黄水仙出现在某个春天。她是个"引人入胜的演说家"，"严肃温柔的性情掩盖不了她眼中舞动的奇趣"。她会想象鸟儿们私下里的样子——"可能"蜂鸟"在家里的样子跟普通的父亲没有什么区别"。在玛莎眼中，"路是最像艾米莉姑姑的人"。

不过，这对失去双亲的姐妹因为家庭破碎反而练就了一身应对世俗世界的能力，这是艾米莉所不具备的，她有父亲的呵护，何况她离群索居。路易莎独自前往林恩，照顾拉米拉留给乔尔的孩子并管理家务。第二年夏天，维尼不在家，艾米莉写信恳求表妹们来帮自己"切蛋糕……应付那些

1　"美人中唯一的袋鼠"（The only Kangaroo among the Beauty）这个短语引自艾米莉·狄金森 1862 年 7 月写给希金森先生的一封信（L268），狄金森以此语暗示，她处在正常的人类之外，她甚至不属于人类，而是一只奇形怪状的动物。从字面意思而言，"the Beauty"指美丽的事物，这里难以确指，权且译作"美人"。

理事们"。令她忐忑不安的是一年一度即将到来的考验——毕业典礼周学院司库主办的招待宴会。"如果你辜负了我,"她写道,"我小小的生命就会自取灭亡。"在另一封求救信中,她把毕业典礼看成是"一只巨大的吃人熊,是专门派来把我吃掉的"。如同诗人与其他朋友之间的友谊,她和诺克罗斯姐妹之间的依赖关系也是相互的、复杂的,很难一概而论。她常常把这一对表姐妹说成她的"孩子们""小女孩们",慷慨地给予一种母亲般的照顾,这似乎让双方都很愉悦。

三个人都爱好阅读,这大大加深了她们之间的友情。当艾米莉需要什么书,范妮会在博尔斯顿街的拉法耶特·伯纳姆的"古代及现代书"精选书库中为她找到。另一个方向则是诗歌:艾米莉为表妹们"唱"了至少71首歌。1904年路易莎在写给主张妇女参政权的《妇女杂志》(*Woman's Journal*)的一封信中回忆了艾米莉如何朗诵诗歌。为维护家务劳动的尊严,路易莎回忆"艾米莉·狄金森如何在那么凉快而安静的厨房里写下很多重要的东西,当时她在打捞牛奶皮,我坐在门后的脚凳上,快乐地听她念给我听。百叶窗虽然是关着的,但透过绿色的窗帘叶片,她可以看到外面的人生百态、世事变迁,这些她都写了下来"。路易莎的回忆是非常有价值的一手资料,它不仅证明了路易莎确实看过范妮·肯布尔的演出,自己也参演过戏剧(参见第十八章)。苏或她的女儿都没提到过这一类朗诵,似乎是拉维尼娅姨妈的两个女儿,以别人不曾有过的方式,更了解艾米莉。

诗人究竟如何口头朗诵自己的诗歌呢?一篇几乎无人注意的1895年的文章提供了一种答案,材料源自维尼:

> 艾米莉本人就是一位很有魅力的朗诵者。她的朗诵简洁、自然,十分乐意准确表达作者的思想,丝毫不考虑她自己,或是刻意留下她本人想获得的效果。

这番描述反驳了两种颇有影响的对狄金森诗歌艺术的评价：其一，她的诗歌缺少口头表现力；其二，她的诗歌惺惺作态。

生活在动荡时代，共有的经历可以成为一种强大的纽带。艾米莉在给弗朗西丝和路易莎的一封信中，取笑外婆诺克罗斯的弟弟约瑟夫·维尔牧师乡下人的口音："罗里和拉维尼（洛林和拉维尼娅）"。1861年6月巴雷特·勃朗宁去世，11月关于乔治·桑的文章发表，狄金森写道："你的信很真实，在你之前的孩子们也走过迷乱的路……勃朗宁夫人曾经那么弱，我们不必读《奥萝拉·利》就知道，当时她和英国姑妈住在一起；'乔治·桑''在她祖母的卧室里竟不允许发出声音'。可怜的孩子！现在是女人，现在是女王！"尽管我们不知道弗朗西丝和路易莎在给艾米莉的信中抱怨了些什么，诗人显然是想安慰一下表妹，把她们的遭遇和巴雷特·勃朗宁、乔治·桑早年的苦恼相提并论。而艾米莉的少女时代异乎寻常地安静、封闭、循规蹈矩。三个表姐妹是不是一起探索了她们的过去？艾米莉会站出来反对各种形式的儿童管教；19世纪80年代"防止虐待儿童协会"在康科德城成立，路易莎正是这个协会的创始会员。

说到宗教，路易莎和弗朗西丝也经历了走出加尔文宗的漫长历程。姐妹俩出生在波士顿鲍登街教堂区，一个激进的福音派教区，[1]路易莎在17岁时皈依的情形与她母亲痛苦的自我囚禁过程完全不同。教堂委员会对她的灵魂皈依的经历提出质疑，指出她"不记得她把自己献给基督的确切时刻"，她在信仰表白中完全没提到罪感。洛林去世后，她和弗朗西丝迁到坎布里奇，并于1865年1月加入了福音派新教会的普罗斯佩克特街教堂。[2]

---

1 鲍登街教堂由大块的花岗岩砖建成，屋顶装有雉堞，虽多年无人关注，至今保存完好，它当年为福音主义战斗的身影仍历历在目。在教堂第一位牧师莱曼·比彻（Lyman Beecher）辞职后，交由辛辛那提神学院管理，曾聘请过狄金森的祖父。——原注

2 威廉·A. 斯特恩斯（William A. Stearns）牧师在1854年任阿默斯特学院的校长之前曾是这所教堂的牧师。这座庄严的建筑物现在的名字是"长老会基督王教堂"（Igreja Presbiteriana Cristo Rei）。——原注

但她们与教堂的隶属关系并不牢固，70 年代姐妹俩定居康科德后，她们在极其自由的第一教区变得非常活跃，拉尔夫·沃尔多·爱默生就是这个教区著名的成员。姐妹俩远离正统派，这无疑又增加了一条她们与狄金森的共同点。

认为美国内战对诗人没有影响的人大概没读过她和诺克罗斯姐妹的通信。1862 年 3 月斯特恩斯校长的爱子弗雷泽阵亡，她给表妹们写信，真切地报告了本地居民的哀悼。几星期后她在给乔尔叔叔的安慰信中写道，"很多勇敢的人 - 死了，今年 - 他们并不孤单 - 不像过去 - 战争爆发之前"。到了 1862 年底，狄金森思考了更多关于战争的问题，她告诉表妹们可怕的战争如何渗透到她的生活：

> 自从战争爆发以来，悲伤不只是属于少数几个人，而是笼罩了我们所有人的心；如果他人的痛苦能帮助化解自己的痛苦，这样的药品现在太多了……我读了罗伯特·勃朗宁的另一首诗，非常震惊 - 直到我想起，我，一个人，以我小小的方式，"从停尸房的台阶"歌唱。生命每一天都觉得更有力了，只要我们有足够的勇气，这力量就更加巨大。

这段重要的文字揭示了诗人痛苦的创作体验、战争的伤痛和英雄主义画面之间的多重复杂关系。丧亲之痛对她来说一直是一种起决定作用的经历，如最近拉维尼娅姨妈和拉米拉的离世。战争放大且概括了她对凡人的生老病死、终极价值等更普遍问题的思考。现在，随着她一点点接近她和路易莎在 1859 年 10 月所期待的伟大，她发现她刚刚获得的力量与整个国家面临的考验有某种关联。似乎她本人最基本的信守已被认同。

尽管狄金森离群索居，她在很大程度上仍是那个时代的一分子。把她与美国内战分离是没有看清她 60 年代初期的诗歌——倘若没有那场令人惊愕的灾难就发生在不远处，沉入个人的地狱，一场伟大而经典的历险，将是不可能发生的。

诗人与美国内战

当北方逐渐汇集到亚伯拉罕·林肯的麾下，南方则试图脱离联邦，爱德华·狄金森却继续混迹于宪法联盟党。这个小党由田纳西州的约翰·贝尔和马萨诸塞州的爱德华·埃弗里特领导，试图单纯地通过重申联邦和宪法来平息南北分裂。1859 年 12 月"贝尔－埃弗里特党"（人们给它的诨名）召开了一个"联盟会议"；身为众多副主席当中的一位，爱德华·狄金森提交了一封信，谴责南北双方的公开言论，说它们语气太粗暴，建议双方妥协让步、和谐相处。1860 年，马萨诸塞州的联邦党员推选爱德华为代理州长候选人，尽管爱德华当即拒绝（1854 年把他打败的亨利·莫里斯也在候选人名单中），10 天后贝尔－埃弗里特党的报纸还是把他的名字放在了社论专栏的顶端。艾米莉给身在波士顿的弗朗西丝写信，让她"把我的敬意带给'贝尔和埃弗里特党'，如果她去学校刚好路过他们的组织？我听说他们想让我成为代理州长的女儿。如果他们是猫，我一定会揪揪它的尾巴，但他们只是一群爱国者，我只好放弃这个乐子"。这一番既含轻蔑又不无尊敬的怪话与她父亲模糊混乱的立场如出一辙。在民意调查中，阿默斯特镇的选民以 405 票对 26 票的结果选择了林肯而不是贝尔。在战争来临之际，联盟党不啻绥靖派。

第二年，马萨诸塞州的共和党人为了把各派力量凝聚在共同的战争旗帜下，他们也提名爱德华为代理州长。现在，爱德华不能再躲在旁边生闷气了，该站出来帮助自己的国家了。然而，为了坚持原则和保持距离，他写了一封很长的公开信，以联邦的权利为理由，指责"全面迅速地解放奴隶"。他这个顽固的辉格党遗老立即遭到《共和报》波士顿的专栏作家"沃林顿"（Warrington）的谴责。"沃林顿"把诗人的父亲和同意服从大局的爱德华·埃弗里特做了一番对比："他与狄金森先生的不同之处在于，一个是爱国者，一个是爱党者；一个是自由主义者，一个是偏执的信徒；一个是男人，一个是老鼠。"这真是一个痛苦难熬的时刻。

尽管爱德华正尝试撇清与一切政党的关系，他还是积极支持北方军队的战斗。他为志愿者捐款，他给战争指挥官（他拒绝担任其职）寄去热情洋溢的信。爱德华还给参议员查尔斯·萨姆纳写信，此人在辉格党保守派成员眼中是激进的废奴主义者，在信里爱德华不仅愤怒地谴责南方，也指责了北方的一系列政见："这些可恶的叛军必须迅速地、永远地镇压！永远！！也一定会彻底动摇极端的保守主义和激进主义，我们共和政体的真理将会传播开来，永远持续！我们的政府一定要把在我们的会议室里打洞筑窝的不洁净的魔鬼驱逐干净！"这番语气粗暴的预言既不切实际也不合条理，完全不符合他之前宣扬的温和节制的立场。乔治·谢泼德1864年听到了爱德华的一些抨击之词，于是私下写道，他似乎已经忘了"爱德华一度是个保守主义者和支持奴隶制的人"。诗人的父亲有时也会意识到自己让别人感到惊讶，在1868年给萨姆纳的一封信的结尾，他说"请原谅我哇哇乱叫"。

艾米莉跟她父亲一样，对于这场战争的态度是模糊和矛盾的。苏和维尼情绪激昂，盼着冬天"奔赴战场"，艾米莉却只想着给冬日里的天竺葵浇水。爱国的女人们积极准备绷带，而她拒绝帮忙。正如她在1861年写道，她不会"织毯子，或靴子"，因而"今年没有冬天－因为那些士兵"。士兵要面临的身体和精神上的危险离艾米莉太遥远，一个北方人在去打仗的路上停在她的门口请求一个花束，她用古怪而尖利的口吻写道，"我想他认为我们有水族馆"。

　　卡伦·当迪朗发现，1864 年 2 月和 3 月，在一份为联邦战士募集医疗救助款而发行的布鲁克林的一份报纸《鼓声》（*Drum Beat*）上出现了狄金森的三首诗。4 月，《谁认为成功最美》（Success is Counted Sweetest）发表在《布鲁克林每日联合报》（*Brooklyn Daily Union*）。小理查德·索尔特·斯托尔斯牧师是《鼓声》的编辑，他是阿默斯特学院的董事，也是偶尔到访常青居的客人，有人猜想他有可能通过苏拿到了狄金森的作品。另外一个可能的人选是苏在布鲁克林的朋友格特鲁德·范德比尔特，她是一名出版作家，并在纽约帮忙组织公共卫生事务。当迪朗认为，无论是谁说服了狄金森，《鼓声》上发表的诗歌确乎得到了她的许可，不像她生前发表的另外几首诗作是由他人"暗中"投稿的。

　　或许如此，但塞缪尔·鲍尔斯的信却透露了相反的情况。春田建造了一个士兵休息站，目的是为路过此地的生病或受伤的战士提供照顾。为支付休息站的开支，1864 年 12 月举行了一场募捐展览会，塞缪尔三次写信给奥斯汀，想为艺术品展区借一些画作，显然都没有成功。与此同时，塞缪尔准备在展览会上售卖宣传小报，为了征集稿件，他写信给苏："说到写作，你和艾米莉能否为'春田的火枪'献出几块宝石，并来参加展览会。"塞缪尔所说的出版物是一种报纸形式的文学汇编，随着展览会的举办一共发行了四期。这个请求也没有成功，想让诗人参与战争就像让她父亲和哥哥克服冷漠一样难。

　　然而，狄金森和父兄一样深深地牵挂着战场上的胜利、失败、死亡，她常常表达与众不同的想法。在弗雷泽·斯特恩斯死前几个月，她希望"红扑扑的脸庞不要回家时冰冻如霜"。当一位教授的遗孀失去了第二个儿子，狄金森传达出这个女人身心崩溃的体验，她描绘道：那个年轻人的鬼魂"骑着今夜的狂风 − 回到乡村墓地，他做梦也没想过自己会睡在那里：

啊！无梦的睡眠！"1862 年秋天鲍尔斯从欧洲旅行归来，狄金森告诉他"你不在美国时我们经常对彼此说－在一场战役中失败－是多么容易－现在你回来了"。由此我们可以推测，1862 年 8 月联邦军队在布尔溪[1]的失利，她也和大家感同身受。

有少数几首诗歌明确提到了战争，如《当我还小，一个女人死了》（Fr518）和《感觉活着是一种耻辱》（Fr524）两首，有感于战争的伤亡。《那听起来不像实际那么可怕》（Fr384）也许与弗雷泽的死有关。在 1862 年底制成的第 23 本诗稿册里，有两首戏剧性的诗作强烈表达了赴死的意愿：《沃尔夫临死前询问》（Fr482）描写 18 世纪的魁北克战役即将结束，身负重伤的两个敌对的将领都感到为他们的事业而死既"轻松"又"甜蜜"；在《他战斗起来好像一无所失》（Fr480B）里，一个觉得生命"已无多大用处"的士兵在战场上毫发无损，而他的战友却纷纷倒下。美国内战为狄金森提供一个赤裸裸的象征的剧场，一个充满了终极的恐惧与狂喜的世界，在那里世俗生活已被遗忘，既失去一切也一无所失。战争为她提供了一个强大的工具用以探究她自己的极限。

不知有心还是无意，在上面提到的这两首诗中间，夹着下面这首关于名声的诗作：

> 为我的声誉，辩解，
>
> 他人的所有喝彩
>
> 多此一举－奉承
>
> 纯属多余－

1　布尔溪（Bull Run）位于弗吉尼亚东北部，华盛顿特区西南，是两次重大战役（1861 年 7 月 21 日和 1862 年 8 月 29 至 30 日）发生的地点，两次都是南方的邦联军获胜。此地靠近马纳萨斯，因此这两次战役也被称为"马纳萨斯战役"。

　　　　我的声誉阙如－哪怕

　　　　我的名字高高在上－

　　　　那不过是一种无誉之誉－

　　　　徒劳的冠冕－

Fr481

　　她的自我肯定（"我的名誉"）不靠他人的赞扬来证明，缺少名声也无法靠他人的赞扬来补偿。这些诗行镶嵌在那两首光荣作战的诗作中间，显然没有给别人看过，它掷地有声地表明狄金森的作品是在发表一个声明：她孜孜以求地创作不是为了得到认可，而是为了表达一场无法逃避的、艰苦的、关乎生存的战斗，因此，悲喜交加的反讽是最恰当的态度。知道其他人也在战斗，对她来说意义重大。

神化

　　长期以来学界达成共识：狄金森创作的高峰期是 1860—1865 年。具体创作数量，据托马斯·约翰逊统计，1861 年共创作 86 首，1862 年 366 首，1863 年 141 首，1864 年 174 首。据富兰克林最近的统计：1861 年 88 首，1862 年 227 首，1863 年 295 首，1864 年 98 首。这个产量是相当惊人的，尽管富兰克林的数字更为可信一些，但也仅仅是一个估测。有些日子她甚至可以写出好几首。在 1863 年的《我送走两个落日》里，她愉快地夸耀自己的多产：

　　　　白天和我－赛跑－

　　　　我完成了两颗－好几颗星－

而他－只做了一颗－

　　但是我们必须提醒自己这不是日记，关于她日常创作的原始背景，我
们几乎一无所知。因为缺少60年代早期诗作的草稿、笔记、信实的回忆
录等，我们无法确定这些诗作与她的生活有怎样的联系。只有少数几首诗
能判定确切的日期，大部分诗歌的写作时间都只能靠推测；当然我们也
能从嵌在信件中的诗歌了解到一些信息。然而那些最重要的、表达个人感
受的诗作只保存在诗稿册中，并未提供任何文本背景。

　　只有少数几首第一人称的诗作——《我损失惨重已是两次》（Fr39）、
《心！我们来忘记他吧》（Fr64）——能透露一些诗人的故事。这类诗歌在
1860年左右产量颇丰，第一人称体验有的放在现在，有的放在过去，大
都暗示了对诗人的特殊命运的热切探求。《我是家里最渺小的一个》的叙
述者反思了她的卑微和私密感："我活着受不了－高声喧嚷－／吵闹令我
何等羞惭－"（Fr473）。在《多年来我忍饥挨饿》中，她想象着在饥饿难
耐之时走向一张摆满食物的餐桌，却感觉"不适－怪异"（Fr439）。在另
一首中她回顾之前的生活，一种常年的严重的贫困状态：《一只小蚊虫也
会饿死－活得像我这般渺小》（Fr444）。尽管这些"我"的回忆充满了夸
张和幻觉，它们却表达了真实的个人奋斗——"一生努力挣扎"，这是狄
金森1859年底对路易莎·诺克罗斯说过的话。

　　在这些多彩的自传性诗歌中，狄金森戴上了一副虚晃的面具，目的是
弄清自己的本质。在《马来人得到了珍珠》（Fr451）中，孤注一掷的、皮
肤黝黑的马来人跳入海中获取珍珠，一个高贵的说话人从对手身上看到了
自己的怯懦："那黑人绝不知道／我－也－追求它"。这首诗的灵感来自《哈
珀月刊》（*Harper Monthly*）上的一篇文章，还配有黑皮肤的潜水者插图，

从诗作中我们看到，诗人不断思考什么是渴望和孤身一人的状态（"我抛下露珠""生来就是单身汉"）。若把诗歌所讲述的故事与狄金森的现实生活对应起来，我们究竟能走多远？有人提出，马来人是奥斯汀，珍珠是苏，艾米莉就是想为了苏而纵身跳入大海的伯爵。这种对号入座式的阅读法既过于拘泥于字面，同时又过于寓言化，生硬地剥夺了狄金森任意替换角色的自由。毕竟，她也是一位最终获胜的马来人。"仿佛"出现在很多诗中——《仿佛某朵北极的小花》（Fr177）、《仿佛大海要分开》（Fr720）、《仿佛一个哥布林妖精带着计量器》（Fr425，第10行）……这一类诗作显然不胜枚举。

不过仍有一些涉及个人的东西；如果诗作中的寓言变了，它的情感内核却不会变，那些情感总是从巨大的中心火山喷涌而出，如火星上滚动的岩浆。《我栖居于可能性》似乎是在言说不受限制的幻想，想象力挣脱了生活的缰绳自由驰骋，结尾的诗句点出了真正的主题："伸展我窄小的双手／聚拢天堂。"（Fr466）全诗始终围绕一个主题——渴望。最后转向天堂，是因为尘世的谈话中断了，只有在天堂才能完成。艾米莉20岁时就说过："难道你不觉得……这些简短的、不完美的会面还有故事要说……地点是在天上。"

到了1862年，诗人把20岁时萌发的观点推向了极致：

> 天堂是心灵如此伸展
>
> 以至心灵消散 –
>
> 建筑师 – 也无法再次
>
> 证实 – 它的 – 地点
>
> 它广阔 – 如我们的容量 –

合理－如我们的观念－

对于怀着足够欲望的他

它就在这里，一点不远－

Fr413

"如此伸展"带有"达到那种程度"的意思，尽管不排除距离的概念。如同《我栖居于可能性》，这首诗试图表达：由于天堂是心灵梦想的产物，只要你有足够的欲望，每个人都能得到它。以无限开始，狄金森又返回其源头——灵魂陷于躯体，而躯体陷于虚空之所。

许多诗歌如《他忘了，而我记得》（Fr232）、《我给她看她从未见过的高度》（Fr346），处理的是我们在一封又一封信中看到的相同的问题：你为什么不写信？为什么某某人总是沉默？是不是只有我记得？我冒犯你了吗？你会原谅我吗？你不写信吗？维尼总结姐姐的生活的一个基本模式：不断失去朋友（"死神一次又一次掠夺她，每一次都心如刀绞"）。如果再配上"被忽视"，维尼的总结就更准确了。在一首可能是寄给鲍尔斯的诗中，狄金森似乎想控制自己热情的天性：

我该怎么做－它如此呜咽－

这只小猎犬在我的内心

整天整夜吠叫着跳跃着－

Fr237A

在一首更加极端的诗作中，她是一只为爱情殉道的相思鸟，临死前为刺死她的男人唱出最后一支浸着鲜血的歌：

刺死她吧－在你怀里筑巢的鸟－

啊，你是否听到她最后的副歌－

啵！"赦免"－"更好的"－啵！

"卡洛留给他－当我离去"！

Fr309

最后两行表现鸟儿破裂流血的心，每一声"啵"都是冒着泡沫的鲜血与歌声的混合。耶稣说"赦免他们，因为他们所作的，他们不晓得"[1]，鸟儿用"最后的副歌"表示要为谋杀者选一个最合意的爱人。这首令人震撼的诗作完全超离了高雅的品位和应有的自尊。但是一个住在"可能性"的人怎么会就此止步？

"极度痛苦"的主题出现在 1859 年的几首诗中，后来在 60 年代初期成为狄金森诗歌的重要主题之一。她的诗歌一共使用了 21 次"伤"（hurt）这个词（包括名词、动词），无一例外都出现在 1860—1863 年期间。折磨和受难的器具——"螺丝钻"（Fr242）"金属牙齿"（Fr243）"一个带针的重物"（Fr294）——现在几乎成了司空见惯的东西，再加上耶稣被出卖钉上十字架的典故，这些都与叙述者自己的受难有关。诗稿册中有一首大约写于 1861 年春天的诗，里面的叙述者大大书写了她在写作中感受到的、最直接的痛苦：

我会知道为什么－当时间终止－

我已不再费心思量－

基督将把每个苦痛逐一解释

---

1 见《新约·路加福音》（23：34）："当下耶稣说，父阿，赦免他们。因为他们所作的，他们不晓得。兵丁就拈阄分他的衣服。"

在天上美好的课堂－

他会告诉我"彼得"的承诺－
而我－为他的悲哀惊异
会忘掉这一滴苦痛，它此刻
正将我灼伤－正将我灼伤！

Fr215

彼得之前承诺在主经受考验时陪在他身边，后来却不承认他认识主。叙述者希望有一天她到达天堂，基督会向她诉说自己被遗弃的痛苦，于是她也就终于放下了她本人的痛苦。狄金森最盼望的是中止自己的痛苦，如此看来，在这首诗里她并不像是个受虐狂。

1862 年，当伤痛消退，狄金森回顾：

……那祈祷
昨日－我对它了如指掌－
那滚烫的一个－"你离弃了我"－
流利地背出来－在这里－

Fr283C

"拉马撒巴各大尼"——"为什么离弃我"——这是耶稣在十字架上发出的最后的话。[1]这首诗寄给了弗朗西丝和路易莎（显然是在拉维尼娅去世后和洛林去世前），它以正统派的方式证明痛苦对灵魂是有益的。这

---

1 见《新约·马太福音》（27:46）："约在申初，耶稣大声喊着说，以利，以利，拉马撒巴各大尼。就是说，我的神，我的神，为什么离弃我。"

个观点出现在 1858 年沃兹沃思寄给狄金森的布道词中："品性是在成长和磨砺中养成的。需要经受无数的痛苦，而不仅是快乐。"

尽管如此（狄金森似乎把这个观点牢记在心），她笔下最深刻动人的磨难并没有试图证明这个观点，比如《我喜欢剧痛的表情》（Fr339）、《我感受一场葬礼，在我的大脑里》（Fr340）、《剧痛过后，一种徒具形式的感觉》（Fr372）。我们还注意到这三首诗歌在 1862 年左右录入第 16、17 辑诗稿册，据目前所知它们没让任何人看过。

"妻子"

创作于 1861—1862 年期间的若干描写痛苦的诗作构成了一个系列，它们用第一人称的口吻表达对一位无名男子的依恋，变换着称他为"主人"（Master）"先生"（Signor，意大利语）"先生"（Sir）"苛责者"（Caviler）"他"（he，主格）"他"（him，宾格）"你"（you）。这一组爱情诗歌之所以引人注目，原因之一是叙述者的声音满是落空的渴望和热烈的幻想。有时候叙述者沉湎于过去，如《又一次，他的声音在门口》（Fr274）、《一年前顺手写下了什么？》（Fr301，写于 1862 年初期？）。有时候她希望能和他重新在一起，或是永恒——《永远走在他身边》（Fr264）——或只是一小时——《为了见他一面我要付出什么》（Fr266）。不变的是他们之间不可跨越的距离，如在《啊，月亮，还有星辰！》中，她最后承认"他 - 与我的距离 - 远过苍穹 - "（Fr262）。尽管如此，她仍一遍遍重申自己的信念，如在另一首写到月亮的诗作中，她把不在身边的恋人比作月亮，而她是追随月亮的潮汐：

啊，先生，您的，是琥珀手掌 -

我的－是远方的海洋－

哪怕最小的命令我都会听从

只要您投来一个目光－

Fr387

她最喜欢的幻想是最终在天堂重聚，如《也许我那时见他更合适》（Fr834）。有些诗作则更进一步，她说自己是等待着他的未婚妻，甚至"妻子"。

这一系列情爱诗与狄金森本人的生活遭际究竟有什么关系，仍是个未解之谜。一些读者不顾性属名词和人称代词的存在，提出诗中的情人实际上是个女人。有些读者则一味坚持诗人声明的原则，即诗中的"我"是一个"假设的人"，于是，基本上把这些婚姻诗当作虚构来读。还有一些人避开这个问题，把它们当作遗世而独立的"文本"。以上种种解决方案都源于各自固守的立场，势必会抹去其中半隐半现的、难以捕捉的自传性内容。

另一种可能性是狄金森丧失了理智，分不清现实和幻想。她自己有几段话谈到她"精神错乱"，其中最早的一段写于1852年，她对苏这样说："当我思念那些我爱的人，我的理性荡然无存，有时候我真担心我得去医院治一治这种无望的精神错乱。"有一些学者忽略了其中的玩笑和夸张，把她的话当真了，其中最有代表性的是约翰·科迪，他认为狄金森在奥斯汀和苏结婚后陷入精神崩溃的境地："艾米莉的自我像是一颗布满裂缝和碎片的猫眼石，非常脆弱，再也无法黏合成整体，时而表现出这个或那个断裂面。"我们要警惕这个（不可否认十分生动的）画面和相应的诊断，因为这里出现了一个矛盾现象，难以解释：一是破碎分裂的自我，一是诗人作品所体现出的足智多谋的整合性。另外，狄金森的许多能读能写、直言坦率的同时代人，没有留下任何关于她疯癫的记录。

爱德华·狄金森一直密切关注"精神病"和"偏执狂"的问题，他是女儿精神正常与否的直接见证人。爱德华在大学时代就提醒人们精神错乱是一种疾病，应该为病人修建专门的精神病院。后来在他的奔走呼吁下，伍斯特市修建了一座精神病院；1859 年他被任命为北安普敦新建的州立精神病院的理事，他称赞这家医院"安全、有价值，是一个理想的休养所"。1864 年普利尼·厄尔接管这家医院。[1]因为了解爱德华的兴趣和专长，厄尔给他寄去了一本书，关于纽约本堂区的遗嘱案，书里介绍了一位富有的中风患者，并探讨此类人群是否具备法律行为能力。就在这个时候，汉普夏县发生了一桩著名的遗嘱案。哈特菲尔德的奥利弗·史密斯把遗嘱中的大部分财产捐给了慈善机构，继承人对此非常不满，认为遗嘱无效，因为他们声称，有一位遗嘱见证人精神错乱。这桩案件在北安普敦审理，双方辩护律师分别是鲁弗斯·乔特和丹尼尔·韦伯斯特，阿默斯特的律师詹姆斯·W.博伊登提供了庭审证词。艾米莉的父亲完全清楚，使用一位精神不健全或有可能被指控有精神病的见证人，显然将冒极大的法律风险。在 1859 年 4 月和 1862 年 11 月之间，爱德华有六次让艾米莉做他的房地产交易的见证人（参看附录 5）。由此我们可以推断，他认为艾米莉是心智健全的，而且完全可以接受相关的法律审查。

　　如何理解狄金森的爱情诗？似乎只有一种合理的方式：她跟现实中的某个男人有某种痛苦的关系，这是她对这种关系作出的反应。当然，就算是我们把诗人生活的点点滴滴串在一起找到那个男人，我们也必须牢记她是一个偏爱虚构、幻想和神秘的诗人。她也许有，也许没有一只特别的"盒子－/他的信在里面生长"（Fr292），但她可能的确拥有一位通信人。

1　爱德华写给厄尔的信提供了他本人持续关注这个问题并不断受到启发的证据。1868 年他"很高兴……对精神病患者的身体和大脑的实验获得了满意的结论"。读了厄尔在医学院做的精神疾病的讲座，爱德华驳斥了"被人们当作笑话的……错误观点"，并希望有一天"精神错乱（将）被普遍接受为一种疾病"。——原注

有好几首诗，如《怀疑我！我暗淡不明的伴侣！》（Fr332）似乎是在回应刚刚收到的或以前收到的信件，对方质疑她的坚贞。与之联系紧密的诗如《文明唾弃豹子！》，她为自己辩护："这是豹子的天性－先生－/看守者－何必－眉头不展？"（Fr276）。[1] 紧张、对立、挣扎的痕迹处处可见，经常有种被冒犯的、痛苦的感觉。

还有一些诗回忆面对面的约会，如《我触摸他的胸膛》（Fr349），或回忆一场对话：

> 你说它伤你－最深－
>
> 我的－是橡果胸膛－
>
> 不知道爱意如何在粗粝
>
> 蓬乱的背心里生长－

她发出一番迟到的反驳，她纠正他的傲慢：如果他曾看到她的内心，就能看见"一个巨人－与你对视"（Fr301）。在这一类诗作中活跃着一种强烈的重建的愿望和能量，这表明或许真的发生过某种对话、拥抱、分离等场景，留下了刻骨铭心的印记，不过，对待这一类叙述，传记作者必须十分谨慎。

最能引发联想的诗歌是《一个日子来了－夏日的顶点－》：狄金森把主的晚餐（叙述者终于承认了）作为一个告别场景的隐喻，在紧张的告别中什么也没说，一切都已改变。最后，叙述者和另一个人分别，她感到他们签下了一张只有在天堂才能生效的契约：

1　狄金森在此提到了《旧约·耶利米书》（13：23）："古实人岂能改变皮肤呢。豹岂能改变斑点呢？"以及《沃茨及其他选集》（*Watts and Select*）中的相关赞美诗："让丛林中的野豹 / 脱去自然赋予的斑点……"

于是－待时光全部耗尽－

四周寂静无声－

每个人－都捆上对方的十字架－

我们别无其他契约－

这誓言已足够－我们会复生－

坟墓－最终－被罢免－

让位给新的婚姻－

被称义－通过爱的受难！

Fr325C

目前所知这首诗最早的一个版本写于 1862 年 1 月，刚好贴合 1860 年或 1861 年夏天的一次离别。

对于这个沉默的誓言，叙述者未必那么坚贞不渝？于是，有一首诗作专门回应了这个质疑：《我改！我变！》（Fr281），大约作于 1862 年。在另一首诗中，叙述者坚定地说，她的"妻子之情"永远不会改变，除非她的头脑和性别像动了外科手术一样被损害了。诗歌一开篇就大发雷霆，似乎对某人的建议或预测非常气愤：

改变"妻子"的感情！

那就等他们扭断我的头！

肢解我长雀斑的乳房！

让我长出男人的胡须！

潮红，我的灵魂，在您的堡垒－

潮红，我不被承认的肉身－
七年的誓言教给您多少东西
世上哪个妻子能比！

爱从未超出它的巢穴－
信任固守着那一方痛苦－
赴汤蹈火的坚贞－受赏－
剧痛－缺少止痛剂！

重负－扛到现在凯旋得胜－
无人猜到我会加冕，
因为我把"荆棘"戴到日落－
然后－才戴上我的王冠。

好大，我的秘密，但裹着绑带－
永远不会泄露天机
直到守护者有一天累了
领着它穿过坟墓去见您。

Fr267

这首诗和《为了见他一面我要付出什么》(Fr266)记录在同一张纸上，后来被某位家庭成员销毁（那是在玛贝尔·卢米斯·托德的助手将其抄下来之后）。狄金森在这首诗中运用了鲜明浓烈的身体词汇来确认她的激情。她的长满雀斑的乳房和潮红的肉体，在大胆的第五诗节达到高潮，已订下婚约的说话人，被引诱、被抛弃，带着她天大的秘密，最终像领一个小孩子一样被领到爱人面前，二人得以在天堂重聚。这首诗的写作时间与《一个日子来了－夏日的顶点－》相近；两首诗都塑造了一种相似的关系，一别之后再无见面的机会。据富兰克林，《改变"妻子"的感情》作于1861年底。如果我们把它移到1862年初，再按诗中所说的7年来计算的话（两个假设），那么，源发事件（大胆的幻想）可以追溯到1855年3月，当时狄金森正在费城。

在这首诗中狄金森把自己描绘成一个被蹂躏、被占有、被拥有的人，并暗示她的悲剧受害人身份同时也是她的荣耀，她把耻辱的个人负担化为一顶冠冕。"把握"这首诗的窍门是去领会它如何与诗人的现实捉迷藏。我们假定诗人心知肚明，知道她自己是如何定下婚约或被引诱的：1853年她从维尼那儿听到一桩毁弃婚约的案件；1860年父亲成功地为一个男人辩护了类似的毁婚案，官司一直打到了最高法院；1861年8月阿默斯特的新闻报纸报道了一则社会新闻，格林菲尔德有一位"杰出且受人尊敬的市民"，他的女儿未婚生子，她在家人去教堂的时候生下了那个孩子。狄金森身为律师的女儿，又有一个喜欢八卦的妹妹，这一类消息，她一定听到不少，完全可以如法炮制为自己设计出一个逼真的故事，特别是那些让她印象深刻的故事。她当年读黛娜·克雷克的《一家之主》就给她留下了深刻印象，小说里的雷切尔·阿姆斯特朗被哄骗成为一位"妻子"，她痛苦万分，仍对玩弄她的"主人"忠贞不渝，让自己变成了这场苦情戏的女主角。雷切尔的故事与狄金森的"妻子"诗在某些方面惊人地相似，可以互为对照。[1]

---

[1] 雷切尔·布劳·迪普莱西（美国坦普尔大学英语系教授，诗人、批评家，以女性主义批评著称）在她杰出的著作《超越结局的写作》（*Writing beyond the Ending*）中对20世纪的女作家做了深入研究，她认为19世纪关于女性的小说包含两种对立的情节：追求与爱。在标准的结局中总是前者服从于后者。狄金森的写作显然是"超越结局"的，正如那些更现代的作家，对她和雷切尔·阿姆斯特朗来说，追求充满了欲望，情爱导致了野性而不是社会秩序。——原注

在《英语里有很多词语》中，诗人说到一个长盛不衰的词语：

> 它以鲜活的拼读闯入
>
> 打断我单纯的睡眠
>
> 雷鸣般呼喊出它的憧憬
>
> 直到我颤动，哭泣－

有人打搅了她的平静，于是，在结尾处她突然转身恳求道：

> 不是为那施与我的忧伤
>
> 而是为那涌动的欣喜－
>
> 再说一遍，撒克逊！
>
> 嘘－只对我一人！

Fr333

到底是什么词语必须只对她一人说，而且是悄悄地说。当然，诗歌没有点明，也没有人会知道。"无人猜到我会加冕。"

在手稿本中，"撒克逊"这个词的旁边有个"＋"号，意思是可以有一个或多个替换词，那个词大概由两个音节构成，且重音应该落在第一个音节上。但最后那个词并没出现，似乎有什么原因阻止了她。

这让我们想起了另一首诗，大约也作于1862年初，以下是第一节：

> 我得到过，所以我能听见他的名－
>
> 没有－巨大的收益
>
> 那种休克－之感－在我的灵魂－

雷鸣－在房间－

Fr292

主人

　　狄金森的爱情诗与第二和第三封给"主人"的信稿之间存在着明显的联系，但谜团重重。根据纸张和笔迹，富兰克林认定信稿的写作时间是1861 年。那张用铅笔写的道歉信表达了极度的苦恼，信的开头是"啊！我冒犯了它－难道它不想让我说出真相雏菊－雏菊－冒犯它"。另一张则用墨水笔写成，看上去不那么像草稿，要不是因为狄金森在信的开头就有一些涂改，这封信应该是可以直接寄出的，所以只好重新誊写一份，留下了这张草稿。显然，一位不知名的通信人的来信让诗人感到措手不及，于是，在这封信稿的开头，她做出了回应：

　　主人：

　　　　如果您看见一颗子弹击中了小鸟－而他告诉您他没中枪－您也许会为他的善意而流泪，但您不能不怀疑他的话－

　　　　一道深长的伤口，又一滴鲜血浸染了您的雏菊的胸脯－然后您才相信吗？

　　诗歌里没有直接提到以下内容：受伤流血的小鸟、主人不接受她现在的样子让她万分痛苦、坚守真相和忠贞不渝，但诗歌和书信还是在诸多方面相互呼应。她的渴望那么坦率，表达得那么充分完整："我想多见您－先生－这是我在这尘世最大的心愿－这个心愿－略微调整－将会是我－对苍天的唯一心望。"她告诉他，当她向他寻求"救赎"，他给了她"别的东西"竟让她忘掉了原先的请求。"我一直没有告诉您",她补充说(后来被删掉),"但我知道您已改变了我。"在1861年初(据富兰克林认定)的那个草稿中,她回忆他的告别,说她"绝不会因那可怕的离别而畏缩－只是紧紧守着自己的生命,不让他看见伤口"。

狄金森那坦诚而急切的需要读来令人震惊。如果您能"来新英格兰,"诗人温柔地请求,"您能不能来阿默斯特－您会来吗－主人?"她把自己表现得就好像跪在他面前,恳求他在他的生活中给她留一个特殊的位置:

> 主人－敞开您的生命,将我永远接纳,我将永不疲倦－我
>
> 绝不吵闹,当您需要安静－我将会乐意做您最乖的小女孩－没
>
> 人会看到我,只有您－足矣。

她想要的并不是婚姻(显然得不到),而是某种私密的、非肉体的结合,不需要任何人知道,她会永远是人人都想要的那种最好的女孩。

互为悖论的是,狄金森提出的是一个孩子气的请求,却采用了一种十分热烈、充分的表达,几乎带有一种主人的气度。虽然她陶醉于卑微的"'小女孩'地位",她却嘲笑女人的规范,直白充分地把她的渴望表达出来。在这里,她是追求者、引诱者,她设定了谈话路线,让对方打消勉强的心理。她甚至假设二人颠倒性别的情景——"可若是我的脸上有胡须－像您一样[1]－而您－有雏菊的花瓣－而您如此在意我－您会怎样?"她设想出这情色的一幕——扎人的胡茬和光滑的花瓣——却恰恰采用了反转的形式,于是,假设之事就成了实际所是的载体。尽管采用了一种置换

---

1 "像您一样"(like you)这个短语——若干行间插入语之一——表明了收信人的性别,这样一来,认为主人是女性的说法就很难成立了。玛莎·内尔·史密斯对这个小小的短语展开了焦土式的攻击,说它们是"累赘",说根据笔迹它们写于"别的时期",甚至说它是后来由"某人"篡入的。我仔细研究了狄金森的手稿本,认为玛莎提出的观点没有任何根据。——原注

的形式，这个信稿在直接表达欲望和痛苦的方面已达到了某种极致。

尽管诗人称自己是"雏菊"，象征她的平凡和渺小；她很清楚自己也是一座火山。她的通信人抱怨她没把一切都告诉他，她回答说："维苏威不说话－埃特纳－也不说－千年以前－其中之一－只发出一个音节，庞贝城听到了，就永远藏起－"虽然知道很多东西无法说出来，但她还是像维苏威火山一样，勇敢地发出了一个"音节"。

至今，只有一位候选人能满足我们对这位不知名的收信人的推测，那就是查尔斯·沃兹沃思牧师。他不住在新英格兰，偶尔会到这里旅行，作为传播福音的牧师，他可以提供"救赎"；在他的布道词中可以发现他对诗歌持嘲笑的态度，会与狄金森在这个问题上发生严肃的争执。我们知道在 1862 年春天以前他们保持通信，狄金森对他很感兴趣。沃兹沃思同时也符合下面这段信稿中提到的信息：已婚，是长老会教徒，而且是一个（用狄金森 20 年后的话说）"悲伤的男人"：

> 如果我永远忘不掉我不能和您在一起－忧伤和寒霜挨着您，比我更近－如果我用我无法抑制的力量希望－我的就是女王的位置－对金雀花王朝[1]的爱就是我唯一的辩白（。）－让我更近一些－比长老会更近－比裁缝做的新衣更贴身－在心上上演心的恶作剧－在圣日里－这些事我不被允许。

"女王的位置"意即妻子的位置；"金雀花王朝"是国王、领主、主人的优雅代称。狄金森用一长串"如果"从句表白了她渴望嫁给他的心愿，并且黯然地承认这个愿望无法满足。虽然沃兹沃思的婚姻很幸福，但这并不能把他排除在外，因为诗人完全明白她的爱是没有回报的，她所能得到

1　从亨利二世到理查德三世（1154—1485）的一系列英王的家族名称。

的和希冀的不过是最微不足道的快乐——与他在狄金森家的草地上漫步一小时，做他秘密的最乖的女孩。

在这些信稿中，狄金森引用了主人回信中的一句话："把愿望告诉你（也就是'他'）。"（转述他人原话时调整人称代词是惯例。）这让我们回想起沃兹沃思匆匆写给狄金森的那张唯一幸存的纸条："我非常非常为您感到担忧，很希望能更明确地了解您的困境……我请求您回信，哪怕是一两个字。"

1882 年沃兹沃思去世后，狄金森给他的朋友詹姆斯·迪克森·克拉克写信，信中两次提到了牧师早年对她的拜访。在其中一次她回忆起她看到他头戴孝帽："'有人去世了吗'我问。'是的，'他说，'我的母亲。''你爱她吗？'我继续问道。他深沉地回答'是的'。"沃兹沃思的母亲玛丽·安·沃兹沃思·汉纳斯于 1859 年 9 月 29 日或 10 月 1 日去世，终年 64 岁，她的儿子很有可能在第二年夏天仍为她戴孝，但不太可能持续到 1861 年。

在另一处，狄金森提到沃兹沃思说过"拜访你，也许到你北安普敦的家中作短暂停留"。詹姆斯·克拉克来自康狄格涅河谷一个极注重亲情关系的家庭，他们移居到布鲁克林之后也没有切断家乡的根。詹姆斯和他的胞弟查尔斯·H（在某些方面和狄金森姐妹很像）终身未娶，一直和父亲住在一起。他们的父亲是纽约证券交易所初期的一位能干的职员。两兄弟中的一个或两个都喜欢到北安普敦的老家消夏，1860 年小镇通讯名录上可以查到查尔斯·H. 克拉克的名字，他在埃尔姆街拥有五英亩克拉克宅地。1889 年史密斯学院将克拉克宅地买下，所以我们现在仍能看到经过改造的克拉克家宅。如果沃兹沃思曾在这里住过，按照狄金森的想法，只需一个小时骑马的路程就可以见到他不寻常的、素未谋面的阿默斯特通信人。

克拉克兄弟像沃兹沃思一样，在康狄格涅西部和纽约州北部长大，也获得了纽约大学的荣誉博士学位，1862 年的迁居差不多横跨了整个美国，其家族经营了一张宽广的都市交际网。父亲也叫查尔斯，去华尔街之前在费城和查尔斯顿做生意。同时（也像沃兹沃思和诗人一样），克拉克家是新教私人贵族圈中的一员，生活富足优越，无论在什么情况下都要保持他们的风范；一贯谨慎地履行着他们所看重的职责。查尔斯·克拉克是布鲁克林第二长老会教堂的老辈（老派，沃兹沃思也属于这一派），他总是积极地支持教会的各项事业，如"照看流浪者"和"看望病人和穷人"。人们还记得1888年的一个大风雪天，83岁的他依然出现在华尔街的办公室。克拉克家族的最后成员，80多岁的簿记员查尔斯·克拉克于1915年在纽约的一家旅馆去世，他把所有财产赠给克拉克家族多年的管家杰西·弗格森，唯一的条件就是要求她死后葬在北安普敦克拉克家的墓园。杰西死后，所有的财产又捐给了孤儿院和穷苦女人之家等慈善机构。《纽约时报》专门报道了这项不平凡的遗嘱，但没有注意到死者与狄金森的关系，因为她当时还没有什么名声。

与詹姆斯的会面是诗人最怀念的会面之一，当时他意外地出现在狄金森宅邸，"我不敢相信那天早晨您和布劳内尔先生光临，"20年后她写道，"我最后应该和您说话，只和您，除了我的妹妹，还有我最亲爱的尘世朋友。"无论克拉克和布劳内尔拜访的目的是什么，拜访的时间肯定是在1858年和1863年之间，其间两人在布鲁克林办了一所私人学校。尽管这可能是诗人与克拉克唯一一次见面，但却有着重要的后续故事：沃兹沃思去世后，正是克拉克给狄金森寄去了牧师去世后出版的布道合集，由此开启了狄金森和克拉克兄弟深入的通信交流。詹姆斯显然知道（从牧师那儿？）狄金森这条关系的重要性。查尔斯和詹姆斯都知道如何保护客户、牧师，以及委以信赖的女性朋友的秘密。[1]

---

[1] 如果最新发现的"艾米莉·狄金森"的照片（见附录2）是真的，按我的判断它是真的，那么这张照片的历史也许是这样的：就在1862年沃兹沃思即将去加利福尼亚之前，狄金森寄给她这张照片；1882年沃兹沃思去世前或去世后，这张照片委托朋友克拉克兄弟保管；查尔斯·H小心翼翼地保存了近三分之一世纪，他不能公布这张照片的存在，因为担心无法避免有关牧师与诗人之间的流言蜚语；当这位忠诚的朋友去世后，因为"身边再无亲人"可以保管他的私人物品，这张照片后来就被忽略了。——原注

艾伯特·J. 格尔皮多年前就下过结论："沃兹沃思似乎是主人无可争议的人选。"这个结论如今越来越可信，不过，所有证据仍是间接的、推测性的，因此最好还是明智地持保留态度。原则上说不定有另一个男人，一个我们找不到任何文字证据的男人，所以沃兹沃思只好扮演了这个牧师兼主人的角色。然而，仍有足够多的线索指向了沃兹沃思，他是现有条件下我们要考虑的人选。

我离陆地太远

有一个男人，大概是位牧师；已婚，难以接近或根本不适合；他对她的感觉与她对他的感觉完全不同；她对他了解甚少，却把自己热烈的渴望与幻想投放在他身上；他们的通信让她感到越来越困扰；他们见面了，也许是在 1860 年，也许只有一次，后来分手，从旁观者的角度看，他们的分手再正常不过；她在后来的诗歌中一而再地返回到这段不可能的关系中，以幻想的方式来发展和深化其中潜藏的因素。

无论沃兹沃思是不是这个男人，这场浪漫情感的危机都是狄金森长期延滞的成熟过程和她强烈而持续地渴求亲密感的一个必然结果和高潮。正是这场危机迫使她思考生活中她能合理期待的满足感，以及她有可能实现的补偿性目标。1863 年，她写下"我想我从前怀揣的那颗心"（Fr757），把这场危机视为改变人生的重大事件。

狄金森这次遭遇的麻烦之所以那么痛苦那么深刻，还有一个原因是她无法在她需要的朋友身上找到安慰：1861 年塞缪尔·鲍尔斯和苏珊·狄金森都在各自应对他们的危机，他们无暇关心和理解诗人当时的需要。三方的抛弃迫使她只能自己面对一切，而她解决问题的方式就是写作。

1860 年 11 月 7 日，玛丽·鲍尔斯连续第三次产下死婴，随后她收到一封奇怪而让人感动的慰问信：

> 别哭，亲爱的玛丽。让我们来为你哭吧，因为你现在太累了。
> 我们不知道那有多黑暗，不过，如果你在海上，也许我们告诉
> 你我们也在那里，你就不会那么害怕了。
> 波涛太汹涌，可是，那裹挟着你的波浪，也裹挟着我们。

艾米莉的体验与玛丽所经受的一次次折磨完全不同，但她在信里却采用了一种权威的口气，部分原因在于她产生了一种新的意识：女人们要团结起来面对女人的痛苦。"孩子们是女人，而女人们在想很快就到下午了吗？"1859年她向伊丽莎白·霍兰问道，"我们应该相互帮助来承担我们特殊的重担。"现在狄金森就是在帮助玛丽，她有理由认为她和其他女人一样陷在深水之中。

陷身大海的画面在当时获得了特殊的联想意味。1859年秋天，诗人也许是以讽刺的口吻告诉凯特·斯科特，她"愉快地泅泳在深海中"。当苏珊·D.费尔普斯（曾经是亨利·沃恩·埃蒙斯的未婚妻）身处困境，艾米莉寄给她一张纸条，使用了《旧约·以赛亚书》的典故："你从水中经过，我必与你同在。"现在狄金森和玛丽同在，她不是给玛丽一条救生绳，而是向她生动地描述了她们如何在黑暗中被海浪包围，如何分享绝望。狄金森是否记得玛丽的姑妈劳拉·德怀特·蔡尔德正是死于1854年的海难，她和横跨大西洋的汽船北冰洋号一齐沉入了深海。这个惊心动魄的沉船事件也出现于亨利·詹姆斯1913年的回忆录《一个小男孩及其他》（*A Small Boy and Others*）。《共和报》对"北冰洋号"做了系列插图报道，包括桅杆入水和最后哄抢救生船等令人恐惧的细节。遇难情况极其惨烈：除了船长和62名船员逃生，200多名乘客，包括船上每一位妇女和儿童

都惨遭遗弃，溺水身亡。阿默斯特当地的报纸重点关注了蔡尔德夫人和女儿遇难的消息。悲剧离狄金森家似乎并不遥远，因为艾米莉的姑姑凯瑟琳·狄金森一年前就是乘坐这艘北冰洋号完成了横穿大西洋的旅行。艾米莉在信中对玛丽说，"那裏挟着你的波浪，也裏挟着我们"，她似乎暗中呼应着那时隔不远的历史事件。

1860—1861 年冬天，狄金森漂浮在大海上，同时她还经受着一贯的季节性疾病（肺结核？）的折磨——"与顶针一般大的咳嗽""一把印第安战斧就在我旁边"。塞缪尔似乎在此年初给她寄过一封祝早日康复的信，这是从她信中的文字判断出来的，她以又忧郁又神秘的方式表示，她不同意他的友善的乐观主义：

> 你说到"东方"。这个冬天我考虑过了。
> 你不觉得你和我应该更精明地选择山路吗？
> 那种光头无帽的生活－在草丛下面－像黄蜂一样令人担心。

尽管晦涩难解，但显然她是为死亡的念头而困扰。塞缪尔总是宣扬一种温暖的、模糊的、维多利亚式的信念，相信一切都会好起来的，甚至包括他自己日益恶化的背痛、胃痛、头痛。他给奥斯汀和苏的信息是充满了劝慰人心和积极肯定的话语，如同咒语或祷文一样："我们充满信念和希望""在耐心和信念中等待""当我变得越来越无力时，我发现信念会随着我变得更大更丰富"。下面这首著名的诗歌一定是用来反驳塞缪尔那不知疲倦的鼓劲，它就写在那张关于黄蜂的便条的开头：

> "信念"是个精巧的发明
> 当绅士们看得见－

但显微镜更谨慎

遇到紧急事件。

Fr202A

狄金森想从鲍尔斯那儿得到的是另一种同情，她希望他重视她和她的极端。1861 年初，她给鲍尔斯寄去了一首戏剧性的叙事诗，表达了她迄今最强烈的恳求，其中既有迷失在大海的画面，还有两个海难幸存者的生死搏斗。这是北冰洋号的情景再现，男人（似乎如此）抛弃了女人：

两个溺水者在桅杆上挣扎

直到清晨太阳升起 -

一个，微笑着，回到陆地 -

啊上帝！另一个！

偏航的船只 - 经过，窥见一张脸

在水面上漂浮 -

双眼，已死 - 仍乞求着 - 抬起

双手 - 哀求着 - 抛出！

Fr227A

关于这首有力的诗作，狄金森只是说："我无法解释，鲍尔斯先生"——意味着所涉之事是她不敢明说的。这首诗与她本人的生活或许有多种联系，最明显的联系是她和主人的关系越来越差，如诗中所暗示的，主人将她丢弃在大海中。既然不可能向鲍尔斯暴露任何细节，她就寄去了一个绝望中乞求的意象，也许是希望唤起他的同情，类似于她曾给玛丽的同情。

在另一首诗里，狄金森差一点就向他透露了秘密，那是一首狂喜之作，
（似乎）也是作于 1861 年的春天：

> 神圣的头衔－属于我！
> 妻子－没有标签！
> 严峻的等级－授予我－
> 髑髅地[1]女皇！……

Fr194A

诗歌暗示说，虽然她没有真正结婚，因此也就不知道神秘的"上帝赐
给我们女人的狂喜"，但她已经完成了特殊的、痛苦的使命，现在她可以
模仿一位真正的妻子，一个有权利说"我的丈夫"的妻子。她在信末特地
强调要为她保密："这就是－我不得不'告诉你'的－你不会告诉别人吧？
荣誉－是它自己的抵押品。"

如果狄金森希望鲍尔斯多少能理解和欣赏她"特殊的重担"和她的痛
苦——与一个注定不能做丈夫的男人永远地、扭曲地捆绑在一起——她传
达的信息太不明确了。对于她这番含糊晦涩的坦白，鲍尔斯也许会像大多
数人一样错误地联想到她的"纯洁"。可想而知，她以十分高亢的语气纠
正了他的错误：

> 如果你怀疑我的雪白－哪怕片刻－你绝不会－再有下一次
> 了－我知道－
> 　　因为我不能说－我就放在诗歌中－让你读－当你的思想动

1　"髑髅地"（Calvary）是耶路撒冷城外的山丘，耶稣受难之地。一作"Golgatha"（各各他）。

摇，为了我这样的脚步 — [1]

　　她附在信中的那首诗（F187），让坚贞和动摇构成对立，把受难者的信念，也就是他们永恒不变的承诺，比作永远指向北极的磁针。

　　鲍尔斯是一个善于回应的人，可面对狄金森热情而费解的自我坦白，他仍算不上一个理想的通信人。1861 年秋天，鲍尔斯见到了威廉和亨利·詹姆斯兄弟新婚不久的堂妹凯瑟琳·詹姆斯·普林斯，对这位性情多变的女人，他留下了一段生动的记录："确切地说，那位妻子是迷人的，或者应该是迷人的。她的才华给我留下深刻印象；但是她那野性的不安分的神情会把多数男人吓跑。"他还听说丽贝卡·哈丁·戴维斯[2]的小说《玛格丽特·霍斯》（Margret Howth）很"有力、奇特，但'不健康'"。塞缪尔希望女人稳重、可靠、新式，而不要神经兮兮、反复无常。[3]鲍尔斯的心思全放在他的报纸、政治活动以及突然爆发的南北战争上。1861 年4 月，他说这场内战是"一个行动和思想的新世界；是我们每个人每天都要谈论的话题"。总之，这样一个男人既无时间也没耐心去满足艾米莉的

1　在二人这番交流的背后还潜伏着一个插曲：有一篇未署名的文章登载在 6 月 1 日《共和报》的社论版。文章标题是《越过边界》（Over the Border），谈到某些"认真谨慎的人"着迷于"美德与罪恶的边界地带"。文章举例说，有一个好女子，"以稀奇的音步探索每一寸争议丛生的土地，更精明谨慎的姐妹们都望而却步……而她却在冒着热气的火山口煮鸡蛋和咖啡"。鲍尔斯很喜欢这篇文章，特别告诉奥斯汀这篇文章是新来的文学编辑菲蒂利亚·H.库克写的："她深刻而机敏地触及到内心生活。"根据《北美夜鹰的一片羽毛》（A Feather From the Whippowil）的手稿，我们知道库克被授权拆开来自阿默斯特的信，看到了这首诗，1861 年初还有几首诗也在其中之列。为什么鲍尔斯要让奥斯汀注意库克的文章？会不会有狄金森的密友参与其事？（最重要的是）她本人是怎么想的？——原注

2　戴维斯（Rebecca Harding Davis，1831—1910），美国作家、记者。她被誉为美国文学史上现实主义文学的先锋。戴维斯的一生努力为黑人、妇女、美国土著居民、移民、工人阶级争取社会权益，在文学创作中记录和反映这些边缘群体的生存困境。最重要的代表作为《炼铁厂的生活》（Life in the Iron Mills）。

3　从一匹失控的马上摔下来之后，鲍尔斯在给奥斯汀的一封信中写道，"那个动物被女人气附了体"。因为知道他若是与玛丽坐在马车的挡泥板后，一定会"神经兮兮、坐立不安"，他需要坐到"前面以获得足够的冷静和良好的掌控感"。——原注

需要。

正当狄金森意识到鲍尔斯不可能成为她有力的、感同身受的男性朋友时，鲍尔斯病倒了，这场病彻底改变了二人友情的基点。狄金森很为他担心，她在想上帝是否会再一次"夺走"她珍爱的朋友。不过，她也从他的痛苦中汲取到她此时刚好需要的力量。

1861年2月，鲍尔斯乘雪橇车从阿默斯特返回春田，刚好遇上大雪，他不得不时不时从车上下来，结果患上了"剧烈的坐骨神经痛"，此后被迫离开编辑办公室，而此时南北激战正酣。6月初北安普敦的报纸报道，鲍尔斯正在"城里和周边"疗养身体，好像主要是在格林菲尔德。后来他去了伯克郡山，7月又去了怀特山[1]。9月他从萨拉托加[2]的疗养地归来，背部痛得"可以猛烈地把我折成两半"，"因剧痛和失望而大哭"，但他还苦中作乐地讲了一个关于"海鲜野餐、肠子和坐骨神经痛"的笑话。10月16日，带着再次怀孕处在惶恐之中的妻子玛丽，鲍尔斯不得不试试丹尼斯顿医生建议的水疗法，于是他们到北安普敦的水疗中心待了大概一两个月。在那儿，尽管他"弯曲的背和跛脚把他绑了起来，就像一只小牛犊"，塞缪尔还是勇敢地设法拜访了一次常青居，后来他在信中为自己"弯腰驼背"的样子而道歉。

艾米莉提到塞缪尔病痛的信件都很难确定时间，前后矛盾，感情热烈。在一封信中她告诉塞缪尔她会为他的健康"向'安拉'"祈祷；在另一封信中她提醒塞缪尔她还没学会祈祷，又向他保证她经常带着朋友的痛苦求告圣母玛丽亚。有一次塞缪尔来阿默斯特，担心他的情况很糟糕，她就干脆保持距离，没去见他，因为"我遇到了些麻烦事－而且我知道你需要阳光－和空气"。这两条理由听起来都是真的，无论第二条显得多么不着边

1　美国新罕布什尔州北部阿巴拉契亚山脉的一部分，华盛顿峰海拔为1917.8米（6288英尺）。
2　美国纽约州东部一村落，附近有温泉疗养地。

际，她知道她会让别人疲惫不堪。1870年托马斯·温特沃思·希金森到阿默斯特镇拜访她，他很奇怪艾米莉"总是觉得我累了"。

塞缪尔不可能是"主人"的原因之一是：艾米莉在信中不断地强调别人如何需要他。对主人，她恳求地倾诉自我；对鲍尔斯，她把自己放在渴望和崇拜他的人群中间，丝毫没有独占的意思。有一次她告诉鲍尔斯，她、苏和维尼是怎样谈论他的，她模仿会议秘书的记录报告："投票结果是我们决定记住你。"1862年底她又一次拒绝与鲍尔斯见面，这次的理由是："我把我的时间让出来，给（维尼和奥斯汀）多一点。"这个理由听起来是真的，她（恰当地）认定，在这位精选的家庭好友心目中，她不是最重要的。

狄金森仍然希望鲍尔斯把她看作是他特别的、忠实的祝福者，而且希望他知道她对他的关爱是无边的，任由他支配。狄金森把鲍尔斯比作是狄更斯小说《老古玩店》（*The Old Curiosity Shop*）中的斯威夫勒先生，她自己是小小的洗涤室的女仆，无论工作和吃饭都在一间悲惨的地下室厨房里。斯威夫勒教会这个女仆玩克里比奇牌戏，还给她改名为"侯爵夫人"，并在其他方面表现出对她的兴趣。斯威夫勒生病了，她从专制残暴的女主人身边逃走，整整三个星期，她寸步不离地照顾他。"你在受苦，这真让我难过，难过得说不出话来"，艾米莉在给塞缪尔的信中说道，她还提供了一张非常讲究的食补方子，最后的签名是"侯爵夫人"。第二次让她"难过"是塞缪尔离开了阿默斯特附近的水疗中心前往纽约，住在布雷沃特旅馆），只要两个街区就能到达百老汇，可他几乎走不过去。最难过的是1861年鲍尔斯的圣诞礼物，里面有一张他的近照，用苏的话说，"比你在这里时脸色更苍白，更瘦削"。艾米莉的致谢便条不断被难过的情绪打断："多少次您都是那么周到，现在－您总是让我难过。那些老话都已经麻木了——句新的都没有。"她说等下次他到阿默斯特，她可以解释她对这张照片的感受，尽管她不确定能否做得到：

> 但是心灵载着最沉重的货物 –
> 不会 – 总是 – 感动 –

Fr193A

她同年写给刚刚丧妻的爱德华·S.德怀特牧师的一封信，有助于我们区别什么是强烈的悲痛、什么是深切的同情："我不会问您是否'好些了' – 因为断裂的生命 – 永远不会'复原' – 但是朋友的爱 – 有时候会帮助步履蹒跚的人 – 当心灵载着极重的货物。"这段话表达了她如何看待个人的丧失，《一个日子来了 – 夏日的顶点 – 》也是同一时期的产物，那是发生在她自己身上的一次决定性的告别。她的写作发自个人痛苦的经历，像鲍尔斯和德怀特一样载着重物步履蹒跚，而这个重物是她不能冒险向任何人解释的，无论是多么亲密的男性朋友。

狄金森在寻找一种能让她的"特殊的重担"为伟大、慷慨的目标服务的方法。鲍尔斯的照片让她难过的原因之一似乎是：照片暗示出他为了朋友们大大消耗了自己。如同战争的悲伤景象对她的触动，这张照片也在激发着她，要让自己变得更加强大——"更加有力"、更加重要。鲍尔斯承受的痛苦越多，她就越是坚定地要求他达到她心目中的他的水平。

她给鲍尔斯的信中反复出现两个意象——水满将溢的杯子和浸着眼泪的睫毛——暗示着她无法表达的过剩情感。她的情感超出了任何一种可以想象的关系或社会背景，以至于无法被放下；却又不得不放下。她消除这个折磨的一个办法是以自己的痛苦为出发点，来想象和处理人的普遍情感和欲望。另一个办法就是抓住一个她并不具备的力量，比如，关于丧命于大海这个题材，她写了一首最阳刚的诗作，她向受难的朋友保证：

如果你就丧生于－大海－

就在我眼前－

或注定躺在－

太阳身边－死去－

或叩击－天堂－没被听见－

我会骚扰上帝－

直到他让你进去！

Fr275

有人可能觉得没必要关注这首诗，它当然算不上狄金森的佳作，因为它不过是无意义的假设和吹嘘。明智的做法是把这首诗视为她的练习、实践，小小的"侯爵夫人"努力提升自己，尝试获得力量、勇气和创造力。如果她能救下鲍尔斯先生，她不仅会盗用他的权限和命令，而且还敢盗用上帝的。狄金森属于那个被选中的一族，他们因为努力做到慷慨、大胆、坚持自我，而找到了通向至高的驾驭能力的路径。

生子

鲍尔斯以上述方式激发了诗人，苏则以另一种方式激发了她。

此时，常青居里面的生活已成为一个自足的小世界。它不似家宅用堂皇的面积和沉重的帝王式家具定义整个空间布局；苏和奥斯汀的小家可以打造出最时尚的珠宝盒般精致的效果——一个展示个人喜好的空间，按自己觉得最舒服的方式布置。房间里摆放了一些显眼而媚俗的艺术品，包括一个爱神丘比特和赛琪[1]热烈拥抱的小雕像。跟塞缪尔一样，奥斯汀是纽约顶级画廊的常客，不断看中一些他买不起的画作，但觉得（用苏的话说）"他必须拥有"。奥斯汀的嗜好大家都知道，以至于玛丽·克莱默·埃姆斯在给《共和报》的一封信中留下了这样的记录："那里至少有两双阿默斯特的眼睛……欣喜地盯上了吉纽最新、最杰出的画作'印第安夏日'"。风景画家瑞吉斯·吉纽特别擅长画雪景，是常青居的最爱。

迄今为止，没有任何迹象表明夫妻二人已从对方的迷幻中走出来。奥斯汀送给苏一个绵羊形状的象牙发夹，苏非常高兴，说从来没有"这么喜欢过一件礼物"。现存的信件显示出日常的关心和感情，如奥斯汀在波士顿对苏说，无论"你要什么"他都会带回去，并称苏"我亲爱的老姑娘"。塞缪尔写给苏的一封信提到了一次争吵——"你跟奥斯汀有声有色地吵架"，这是后来的事，写信时间大约在 1875 年。

苏的预产期是 1861 年 6 月，从塞缪尔的若干表达关切的信函可以看出，正值 30 岁的夫妇俩人当时都是压力重重。6 月 8 日星期六，塞缪尔到格林菲尔德度周末，在北安普敦见到了奥斯汀，奥斯汀谈到苏当时令人担忧的情况，让塞缪尔觉得他万分苦恼。3 天后塞缪尔在信中写道，"星期六那天你的表情让我一直忘不掉"。后来他收到了奥斯汀迟到的不祥消息，尽管我们不知道具体内容，但塞缪尔一同分担这个消息的玛丽非常"紧张和担心"，如果仍收不到进一步确认消息的信，玛丽就准备立刻动身前往常青居。与此同时，艾米莉也收到了奥斯汀的信，"星期六早晨－（塞缪尔）不太好"，于是，她尽力鼓励朋友："你是不是很快就要决定－做一个我们最初认识的那个强大的男人？"

塞缪尔因为疼痛难忍的坐骨神经痛哪儿都不能去，他能做的就是一封接

1　关于丘比特（Cupid）和赛琪（Psyche）的神话传说，见罗马作家阿普列尤斯（Apuleius，约 125—180）的《金驴记》（*The Golden Ass*）。

一封地给朋友写信，他很为苏担心，同时引导奥斯汀学一些（用了一个很笨拙的双关语）"步兵战术"[1]。6月17日星期一，塞缪尔正准备开始另一场孤注一掷的疗养旅行，他突然改变计划先到常青居作短暂停留。这时苏还有两天就要临盆，但从塞缪尔后来写的感谢款待的短笺来看，苏当时还能尽一些女主人的义务。当6月19日苏顺利分娩的消息传到北亚当斯，塞缪尔大大舒了一口气，写了一封长长的信以表达他的欣慰，并向这对夫妇保证，他们承受的一切焦虑和痛苦会因为孩子的降生而得到"10倍"的补偿。

苏生孩子这件事如此令人担忧，主要原因在于它牵涉到吉尔伯特姐妹晦暗的女性命运。11年前的6月19日，玛丽·吉尔伯特·勒尼德生下她的第一个孩子，没过几个星期她就死于产褥热。家族的第二个坏兆头是1861年6月14日，就在苏临盆前5天，姐姐玛莎失去了她第一个也是（当时）唯一的孩子。在这离奇的、令人恐惧的巧合之前，苏一直强烈地渴望吉尔伯特家族的重聚。丧子的玛莎到常青居看望苏，看到床上刚当上妈妈的妹妹和襁褓中的婴儿，她的"心都要碎了"。塞缪尔从丹尼斯顿的水疗中心到阿默斯特看望苏，苏整个人沉浸在对不幸的姐姐的"泪水涟涟的回想和不祥的预感"之中，以至于玛莎竟然出现在富有同情心的编辑"清晨的梦中"。关于苏哭泣的记录十分稀罕。她似乎很担心姐姐的生命，也许还有她自己的。身为吉尔伯特家族的一员和一个母亲，就要承担可怕的风险。

苏的孩子暂时唤作杰克（后来名为爱德华，简称内德），在半岁之前一直没有取正式的名字。这个孩子非常难带，他日夜哭个不停，甚至让人怀疑他是否正常，能否活下来。奥斯汀尚未运用他的"步兵战术"，到了10月，重压下的父亲看上去"消瘦而苍白"。在塞缪尔看来这很正常："随着新生命的到来，你们的夏日战役肯定会把你们都累得精疲力竭。"1861

---

1 原文为"infantry tactics"。"步兵"（infantry）和"婴儿"（infant）二词相近，构成双关。

年夏天，外面的战役如火如荼，北方军队节节失利；而诗人周边的每个人也都遭遇了各自的失利。

孩子出生后四个月，一个保姆开玩笑似的希望奥斯汀"远远地离开拐角"，大概是指从疾病走向康复。"拐角"是狄金森家的特殊用语，"现在我们将要转过拐角"，1871年诗人写道。但是这个刚当上父亲的人始终抱怨不停，而且一直处在疲惫和沮丧状态。1862年春天塞缪尔只能祝愿他"不要像上次见你时那样可怜和难过，另外……"这封信剩下的部分被撕掉了，原因也许是下文将要叙述的内容。

婴儿的第一位保姆曾是奴隶，鲍尔斯和狄金森两家都叫她阿比、阿巴或阿比阿姨。阿比约生于1800年，曾在佐治亚州的萨凡纳和邓杰内斯做过私人女仆。邓杰内斯是一个大型海岛种植园，属于革命战争中获得声明的纳撒尼尔·格林将军。阿布（当时她叫这个名字）跟随女主人，格林将军的一个女儿路易莎·格林·肖，旅行过不少地方，在英格兰、苏格兰和法国住过两年，成为拉法耶特侯爵的长期宾客，路易莎的父亲曾是侯爵的战友。在法国旅居期间，阿布似乎学会了如何说法语。1829年当女主人草拟遗嘱时，为了确保自己奴隶在未来过上舒适的生活，路易莎曾要求她的下一位主人为阿比提供一间"整洁的房屋"和定期生活费每年一百元。可惜这些安排被对方忽视了，到了1850年，见多识广却不识字的阿比住在春田，不定期地为家境良好的母亲照顾他们的孩子。鲍尔斯夫妇找到阿比，说服她放弃另一位雇主，到苏家做保姆。

起初，苏颇为着迷地看着"裹着头巾的快乐的保姆带着宝宝在地上漫步……他白色的长长的外套在她（简朴的？）褶皱裙边有力地摆动着"。但随着新鲜感褪去，雇主认为阿比的"队形变换"（这是一个比喻用法，来自军队的战略战术）迟缓，无法胜任日夜照看一个爱哭闹的孩子。她被当场抓到"睡得很死，而无价的宝宝当时就在她的大腿上"，于是这位上了年纪的筋疲力尽的保姆，用苏的委婉语来说，被"礼貌地……送回……她在 S____ 的家"。

从苏潦草的笔迹来看，接替阿比阿姨的第二任保姆名叫克瑞西亚·英格拉姆，是一个强硬的扬基人，秉信平等主义，来自阿默斯特近郊。英格拉姆是不会被任何事情难倒的，她可以用一只脚几个小时不间断地摇晃婴儿床，一边津津有味地阅读全国宗教保守派周报《纽约观察家》(*New-York Observer*)。英格拉姆不仅强悍到完全忽视婴儿持续的啼哭，她还拒绝承担一部分仆人的工作，并要求"早餐要有黄瓜和派"，甚至还问她的雇主在家具上花了多少钱，并坚持索要家庭药方，比如黄连。她辞职的时候还凶狠地宣称，"这个婴儿天生就有毛病——他的脑袋太大了——他哭得不正常，从来没见过像他这样的"。得知了英格拉姆的种种罪行，塞缪尔在 9 月底的信中写道："那个保姆待在常青居的这漫长的几个星期足以让（苏）做好了上天堂的准备。"不久后，塞缪尔从第一次水疗旅行返回阿默斯特，他很欣慰地看到苏"'经受了那么多保姆带来的那么多麻烦'，居然看上去还不错"。

第三个保姆是来自哈特福德的马吉，她 10 月份一到常青居就迅速成功地进入了保姆的角色。第二年春天马吉离开后，保姆的人选又有了新安排，我们无法知道新人是谁，只知道塞缪尔在来信中说："你们实际上正在经历一场革命——失去马吉，让杰克远离这一头，以便让他更亲近另一头。上次见到你我就预示了这点。这对你来说非常有必要。"听起来婴儿似乎已经断奶了。

正当常青居内部忙于解决这桩复杂的家务事，艾米莉·狄金森在自己的麻烦和强烈的情感中越陷越深，她正在学着通过写作摆脱它们。从保姆们离开常青居后寄回的客气的信件来看，她也许和第一任和第三任保姆比较熟悉。在阿比大婶口述，由肖夫人为她记录的信中，阿比请求"尊敬的狄金森夫人和小姐们"记住她，"我不会忘记她们好心记得我，她们所有人"。马吉在信中"给维尼姑姑小姐、艾米莉姑姑小姐……送上问候"。除了通信中这些礼貌称呼之外，我们找不到诗人与隔壁的家庭戏剧有任何联系。

作于 6 月 19 日或稍后的一首奇怪的诗，表达了诗人对新生婴儿的极大警惕：

> 是真的吗，亲爱的苏？
>
> 有两个吗？
>
> 我不愿来
>
> 害怕摇晃他！
>
> 如果你可以把他关在
>
> 咖啡杯里，
>
> 或把他系在别针上
>
> 直到我进来
>
> 或把他拴在
>
> "托比"的拳头上－
>
> 嘘！吁！我就会来！

Fr189

这首诗在很多方面都是怪异的，比如觉得生子的妈妈被分成了两个人，把刚出生的婴儿想象成很小的东西或胆小的会蠕动的东西，还残忍地提到咖啡杯、别针和那只叫托比的猫的爪子。我们不清楚这些意象是否暗示了诗人对生孩子和婴儿的看法。这只是一首没有誊入诗稿册的即兴创作，如果有谁想从它身上挖掘点深层次的东西，很可能一无所获。但是有一点似乎是很明确的：这首诗是诗人不去隔壁探望的借口。尽管诗中有两句结尾都提到"来",然而实际的信息却是疏远和不联系。在那个时代,未婚的姐妹或小姑子过来帮忙照看孩子是天经地义的,而艾米莉首先就表明她不会介入。

1861年夏天艾米莉和苏之间的友谊出现了裂痕,这种情况通常都会发生在第一次当妈妈的人和她的没有生育孩子的成年朋友身上。在这对姐妹身上,造成分裂的力量双方基本上势均力敌。作为一个没有经验的母亲,苏不会有心情理会艾米莉的幽默,正如艾米莉无心帮助照看小杰克。诗人喜爱孩子,一向觉得自己是个孩子,可是,对于刚出生的婴儿则另当别论。正如她多年后所说:"我很不了解那些小东西,但我温柔地爱着他们。"确实很温柔:后来玛丽·鲍尔斯终于在布雷沃特平安生子,艾米莉的祝贺短笺开头写道:"可以离开你的花儿久一点吗-来看看我的?哪一朵更漂亮?"如果这里暗示出她把朋友的孩子看作竞争对手,那么下一封信刚好有趣地证实了这一点:"你可以让'查理'一个人-待久一些吗?你还有时间给我吗?……别那么爱他-你知道-以至于忘了我们-那我们就该祈祷他不在那儿-如果你真那样的话。"如果我们还记得玛丽之前的三次悲痛的死产经历,就不难明白本来就很苛刻的她为什么不肯回复艾米莉极其无礼的要求。

狄金森60年代早期的诗歌经常表达出一种强烈的被排斥、被孤立的感觉。一首作于1861年底的诗是这样开头的:

> 为什么-他们把我关在天堂之外?
>
> 我唱得-声音过大?

在给主人的信稿中她说要做他"最乖的女孩",这首诗以小小的、坚持的声音保证她会非常安静,只要他们肯为"那个小手"打开门:

难道天使不能让我再试试-

只是-再试-一次-

只是-看看-我会不会打扰他们-

但是不要-把门关闭！

Fr268

上面这几行诗和另外几行在 1861 年[1]一同寄给了苏：

那么-我可不可以-关上门-

唯恐我恳求的脸-最终-

遭-她-拒绝？

Fr188

友谊的裂隙一直延续到秋天。艾米莉无法体会苏承受的压力，而苏也没有时间理会艾米莉或任何其他人：多年后苏回忆了她当年被找保姆的事弄得疲惫又焦急，以至忽略了丈夫、小姑子和朋友们。对诗人来说，这再次上演了主人对待她的相同一幕。婴儿啼哭，奥斯汀畏缩，苏不得不打起精神应对丈夫、孩子和保姆英格拉姆；塞缪尔为了他可怕的坐骨神经痛忙于四处疗养，狄金森开始深刻地理解她在这个世界上的位置。

第二年 4 月，诗人在给希金森的第二封信中说，她"自从 9 月-遇到了一件可怕的事-我不能告诉任何人-所以我唱歌，就像墓地旁的男孩-因为我害怕"。关于这个神秘莫测的声明，目前主要有两种解释：一种是她 1864—1865 年发作的眼疾出现了初期症状，她担心自己的眼睛会瞎掉；

---

1 还有两首与此密切相关的诗——《真的-他们把我关在严寒里》（Fr658）、《他们不会总是皱眉-某个甜蜜的日子》（Fr923）——被确认分别作于 1863 年和 1865 年。——原注

一种是她听说沃兹沃思将接受在旧金山髑髅地长老会教堂的牧师职位，她感到被抛弃了。经过仔细研究，上述两种解释都无法成立：一是1861年还没有任何实质性的证据表明狄金森已患眼疾，而且患眼疾之事也不应该是"不能告诉任何人"的；二是髑髅地教堂的上任牧师拒绝支持教区的联合组织发起暴乱，并于9月23日辞职，但是迟至12月9日会众才投票决定邀请沃兹沃思，而他接受邀请又是好几个月之后的事情。沃兹沃思即将迁到加州的消息自然会加重狄金森的危机，但不可能是其危机的直接起因。不存在一个具体的事件：狄金森感到她被每一个她深爱着的、最能理解她的人、她最依赖的人遗弃了。

恐惧始于9月，那是一种深刻的、系统的、持续的状态，持续了整个冬天，可以说，那是狄金森注定会陷入的困境。如她在草稿纸上随手写下的，很可能顷刻之间"所有事物都失去了意义"，其核心本质在于，她因此认清了一些永恒的东西：她内心的绝对观念与现实生活是脱节的。这是痛苦的一刻也是转变的一刻，它带来一种终极的被孤立、被抛弃、被拒绝的感觉。与主人的纠结已经帮助她理解了她作为女人的"特殊的重担"；而现在苏又对她明显地漠视。她被她选择的人遗忘了——"'他们没有选中我，'他说／'但是我选中了他们'"（Fr87A）——这是狄金森一直以来最大的恐惧。

现存的苏写给诗人的那封主要涉及个人问题的短信大约写于1861年夏天或9月至10月之间：

我本打算今天给你写信的，艾米莉，但是安静一刻也不属于我－所以寄给你这个，以免我好像对送来的吻不理不睬－
如果这个夏天你深受折磨－我很难过－（为了）我艾米莉忍受着我永不知晓的悲痛－如果夜莺胸前扎着刺仍在歌唱，难

道我们就不能吗？ [1] 如果有时间，我一定会写信－

　　苏因为疏忽了艾米莉而表达歉意，这说明艾米莉的确度过了一个痛苦的夏天，而苏则因无心分神而没有回复她的短信和诗。苏没有向对方透露自己的痛苦，也许是因为这牵涉到婚姻、性和为人之母的话题，不方便对未婚的小姑子诉说。苏生下杰克那天刚好是她过世的姐姐玛丽生孩子的同一天，而她的另一个姐姐玛莎的孩子五天前刚刚夭折，她有理由相信自己正步入这个家族的每一个母亲共有的悲痛命运。那年秋天她与鲍尔斯一边流泪一边交谈——自 6 月 17 日之后的第一次交谈——表明她当时多么心烦意乱。

　　尽管苏没有讲出她的麻烦，也没有让艾米莉成为她痛苦的私密分担者，她还是确定了一个基点：女性的吟唱发自私密的女性痛苦，女性可以互相分担。她强调了姐妹团结——"难道我们不能吗？"这无疑对诗人意义重大，也许正是出于这个缘故，这封短笺得以保留下来：它确认了一种联系，在孤独与绝望的时刻她们在一起。第二年 4 月，诗人对希金森说，她歌唱，因为一件恐怖的事情，"不能告诉任何人"，这实际上回应了嫂子的话——"我永不知晓的悲痛"。

　　在稍后她为苏写的一首诗中我们再次找到一些回应：

　　　　最大度的女人心我了解－

　　　　我能做的很少－

　　　　不过最大度的女人心

1　这封信沿着水平方向被剪成了三截。剪信的人起初想把中间的一截剪掉，也就是从"为了我艾米莉忍受着"到"难道我们不能吗？"这一段，然后把第一截和第三截拼接在一起，制成一封貌似完整的信。但是"因为"这个词让这个阴谋很难得逞。篡改者（奥斯汀？）意识到第一、第三截的内容无法严丝合缝，只好放弃了这个愚蠢的计划。——原注

也可以 – 容纳一支箭 –

于是，被我自己的那支引导，

更温柔些，我让自己转向。

Fr542A

这像是经过磨砺之后的一个确认：两个完全不同的女人有着共同的基点。正是因为两颗心上都承受着各自不同的箭，总有一块地方保留给温柔的姿态，无论它多么"少"。这重叙了苏说过的话。

两个女人相互"转向"对方之后，产生了一个重大成果：围绕《安卧在他们的汉白玉舍 – 》这首诗，二人展开了交流。此诗最早创作于1859年，诗歌描绘被埋葬的死人离群索居地睡在那里，直到复活的一刻：

安卧在他们的汉白玉舍 –

不被清晨触及，

也不为正午所动 –

沉睡着，复活国的温顺子民 –

丝滑的椽子，石头的屋顶 –

清风轻盈地嬉笑 –

在它们上方，她的城堡里

蜜蜂翁鸣在迟钝的耳畔，

甜美的鸟儿吹着懵懂的小曲 –

啊，何等的睿智消亡在这里！

Fr124B

这首诗所激发的解释可谓五花八门，不亚于狄金森时代各色各样的关于死者沉睡的想法。1844 年德博拉·菲斯克的葬礼布道表述了正统派的观点："我们不会打扰她的安息，因为我们相信她睡在耶稣那里，待到复活的那天早晨，耶稣定会将她唤醒。"希金森更喜欢积极的永生，所以在 1859 年初他嘲笑当时流行的一首赞美诗里的词句："虔诚的死者"和"柔软的床上，他们安睡"等等。1861 年 12 月 31 日狄金森想象亚当斯家死去的男孩，"骑着今夜的狂风 - 回到乡村墓地，他做梦也没想过自己会睡在那里：啊！无梦的睡眠！"这里，既有被动也有主动。

苏表示对第二个诗节不太满意，认为盛夏的活跃气氛与完美密封的死者不协调。于是艾米莉又换了一个诗节，寄给隔壁："也许这样写你会满意一些。"

> 岁月浩荡流转，
>
> 在它们上方 - 在那新月里 -
>
> 世界舀出道道圆弧 -
>
> 苍穹 - 划动 -
>
> 王冠 - 掉落 -
>
> 总督 - 投降 -
>
> 无声如小点，
>
> 落于雪花盘上 -

Fr124C

第二个版本放弃了她频频使用的蜜蜂和鸟，引入了一个崇高的视角，完全改变了诗歌的气度。第一个版本，死者密闭，听不到大自然动人的熙熙攘攘；第二个版本，他们还是静躺着，而时间自身在他们上方流转，浩荡无边，与他们毫不相关。对于那些等待复活的死者，这旋转的黄道带、王国或共和国的倒塌——换句话说，流逝的宇宙——意味着什么？最后一行，突然切入他们的视角，给出了答案：这一切都是如此寂静缥缈，如雪点"落于雪花盘上"。

但是新创作的卓越诗节还是不合苏的胃口：

> 亲爱的艾米莉，第二个写法也不合我的心意——它非凡如一连串的闪电在南天上，在炎热的夜晚让我们炫目，但这个写法以及之前的都跟那个散发着幽幽的鬼火的第一个诗节不相配……你绝对写不出跟它媲美的东西，我猜想你（的）王国里根本没有——只要一想到那样的诗，我就想到火炉边取暖，但再也无法（暖和）了。

苏还补充了一句，似乎是在解释或道歉，"苏珊为她的鸟儿——她的斑鸠做围嘴做得很烦……"

约翰逊把这次交流放到 1861 年夏天，这个可能性很小；而富兰克林只是模糊地说"大约在 1861 年"。其实，种种迹象都指向冬天："雪花盘"，苏去火炉边取暖，婴儿胖嘟嘟的"斑鸠"似的脖子意味着他体重增加了，[1] 断奶前要忙着做围嘴。艾米莉随后又写出了第二诗节的第三、第四稿，冬天的元素和背景更加突出。哪怕是通常出现在夏天的闪电，也指向了 1861 年 12 月到 1862 年 1 月：苏在圣诞节的晚上给塞缪尔写信，脑中充满了"夏日的景象"，她"只好打开门看西南天空上的闪电"。她给艾米莉的短笺跟这封信应该写于同一时期。

---

[1] 1864 年艾米莉请苏"亲吻内德胖嘟嘟的脖圈，完全为我"。——原注

弄清这封信的写作时间有助于我们解释这个独特的批判性交流的发生、意义与语气；友好与和解的语气伴随着潜在的差异。正因为这段时间她们的友谊一度破裂，所以双方都愿意做出努力——苏提供详细的点评，艾米莉采纳并思考。但是她们无法达成一致。苏不仅不喜欢第二个诗节的修改本，还把它比作是"让我们炫目"的东西，并大胆预言诗人再也达不到第一诗节的水平（肯定没那么好）。总而言之，苏的评论突出了她自己的敏锐的鉴赏力。艾米莉的回复——"你的赞扬 - 对于我 - 是好的 - 因为我知道它是知道的 - 并假设它是当真的"——这暗示她没有完全理解苏浑身颤抖的反应意味着什么，但她愿意去相信它。她的说法再一次表明她忠实于苏潜在的本质，而不是苏的外表或行为。

我们应该怎么理解艾米莉和苏关于这首诗的目前所知唯一的一次讨论，而且这次交流发生在两人一度疏远之后？从某种意义上说，她们之间的对话展现了神秘的象征意味，仿佛是两个活生生的女人本身被密封起来——这才是她们真正讨论的东西。艾米莉拒绝帮忙照看杰克，苏把又老又疲惫的保姆阿比打发走了，显然丝毫没有感到不安。到底什么是姐妹情谊？这个问题总是纠缠着诗人。1854—1855 年，即将成为她的嫂子的苏在"沉默的西边"一直不回信："为什么苏 - 想想吧 - 你是我珍爱的姐妹，永远都是，直到你死，永远都是，直到奥斯汀、维尼、玛蒂，你和我变成大理石 - 生命将我们遗忘！"在那里，就像一个准确的预言，我们看见大理石一般的死者"安卧在他们的汉白玉舍"。

苏提到的闪电和寒冷的意象，艾米莉记住了并且还使用过。在她1862 年的一首诗里，叙述者，一位消极的绘画、音乐和诗歌的鉴赏家，想象着某天"倘若我能把自己震晕 / 以旋律的 - 电闪雷鸣"（Fr348）。希金森来访，她对他说如果有一本书"能让我全身发冷，冷到什么火炉都无法让我暖和过来，我知道，那就是诗"。狄金森生活安稳，但并不能说她安全地生活在汉白玉舍里：她总是在不停地采摘和纺纱。

回复苏的评语，艾米莉最后匆匆流露出一些自豪和雄心，这个秘密她以前曾向路易莎和弗朗西丝吐露过："我可以让你和奥斯汀－骄傲吗－有时候－离得很远－'它可以让我的脚站得更高'。""离得很远"有着巧妙的含糊。她是否期待着未来有一天哥哥和嫂子发现她声名鹊起？或者她表明了一个决心，不让他们接近她的创作？

两个女人都顽固地坚持自己对此诗的判断。经苏的安排，这首诗发表在《共和报》上，她寄去的是起初的那个"蜜蜂嗡鸣"的版本。一个月后艾米莉向希金森寻求指教，她寄出的是"雪花盘"的版本。

诗人的准备阶段业已走完：身为狄金森的痛苦与煎熬已经转化为一种天职，完全属于她自己。她沉潜到最本质的问题中，发现她自身的根本问题——她是谁、她承受了什么磨难——可以成为她艺术的根基，她早已开始行使她"惊人的"力量。当然，她工作的时候会继续保持"离得很远"的状态，但这对她有不少好处。一位代表了广大世界、见多识广的读者呼之欲出，时候到了，该听听他的意见了。

第十八章

1862—1865 年：挣扎的岁月

她和朋友远隔重洋

　　1861 年 12 月 9 日，在遥远的旧金山，髑髅地长老会教堂经会员投票，决定邀请查尔斯·沃兹沃思牧师担任他们的下一任牧师。尽管他们有理由相信牧师一定会接受这个职位，但直到 1862 年 3 月中旬他才答应，一个原因似乎是他收到了来自教堂反对派的充满敌意的信件。4 月 3 日沃兹沃思从费城的阿驰街教堂离职，5 月 1 日他带着妻子和两个孩子启程，乘火车穿过地峡，然后再踏上开往旧金山的航船，终于在 5 月 26 日抵达了这个尚待开发的新城市，第一个礼拜天他便开始了福音布道。

　　在沃兹沃思出发前，也许狄金森请鲍尔斯帮她寄过信（后来霍兰也帮过她）：替她写上地址然后寄信到费城。她 1862 年 1 月写给鲍尔斯的信是这样开头的："您愿意吗？我离陆地太远啦－无法请您喝上一杯－留待某个安息日我再请您吧。"这也许就是请求他把封好的信转给牧师。看来，此时的狄金森十分迷茫，所以她急需向沃兹沃思征询——她承诺以后再回请鲍尔斯。3 月初她再次求助鲍尔斯，但她不知道主编去了华盛顿和纽约，发现这个错误后，她对鲍尔斯的妻子玛丽解释道，她"上个星期六上午－

寄给鲍尔斯先生－一封短笺－请他－帮我一个忙"。由于十分焦急，狄金森使出她全部的外交手段和聪明才智，向编辑的妻子施压：

> 现在－玛丽－我担心他没有收到－而你会替他帮我这个忙的－这真是太麻烦你了－是这样吗？你会告诉我吗？用你的铅笔告诉我"这一点儿也不麻烦－艾米莉"－这样－我就安心啦。

艾米莉完全了解玛丽的性情，知道她是个严厉的不随和的人，所以她只好写信询问玛丽是否"怕麻烦"而不乐意帮忙做这件事，而这件令人生疑的事她丈夫以前显然做过（甚至质疑过艾米莉的"雪白"）。绝望不安的艾米莉在信中跪在这个没反应的女人面前："你不会忘了我的小短笺吧－明天－在你要寄的信件中－它将是你一生中－写给我的－第一封信－不过－很久以前－我不是你的小朋友吗？－不是吗－玛丽？"

狄金森此时想到了一个权宜之计，以掩盖她随后即将发出的请求。显然在3月底她又寄了一封信给鲍尔斯烦他转寄，但这次她预先耍了点手腕，她把自己的名字换成奥斯汀的，以防不该看到信的人拆看了她的信："你会对奥斯汀好吧－这一次？你能更好一些吗？－也请把名字加上吧。"可以推想，在这一次次的请求中，那张新发现的"艾米莉·狄金森"照片也许就在其中。

沃兹沃思的离开对她意味着什么，她在给希金森的第二封信中有所透露，邮戳日期是4月28日。在信中她还总结了自己所受的教育：在她的第一位主人去世后，"我的词典－是我唯一的伙伴－后来我找到了新的－但他不高兴我做他的学生－所以他离开大陆"。沃兹沃思当时已经启程还是要再过些日子才启程，这对狄金森并不重要，一旦他决定离开，她就已经被抛弃了。对于一个惯于蜗居的新英格兰人而言，旧金山实在太过遥远，那是一块未开发的国土，在大陆的另一端，穿过巴拿马地峡后仍隔着两个海洋。《我活着－不能跟你一起》（Fr706）是狄金森最有力、最为绝望的诗歌之一，诗中提到了她的爱人"侍奉天堂"，现在与她远隔"重洋"。多年后，她告诉希金森，尽管他不知道这一切，但他已"救了我的命"。

鲍尔斯也在4月乘船旅行，狄金森被遗弃的感觉更加强烈了。坐骨神经痛、头痛、消化不良、失眠等各种疾病合力折磨着鲍尔斯，迫使他把《共和报》的编辑工作委托给他人。在休养期间他仍希望能及时掌握《共和报》的各种最新进展，而且一直担心报社的职员会让"机器出故障"，于是，他不辞辛苦多次回到指挥中心。在艾米莉看来，鲍尔斯身体出问题全是因为他工作太努力、生命力太活跃："生命力自我损耗。"狄金森从上了发条的鲍尔斯身上看到了自己高度亢奋的精神状态，难怪她如此敏感。奥姆斯特德的看法更为极端，他认为鲍尔斯有一种"病态的神经冲动，导致大脑过于活跃"。这种"克制不住的脑力活动"已成为他的习惯，他想象自己在"试着休息，其实不过是装装样子"。

鲍尔斯后来被说服，准备采用美国人治疗疲劳的通行方法：去欧洲旅行。启程前他行动不便，无法到阿默斯特道别。此时的常青居正面对第三任保姆马吉离开后的"天翻地覆"，苏也没有精力为他送行，然而婴儿断奶解放了苏，让她终于可以自由行动，所以塞缪尔邀请奥斯汀和苏过来一起共进晚餐，"在火车4点钟出发之前"。这显然是一个明智的安排，每个人都照顾到了，除了蜗居在家的艾米莉。她飞快地发出一封绝望无助的信："'鲍尔斯先生－不来了'！难道真是－明天－这只是个可怕的梦……请您别带走－我们的春天－因为您已经抹去了－夏天！"她假设苏和维尼也跟她一样难过："数不清我们的眼泪……它们落得太快－黑眼睛－蓝眼睛－还有棕色的－我知道－睫毛沉甸甸的"。尽管在信末她悲伤地允许"一部分"家人"去看您"，却提到了一个孩子气的需求："今天晚上我只好用蜡笔－说晚安－我的意思是－用红色。"正像她那封自嘲为吉姆·克劳的信，棕色眼睛的艾米莉只好充分利用她无助的一面。

4月5日，苏和奥斯汀到春田与朋友告别。后来鲍尔斯在信中表示歉意，由于他身体状况不佳，导致他们的拜访"太沉闷"，并感谢他们的关心和爱。信中还同时感谢他们带来了爱德华"善意和珍贵的便条，还有艾米莉的体贴关怀和沉甸甸的文字"。鲍尔斯是否是指艾米莉"睫毛沉甸甸的"悲伤？

塞缪尔在4月9日启程后，艾米莉很快给玛丽寄去一封表达同情与安慰的信："当最好的人儿离开－我知道其他一切都失去了意义－心儿只想要它想要的东西。"想到玛丽读到这里会眉毛上扬，她赶紧解释道："你在想我为什么要－这么写－因为我情不自禁－我想要你知道我的关心－当你的生活因为另一半而黯淡－你可以依靠我们－我们不会分开，玛丽。我们看起来很小－但一片芦苇也能承载重物。"如同早前玛丽遭遇生育不幸，艾米莉在安慰信中暗示了她身为女人的烦恼、她自己经受的离别之苦："见不到我们所爱的人－太痛苦－说出来－也无法减轻……那眼睛和头发－我们一旦选择－就永远在那儿了。"狄金森谈论离她而去的男人，于此可见一斑。

艾米莉给塞缪尔寄出了两封越洋信，在第一封里她提到玛丽回过一次信。诗人在信中含糊地希望"那些外国人都很善良"，并请求塞缪尔帮她两个小忙：把人们谈论勃朗宁夫人的话记录下来；去佛罗伦萨瞻仰勃朗宁夫人的墓地，请"为我－她从未提过的悼念者，把一只手放在头上"。艾米莉担心在外国人眼中阿默斯特"小得多"，塞缪尔则不同，他让这两个城市互相较量："巴黎与阿默斯特！我纳闷这两个地方最终能否相互理解。"他的若干想法都无法与人交流，这让他闷闷不乐，他担心在他和玛丽之间"竖起了一堵墙……阻隔了美、生活和体验"。他现在越来越感到自己是那么愚昧，他对苏坦露说："在你家里你总是把我想得太好；我一直觉得这泡泡终究要破灭。"

塞缪尔在信中提到他即将前往佛罗伦萨"和勃朗宁夫人的墓地"，但没有提到阿默斯特那位"从未提过的悼念者"。他只是在另一封信的页边潦草地写道："下次你写信的时候，让艾米莉给我一块她的小宝石！这个夏天她是怎么过的！"艾米莉上一个夏天的麻烦被匆匆带了一笔，可是，他把两个朋友之间的亲密就这样随意地付之于公开的问候。显然，这是鲍尔斯在欧洲期间给她写来的唯一的信息。

鲍尔斯是否欣赏艾米莉的"宝石"？他哀叹自己这个不中用的旅行者深受煎熬——"焦灼干渴之际，看到一滴甘露就在嘴边，却不得不扭头走开"——似乎是在回应狄金森的诗，若不然我们无从知道他读过这首诗：

> 我带来不寻常的酒
> 给焦渴已久的嘴唇
> 就在我身旁，
> 召唤他们来饮；

过了一会儿叙述者再来看时，干渴的人已经死去：

> 那嘴唇我本想要凉爽，唉，
> 现在却冰冷如霜

Fr126

在这位忠诚的"侯爵夫人"写给塞缪尔的信里，常常提到为他奉上葡萄酒或甘露酒，而且总是希望能为他恢复健康做点什么。看来，这首诗贴近塞缪尔和艾米莉之间的真实关系：一方总是试图减轻另一方的"干渴"，却几乎什么都做不了。

1862 年 11 月塞缪尔从欧洲归来，他和苏、奥斯汀的友情更加火热，达到了从未有过的程度。1863 年他至少给他们寄了 29 封信；1864 年 23 封。在信中他似乎把他生活中的每一个角落都暴露无遗：他对玛丽亚·惠特尼的爱慕，他和病态的、厌恶社交的妻子之间的麻烦，他信奉婚姻的忠诚。至于他与诗人的相处——这两位亲密朋友之间的门槛似乎比以往任何时候都更高了。当这位远游的归客在感恩节后来到阿默斯特，艾米莉不肯见他，她先是写了一张简短的致歉便条，随后又写了一封正式的信。信中承认维尼和奥斯汀已经"责备"了她，可她的动机却相当高尚："他们不知道我是为了让出我的时间，好让他们的多一些。"艾米莉知道鲍尔斯的健康状况很不乐观，知道他把常青居当作自己的第二个家，但是她的道歉还是有几分躲闪和诡异，尤其是她曾表示希望"经常"见到他——这明显是假装的。

鲍尔斯到阿默斯特的时间是 11 月底或 12 月底。1863 年 1 月，因为玛丽亚·惠特尼对慈善家布雷斯的工作发生兴趣，鲍尔斯抱怨道："优秀女性的变幻莫测就像潮汐或＿＿一样奇怪。"（空格里的词是不是"月经"？）四天后，鲍尔斯匆匆给奥斯汀写了一封信，似乎对艾米莉不露面做出了回击：

> 为［纽曼家的］女孩们和所有人送上我衷心的祝福。－维尼同上。－对那位隐居皇后，我要送上特别的慰问－因为她已经"征服了世界"。－问问她－他们在天堂总是唱"老百首"和"查尔纳"[1]，这是真的吗？蒲公英、日光兰、少女的誓言这些都是

1　跟"老百首"（见第六章注释）类似，"查尔纳"（China）也是上帝颂歌的调子，后来被用来演唱一首儿童颂诗，在美国的安息日学校和家庭中传唱不衰，歌词第一句为："耶稣爱我，我知道，《圣经》就是这样对我讲。"

天上常见的花吗？

既然狄金森酷爱幽默，以信口开河的方式对待她的"隐居皇后"和它对天堂的迷恋，大概她不会气恼，但是信中刻意强调并公开点明"少女的誓言"，却未免让人心惊。两年前她欣喜若狂地向鲍尔斯宣布了她受难一般的"婚姻"－"神圣的头衔－属于我！／妻子－没有标签！"为了提醒对方这是高度机密的，她特意补充说"你不会告诉别人吧？荣誉－是它自己的抵押品"（Fr194A）。现在，鲍尔斯却在玩弄她的信任，把如此重大的秘密在她哥哥面前炫示，而艾米莉现已不再认为哥哥对她的同情和理解是理所当然的。"少女的誓言"似乎影射了狄金森对沃兹沃思热烈而秘密的依恋只是一种处女的幻想，毫无经验可言。果真是这样吗？她是否捕捉到一个男人在向另一个男人心照不宣地眨着眼睛——"问问她"。

鲍尔斯到波士顿拜访安妮·菲尔茨[1]，她的公寓位于新英格兰文学的中心（她丈夫经营着蒂克纳和菲尔兹出版社）。菲尔茨认为鲍尔斯很有才华，但总体来说是粗枝大叶的——多半是"草率的思考和草率的文章"。这种唐突、肤浅的本性与狄金森过于文雅的敏感互为冲突，现在（正如他担心的那样）泡泡破灭了。因为弄错了重要资料的写作时间，所以我们一直不清楚这个事实：在1862年底至1874年期间，狄金森没有给鲍尔斯写过一封私人信件，只寄了几首诗。有那么一两首诗似乎表面看来感情热烈，给读者造成了错误的印象，实际上他们之间的友情遭遇了不可修复的损伤。艾米莉再一次遭遇背叛，这给他们的友谊造成长达12年的裂痕。

在那封不幸的信发出之后的几年内，鲍尔斯收到了五六首诗，最早的一首是1863年寄出的，诗中责怪某人不肯帮一个小忙，至于是什么忙，

1　安妮·菲尔茨（1834—1915），美国作家、编辑。安妮的丈夫菲尔茨（James Thomas Fields，1817—1881）经营的蒂克纳和菲尔茨出版社（Ticknor & Fields，1854—1889）是当时美国最有影响力的出版社，出版了大量一流作家的作品。

并没有说明：

就一次－啊，最小的请求－

难道金刚石会拒绝

如此小的恩典－

如此吝啬地拿出－

如此痛苦的条款？

燧石的上帝难道不会

注意到一声叹息

落到他天堂的远处－

"就一次"－和善的神？

Fr478B

    1861 年她曾给鲍尔斯寄过一首诗《胜利姗姗来迟》（Fr195A），写上帝过于节俭。沿着那首诗的思路，现在这首诗虽拐弯抹角，但仍很强烈地抗议她的朋友未能尊重她受难的秘密。如果心肠硬如燧石的加尔文宗的耶和华尚且能尊重她的"最微小的请求"及其痛苦，而且能理解和保守她的秘密，鲍尔斯为什么做不到呢？

    1863 年下半年她寄给鲍尔斯一个小小的诗节，幻想出一种慷慨，可以大方地把一切都花在他身上：

做富人只是为了－

挥霍我的基尼

在如此宽广的一颗心上－

做穷人只是为了 –

打赤脚的快乐

先生 – 您 – 把我关在门外 –

Fr635B

到了最后一行，那男人突然拒绝，于是，残暴地驱散了叙述者渴望为他服务的快乐。

1864 年初她寄给鲍尔斯的一首诗谈到了大自然和上帝，据说它们都十分了解她，二者就像法律上的准"遗嘱执行人"，对她的"身份"感到吃惊。"然而"，叙述者暗暗把它们与人类的背信弃义做了对比："二者都没讲 – 据我所知"；"我的秘密"若保存在大自然和上帝那里，而不是鲍尔斯那里，就会一直"安全无恙"（Fr803A）。

一旦我们明白鲍尔斯如何失去了狄金森的信任，以上诗歌透露出的敌意就不会被误解。然而她对鲍尔斯的敞开仍然是有条件的，在敞开的同时，她的措辞却是相当晦涩的，她绝不可能脱下那张厚厚的保护"面纱"。"藏起来听他们捕猎，不错！"这是 1865 年的一首诗的开头，然后叙述者接着说，最好是把自己的秘密透露给"珍贵的耳朵 / 不那么迟钝"（Fr945）。但是那只特别的、不迟钝的耳朵在哪儿呢？

另一首作于 1865 年的诗（没有寄给任何人）上演了秘密暴露后的危险情形：

树叶向我敏捷的耳朵 – 传递 –

灌木丛 – 它们是风铃 –

我找不到一点隐私

从大自然的哨兵 –

我以为能藏匿在岩洞

洞壁－却开始泄密－

造化似乎是威猛的爆裂－

让我暴露无遗－

Fr912

因为这些诗句涉及狄金森那脆弱与自我保护身份的一个基本面向，所以不应该想当然地认为它们是直接针对鲍尔斯而发的——为了他漫不经心的背叛。不过，它们仍有助于我们理解，为什么鲍尔斯的"泄密"使他没有资格成为那只珍贵的耳朵，为什么他的背叛加深了狄金森对"暴露无遗"的恐惧。

从鲍尔斯的方面来看，狄金森的疏远让他开始感到有些不安了，1863年5月在给奥斯汀和苏的信中他写道："这段时间我一直处在易怒和狂暴的状态，任由自己沉浸在厌恶一切人和事的情绪之中——我想这大概就是艾米莉的感觉。"这是一种道歉，一种希望与很久不来信的人重修旧好的努力尝试。最后他开玩笑说："告诉艾米莉我在这儿，还是老地方。'你不能儆醒片时吗？？'"他引用了耶稣在客西马尼园责备睡着的门徒的话，以讽刺艾米莉以被出卖的耶稣自居。[1]事实上，刚好在鲍尔斯犯下这个鲁莽的错误之前，狄金森确曾发誓，如果他因为某种原因疏远了"其他朋友－我会很乐意留下来"。

但是鲍尔斯不再握有吸引狄金森关注的钥匙。正如一首于1862年秋天加入诗稿册的诗所说，

---

1 《新约·马可福音》（14：37）："耶稣回来，见他们睡着了，就对彼得说，西门，你睡觉吗？不能儆醒片时吗？"

灵魂选择自己的伙伴 –

然后 – 关上房门 – ……

我知道她 – 从一个广阔的国度 –

选择一位 –

从此 – 合上她关注的瓣膜 –

如石头 –

Fr409A

1863 年 6 月，似乎对自己的骄傲被冒犯了表示不以为然，鲍尔斯称赞两个来自波士顿的女人"跟美国女人不太一样，没什么才气，也不病态——但活泼开朗、讨人喜欢"。不过，12 月他给常青居写信，再一次坦白了他受挫的情感："我看见周围的朋友们纷纷离开，带着失望、未实现的理想和破碎的期待。"两个月后，他做了一个精彩的自我剖析，把自己描述为"一个建议，而不是一个实现的结果，捉摸不定、心血来潮、支离破碎；但是，对别人和对我自己都一样。我比他们更累"。[1]

鲍尔斯马不停蹄的个性和诸多麻烦——工作过量、健康受损、不幸的婚姻、漂泊的生活——让他喋喋不休地诉说自己的失败感。而狄金森在他面前砰地关上她的瓣膜——"如石头"，这对鲍尔斯来说是否有如雪上加霜？这两个不平凡的人从此谁也无法了解对方：这位编辑疲于奔命地拥抱现代社会的丰富多彩；而这位诗人则纵身跃入绝对，潜入深海——她自己的恐惧。

---

[1] 1863 年一首赠给苏的诗留下了"春田"的签名，差不多承认了鲍尔斯在生活中的失败："也许是 – 无所获 / 生命卑微的冒险"（Fr724A）。鲍尔斯的传记作家认为他为获得权力付出了过于沉重的代价："驾驭成功，把他的权力发挥到淋漓尽致的程度以获得充分的表达和功绩，控制病魔，扼住死神的脚步……为这一切，他奋斗不息。"——原注

希金森

那年 4 月，随着沃兹沃思和鲍尔斯的退场，迎来了新一期《大西洋月刊》上一篇引人注目的文章《致年轻投稿人的信》（*A Letter to a Young*

托马斯·温特沃思·希金森

Contributor），作者是托马斯·温特沃思·希金森。希金森在文章中为有志于创作的读者提供了若干机智而实用的建议，他的文章既能让妇女和移民看懂，同时又保持了很高的文学水准。他喜欢美国英语对外来文学的热情接纳；相比口语，他认为书面语更有优势；他还提到"语言的神秘"，包含着"多年积聚的饱满激情"。他提醒人们，新闻报人的"精神警觉度是付出沉重代价换来的"，他力劝那些有雄心壮志的作家不要急于发表，

他们应该"高尚地"活着，直到永远。15 年后，狄金森凭记忆引用过这篇文章中的一个最犀利的句子："既然你认为你要从事的艺术是庄严的，在玷污它之前你至少要花点时间。"这篇文章的作者是否拥有那只珍贵的耳朵？"我读了您在《大西洋》上的文章，"狄金森在给希金森的第二封信中写道，"为您感到荣耀。"

与拉尔夫·沃尔多·爱默生、爱德华·埃弗里特·黑尔一样，希金森也曾当过牧师，为了行动和表达的自由，他从圣坛上请辞。希金森是位激进的废奴主义者，曾多次从事直接的、非法的抵抗活动，比如他曾带领一群全副武装的波士顿人，想方设法从奴隶猎手和联邦执政官手中，营救寻

求自由的安东尼·伯恩斯[1]；当约翰·布朗[2]进攻联邦政府在哈珀渡口的军火库，希金森为布朗提供资金支持。希金森在一篇文章中论及 17 世纪那位一出生就以"小姐"而闻名的法国女人[3]，他说："让我们着迷的是她的勇气，她身体里流淌着与生俱来的沸腾的热血，危险在她眼中就是莫大的犒赏。"希金森与爱德华·狄金森的相同点在于：他们都继承了自己清教徒祖先身上那种严肃的胆识，为正义与真理而战；而他们的不同点在于，希金森认为公民权利高于一切法律和秩序。

自从希金森从伍斯特市的"自由教会"辞去牧师职务，在随后的 4 年里他仍然住在伍斯特，并开始了新的职业生涯——作家、演说家。他做得非常成功，很快就成为文学圈子的高层代言人。这位激进的文学名流自如地应对波士顿的文学和政治精英，他非常清楚什么是能被接受的，什么是不能被接受的；与此同时，他也重视激情、自由和户外活动；他知道如何不被打扰，以便回复他的信件。他在《大西洋月刊》上发表的那些优美的文章吸引了很多读者的关注，人们渐渐把他视为一位新锐的重要作家。1862 年初，苏很想得到一张他的照片。

希金森欣赏亨利·梭罗[4]，并创作出一系列描绘大自然的精美散文，他细心地观察了新英格兰的季节更迭和各种花卉植物。《我的户外考察》(*My*

1　安东尼·伯恩斯（1834—1862），弗吉尼亚州的一位非洲裔奴隶，他于 1854 年逃亡到波士顿，随后被捕、审判，并被押送遣返，再次沦为奴隶，这个事件在北方激起了强烈义愤，进一步推动了废奴运动的浪潮。

2　约翰·布朗（1800—1859），美国废奴运动的领袖，因激进的废奴主义和暴力行动而引发争议。1859 年 10 月，布朗带领 18 个同伙袭击并占领联邦政府位于哈珀渡口的军火库，但很快被联邦军队包围并击败，布朗被捕，12 月以叛国罪被处以绞刑。历史学家普遍认为，布朗之死是美国内战的前奏。

3　这里指法国国王亨利四世的孙女，安妮·玛丽·路易丝·德·奥尔良（Duchess of Montpensier，1627—1693），历史上最富有的女继承人，一出生就被称作"小姐"（mademoiselle）或"大小姐"（La Grande Mademoiselle），后被国王路易十三（她的叔父）称作"法国的孙女"，她追求自己的爱情，曾多次拒绝国王安排的婚姻，最终终生未嫁。希金森的这篇文章标题为"小姐的战役"。

4　亨利·梭罗（1817—1862），美国作家、废奴主义者、自然主义者，以作品《瓦尔登湖》（*Walden*，1854）闻名于世。

Out-Door Study）发表于 1861 年 9 月的《大西洋月刊》上，文中提出了一个问题——全世界的艺术和文学是否曾"描绘过夏日的一天？"——这正是狄金森的兴趣所在。文章提供的答案更是热情澎湃：我们"离它是那么远，正如远离蓝天；我们的语言像利箭般向它射出，然后无望地坠落"。根据休厄尔的推测，诗人无疑把希金森描写大自然的美文视作"联系他们两人的坚固纽带"。她寄去了第一批诗歌，其中包括那首《我来告诉你太阳如何升起》（Fr204B），看来，她接受了他的挑战。

希金森有资格做她的"主人"还因为他倡导女性权利。他有一篇文章采用了一个讽刺的题目"女人应该学习字母表吗？"，文章为女性没有平等教育权而愤愤不平："我们拒绝与女性分享她们应得的那一份培训、鼓励、报酬的权利，然后大言不惭地谈论她们的本性和直觉。"如果说女人的成就不如男人，那是因为"她接受教育的路被堵住了"。希金森把男人的偏见概括为"以轻蔑的姿态先入为主地认为女性在智力上是低等的"，这刚好就是爱德华·狄金森年轻时的一贯立场：女人的智力和男人的智力不在同一条水平线上。

4 月 15 日，鲍尔斯正在海上航行，沃兹沃思正准备启程前往旧金山，爱德华·狄金森这位 31 岁的女儿开始行动，给大忙人希金森寄去了四首诗和一封短信："您是否太忙，无暇告诉我，我的诗是否活着？"这是个叩击心灵的问题，问得多么谦恭，似乎完全允许给出否定的答案。"荣誉"这个词狄金森一共使用过两次，在这第二次使用时她重复了一年前曾对鲍尔斯说过的："您不会出卖我－这无需请求－荣誉是它自己的抵押品－"在信里她没有签名，而是把名字写在一张卡片上，放到一个更小的信封里——信封里的信封，盒中盒，也就是说，她自己是躲在最里面的。诗歌、短信都是用墨水笔写的，而她的名字，却是用铅笔写的。

从她层层包裹的做法来推断，她寄去的诗歌更不会透露任何关于她本人的消息。除了《我来告诉你太阳如何升起》之外，她还寄了一首《最亲近的梦散去，未实现》（Fr304B），描写追求快乐而受挫。第三首更有挑战性的诗以串珠子为背景——"我们玩人造宝石／直到有资格，做珍珠"——描写童年的结束，从无味的世俗游戏走向神圣的行为。希金森在最近发表的文章"体操术"里提到了人们对柔软体操的愤怒，所以，诗人试探性地提出我们学习"宝石—术／以砂砾练习"（Fr282A）。[1] 第四首诗是《安卧在他们的汉白玉舍》——不是苏喜欢的那个版本，而是充满幻象的版本，世界倒塌："无声如小点，／落于雪花盘上"（Fr124F）。狄金森说她需要来自外界的批评，却"无人可问"，这是她忽略嫂子苏珊的又一个证明。关于她们两人分享"诗歌工作室"的观点看来又一次不攻自破。

她后来寄给希金森的信通常都附上了自己的名字，但是信封上的把戏再次证明她试图掩盖些什么。我们不知道她是怎样做到的，4月15日之后，1862年的几封信（凡信封保存下来的）都是从附近的帕尔默而不是从阿默斯特寄出的。1866年的三封信的信封上盖的是哈德利的邮戳；1867年的一封是从康涅狄格州米德尔顿的伊丽莎·科尔曼·达德利家寄出的。也就是说，除了第一封信之外，其余的每一封都不是她本人寄出的。难道她是担心邮政局长卢修斯·M.博尔特伍德在信封上发现希金森的大名可能会发表什么议论吗？我们只能说她对这些通信往来顾虑重重，以至想方设法躲开众人的视线。

尽管来自希金森的信件全部被毁，但从狄金森的回信中仍可推测出他信中的点评、建议和疑问。希金森起初对她寄来的作品做了一番"手术"（狄金森信中所称），对此她表示感谢。他的第二封信想必对她的创作给予了高度赞赏，"快乐如此深－深如您的见解－我尝过的不多，若向您表

1　希金森这里所使用的"体操术"（Gymnastics）一词被诗人借用过来，玩了一个双关游戏，创造了一个新词"宝石术"（Gem-tactics）。

达感激，我的眼泪会阻塞我的舌头－"当希金森建议她（如《致年轻投稿人的信》提到的建议）"推迟'发表'"，她宣称发表对她来说，就像天空对鱼一样陌生——"如苍穹与鱼鳍无涉"。这一点是确凿无疑的，但是我们也不能为她表面的谦恭所误导，接下来她大胆地提出"如果名声属于我，我无法躲避她"。就像合众国初期那些闪耀的政治候选人，荣誉一定会找到她，而非相反。

希金森在信中表示他会认真对待她的作品，狄金森受到鼓舞，在随后的信中，她写下了一连串前所未有的自我坦白。她一次次地确认，她的写作源于恐惧与狂喜：她歌唱"就像男孩经过墓地－因为我害怕"；观察大自然让她颤抖，甚至"瘫痪……诗歌刚好缓解"；如果她的诗行表现出"痉挛式的"步态，那是因为"我身处险境－先生"。她坦露了她的"恐惧－从9月以来"，并且敢于寄出非常私人的、很有暗示性的诗歌《一个日子来了－夏日的顶点－》，诗中那最终分离的场景俨然一个标志：从此终生信守"誓言"直到在天上完成"婚姻"（Fr325D）。第四封信寄去一首关于她个人的非常重要的诗作《你的富有教我懂得贫穷》（Fr418B），以及悲剧性的《谁认为成功最美》（Fr112D）。她向希金森，一个素未谋面的男人，展示了她深刻的自我矛盾、渴望和深渊——巨大的创造力的源泉。

尽管如此，她提醒希金森注意其中存在虚构的距离，这是她对抒情诗形式的理解："当我声称我自己，作为诗中的代表－并不意味着－我－而是一个假设的人。"她对诗中的第一人称叙述者的这个说法，似乎消解了诗中的"我"和她本人的关系；然而事实上，她的诗歌以多种方式化用了她本人的经验，有时候诗中的叙述者非常坦率直接地说出了她个人的情况（某些方面）。有时候叙述者使用或扮演了她最喜好的幻想、虚构和角色转换。更经常的情况是，叙述者代表普遍的人类主体。一些阐释者把这个声明当作一个万能的通行证，动辄把文本和人脱离开来，而不考虑这个说法顿时会引发以下一些问题：如果这是半虚构呢？如果她这么说是为了把自己藏起来，以免读者过于直接阅读《一个日子来了 - 夏日的顶点》和《你的富有教我懂得贫穷》这一类诗歌，那又如何？我们必须记住"藏起来听他们捕猎，不错"的顺序是这样的：先躲藏，然后自我暴露（也可能不暴露）。另一首诗的开头是"我藏身于我的花朵"（Fr80），其意思相当明显：她把自己隐藏在众多她自己"假设的人物"之中。其结果当然是我们不敢保证每一次都能找到她。毕竟，这是她的游戏。

无可避免地，在给希金森的信中，诗人再次运用了她最喜欢的自我戏剧化手法。她特别强调了她的孤独，真正陪伴她的只有山峦、落日和她的狗卡洛。当她的新导师责备她"远离男人和女人"时，她反驳说，人们"大声谈论神圣的事物 - 让我的狗尴尬"。她提到自己有一个哥哥和一个妹妹，完全没提嫂子；母亲"不关心思想"；父亲给她买了很多书却恳求她"不要读 - 因为他担心会扰乱心智"。说起全家人，她首先提到的是他们都"信教"，而她不。

这些说法不能仅从表层来理解，不过，关于她如何理解自己的处境，它们确实提供了大量不可多得的信息。她声称的孤独绝不完全是虚构的：全家只有她一人没有加入第一教堂，这是实情；他们，包括维尼在内，对她的很多事都不尽了解，首先是制作诗稿册一事。根据托德夫人的描述，当 1891 年奥斯汀在《大西洋月刊》上读到希金森那篇摘选和点评他妹妹的书信的文章，他表现得像一个对妹妹无所不知的哥哥：对于那些书信表现出来的"'天真和轻信他人'的特点，他微微一笑。他说艾米莉绝对是在故作姿态，他太了解她了，彻头彻尾地了解，没有人比他更了解她"。她哥哥肯定在某些方面比我们更了解诗人，但对于另一些方面，比如对一些诗作和信件以及它们之间的关系，我们则比奥斯汀更清楚。兄长的看法难免有其盲点，正如他们的父亲一贯贬低女性的心智。[1] 狄金森家男性成员的优越感可以帮助我们解释很多问题，包括诗人为什么需要在家庭之外寻求权威的"导师"和"主人"。

当然，狄金森也向她的导师投掷了烟雾弹。没有证据显示在"散文"方面，她曾求教于拉斯金[2] 或托马斯·布朗恩[3]，这两位作家刚好被希金森引用在他的文章《致年轻投稿人的信》里。但是她说她没读过惠特曼的诗，因为"有人说他不光彩"，这听起来比较可信。这位刚刚崭露头角的吟游诗人在当时虽然没有被当作同性恋，却也被简单直接地列为下流之徒。霍兰在《共和报》上发表了一篇强烈反对惠特曼的评论文章，采用了一个简洁而机智的标题："《草叶集》——内有污秽"。

狄金森在信中还提到了同时代一位大胆的女作家哈丽雅特·普雷斯科特[4]。她告诉希金森，她已经"读了普雷斯科特小姐的《境遇》，但它追着我不放，在黑暗里－所以我躲着她－"。根据 1903 年苏的描述，狄金森对普雷斯科特的感人故事反应强烈："这是我这辈子看过的唯一一部我觉得我写不出来的东西。你比我更接近这个世界。把她写的东西都寄给我。"这段话不像是狄金森的口吻，苏写这篇文章时在意大利，也许没看到原文。好在这封寄给希金森的信描述了她对普雷斯科特的最终评价，这显然

---

1 休厄尔的传记过于看重奥斯汀的评价，这是不恰当的。最先引用这段话的人是托德夫人的女儿米莉森特·托德·宾厄姆，她与休厄尔保持着密切合作的关系，让他接触到许多从未公开发表的重要资料。结果，休厄尔吸收了奥斯汀对苏的看法，更重要是关于艾米莉"故作姿态"的看法，这成为休厄尔的传记的一个核心主题。传记作家优先占有材料是好事，但这种优越感是相当危险的，它最有可能危及一部传记的客观性。——原注

2 约翰·拉斯金（1819—1900），英国维多利亚时代著名的美学家、艺术评论家和博物学家，代表作如《现代画家》《建筑学的七盏明灯》《拉斐尔前派》《威尼斯之石》等。

3 托马斯·布朗（1605—1682），英国 17 世纪的散文集、博物学家，其作品涉及科学、医学、宗教等广泛领域。

4 普雷斯科特（1835—1921），狄金森同时代的美国女作家，创造力惊人，作品涵盖各类文学体裁，如短篇小说、诗歌、文学批评、传记和回忆录等。短篇小说《境遇》（*Circumstance*）发表于 1860 年，描写一女子在树林里夜行，被怪兽纠缠不放，她一直坚持歌唱，怪兽似乎被她的歌声迷惑或震慑，没有伤害她。

更加可信。当然，根据她的一些诗作，对这一类煽情小说，她的评价不高：

> 没有一本出售的罗曼司
>
> 让我们如此入迷
>
> 能比得上精读
>
> 他这个与众不同之人－
>
> 这是虚构作品－要稀释才合情合理－
>
> 我们的小说……

Fr590A

这首诗大约在 1863 年寄给苏，那时普雷斯科特已开始退出公众视线。希金森试图给她的诗歌实施批评手术，可惜，这手术似乎颇为守旧。比如《你的富有教我懂得贫穷》的结尾：

> 那是遥远的－遥远的财富，推测－
>
> 和估价那颗珍珠－
>
> 它从我单纯的手指间滑过－
>
> 当我还是个女孩在学校！

Fr418B

这里，失望的主人写道：

> 表现出对形式公然蔑视，绝不是疏忽大意，也不是因为一时兴起，这是她突出的特点。词序的小小调整——比如"当我还在学校，一个女孩"——就可以让她的最后一行押韵；但是不；她

坚持自己的想法，这样改动她并不满意。

看来，希金森的耐心被惹恼了，以至于他说她很"任性"，并指责她只承认一些小违规，对那些严重违规却只字不提。

不过，对于希金森一再强调的精确的韵律、规范的标点符号、正确的语法、标题等问题，我们也不能一笑了之。他对诗歌形式的理解虽然严格受制于当时的文学风尚，但我们不能低估他的价值。他不仅编辑了她的诗歌的第一个版本，把诗人狄金森介绍给世人；而且，他的反应也体现了一批比较老练的读者共有的同情、困惑甚至沮丧、惊愕。对狄金森的一切都加以膜拜的评论家是不值得信任的，他们放弃了与生俱来的独立判断力，正因为狄金森不放弃独立判断，我们才如此尊敬她。在狄金森的欣赏者中，诺曼·塔尔博特属于最机敏的一个，他曾总结道，狄金森"种种奇怪的倾向：天真、躲闪、固执、无礼"既吸引了也阻挡了她的读者。

还有更深层的原因。一旦发现沃兹沃思、鲍尔斯、苏珊都无法满足她的需要，她迅速找到希金森，显然，她需要的是一只可以把她从"零"推向"磷"的手，让她从沮丧孤独中走出来，做一个白炽光的主人。[1] 她的"'小女孩'期"终于被抛在身后，现在她需要学会自我控制，这就是希金森的任务。狄金森对自己在阿默斯特学院和霍山女子学院所受的教育不存任何幻想，她承认说"我上过学－但是按照您的说法－没受过教育"。1862 年 8 月，她不再寄早期诗作，开始集中关注最近的创作："这些是不是有条理些了？"也许在创作时她的脑海里开始考虑新主人提出的建议。"我的生命没有君主"，狄金森坦白，这表明她感觉到自己的孤单和独立

---

1 狄金森写过一首诗，开头两行："零教会我们／什么是－磷"（Fr284）。"零"意味着冷寂，"磷"意味着热力。磷，常见的是白磷和红磷。白磷化学性质活泼，其自燃点为 35—45 摄氏度，暴露于空气中极易自燃起火。因为磷过于活泼，所以以下文说希金森教她学会"控制"，不应当轻易自燃。

状态是多么复杂暧昧，"我无法统治自己，当我试着组织－我的小能量爆炸－留下我光秃秃，焦黑一团"。此时她正忙着大规模地"组织"，往诗稿册中誊写诗歌，烧掉此前积攒的旧诗稿。

1862 年底，鲁弗斯·萨克斯顿准将任命希金森为第一支奴隶军团的团长。萨克斯顿（正是 1855 年狄金森在华盛顿遇见的军队长官）现在是南方被占领土的军队长官。希金森接受了大多数白人军官不屑为之的挑战，他很快置身于南卡罗来纳州的一个海岛上。狄金森给他写信只字不提他率领黑人部队打仗一事（她的信从来不提他激进的政治活动），诗人说，感觉战争像是"一个歪斜的地方"，她也有"一块'岛屿'"。如果您"带着荣耀，避开死神"，她将十分感激。她使用了一个恶作剧一般的签名："您的格言，还补充了一个附言：希望他刚刊出的文章《鲜花队列》（*The Procession of the Flowers*）不会成为一个坏兆头。这是她的又一个恐怖幽默，"发自停尸房的台阶"。

女人之间的友谊

1868 年，波士顿人威廉·R. 阿尔杰出版了《女人之间的友谊》（*The Friendships of Women*）一书，这部亲切的作品梳理了欧洲和美国的文学与历史，总结了女人之间亲密友谊的多种模式。篇幅最长的一章写的是男人和女人之间的柏拉图式爱情。篇幅第二长的一章是"一对对女性朋友"，写的是女人之间热烈的、但同样是柏拉图式的同性爱关系。这个话题开始流传。

欧多西亚·康弗斯·弗林特是狄金森夫人表弟的妻子。1862 年 7 月 10 日，欧多西亚到阿默斯特参加毕业典礼周及狄金森家的招待宴会。据她的日记记录，她当时见到了约翰·安德鲁州长、霍兰夫妇、洛德一家等，非常开心。回到蒙森后，她收到了一张意外的短笺：

你和我，话还没说完。你的花瓶，还放得下一个结尾吗？

所有的信我所能

写

都不如这封美妙 –

天鹅绒的音节 –

长毛绒的句子 –

红宝石的深度，未流失 –

藏起，嘴唇，为你，

跟它玩耍的

有一只蜂鸟

啜饮的只有

我 –

艾米莉 – [1]

Fr380A

  1861 年艾米莉也曾寄给玛丽·鲍尔斯一首《我的河向你奔去》，诗的结尾是："说吧 – 海 – / 把我拿去！"（Fr219C），作者几乎把自己当作一个情爱的对象，献给一个年长几岁的而且并非很亲近的已婚女人。这些诗读起来很像是在邀请对方与自己实现亲密的结合，但是在最初的语境中，它们提出了神秘的挑战，要求对方回应，不论以何种能想象得到的方式。它们无法归属于任何一种大家熟知的社交类型，只是关于结合的隐喻，取自大自然。这种热切的、非社交礼仪式的邀请让人如何回复呢？弗林特在

1　这里采用的是狄金森手稿中的诗行格式，这表明她让最后一个字"我"单独成行，尽管上一行的最后一个字"只有"（just）的后边有足够的空间。——原注

日记里写下这样的句子："收到艾米莉·狄金森的信！"这说明她被诗人"把话说完"的要求吓了一大跳。"完"（finish）是一个恰当的词：不可能有任何回复。

狄金森对表妹克拉克和安娜·纽曼的感情就显得比较实际。这一对孤儿在常青居的地位越来越尴尬。苏不再充当孤儿的母亲，而是用她们替代了照顾内德的保姆，从此再没雇用过新保姆。一封存留下来的书信是16岁的安娜写的，完整记录了当苏到布鲁克林的弗拉特布什看望朋友格特鲁德·范德比尔特，她如何在家照看内德的日常活动。更多的时候，照看内德的工作通常分派给不情愿的克拉克。这一对姐妹还会受到轻微的辱骂和惩罚，比如她们被迫"坐在一扇明亮的凸窗里，拉上窗帘，学习了整整一个晚上"。

克拉克对查尔斯·H.斯威策（或他对她）的好感成了一个麻烦。斯威策1862年从阿默斯特学院毕业后成为一名新闻记者，奥斯汀对这个富有才华却很轻浮的年轻人非常反感，而鲍尔斯却为之辩护："我不明白你为什么那么说斯威策。我还没发觉他有什么不好。"不过，鲍尔斯也同意这个年轻人不配"你的任何一个女孩，她们一定可以找到更好的"。在家里几乎得不到爱和同情，克拉克在家宅后面楼梯的某处"幽会点"向艾米莉坦露心声。后来，阿默斯特新建了一所高中学校，姐妹俩参加了全天紧张的入学考试，诗人感到由衷的安慰。

诗人与凯特·特纳（苏在库珀镇的同学）的友谊一度悬而未决。据《共和报》报道，整个库珀镇差不多毁于大火。这个消息出现在1862年4月12日，三天前鲍尔斯出发前往欧洲；三天后狄金森寄出了给希金森的第一封信。"凯蒂肯定化为灰烬了"，艾米莉这样猜想，或者她在回复凯特关于这场灾难的信中是这么说的。得知凯特幸免于难，艾米莉感到很安慰，原因在于她终于知道朋友没有把她抛弃："谢谢你凯蒂，我一下子放心了，好久没有你的音信，我有很多不好的念头。"朋友迟迟没有音信再一次引发了她黑暗的恐惧感。"太累了，凯蒂"，艾米莉突兀地在信末写下这句话。第二年美丽的寡妇来到常青居，但是没有证据表明她和艾米莉修复了生疏的友情。像很多其他人一样，凯特终究只是苏的朋友，而不是艾米莉的朋友。

　　鲍尔斯到达巴黎之时，他的朋友玛丽亚·惠特尼第一次到常青居"拜访我早就想拜访的狄金森夫人（苏珊）"。她的到来为狄金森的圈子注入了新鲜的元素。惠特尼跟艾米莉同年，成长于北安普敦一个富足的家庭。她是一个身体强健、游历广泛、受过良好教育的女人，对外语学习和社会进步很感兴趣。她拥有强大的家庭纽带，有强烈的秩序感和责任感，年满30岁之后，她开始运用自己的技能帮助病人和刚出生的孩子。鲍尔斯家有急需，她两次搬去与他们同住，照顾病人及照料家务，差不多把自己一整年的时间都献给了鲍尔斯家；她对塞缪尔怀着热烈的和景仰的感情。有时候她也会感到沮丧，有种无家可归的失落，用她自己的话说，"不然，我的生活空空如也"，充满"热望和太多的空缺"。惠特尼去拜访苏之前，在纽约花了一年时间给贫困的德国女孩们上课，现在她暂时回到北安普敦银行家父亲的家中，期待秋天到来后可以"时不时去阿默斯特散步"。

　　惠特尼把在常青居做客的情况告诉塞缪尔，塞缪尔再把她对常青居的好感传回阿默斯特："她很热烈地谈到你们，还有你们讨人喜欢的家。她对奥斯汀的好感真让我嫉妒……他是一个'狡猾的家伙'，不是吗？每一个见过他的人都以为他是个开放坦率的家伙！"塞缪尔的反馈信唯独没有提到艾米莉，也许她没有和惠特尼见面。实际上后来的十几年中，艾米莉和惠特尼现存的书信中都没怎么提到过对方。一直到1878年塞缪尔去世后她们才开始联系，因为艾米莉知道玛丽亚爱塞缪尔，这是互相联系的基础，于是就有了那些精美的书信。

不过，玛丽亚早就收到过为她写的诗歌。经认定，第一首创作于1862 年秋天，当时玛丽亚多次跋涉七英里来到阿默斯特。这首诗就是其中某一次送到常青居的，表达了典型的艾米莉式借口：

> 魔力笼罩着一张脸
> 只因半遮半掩 –
> 女士不敢掀开面纱 –
> 唯恐魔力被驱散 –
>
> 仅从网眼周边窥视 –
> 想要 – 又随之否决 –
> 以免会面 – 将形象 –
> 激起的渴望 – 废掉 –

Fr430A

诗人为访客的到来焦虑不安——如何既合乎礼数又不用掀开"面纱"，真是颇费琢磨。第二首《她脸上的胭脂红只是一点点》（Fr566A）作于1863 年，很可能也是寄给隔壁的，也表达了同样的意思，随诗附寄鲜花一枝，以"呈"诗人之爱。两首诗的感染力都得益于创作者的不可见。

1864 年 7 月玛丽亚的妹妹萨拉·勒尼德去世，第三首诗《不认识她多好》一直被说成是为此而做，以至真相不明。其实，这个可能性非常小：当时，玛丽亚已在加州，而艾米莉在坎布里奇，据我们所知，她从未横跨大陆寄过任何作品，而且诗歌第四句提到了"隔壁"的悲痛。事情的原委是这样的：玛丽亚的妹妹伊丽莎白·帕特南住在旧金山，1863 年夏天，她怀有身孕，身体不好，还有六个孩子需要抚养，惠特尼家非常担心。玛丽亚正准备启程前往旧金山帮妹妹一把,电报传来噩耗,妹妹已于"6月23日去世,不需要玛丽亚了"。姐妹俩"……多年不得相聚,正高高兴兴地盼着去看望丽兹,忙碌地准备了多日",玛丽亚伤心欲绝、失魂落魄,她感到"不会再有那样一个朋友了"。到了冬天,玛丽亚改变主意,毅然决定到加州照看失去母亲的普特南家的孩子们两到三年。就在玛丽亚2月13日启程之前,奥斯汀到北安普敦与她道别,他感到几乎像"参加一个葬礼"。

也许就是借助了这个时机,艾米莉的这首诗被他带过去了,诗中表达了一种奇怪、含糊,却很诚恳的道别:

> 我不认识她有多好
>
> 尚不认识的 – 始终是
>
> 一份未来的赏金 – 如今
>
> 痛,在我的隔壁 –

Fr813A

艾米莉一直从旁观察、犹豫不前,期待着认识玛丽亚的那一天,"一份未来的赏金"。而现在她却不得不面对这个极有可能的事实:这份占据了她心思("不认识她有多好")却尚未开展的友谊,最终不会实现了。玛丽亚的丧亲之痛就发生在"隔壁",可以从两方面来理解:玛丽亚此刻在阿默斯特附近的北安普敦;其丧亲之痛远超过艾米莉失去一个潜在的朋友。10年过后,这一层意思诗人对苏说得很清楚:"失去我们从未拥有过的人,似乎是一种怪异的丧失之痛,不过,假想也自有其苦痛,真实如其是。"这种体验(对于一个生活在期待中的人,并不是很牵强)最后造就了一个奇妙的悖论:"与从未见面的人离别。"

寄给惠特尼的三首诗歌都渗透着隔壁意识,此外,还有一些抒情诗有感于常青居传来的外界新闻。1864 年 3 月苏在弗拉特布什的朋友格特鲁德·范德比尔特，为保护一个仆人而被一个欺凌弱小的家伙开枪击中了腹部，危在旦夕。鲍尔斯马上给《布鲁克林鹰报》（*Brooklyn Eagle*）寄去一篇报道，描述凶手的残忍暴行，并直接表达了他的惊骇："简直骇人听闻，全是泪水和悲痛，让基本理念通通不堪一击。"当受害者逃离死神的魔爪存活下来，所有人都感到惊喜：亨利·沃德·比彻牧师称范德比尔特是"灵性的一个明显证据"。"这是某种形式的'基督复临'，不是吗？"鲍尔斯写道。狄金森对范德比尔特幸免于难一点都不惊讶，因为她自始至终都"相信"她不会死。为此事而作的诗《致返回这个世界》吸取了鲍尔斯的观点，表述了受伤的女人，以及诗人，在这个世界上的奇特位置，无论是在内还是在外：

……栖居且犹疑，一半属尘土－

一半属白昼，这位新娘。

Fr815A

6 月底，康复后的范德比尔特来到阿默斯特，狄金森此时正在坎布里奇，她们没能见面。尽管如此，她把上面这首诗和其他三首陆续寄给了范德比尔特——这皆属见之以诗而不是见之以人的例子。

1865 年 3 月 18 日，哈丽雅特·吉尔伯特·卡特勒撒下她的孩子，在家中去世，年仅 44 岁，用悼词的说法"正当年"。这一年阿默斯特镇的人口记录显示，共有 61 人去世，皆有死亡原因的记录，而关于哈丽雅特的记录却写着"原因不明，患病 24 天"。苏的三个姐姐已经走了两个，哈丽雅特原因不明的亡故让苏一病不起或身心崩溃。鲍尔斯一家本以为苏很快就能恢复，六个星期后，他们非常"惊讶和震惊"地发现，苏的生命竟然危在旦夕。"生存的现实矗立眼前",塞缪尔在给奥斯汀的信中写道,"我们身边的人居然一病不起,甚至到了或走或留的地步"。到了 5 月中旬,塞缪尔仍在信中表示,期待苏结束"长时间的病痛和考验","迅速进入康复期"。

1866 年春天,艾米莉给嫂子寄上一首安慰诗,表达她的坚定信念——苏会活下来,哈丽雅特会不朽:

> 被爱者绝不会 - 死
>
> 因为爱是不朽 -
>
> 不 - 它就是神祇 -

Fr951A

让人印象更为深刻的是诗人写给苏的一封充满感情的短信,诗人坚决要求死在苏之前,或为她遮挡绝望:

> 苏,你必须让我先走,因为我始终住在大海里,我知道那条路。
>
> 我愿意被吞没两次,只要你不沉没,亲爱的,哪怕我能做的只是遮住你的眼睛,让你看不见海水。

哈丽雅特去世两个星期后,艾米莉因为治疗眼疾不得不离开阿默斯特,她一定十分担心嫂子的情况。几个星期后,艾米莉给维尼寄回一封温和的问候信——"苏还在恢复中吧?向她送上我们所有人的爱,告诉她我们很牵挂她"——这说明危险期已过。

吉尔伯特家于 11 月 3 日又遭受了一次丧亲之痛:玛莎·吉尔伯特·史密斯再次失去了她唯一的孩子,两岁的苏珊。"可怕的上帝!"艾米莉对伊丽莎白·霍兰感叹道:"我发现死神在他到过的地方频繁登门,抢占他合意的人选。"有一首诗描述了小女孩死后留给人们的巨大悲伤,"安第斯山 – 于那些心坎里 / 她从此躺卧"(Fr897C)。另一首作于 1865 年的诗也可能是为纪念小女孩而作,讲述两个轮回如何在丰收的季节以死亡结束:

> 两个饱满的秋天为松鼠
>
> 做好充裕的储备 –
>
> 大自然,难道没有一枚浆果
>
> 留给你漂泊的鸟儿?

Fr950

上述两首诗作展示出狄金森擅长提炼温情,但这种温情在另外两首诗作的强大力量中却几乎不见踪影:通过逐一展示一个女人的身体部位,其悲痛感被大大戏剧化了。第一首作于 1861 年夏天,说话人凝视一位耗尽生命的主妇,旁观者可以最后

> 摸一摸那冰冷的前额 – 曾经多温热 –
>
> 拉一拉 – 你若关心 – 那无精打采的发丝 –
>
> 握一握那些坚硬的手指
>
> 永远不会 – 再 – 戴上顶针 –

Fr238

第二首作于 1863 年,这一次,死者似乎是个年轻女孩,叙述者指示我们合上她的双眼,摸一摸她的脸颊,偷得最后一个亲吻,摆放好(把泪

滴掉在）她的双脚，一切都符合维多利亚时代的符咒仪式，一种无助的肉体之爱：

> 这些－曾看见幻景－
>
> 轻轻地把它们闭锁吧－
>
> 这些－曾带着酒窝－
>
> 慢慢地把它们抚平吧－
>
> 这个－曾发出告别的语音－
>
> 快－甜美的嘴－如此思念你－……
>
> 这些－摆好吧－曾跑来与我们相聚
>
> 珍珠－作袜子－珍珠作鞋子－……

Fr769

反讽的是，这些逼真的、可触可感的葬礼诗作无法与现实中的可触摸的人相关联。那些奇妙的触摸似乎根本不是体验的产物。

给苏的诗

1863—1865 年，（根据富兰克林的统计）苏共计收到 73 首诗歌，是收到诗作最多的人。除了几个特例，如温柔的《最大度的女人心我了解》（Fr542A）和《我不能喝，苏》（Fr816A），这些诗歌基本无法编年，因为缺乏明显的标记，比如事件或情感变化等。而几首论及友谊的少量诗作，如《爱你年复一年》（Fr618［A］4），主要在重申诗人不变的情感与忠诚。诗中通常会隐约地提到距离，如《一小时即是大海》（Fr898）和《在你那儿安放一个太阳》（Fr940A）。有一首难解的诗也寄给了希金森和诺克罗斯姐妹，它想象一种期待见到她的收信人的快乐，只要见上一眼。这首诗很可能是在坎布里奇治疗眼疾时创作的：

> 期待的奢望
>
> 想必是这样一种奢望
>
> 能见到你仅仅一眼……

Fr819B

如果把这一类抒情诗句当作日常亲密感的标记，那就太天真了。

这组诗中最有分量的一首描绘了一座壮丽的山峰，它蔑视日落，也蔑视说话人：

> 啊，特纳利夫！
>
> 退隐的山峰！……
>
> 寂静无声－冰雪盔甲披在身－
>
> 花岗岩大腿－肌肉－钢铁铸就－
>
> 壮丽－或别离－同样－毫不在意……
>
> 啊，特纳利夫！
>
> 我跪着－寂静无声－

Fr752A

这里再次使用了那个经典的对立：傲慢、全无反应的被爱慕者对谦卑、永不变心的爱慕者。这首诗除了苏没有寄给任何人。

从主题来看，这段时期寄给隔壁的诗歌继续流连于日落、季节、未来、不朽等。不过，一个最频繁的新主题是灵魂的独立或自治，在1863—1865年间，至少有九首诗聚焦于此，其特点明显表现为一种格言式的收敛，后来逐渐发展为狄金森诗歌的一个显著特征。其中一首是这样开头的："逆转不会降临于健全的繁荣 / 其源泉来自内心"（Fr565［A］）。还有一些诗作一开篇就描述一个基本事实："灵魂最美妙的瞬间 / 降临于她－独自－"（Fr630A）；"有一个收割玉米的六月 / 它的选择权在内部"（Fr811A）。[1]有时候，这种理想的自我满足状态意味着平常的社交往来不过是一种可有可无的消遣：

> 灵魂里住着一位客人
> 因而很少外出－
> 家里充满预言家－
> 打消了此种需要－

Fr592A

诗人既可能是很多热情的事物，也可能像苏一样是一座冰冷、威严的特纳利夫山。（当然）若非如此，她无法创作出原创性的、独立的艺术作品。

狄金森这些关于自治的诗歌接近了她作品的内核，而最能透露她心声的则是那些见证她自我独立过程的诗歌。其中有一首诗把她艰难的自持过程追溯到那曾经令她感到畏惧的希望：

1　选择权也潜藏着最后自我背叛的凶险：
　　灵魂对于它自己 / 是一位专横的朋友－ / 或是一位敌人－能派出的－ / 最折磨人的间谍……（Fr579B）
　　——原注

当我希望，我害怕－

自从我希望，我勇敢

哪里都是孤身一人

如一座教堂人去楼空－

鬼怪无以为害－

虫蛇无以魅惑－

谁挺过了他的磨难

谁就是伤害王子－[1]

Fr594B

　　"自从我希望"的意思似乎应该是"自从我停止希望"。正如一个消灾免祸的魔法符号，这首诗也有一种这样的氛围，俨然一个具有神秘的消灾免祸力的巫师。更引人注意是一首作于 1864 年的诗，叙述者骄傲地告诉人们，她战胜磨难的方法恰恰是培育磨难：

在我贫瘠的小块土地

我努力培植花木－

后来－我的岩石上的花园

结出了葡萄－和谷物

燧石土壤，若不懈耕作

定会犒劳双手－

棕榈树种子，靠利比亚阳光

1　"伤害王子"（Prince of Harm），这里诗人采用了拟人化手法，"伤害"让我们深受折磨，但只要我们挺过去，我们就获得了某种免疫力，反而能驾驭"伤害"，成为"他"的主人，也就是王子。最后两行中的"him"和"harm"字形相似，构成了某种意义上的双关。

在沙漠上同样丰收 -

Fr862B

沙漠意象非常恰当，这说明狄金森意识到她的诗歌之花不可能在幸福的已婚女人的温室中茁壮成长。她只把不带个人色彩的第二诗节寄给了苏。

另外一首关于种植的诗歌同时提到了她的储藏和赠予：

> 这些是我牧场的产品
> 足以满足我自己
> 还是一个福利四处
> 进入邻居的柜子

Fr1036

这几行诗（同样没有寄给苏）暗示了狄金森写作的最终目的不是为了交流。

另一首被派送到隔壁的诗勾画了一个令人不屑的场面——在女人中间穿梭的闲言碎语：

> 树叶像女人交换
> 独家的秘闻 -
> 几分点头和几分
> 惊人的推论 -
>
> 二者皆如此：双方
> 叮嘱保守秘密 -

不可亵渎的协约

声名狼藉。

Fr1098A

大概是在 1865 年，狄金森把《神圣的头衔属于我》寄给苏，这首诗此前曾不明智地寄给了塞缪尔。诗中叙述者称自己是"没有标签的妻子"，尽情玩弄"'我的丈夫'"这个短语（Fr194B）。（不过，这里的情况是，未能保守秘密者是个男人。）艾米莉以诗相赠，说明她非常信任苏的谨慎，重要的问题在于，嫂子苏珊是否和其他人谈论过这首诗的私密含义？

苏去世 10 年之后，1924 年，她的女儿玛莎·狄金森·比安奇发表了一则轰动性新闻：艾米莉姑姑去费城旅行，"遇见了（她的）真命天子"，她和那个已婚男子坠入爱河，但他们决定断绝往来。这段故事想必是"悄悄地告诉她的姐姐苏"，而苏"一直庄严地保守着（秘密）……直到死"。这个传奇故事遭到了广泛的质疑和不客气的奚落，比安奇被迫在 1932 年加以解释和扩展：那个男人是位牧师，包括苏在内的很多人——奥斯汀、维尼、玛莎·吉尔伯特·史密斯、阿默斯特学院董事的妻子及若干亲戚，都知道这个故事。这一长串知情人名单说明狄金森的家人都在暗地里分享对她的理解，一个"点头"（她相当熟悉）无疑就足够了。玛莎的话因为添加了太多"惊人的推论"而不能不打折扣，然而她确实是苏身边的亲人，她的话应该有一定的事实根据。谣言的麻烦之处正在于它可能包含了几分实情。

山如何升起

如果说狄金森在 1863—1865 年创作的 600 多首诗与 1861 年的创作读起来大相径庭（新集注本重新修订了诗歌的创作时间，使我们有可能做出这样的判断），呈现出某种带有方向性的发展趋势，那么，关于她的诗歌没有发展（不以个人经历为基础）的说法就站不住脚了。从比例来看，我们发现，涉及抽象主题的诗歌有所增加，而第一人称叙述相应减少（当然她仍继续创作这一类诗歌）。表达现在的、极端的、呐喊的感觉——"会忘掉这一滴苦痛，它此刻 / 正将我灼伤 – 正将我灼伤"（Fr215）——或多或少消失了，取而代之的是一条故事主线，叙述者满含敬意地描述她获得了什么。以上各方面的发展完美地体现在这首《比鸟儿更深入夏日》（Fr895）：喧嚷的期待之后，是安息曲一般的嗡鸣。

当然有很多东西是不变的，比如忠贞不渝的主题。1863 年的《改变！除非群山如此》（Fr755B），叙述者愤愤不平地告诉她所爱的男人，她对他哪怕一丝一毫的不忠都是不可能的。她把第一诗节寄给了苏，留下的第二诗节中有"先生"一词，表明了她设定的诗歌接受者的性别。另一首诗试图打消恋人对她的怀疑：她设想一条死神之河，河水上升漫过双足、胸脯、嘴巴，最后是她"搜寻的双眼"，依旧"鲜活 – 于你！"（Fr631）。"鲜活"（quick）一词在这里包含它的各种义项："快速""投射""有活力的""包孕的"，所有这些最终都聚焦于第二人称单数代词——绝妙的尾声。这个视点不无理由：诗人的双眼一直凝视着她的恋人，那个遥远的永远焕然一新的爱人形象，始终帮助她引导着自己巨大的能量。在诗人的艺术生活中，爱人的面孔扮演了一个类似天堂的角色，一个完美的却无法拥有的东西，鼓励着她从备受束缚的现实中解脱出来。这份秘密的珍贵的"关系"不过是诗人的幻想，正是这种幻想有助于她建构一个真实而强大的自由王国。[1]

---

1 在黛娜·克雷克的《奥利芙》中，女主人公意识到自己"不被追求，没有回报，却还是勇敢地爱着"一位牧师，她起初感到委屈，后来她毅然决然地去爱，不再否认自己的感觉："尽管我们之间相隔了一个世界，我的灵魂将会一辈子追随他。距离不算什么——年龄不算什么！……等我死后，我会在灵魂的国度等他。"就这样，心上带着那支箭矢，这个"殉道处女"把艺术变成"生命中最大的乐趣和快乐"，努力工作终获成功。这部小说的情节与狄金森的生活并不遥远。——原注

狄金森在 1865 年的一首诗中表示，她甘愿牺牲自己以证明她对她"多疑的多马"[1] 的忠诚，她要让他触摸她取之不尽的创作力：

> 劈开云雀－你会发现音乐－
>
> 银波里流转着，一颗颗圆球－
>
> 几乎舍不得分给夏日的清晨
>
> 为你的耳朵预留，当鲁特琴已旧－……

Fr905

急于证明自己是真的，这只艾米莉－云雀，最后的女性，想象她多疑的爱人剖开她的心房，看到数不清的歌词在那些尚未成熟的圆球里。倘然她的爱人不杀掉他的鸟以验证她的忠诚，一颗颗鸟蛋、一首首诗歌，本来全是他的。"一个又一个圆球，银波里流转着"：她心里是否想着那诗稿册"舍不得分给"别人看，一次只给一首，且常常只给一个诗节？她是不是希望把她所有的诗歌都"预留"给她精选的一双耳朵？

正如她的父亲因为忠于辉格党的联邦主义而遭到孤立，艾米莉也同样矢志不渝地坚守着内心的誓言。她在一首又一首诗中企盼着与不能见面的爱人最后重聚：《也许那时我更适合去见他》（Fr834）、《每条伤疤我都为他保留》（Fr920）、《我的价值是我的全部疑问》（Fr791）。在最后一首中，叙述者"拥挤的心思"里最担心的是她不能满足"他爱人的要求"。正如狄金森在另一首诗中所承认的，对重聚的期盼是她个人和诗歌创作活动的最重要的支撑，它变成上瘾的毒品：

1　见《新约·约翰福音》（20∶24—29）。对于耶稣基督复活采取怀疑态度的门徒多马，应基督的要求，通过触摸的方式来验证其复活的真实性。

那种刺激品，越过坟墓

得见他的面容

支撑着我犹如御酒

日复一日提供

Fr1001

在另一首诗中，说话人在等待最后重聚的时间里无事可做，只能"唱"——只有这样她才能克服眼下的黑暗，走向未来的"互诉"：

我用歌唱消磨等候，

只是系好我的软帽

然后关紧我的房门

再也不做什么。

直到他迈着最好的步子走来

我们旅行到白昼

互诉我们曾经如何歌唱

把黑暗驱走。

Fr955

1855 年后给苏的信中再也没有出现过这一类期待的场景。

这一类诗歌中一个不可或缺的方面（在那些寄给苏的诗歌里也可以发现这条原则）是她与那个男人的分离。当然，这个距离有时候是无形的，如《墙我不在意》（1863），若障碍仅仅是物理上的，将无法将她阻挡。就算宇宙是一块坚硬的岩石，她还是能在另一头"听见他银色的呼唤"（如同简听见罗彻斯特的呼唤），她会挖出一条通道。但有时候她会因为"一根细丝－一条律法"（Fr554）而止步不前。可是，1862年之后的很多诗作，这个距离似乎具有了实际的空间意味。《除了你没人能告诉我》的接受者搬到"超出我的疆界"的地方，叙述者设想如果他们互换位置，是她在"某个不予答复的海岸"（Fr929）从此跟他"退潮"，他会作何反应。在《风的矫捷臂膀》中，她希望能被吹到"一个毗邻地带"，快速完成一个差事：

> 要查明那座房子
> 灵魂是否在家
> 把我的灯芯给它
> 点燃，然后返回

Fr802

　　也就是说，她想找到那个远离她的人，看他住在哪里，证实他安然无恙，然后通过短暂接触，重新点燃她被黑暗遮蔽的灵魂。
　　另一首热情饱满的诗作想象出另一个场景：两个相隔万里的人只能在同一个昼夜循环中得以聚首：

> 正午松开她的湛蓝
> 直到一幅宽广覆盖了两个－
> 最遥远的－静悄悄－……
>
> 午夜黑黝黝的臂膀
> 抱住两个半球，和家园
> 于是

一个 - 在她胸脯

一个在她裙摆 -

双双躺卧 -

Fr765

两个人不仅分在两处，而且是"最遥远的"两处。一个睡在胸脯，另一个睡在衣裙的下摆，或许暗示：当午夜降临，对于一个是暗夜，对于另一个则是黎明；或者他们同睡在一个大陆却在不同的两端；或者一个内心激情澎湃，而另一个……没有。这首诗有明显的情爱意味：拉起巨大的半球来盖住两个相隔遥远的肉体，于是，深邃的渴望得到某种补偿。

另外一首诗，出现在最后的那个羞怯的称呼表明了接收者的性别。一开篇就是一个明确的声明，"你在哪里 - 哪里 - 就是家 - / 开司米 - 髑髅地 - 都一样"。只要和她心爱的人在一起，无论开司米的柔软、喜悦，还是髑髅地的残忍、磨难，她都同样欢迎。实际上他们的关系是虚空一场的，是否定的，于是，她注定陷入绝望，俨然地狱一般：

凡你不在的地方 - 就是悲哀 -

尽管香料 - 成堆成排 -

凡你不做的事情 - 绝望 -

哪怕加百利 - 将我赞扬 - 先生 -

Fr749

最后一行暗示狄金森对她自己作为艺术家的成就感到满意，然而这个想法，如叙述者所说，丝毫无法减轻她的绝望。

一首在 1862 年秋天进入诗稿册的诗《我嫉妒他航行的大海》以及这

里引用的其他诗歌，都与沃兹沃思乘船去旧金山的事实相合。叙述者嫉妒与他的旅行和新家有关的一切事物——屋檐下筑巢的麻雀、玻璃窗边的苍蝇。她希望自己可以做"他的正午"，可是，她不得不承认她要禁止自己的欲望，于是，整首诗以惩罚的痛苦作结——

> 以免正午，在无止境的午夜 -
> 把加百利和我 - 丢弃 - [1]

Fr368

通常，如在上一首诗，天使长加百利不会遭受毁灭的命运。而在这里，也许因为诗人在想象中跟沃兹沃思合二为一（由于宗教的作用和弥漫其中的雄浑的声调），他也跟诗人面临同样的危险。

有一首诗与之关系密切，被诗人收入诗稿册，却几乎完全被批评家和传记作家忽略了，此诗大约作于牧师迁居西部一年之后，有必要在这里加以完整引述：

> 哪怕去死 - 我也要知道 -
> 这是个微不足道的知识 -
> 报童在门口问安 -
> 车辆 - 晃悠悠驶过 -
> 清晨的冒失的面孔 - 盯视那扇窗子 -
> 若是让我拥有 - 那小小苍蝇的特许权 - [2]

1　正常的语序为："以免正午把加百利和我 / 丢弃在无止境的午夜"。诗人担心，这份假想中的正午的幸福和兴奋，随着日光的流转，将会结束、破灭，把他们抛入无止境的午夜。

2　这个句子暗示，就连最卑微的苍蝇都获得了许可，可以透过那扇窗子窥视里面的主人，然而诗人却不能。

座座房子推挤着那一栋

以它们砖块的肩膀 -

煤 - 从载重车里滚落 - 哗啦啦 - 多么 - 近 -

正朝着那个广场 - 他的脚步经过 -

可能，就在此刻 -

当我 - 做梦 - 在这里 -

Fr537

门、窗户、房子：幻想的焦点就是男人可能的住所。狄金森想象出一个普通城市的场景：有报童、车辆、一栋挨一栋的砖房，人行道上一堆煤正哗啦啦地倾卸着，正在这时，他——准确地说是他的脚步，刚好从这里经过。在狄金森的近 2000 首诗作中，这一首大概算得上是最接近现实主义（尚未受到关注）的一首，它生动地再现了粗粝的日常活动场景。虽说是"微不足道"，这一幅幅画面捕捉到了城市的嘈杂，利用倾卸的煤把眼睛和耳朵转移到街面上，为那即将经过的双脚做了铺垫，诗行最后回到诗人的想象活动，确立了全诗的框架。现在，诗人感到遥远和落寞："当我 - 做梦 - 在这里"。"在这里"也就是在纸页上。以一种从容不迫的气度，她成功完成了一首与她通常的风格迥然有别的佳作。

狄金森继续书写极端状态：内心的剧痛、绝望、炸弹或火山一般的自我、随时面临崩溃的恐惧，这些是她的典型题材。与她同时代的美国作家里没有一位能像她一样敏感地发掘并精于描绘分裂的感受。《我感到我的思维里有一条断裂》（Fr867）、《发现是第一幕》（Fr910）、《崩溃不是一种瞬间动作》（Fr1010）都是从不同的角度来描写自我被拆解后的情形。意味深长的是，这些诗歌并非作于崩溃时期，而是作于重建时期。

附属于这个系列的诗作关注心智通过有选择性的忽视来保护自己：

有一种痛－如此彻底－

甚至吞没了一切实质－

然后用恍惚遮盖深渊－

于是，记忆可以迈开步子

环绕－从它上面－跨过－

好似一个人在昏迷中－

安全地走着－只要睁开一下眼睛－

他就跌落－骨头一根接一根－

Fr515

我们通常都知道梦游的人会本能地避开危险，以此为基础，这首诗提出我们用心智把灾难和深渊遮盖起来，于是就可以成功地跟它们谈判，绕过、跨过，并最终走过去。这一系列漂亮的试探性动作捕捉到了狄金森创造性活动的间接性和坚持不懈的韧性，她总是想方设法找到一个可行的方案，而且总是能回到最本质的问题所在。希金森指责她"痉挛式的"步态，这首诗刚好做出了一个回答："我身处险境－先生。"然而比起她的危险，我们更应该记住她得之不易的平静。

1865 年初，回望走过的路，她写道：

我从一块板迈向另一块

一种缓慢而谨慎的方式

我感觉群星在我头边环绕

海水围在我脚旁－

我不知道下一步是不是

我最后的一寸 –

这给了我摇摇欲坠的步态

有人称作"经验" –

Fr926

这是第一人称回顾性诗作中的一首，随着南北战争北方军队逐渐占据优势，这一类诗作也越来越多：叙述者骄傲地宣布她已杀出重围。这组诗暗含着一个基本叙事：她在经历饥馑、海难、牢狱（包括无辜入狱）后幸存下来。这类戏剧性的诗歌中最发人深省的是《让我们玩弄昨天》，这首诗告诉我们，多亏她的恋人，她才终于逃脱了冗长折磨的小女孩期。像一只刚孵化的小鸡不愿离开蛋壳，她梦想过还有更多的生活，却一味试图靠她的"词典"来满足她的渴望。后来，她的导师／恋人打碎了她的隔绝状态：

依然过着蛋壳里的生活 –

摩擦着那层壳 –

是你敲打这个椭圆 –

于是小鸟降落 –

Fr754

因为感受过天空的自由，叙述者现在深知"重新回到蛋壳中"的痛苦，并希望自由不会被剥夺。

狄金森一次次记录了她如何控制自己注定的受害者身份，如何扭亏为盈。当"上帝给每只鸟儿一块面包 – ／只给我 – 一点碎屑"，她告诉我们她是如何从贫穷变成富有，并"统治这一切"（Fr748B）。在另外一首不多见的五音步抑扬格的诗作中，她从灾难中走出来，以过来人的身份给人以鼓舞和希望：

> 若是任何人陷入沮丧，确信这一点，现在站立的－
> 曾如他们自己一样失败过－意识到它起来了－
> 成长，依靠那事实，而非理解
> 软弱何以过去－或力量－何以升起－
>
> Fr616

这些诗句既谦卑又自豪，它描述了那个重新获得"力量"的模糊过程，这个过程难以理解，但仍需思考和努力才能实现。格特鲁德·范德比尔特从致命伤中恢复痊愈，狄金森的经历也不相上下：从沉没中站起来。

还有一些诗把心理康复与写作联系在一起，这些诗最能透露诗人的境况。《上帝造了一株小小的龙胆草》大约在 1863 年春天录入诗稿册，刚好是沃兹沃思迁居旧金山一年后，而就在几个月前，鲍尔斯的背叛让她蒙受了羞辱。有一种小花想做玫瑰而不能，被

诗人腊叶标本集中的龙胆草

嘲笑了"整个夏天"，直到秋天的寒霜摧毁了所有花朵，那一株躲在边上

的龙胆草终于开花了："那里冒出一个紫色的造物－ / 迷住了整个山坡。"
最后的胜利既高贵又痛苦，故事讲完了，诗人问道："造物主－我可以－
开花了吗？"（Fr520）。

跟这一类期待结果的诗作相比，回顾过往并加以评价的诗作数量更
多。后一类诗作中有一首特别引人注意，它把诗歌创作看作是一种自我治
疗，一开篇便向她念念不忘的那个人说话：

> 对我自己的劳役更苛刻
>
> 我加紧要求
>
> 以填充你的生命留下的
>
> 可怕的真空－
>
>
> 我用自己的轮子让自然发愁
>
> 当她的转动已停止－
>
> 当她已放下她的劳作
>
> 我自己的刚开始－
>
>
> 我拼命劳累大脑和骨骼－
>
> 反复搅扰以疲惫
>
> 那闪光的神经丛
>
> 把活力阻塞……

在狄金森的全部文字中，这首诗最生动地唤起了我们的联想：她灯盏
不熄的卧室、劳累的夜晚、努力镇定"神经"的自我克制。不过，诗歌并
没有就此止步，它承认这些努力都是白费："苦恼无法平息"，她还是陷

在"黑暗"中。最后一个诗节总结出一个教训，本质问题是无法救治的：

> 没有任何对意识的药物 –
>
> 能够替代死亡
>
> 对于人类的疾病，这是
>
> 老天唯一的药方 –

Fr887

这首诗过于坦诚、残酷，所以我们要采取谨慎态度，不要误把它当作是狄金森创作生活的"真实"写照。实情一定比这个更为复杂；当然，关于驱动她不停表达的动机，她自己也有其他解释。[1] 不过，《对我自己的劳役更苛刻》确实暗示了她惊人的创作背后的某种驱动力，尽管它告诉我们不要把治疗看作是首要的驱动力。正如最后那几个严峻的诗行所警告的：心理，即"神经丛"，并不是她真正关心的东西。

这一首和其他一些叙事性诗作与赠给苏的很多关于灵魂自治的诗密切相关。与此相关的还有各种对成长之力量（也许可以用这个词来概括）的沉思之作。"穿过黑暗的土层 – 如教育 – / 百合通过了"（Fr559B）寄给了路易莎和弗朗西丝，时间大约在 1863 年，刚刚变成孤儿的诺克罗斯姐妹正在经历人生中的黑暗岁月。同年，还有其他一些诗作写到了神秘的向上的推动力：

> 群山 – 不知不觉生长 –

---

1 在同一本诗稿册中，还有一首《这是一种寂寞的快乐》写孤单的鸟鸣：
没有理由的快乐 – / 看不见抓不着 – / 这是天上的事。（Fr873）
在这里，抒情表达的动机与痛苦、释放、自制没有任何关系。——原注

他们紫色的形体升高

没有企图－亦不费力－

无外援－亦无喝彩－

Fr768

　　这首诗的主题有一部分是关于诗人自己的创造性的努力和成就：第二行诗重述了小龙胆草诗中的"那里冒出一个紫色的造物"；第四行提醒我们，狄金森的个人丰碑的建立不需要依赖他人的支持或认可。第37本诗稿册（也是1863年）里的诗歌重复表现独立自在的事物固有的尊严：《你教会我独自等待》（Fr774）、《生命、死亡和巨人》（Fr777）、《四棵树在一片孤零零的土地上》（Fr778）、《人的成长如同自然的成长》。最后一首是个重要声明：把自治的想法与她的天职焊接在一起：

每个人－它艰巨的理想

必须自我－完成－

凭借孤独的英勇

来自默默的一生－

努力－是唯一的条件－

忍耐它自身－

忍耐反作用力－

信念完好无损－

旁观－是责任

属于它的观众－

但事业－不靠任何

　　荣光的眷顾－

Fr790

　　这首诗试图传达的东西是狄金森的读者绝不会忘记的。就我们所知，一直以来，没有一个人，曾对她最好的作品给予过多少"荣光"——看过或赞许，鲍尔斯没有，希金森没有，苏珊·狄金森也没有。

　　1864 年的诗歌开始表达一种感觉，即青年和早熟的挣扎业已结束。在《时间的钦佩与轻蔑》中，死神靠近

　　重组评估

　　我们从前所未见

　　现在看得分明－

　　几乎－看不见

　　我们从前之所见……

Fr830

　　另一首诗对比了"中午的计划和夜晚的计划"（"夜晚"可能指看不见，也可能指生命的尽头），诗中写道，当——

　　尘世上的脚

　　为距离，和成就，绷紧，

　　坟墓上的脚

　　为结论努力……

Fr1075

从一开始，狄金森的诗歌就生气勃勃地确信世界是一个象征的剧场，它会把我们的心智引向无限，但我们通常会误读它。现在她把这个观点运用于她的经验，而非未来。在《我们抓住的是什么小树枝》（*What twigs we held by*）中她惊呼，在"生命的激流"中，为了让自己留下来，我们多么想抓住一点什么，可是我们抓住的人和物是多么模糊、单薄。只有到了最后，当我们"准备再一次纵身跃入之前，停下来"思考，那些让我们念念不忘、孜孜以求的事物原来如此脆弱。走笔于此，她是否想到了她对"主人"的固恋，现在已不像从前那么不可或缺，激情开始减退？诗歌在结尾处换了一个新的隐喻（如她通常的做法），总结道：

> 何等单薄，面对永恒之光
>
> 那道道圆环曾满足过我们的视线 –
>
> 何等黯淡，还不如土星的光圈
>
> 被人为看重的事物，对于事物本身！

Fr1046

狄金森开始以一种成熟、权威的姿态说话，这是她年轻时轻易断言世界"空洞无物"时所不具备的。这再次表明她的心智力量非同一般：她可以把过去说过的话说得更彻底更丰富。她的创造源泉取之不竭：她在回顾的同时仍在向前发展。

唯一让我发抖的苦痛

根据各方面的记录显示，狄金森从 1863 年 9 月起患了眼疾，在这样的景况下，她的创作力显得越发英勇、旺盛。1864 年 4 月底至 11 月 21

日，1865 年 4 月 1 日至 10 月，她两次到波士顿著名的眼科专家亨利·威拉德·威廉姆斯的诊所接受治疗。期间，她和刚刚迁居到坎布里奇的路易莎和弗朗西丝·诺克罗斯姐妹同住一家寄宿公寓。

威廉姆斯医生的诊疗记录中没有狄金森的资料，整个治疗过程我们所知甚少，只知道狄金森在他的办公室度过了一段"痛苦"的时光，医生要求她避免接触强光，不要近距离用眼。她不得不麻烦表妹帮她补袜子，更糟糕的是不能观赏"春光"。她后来告诉玛贝尔·卢米斯·托德，她有"一部分时间待在黑暗中"。在两段治疗的间歇，回到阿默斯特之后，在路易莎一再要求之下，病人对自己的病症做了如下汇报：

> 这眼睛就像和你们在一起时一个样子，有时快乐，有时难过。我觉得她们没有变坏，也没有比我刚回家时好多少。
>
> 闪耀的白雪对她们是一种冒犯，还有房间也很亮……维尼对我很好，但她"不明白我为什么就是不能好起来"。这让我觉得我病得太久了，于是，我的眼睛又痛了起来。

不能帮忙料理家务让她感到难过，但让她觉得最压抑和最害怕的是被禁止阅读，几年后她在给约瑟夫·莱曼的信中写道：

> 几年前我经历过一场苦痛，那是唯一让我发抖的苦痛。它一度把我最亲爱的东西挡在门外，特别是心灵最强大的朋友－书籍[1]。医生说……"躺下，思想；扎进她的灵魂。"他好像还说过，"眼睛不看"，"心里安静"。于是，我经历了八个月令人厌

1　诗人为"书籍"一词采用了大写和黑体加重的格式。

烦的流放。

威廉姆斯先生的办公室设在阿灵顿大街新建的一幢赤褐色砂石建筑中，现在这处地点已被里兹－卡尔顿（Ritz-Carlton）酒店取代。为狄金森治疗眼疾前后，威廉姆斯医生撰写了两部著作——《眼疾研究实用指南》（*A Practical Guide to the Study of the Diseases of the Eye*，1862）和《眼科新发展》（*Recent Advances in Ophthalmic Science*，1866），这两部著作表明他相当熟悉欧洲眼疾领域最新的治疗方法、发明和试验，同时也表明他是一位热心的医生，积极想办法为患者减轻痛苦和促进康复。看起来，威廉姆斯医生和蔼可亲，让病人感觉很安心。据诗人记录，医生要擦拭她的脸颊，使用了一个巧妙的理由——"小心我的帽子"。不过，威廉姆斯医生掌握着男性话语权：他在《波士顿医疗和外科报》（*The Boston Medical and Surgical Journal*）发表的一篇社论中毫不含糊地指出：女人的"生理构造"，特别是"在每个月的某段时间，让她们无法胜任"医疗职业。

根据狄金森 1864—1865 年的银版相片和对光的敏感，一些学者推断她所患的眼疾是发散性外斜视（exotropia）。诺伯特·赫希霍恩和波莉·朗斯沃思的推断则更令人信服，他们认为狄金森患的眼疾是前葡萄膜炎（anterior uveitis），过去被称作风湿性虹膜炎（rheumatic iritis）。根据威廉姆斯医生的《实用指南》，这种眼病的症状为"眼痛，病缘深位……通常较为严重，有时候会伴有剧痛"，有可能出现反复，"晚上愈加严重；或出现在夜里，经过相对平静的白天之后"。医生还观察到，使用"大量止痛剂经常无效，入睡困难"。这些描述让我们想到 1864 年初的一首诗歌，叙述者劳累到深夜，"让闪光的神经丛"疲惫不堪（Fr887）。另一个症状是"畏光"。让人欣慰的是，如果这种眼疾能被及时发现并得到有效治疗，病患"基本上都可以康复"——这不是外斜视的情况。根据狄金森的信笺，医生"对我的康复积极乐观"。

碰巧在狄金森接受第二个疗程时，威廉姆斯的一个学生们记录了老师关于风湿性虹膜炎的一个讲座，时间在1865年4月27日。第一条用药建议是，"阿托品四克或一盎司，每天服用一到两次，或多次，或加大剂量"。学生的记录里列有其他药方，并记录道"不含汞"，这让我们放心地知道，至少这次治疗期间诗人避免了汞中毒。阿托品，又称"颠茄碱"，提取自颠茄，是一种古老的普通药剂。不仅可用于扩大瞳孔，增强眼睛对光的敏感度，它还可以预防或消除"虹膜感染发炎时虹膜与晶状体之间发生的粘连"。威廉姆斯在《实用指南》里强调，这种眼病的康复是一个渐进过程，需要持续地监测和观察。病人"应该谨慎小心，至少在几个月内不得将双眼暴露于强光，如雪和过于光亮的反射面"。诗人说到"白雪……房间也很亮"侵扰了她的眼睛，这大体上回应了医生的叮嘱。

狄金森治疗眼疾期间住在坎布里奇或称剑桥港的市区，也就是商业和行政区，这为她提供了一段长时间日常城市生活的体验。寄宿公寓位于奥斯汀街86号（后来变成124号），距繁华的商业中心仅隔着一条街区，这里显然比她之前生活过的地方要繁忙喧闹得多。她的邻居们想必来自中产阶级的各行各业，包括杂货商、药剂师、车马出租行经理、海关的估价官。普罗斯佩克特街教堂大概就在一个街区外的交叉路口旁，路易莎和弗朗西丝于1865年1月加入这个教堂。在稍远一点的森特街24号住着艾莎和柳克丽霞·狄金森·布拉德，以及跟她们住在一起的教师凯瑟琳·纽曼。在附近的林恩区还住着舅舅乔尔·W. 诺克罗斯，现已退休。

诗人的《简·爱》扉页上的赠言透露，1865年9月20日夏洛特·休厄尔·伊斯门很可能来访。七年后，伊斯门在信中询问，"我亲爱的艾米莉，你的眼睛怎么样了？"然而，剑桥港对狄金森来说几乎没有什么社交前景，我们很难想象她在炎热的夏日夜晚和其他人一起在奥斯汀街的阳台上散步（尽管她确实抱怨过蚊子）。应维尼的要求，她注意到人们已脱下软帽换上了草帽，不过，值得报道的事情揭示出她的注意力基本停留于居所之内：纽曼姐妹克拉克和安娜不期而至的拜访；乔尔八岁的女儿安娜的到来；某种植物开花了。另外，有一对新婚夫妇的到访值得一提，那是因为他们威胁到了她的隐私："我几乎无能为力，只得飞走，不过总能找到一个巢。"

鲍尔斯在这段时期给奥斯汀和苏的信中提到，他不止一次去波士顿旅行，但完全没提看望艾米莉的事。他只有在问候狄金森家所有成员时才会提到艾米莉和她的眼疾，如1865年夏天从加利福尼亚寄回的信中祝愿"苏健康快乐；艾米莉的眼睛康复；维尼获得耐心和一顶可爱的帽子……"

狄金森说"班夫人和她的女儿非常友好"，表明她与女房东们——尤妮斯·班、路易丝·班以及她们的爱尔兰女仆玛格丽特·奇普相处得不错。尤妮斯的丈夫是位簿记员，并不是这栋房子的产权拥有者，他在坎布里奇也没有房产或可应税的资产，所以班一家只好通过招收房客来补充紧巴巴的收入。他们的女儿路易丝终身未婚，她似乎把经营寄宿公寓变成了终身职业：路易丝去世15年后，坎布里奇的一个居民回忆起她在斯帕克街经营过一座漂亮的公寓楼。根据各方面的信息判断，狄金森在1864—1865年住的公寓足够宽敞舒适。毕竟她的表妹们还不算穷，不必住在灰尘很大、关门砰砰响的寄宿公寓里。

我们了解诗人这段生活的主要渠道是她和维尼的通信，信中涉及家中和剑桥港生活的方方面面。在第一封信里艾米莉给维尼一个答复，因为对方要求她描述新闻，她解释自己为什么还没写，并向妹妹保证她是爱她的，然后建议维尼要有点耐心（塞缪尔也这么说）。维尼就像《圣经》里的马大，无端端"为许多事烦扰"，比如水泥工匠在园子里留下松散的泥浆，艾米莉劝阻维尼："别太累，等烟囱修好了再去收拾吧""草一长起来就会把它们盖住"。透过这些日常琐事的交流，我们看到了姐妹间的温情和亲密无间，而且我们也可以顺便推测，维尼不要求任何高雅的文字："我和这里的女孩们，为两所房子送上我们的爱－莴苣成熟了吗－"当艾米莉准备乘火车回家，只有维尼收到了无须解释的强制命令："你到帕尔默来接我－别带其他人来。"没有任何证据显示狄金森给妹妹寄过诗。

相形之下，狄金森给苏的信都是精制的文学作品，有的镶金玳瑁，流光溢彩，有的则精简到了近乎晦涩的地步。对于这些颇费琢磨的书信，她假设苏会从更高的甚至先验的角度来理解，它们提前预演了她在生命最后20年寄给隔壁的神谕式格言。1864年5月19日，霍桑在前往康科德城（坎布里奇以西20英里）的旅途中去世，狄金森随即写道："我们漂亮的邻居于5月'迁居'－只留下无足轻重"。一次，常青居寄来的礼物不知去向，她还是感谢嫂子并安慰道，她不会"在意（即错过了）手套－我知道它只是钟声，不是正午"。这似乎意味着，她知道苏的爱（正午）就在那里，即使情感表达（钟声——也就是，手套）没有化身为某一实物。"有信任－已足够，还有假设的权力。"这个基本想法一再复现：信任以无形的而非有形的证据存在着，比如这一段让人猜谜的话，表示拒绝一件礼物或是表达愿望：[1] "把'蜜蜂'和'毛茛'拿回去吧－我这里没有它们的田野（在坎布里奇的市区？），可是，想到我偏爱的女人，就是节日－当我的手被砍去，会发现里面有她的手指。"最后的戏剧性画面表明了苏在艾米莉的写作中起到鼓舞推动的力量。无论这番话包含了多少慷慨和夸张的成分，它自有其真实的内核：是苏激发了艾米莉持续活跃的创作，而维尼从来做不到。诗人的飞翔需要一个基座，这个人必须出生在这个家之外，对她的"故作姿态""过分的猴性"表示微笑。幻想中的隔壁知己，类似那个

1　奇怪的是，狄金森经常会告诉朋友们她不需要他们送的礼物，如鲍尔斯从欧洲带回的"小球棍"（登山杖？）。——原注

幻想中的隔着海洋的恋人，刺激着狄金森把孤独转化为旺盛的创造力。

如果维尼和苏互看艾米莉分别写给她们的信，就会发现她们都是她口中最爱的那一个。她对维尼说"我最想你"，几个月后她又对苏说"能见你是我最高兴的事"。这种明显的不真诚再次表明狄金森善于区别对待。对苏，她没完没了地保证，对于她们的结合她将保持忠诚，但极少涉及直接的接触和切实的迹象；对维尼，她只用简单的几句话轻轻点出她们彼此亲密依赖。这就是神圣之爱和日常之爱的区别。

无论是对谁，狄金森总是说自己生活在流放中、监狱里、穷困中、荒漠里。在《让我们玩弄昨天》(*Let us play yesterday*) 中，她欢呼终于从"蛋壳里的生活"里逃了出来，但是现在，她被迫缩回蛋壳，她告诉维尼自己"很沮丧"，不祥地联想到拜伦笔下西庸古堡里的囚徒 [1]，当"重获自由的日子来了，他竟茫然不知，请求回到监牢"。对苏，狄金森又回归到迷失大海的意象，她用一个无所依傍的短语"在大海中央"作为信的开场白；以一幅黑暗无边的图景作为结尾："我是否应该进入长夜，喃喃低语：'苏。'"这封信的笔迹并不十分工整，暗示她是借着微光写下的。毫无疑问，这是狄金森最暗淡的一段岁月。

她从坎布里奇寄给希金森的一封信，描述自己生活在终极之中：

> 我知道的新闻唯有
> 从早到晚的公告
> 来自不朽。

Fr820B

1　西庸（Chillon）城堡坐落于瑞士的日内瓦湖畔，曾是一座监狱，1816 年拜伦参观此地，随后创作了叙事诗《西庸的囚徒》(*The Prisoner of Chillon*)。

这封信从始至终强调补偿的力量。医生"拿走了我的钢笔",她便改用铅笔。医生不许她回家,"但我在囚牢里工作,为自己制造宾客"。她带不来大山或卡洛,它们"会死,在囚牢里……所以我只带来了神"。狄金森记忆力超强(她从未给同一个人寄过重复的诗),所以她肯定记得两年前她对希金森说过,她的陪伴只有卡洛、山峦和日落。日落是她许多诗歌的主题,无疑是她能携带的神。就算是在坎布里奇,就算是有双畏光的眼睛,狄金森还是可以观看日落。

至于那些狄金森为自己制造的宾客,我们推测,她在坎布里奇治疗眼疾期间仍然继续创作,待疗程结束后把粗略的、用铅笔写的诗稿带回家。理由之一是有大量用钢笔誊写好的作品——尚未缝制好的"几批",目前归属为 1865 年初期或后期的创作。这批诗歌道出了她的基本驱动力:哪怕这个时期的诗作,也几乎很少涉及她当下的考验和痛苦。只有一首《有些人,还有我,离家在外》(Fr807A,作于 1864 年)写到她此时此刻的无根和无家状态,那是因为她把她自己的流放与变成孤儿并移居他乡的诺克罗斯姐妹联系在一起。她们和她是"万家之家的大都市"的移民,都在试着"适应异域的天空"。这首诗因其稀有而引人注目,它提醒我们注意到一个事实:狄金森很少用诗歌来评论她自身遭遇过的麻烦。

支撑狄金森挨过这段黑暗时光的力量还有路易莎和弗朗西丝对戏剧的热爱。几年前范妮·肯布尔在波士顿朗诵莎士比亚的 12 部戏剧,路易莎至少听过其中的一部分;80 年代后诺克罗斯姐妹住在康科德城,她们参加了"嬉戏俱乐部"的女子戏剧团。弗朗西丝还参加过一个叫作"伤心的以色列人"(名字出自《路得记》)的合唱团,爱默生的遗孀在观看演出时轻声说:"她真是又谦逊又可爱!"还有某天晚上,路易莎成功地出演了一个喜剧角色,爱默生的女儿艾伦认为她是当晚的两个"伟大演员"之一。

20 岁时狄金森眼中的莎士比亚没有一点"邪恶",要等到多年之后她真正长大成熟了，莎士比亚才重新成为令她大受鼓舞的作家。迟至 1863 年底，她只有一首诗提到了莎士比亚，诗中强调"最有生命力的戏剧"只能表现在人类的心灵和平常的事件中，而不是一般的悲剧作品中，因为后者"一朗诵就消逝了"（Fr776）。[1] 这一次，狄金森显然欣赏过路易莎和弗朗西丝的朗诵，她的耳朵竖了起来，离开坎布里奇后她急切地想自己尝试朗诵。据她给约瑟夫·莱曼的信中透露，"回到家我飞奔到书架前，吞食那些甘美的段落。我真想在翻过去之前把那几页撕下来。后来我决心只读威廉·莎士比亚，其余的就随它们去吧"。在给路易莎的信中，她描述了一个不会被偷听或打扰的朗诵的好地方："回家以后我读了一些－约翰·塔尔博和他的儿子分别，玛格莱特和萨福克分别。我在顶楼上读，屋椽跟着流泪。"狄金森对《亨利六世》第一幕的兴趣表明，奥斯汀街的朗诵远远不限于那几部通俗作品。随后有两段信息与前述事实相吻合。她对希金森说："当我不能用眼时，我可以找人为我朗诵，让我觉得安慰的是，真正值得朗诵的书不多，我很容易地就能找一个人把它们全部读完。"她对路易莎说："这张小纸片在我的莎士比亚中躺了好多年，尽管又脏又旧，但它的休身之地令我对它倍加珍惜。"

路易莎可能听过范妮·肯布尔朗诵《安东尼和克莉奥佩特拉》，表演日期是 1859 年 12 月 16 日。虽然缺少确凿的联系证据，但有一点十分清楚：1864 年秋天当诗人回到阿默斯特镇，她已经完全做好了准备：

我简直热血沸腾！莎士比亚数第一；《安东尼和克莉奥佩特拉》，爱诺巴勃斯痛惜他的主人被爱情冲昏了头。这一句最精彩－

---

1 两年前鲍尔斯观看了夏洛特·库什曼扮演的罗密欧，也表达过类似的观点："真正的悲剧在现实生活中是那么（字迹难辨），舞台上的悲剧，固然演得很好，但并不能打动我的心灵。"——原注

"他的大将的雄心曾经在激烈的鏖战里涨断了胸前的扣带"。[1]

　　然后我思考为什么单单为这一句击掌，让我永远都能喝到这样的酒。

没有哪部戏剧能像这一部一样，对她如此意义重大并被她频繁引用。朱迪思·菲尔的研究表明，狄金森在这个大无畏的纵情于酒色的主人公身上看到了自己的某些方面，他可以放弃整个世界，只求内心的喜好。诗人把嫂子和克莉奥佩特拉联系在一起，她在嫂子昂贵的精装版莎士比亚作品集的两段话旁边整洁地做了标记："岁月带不走她的容颜"和"埃及女王，你完全知道，/我的心用绳子缚在了你的舵上"。在 80 年代寄给隔壁的一封短信中，艾米莉再次扮演被芳心俘获的罗马人，重申她与苏之间近在咫尺却又相隔天涯的关系："苏珊的召唤就像安东尼的晚餐－'为了他眼睛所享受的盛餐，他付出了一颗心'。"狄金森对那位涨断了胸前扣带的士兵感同身受，集勇士和恋人于一身，勇于牺牲，在所不辞。

　　也许是在坎布里奇度过的第二个夏天，她创作了哀歌式的冥想诗《比鸟儿更深入夏日》，那时她无法靠眼睛而只能靠耳朵生活。这首诗最初共有 7 个诗节，1866 年初经诗人重新构思，把后五节中一些东拉西扯、主题不明的内容删除，替换位极其简洁的两个诗节。狄金森总是着迷于那些超然物外的声音——如森林里传出的清脆的斧头声、风吹树叶的沙沙声、蟋蟀的唧唧声。到了 8 月，燕雀息声，蟋蟀的鸣叫无所不在，而又不被关注。诗人现已 35 岁，此时她开始探测这宁静而持续的声音背后的深意：

比鸟儿更深入夏日－

1　译文参考朱生豪译，方重校《莎士比亚全集》(人民文学出版社 1978 年版)，并适当修改。

哀婉，发自草地－

一个小小的民族在举行

不引人注目的圣礼。

看不见任何仪式－

恩典如此徐缓

变成一种温和的习惯－

把寂寞扩展－

正午最感古旧[1]－

当八月燃烧殆尽

幽灵般的颂歌升起

以示安息－

尚未撤回任何恩典－

辉光上亦无皱痕，

一种德鲁依的差异

正把自然提升－

Fr895D

这首诗就像蟋蟀一样浅酌低吟，没有什么戏剧性的或痛苦的事情发

---

1 第一稿的第九行使用了一个不平常的最高级形式："最听得到，在黄昏里。"第二稿则采用了比
  较级，"正午较感古旧"，最后又把"较感"提升到"最感"。狄金森显然是想用最高级来表达"古
  旧"，也许是为了表达古典和年代久远的意味，她一直把这两种品质与蟋蟀的歌声联系在一起。
  1854年8月，毕业典礼镇结束后阿默斯特镇恢复平静，艾米莉给约翰·L.格雷夫斯写信，把一
  个快乐的女朋友比作"一堆古旧的昆虫中的"蜜蜂。——原注

生，也没有夺人耳目的言词，"辉光下亦无皱痕"。当夏日的正午烈日炙炙，那个安宁的听者沉浸在一片忧思的翁鸣声中。有一些歌曲可以帮我们排遣寂寞，而这一首却把寂寞扩展。这就是一切，无非如此：这就是蟋蟀的歌唱。这是接受的颂歌，不是基督教的而是德鲁依教的，它让听者对自然和孤独更加敏感，让她知道一切都不同于她之前的想象和期待，对此她已安然接受、与之共处。

战争业已结束。安息的时刻就要到了。

嘴唇如何天长地久

How everlasting are the Lips

只有露水知悉 −

Known only to the Dew −

这些是永恒的新娘 −

These are the Brides of permanence −

取代我和你。

Supplanting me and you.

1866

第七部分
Part Seven

1886

第十九章

1866—1870 年：休养生息

1865—1866 年冬天，卡洛断气了，那只大狗陪伴了狄金森 17 年。托马斯·温特沃思·希金森收到了一张极其简短的讣告：

> 卡洛死了 –
>
>   E·狄金森
>
> 现在您愿意引导我吗？

狄金森不是在寻求安慰，而是为信封中另一张纸上的《比鸟儿更深入夏日》寻求批评，这首诗让收信人十分困惑：诗稿中还残留着她铅笔留下的"虫鸣声"？希金森在回信中一定说了些什么，有关这首诗及其作者难以捉摸之类，因而她在下一封回信的开头直接予以否认："我的狗都能懂，也难不倒别人。"不过，17 年后她再次寄出这首诗，称它为"我的蟋蟀"，总算是屈尊俯就给读者提供了一点线索。

卡洛的死对狄金森来说意味着某种结束。她在 1866 年夏天对希金森承认，"自从我不说话的盟友（死后），我几乎没有进展"。不朽仍然是她"泛滥的主题"，但是目前她满足于留在岸上，据说"对一个无鳍的心灵来说那是最安全的地方"。在 1866 年的另一封信中,她说她"慢",请求导师对她要有耐心,并抄送了三年前创作的一些诗句:

> 除了个头小的
> 生命都不圆 –
> 它们 – 急于变成球形
> 展示,然后结束 –
>
> 个头大的 – 生长缓慢
> 晚些时候才悬挂 –
> 赫斯珀里得斯的夏天
> 悠长。

Fr606C

这首诗回应了希金森给青年作家的建议:不要急于发表,同时,它也是对狄金森的创造成果的一个声明。显然她知道自己不属于"个头小的"在初夏就成熟掉落的果子,而是到夏末才成熟的一只大苹果、一个看园人、一首由赫斯珀洛斯的女儿守护的金色诗歌。在这首诗后,她签上了创作生涯中的第一个签名、简单的一个姓——"狄金森"。

诗人的创造力猛增始于 1858 年,其驱动力部分源于她需要解决内心的问题。1865 年是诗人保持高速创作的最后一年,累计创作诗歌 200 多首,它们被誊写下来但没有加工成册。在随后的五年里,她不再做这些誊写、加工的工作,总共只写了大约 70 首诗歌,这比前五年中任何一年的数量都要少;信件数量也急剧下降。创作量骤减可以合理地解释为休眠或才思枯竭的信号。另外,艾菲·默里指出,在 1866—1870 年期间,狄金森家一直缺一个稳定的帮手，这刚好与她创作量缩减相符。但是，仍不排除诗人有意放缓速度的可能，正如《除了个头小的》和《比鸟儿更深入夏日》所描述的，诗人也要进入一种庄严的季节性休整。

1866—1869 年共有七首诗采用了第一人称单数的视角，引人注意的是，其中只有一首是回顾往昔之作："我发现人们消失不见 / 当我只是一个小孩 –"（Fr1154）。全诗清楚地表明，诗中的"我"并不是诗人的化身，而是一个具有普遍意义的观察者，"我"反思人们如何把死亡伪装起来，不让小孩子知道。换句话说，在这四年里，狄金森似乎没有写过一首第一人称单数的诗歌来总结或反思她的过去。她一度花费大量精力抒写回忆，探索过去，孤单的、成功的渴望以及终于得心应手，这一切关于她自己的故事，她现在暂时都放下了。

当然在没有"我"的诗歌中，同样会有关于诗人身份和过去的内容。比如在现存记录最少的 1867 年，有一首诗回忆了 1864—1865 年夸下海口的困境："有一种力量证明它可堪重负"。结尾的诗行把耶稣在水上行走与需要"战斗"结合起来，暗示出狄金森有一种艰难的成就感：

> 若无需战斗，可以用锦缎做船 –
> 想在海上行走，非得雪杉脚掌

Fr1133

另一首则描写战胜环境并获得自治与胜利的满足感：

> 有一种别样的孤独
> 很多人至死不知 –
> 非因缺少朋友而起

或种种境遇所至。

而是天性使然，有时，出于思考

无论降落于谁

这富足胜于凡人的数字

所能揭晓－

Fr1138A

世间存在着一种少见的、富足的孤独，它的起因不在于人与人之间的交往或其他困顿，而是一种先天禀赋或个人的"思考"。也许在诗人身上，"思考"是最正确的解释。这至少是维尼的观点，她已开始以自己超凡出众的姐姐为荣。有一次，总结家庭成员各自不同的贡献，维尼写道，艾米莉"必须思考——只有她一个人有此事要做"。

1871 年，经历了五年的休整期，狄金森重振旗鼓，继续上路。她写了下面这首诗，看起来像是间接总结与回顾她在 60 年代初期的绝望挣扎。诗歌开篇的"他"可能是指她越来越崇拜的亨利·梭罗：

他是为他的人生而战－

那一种战绩圆满－

生命的大炮

节省弹丸。

它一次性瞄准－杀戮－征服－

再无第二场

在那神秘莫测的

内心之战。

Fr1230

这些诗句表明狄金森如何回顾她身陷困境的岁月，那时，她在自我防卫心理的驱使下试图完美地"瞄准"目标，一次成功。这首诗与作于1863年的著名诗作《我的生命伫立一杆上膛枪》构成奇妙的对比，诗中的叙述者也几乎弹无虚发：

> 谁也休想再动一动－
> 一旦我锐利的眼睛瞄准－

在早期的作品中，狄金森就是这杆枪——暗示了她的生存状态在某种程度上就是在"战斗"。相比之下，到了后期那首更自由的诗作，她能够思考别人的努力与挣扎，可以概括战争的本质。之前的她，拘囿于为主人而活、为主人服务的念头里；现在的她，明白了为生命而战的基本道理。1863年的那首诗缺少一种坚决（实际上很多读者对此诗的结局不太满意）：

> 因为我只有杀戮之力，
> 却没有－力量死亡－

Fr764

1871年诗作的结局要明确得多："那一种战绩圆满。"两首诗歌，两个结局，这证明了狄金森在沉寂的五年中有所收获：一种轻松的安全感，一种更成熟的、更超然地看待自己的视角。

看起来，这就是1865—1870年的大致情况，她从一个更高的地方慢慢回到了自己的位置。这是一个向外扩展的过程，许多人以复杂的方式参与其中。

仆人

卡洛死前几个月，1865 年 10 月 18 日，狄金森家的女仆玛格丽特·奥布莱恩（与奥斯汀同龄）在劳工阶层的霍利奥克天主教堂结婚，狄金森家由此失去了他们依赖了九年的女仆。两个星期后，奥斯汀从杰尼瓦的史密斯家回到阿默斯特镇，当时苏和内德还住在那里，他写信向他"亲爱的妻子"汇报寻找玛格丽特接班人的进展："那边还没找到女孩－后果－沮丧。"

关于玛格丽特的离开，奥斯汀听到的抱怨很可能主要来自维尼、母亲或父亲，没有艾米莉的，看起来，她对于小麻烦反而不那么在意。玛格丽特在的时候，有一次她拒绝在 10 月初生炉子取暖，艾米莉同意"躲在我的软帽里，舒舒服服地忍着"[1]。以前玛格丽特洗碗，艾米莉只需负责擦干，而现在她得自己洗碗，一开始她有点"畏缩"，但很快便接受了这项新任务："虽然苦恼，但心理很快就调整过来。"玛格丽特显然是个身材高大的女子，根据维尼的描述，玛格丽特离开后，塞缪尔·鲍尔斯第一次登门拜访是艾米莉为他开的门（"可能有些奇怪"）："你们的巨人哪儿去了？"拜访者问道。"她骑马出门了。"诗人如是回答，她从来不让机锋。

一直到 1869 年狄金森家才最终找到一位长期住在家里的女仆。在这差不多四年的过渡时期，虽然可以请到洗衣工和女裁缝，但狄金森家的女眷不得不承担更多的基本家务。在新的家务分工中，烤面包和做甜点的任

1　不过，后面还有一句抱怨，在 1894 年及后来的书信集中都被略去了："爸爸没去北安普敦，全体会议推迟了，我不得不耐着性子去烤肉和蔬菜。"

务似乎落到了诗人身上，本来就深居简出的她如今把大量时间都贡献给家庭。就像1856—1858年狄金森夫人卧病时期，自然增加了艾米莉不出门的理由。现在，厨房、食品室、清洗间的各种新工作减少了她的社交活动，也减少了她的诗歌创作。

艾米莉的老朋友约瑟夫·莱曼及妻子劳拉于1867年出版了一部家政大全《持家哲学》(*The Philosophy of House Keeping*)，书中提出"烤制完美面包的技艺是全部家务中最有价值的"。根据克拉拉·纽曼的回忆，狄金森精于此道，她的父亲"宁肯"（也就是必须）吃她亲自烤制的面包。即便新女仆正式接手之后，诗人仍负责烤制"所有的面包"，希金森在1870年记录道，"因为她父亲只喜欢吃她做的"。

《持家哲学》中最长的一章是《蛋糕、甜点及各式佳肴》——这些皆是狄金森的专长。她做的姜饼非常成功，苏和伊丽莎白·霍兰都保留了她的秘方：四杯面粉、半杯黄油、半杯奶油、一大汤匙姜汁、一茶匙苏打、盐、砂糖撒在表面。当时人们对美味蛋糕的要求是"酒味、香味、果味"缺一不可，她的蛋糕也不例外。她最负盛名的黑蛋糕食谱中有丁香、肉豆蔻、肉桂及五磅葡萄干，这也许是为父亲每年的毕业典礼招待会特别设计的。她告诉希金森，"大家都少不了布丁"，希金森发现她说得"非常梦幻，好像它们（布丁）是彗星"。毕业典礼周正值炎热的8月，她的客人们也许想不到一块小小的布丁需要在铸铁的烤炉旁折腾多长时间。

1869年2月，狄金森家终于找到了一个稳定的家庭用人——玛格丽特·马厄（"马吉"）。马吉出生在爱尔兰的蒂珀雷里，曾受雇于卢修斯·M和克拉琳达·博尔特伍德，一直陪他们迁往哈特福德。马吉的父亲去世后，姐夫托马斯·凯利又在秋天不幸摔断手臂，她便回到阿默斯特镇陪伴家人，一边打着零工，一边计划着最后回哈特福德或去加州投奔哥哥，其中一份短期临时工的雇主就是爱德华·狄金森。从马吉给伯特伍德夫人的信件来看，爱德华决意不让任何人雇用他认定的又忠心又有献身精神的马吉。就算马吉提出到帕尔默"找那个比我更适合他们的女孩"，狄金森家也"不会雇她（那个女孩）"。马吉觉得狄金森一家人非常好心，但她觉得他们家很奇怪，她有太多空闲："有一个很大的麻烦是，我只有一半的事情可做，所以我必须跟猫一起玩，让维尼小姐高兴。"她坚持说"只要有机会，我就要做我想做的事，不会提前通知"，可是，当她真的想要辞职时，"狄先生"让她感觉狄金森一家会"对我们大家很生气，所以我们只能等另外的机会"。[1]

另外的机会永远没有到来。马吉在加州的哥哥给爱德华写了一封信，希望马吉能"暂时"留在阿默斯特镇，他妹妹要去哈特福德的事，"他不会同意"。马吉为狄金森家工作了 30 年，做管家、厨娘、女仆，每周三美元薪水（在 90 年代）。她一般下午回到自己家，晚上则睡在狄金森家宅。马吉谦卑、诚实、忠诚、热心服侍，全心全意与主人建立终生的关系，这一方面取决于劳动力市场，另一方面也源自家庭纽带，以及爱尔兰人和扬基人关于阶级、从属地位、庇护人的观念。

亲密的情感和不平等的思想就这样杂糅在一起，现代读者会感觉很不舒服。艾米莉在给路易莎的信中把雇用的男工、马吉与牲畜、宠物联系在一起：

> 提姆正在洗迪克（马）的脚，时不时地跟他亲密地说着什么。可怜的人儿，当我把你的信带给他，他顿时暖洋洋的！连胡子都烧红了，他那么感激你；马吉站在那儿一动不动，像一只等着爱抚的小猫咪。这些可怜的人儿的心是如此地不加掩饰，只

---

1 马吉的信以及下一段所引用的她哥哥的信里，有不少拼写错误，应该是文化水平不高所致，译文从略。

需一个微笑就让它们暴露无遗。

在后来的日子里，马吉成为狄金森生活中得力的、不可或缺的帮手，诗人与马吉的关系也越发紧密深入，但总是居高临下。有些人努力想为狄金森塑造民主化的诗人形象，他们应该想想，狄金森是如何以高人一等的态度对待他们的先辈的。那些一味盯着阶级特权的人不该忘记：在各种习俗和法律的约束之下，诗人并不是一个真正意义上的公民；许多大门是对她关闭的；她完成和留下的优秀成果远远超过了我们任何一个人。

关于这位既做面包又作诗的艾米莉，还有一件事情我们最想知道：她是如何把高与低融合在一起的。面对同时代的男性权威和机构，她通常表现出幼稚与顺从，或是幼稚与不顺从。但她也以自己的方式推翻权威。有一次她通过向天父上诉的方式嘲笑一个过分傲慢的法官："自鸣得意！我的父！竟然在这样一个世界，而我们必须全部赤足站在您碧玉的大门前！"

赤足走路（比喻意义上的）是诗人的一个策略，用来定义自己与社会的关系，同时争取与自然和灵魂建立一种更直接的关系。但是，她依然是新英格兰清教贵族阶级的一员。既赤足又保持优雅，她把自己这种奇特的社会地位灌注于艺术创作，足以令同时代的"婆罗门"[1] 瞠目结舌，认为她竟如此不以为然。

主人们

爱德华·狄金森被称作阿默斯特镇的最后一位"士绅"，这个集财富、特权、责任于一身的角色，在当时就已经显得有些古旧了。

---

[1] 根据印度的种姓制度，婆罗门是最高等级，凌驾于所有种姓之上，拥有着至高无上的权利，被誉为"最尊贵的血统"，通常都是标致的白皮肤、高鼻梁、薄嘴唇。

作为一个有资产的男人，爱德华仍然积极参与各项投资。比如，他是汉普登棉纺织公司的活跃股东，但是公司正在走下坡路；他还投资了私营的、收费的桑德兰大桥。有一次，一个顾客对于四匹马的车队运载枕木一事提出特别要求，被他严词拒绝："产权人拥有自己的权利，为了这一点，如果有人打算凌驾于我们之上，我可以处置他。"1868年爱德华和儿子把他们生意兴隆的法律事务所搬迁到帕尔默的大楼，"一间非常舒适的办公室"，这个地址曾是爱德华40年前第一次工作的地方。战后几年，爱德华的净资产稳步增长：1866年共有28700美元，1867年共有32600美元，1868年共有47800美元。爱德华在第一教堂的地位不再那么重要，于是，他的热情逐渐转向北安普敦精神病院。

在这10年之间，爱德华最大的功绩是把马萨诸塞州农业学院引入阿默斯特镇。为了阿默斯特能拥有当地第二所高等院校（今日的马萨诸塞大学阿默斯特分校），当地全体公民需抵押50000美元以获得学院的营业执照。追踪这位老"士绅"的足迹，我们看到爱德华在摆平各方面利益、平息反对派声音等环节中发挥了重大作用。当人们为新校园的规划吵得锣鼓喧天，爱德华在幕后积极斡旋、润滑，一边"去见州长"，一边与园林建筑顾问弗雷德里克·劳·奥姆斯特德保持密切联络。

父亲与众不同的声音在这一时期的两封信中表现得又洪亮又清晰。1868年的圣诞节，塞缪尔·鲍尔斯因攻击一个无耻的金融家而遭监禁一整夜，爱德华慷慨陈词："我宁愿用你的名字，在拉德洛州立监狱待上一晚，或者成为你朋友队伍中的一员，让整个纽约都来宣扬你所受到的不公，谴责那些强盗和贼……如能如此，我宁愿不要波托西的矿藏。"[1]尽管艾米莉从来不像父亲这般夸张声势，不过，她的文字也偏爱格言警句式的

---

1 波托西，玻利维亚的矿业城市，位于安第斯山脉赛罗里科山的下方，历史上以采矿业闻名，为波托西省的首府。

高谈阔论。第二年，她在一首诗中也使用了古老的玻利维亚的波托西银矿，以象征贵重的价值：

> 波托西绝不会花掉
> 而是秘藏在心底［:］
> 守财奴今夜为它拧手
> 在印度群岛的土地！

Fr1162

根据这里的韵律格式，她把"波托西"原本在"西"上的重音提前到了"托"上。[1]

第二封信的缘起是州长亚历山大·H. 布洛克向议会发表的退职演说。爱德华在信中列举了州长任职期间完成的最可敬的政绩，赞扬他提名大法官本杰明·F. 托马斯（在南北战争期间退出共和党）为州长候选人；绞死"杀人犯格林"以维护法律的神圣；成立了一个立法委员会"委派他们羞辱州长……（感觉）像一群被鞭打的猎犬"。爱德华希望当选总统格兰特的政治魄力能像"他的战斗勇气"一样无所畏惧，这表明他仍然期待着一个强硬的政府一举终结民主统治滋生的软弱妥协。

爱德华和奥斯汀父子经常通力协作，比如他们把唯一神教派的塞缪尔·鲍尔斯弄进了阿默斯特学院的董事会，但是儿子不像父亲那样在阿默斯特之外谋求发展或寻获功名。奥斯汀也积极推动阿默斯特的城市发展，但他不像父亲和祖父一样热衷于建学校、修铁路，他的兴趣和特长在于审美领域，比如建筑、内部装潢、园林风景等。他不仅指导阿默斯特学院的修建项目，还在第一教堂的搬迁工程中发挥了关键作用。第一教堂的搬迁

---

1 "波托西"的英文：Potosi ［pɔtəuˈsiː］，重音在最后一个音节。

方案是放弃原来坐落在学院山旁的木结构礼拜堂，在主街上建一座全新的、漂亮的、昂贵的花岗岩圣所。从本堂区及其他渠道的记录来看，为安抚搬迁工程的反对派，奥斯汀协助达成了两项权宜性承诺：只有新教堂建成之后，乔纳森·L.詹金斯牧师才会接受圣职；只有把教堂建在主街上，棕榈叶制帽厂厂主亨利·F.希尔斯才肯捐赠一大笔钱。新教堂由建筑师乔治·霍索恩设计，地址选在常青居对面的蒙塔古家的旧址。教堂那高高的尖顶和大块华美的彩绘玻璃窗仿佛在向世人昭示，阿默斯特镇，特别是狄金森家的地块，不可小视。我们不知道艾米莉是否穿过大街到教堂里面去参观过。根据维尼的描述，某天晚上艾米莉潜入常青居的铁杉树篱，站在那儿观看了教堂。

父亲及祖父为了能在当地站稳脚跟付出了艰辛的努力，而奥斯汀似乎把特权视为当然。狄金森式的坚毅传递到奥斯汀身上却演变成了某种傲慢，在他眼中，快乐是理所当然的，一旦受到阻碍，他就会用一种报复的幻想来安慰自己。当农业学院的敌人碰巧赢了一个回合，奥斯汀在给苏的信中写道，如果"反对我们的那些经理人要庆功，正好赶上我进去的话，我一定会给他们起哄的"。当波士顿的一家画廊想试探奥斯汀的耐心，他期待着某天画廊的人"在那儿苦苦哀求我去找他们，按我想要的价格拿走我喜欢的任何作品。他们已经折磨我、招惹我够久了"。奥斯汀追随摩登世界的方式是把他的家和他所生活的城镇打造成一个迷人的庄园式公园，然后，他以冷漠轻蔑的眼神凝视之，这一点我们从他的照片上一望即知。这个男人极端的优越感与他妹妹藏在面纱后面的掌控权遥相呼应。

尘埃与露水

在为诗人写的长篇讣告中，苏提到狄金森的作品偶尔得以发表，皆系她的朋友太欣赏其诗作，于是"因爱而盗窃"。其中一次爱的盗窃就发生在 1866 年情人节。那个盗窃犯毫无疑问就是苏自己：

《蛇》

草丛里一个狭长的家伙

偶尔出游

你也许遇见过他，不是吗？

他突如其来。

因为狄金森之前让希金森明白她"没有发表"，她不由得担心，如果他读报时刚巧看到这首诗，一定会觉得她"虚伪"、不诚实。于是她连忙解释，这首诗是别人"从我这里抢走的"，并且还特别指出，诗里被插入了一个问号，致使"第三、四"行之间出现了停顿，因而破坏了她希望营造的效果——不期而遇的惊吓。[1]

你也许遇见过他－若不是

他突如其来－

Fr1096B

对于未经她授权就发表她的诗歌一事，这封信是目前所知她唯一的一处评论。她对报纸按习俗划分诗行的做法表示默许，这一点表明，她并不认为诗稿册中被挤到下一行的诗行排列方式对于整首诗作的意义是至关重要的。令她气愤的是篡改诗歌的内容、偷盗行为以及公开发表。多年后，

1　考虑到诗人起初设计的效果，为了让第三行和第四行之间若断实连，译文对第四句稍作调整，与前一个被发表的版本略有不同。

据一个在阿默斯特镇长大的女人回忆，苏曾坦白说，它的发表，可能就是指这首诗，"差点让亲密的朋友决裂"。

1866年9月，塞缪尔和玛丽为常青居"着想"，给他们安排了一位看护。两个月后，11月29日晚，苏的第二个孩子出生了。女婴取名玛莎，与杰尼瓦的姨妈同名，其性情跟父母一样，也表现出较强的支配欲和表现欲。大概在玛莎三岁时，据诗人描述，小家伙"既严厉又可爱－擅长文学，他们告诉我－已经会讲'鹅妈妈'故事了，而且雄心勃勃。"

狄金森在给苏的短笺或书信中，继续表白永不磨灭的爱——"忙着想你""苏珊的崇拜者为苏珊供奉神龛"——新瓶装旧酒：距离确保亲密。二人之间的往来短笺或诗作大多缺乏具体语境，无从判断双方如何促进了关系的发展。不过，有一次苏到海滨度夏或走访杰尼瓦的姐姐家，诗人寄出了两封信，文字活泼轻快、不乏趣闻。在其中的一封里，艾米莉告诉苏："梦见你和丁尼生会面，在蒂克纳和菲尔兹出版社－藏珍纳宝之地，也是头脑荟萃之地。"这个梦告诉我们苏如何占据了诗人的心思，以及她多么抬高嫂子的文学地位。

这段时期寄给苏的一些诗歌似乎表达了比以往更郁闷的情绪。《我无法遇见春天而无动于衷》（Fr1122）不觉得春天是一个更新的季节，却觉得它夹杂着各种复杂的情感和犹疑。另一首诗则反对人们期待季节的变换，包括感恩节，它宣称只有一部分人能真诚地庆祝感恩节，因为只有他们觉得"最初的总数没有/发生骤然减少"他们没有把自己挚爱的人交给"一小片土或一小段字幕"（Fr1110B）。这些极其痛苦的诗行创作于1865年底，大概于1867年寄给隔壁，不禁让人想起吉尔伯特家族那些亡故的亲人，那正是苏难以释怀的。

狄金森最愤怒的一首诗创作于1866年，叙述了为保护一盆花免受霜冻而战的经过，这一类战斗或挽救行动是她经常写到的，与花园和温室相关联。在这首诗中，霜冻有如毒蛇，咄咄逼人，不肯善罢甘休，最后"我们"遭受惨败。显然，这首诗蕴含着更深层的、更大的主题。为了挽救这盆被厄运诅咒的花，"我们"把她"带给大海 – / 带给山 – 带给太阳"。当严寒（"他"）逼近，"我们"甚至把自己"楔入"：

> 到他和她之间
> 可是轻松得像那条细蛇
> 他竟蜿蜒前行
>
> 直到她无助的美彻底屈服
> 于是我们的愤怒发作 –
> 我们将他追至峡谷
> 我们将他逼到洞穴 –
>
> 我们厌恶死也厌恶生
> 却无处逃遁……

Fr1130C

　　这番不寻常的愤怒与那种"冰点入骨"[1]的恐惧感很不一样，其直接起因很可能是苏珊·D.费尔普斯的死，关于这位朋友我们所知甚少，这段友情要回溯到 1854 年：费尔普斯出生于哈德利的古老世家，与亨利·沃恩·埃蒙斯订婚，后来婚约解除，她患上了严重的疾病，与诗人的友谊却逐渐加深。1865 年 12 月 1 日，费尔普斯死前一天，她的哥哥在日记中记

1　"冰点入骨"或"骨头里的冰点"（Zero at the Bone）一词见"草丛里一个狭长的家伙"（Fr1096B）的结尾，表示寒冷之感似乎一下子钻进了骨头，类似汉语中的"心惊胆寒"。

录道："邦尼医生巡诊以来，这些天病情十分严重，今天去请了菲斯克医生……但是没有任何希望。"费尔普斯的死讯刊登在《共和报》上，据另外一家报纸，葬礼定于 12 月 5 日举行。也许狄金森记住了这个日子，五年后，她在两首重要诗歌的开头题写了"12 月 5 日"的字样，其中一首是这样开篇的：

> 有些日子我们可以免去
> 当某个功能死亡
> 当朋友或自然－搁浅

Fr1229C

费尔普斯去世时 38 岁，死亡原因不详。她在阿默斯特的格雷斯圣公会教堂（Grace Episcopal Church）有一块纪念窗格，建于 1866 年，荆棘冠上题有"我的心向来等候耶和华"；胜利冠上题有："等到天起凉风，日影飞去的时候"。[1]

大约在 1867 年，诗人深沉地反思了蟋蟀和蝉的鸣叫声，把它寄给苏：

> 蜜蜂的低语，已停息
> 但还有某种低语，
> 后来的，先知的，
> 已同时响起。

它们，岁月"更低沉的韵律"，是：

---

1 两个句子分别出自《旧约·诗篇》（33∶20）和《旧约·雅歌》（2∶17）。原文分别为："Our soul waiteth for the LORD"；"Until the day break，and the shadows flee away."

这本书里的启示录

它的创世记在六月……

现在，它们暗示的不是《比鸟儿更深入夏日》那种真正意义上的休养生息，而是一个相互分离与疏远的渐进过程。"随着语声消隐，时断时续／伴随着朋友的分离"，最终留给诗人的是她自己的思考，如今，它"比人／更亲密……"（Fr1142B）。这个想法与另一首题头为"12 月 5 日"的诗《一阵风吹起即使没有一片树叶》（Fr1216C）是一致的，用诗歌来庆祝某种自我交流的自足感。

根据鲍尔斯的朋友兼传记作家的描述，1865 年后编辑的内心生活常常蒙上"浓重的阴影"，一种"深邃的心灵的饥饿感"。有一次他给苏写信，生动地描述那种厌倦与孤独的情绪，他觉得自己陷进去，已无力自拔：

> 谁说不是，越发觉得所有人都渐渐模糊，对他们开始厌倦，感觉生活和朋友们正一点点流逝。最好的办法就是出去把自己吊起来，若有勇气我会这么做的。没有什么比这种生不如死的感觉更让人难过；你感觉力气在消失，魅力在消散；树木变得光秃，干枯的树叶在你四周和上方发出沉闷的沙沙声；他人取代了你的位置，做你的工作，赢走你的朋友——你却仍然挡在路上。只有等到死后，回来看看，才知道还有谁仍记得你。

因为担心苏的虚脱症旧病复发，1868 年鲍尔斯试图振奋苏的情绪："对于像你这样的人，生活不会是沉闷或贫瘠的。"不过，他的信现在不那么频繁了，每每都会感觉新鲜感不再："你们好吗？上次听说奥斯汀患了感冒。他缓过来了吗？跟我说说。母亲－和宝宝们－还有姐妹们以及所有人，说点儿什么，打破厚厚的沉默。"1869 年鲍尔斯悲叹过"沉默的大走廊"，这个悲叹在 1870 年寄给苏的诗《条条沉默的大街被带离》(Fr1166B)里发出了回响。正如艾米莉说过的（她的认识相当正确）："随着语声消隐，时断时续/伴随着朋友的分离。"

从诗人与诺克罗斯姐妹之间的现存书信来看，她们之间很少有沉默冰冷的中断。根据玛莎·阿克曼的推测，表姐妹在 1867 年到康涅狄格州的米德尔敦照看生病的伊丽莎·科尔曼·达德利，伊丽莎的丈夫此时去了欧洲。7 月 2 日，床底下发现了一个男人，一所房子缺了男人保护，总会碰上这一类麻烦。这个消息先是登在了《哈特福德新闻报》上，很快便传到了阿默斯特镇，引来了一封既担心又同情的信："啊，路，为什么派去的孩子们那么虚弱，尚不能独自站立。现在，每小时都是焦虑，上天会保护那只绵羊，她曾与胆小者，甚至艾米莉，分享她的羊毛。"被派去当护卫的孩子们是指诺克罗斯姐妹，绵羊是指伊丽莎，她与艾米莉分享羊毛是指她曾在毕业典礼周的招待会上保护过艾米莉，以免她"抛头露面"。

1868 年一封诺克罗斯家的来信提到路易莎那一年"健康异常"，这暗示她的健康状况并不稳定。显然也是在这一年，狄金森写信表达对一个突发事件的"悲痛和惊讶"，并送上她最适用的鼓励："没有一片雪花击打我的鸟儿，但却冻僵了我。宽慰吧，小小造物－不论什么降到我们头上，这个世界不过就是这个世界。想想那些我们从未见过的英勇的地方吧！"这就是狄金森最常用的也是最有效的策略：从一个超出经验之外的地方汲取力量。

1869 年春天路易莎到狄金森家做客。某天路易莎坐在户外，帮狄金森夫人打理衬裙，家里的雇工霍勒斯·丘奇在树上嫁接幼芽，对客人"眉来眼去"（艾米莉的原话）。这年秋天路易莎的麻烦彻底消除了，诗人高兴地说："我的鹪鹩又能起飞触摸天空了。我们都有过灰头土脸的时刻，但雨露总会来的。"狄金森又恢复了生机。

从 1865—1866 年狄金森写给伊丽莎白·霍兰的那些活泼生动的书信来看，她并没有像苏和塞缪尔那样被低落的情绪牵制，更没有被压倒。当父亲懊恼地发现他的提秤让他吃了大亏，艾米莉禁不住"笑个不停"；又如堂弟佩雷斯·考恩，阿默斯特学院的一位高年级学生，告诉她伊丽莎白会出现在年度招待会上帮她的忙，她也禁不住地高兴。伊丽莎白性情随和开朗，艾米莉给她写信处处流露春天的欣喜："今天的风儿欢快，松鸦的啼鸣可以跟蓝梗[1]的吠声媲美"；"今天我第一次听到树里的河水"。不过，诗人对伊丽莎白的热情在某种程度上也是距离的产物：

　　　　你走以后，风儿穿过房子，低声鸣唱，就像一只硕大的鸟儿，
房子好像变高了，但也孤单了。你走了爱就来了。我觉得会是
这样。宾客散去，才有心灵的晚餐。
　　　羞怯如此内在地属于强烈的情感……

对照诗人少女时代写给亚比亚·鲁特、简·汉弗莱和苏·吉尔伯特的信，我们就能看出，她现在对人类亲密感的理解是多么成熟。与他人完美结合，这个曾经那么诱人的美梦，她早已不做了。

有一次伊丽莎白犯了一个错误，给狄金森姐妹寄去了一封合并信，于是招致一番尖刻的责备：

　　姐姐，
　　　一个共同的李子不算是李子。我太恭敬所以不敢品尝果肉，

1　又称"凯利蓝梗"，或"爱尔兰蓝梗"，是爱尔兰国犬。

而又不喜欢一颗石头。

　　不要再寄合并信。一颗灵魂只能单独赴死，所以，对生，
也是如此，如果真是一颗灵魂的话。

　　如果是个委员会－没关系……

　　这封信的言外之意是：我们某些人——但不包括诗人，不包括伊丽莎
白——只是聚合而成的实体。

　　没有什么能比诗人从小到大耳熟能详的宗教陈词滥调更能让诗人显示
出她性格中的韧性。堂弟佩雷斯·考恩，狄金森家族的一个后辈，14 岁
便已皈依宗教，后来做了全职牧师，19 世纪 20 年代搬迁到田纳西州，在
大学时代他给同学们留下了良好印象——"天性十分温柔美好……无论是
在举止修养、道德水准、宗教献身精神等各方面，他都是一个典范。"后
来，与他年纪相仿的姐姐南妮·考恩·米姆死于一场"消耗性"疾病，佩
雷斯给狄金森写信，表示他坚信来生。诗人当即表达了刻薄的异议：

　　你说得那么确信的事只有确信能证明，这让我觉得好远，
好像我说英语的伙伴突然开始说意大利语了。

　　让我难过的是你谈起死亡带着莫大的期待……死是一个狂
野之夜和一条新路。

　　艾米莉知道她的话很"硬"，令人心寒，所以她希望见面时她的语气
可以缓和些："交谈时我们不像写信时那么强硬，以至于伤到彼此。"但
她还是把信寄了出去。

　　随后创作的一首诗表达出对教条式的确信和公理式的真理的痛恨：

试验护卫我们到最后 -

他辛辣的陪伴

不会让任何一个公理得到

任何一个机会 -

Fr1181

我们永远不知道"最后"等待我们的是什么：至少在一个方面，狄金森回到了她坚定不移的祖先所笃信的加尔文宗，他们坚信没有人会预知究竟谁会因其深不可测的神性得以进入天堂。

一个相当强健的一袭白裙的女子

在 19 世纪的大批男人眼中，有一种典型的女性形象——脆弱而诗意的女圣徒，从《茶花女》中那位弥留之际的维奥莱塔到美国通俗文化中各种一袭白裙的天女，不胜枚举。约瑟夫·莱曼把他的两个朋友与这一类纯洁的、离群索居的女性形象联系在一起，一个是纳什维尔的阿拉明塔·沃顿，一个是阿默斯特的艾米莉·狄金森，他确信这两位朋友终生都不会嫁人。莱曼于 1863 年 9 月回到美国北部，1872 年 1 月死于天花。在这段时间内，他与诗人的友情得以更新，而此时的狄金森比他 1851 年最后一次见面时更加离群索居了。以这次重逢为基础，莱曼用文字为诗人留下了一段浓墨重彩的画像，并附上了一系列诗人的书信选段。身为经验丰富的新闻记者，他的脑海里显然早就有了一个模本。为了吸引读者的眼球，首先要有一个醒目的开头：

艾米莉

"事情并非表面所见"

仲夏之夜

一间书房灯光幽暗,小托架上摆着五颗三棵木樨草。这时走进来一个身着白衣的精灵,衣裙下身影依稀(,)薄雾中的面容有如半透明的汉白玉舍,坚定的前额好似大理石雕像。双眼曾是明亮的淡褐色,现已化为两汪如梦似幻的泉水,藏着汩汩的文思,双目不看事物的外形却能敏捷地立刻瞥见一切事物的核心——小手坚定、灵巧,彻底从一切肉体的终将腐烂之物的掌握(?)中解放出来,坚定有力的小手完全受控于大脑,那种相当强健的类型。嘴巴不为他事所生也不用于他事,只说出它选定的言语,珍贵的言词思想,熠熠生辉模糊神秘的语言词语,有翅膀的语言。

莱曼笔下的艾米莉笼罩在"薄雾中"、不食人间烟火(嘴巴难道不用来吃东西?)无可避免地,这番描绘的真实性遭到了质疑。莱曼的这篇文章发表在报纸上。多年后,莱曼的遗孀得知诗人离世的消息,给亡夫的旧友发去一张有趣的便条:"艾米莉·狄金森去世的消息传来,我正一时兴起准备写一封信。然后,我说'不,我不会写的,等他写了我再写'……你没有见到艾米莉,对不对?莱曼先生没有真的见到她,尽管和她说了话。"这张便条或多或少地证实了她丈夫的描绘并非根据亲眼所见,而是按照公众很可能会认可和欣赏的样子加工、幻想出来的一个精神素描。

但是身着白衣应该是准确的,艾米莉的所有观察者都特别指出了这一点。从《圣经》到通俗文化,素彩都象征清白无罪、精神灵性和摒弃世俗。但是诗人具体从什么时候开始只穿白色衣裙,我们并不清楚。1860 年 12

月，似乎为了终止谣言，艾米莉特别在信中要求路易莎·诺克罗斯"告诉'大家'，现在我穿的是棕色裙子"。但是在 1862 年初她抄录了一首诗，其中说到一种白色的使命，它是单身与忠诚的象征：

> 这是一件庄严的事－我说－
>
> 做一个白色－女子－
>
> 若上帝认为我合适－穿着－
>
> 她无暇的神秘－

Fr307

艾米莉现存的一件衣服是一条白色的棉质连衣裙，大约是在 1878—1882 年间缝制的。作为一种家居裙或外罩裙，总之是为平常的居家生活设计的，裙子的腰部比较宽松，圆领，有袖口，还有一个口袋；布料是凸纹棉布。其他设计诸如裙摆的褶皱、三角形布、花边蕾丝、（正面的）珍珠母纽扣，从现代的眼光看去似乎颇多装饰，但是，镀金时代[1] 的时装讲究剪裁合体、价格昂贵，并有一整套包括缝制、穿戴、保养的严格程序。相比之下，这件裙子既平常又朴素。无论狄金森是出于何种目的选择简单的白色衣饰，她坚持这么做至少有好几个实际的理由：不需要穿紧身胸衣，也不需要花大价钱请裁缝，更不需要担心裙子褪色或把别的衣服染色。[2]（有一次艾米莉把妹妹的鞋和帽子放到准备洗的衣物中，想"等她回家时看到它们焕然一新"，后来，玛格丽特·奥布莱恩"指责维尼穿的是印花布"。显然，维尼的东西褪色了。）

---

1 镀金时代（Gilded Age），尤指美国内战后的 28 年时间，约为 1870—1898 年。

2 另外一种简单又省事的办法就是搬到意大利去，夏洛特·休厄尔·伊斯门在那儿住了 12 年；1872 年伊斯门从意大利给艾米莉和维尼写信："我听到了太多太多，关于生活的烦琐、奢侈以及可怕的仆人……很多人蜂拥出国，以摆脱那些不幸。"——原注一个讲究细节的中上阶层女子宁愿穿白色罩裙,自然不愿意接待那些穿着考究入时的拜访者。换句话说,狄金森排斥时尚也是她选择避开公众视线的又一个理由。如果麦克家的那个人的回忆是可信的,早在1867年狄金森就开始站在"微开"的门边与来访者说话。另外,当地的一位企业家回忆说"艾米莉小姐""害羞地站在栏杆后面跟我打招呼,但是从来不见我"。以上的例子可以解释为什么莱曼和克兰德尔(同是出版业人士)前往马萨诸塞州,结果只是跟诗人谈了话却"没有真的见到她"。

威廉姆斯医生希望狄金森能在1866年5月做一次后续检查,但到了1865年底狄金森的眼睛已经好多了,甚至可以用墨水笔誊写39首诗作的定稿;3月,父亲认为她的眼睛不用再去复查了。既然狄金森后来再也没有提到眼疾的困扰,甚至给伊丽莎白·霍兰写信也没提到过(她患有更严重的眼疾,甚至于1872年动手术摘除了一只眼睛),因此,没有理由怀疑她的眼睛会受到持久性损害,更不用说永久性损害了。

狄金森的身体是否"强建"如莱曼所说呢?1868年春天,她父亲告诉妹夫"我们都得了重感冒",11天后又说"除了感冒,我们都挺好的"。父亲的信寄出后不久,艾米莉在给苏的信中说,"我没有品尝到春天－若还有4月,我们也许要好好享用"。还有一封给表妹的信说到她"身体虚弱","今天躺在床上－一个奇怪的地方,对我来说"。1869年底她感谢路易莎"挂念着我的病。我的情况不太好以至于我忘了曾生过病,但是现在好些了,开始干活了。我想我们每个人都得'忍痛挨到晚上'"。也许是在第二年的5月,她给路易莎写信用第三人称来说自己,"你记得她真是让人大为感动。她现在又虚弱又孤独"。(最后一句话经玛贝尔·卢米斯·托德之手,隐而未录,直到现在都不见于出版。)1870年夏天,诗人的健康好多了,所以她才可能邀请希金森到阿默斯特镇来。虽然证据不够清楚,相互间也有矛盾,但总的说来,狄金森在1866—1870年的健康状况跟她嫂子的情况比起来算不上危险（如塞缪尔的信件所显示），但也谈不上"强健"。

1866—1870 年这整整五年里，只有一首诗隐约提到自我牺牲是无用的。她为了别人而"去适应"，诗人把这个词变成动词，以捕捉那种"战斗"的感觉：

> 我去适应它们 –
>
> 我探寻黑暗
>
> 直到我完全适应。
>
> 这是清醒的劳作
>
> 包含简朴的甜美 –
>
> 我以节制为他们出产
>
> 一种更纯粹的食物，如果我成功
>
> 如果不能我还有
>
> 目标的欣喜 –

Fr1129

这首诗是用铅笔写的，因而不如墨水笔写的手稿容易确定写作时间，一般推测它是作于 1866 年。如果是作于早些时候，比如 1864—1865 年间，当时狄金森因为眼疾被迫避开强光，那么这首诗就可能缘起于暂时受限的生活。这让我们想起 1862 年底狄金森不肯见鲍尔斯的理由："他们不知道我是为了让出我的时间好让他们多一些时间。"

不过，狄金森这段时期的诗歌和书信中都表现出充沛的生活热情，她继续努力用简洁而有活力的方式来表达。有一次，维尼不在家，艾米莉负责主持家务，她给苏寄去便条，描绘了一幅生动的自画像："我围着父母团团转，跑了一整天，舌头伸在外面，像只夏天的狗。"亨利·梭罗的《科德角》[1] 出版后不久，1866 年苏去书中描绘的海边度夏，艾米莉对她最近崇拜的偶像表示出极大的热情，她问苏："大海友善吗？为梭罗亲吻他。"当一个新相识正好引用了梭罗的话，[2] 艾米莉"冲过去握住来访者的手说，'从现在起我们就认识了'"。如果这位访客就是叙述这段逸事的埃伦·E. 狄金森（堂弟威廉·霍利·狄金森的新娘），那么她们见面的时间可能是 1869 年 9 月。虽然狄金森隐藏起来，而且比以前更安静了，但她绝没有退出生活。莱曼所谓的"强健"或许是指她令人惊讶的生命力。也许这就是他为什么会在那篇素描中使用那样的标题，"事情并非表面所见"。

他人

狄金森的创作动力不仅来源于"自然"或"思考"，如她在《有一种别样的孤独》（Fr1138）中所言，还来源于她的各类朋友，有些是旧友，有些是新识。关于这方面的生活，在她给痛失姐姐的佩雷斯·考恩提建议时，做过一个完美的总结："我很高兴你就要开始工作了。他人就是止痛药。你还记得克拉拉吧。"佩雷斯的止痛药就是他还记得给克拉拉·纽曼送上美好的祝愿，克拉拉最近结婚了，终于带着安娜逃出了常青居。["D____太太（苏）只能自己照看孩子了，"刻薄的玛丽·鲍尔斯说道。]当她对"独一"（one）的执迷有所减退，渐渐转向他人（当然恰以她所接受的单一为基础），一股复杂的动力开始向诗人生存的中心移动。比以往程度更深，她是作为一个与他人完全不同的人走进他人的生活。

1　科德角（Cape Cod），波士顿以南约 100 英里的海角。梭罗 1849 年第一次来这里远足，并开始酝酿《科德角》，此后 10 年不断修改，此书在梭罗死后三年（1865 年）出版。
2　1881 年的一系列火灾引出了一个机智的念头："现在火警的钟声几乎比教堂的钟声还要频繁。梭罗一定会寻思哪一个害处更大。"

1865 年底，狄金森在高产期结束之前，创作了一首关于死后的诗作，她没有说明这经验来自何处：

> 灰烬表明曾经是火 –
>
> 敬畏那一堆惨白的灰
>
> 为了那逝去的造物
>
> 曾一度于此徘徊 –

Fr1097

大约三四年后，吹来一股气息，她意识到那些灰烬毕竟没有死去：

> 闷烧的灰烬脸颊泛红 –
>
> 啊，煤炭里面的心
>
> 经过这么多年你居然幸存？
>
> 闷烧的灰烬微笑 –
>
> 光的消息轻柔地激发
>
> 冰冷的几秒灼热
>
> 火焰持续不息的必要条件
>
> 它最初必须真实 –

Fr1143

这是这些年来唯一一首坦率的情爱诗，仿佛又回到了早期诗作，对一个离开了叙述者生活轨道的男人表达痴情。根据其铅笔初稿，这首诗的创作日期被划归为"大约 1868 年"。1869 年 4 月，《费城问讯报》(*Philadelphia*

Inquirer）报道，查尔斯·沃兹沃思接受了费城某家教堂的邀请。6月30日 [1] 沃兹沃思和家人从旧金山启程前往巴拿马，据7月24日《纽约时报》（*Philade Lphia Inquirer*）报道，他们顺利抵达费城。如果狄金森得到了这条消息（"光的消息"），很可能是通过霍兰或达德利，"闷烧的灰烬脸颊泛红"也许就是一个回应，它道出了她经常在私密的诗稿册中所说的：她的火永不熄灭。

还有一首诗作提到重新开始，是为"鲍尔斯先生"而写，也许作于1870年6月，编辑到常青居留宿了一晚：

> 他活着，这个清晨 –
> 他活着 – 而且醒着 –
> 鸟儿重新为他歌唱 –
> 花儿 – 为他换上新装 –

但是清新的夏日音乐会却在不和谐和哑口无言中结束：

> ……我 – 只是
> 示意，说不出话。

Fr1173

这个不幸的结局实际上预示出，这首诗虽然是献给鲍尔斯的，但它终究只能停留在诗人的稿纸上。她还是无法为这位老朋友重新歌唱。

1　旧金山的《每日唤醒报》（*Daily Morning Call*）在"宗教新闻"的头条刊登了沃兹沃思离开旧金山的消息，这家报纸还轻率地透露说，牧师"遭受神经衰弱的困扰"。关于沃兹沃思的精神损伤，时人若曾有所留意，这是目前所知唯一见诸公开发表物的文字。——原注

最能激发狄金森活力与创造力的朋友，是她还没见过面的男性朋友。南北战争结束后，希金森在罗德岛的东南部城市纽波特定居下来，那里与阿默斯特镇没有直通列车。1868 年希金森给阿默斯特学院的植物学家爱德华·塔克曼写信说，他"梦想去阿默斯特，看看你，还有我那位素未谋面的通信人艾米莉·狄金森"。1869 年春天，希金森热烈劝说狄金森到波士顿参加激进俱乐部（Radical Club）或女性俱乐部（Women's Club）的集会，这是向女性开放的两大知识分子团体。前者——进步、有时候很博学——一个月组织一次活动；后者在 1867 年刚刚组建，是选举权运动在新英格兰知识分子的阵地。希金森决意要把她吸引出来并最终得以接触。"你明白我是诚恳的"，希金森写道。

她以诚实的理由谢绝了希金森的邀请，比如她没有提出身体健康或是其他摆得上台面的理由，而是说："如果您能在方便的时候到阿默斯特来，我会非常高兴，我不会越过我父亲的领地去任何一所房子或城市。"没有哪一段话能如此清晰地将她的空间界限感与爱德华·狄金森设立的半径联系起来。她以更强调和更确定的方式说明了她的理由，这个理由她曾两次向希金森暗示过："我必须忘掉波士顿。爸爸希望我这样。他喜欢我跟他一块去，但拒绝我一个人去。""父亲反对是因为他很习惯我在他身边。"

在狄金森一生的信件中仅有六封信我们可以把来信和回信放在一起对比，这是其中之一。希金森当时很想知道，她孤身独处怎么会有如此非同寻常的想法奔涌而出。她用一个格言警句来回答："您注意到我独居——对一个移民来说，国家是闲置无用的，除非那是他自己的。"希金森谈到她的书信和诗歌的"奇异的权力"。她通过对《马太福音》第六章第 13 节的奇特解释予以回应：那权力还包括王国和荣耀。[1] 希金森说他希望确定

1　详见第七章。

她"真有其人"，甚至提到一个他们都认识的朋友，可那个女人却不能"告诉我多少关于你的事"。她回答说，她的生活别人是不会有兴趣的，同时也否认任何人有任何权威可以代表她说话："我的生活简单而刻板，不会让任何人难堪。'被天使看见'[1]不是我的责任。"他说："你仍把自己裹在浓重的迷雾中，我够不着你。"她说："我确信您说的都是真的，因为高贵的人都是这样，不过，您的信总是让我惊喜。"

当然，她说这些话并非是为了直接回答对方的提问，特别是当她告诉希金森，"您没意识到您救了我的命。从那以后亲自向您致谢就成了我为数不多的一大愿望。"正如狄金森有时谢拒他人的礼物，她发现想要报答所欠之情也并非易事。寄给苏的一节诗这样写道：

> 感恩－不是提及
>
> 一种温柔的情意，
>
> 而是那无声的理解
>
> 言语测不到底－

Fr1120B

要感激和报答她欠希金森的情，将是紧张而棘手的。

1870 年 8 月，希金森终于有时间来阿默斯特镇了。人还没到却先发生了一个误会：她以为希金森会提前一天到达，没想到她的精心准备落得一场空。于是，又引发了一个奇怪的连锁反应：希金森开心地告诉妻子，狄金森"整晚都梦到你（而不是我）"。更加令人惊讶的是，诗人对希金森妻子的了解不过是他在三年前的一篇旧文中提到的只言片语。这已经不是

1　这里引用《新约·提摩太前书》（3：16）："神在肉身显现，被圣灵称义，被天使看见……"

第一次：与一个新认识的已婚男性朋友交往，结果被突显的是妻子的身份。狄金森寄给鲍尔斯的最早的几首诗作中，就有一首在拿他的妻子开玩笑，要与她交换位置："如果她是槲寄生 / 而我是玫瑰"（Fr60A）。

希金森的妻子玛丽·钱宁·希金森行动受限，患有所谓的"肌肉松弛或无力"症，而且可能伴有各种硬化症。她一旦感觉不合意便会非常刻薄挑剔，她才思"极其敏捷，有独到的幽默感"。丈夫深知疾病限制了妻子的自由，令她深受孤独的折磨（这也可以解释希金森对狄金森离群索居的态度），他努力成为妻子通向世界的一扇窗口，把他对各种人和事件的第一感受通通告诉妻子。这就是为什么在 1870 年 8 月 16 日晚，尽管希金森已经非常疲惫，他还是决定给妻子写信，完整讲述了当天下午和晚上他与诗人的两次会面——让他感到筋疲力尽的会面。

狄金森的家让希金森想起了 60 年代最惊世骇俗的小说家伊丽莎白·斯托达德[1] 所描述的家庭，那些松散的家庭中有若干让人咋舌的个人主义者，其中就有卡桑德拉·莫吉森，她是那个时期的小说中最敢于拿性来冒险的女主人公。

他听到门厅里传来"嗒嗒嗒的小孩子似的脚步声，而后悄悄进来一个身材矮小、相貌平平的女人，梳着两束柔滑的红发……穿着一条非常朴素而又极其干净的珠地棉布白裙，披着蓝色的精纺织网披肩"。他大概估计到他的妻子会注意这些方面。他两次使用了"孩子气"这个词。女主人为他准备了两棵萱草作为她的"引介"，开场白是：请"原谅我惊慌失措；我从来没见过陌生人，不知道该说些什么"。她开始说起来，"一直"说下去，"有时停下来请我说"——然后又继续说下去。他拿她跟另外两个无

---

1 伊丽莎白·斯托达德（1823—1902），诗人、小说家，长篇小说《莫吉森》（*The Morgesons*）发表于 1862 年，是一部大胆前卫的女性教育小说。

拘无束的天真汉对比，比如路易莎·奥尔科特[1]常常犯糊涂的父亲，他认为狄金森是"彻头彻尾的天真和简单"。尽管希金森怀疑妻子不会在意她，他还是摘选了一些她的"妙"语放在信里。道别时狄金森说——"感激是唯一不会自我暴露的秘密"——可见她没能向希金森表达出她内心的感激，感激他"救了我的命"。临走前，她赠给他一张勃朗宁夫人墓的照片，很可能女主人比她的访客更需要这份礼物。

第二天希金森把他能记起的狄金森的格言尽可能地记录下来："当事物路过我们的心灵，是遗忘还是吸收？""我直到15岁才会看钟表。我父亲认为他早就教过我了，但我并没学会，我害怕说我不会，也害怕问任何人，怕他知道。"狄金森在信中所写的以及会面时所说的她父亲的事情，无疑影响了希金森对67岁的爱德华·狄金森的第一印象："一个干瘦的沉默寡言的人——我能理解她的生活为什么会是那样"。不久后，希金森大胆表达了他不同的看法——"我倒觉得她的父亲并不十分严厉，只是有点疏远"——他试图捕捉他体会到的那种距离感。

直到火车载着希金森进入佛蒙特州和新罕布什尔州，他的精神才舒缓下来。"我还从来没遇到过一个如此让我耗费心神的人。我没有碰她一下，她却把我榨干。[2]我很高兴没住在她附近。"10年后，希金森最后一次试图总结对狄金森的印象，他使用了新鲜的心理学词汇："毫无疑问，（她）给我的印象是过度紧张，是某种不正常的东西。"

如果我们对希金森的话一笑而过（奥斯汀可能就会这样），那将是个

1　路易莎·梅·奥尔科特（1832—1888），诗人，小说家，以《小妇人》（1868）闻名于世。路易莎的父亲阿莫斯·布朗森·奥尔科特（Amos Bronson Alcott，1799—1888）是超验主义圈子中的一员，与爱默生、梭罗等颇多交往。

2　在英国哥特式恐怖小说家布拉姆·斯托克（Bram Stoker）之前，与女性相关的吸血鬼故事一点不少于男性，她们呈现出另一种性的化合属性。丽贝卡·哈丁·戴维斯（Rebecca Harding Davis）在1864年7月的《大西洋月刊》上发表了一篇说教文学《妻子的故事》：一个事事不如意的妻子为了实现她演唱歌剧的雄心而害死了自己的丈夫，丈夫死去时颈上有一滴鲜血。这个男子的第一任妻子沉溺于鸦片，是个"邪恶的吸血鬼"，"吸干了他的青春"。

严重错误。在试图描述诗人狄金森的人们之中，希金森对新英格兰的文学、知识界和激进分子的圈子最为了解。他见过各种类型的人，皆采取自由、包容的态度，而且他刚好有机会和耐心及时做了记录。他对艾米莉·狄金森的素描是有记录以来最富细节性也是最为生动的，而且很可能是至今我们见到的最可信的描述。他像舒了一口气似的说，"我很高兴没住在她附近"，对此，我们应该认真对待。我们还应该想一想苏，她就住在这个"发电站"隔壁，生活了整整 30 年。

第二十章

1870—1878 年：不会陈腐的智慧

回顾之作

狄金森满 40 岁那年，标志着她四年沉寂期的结束和一段持续的中水位创作活跃期的开始。在 70 年代，她的创作数量赶不上那个挣扎的岁月，但仍保持每年平均 35 首的创作势头，只是在母亲摔坏髋关节的那年降至 23 首。

1871—1875 年，她接续了 1865 年的工作，把诗作整洁地誊写到对折的纸张上。如果说她在 1858—1865 年所做的是系统的保存工作，把大多数诗作都保留到手稿册中或分组存放，那么 70 年代的自我编辑工作则更加精挑细选，也更加时断时续了，有三分之二的诗作没有被收集和编选。许多诗寄给了朋友或整洁地保留在散页中，但大量的诗作是以草稿的形式用铅笔写在各种纸张上，如便笺纸、包装纸，还有废弃的信笺或信封，甚至还有马萨诸塞州农业学院毕业典礼的节目单、广告宣传册等。在这些纸张上就有几首闻名遐迩的、仅此一个版本的诗作，如《说出全部真相，但要曲折》(Fr1263)。也有欠佳之作，有些只是粗略的草稿，还有一些重复或晦涩之作。跟那些具有探索精神的原创作家一样，狄金森也难免在创作中丧失活力或新鲜感。有时候她重写以前挖掘过的想法，却没能加入新的元素或新的生机。然而，她始终没有丧失其高度的机敏和警觉。

　　大约在 1872 年，狄金森写出了一些描写精神状态的诗句，这样的诗句似乎不太可能出现在 10 年前：

> 一种停滞的快乐如池塘
>
> 任灯心草随意生长
>
> 直到它们把池塘塞满
>
> 致使水流迟缓
>
> 阻碍明亮的航程
>
> 一路下行的光影
>
> 不过当洪水奔涌来袭
>
> 它仍会自行唤醒 –

Fr1258

　　诗人本来敏于回应，接纳天堂的光影穿越她清亮的池水，不管现在是什么东西阻碍了她，她相信，一旦春水奔涌而来，一定会恢复池塘往昔的流动和清澈。对于现在的停滞和迟钝，她既不接受也不哀叹，这首诗重申了那种期盼的姿态——狄金森作品的内核。

　　在另一首诗作里，其主题也是反应迟钝，我们听到了哀叹的声音：

> 啊，草上的影子！
>
> 你是不是一个脚步？
>
> 去把自己变得更美，我的候选人 –

我提名的心！

啊，草上的影子！

我迟迟没有打扮 [1]

你有没有奉他人为神圣 -

哎，落选的脸！

Fr1237A

那正在靠近的是某个人的脚步吗？影子是否代表诗的真理，等待着做好准备的心？无论答案是什么，该打扮或猜中的时候，叙述者却一味懈怠，其后果无法挽回。

不过，这是70年代狄金森唯一一首真正表达遗憾的诗作。在她最佳的诗作中，她努力表达她向往的热情，同时不遗忘或忽视她所积累的经验。下面这首诗就是一个恰当的例子。这是一首奇妙的谜语诗，关于渴望与结合，它再次使用了由两个诗节构成的八行体——狄金森诗歌艺术不可或缺的形式：

大海对小溪说"来吧" -

小溪回答"等我长大" -

大海说"那你将变成大海 - 而我

要的是小溪 - 现在就来吧！"

大海对大海说"走开" -

---

1 在诗人的手稿上，"打扮"（dress）的替换词是"猜中"（guess）。——原注

大海说"我就是你的所爱

那个他"－"博学的海水－

智慧是陈腐的－在我看来"－

Fr1275C

大海期望的融合在第一诗节到第二诗节的过渡中完成。等到新一轮对话开始，小溪已丧失了它的新鲜和吸引力及其之前的身份，因而最后的交流只能发生在大海与大海之间（中间的那句话来自曾经的小溪）。从渴望开始，以幻灭告终，还有同义反复和厌倦——一个人在自说自话。诗作的结尾是一句醒目的格言，简洁有力，因为她明白根本不需要任何浮夸或藻饰。这是狄金森的老生常谈——没有距离和不满足，就没有生命、活力和渴望——但她言说的方式却绝非陈腐的。

大约在 1873 年，她寄给希金森另一首两节八行体的诗作，再次处理意识与渴望的主题，随信寄上了几片树叶：

统治权得到即即终止－

占有权也不会更久－

可是这些－轻飞着赠予着

却把永恒拥有

嘴唇如何天长地久

只有露水知悉－

这些是永恒的新娘－

取代我和你。

Fr1299

尽管开篇的诗句令人费解，但它们不过进一步表达了诗人头脑中的那些基本悖论。如果权力和占有的快乐从本质上讲都是预期性的，那么"统治权"只能在心灵的期待中获得，且总会在实现的那一刻消失。此诗试图表达，快乐感的持续（与普遍接受的观点相反）只能在"获得之前"。因为树叶不受意识的法则限制，所以它们能得到人类梦寐以求的东西：与新鲜事物即"露水"直接接触。树叶享受这永恒的亲吻，它们明白什么是永不消逝的极乐，而人类的企图只是徒劳妄想，因此它们"取代我和你"。最后一行精致耐读，"取代"（supplanting）一词使用分词形式，好像种下的"植物"（plant），加上直接指向"我和你"，让读者不得不望而却步。这首诗除了希金森之外没有寄给其他人，她甚至也没有存留底稿。

这些关于陈腐和新鲜的诗作，很大程度上说明了狄金森的自我意识和她所达到的境界。更能说明问题的是，她自 1865 年以来首次开始创作的第一人称的回顾诗。[1] 其中一首回顾了她的存在，认为她的历史是一个无法解释的特殊个案，而且她对此没有任何功绩可言：

> 不知怎么我从黑夜幸存
>
> 随着白天登场 –
>
> 被救不过是被救而已
>
> 没有什么配方 –

---

1 这里无法一一讨论，这一系列诗作包括：
《缓慢的一天向前移动》（Fr1198，1871），《我的胜利持续到鼓声》（Fr1212，1871），《她临别的脸庞冷淡而甜美》（Fr1231，1871），《代表我的星辰已老去》（Fr1242，1872），《如果我不曾见过太阳》（Fr1249，1872），《通过何种忍耐之狂喜》（Fr1265，1872），《我以为自然已足够》（Fr1269，1872），《我们正惧怕它－它就来了》（Fr1317，1874），《我的心向你奔去》（Fr1331，1874）《别让我破坏那完美的梦》（Fr1361，1875），《我期盼那消息却害怕听到》（Fr1391，1876），《它们特别的光》（Fr1396，1876）。

从此我在我生活之地 -

如同死刑犯被撤销 -

一个有望于清晨的候选人

只跟死者相邀。

Fr1209

叙述者感觉自己像是拉撒路[1]从坟墓中站起，或是逃出死神魔爪的格特鲁德·范德比尔特。不过，她没要求恢复青春，实际上这首诗已没有了早期诗作的狂放。

对她内心历史的另一种处理似乎是淡化旧日的梦想和失望：

我为糠秕劳作而收获麦子

当时傲慢且背叛……

我品尝小麦而憎恨糠秕

感谢那位富足的朋友 -

智慧更适于远观

而不适于近瞧。

Fr1217

从最后两行诗我们得以知道，当时大海对小溪发出"现在就来！"的邀请，小溪大概就是这样回答的。另一首诗一开篇就提出了一个问题"你就是我曾渴望的东西吗？"似乎在对一位可以享用的恋人或是一个得到满

---

1 拉撒路（Lazarus）被耶稣从坟墓中唤醒复活，见《约翰福音》第12章。

足的欲望说话。答案尖刻而有趣，暗示了诗人，如今40岁出头，觉得自己已超越了这一切：

> 走开－我的牙齿长了－
>
> 去供养一个小胃口吧
>
> 还没有饿过如此之久……

Fr1311A

不过，热烈的爱并不那么容易消散。大约在1871年，诗人想起心底里对遥远恋人的深情依恋，她又一次感到愿意倾其所有以换取和恋人在一起的"权力"，恋人虽然被动地使用他的"魔力"（他没有主动使用的意愿），却足以将她唤醒：

> 在您广阔大地的某处
>
> 今天仍自行存在－
>
> 那被动却持续的魔力
>
> 曾把我神圣选中－
>
> 四季更迭无动于衷
>
> 为了得到我的权力－
>
> 我愿意付出我的全部原子
>
> 除不朽之外的每一粒－
>
> 保留只是为了证明
>
> 您的另一个日期－

啊，宽大的上帝，别对我们

把永恒遮蔽！

Fr1226

最后两行突然发出祈祷，表现出对永恒的焦虑：既然一切神灵都喜爱广阔的空间与时间，如果上帝果真十分吝啬，那该怎么办？

在狄金森期待与恋人在天堂重聚的一系列诗作中，这是能大致推测出写作时间的最后一首。在 70 年代其他第一人称的回顾诗中，她总是在过去与现在之间画出一条明确的界线，似乎是为了表明她成熟了，有所收获了。在反观过去的诗作中，有一首最能表明诗人的心迹，这首诗回顾了60 年代初那一段交织着痛苦和英勇的日子：

我不该竟敢如此难过

多年之后再一次 -

一份重担开始不可能

当我们将它放下 -

那超人于是撤退

而我们从来不曾看见

巨人就在另一边

现在开始消亡。

Fr1233

狄金森过去十分迷恋"神秘的悲伤"这个词，"难过"也许是一个最简单、最不夸张的替换词。她现在明白了，难过与否是自愿的或是自己选择的——是一种她敢于感觉的东西，它能够唤起一种力量，事后追想，就像超人一样。不过，她并不觉得那是她的功劳，她想象那个从未见过的、帮她负载重物的巨人一定是来自"另一边"。

诗人去世很久之后，她的侄女回忆说，奥斯汀"从来就不喜欢，也不愿意听到她寄给我母亲的那些表达悲伤或暗示此类情感的诗作"。不仅如此，在这个侄女成长的过程中，她被引导着远离"孤独和内省……在他家中不要再有孤独的诗人"。侄女的回忆揭示出，诗人不得不适应哥哥制造的某种审查氛围。诗人确实需要胆量——还有距离——去难过。

关于回忆的诗作

1870 年托马斯·温特沃思·希金森为《妇女杂志》（"美国妇女选举权组织"的机关报刊）撰写了两篇文章《房间的门闩已经打开》（*The Door Unlatched*）和《大门的门闩已经打开》（*The Gate Unlatched*）。第一篇文章的开头讲述了一个爱尔兰男人的故事：他希望通过金钱让牧师把他的兄弟从炼狱中救出来。过了一段时间，此人向牧师询问他兄弟的情况，对方告诉他，经祈祷，"房间的门闩已经打开"，于是，他把"剩下的钱放回口袋说，如果提姆（此人的兄弟）还是以前那个男孩的话，剩下的事他自己会做好的"。希金森想用这个故事表明，妇女通向自由的那道大门，如今"门闩已经打开"，伟大的变革无可阻挡，哪怕是霍兰博士的小说，"明明是为了驳倒它，反而却帮助了它"。几个月后，诗人给希金森写信询问他的一篇文章，"关于一个'门闩'"，但对方没有弄明白，她便在另一封信中继续试探（这封信可能没有寄出）："是不是有一本杂志叫作《妇女杂志》？我想那篇文章就在那里——大门、房门、门闩。"

狄金森关于回忆的诗作里那些必须紧闭的"大门""房门""门闩"最能表达出她到达现阶段的感受。仿佛是在回应希金森的挑战，她在

1870—1875 年间不断重复这个话题。[1] 频繁吸取哥特式浪漫小说的手法，她把回忆呈现为一些空间或地点，那些最好能避开的地方，比如一栋长期废置不用的房屋、一个最好别去清扫的壁橱、一个不要轻易打开的地窖，以防"深不可测"的东西被唤醒，出来追击：

> 回忆有后部和前端
> 它像一栋房屋 -
> 它还有一个阁楼
> 留给废物和老鼠 -
>
> 此外还有最幽深的地窖
> 那是泥瓦匠曾经设计
> 小心看护以防我们自己
> 被其深不可测追击 -

Fr1234D

这类题材的诗作中最富戏剧性的一首是于 1862 年录入诗稿册的《我已离家多年》，叙述者带着她迫切的问题接近一个从前的住所：

> 只是 - 我留下的一段生命 -
> 是否 - 还栖居于此？

Fr440A

1　关于回忆的诗作如下，在此不作讨论：
　《这是独处的一个时辰》(Fr1211，1871)，《过去是个如此奇特的造物》(Fr1273，1872)，《当回忆盈满》(Fr1301，1873)，《九月的毕业告别演说》(Fr1313，1873)，《当你清扫那神圣的密室》(Fr1385，1875)。

在下面的好几个诗节中，叙述者只是站在门外，一心想敲门进入，却只是木然停在门前，"战战兢兢"抓住门闩，生怕门突然弹开，把她留在屋内的"地板"。最后她转身"气喘吁吁"逃跑，她的问题没有得到解答。10 年后，当狄金森开始创作装满回忆的恐怖屋系列诗作，她找到诗稿册中的这首诗，加以修改——这是目前认定的唯一一首 1865 年前创作、1872 年重新修改的诗作。显然，时候到了：即使不是直面过去，至少也该去想一想心灵在逃避什么。

在这类题材的诗作中，有一首写得十分有趣且富有穿透力，狄金森想象自然世界沮丧地看着人类的心灵逃离自己：

我们从记忆里逃跑

若是长了翅膀

有多少东西会飞掉

鸟儿已习惯了周遭的慢

会感到惊慌而好奇

会盯着那硕大的货车瞧

那是众人从心灵里

纷纷潜逃

Fr1343

在这里，意识只能通过最不体面的逃避来发挥作用。

正如狄金森不会把她经历的真实细节放进诗作，所以她 70 年代初期的回忆诗极力克制审视过去的冲动。它们不是要驱除那些头脑中的鬼怪，而是要召唤那些阴魂不散的存在。既非坦白供认亦非直接对抗，相反，这些诗作处理那些身份认同问题，比如内在的分裂、在时间中的延续，幽灵般的自我的感觉、隐藏的需要。

尽管如此，我们仍可以在狄金森的回忆诗中打探关于她的消息。回忆总是一幢"房子"意味着什么？为什么危险的房间总是和储藏和垃圾[1]相联系？为什么一再出现不进入或逃跑的说法？这些是否和父亲所规定的严格的空间限制有关？或者因为她住过的两幢房子分割了她的回忆？从9岁到25岁她一直生活在西街（现在叫普莱增特街），如今离开那里已经七年，所以就有了"我已离家多年"？如果西街的房子在某种意义上就是诗中的房子（当年从西街的房子寄出的信常常提到，门前的石阶是她最喜欢的地方），那么诗作似乎关系到她对危机发生前的自己感到不安。"小女孩期"的某些事情似乎让她难以面对。

1852年狄金森给埃米莉·福勒的便条写她飞奔回家，家中的大门自动打开迎接她，而1862年这首诗则写她担心那扇门会转动，将她拖进屋去，两首诗一前一后形成鲜明对比。这个对比可以从多种角度加以解释，其中至少有这样一种暗示：她已失去完整的身份，取而代之的是一种长大成人的意识，从此只身在世界游荡，不再享有单纯和天真。那些装满了坏消息的不祥的地窖和壁橱，就是那扇热情友好、自动打开的大门的变体——为了艾米莉的成熟，它们不得不变身。当然还会有下一步，那得等到父亲去世之后，她逐渐适应了父亲不在身边的日子。

在此期间，大约作于1874年的一首诗，再次回到了那个老问题——他们为什么不回答？——让我们再次看到她对过去的自己怀有不安的情绪：

它们是否已被遗忘

1　狄金森家附近住着一个牧师，多年后，牧师的儿子麦克格雷戈尔·詹金斯回忆他的邻居是这样处理垃圾的："每到春天，爱德华·狄金森家会挖一个大洞，把攒了一个冬天的垃圾埋进去。"——原注

或正被遗忘

或从未记得

不知道更安全

猜测的种种悲惨

是一种温和的痛

相比于一个铁的事实

因我知道而变硬－

Fr1334

所以无须惊讶，老朋友在她晚年偶尔出现，对她是一种折磨。1882 年，长期不在阿默斯特的埃米莉·福勒·福特回来度夏，诗人显然拒绝与之见面。1873 年阿比·伍德·布利斯从叙利亚（她在那里从事传教和教育工作）休假回到阿默斯特，她发现艾米莉"成为镇上的神秘人物，不可接近，除了少数几个她选定的人，而且被选定的人在进入她的圣殿前，还得经过适当的准备和仪式"。阿比不肯把"她的老朋友当作女巫"，坚持让对方"接待，看在老朋友的情分"。一首可能是记录这对老朋友见面的诗，报道了一次明显没有女巫气的、颇有教益的社交活动。女主人忽视阿比头发上的"雪花"，礼貌地谎称她没有改变，而诚实的客人却说艾米莉确实变老了，建议她接受时间的"掠夺／为了进步"（Fr1304B）。需要一个精明练达的老朋友才能让狄金森幡然醒悟。

第三位老朋友是凯瑟琳·斯科特·特纳，现在改姓为安东，她不知道如何应对这个局面。大概是在 1877 年诗人写下了这首含泪的诗作，表达不能见面的理由：

我不会低声抱怨若是最后

下界里我心爱的几个

被获准，终于明白我何以

如此将他们闪躲 -

泄露隐情会安宁我的心

却会将他们的揉碎 -

为什么，凯蒂，背叛可以发声 -

而我的 - 却消隐 - 于泪水。

Fr1429

　　背叛者振振有词，有很多安慰人心的理由；但内心忠诚的艾米莉却不敢说出口，唯恐她一旦说出躲避的理由会"揉碎"她的朋友们。如果到最后一切真相大白，她的动机昭然于世，她不会"低声抱怨"。在那之前，她的声音"消隐 - 于泪水"。

　　上面这些诗句，显然没有寄出去，只是为自己做了一番辩护，并没有提供什么具体解释。在这方面，它与回忆诗的方式很相似。写在同一张纸上的诗《我们避开因为我们珍视她的脸》（Fr1430）更没提供任何信息。我们读到的最接近于解释的文字是一首无法确定时间的诗，它似乎提供了诗人拒接跟凯特见面的正当理由（这些诗行只保存在苏后期的抄本中）：

她忘了我那不算什么

我值得被忘记

对于我是第二重痛苦

让我最为思虑

忠诚是我能炫耀的全部

但我的坚定不移

对于她，由于她不予提名 [1]

竟像是一种羞耻

Fr1716

　　诗人坚定不移的爱却在另一个女人心中引发某种羞耻感，这让艾米莉感觉"值得被忘记"——意味着要么值得被遗忘，要么不适合留在记忆里。这是一种熟悉的感觉，在 1873 年给苏的一张便条中得以概括，她询问有什么伤感能比得上这"简单的声明：'不是我们爱他而是他爱我们'"？

　　在扔进大坑的垃圾里有多少没有回报的爱和被忘却的生活，那是回忆不敢窥视的东西……更不用说埋在斯特朗家井底的恐怖回忆。[2]

乡村生活，按她的方式

　　70 年代的狄金森远离但并非完全停止社交生活，对于这个问题，研究者西奥多拉·沃德的观点最具洞见："这是 20 年后的回归，更全面地参与小镇的社交生活，不过是以她可以控制的方式参与"。此时的诗人显得更加傲慢，她拒绝大多数访客，剩下的少数也要通过预约，而且总有特定的仪式，如此一来，废除了普通社交的随意性和愚蠢的常规。在这些限制之内，她无法形容的直率、清新、迷人，在人们的记忆里留下深刻印象，她的条件既慷慨大度但又绝无讨价还价的余地。

1　"由于她的不予提名"译自"By her innominate"，是一个充满歧义的插入语，可以理解为：她对我的忠诚不予鼓励，因此"不予提名"，也可以理解为，她不知道如何为我的忠诚命名，无法用词语来表达之。这里姑且采用第一种理解。

2　参见第九章第二节"加深的威胁"。

1930 年奥斯汀·巴克斯特·基普回忆，他的姑妈玛丽·泰勒·狄金森和哈丽雅特·奥斯汀·狄金森 1876 年夏天在阿默斯特度假时遇到过这样一件事：一天，她们决定去拜访老朋友维尼。"她们走到花园的东门，窥见艾米莉身穿白裙，在她的花丛中间。一开始，玛丽姑妈和所有人的反应一样，低声说'啊，那是艾米莉；现在我们可以好好看看她。'但对方几乎很快就意识到其中的不公，于是用力关上门，转眼间，消失不见！"事后诗人给她们俩寄去一个"精美的短笺"，基普认为，这表明她"对这个局面'驾驭自如'"。

第二年的 2 月，维尼在教堂听一个投身音乐事业的年轻女子演唱《旧约·诗篇》第 23 章的系列歌曲，给她留下庄严肃穆的印象。艾米莉想必也想亲耳听一听。6 月的一个温暖的夜晚，诺拉·格林和她的一个姐妹克拉拉，还有一个兄弟，走进狄金森家的客厅，做一场私人表演。客厅里不见人影，格林兄妹猜想大概就这样直接唱吧，于是他们就开始了。[1] 演出结束后，"一阵轻轻的掌声……从楼梯上飘下来，维尼小姐走过来告诉我们艾米莉会来见我们——我姐姐和我——在书房"。当他们走进一间灯光微暗的房间，"一个穿白裙的瘦小身影飞奔到我们面前，向我们问好，她抓住我们的手说，听我们唱歌她很愉快。"她说她知道他们的嗓音、笑声，还有他们的兄弟的口哨声；说她过去也弹钢琴；她说起话来像"一个上气不接下气的小孩"。她是不是用（只有她侄女描述过这个习惯）"她特有的方式急速喘气？"艾米莉站着说话的时候，克拉拉"特别注意到她又黑又大的眼睛，嵌在一张瘦小苍白、轮廓分明的脸上；还有小巧的身材，单薄得像一个小孩子，非常质朴。"这是克拉拉跟诗人的唯一一次会面，当时她 21 岁或 22 岁。

---

1 狄金森也喜欢隔着房间听钢琴家的演奏，比如阿比的儿子弗莱德·布利斯（Fred Bliss），还有阿德莱德·多尔（Adelaide Dole）夫人。——原注

大约在 1882 年或 1883 年，阿默斯特学院一年级学生威廉·T. 马瑟带着给维尼的短信，穿过主街来到狄金森家后门。马瑟敲门后，"听见门后面有人悄悄旋转钥匙反锁门锁的声音"。这时维尼从花园走来，马瑟把短信交给她，然后"我说了几句把我当盗贼的玩笑话。显然艾米莉小姐听见了，她出现在门口，不停地向我道歉，于是我们便愉快地聊了一小会儿。她一身白色衣裙，微红的头发，还有发网和流苏，看上去很特别"。狄金森去世时米莉森特·托德·宾厄姆只有六岁，她也记得"褐色的丝质发网裹住她赤褐色的头发，在耳朵两侧后面还有褐色的流苏"。

有一次，伊丽莎白·霍兰的女儿安妮·霍兰·豪出现在毕业典礼周的招待宴会上，狄金森让她第二天早上再来。安妮，大约 14 岁，在狄金森家房前一条幽暗的通道上得到诗人的接见，诗人问她喜欢一朵玫瑰还是一杯酒。60 年后安妮仍然记得那位女主人"非常特别"。"她的声音、样子，她整个的性格，给我留下的印象至今活灵活现。"

这个幽暗的通道没有特定用途，家里人都叫它"西北通道"，不过是一条连接正面的公用房间和食物储藏间的一个通道。有五个入口可通向这个通道，其中一个是没有灯的楼梯，玛莎·比安奇机灵地指出，它为"接近或躲避"提供了多种可能。根据玛莎的描述，当艾米莉看到苏从常青居走来，她经常想办法与苏在这里匆忙地见上一面。玛莎还表达了这样的印象：通道相会常常被其他家庭成员打断，他们自然会邀请苏到得体的前厅就座。

从艾米莉给友人的后续信件（"我们的分别有点被扰乱"）来看，她常常不能按自己的想法与密友道别。有一次伊丽莎白·霍兰走后，她写道："我本想悄悄地道别，结果却乱成一团！篱笆才是唯一的避难所。没人闯入是因为没人怀疑。"如同"西北通道"，"篱笆"想必是另一处秘密的幽会地点，是狄金森乐于跟密友提起的一个可供分享的秘密，还有夜晚和黑暗，正如寄给霍兰的一封害羞的（合辙押韵的）短信所写：

太阳出来时你已离去。

我怪他迟到 —

他说我们不需要他。啊，爱偷听的太阳！

她是在谈论与朋友清晨分别前的亲密吗？如果是，她不去回味那温馨的时刻，而是制造出亲密落幕的场景。在这场引诱性的游戏中，偷听的太阳所扮演的重要角色就相当于那个总是打扰她道别的闯入者。

在诗人生命的最后 15 年里，与她通信的当地人中很少有人见过她。这些不见面的通信人有棕榈叶制帽厂厂主的妻子阿德莱德·希尔斯、她平时住在纽约，夏天到阿默斯特度假，她家宽敞的大房子就在狄金森家的东面。其他的通信人还有阿默斯特学院校长的妻子奥利芙·斯特恩斯；还有阿比盖尔·库珀，库珀的儿子后来成为奥斯汀法律事务的合伙人；还有教养良好的萨拉·塔克曼，她住上了阿默斯特的第一栋石头房子。库珀一家"阅读成瘾"，塔克曼的丈夫是阿默斯特学院的植物学专家，对青苔特别有研究。宜人的学府镇吸引了各类文学爱好者和专业研究者，这为诗人通过信件与外部世界保持联系提供了方便。从现存的各种信件看，诗人对萨拉·塔克曼有一种特别的亲近感；萨拉多才多艺、优雅迷人、生活优越，苏记得塔克曼家的派对"远离生活的日常格调"。

这个短语刚好恰当地概括了诗人寄给这些女士的信件的基本特点。每一封短信或每一张便条都是精致而机巧的，它们或表达谢意，或送上安慰，或表示祝贺，有时还附上鲜花水果。一张给塔克曼的完整便条如下："我担心我的祝贺，像加尔文所谓的忏悔，因太迟而不可信，可是，难道就找不到快乐或忏悔会持久的特例吗？"这些便条无论是单篇看还是放在一起看，都透露出一股超凡脱俗的社交意识，它们似乎用既温情又新颖的方式表达某种热忱的关怀，但也可以读作某种对拒绝见面的补偿，若把所有女人的信札放在一起比赛，狄金森的信札大概是最精致的。维尼转来阿德莱德·希尔斯从纽约的来信，艾米莉倾力回复道："被记住仅次于被爱，被爱就是天堂，那么，这是不是很人间呢？"然而狄金森和希尔斯没有什么共同点，希尔斯不喜欢跟学院圈子打交道，她的信也表明她思想平平："能再次看到你的笔迹我很高兴——就好像你就在眼前。"这封信之所以没和其他信件一起销毁，是因为信纸背面潦草地写着一首语言浅白的迷人的小诗，《亲爱的三月，请进》（Fr1320）。

狄金森现存的便条和信件，三分之二写于她生命的最后16年。这个数据告诉我们，在她井然有序的隐居生活中，社交与表达欲是多么活跃；这个数据还告诉我们，这些便条和信件在她看来是值得留存的。它们如宝石般璀璨的光芒得到了认可和欣赏，而如果它们没有被对方理解，需要仔细斟酌、解码、讨论，然后才被收藏起来，那就更值得赞赏了。一个传奇由此产生。

艾米莉毫无疑问在阿默斯特的社交场上扮演了双重角色。一方面，她极其善于表达优雅得体的情感，所以当她拒绝亲自到场时不会被指责为漠不关心。但她私下里对维系社交活动的繁文缛节或惺惺作态却态度刻薄。有一次，她和侄女在楼上听维尼和她的"女士访客"道别，艾米莉用听得见的耳语说，"听！他们在接吻！－叛徒！"诗人给玛丽亚·惠特尼的某封信中也提到过类似的情景，表明了诗人对那些礼节拒不遵从的鲜明态度："多么珍贵啊听见你按门铃，维尼让你回想朋友们在一起时那美妙动人的时光－这也是虚构。"最后一句话冷漠地破坏了前面句子营造的温馨场面，甚至没有一个警告的转折词"但是"，此时，热情洋溢的"多么珍贵啊"（尽管现在听上去很顽皮）尚在耳边回荡。

当名流雅士出现在狄金森家中，艾米莉虽不愿离开楼上偷听的岗位，却会用自己的方式与他们交往。1880 年 5 月，因写兰开夏郡煤矿故事而一举成名的女作家弗朗西丝·霍奇森·伯内特[1]到常青居作短暂拜访。多年后她回忆说，她在用午餐时收到一个小盒子，里面摆着"一枝精美的三色堇，上面放着一首奇妙的小诗"。

狄金森结交的新朋友中排在第一位的是萨拉·詹金斯和她的牧师丈夫乔纳森·詹金斯。双方的会面是奥斯汀在 1867 年策划的。乔纳森生活富足优越，而且吸引了一些有影响力的支持者。他"与众不同的贵族气质"给一位将军留下良好印象，将军认为乔纳森是"宴会上最合意的作陪，令举座增辉"。人们记得萨拉说话"语调优美，用词严谨准确"。牧师的新住宅就坐落在主街常青居的对面，萨拉和苏一度成为（按照一位不属于核心社交圈的女教民的说法）"形影不离（原文如此）的朋友，各种聚会都厌恶她们"。詹金斯的儿子在传记中写道，詹金斯夫妇常常走访奥斯汀和苏，四个人在一起总是笑声不断，艾米莉也模糊地描绘过他们的笑声在"四人的圆周"内盘旋。1869 年苏去杰尼瓦看望姐姐，艾米莉"谦卑地想填补你在牧师家的空位，却毫无竞争力，只会让他们发笑"。这可能意味着艾米莉只是更频繁地给他们写信，她不太可能穿过主街出现在牧师住宅。

也许是在新牧师的引导下，爱德华开始读一些严肃的神学书籍。他读得越来越投入，她的女儿 1870 年说他"礼拜天只读书——读孤独和严肃的书"。1873 年詹金斯迎来了他 10 年牧师任期内的一场宗教复兴运动，此次运动在一位来访的福音传道士的协助下开展。狄金森通常会在她楼上的观察哨所观看每天的祈祷集会，她喜欢看她的虔诚、圆胖、装扮花哨的邻居阿比·斯威策每天早晨"披着黑绉纱赫然出现"，为了抄近路，从狄

---

[1] 弗朗西丝·霍奇森·伯内特（1849—1924），英国小说家、剧作家，因出版《奥劳莉姑娘》（*That Lass o'Lowries*，1877）一举成名。

金森家的围地穿过。诗人 70 岁的父亲对待这次宗教复兴运动的态度更是严肃，他草拟了一份神圣的誓言，并庄严地签上了名字："我特此宣布我愿献身上帝。爱德华·狄金森，1873 年 5 月 1 日。"他很为自己那个不敬神的女儿担忧，特别请求詹金斯以牧师身份和女儿谈一次话。谈话在一个尴尬的地点进行，为了对付这位极有主见甚至让人畏缩的教区居民，牧师一定使出了浑身解数，循循善诱。谈话结束后牧师安慰焦虑的父亲，他的女儿"心智健全"。她本人如何看待这次谈话呢？三年后她回忆说，与"父亲的牧师谈过一次"，这表明她完全明白父亲是这次谈话的幕后主使，同时也表明她对牧师的话毫不在意。

苏的女儿清楚地记得那个下雪的晚上，雇工从家宅送来一桶牛奶和一个小盒子，里面是艾米莉姑姑送给她的小食品和一张便条或是一首诗。《如果这个日子不曾存在》（Fr1281）或《生日仅有一种苦恼》（Fr1541）等诗作很可能是为苏 12 月 19 日的生日而作。1875 年，44 岁的苏生下第三个孩子吉尔伯特。与 1861 年苏生下第一个孩子后的情形相比，诗人现在的短信显得从容自信并乐于提供帮助："艾米莉和她的一切都听从苏的吩咐，为了宝宝的舒适——马吉可以派过去，如果你乐意接受她。"

总的来说，狄金森评价自己与苏珊之间友谊的诗作不似过去那样困窘。诗人不再抱怨被忽视，[1] 而是更严肃地总结这友情如何恒久不变，表述的口气时而尊敬时而奉承：

> 拥有一个我自己的苏珊
>
> 本身就是天赐之福－

1　没有任何证据表明"我做的最悲惨的事／是假装收到你的来信"（Fr1345）这首诗寄给了苏，或如某些评论家提出的，苏就是"歌利亚"。这首诗大约作于 1874 年，爱德华在此年去世，两年后狄金森重新开始与沃兹沃思通信。在狄金森眼中沃兹沃思是"强大的男人"，就像歌利亚一样。——原注

无论我丧失多少疆土，主啊，

　　让我在这里继续！

Fr1436　大约 1877 年

　　同时，狄金森继续强调似近实远的感觉。最引人注目的是她誊入诗稿册、后来又试图销毁的一首诗：

　　现在我知道我失去了她－

　　不是因为她已离去－

　　而是一种疏远，游动

　　在她面孔和唇舌之际。

　　陌生，尽管比邻

　　像一个外来的种族……

Fr1274A　大约 1872 年

　　第五行诗直接指涉苏，还有最后一个词"偶像崇拜"也与苏有关。

　　有一首诗写一口神秘的井，明确认定苏就是一个不可知的陌生人。第一个版本里出现的"大自然"被替换为"苏珊"：

　　可苏珊仍是个陌生人－

　　最常提起她的人

　　从未登临过她闹鬼的房屋

　　也未威胁到她的鬼魂－

可怜那些不了解她的人

靠悔恨帮助

那些了解她的人，了解得越少

就离她越近－

Fr1433C　大约 1877 年

　　之前用来代表回忆的鬼屋在这里变成了苏本人，她拒绝亲密，也拒绝了那些试图了解她的人。艾米莉这里是否暗示，苏近来引起了她自己或其他什么人的敌意，比如萨拉·詹金斯？有流言说萨拉"彻底反感那种神气十足、阿谀奉承、空虚肤浅"。

　　这段时期艾米莉与诺克罗斯姐妹的通信依旧是愉快的，她绝不会把她们视为"外来的种族"，就算她们住在遥远的威斯康星州密尔沃基市（Milwaukee）。姐妹俩和约翰、伊丽莎·达德利住在一起，度过了一段她们人生中的艰难时光。1871 年 6 月伊丽莎因肺结核去世，约翰再婚，新妻子名叫玛丽昂·V. 邱吉尔（一个咄咄逼人的新闻记者兼诗人[1]，年龄只是约翰的一半），姐妹俩于 1872 年满含悲伤地回到马萨诸塞州。她们先是在波士顿的伯克利酒店暂住了一年，后来到附近的康科德定居，在那里她们加入了自由教派的第一教区，认识了很多朋友，包括爱默生的女儿埃伦·爱默生、善于交际的单身汉詹姆斯·L. 惠特尼。1875 年，艾米莉听说詹姆斯的妹妹玛丽亚和诺克罗斯姐妹在一起度过了愉快的一天，她很高兴他们"喜欢惠特尼小姐，可以近距离地了解她"。她快乐着她们现在的

1　以下诗行节选自邱吉尔·达德利的《仲夏之夜》（1878）：
　　……岩石流动；冰是酒；
　　有力的神经线条，如电报
　　把你的心跳传给我……
　　——原注

快乐，悲伤着她们之前的悲伤。她们之间从来没有流露过任何责备之意，哪怕是关于诗人的避世问题："姐妹们，我远远地听见知更鸟在歌唱、远远的四轮马车、远远的河流，它们似乎都在匆匆赶赴一个不让我知道的地方。遥远创造甜美。"这段话呼应了一个邻居对诗人的回忆：她有一个习惯，"全神贯注地站着不动，似乎正在聆听模糊的或远处传来的声音"。

如果有人想打扰她享受这份遥远的甜美，她会毫不客气地亮出利爪。1872 年狄金森告诉路易莎和弗朗西丝，有位 P____小姐因为某项慈善活动向她索要诗作，

> 要求我发出更多的吱喳声，以帮助这个世界。好像她说这是我的责任，我记不太清楚了，这样的信我总是要烧掉的……我表示拒绝。她没再给我写信，想必我冒犯了她，或许她正从绝望的壕沟里解救受苦受难的人。

据约翰逊推测，索要诗作的请求来自伊丽莎白·斯图尔特·费尔普斯[1]，她最近发表的激进小说《围困》(Hedged In, 1870) 描写贫困的未婚母亲的题材，向社会禁忌发起挑战。另一位可能的人选是编辑和激进分子伊丽莎白·皮博迪[2]。不管索诗的是哪一位，诗人与她的简短交锋令我们想起 1850 年她如何嘲笑"缝纫社团"组织的冬天送温暖活动："如今所有穷人都将得到救助－受冻的人暖和了－暖和的人冷静了……"

---

[1] 伊丽莎白·斯图尔特·费尔普斯·沃德（1844—1911），美国女作家，E.W.S. 费尔普斯的女儿，早期女权主义的杰出代表，挑战基督教信仰，并倡导社会改革，反对女性紧身胸衣、反对动物实验等。发表宗教小说《半开的门》(The Gates Ajar, 1868)，成为美国 19 世纪第二畅销小说。它的续篇《超出房门》(Beyond the Gates, 1883) 和《房门之间》(The Gates Between, 1887) 也成为畅销书。

[2] 伊丽莎白·帕尔默·皮博迪（1804—1894），美国女教育家，在美国开办了第一家英语幼儿园，她首次把《莲华经》翻译为英文（1844 年），译自法文版。

狄金森这里表现出的刻薄与缺乏同情心并不能代表她全部的人品。1880 年马吉·马厄的哥哥在矿难中丧生,狄金森想方设法给马吉一点安慰:"如果她的小堂弟能给她写封信－她不知道是我请求的－我想这会帮到她,每一个哀悼者都体会过心灵最初流血的那一刻。"在这之前有"一个印第安女人背着鲜艳的篮子和炫目的宝宝"出现在厨房门口,艾米莉不但没有反锁门,还主动跟陌生人交谈,问她小宝宝喜欢做什么。对方回答说"迈步",诗人便领着摇摇晃晃的小宝宝练习走路:"她靠在三叶草形成的墙面,墙倒了,她也倒了－发出比风铃还甜美的语声,她紧紧抓住毛茛－他们倒在一起。"观察并与他们一起亲近大自然,让狄金森想起了亨利·沃恩[1]的诗句,"我最好的时光已暗淡而久远"。马吉和这个小宝宝引发了诗人关于他人和自己的深沉思考。没有表现出任何冷漠的阶级或等级情感。

在孩子们中间

我们对狄金森社交生活的各个方面大多不太确定,不过,她着迷于孩子的世界,这一点是确切无疑的,同时也容易被误读。狄金森有大约 60 首诗作采用了儿童视角,她拒绝离开父亲的房子,见到她的人都对她"矮小"的个头、"不谙世事"的行为举止、"气喘吁吁的孩子似的声音"印象深刻,她的身上显然留有惹人注意的孩子气。但是她的坚毅、独立思考、抽象概括能力和长期坚持通信等,又足以证明她是个十足的成年人。

关于狄金森和孩子们的故事主要归功于一个人——麦格雷戈·詹金斯。1891 年他写了一篇短文《一个孩子对艾米莉·狄金森的回忆》(A

1　亨利·沃恩(1621—1695),17 世纪英国著名的玄学派诗人。

诗人的家。上层左侧的两扇窗子是诗人的卧室，最右侧是她的温室

Child's Reeollection of Emily Dickinson），40 年后这篇短文又扩展为一部回忆录《艾米莉·狄金森：朋友和邻居》（ *Emily Dickinson: Friend and Neighbor* ）。1869 年 4 月麦格雷戈·詹金斯出生在阿默斯特镇，人们一般都叫他麦格。麦格加入街坊孩子们组成的军团，常常在狄金森围地玩耍，偶尔能看到诗人在后门专门铺设的毯子上整理她的盆栽花卉。孩子军团的领军人物是玛莎·狄金森和萨莉·詹金斯，她们都比麦格大好几岁，麦格像个小跟班努力追赶她们的脚步。还有住在街对面的艾丽斯·马瑟，她的父亲在阿默斯特学院教授希腊语，而母亲正在和肺结核打一场必定会输的战役。孩子们的喧闹声是可以容忍的，但有一条他们必须牢牢记住，如果忘了，肯定会有个洪亮的声音从远处命令道："小子，关上那扇门。"什么都无法让麦格安静下来，除了奥斯汀那发号施令的声音，这倒不是因为

声音中的愠怒，而是因为："其音量无比巨大，而且语气充满权威。"

说也奇怪，挨饿竟然是孩子们经常玩耍的一个节目，特别是在玩吉卜赛人和海盗[1]的时候。吉卜赛人游戏玩到一半，从狄金森宅邸传来一个信号，只见一个小篮子从二楼的窗口缓慢放下。麦格一直无法判断，诗人的"关心和小心翼翼是不是游戏的一部分，还是为了避免分散玛蒂的注意力"。这篮子不会打断孩子们的游戏（传记中特意强调了这一点），孩子们蹑手蹑脚地靠近篮子，拿走里面的食物，通常装着"黏黏的"姜汁蛋糕。情感的饥饿在诗人的早期诗作中有明显表现，比如创作于 1862 年的《多年来我忍饥挨饿》（Fr439）、《简直可以饿死一只小蚊虫》（Fr444），看来，这个挨饿的幻想不仅吸引了孩子们，也吸引了诗人。他们的虚构想象连在一起了，他们在玩同一种游戏。艾米莉对康科德的诺克罗斯姐妹说："好时光总是共有的；否则就没有好时光。"

"艾米莉姑姑代表纵容"，这是玛蒂的说法。在麦格的记忆里，艾米莉总是为街坊的孩子们撑腰，通常用第三人称的方式表达："艾米莉保证你一定能得到。艾米莉保证你不会受责备。"她并不是孩子中的一员，但她和孩子们站在一边抵抗成人的命令，特别是她怂恿玛蒂到食品室偷袭曲奇饼和甜甜圈。她吸引孩子们，他们仔细观察她却不会轻举妄为，因为他们知道她"是用某种特殊材料做成的"。拉维尼娅会变成维尼，但艾米莉永远都是艾米莉小姐。帮艾米莉小姐给温室里的植物浇水或在厨房给她打下手或为她递送便条，孩子们觉得很荣幸。

艾米莉小姐从来不会闷闷不乐，她总是轻快活泼，"喜气洋洋"。但如果有陌生人靠近，她会立即消失，关门溜走，事后也完全不做解释。有一

---

1 在给哥哥内德的信中，九岁的玛蒂还提到了她喜欢的其他游戏："我最喜欢躲猫猫，其次是邦克山和小偷的狼战，我们会一直玩下去，除非霍勒斯（杂务工霍勒斯·丘奇）禁止我们飞苹果。"——原注

次她在食品室里说（显然不是用第三人称）："如果屠夫家的男孩现在过来，我会马上跳进面粉桶。"从这些话可以看出狄金森对她隐遁于世的事实非常坦率，丝毫不觉得有什么歉疚，同时也能看出她如何区别对待劳动阶层的少年和周边小孩子的特权。

有一次小吉尔伯特在幼儿园炫耀他看见一只美丽的白色小牛，后被证明是他的幻想，老师责备他犯了撒谎的罪行，他哭了。苏试图向这个愚昧的女人解释想象的合法性，侄女回忆说，艾米莉姑姑异常愤怒，不顾对方有任何理由，"干脆请他们来找她，她会证明给他们看！此时此刻那只白色的小牛正在她的阁楼上吃草！"姑妈给受伤的男孩写了一张便条让他交给老师，上面有一首诗，论"勤奋和道德的 /……虚幻"（Fr1547B），还特别把提倡严惩的乔纳森·爱德华兹与耶稣做对比。

这个藏起来的女人引发了越来越多的好奇，她就像那只白色小牛一样神秘，人们经常向她的侄女打听关于诗人的种种消息。玛莎下面说的这句话应该是可信的："从我记事开始，爸爸妈妈就让我和哥哥知道，艾米莉姑姑不该是跟外人谈论的话题。"1850 年奥斯汀对埃米莉·福勒说，妹妹太"狂野"无法回信，建议她不用再费心给她写信。但到了 70 年代，保护成为压倒一切的冲动和准则，对待那些轻率无礼的刺探者，要么怒目以对，要么不予理睬。

这个准则意味着狄金森的隐居得到了全盘支持。在诗人后来的通信对象中，有一些不是通过常青居认识的朋友——托马斯·温特沃思·希金森、海伦·亨特·杰克逊、托马斯·奈尔斯、奥蒂斯·菲利普斯·洛德——只有他们还劝她走出家门、发表诗作、改变生活方式。而奥斯汀、苏及他们的朋友们对待狄金森的原则是迁就、保护和孤立。

爱德华究竟怎么看待女儿的隐居呢？比安奇猜测诗人的退隐"一定对他在世俗世界的骄傲是个巨大打击"，这大概比较接近事实。父亲从前就用传统的眼光珍视理想的女性美德。1872 年，伊丽莎·班克罗夫特·戴维斯去世，其悼词让爱德华大为感动，他又重新恢复了对女性美德的兴趣。戴维斯夫人是历史学家乔治·班克罗夫特的妹妹，她寡居多年，早已去世的丈夫是位受人尊敬的议员。亚历山大·H. 布洛克在伍斯特市的主要报纸上发表了整版文章，赞美戴维斯夫人无论在公共领域还是在个人家庭内部，都是一位杰出的女性。布洛克强调了：

> 她这样的女性所具有的价值：为她身边的社交活动、有组织的协会和私人团体，谦虚地主持了半个世纪的工作，……她以诗情画意的热情，唤醒了公众的精神，使之成为有价值的事物并具有吸引力，……鼓励女性积极设想更高等的生活方式。

爱德华读了这位典范的女性领袖的介绍文章，写信表达衷心的赞同，认为布洛克："描绘了她的力量、美德、优雅和可敬的成就……你配接受整个社区的感谢，感谢你把她呈现在我们面前……一个堪称完美的女人。"信末爱德华惋惜地叹道："唉，这样的女人能多一些就好了。"

1871 年，身为阿默斯特学院董事的布洛克尝试设立一项面向全体学生（无论性别）的奖学金，这意味着学院向女性敞开大门。既然爱德华写信支持布洛克的文章，他一定清楚布洛克在戴维斯夫人的颂文中所表达的关于女性问题的进步观点。然而爱德华在女性问题上却有着根深蒂固的偏见。1874 年妇女选举委员会在州议会举行首次听证会，《共和国战歌》的词作者朱莉娅·沃德·豪[1] 在会上发言，爱德华参与旁听。在听取了两派

---

1 朱莉娅·沃德·豪（1819—1910），美国著名的废奴主义者、诗人、妇女参政主义者和人道主义者。豪在 1861 年 11 月 18 日凌晨创作的《共和国战歌》（*Battle Hymn of the Republic*）于 1862 年 2 月发表在《大西洋月刊》上，是最终能超越地方偏见而成为真正全国性歌曲的唯一一首内战歌曲。豪的另一大贡献就是她在 1872 年提出了"母亲节"，建议将这一天献给"和平"。

女人的观点后，他给奥斯汀写信说：

> 有的感情用事，有的好战，有的抡起拳头——有的谩骂——
> 厌恶聚在那里的那一类女人——我希望我们很快就有机会讨论
> 这个问题，然后开始清理这些渣滓——今年，她们别想得到她
> 们想要的，[只是]……煽动 & 煽动，直到她们碰到一个软弱的
> 立法机构为她们撑腰。

爱德华对听证会上"那一类女人"不加掩饰的厌恶，清楚地表明他与
布洛克对女性问题的开明态度相去甚远。他想要镇压女权运动的决心与他
在1827年化名"考莱伯斯"写的文章，在观点上是完全一致的。爱德华
对女性问题根深蒂固的偏见解释了他的女儿为什么不能像普通的成年女
子一样自由施展才华；为什么她会和街坊的孩子们联手。然而，若把她看
作受害者则会夸大爱德华的控制，轻视了她的机智。对于远离公众世界，
狄金森的态度是坦然接受和拥抱，按照她的定义，离开还是不离开家是自
由选择，在家做什么不做什么也是自由选择。她以自己的方式与父亲生活
在一起，她创造一块父亲不能踏入的私人领地，它属于友情、思考和艺术。
当然，这就意味着只要父亲还活着，某些门就不能打开。

维尼给玛贝尔·卢米斯·托德讲述过一件家庭逸事，它是诗人在封闭
的空间内掌控个人生活的缩影。一个礼拜天，当时女仆玛格丽特·奥布莱
恩还在狄金森家（结束于1865年），爱德华：

> 异常坚决地要求艾米莉去教堂，艾米莉也特别坚决地表示
> 她不想去。他命令，她哀求，直到双方都精疲力尽。她发现再
> 说什么也没有用，于是突然消失。谁也不知道她去哪儿了。他

们上上下下找了一会儿，只好随她去，其他人就去教堂了。回家后，还是不见她的人影，他们开始非常担心起来，特别是她严厉的父亲……几个小时后，在地下室隔墙内的一张摇椅上发现了艾米莉，她镇定自若地在那儿摇来晃去，是她在大家去教堂之前让老玛格丽特把她锁在里面的。

跟希金森严肃

1870 年 8 月希金森离开后，狄金森把他描述为一支有力的注射剂，而她自己则是消极的接受者："静脉不能感谢动脉－但她蒙受他庄严的恩惠，即使不动声色地承认。"这是一个让人吃惊的比喻，它暗示了希金森一度极大地影响了狄金森，为她的创作注入了莫大的活力。虽然这并没有解释为什么在五年沉寂期后重新开始工作，但毫无疑问的是，希金森对她的创作表示出的尊重与关注，让她重新认识了自己的天职。讽刺的是，希金森庄严的恩惠却变成了一种干扰。

几年前她对希金森说，"您的意见让我感觉很严肃。我愿意成为您希望的样子"。对一个作家来说，这是一种危险的态度，特别是（从她 1870 年 10 月给希金森的信来推测）她得到了导师的高度评价："您的信让我为之一振－，（另起一段）感谢您，为了伟大－我会长久地配得上它！"这封信的前半部分，一反她通常发表看法的顺序，始终不离开永生的谜题。她提出生命应该建立在不可证实性之上，并引用耶稣和丁尼生来支持她的观点，她似乎想写一篇简短的文章，讨论她是否配得上"伟大"——尝试提出一些新想法，关于诗人的严肃职责？这封信最后没有寄出（在她的稿纸中被发现），也许是因为她知道她不擅长这样的文章。

随着狄金森眼界的开阔——她的雄心变得越来越坦率公开。1871 年她阅读了海伦·亨特的《诗集》（*Verses*），之后她给希金森写信谈到了她对同时代诗人的看法。她还没有读华金·米勒[1]的作品，因为她"无法关心他"。她慷慨地认为，"亨特夫人的诗比勃朗宁夫人之后的任何一位女性之作都要有力，除了刘易斯夫人（乔治·艾略特）之外"。在这一段的结尾，她提出了一个声明："莎士比亚还在，文学就坚不可摧。"（L368）这警语式的表达带有一种心安理得的姿态。狄金森没能老练地对其他作家做出恰如其分的评判，或许原因之一在于，她还没有进入文学世界的对话。如果对一部作品的态度只有两种，大加赞赏或嗤之以鼻，那么文学批评实践这项高度社会化的技能就没有存在的必要了。如果相信"真理如祖先的锦缎，可以独存"[2]，那我们讨论令人钦佩的成就还有什么意义？这个隐喻很能说明问题，用孤立的刻板的形式和尊严代替了探寻真理的对话。

在寄给希金森的一些严肃而负责的诗作中，有一首写到了正统派的教化手段如何损害了人的信仰能力：

> 谁是"圣父和圣子"
>
> 我们小时候寻思
>
> 他们与我们何干……

狄金森一半为自己一半为成长于 19 世纪中期的一代人说话，这代人抛弃了孩提时代由权威强加给他们的信仰，从恐怖中集体解放出来，因而产生了断裂性的后果：

1　辛辛纳特斯·海因·米勒（Cincinnatus Heine Miller, 1837—1913），美国诗人，边疆作家，以笔名"华金·米勒"为人所知，因创作《塞拉斯之歌》（*Songs of the Sierras*, 1871）而被誉为内华达州的"塞拉斯的诗人"。
2　引自乔治·艾略特的小说《佛洛斯河上的磨坊》。

……我们相信

仅一次－全然彻底－

相信，并非那么适应

若频频变更。

但是狄金森没有让诗作结束在不可知的彷徨中，而是指出了一个尚未
获得的荣耀的可能性：

我们脸红－如果到达了那个天堂－

不可言喻的事件－

我们将会躲闪，直到羞于

拥有这奇迹－

Fr1280［B］ 大约 1873 年

另一首寄给希金森的诗也落到了同样的终点：尽管我们一度热望的
天堂"逻辑上站不住脚"，却依然是"可能的那一个"（Fr1279D）。对一
个从福音主义转向浪漫主义的作家来说，很难不重申旧信仰的某些版本。

1873 年 12 月 3 日希金森到阿默斯特演讲，这是他第二次也是最后一
次与诗人见面。几个月后，狄金森向他表达最深沉的敬意，她写道："您
已离开，两次－导师，"然后又接着问，"您能再来一次吗。"这个请求让
人费解，也很容易造成愚笨的曲解，起因在于大多数的会面都让她失望，
而这次会面的空虚感又那么明显。希金森没有在日记中提到过这个请求，
并且很快就将它遗忘，而她呢？在后来寄给他的一首充满雄心的长诗中正
确地预见到这是他们最后的会面：

因为你已离开

永不会再来……

　　谈到他们关系中的悖论，她说，尽管对她而言他就是"存在"本身，他自己却有点儿"忘了去活"。[1]但这首诗基本上是把过去挖掘过的思想和观点进行了一番汇总，没能给人留下深刻印象，如其中的一条旧观点——天堂是不够的，"除非从救赎者的面容／我认出了你本人的"。诗作的结尾期盼能与精选的朋友最后重聚，那时上帝"会归还我们／曾被他收走的众神"（Fr1314C）。在寄给希金森的诗作中，这一首（比较少见）让他觉得太弱，不值得选入诗集发表。希金森的评价是有道理的：跟她1863年那首绝望的沉思之作《我活着不能跟你一起》（Fr706）相比，这一首有些繁冗浮夸，缺乏感情。也许她当时刚刚适应了她生命中痛苦的缺失。希金森不是"主人"，她不需要一个"主人"意义上的他，如果离开了她得之不易的文学独立性这个基础，跟希金森交往也就没有什么意义了。

　　在希金森这边，他多少有些迎合妻子和姐妹们的看法，认为诗人"有些精神失常"。他给妹妹写信引用了狄金森的语句：

　　　　她说，"有一件事永远需要感激－自己就是自己，而不是其他人"[2]，但玛丽认为这话用在狄金森身上特别文不对题。她（狄金森）滑了进来，一身白裙，拿着一朵瑞香给我，小声小气地问"您会待多久"。恐怕玛丽说的另一句话仍然成立"啊，为什么这个疯子抓住你不放？"。

1　海伦·亨特对希金森举止恭谦颇有微词："他的步子迈得太轻——像个婴儿在门口敲门，然后只打开四分之一，从门缝进来！"——原注

2　希金森也许是没有明白狄金森的意思，从她的诗作来判断，她要感激自己的是她的自治、抵抗力、特殊意义上的孤独）〔如《有一种别样的孤独》（Fr1138）〕。——原注

在新年贺信中，他继续表达自己对她的创作持赞赏态度，尽量说了一些恰当得体的话："和你在一起我当然很高兴。每次我们都像老朋友一样相聚；我当然觉到已经认识你很久很深入了。"两个"当然"是否意味着希金森在努力克服他的犹疑？他温和地邀请她敞开自我，信末向她推荐了"红润的生活"，还提到海伦·亨特在科罗拉多州生活得健康愉快。

狄金森的回信表明，尽管她依然崇敬希金森，但还是感觉到他能给她的帮助是有限的。回信充满问候和感情，她要让希金森知道他简短的拜访——"来去如飞"——留下的是孤独的"敬畏"，那正是她真正的家。在信的结尾她提出了一个否定性的问题——"刚刚来过的那个人是您吗？"——她附上一个诗节作为回答，来自她最收敛的而又最不妥协的一首诗。（她的信经常由她自己的诗歌片段构成）是的，希金森飞驰而来又飞驰而去，但有另外一阵风，它来了便不再离去——

> 一阵风唤起一种孤独的快意
> 像离别的浮肿
> 在北极的信任中复原
> 看不见踪影。

Fr1216D

希金森的到访没能把诗人带入红润的生活，反而让她在自己的严寒中恢复了自信的愉悦。看不见踪影，回到北极，高兴地待在那里，她似乎已经意识到自己成不了希金森那样的作家；这寒冷高地的唤醒之"风"是更有生命力的，胜于他所召唤的那种社会的、严肃的、有责任感的声音。

海伦·亨特·杰克逊

不过，多亏希金森，狄金森跟一个她从小就认识的人建立了有用的联系。这个人跟她要多不同就有多不同。此人就是海伦·亨特。

亨特是在阿默斯特镇长大的。父亲内森·菲斯克是教授，母亲黛博拉因肺病死于 1844 年，这是让艾米莉受到冲击的一系列死亡中的一个，当年她 13 岁。小海伦和小艾米莉住在镇上不同的社区，上不同的学校，彼此没有什么往来。海伦像个假小子，常常参与"摔跤或打架"，给人们留下"强悍"的印象。父亲去世后，海伦永远地离开了阿默斯特镇，嫁给了一个美国陆军工程师。大概在 1860 年，夫妇两人参加了狄金森家的招待宴会，亨特少校说卡洛"懂得地心引力"，给诗人留下深刻印象。亨特少校在 1863 年的一场军事事故中不幸丧生，海伦的最后一个孩子也在 1865 年夭折，于是她迁居罗德岛的纽波特市，在公寓里遇见了租住在同一栋公寓的希金森。海伦渴望靠写作养活自己，希金森给了她不少鼓励和建议，创造力旺盛的海伦很快就写出了受欢迎的作品。她坚持匿名发表，发表诗作时用的名字是"H. H."，发表小说用的则是"萨克斯·霍尔姆"。

她的小说《梅西·菲尔伯利克的选择》（*Mercy Philbrick's Choice*）开创了波士顿罗伯特兄弟出版公司（Robert Brothers of Boston）大获成功的"未名系列"[1]。海伦把她的成功归功于希金森，称他为"我的导师——我的老师——我在文学上取得的小小成绩主要归功于他和他的风格"。狄金森绝不是唯一一位向希金森寻求文学建议的女作家。

作为一名专职作家，亨特刻意地发挥她自己所谓的"冒失无礼"和"大胆主观"。在埃米莉·福勒·福特眼中，亨特是个"天才，无需证明就

1　这个引人好奇的匿名作品系列中的作者大多是女性，其中最受欢迎的是朱莉娅·康斯坦斯·弗莱彻（Julia Constance Fletcher）的《天命》（*Kismet*）。

迅速给人留下深刻印象"。《梅西·菲尔伯利克的选择》出版后，亨特大力游说，以确保《大西洋月刊》的有影响力的书评不要落到新锐的国际小说家手上，因为他们的解剖刀对新英格兰的女性作家从不心慈手软："如果书评由亨利·詹姆斯来写，M.P.C.（《梅西·菲尔伯利克的选择》）就不会……有什么好结果……我真心希望由哈蒂·普雷斯顿来写。这花不了她两个小时。"这番施压奏效了，普雷斯顿对亨特小说的赞赏——"一部优美的文学作品"——适时地出现在《大西洋月刊》上。亨特小说的背景设置在以阿默斯特镇为原型的新英格兰西部乡村，小说的主人公是一位女诗人，她"选择"不再结婚。小说发表后，阿默斯特本地谣言四起，说是狄金森帮忙写了这部小说，以及萨克斯·霍尔姆的系列故事——这一类夸张不实的关于诗人的坊间传言后来就更多了。

两个女作家之间的交往大概肇始于希金森把狄金森的诗拿给住在同一寄宿公寓的亨特看（还可能允许亨特手抄了一部分诗作），接着在 1869 年，他告诉狄金森，纽波特市有位小姐"从前认识你但并（不）能讲给我多少东西"。狄金森与亨特的通信始于 1870 年，那时亨特在新汉普郡的伯利恒工作了一个夏天和秋天。1873 年 8 月，亨特想找个地方休养，后来决定到阿默斯特是基于狄金森一再向她保证，诺克罗斯家青睐的公寓绝对干净卫生。实际情况刚好相反，房子又潮湿又"封闭憋闷"，导致亨特经受了一场"灾难性的"旧病复发，随后逃走。亨特的健康在科罗拉多州的春光里恢复，她嫁给了银行家兼铁路投资商威廉·S.杰克逊。秋天，亨特回新英格兰住了很长一段时间，但在阿默斯特只作了极短暂的停留。亨特在《梅西·菲尔伯利克的选择》中描绘的潘菲尔德（Penfield）就是她孩提时代记忆里的村庄——狭窄、老式、简陋、阴暗——母亲就是在那儿因肺病去世的。

1875 年亨特与杰克逊结婚的消息引来了一张令人震惊的祝贺便条，

来自这个阴暗落后的小镇，便条的完整内容如下：

除了喜悦我还能说什么？

E·狄金森

谁从春天逃走

复仇的春天将谁投进

在劫难逃的香膏－

这三行诗节选自一首双倍长的诗作（Fr1368B）。第一行可以被理解为"投进"（fling）的直接宾语。这三行诗的文本背景是海伦经历的丧亲之痛、疾病和康复旅行。海伦被迫从春天（生命、活力、幸福）出逃，却因为第二次婚姻被再次投进浓浓的春天。如果海伦又一次在劫难逃，她之前的经历确乎如此，但这一次却注定不会遭难，而是会沐浴舒适的"香膏"。就像狄金森后期的一首诗作所言，天堂最终无可逃避。

但是那个"谁"应该不仅仅指享特·杰克逊。这三行诗紧紧跟在"E·狄金森"的签名后，看起来似乎诗人也从悲伤投进了狂喜。这几行诗是否融入了1844年春天的记忆，当时她在波士顿收到了一个令人心碎的消息，海伦失去了母亲？诗人是否感到她们都重新找回了各自的快乐，虽然她和朋友过着完全不同的两种生活？

无论答案是什么，这三行诗着实让海伦困惑，她很快便回信索要解释："我真的想知道你说的'在劫难逃'是什么！"但没有回音。1876年3月，海伦再次写信求问，用她一贯的坦率说道，那首诗是"我的——不是你的——诚实地说出来吧"。然后，她以同样的坦率做出了一个宣告："你是个伟大的诗人——你不放声歌唱，这对你所在的时代是个罪过。当你，如人们所说，死去，你会后悔当初太小气"

其他人也说过类似的话。先是两位"报刊编辑"（塞缪尔·鲍尔斯？菲蒂利亚·H.库克？），他们在1861年至1862年的冬天向诗人索要过诗作，被断然拒绝，于是说她"吝啬"。但是不太可能有任何人那么直截了当，甚至包括动辄使用"伟大"一词的希金森。1875年，希金森在很有影响力的新英格兰妇女俱乐部做了一场讲座，主题是狄金森和另外一位女作家（"两位不为人知的女诗人"），读了她的一些作品，发现它们"奇异的力量激起了很多人的兴趣"。有关这次俱乐部活动的新闻报道说，希金森在点评狄金森的作品时说，"他联想到了叶子骨架，那么精美却过于纤弱——达不到发表的力度"。埃米莉·福勒·福特、乔赛亚·霍兰都持同样的观点。霍兰当时正编辑《斯克里布纳杂志》[1]，他认为狄金森的诗作对他的畅销杂志而言"过于空灵缥缈"（死神之吻）。需要劲头十足的海伦·杰克逊把它们强大的活力敲打出来。

海伦不会知难而退。1876年8月，她给艾米莉寄去一张罗伯特兄弟出版社的"未名系列"的当代诗集征稿宣传单，她准备投去自己的稿子："无疑，在双重匿名的保护下……你无需畏缩。我想看到你的诗作发表。除非你禁止，我要把我手上的一些寄出去。可以吗？"两个月后，海伦途经阿默斯特，再次当面提出这个请求；她还冒失地告诉诗人，她的气色不好，责备她"生活在远离阳光的地方"。这是希金森想说却绝不敢说出口的话。

狄金森难以招架海伦一次次的请求，她转求希金森为她写一封短信，说他"认为我不适宜"。但希金森没有领会她的意思，诗人还得自己对付

---

1 《斯克里布纳杂志》（*Scribner's Magazine*）创刊于1887年，据说查尔斯·斯克里布纳的儿子为此花费了50万美元，希望这份新杂志能与颇为成功的《大西洋月刊》和《哈珀月刊》竞争。——原注

这位不屈不挠的朋友。海伦又想出了绝妙的一招，她先是为她的鲁莽和直率表示道歉："你的（手）在我手中感觉（像）一缕细丝，（吓）到了我。我（像）一只（大）公牛对（白色）的飞蛾（说话），请它来和我一起（吃）草，看它是否真的不能变成牛肉！真愚蠢。"海伦不过是以退为进，她再次发起冲锋，表达她对"最简单的"（翻译：最早的）几首诗的偏爱，并以快乐和互惠为基础发表她的观点："你说你读我的诗感受到莫大的快乐，那就让某地的某人也能通过读你的诗作拥有同样的快乐吧。"这个请求产生了效果，尽管不是杰克逊想要的：没过多久，诗人给希金森写信，微妙地责备他扣留他的作品，即使"别人索求"。

1878 年出版时间迫近，杰克逊一再施压，但已把请求的数量从"一些"减至"一到两首"，最后变成特别的一首，并且郑重承诺她会亲自呈交以确保匿名。最后，杰克逊把狄金森逼到墙角——"这是我个人的请求"——终于榨出了她想要的诗作，很可能获得了作者极为勉强的授权。

1878 年底《诗人的假面舞会》（*A Masque of Poets*）正式出版，狄金森作于 19 年前的《成功的滋味最美》（*Success is Counted Sweetest*）在这本书的短诗篇章中占据了一个显著位置。积极推动女性写作的主编托马斯·奈尔斯感谢狄金森的赐稿，"由于无人认领，爱默生先生不得不被认作父亲"。[1] 自己的诗作受到高度评价无疑会让她高兴，但是把功劳归于别人会不会让她感到不快呢？

也许不会。苏认出了这首发表的诗作，跟狄金森提起，这下揭开了她的面纱，她变得"那么惨白"，这让嫂子对提及此事大为后悔。这瞬间的强烈反应说明，狄金森拒绝发表的原因并不像人们常说的那样，是对印刷规范形式和编辑加工的过分挑剔。

1　这里，编辑奈尔斯把找不到作者的匿名诗作比喻为无人认领的弃儿，并告诉她，有几个读者猜想《成功的滋味最美》出自大名鼎鼎的爱默生之手。

客死他乡

1871 年 3 月，塞缪尔·鲍尔斯发现爱德华·狄金森"整个冬天都很虚弱，像是被消化不良击垮了"，"几乎认不出他原来的脾气了"。艾米莉则不得不"整天面对他凄凉的面孔"，担心他很快就要死了，这个冬天的"恐惧……把我变成了一个小造物，她觉得我自己太胆大"。秋天，阿默斯特的报纸刊登了一篇长文，向爱德华致敬，特别是他为市政建设所作的贡献。文章称爱德华属于"老派绅士"，还说（难道还有疑问吗）他"绝不是个老顽固"。

1872 年 7 月，爱德华提出辞去阿默斯特学院司库一职，吃惊的董事会成员劝说他继续留任，直到有继任者接替。甄选继任者的工作异常复杂，因为某位候选人的资历比他的个人成绩要显著得多；有一位董事为了他的朋友——奥斯汀·狄金森和塞缪尔·鲍尔斯，在幕后积极活动。在排除了两位竞争者之后，塞缪尔寄给奥斯汀一条内幕消息，并建议在战术上应稍事停顿："这是机密。我想现在我们可以让那些小母鸡们暂时孵一孵蛋了。"1873 年 12 月，阿默斯特学院董事会在春田旅馆召开了司库人选的决议会议，会议一直开到凌晨两点才结束。鲍尔斯又一次破坏保密原则，匆匆地给成功的继任者详细报道了会议经过："一场戏剧性的演出——费时且不无质疑——但我们渡过了难关……"继任者接管工作后，奥斯汀发现账目一片混乱，不得不雇请了一位簿记员。总的来说，在与高层建立并保持联系方面，儿子不如父亲能干。比如，他对戴维·西尔斯（波士顿顶尖的捐资人）的子嗣过于退让，以至于超越了他的权限，10 多年后这个错误不得不诉诸最高法院才得以纠正。

反讽的是，爱德华卸掉了司库的职位，又被劝说承担了一项更艰巨的工作。为了修建波士顿直通奥尔巴尼和西部地区的胡萨克铁路隧道，20

年来马萨诸塞州为整个工程提供财政担保。压在当地选民身上的担子还有马萨诸塞州中央铁路。这条铁路穿过阿默斯特，因此小镇为这项工程投资了10万美元。当1873年的大恐慌威胁到这项巨额投资时，阿默斯特的政治层感到必须派"我们最优秀的人"到州议会去保护他们的利益。1873年5月爱德华把自己献给了上帝，现在，他再次把自己献给他的社区及其经济发展，接受了提名。爱德华轻松当选为州下院议员，被保守的《波士顿期刊》（*Boston Journal*）吹捧为康狄格涅河谷的古老的"河神"的后裔。

尽管大恐慌让艾米莉有些担心，现存唯一一条她对父亲走马上任的评论（寄给诺克罗斯姐妹），听上去态度淡漠且不甚明朗："我看到报上说这个冬天爸爸会和你们一起过。"但她肯定是为父亲感到难过的，他一向不愿意离家，何况71岁的高龄了，他要求奥斯汀（而不是艾米莉）每天给他写信。1874年1月，爱德华被正式任命为胡萨克铁路隧道十人联合委员会委员。他居住的地方就在波士顿特里蒙特饭店附近。

就在那个月，确切日期是1月17日星期六，住在纽约的叔叔约瑟夫·A. 斯威策在布鲁克林渡口的冰面上滑倒，造成右边的太阳穴严重受伤，随后的星期二头痛"剧烈"。斯威策已经60多岁，他和妻子凯瑟琳住在麦迪逊广场酒店。星期三晚上他有一个"一成不变的习惯"，外出参加麦迪逊广场长老会教堂的仪式，他是这个教堂"最可靠最有益的成员"。但是当天晚上斯威策没有回家，家人立即在读者量最大的《纽约先驱报》（*New York Herald*）的人事消息栏刊登了一则寻人启事："身高5英尺11英寸……因最近摔伤导致右眼变色。"[1]家人担心斯威策头部的撞伤损害了他的大脑，导致他"自寻短见"。

---

1 1月25日人事消息栏中其他条目还有："波奇和艾达——已经回来，将在下个星期二相同时间相同地点与你相见。""尼波利泰涅——永生，啊，皇后！我能在你的眼中找到爱意吗？夏洛克。""玛丽——等了一个小时。你别想再蒙我。'T'"。——原注

尽管雇用了马伯里街的侦探，并贴出 250 美元的酬金，还是没有任何下落。此时，从阿默斯特镇寄来了一首诗作，表达死亡并非最痛苦的飞来横祸：

　　有一种更凶恶的劫匪在掠夺

　　缄默……

Fr1315

　　一家之主就这样走出家门，从此杳无音信，还有什么比这更可怕呢？

　　父亲时不时会从波士顿回来，其中有一次艾米莉说他"生病在家"。4 月 29 日这天，大地刚刚铺上了一层白雪，父亲穿着拖鞋去谷仓，想给蜷缩在厨房门口的小鸟们喂点儿谷粒。6 月，立法机构休会期间，父亲的办公室晚上总是亮着灯。爱德华·狄金森在家的最后一个下午，显然是礼拜天，是女儿陪他度过的："他似乎特别高兴经常由我一个人陪他。下午快过完的时候他说，'真希望这样的日子不会结束'。"父亲委婉的爱的表达令艾米莉"有些尴尬"，正好奥斯汀进来，她便建议他和奥斯汀去散会儿步。6 月 15 日星期一早晨，艾米莉叫醒父亲，他得乘早班的火车出发。

　　第二天上午，爱德华针对铁路建设的某个方面的问题对议院发表了讲话。那天天气热，他说话的时候"感觉头晕"，中途不得不坐下来。中午议院休会，爱德华步行四分之一英里回到特里蒙特饭店。根据目击者的描述，他用完午餐后突然"中风发作"。按照家人对这个事件的描述：他开始收拾东西准备回家，之后医生赶到，诊断他的确是"中风了，接着就给他注射了鸦片或吗啡这类对他来说一直是毒药的东西"。狄金森家人倾向于接受这个说法，原因是他们要把责任归结到那个笨手笨脚的医生身上。但是他开始收拾东西准备回家的举动告诉我们，他当时问题严重，而且他自己是清楚的。整个下午他基本上处于昏迷状态，下午 6 点，爱德华·狄金森去世。

艾米莉在用晚餐，看到奥斯汀拿着波士顿的电报走进来。几个星期后她写道，她即刻从他的脸上看出，"我们都丧失了"。父亲"病重"，尽管最后一班火车已经开走，奥斯汀和维尼非得马上出发去波士顿不可。就在他们准备马车的时候，传来父亲的死讯。

三天后，一场简单的葬礼在狄金森宅邸拥挤的门厅举行，一排排长木椅摆在门口的草坪上，以容纳更多的客人。八岁的玛蒂被父亲强烈的悲恸惊呆了；维尼制作了一部分"悼念花圈"；艾米莉就待在她的房间里，让门敞开一条缝。

6 月 28 日举行的追悼仪式，艾米莉无法参加。那天，第一教堂摆满了月桂和各种鲜花，詹金斯牧师发表了悼词，他把爱德华和以色列人的最后一位领袖塞缪尔（既是先知又是祭司）相提并论。这是一个完全适当的类比，他们两个人都是信仰、民众、地区发展的坚定捍卫者。是塞缪尔在以色列人打败非利士人后立起了里程碑式的"以便以谢"石；爱德华为阿默斯特镇的铁路建设力排众议："在这里'我们立起自己的以便以谢。'"

《春田共和报》上刊登的长篇悼文肯定出自鲍尔斯之手，他称赞爱德华"在这个谨小慎微、循规蹈矩的年代……勇于坚守自己的信条"。另一方面他与时代不甚合拍，他是"一个不合时宜的清教徒，为了亲族和感激"。他最大的失败在于"他不理解他自己"。

为了在爱德华的颂词里体现出他本人一贯的公正与坦白，回忆录撰写者们感到应该提到他的缺点。詹金斯也表达了一点责备——他"如此小心地，倘然允许我这样说，甚至不明智地掩藏了"他温柔的本性。这是否因为爱德华认同这样的"清教观念：情感会暴露弱点，或是他所接受的老派教育的首要原则是压抑情感？"上述的推测都是一般性的，对此，我们也有所补充：如同那位先知和祭司塞缪尔，爱德华认为自己是家庭、社会、学院的堡垒，他用尽毕生之力去保护它们，以免它们遭受无止境的威胁：他父亲的财务崩溃，对宪法的侵犯，时代的腐败。他选择了一个"怯懦的"需要他保护的女人为妻，他的两个女儿也依赖他的强大和坚定。这就是他所理解的自己在这个世界上的位置。

爱德华·狄金森生前没有立下遗嘱。如果是别人，大家会觉得这是一种疏忽，由于最后来不及了或一直试图逃避等。然而爱德华是个极易焦虑的家庭管理者：他每年都要列表计算收支平衡；从 1851 年开始坚持购买保额巨大的人身保险；他离家在外时要求家人确保没人在冰面上滑倒或感染猩红热或发生车祸。爱德华没立遗嘱的原因很可能就是他根本没这个打算。要立遗嘱必须先列出一份详尽的财产目录，财产的分配必须在国家法律的许可范围内并在遗嘱检验法官的监督下进行——这一切都将侵扰到狄金森围地的隐私（"小子，关上那扇门"）。在爱德华的法律生涯中，最惨痛的记忆是处理洛林·诺克罗斯信托基金的司法限制，皆是因为一纸遗嘱造成的。所以遗嘱是没有必要的，只要奥斯汀能明白父亲的意图，一切遵照旧有的安排——家宅里无依无靠的几个女人都能得到爱德华的儿子及合伙人的永远保护。实际上，常青居并没有立契转让给奥斯汀，所以狄金森宅邸和常青居之间没有篱笆，这两幢房子无论在法律上还是物理空间上，都是合二为一的。

无法确定诗人的父亲怎样看待女性的财产权问题，但确实有很多男人反对这方面的立法改革。代表之一是霍兰博士，他在 1866 年声明："法律赋予妻子独立的财产支配权，从而在家庭内部制造分裂的金钱利益关系，此举令人怀疑是否利大于弊。"我们不免想起拉维尼娅·诺克罗斯当年如何把她巨额的信托财产全权交给洛林掌管。

在爱德华的案例中，最重要的一份文件是奥斯汀申请掌管逝者财产的诉讼申请书。奥斯汀为此填写了一张标准的打印申请表格，在财产管理人一项，奥斯汀填上了自己的名字。相应地，在表格底部，"与上述诉讼请求有利害关系的当事人"声明同意的一栏中，我们看到了艾米莉·诺克罗斯·狄金森、拉维尼娅和艾米莉依次签下的名字。签署的时间是1874年8月3日。不难猜想，这份申请应该是得到了遗嘱检验法官的认可。情况就是这样：在随后的20年里，奥斯汀没有把财产分配给各位继承人。1895年奥斯汀死后，维尼在一份声明中称，奥斯汀没有为各继承人或两家分设独立账户。狄金森姐妹在经济上完全依赖哥哥的事实，在维尼一位朋友的信中得到印证，那位朋友写道（显然是夸张了）维尼"从没得到过一分钱"。[1]爱德华正是通过不立遗嘱的方法让奥斯汀能够在不受他人干涉的情况下照顾好母亲和妹妹。

　　这个安排的缺陷是奥斯汀必须永远活着。1876年秋天，奥斯汀因"患疟疾"好几个月行动不便，邻居阿梅莉娅·泰勒注意到苏和维尼"几乎没有说过话。看上去他们一直没有分配父亲的财产，维尼忧心忡忡——为了他的母亲和妹妹们，我希望奥斯汀好好活着"。奥斯汀确实活下来了，但常青居在对待隔壁宅邸的态度上，不可避免地表现出一副以恩人自居的样子。两年后，泰勒告诉她的儿子，马瑟一家"为维尼小姐感到难过。奥斯汀夫人高高在上把她踩在脚下——M教授说内德·D____变得又傲慢又愤恨"。内德对待隔壁那两个又古怪又不切实际的姑姑们的态度，在诗人去世三年后他给妹妹玛莎的信中一目了然，他坦言道："在我写这封信的时候，仍活着的这个姑姑正给妈妈找麻烦，真是可怜，她这个人好没趣。"当90年代玛莎开始写诗时，内德向她保证说，艾米莉姑姑的诗看起来"像

1　诗人很少提到家庭的经济状况，不过，1876年她警告15岁的侄子，今年她得压缩圣诞礼物的开支："圣诞老人的桥被吹断了，迫使他要节俭一些。"爱德华拥有桑德兰大桥3000美元的股份。1876年12月9日，大桥被强风吹垮，奥斯汀肯定意识到他即将收到的是损失估价而不是股息，并且他一定把这话带给了隔壁。——原注

幽灵似的,不能和她健康有力的侄女的作品相比。"[1]

在奥斯汀申请掌管爱德华财产的请愿书中,有一个惊人的反常之处:艾米莉·诺克罗斯·狄金森没有亲自签名。她的"签名"是由维尼代签的,想必经过了奥斯汀的同意。既然诗人的签名在最后,她一定注意到母亲的签名是伪造的,这个细节大概充分概括了她本人的家族对待法律协议和无依无靠的女人的观点。埃米莉·福勒·福特的父亲去世,福勒发现父亲在遗嘱中把更多的利益给予她的哥哥们,她当即表达强烈不满。与福特对待父母和金钱的现代态度相比,诗人狄金森实在是太过时了。她不仅没有吐露过任何令人不悦的回忆,还签名同意继续生活在慈悲的专制之下,先是父亲再是父亲的儿子。如果她像维尼一样,在重新处理财产的问题上多想一想,这一切就不会发生了。实际上,在爱德华去世的这一年,狄金森创作了一首诗,写到国王的领土在国王死后被"移交",这样反而对国王更加忠诚:

> 从尘土中那细长的宫殿
>
> 他移交了领地,
>
> 更多的忠诚降临于
>
> 这位离去的国王。

Fr1339

对于父亲移交监护权之后的情况,这大概就是她的感受——似乎她自己的态度就是如此。

---

1 比安奇后来声称,她和哥哥欣赏了姑姑的诗作——他们分享了"她在楼上所做的事情,其中包含的确定性"还有"重要性"。她自己的诗看起来像是狄金森诗作的华丽庸俗的改装:"弃绝的树枝泄露了路径 / 她的鸟儿已经飞走;没有意识 / 一阵轻柔的事后的味道,——/ 空气中充斥着抛弃"(《印第安夏日》,1897)。——原注

没有父亲的生活

葬礼结束后，玛蒂看到艾米莉姑姑"哽咽着说不出话"，泪水"控制不住地"往下掉。夜晚回到楼上，诗人意识到她早已将父亲的门——又是这个意象——与"安全"连在了一起。她说父亲"无缘无故地离去"，暗示出她也认为鸦片是导致父亲去世的罪魁祸首。"他的心是纯粹而可怕的"，她给希金森写信，如此评价父亲的正直、自我克制和隐匿情感："我想，这样的人绝无仅有。"朋友们还收到一首诗，把爱德华的清心寡欲理想化了："对于他的简朴而言 / 赴死是个小小宿命。"（Fr1387B）

一座堡垒倒了，由于这是她日常生活和心思中的一部分，所以她的悲伤深刻而持久。她禁不住去想"父亲孤独的一生，还有他更孤独的离世"，她无法"抵抗随之而来的悲伤"。父亲去世两年后的夏天比他在世时要炎热得多，艾米莉"每天晚上"都会梦到他，"每个梦都不一样，我忘了白天做过什么，只是在想他现在在哪儿。没人的时候，我就一直想一直想。那会是什么样子呢？"佣女玛莎忘不了"她沙哑的低语，'他在哪儿？艾米莉一定会找到他！'"这个不可思议的承诺可以在几年后的一段话里找到一些解释，她谈到父亲和一位已故的朋友："为了他们而努力做得更高贵 – 这就是剩下的全部 – 我们唯一的企图就是发现他们。"一首送给英年早逝的数学教授[1]的诗也表达了相同的意思："阿斐[2]的兄弟 / 辉煌的告别 – / 荣耀，最短的路径 / 通向你"（Fr1462C）。努力像父亲那样做到极致，就一定能"找到"他。

---

1 鲁特教授去世两年后，狄金森的邻居海伦·詹姆森发现很长时间没有看到萨拉·塔克曼的未婚的妹妹玛莎·库欣，人们猜测她"和艾米莉·狄金森一样把自己关了起来"。詹姆森为"镇上有两位害相思病的年轻女子"而感到遗憾，"她们拒绝世界，徒然把悲伤留给自己"。詹姆森的话代表了阿默斯特镇的居民如何看待狄金森的隐居。——原注

2 见《旧约·创世记》（10：29）："阿斐，哈腓拉，约巴，这都是约坍的儿子。"

爱德华给女儿的最后两本书是乔治·艾略特的《犹八传奇和其他诗作集》(*The Legend of Jubal and Other Poems*)和一本关于激进的唯一神论者和煽动叛乱者西奥多·帕克的传记,这样的选择表明他是尊重女儿的阅读兴趣的,尽管他自己远离这样的书。父亲去世一年半后,狄金森还是"不愿意打开"这两本书,于是请求希金森收下。这种无法解释的逃避让我们想到她曾如何处理回忆的危险,还让我们想起 1874 年的一首神秘的诗作《战战兢兢地敲门》(Fr1333),它劝人们接近"恺撒"的房门时要极其谨慎。某些会引起畏惧的门必须永远保持关闭。

在狄金森纪念父亲的那些最有力量的诗作里,都贯穿着这种强烈的躲藏感。她的灵感来自希金森在《斯克里布纳杂志》上发表的一篇精巧的勋章日[1]纪念诗,发表时间是 1874 年 6 月,也就是爱德华去世的那个月。诗作一开篇就提出了一个古老的问题:死者中最值得我们纪念的人是谁?"战友们!哪座士兵的坟冢里 / 长眠着勇士中的勇士?"他把鲜花敬献在没有花环装饰的墓地上,那下面安葬着:

> 青春和美丽,不屈不挠的意志,
> 生命永远无法实现的梦想,

诗作叙述者在最后一个诗节里揭示,这是一个女人的墓冢:她是最勇敢的。狄金森读了这首诗,写信告诉希金森她很欣赏他"美好的想法"。一个月后,爱德华去世,她问道,"这难道不是预言吗?它援助了那种空间的停顿(Pause of Space),我把它称作'父亲'"。这个奇怪的短语再次暗示了爱德华是如何为她划分空间的。

1　勋章日(Decoration Day)是美国的先烈纪念日或国殇日。起源于 1868 年,当时被称为勋章日或装饰日,原本的意义在于为那些在国内战争中牺牲的士兵装饰坟墓。

谁是最值得纪念的无名伟人？三年后重读"勋章"诗，狄金森提交了一份她自己的答案：

> 献上这枚月桂
>
> 给获胜却始终无名的一位 -
>
> 月桂 - 你这无用之树倒下吧 -
>
> 这样的胜者不会有 -
>
> 献上这枚月桂
>
> 给太内在而远离名声的一位 -
>
> 月桂 - 你这不死之树弯下吧 -
>
> 他就是 - 你所管教的他 - [1]

Fr1428B

如果读者注意到这首诗所使用的对位法——第二个声音尖锐地反对第一个——这首诗的意义便昭然若揭。在第 1—2 行和第 5—6 行，第一个声音支持希金森的做法：纪念那个值得铭记的无名死者。在第 3—4 和第 7—8 行，第二个声音激烈地指责第一个，两次否定了这样做的意义。第二次否定时语气有所缓和，"弯下"替换了"倒下"，"不死"替换了"无用"，反对的声音指引月桂说，任何形式的公开展示对于这里，对于这个终极的例子，都是不合适的。荣誉被否定本身就是最高功绩的标志。对艾米莉来说，这就是父亲生命中最基本的、最痛苦的悖论：他献身于公众利益，最后却终结于孤独。她的诗取消了公开给予他荣誉的可能性，然而她把他的荣誉视为一种超验的、绝对的荣誉：他就是 - 你所管教的他。

---

1 "管教"引自保罗书信，见《圣经·新约·希伯来书》(12 :6—11): "因为主所爱的他必管教……惟有万灵的父管教我们，是要我们得益处，使我们在他的圣洁上有分。"

当然，对于她变本加厉的晦涩，这条原则也适用于她。[1]

　　她把这首诗的第二个诗节寄给了希金森，这封信标志着她对父亲的哀悼结束了，她最厚重的一层面纱从此揭开。信写于爱德华去世三年后的某个夏日的黄昏，信的开头说，疲惫的一天"像个孩子"似的把脸颊依偎在山丘上休息。"大自然开始吐露心声"，异常放松的诗人也开始这么做，她说起一种对宁静和自由的新感觉："夏天真好，我曾经希望您可以来。自从父亲过世之后，所有神圣的事都放大了－它一度暗淡凄惨，无从归属"接着她第一次也是唯一一次提起少女时代经历过的一个特别悲伤的葬礼，她误解了葬礼上的司职牧师发出的一个比喻性的提问——"主的手臂缩短了不能拯救吗？"前文已经分析过，这个葬礼可能是玛莎·德怀特·斯特朗的葬礼。1844 年 6 月玛莎投井自杀，那时艾米莉刚好从波士顿休养回来。玛莎的死与爱德华的死正好相隔 30 年。[2]

　　"自从父亲过世之后，所有神圣的事都放大了－它一度模糊不清，无从归属"，我们不知道诗人在回望自己生活的时候看到了什么，如她早期那首表达奉献的诗作所说，生命"掉入一口紫色的井"（Fr307）。但显然大门、房门、门闩不再上锁。1877 年之后，诗人不再写封闭的记忆的房子，取而代之的是"没有一位旅客逃离 / 凡在记忆中住过一夜……"（Fr1451A）。父亲的离世让狄金森有可能重新审视和拥有那曾经模糊不清的东西。

1　关于这首诗私下的言外之意，还存在一些问题。狄金森是否想到了父亲做过的尚未公开的不为人知的事情？是否关系到詹姆斯·W. 博伊登，60 年代初他给爱德华造成巨大的财务损失却没有得到任何解释？诗人是否想表达任何涉及父亲荣誉的事情都应该继续保密？——原注
2　详见本书第九章。

诗人的母亲

诗人的父亲

"艾米莉，你这无耻的坏蛋"

深知爱德华的死会给艾米莉·诺克罗斯·狄金森造成多么大的打击，在她变成寡妇的第一个感恩节——令人心碎的日子，塞缪尔·鲍尔斯送来一盒鲜花。自从房子里没有了男人，狄金森家的三个女人便和奥斯汀、苏一起过感恩节。某年感恩节值得感恩的内容是"妈妈哭得少些了"。

一年中最致命的一天是父亲的忌日6月16日。诗人却两次把父亲的忌日写成6月15日——他最后一次离开家的日子。母亲似乎也把忌日弄错了：1875年6月15日，母亲突然中风，导致身体一侧瘫痪，记忆受损（伪造签名的时间是在此之前）。从那以后，她便不能理解为什么那么晚了爱德华还不回家，为什么艾米莉没等到父亲回家就上床休息。"家早已不再是家"，艾米莉难过地说，比起不停地用谎话安慰母亲的焦虑，母亲瘫痪的不便反倒不算什么麻烦了。有一次诗人承认说"自从父亲去世后我几乎不再关心文学"。但她还是会找时间创作，1877 年她对希金森说："您问我现在还写诗吗？我没有其他的玩伴"。第二年夏天母亲摔了一跤，致使髋关节破碎，不幸需要长期卧床，这就需要更多的照料。这一年狄金森的"玩伴"比上一年少了一半。

在爱德华的葬礼上，鲍尔斯是唯一跟艾米莉说话的非家庭成员。11年的冰冻期结束，她又开始给他写信，至少有一次还见了他。在第一封融冰之信中，她两次回避了长时间沉默的原因："你说不喜欢被遗忘……背信弃义从来都不认识你。"为了表达她内心一直是忠诚的，无论表面上如何，狄金森避开了第一人称并策略性地使用了否定形式："背信弃义从来都不认识你"，而不用"我一直忠诚"。信的开头表露了她的不安："我倒觉得你收到的信不多，是因为你自己的信太高贵了，让人们肃然起敬 - 尽管你的赞许是甜美的 - 还是让人担心 - 唯恐你的深刻宣判我们有罪。"如果这不是道歉，就等于承认了他们之间不快的原因所在。

既然重新开始联系，狄金森的信件很快就变得热情洋溢起来："我们想你生动的脸庞，还有你常去的努米底亚[1]带回的奇怪的口音。"这是狄金森跟鲍尔斯说话的新调调，把他变成一个浪漫迷人的"阿拉伯人"或是其他人可以依靠的、永不枯竭的生命源泉。不过，这种过分的依靠，不是来自她而是来其他人。不是"我想"而是"我们想"，"我们"比过去出现得要多得多。

1875 年对鲍尔斯来说简直一团糟：一场官司耗费了他不少精力，他

1　努米底亚（Numidian，公元前 202 年—公元前 46 年），一个古罗马时期的柏柏尔人王国，其领土大约相当于现今的阿尔及利亚东北以及突尼斯的一部分，曾以出产精锐骑兵闻名。

和弟弟的关系日渐疏远，玛丽亚·惠特尼前往巴黎准备接受史密斯学院的一份教职；"M 走了真让我难过"，鲍尔斯坦白道。他感到孤独和苍老，怀疑自己"很快就会被风干，放到学院博物馆去展览——不是因为我身上留下了鸟的爪印，而是因为曾经被称为'可爱的女人'"的残忍和遗弃所留下的巨大悲痛的痕迹。

到了 1877 年他显然已成为废墟。6 月底，鲍尔斯打起精神到阿默斯特参加毕业典礼和朱利叶斯·H.西利的校长就职仪式（鲍尔斯是反对这项任命的）。他走进狄金森宅邸，给楼上递了一张卡片，要求与艾米莉见面。回复是否定的，这对他来说是最后的稻草。多年之后，维尼向格特鲁德·M.格雷夫斯讲述了这个故事：塞缪尔"走到楼梯口，大声地坚持喊道，'艾米莉，你这该死的家伙！别再玩这一套了！我从春田大老远过来看你。赶快给我下来。'"让维尼惊讶的是，艾米莉真的下楼了，并且看上去"光彩四射""非常迷人"。按照比安奇讲述的版本，塞缪尔的用词是"坏蛋"，而不是"该死的家伙"。约翰逊根据诗人随后的也是最后一封给塞缪尔的信〔"你的'坏蛋'，（又）我省略了形容词"〕推测，完整而准确的措辞无疑是"你这该死的坏蛋"。这真是个有趣的故事，这个情绪沮丧的男人因对方起初的拒绝而严重受挫。一个星期后，阿默斯特学院再次召开董事会，塞缪尔在给常青居的信中写道："我不太想（来），如果我控制得住——我的意思是如果我能鼓起足够的勇气，'假装'跟你们所有人都不认识。"听起来他似乎早就习以为常了。

这次见面给艾米莉留下了美好的回味。在塞缪尔来访前几个月，《共和报》在波士顿的通讯记者威廉·S.鲁宾逊〔笔名"沃林顿"〕不幸身亡，去世前进入了宁静状态，消除了一切对来世的怀疑。在死亡来临的前夕，这位通讯记者不仅看到了"这个世界不过是进入天堂的前厅"，还看到了一群"天堂的访客"。在塞缪尔和艾米莉的谈话快要结束之际，他对她谈到了这篇"永生的启示",当时刚刚发表。她的朋友刚走(艾米莉后来告诉他),她就回到"房间……想要证实你的存在",然后写下了对这次见面的感想,一边回想着沃林顿所想象的最后的启示。这首诗作的大意是:来世对她几乎没什么意义可言,其意义仅仅在于她此刻跟这些亲密朋友的联系:

> 我没有任何生命除了这一个……
>
> 也没有尘世的牵挂为将来
>
> 也没有新的动作
>
> 除了通过这个此刻
>
> 你的爱。

Fr1432B

这首诗在其他地方被加上了一个标题"给朋友的话"。这是告别的话,我们需要从这个角度再读一下这最后三个字,这不亚于而且也不仅仅是一个浪漫宣言。潜台词是:现在到了应该慷慨的最后时刻。

这位英勇的编辑对这次见面的感想保存在他的一份速记的原始手稿中,后来发表在乔治·梅里亚姆的传记里,标题为《写给女性朋友的信》。这是我们见到的唯一一封鲍尔斯写给狄金森的信。

> 多么美好,最后还是见到了你。我希望可以经常这样跟你面对面交谈。我已经没什么力气和时间来写作,以及用记忆来证实什么;你是那么好,对我厚爱有加,对我说了那么美好的鼓舞人心的话……

他还补充说,沃林顿的头脑中的幻景"给我留下非常深刻的印象。这就是那份记录。你也许愿意读一读，哪怕它来自敌人"。"记录"是与二人谈话相关的"沃林顿"钢笔肖像[1]的片断。这个波士顿的通讯记者自从1861年攻击爱德华（"燧石""老顽固""鼠辈"）反对共和党提名的代理州长，就变成了狄金森家的"敌人"。狄金森一家绝不会忘记别人的轻视，对此还有谁比鲍尔斯更了解？

希金森也收到了寄给鲍尔斯的这首诗，但是最后一行中的"爱"换成了一个物质化的词"领地"（realm），这样一来就不太协调了。不过，这个新词刚好是恰当的，因为诗人的父亲狄金森少校留下的广大空间有一部分是由希金森上校来填补的。1876年诗人寄给希金森的信比前五年的总数还多，也比从1874年开始写给鲍尔斯的信要多。如果有人"缠着索要"她的诗作拿去发表，她会搬出希金森这个权威帮忙说不。1878年希金森从国外回来，她说"我很想念您和鲍尔斯先生，缺了一个父亲，似乎感觉更加空旷了"。后来，玛丽·希金森的健康恶化，狄金森给她寄去了爱默生的《代表人物》，称"这是一本小小的、您可以依靠的花岗岩书。"正是这个短语和这份礼物（此书的标题刚好传达出她的需要：堡垒式的男人），[2]引出了希金森常常被后人引用的"我的有些精神失常的女诗人"。

狄金森给查尔斯·沃兹沃思的信件显然全部被烧毁了，所以我们无法知道后来的发展。但有一个事实是清楚的：自1876年秋天起，她再次和费城的"牧羊人"取得了联系，现在是通过霍兰一家，他们帮忙在信封上填好地址并从纽约市寄出。给其他人寄信，她有时候会请可靠的老邻居卢克·斯威策和乔治·蒙塔古[3]帮忙；甚至有一次她还求助于马吉·马厄。

1　这里的"钢笔肖像"是一个比喻说法，指用钢笔描绘的肖像，即人物的文字速写。

2　"代表人物"（The Representative Men）的字面意义是"有代表性的男人们"。

3　蒙塔古的一张措词温柔讲究的便条（便条得以保存是因为纸条背面写了一首诗），不禁让我们推想：狄金森过着一种蚕茧似的层层包裹的生活："表妹艾米莉请原谅我吧。——我把她的两个信封都弄脏了，只好换上了我的信封……如果它合适，我会很高兴。"——原注如果这么做的表面理由是为了确保信封上的字迹清晰，那么，其主要目的毫无疑问是要躲开刺探的眼睛。这就是霍兰一家的理解，她请他们帮忙转寄信件给沃兹沃思是为了避开"乡村邮政局长的审查"，而且她寄的不是真的"情书"，因为那会"背叛他们对她的信任"。不过，要注意的是，其他通信完全可以由当地的某位朋友帮忙写上地址转寄给通信人，可是给沃兹沃思的信却躲过了镇上的每一双眼睛。关于狄金森与沃兹沃思的关系我们了解不多，但有一点是确定无疑的：她想方设法保守机密。在一封给伊丽莎白·霍兰的信里，她表示特别感谢她的帮忙，为了"这心爱的行动，无论是暴露的还是隐蔽的。"

狄金森在 1870 年到 1878 年间写的最富情爱意味的诗作，也恰好作于这一年即 1876 年，在诗中我们找到了她和沃兹沃思重新开始通信的第一个证据：

> 多年的分别－造不成任何
>
> 一秒钟填不平的裂缝－
>
> 谁说巫师不在场
>
> 他的魔咒就失灵？[1]
>
> 千年的灰烬是火焰时
>
> 曾由那只手抚弄
>
> 如今仍由它揭开
>
> 将萌发且领悟

Fr1405

---

[1] 富兰克林的版本没有清楚地表明，狄金森在完成了第一诗节之后，为第 3—4 行提供了一个替换句（也就是这里所使用的版本），然后才进入第二诗节。——原注

男巫师这个引人注目的细节说明，狄金森对于性别属性的态度是轻松自如的，而我们却那么费力且拘执。她的巫师有神奇的法力，他的魔咒永不失灵，他可以遮盖由他点燃的火，千年之后再将它揭开。

"仍由它（那只手）揭开。"在沃兹沃思去世前，诗人现存的信件中写到他的话只有一句。在霍兰一家从费城百年纪念活动回来后，狄金森写信对他们说，可以给他们寄去牧师在感恩节发表的布道《上帝的栽培》（*God's Culture*）："你错过的布道，我可以借给你－尽管其中的戏法无法传达－"她的意思是说，印刷的文字无法传达沃兹沃思的声音和演讲的戏剧现场。但从她采用的措辞来看，她首先想到的是魔法师的手，而不是说话的声音。

关于狄金森所爱的男人到底是谁，我们一次又一次地发现，为数不多的证据大都指向沃兹沃思。其他的候选人是男是女都可以排除，而沃兹沃思永远不会被排除，但他从来也没有得到证实。最合理的解释是，也许这份爱只是狄金森的一厢情愿，关乎感觉与想象，而不是行动；并且她掩藏得很好，极其注重隐私的沃兹沃思同样小心翼翼。她的家人也在保护她——他们之间只是悄声地谈论那个已婚的费城牧师。沃兹沃思的两个孩子一个是牧师，一个是费城的验尸官，他们无疑做了他们能做的一切来保护父亲的名声，特别是在 1924 年玛莎·比安奇公开发表了那个愚蠢的说法之后。[1]

从 1876 年开始，狄金森写给沃兹沃思的信不再有当年主人书信中那种悲剧性的需要。沃兹沃思去世后，她写信向他的朋友克拉克兄弟垂询，

---

1 沃兹沃思的最后一个儿子威廉·S. 沃兹沃思尚在世时，乔治·F. 威彻尔（George F. Whicher）与这位十分自尊的医生有过一次访谈，这个有趣的访谈刊登于 1949 年的《国家》（*The Nation*）。谈话进行到最后，威廉说话不再像刚开始那样谨慎了，医生告诉威彻尔，他父亲不可能"过分在意一个歇斯底里的年轻女人的胡言乱语"。医生冒出的这句话是否真实反映了牧师在 60 年代早期对狄金森的感觉，这是难以判断的。不过，它清楚地表明，沃兹沃思的家人痛恨外人对父亲与狄金森的关系妄加猜测。——原注

也没表现出任何强烈的激情。曾经的她是个极易越界的危险分子，而如今快满 50 岁的诗人是一个成熟而自持的女人，并且在以书信传递友情方面经验丰富、驾驭自如。尽管她谈论魔力、变革、狂喜，可她或许知道她的生活中不会出现彻底的改变；也许她压根就不想有任何改变。从她给鲍尔斯和希金森的信来看，我们未免推测，她接近沃兹沃思是接近一个她选择的咨询者和朋友，因此，没有发生强烈的吸引、对峙或误解。

但是浪漫爱情不会就这样和她告别。1877 年 12 月 10 日，狄金森家的好友洛德的妻子伊丽莎白·法利·洛德在塞勒姆因癌症去世。这天刚好是诗人 47 岁生日，更大的事件在等待她。

第二十一章

1878—1884 年：暮年的友情与爱情探险

　　有些读者认为艾米莉·狄金森这个阶层的人享有许多特权，并对此不以为然，不过，我们不应该忘记，跟我们大多数人相比，她所经受的伤痛和疾病的打击要多得多。莉齐·马瑟住在狄金森家的街对面，患有肺病，1877 年 10 月的一天，她搭乘奥斯汀的马车出了一次门，夜里，她肺部的一支血管破裂，倒在自己的血泊中，家人听见她撞击地板的砰砰声。我们忍心将这个街对面的噩耗告知她突然丧偶的丈夫吗？"你若还有力量记得，死亡什么也没有驱散，曾经坚固的东西一如既往地坚固，那么你就惩罚了悲伤。"

　　两个月后，维尼病倒了，据一位邻居讲，她患的是"水肿"。艾米莉和马吉不得不花大部分时间照料病人，母亲卧床不起、记忆衰退、抱怨不停，现在又添上维尼。诗人给友人伊丽莎白·霍兰写信说："正是夜里 - 此刻 - 但我们不在梦乡。"这些事情对狄金森自然会有影响，却无法解释她独特而高贵的顽皮劲儿。即便到了人生的最后两年半，病痛和死亡的确使她虚弱了，她的声音也从未显得老气或颓败。有多少作家步入晚年却几乎不发牢骚呢？当然这是性格使然，可是，也需要付出极大的努力，随时注意、精心调整、想方设法去积极补偿。它们业已成为第二天性，从远处看就像滑行一样毫不费力，可这表面上的毫不费力无疑需要付出更大的代价。

温柔的许可

1877 年秋，玛丽亚·惠特尼从巴黎回来，打算在史密斯学院教书。她发现塞缪尔·鲍尔斯"变化大得惊人……虚弱至极，咳个不停，痛苦不堪"。终于，他似乎愿意善待自己了，但她担心为时已晚，确实如此。12月，他已奄奄一息，他忠实的女性朋友们聚集到他身边。苏极力建议用电疗——"我知道我在说什么，因为我了解一些治疗效果极好的病例"——这就引出了医生坦诚的建议，"准备后事吧"。玛丽·克莱默·埃姆斯撰写了一篇颂词，献给这位"卧病在床"而"身携折戟"的"国王"，玛丽亚在北安普敦和春田之间来回奔波，并将鲍尔斯的情况随时告知阿默斯特。狄金森在致"惠特尼小姐"的第一封信中感谢她在"危难的日子里""无微不至的善心"。[1]1878 年 1 月 16 日，编辑离世，享年 51 岁。至于死因，官方说法为中风，非官方说法为"劳累过度"。

从狄金森的几封慰问信可以清晰地看出她是多么哀痛，而且她表达哀痛总是代表他人。她给悲痛欲绝的嫂子写信，精炼地概括了他一贯疲于奔命的作风："他的天性是未来 – 他从未活过。"她在忙碌不堪的希金森身上同样看出了这一点："忘了去生活"。她寄给玛丽·鲍尔斯的几封慰问信包含的批评意味渐渐加深。起初，她称赞这位寡妇慷慨大方，肯接受她的信笺："悲伤甚至会怨恨爱的表示，它是如此容易点燃。"但到了写第三封信时，几个月过去了，痛苦已有所缓解，她婉转地劝说玛丽以丧夫为契机来改善自我："你要见他的日子还很长，亲爱的，不过也会很快，因

1　从 1894 年版的狄金森书信开始，所有的版本都省略了该信的中间一段："对于他所有的贴心人，春田一定是第一位的，盼他康复是尚未实现的最甜蜜的愿望。"——原注

为我们不是也需要疗愈自己的心吗－疗愈得如他的心一般神圣吗？"诗人在向对方推荐她自己正在实践的自制原则。

凡狄金森写到鲍尔斯的信件，最激情的表述都是寄给玛丽亚·惠特尼的。惠特尼多年来和这位编辑过从甚密，一次称呼他为"我最亲爱的朋友"。诗人对这种依恋关系颇有兴趣，因此我们也必须了解清楚，但这个问题却被研究狄金森的学者们曲解了。他们臆测，惠特尼是鲍尔斯家的常客或固定成员，[1] 或许还是鲍尔斯的情妇。实际上，她和这家人住在一起的时间，加在一起也只有一年多一点：1863 年她在纽约的一家旅馆住了三个月，塞缪尔礼拜天会出现在那里；1867 年几个断断续续的短期停留；以及 1867 年 9 月至 1868 年 4 月。上述时间段刚好赶上玛丽的两次生育，这增加了照料和管理方面的负担。最糟糕的是，玛丽既无助，又怨恨，1868 年春，玛丽煽风点火，传播了有关他丈夫和玛丽亚的丑闻。这使玛丽亚陷入惊慌和苦恼之中，她本来对责任持一种极端严谨的态度。这个故事一定传到了阿默斯特镇，因为 10 年后，艾米莉听到玛丽·鲍尔斯"带着特别的爱意"说起玛丽亚来，就立马将这个信息传递给玛丽亚，希望她的朋友会发现"在不知感恩的土壤（玛丽亚）上长期播种的忠诚并非完全徒劳"，而感到"甜美"。这封信说明，艾米莉为鼓励玛丽亚对生活的信念付出了不懈努力，类似的例子还有不少。

然而，玛丽亚爱塞缪尔是事实，而他给她的信总在谈论文学、宗教和政治，从任何方面讲，都比写给妻子的更生动。理想主义和智力水平巩固了他们的友谊，下面还潜藏着丰富的情感纠葛。塞缪尔内心中的那分自

---

1 惠特尼于 1864—1866 年住在加利福尼亚，1868—1869 年在坎布里奇市教书，1869—1871 年住在德国（读书兼作萨莉·鲍尔斯的女伴），1872—1874 年在北安普敦开了一个专收女生的私人课堂，1875—1876 年在巴黎学习法语，而后 1877 年回来待了五个月。在北安普敦期间，她为《共和报》做剪报摘录工作，照看家里的改建装修工程，1873—1874 年帮忙看护一个患了伤寒症的姐妹，除此之外，她还做了许多事。她不应被看作是"60 至 70 年代初玛丽妊娠期和抑郁期的鲍尔斯家的管家"。——原注

负，要求女人对他要绝对忠诚，他毫不忌讳地剥削玛丽亚的忠诚，以确保她帮忙照顾他的妻儿。他憎恨她的激情将她带到他远不可及的地方，比如，去帮助查尔斯·洛林·布雷斯，或去纽黑文照料她一个兄弟的孩子。她这边呢，尽管她显然拥有自己的生活，但在她心目中绝没有一个男人可与塞缪尔相提并论；的确，无人拥有他的控制力、魅力和才华。他们的关系是没有名分的，他最后的病期正赶上她在史密斯学院焦头烂额的工作之始，这些因素让她感到压力重重，用她自己的话说，最后那几个星期简直快"挺不过去了"。在给家人的一封信里她留下了一段癫痴之语，暗示了她未说出的痛苦："我仍然觉得这一切都似乎完全不可理解，完全不可能。我的脑袋完全不能理解。我只知道一些可怕的事情发生了，而我不得不继续，天空从我的生命中完全消失了。"

苏、奥斯汀与玛丽亚之间的友谊长达 16 年，而艾米莉不曾对玛丽亚有过特别的友好表示；也无证据表明她们会过面。如今玛丽亚失去了天空，这给艾米莉提供了一个她需要的机会。很可能是在 1878 年的一月和二月间，诗人寄出一封信，这样的信只有她写得出来：

> 自从黑夜到来我常常想到你－尽管我们无法援助另一个人的夜晚……
> 希望你会记得我，因为我会始终把你和我们的鲍尔斯先生混合在一起－爱顺着敬畏之流摸索到他的热带房门－
> 我希望你有希望的力量……

这是一种大胆与精细相结合的典型风格。艾米莉理所当然地认为玛丽亚有私下哀悼的权利，遂敢于将她和塞缪尔"混合"在一起，甚至想象出在冷寂中摸索他的"热带房门"。同时她也尊重玛丽亚的隐私，没有向她强加任何常规的、表示安慰的伤感情绪。

"希望你会记得我"是一种索要回复的方式，不失礼貌而模棱两可。当回复到来时，艾米莉明确表示了她们的友谊发展的基础："爱鲍尔斯先生的人－彼此更加亲密，你这感人的建议是一种温柔的许可。"由于玛丽亚随后的信件不存，我们无从了解她那边的结果——这个充满活力、游历甚广、举止得体而又善于克制的女人对诗人会作何感想？玛丽亚在1862至1887年间的家信中从未提过艾米莉，现存五张给苏的短笺中（其中一封毫无伤感地忆及"山姆一生最后的挣扎"），亦无只言片语提及诗人。不过，从诗人致玛丽亚或完整或片段的17封书信来看，显然她将玛丽亚"温柔的许可"当作一种授权，并以她们的朋友作为一个热情的焦点："只要他与我们同在，你就与我们同在，哪怕我们仅仅做我们自己，也是如此－因为意识是我们现在所知的唯一家园。"这里的"意识"几乎类似于一个私密教派，两个信徒可以在"热带房门"边上并肩敬拜。

在较早的一封书信里，艾米莉将编辑与别人的最后一次交流寄给了玛丽亚，很可能就是他与沃林顿的交流："我把他的最后一封信借给你－他跟我们讲过许多你的事－我们本能地把你托付给他－受难十字架上无需手套。"最后一个奇怪的句子是说，痛苦使人不必拘礼，言下之意是，在这种情况下，遗孀可以被忽略，所以这封信交由玛丽亚保管，就爱与悲伤而言，她享有特别的权利。艾米莉给玛丽亚的信中，只有四封没有直接或间接地提到编辑。他死后六年，惠特尼已不再哀伤，这个话题对于诗人来说却依旧新鲜，她写道，她"星期六夜里梦见了珍贵的鲍尔斯先生－他投来一个眼光便可点亮一个世界"。[1]

---

1 托德编辑的1894年版狄金森书信集为约翰逊提供了惠特尼的大部分信札。在约翰逊编定的版本中共收入惠特尼书信八封，其中四封（号码为：537、539、591、948）涉及鲍尔斯的段落依惠特尼的意愿删去。948号书信涉及鲍尔斯送来光明的眼光，托德将其付印时，把它处理为一个不可识别的离散片段。同年，以"光明使者"为名的献给塞缪尔和玛丽·鲍尔斯的彩画玻璃窗，安置在春田的联合教堂。玻璃窗由爱德华·埃默森·西蒙斯设计，蒂芙尼工作室（Tiffany Studios）制作，在春田的乔治·沃尔特·文森特·史密斯艺术博物馆永久展出。——原注

狄金森如此念念不忘珍贵的鲍尔斯先生有诸多原因：正是因为他，她才得以与这个跟自己毫无共同之处的女人交谈（一个建立关系的由头）；他还提供了一个机会供她反思回忆和渴望；以及更私密的难言之隐，关于私下对一个人保持忠诚。一次，狄金森暗示的是自己的情感，她再次拿出她念念不忘的想法——在天国重逢的时刻："等到目睹那张对我们来说构成复活的唯一面庞之时－我担心我们将不会在意技术上的复活－这一图景对我们来说实在太令人感叹，唯一的凝视和唯一的回应，该有多么贪婪啊，我想都不敢想。"不过，她的基本意图是关于建议而非信仰——提供人情上的安慰，减轻惠特尼生活中的干旱："虽然我们不认识自己，也互不相识－不在于能不能给予很多，临死的士兵要的－只是水。"

1880 年惠特尼两次来阿默斯特：一次是 3 月底，她当时期待夏天能离开北安普敦；一次是 7 月 31 日，为德国之行前来告别（她于 5 月从史密斯学院辞职）。其中一次，她见到了狄金森姐妹。后来艾米莉写道，来访者"对我们俩都特别甜美亲切，你的针线活和回忆是一幅令人魂牵梦萦的图景"。"回忆"自然是指塞缪尔，对着他的形象诗人几乎要咂嘴品尝："再来一滴甜美的－再来一滴－那阿拉伯的风度！"她只字不提玛丽亚的职业生活——教书、学外语——这些话题在给玛丽亚的信中从未涉及。关于她马上就要搬走一事，艾米莉最多只是说，远处传来的北安普敦的钟声再也不意味着"惠特尼小姐将去教堂"了。她重复使用"甜美"或"甜美的"达五次之多。这是唯一一封回应惠特尼在场的信，这再次说明，狄金森不见朋友的时候才能达到她的最佳状态。[1]

回应惠特尼不在场的信就完全不同，这鲜明的对比很能说明一些问题。1882 年 5 月 13 日，惠特尼的兄弟乔赛亚失去了妻子和一个已婚女儿

1　1882—1883 年冬，她拒绝见一位年轻的修辞学教授，她说自己"没有那么好的风度跟人聊天，而且我自己的词语如此冷，让我灼烧，而别人头脑的温度太新了，令人敬畏"。——原注

（二人的疾病互不相干），这个女儿留下一个女婴。51 岁的玛丽亚凭着她一贯的慷慨热情，主动提出照看这个婴儿，这样她就得离开德国，放弃古代斯堪的纳维亚语的学习。即便她和乔赛亚的关系向来就不大好，她还是到坎布里奇的兄弟家来，全心全意照顾小孩，努力"改造"婴孩的"习惯"，试着与寡言且不懂感恩的兄弟和谐相处。翌年 5 月，精疲力竭、受尽委屈的玛丽亚终究没能做一个成功的母亲，于是开始用"病态的眼光看待事物"，仍顽强而一丝不苟地尽职尽责。早些时候，她盼望着苹果花开时去阿默斯特走走。如今，她似乎只能寄去一封信函，描述她的严冬。

心里挂念着她的种种磨难，狄金森给这位"不在眼前的朋友"写了一封信，此时大概是 1883 年 5 月。她引耶稣的话说，野地里的百合花也不劳苦，也不纺线，然而"所罗门极荣华的时候，他所穿戴的，还不如这花一朵呢"，[1] 她声称看到这朵花就想脱掉自己的衣服，"如果我确定没人看见我的话，我可能会进一步做出让我来世忏悔的事"。她同情玛丽亚痛心地"喜爱这个小生命，如此神秘地就这样托付给你来照看"，她相信这段经历会有价值，"一个孩子早年受到的精神影响比我们所知的更神圣"。惠特尼试图让婴儿夜间不要依赖奶妈，狄金森则对孩子们的"贪恋"持纵容态度，问道，"我们每个人内心里不是都有一只甜美的狼在索要食物吗？"[2] 如果说诗人没有什么照料婴儿的实际经验，但她还是懂得如何取悦和安抚一个疲惫的看护，让她不要那么紧张。那是她目前的一部分工作：安抚远方的烦忧。

惠特尼精力充沛、能力强、博学、负责，是那个时代少有的敢于走向世界的女性。她自告奋勇承担了这项带孩子的任务，可是在她内心深处总

---

1 见《马太福音》（6：28—29）："何必为衣裳忧虑呢。你想野地里的百合花，怎样长起来，他也不劳苦，也不纺线。""然而我告诉你们，就是所罗门极荣华的时候，那他所穿戴的，还不如这花一朵呢。"

2 这个问题是由狄金森七岁侄儿的一则趣闻引起的，这个趣闻不见于任何书信集："奥斯汀的小吉尔伯特今天闯进来，'哦艾米莉姑姑，我想要一些东西。''要什么呢？'我吻了他一下问道。'哦，所有东西。'他答道。"——原注

有一种挥之不去的无家可归感和失落感。从她的照片来看，她的表情明显有些僵硬，好像龟甲蟹壳一般。狄金森认为她过分老练而且披上铠甲了吗？有可能，因为诗人曾寄给她一首诗，讲到一种卸掉铠甲的智慧：

> 我们的无知就是我们的铠甲－
>
> 我们穿着凡人的宿命
>
> 轻松如一件可挑选的外衣
>
> 直到叫我们卸去－

Fr1481B

一场秋霜冻死了艾米莉的植物，她便写信给玛丽亚，似乎漫不经心地谈到它们如何"昨夜进入帐篷，可是，它们柔软的铠甲抵挡不住狡猾的夜晚"。

"我感觉全身都光着脚，就像男孩子们说的那样。"艾米莉在1877年那个格外轻松的夏天草草写道。脱掉衣服、开心的率真、不以病态的眼光看待事物，这些话题在她和玛丽亚的通信中浮现出来。最初建立在对塞缪尔的回忆基础之上的交流，已获得了一股推动力，这股力量来自两个女人之间的真正友谊。"我很高兴你终于接受休息的建议了，"玛丽亚当妈的实验失败之后几个月，艾米莉写道，"太多人鄙视休息"。接着是对另一个问题表示决然反对："你谈到'幻灭'。说到那个问题，我可是异教徒，我只在少数几个问题上是异教徒。"

尽管这些致惠特尼的信函不时让我们联想到传奇中的那个病态的狄金森，但大部分信件还是告诉我们，她四五十岁时精神饱满。既已超越人生中那段酷刑故事的结局（套用迪普勒西斯的那个有用的标题），她便通过书信和诗作的方式成为他人生活中一种隐形的存在。她选择和惠特尼这样的杰出的陌生人交往，就很能说明问题。这是对责任的冒险承担——不是惠特尼所承担的那种，却和惠特尼一样无畏。

洛德法官和语言中最狂野的字眼

快乐、自由、无畏，正是我们在狄金森致奥蒂斯·菲利普斯·洛德令人惊异的情书中所看到的。洛德是马萨诸塞州最高法院的一位法官，年事已高。这些书信，或者更确切地说是书信草稿（两者之间的区别很重要，也引发了许多争议），促使我们猜想，她体会过与一个男人两情相悦的兴奋，无论她之前的经历如何。

洛德生于 1812 年，更接近爱德华那一代人而非她自己那一代。在她精挑细选、为数不多的朋友中，他可能是其中最令人生畏的。他过世后，律师们在悼词中强调了他原则性很强的严厉及法庭上令人畏惧的气质。"他的震慑力全是内在的"，一位律师说，并补充道（似乎这个附加条款是必需的），当然，他的名字绝不会和"谋杀"等同起来。"任何人见到他，"另一个人说，"都不会对他的力量、控制和影响没有感觉。"一次盘问中，他"发起突然而有力的智力挑战"，让一个精神紧张的证人当场昏厥。人们对他的口头表达力量充满敬畏——他简洁、清晰的表达天赋，他狡黠、十足的幽默。

洛德和爱德华一样也是个保守的辉格党人，1854 年他出任马萨诸塞州众议院议长。那年秋天，他的党派倒台，他坚持认为（再次像爱德华）"马萨诸塞的伟大的精神根基就是辉格党"。1855 年在辉格党的州会上，他做了一场激情的演讲，反对一切妥协："今天我们是辉格党，我们不是任何别的什么党（笑声和掌声）。今天我们这里没有外部的人要抓；我们没有诱饵要扔给什么易骗的人。今天我们以辉格党还是辉格党的原则站立在这里，我们不站则倒。（喝彩，大叫'好——好'）"1862年7月，当时的阿默斯特学院中，共和党正占上风，他在学院毕业典礼致辞中把美国内战归咎于"遍布全国各地的不安定者"，并为贝尔－埃弗里特方案辩护："联邦一如从前，宪法一如现在。"他的意思是，在不损害他们的奴隶所有权的前提下击败叛军。他被任命为联邦政府最高法院法官，因严酷和偏袒而饱受指责。亨利·沃德·比彻牧师被控通奸，洛德以他精明的头脑审查了牧师的自我辩护，对牧师的罪行和虚伪进行了猛烈抨击。对该案的报道占据了《共和报》四栏版面（该报支持这一分析），艾米莉一定看到了。

据说在生活中洛德是"一个最善良、最和蔼的男人"。他谈吐清晰，能说会道，"风趣活泼"，尽管只是跟亲近和志趣相投的人才会这样。据苏观察，他在常青居时"似乎从不与他人凑在一起"。然而有一次晚餐，奥斯汀病了，维尼引他聊天，谈话后来转到新英格兰的赞美诗上，他让自己"从他那旧式的丝绸领巾后面显得更加僵硬、挺拔"，将艾萨克·沃茨最阴森的诗作整个地背了下来：

> 我的思虑为可怕的事物翻滚，
> 　　诅咒和死亡；
> 何等恐惧攫住有罪的灵魂，
> 　　自弥留的床上。
>
> 徘徊在这些必死的岸边，
> 　　她拖延良久；
> 直到，死亡将残骸扫去，
> 　　如湍急有力的洪流。

接着，她迅疾而恐怖地下沉

坠入火红的海滨；

在令人憎恶的群鬼中，

她化为骇人的幽灵……

苏记得大家的反应是"紧张地笑起来"。[1]

法官似乎的确对水流冲走的画面印象深刻。法官死后，玛丽·C.法利在瓦尔登湖溺水而亡，狄金森回想起法官当年如何细细品味莎士比亚笔下乔特鲁德王后描述奥菲利娅落水的那行诗："一根心怀恶意的树枝折断了"。[2]

洛德和狄金森一样，对文学持一种老派观点，即文学应当在私下里和朋友切磋，以陶冶情操。1871 年，洛德写过一篇关于阿萨赫尔·亨廷顿[3]的回忆录，其中包含亨廷顿与一个"有天赋的女诗人"汉娜·弗拉格·古尔德[4]的亲密友谊，记录之详细，令人惊异。古尔德和父亲一起生活，她创作的祭文幽默而"特别，情感细腻纯洁，诗律精准，堪称典范"。据詹姆斯·格思里推测，狄金森一些幽默的诗作，如 1863 年以"法官就像猫头鹰"（Fr728）开头的诗，可能是送给洛德的。他当时因学院的公务来阿默斯特，又或者在北安普敦问案；他是阿默斯特学院 1832 届毕业生。

关于他与诗人狄金森之间的友谊何时开始，最早的有力证据可上溯至 1872 或 1873 年：一个信封上有她的一篇诗稿（Fr1265），收信人是狄金

1　更精彩的还在后面，维尼对沃茨的另一首赞美诗做了喜剧化的改写："死亡之路宽又广，/ 成千上万人同行：/ 智慧之路细又窄，/ 这里那里孤零零……"——原注

2　参见朱生豪译莎士比亚戏剧《哈姆雷特》第四幕第七场："她爬上一根横垂的树枝，想要把她的花冠挂在上面；就在这时候，一根心怀恶意的树枝折断了，她就连人带花一起落下呜咽的溪水里。"

3　阿萨赫尔·亨廷顿（1798—1870），曾任马萨诸塞州塞勒姆市市长。

4　汉娜·弗拉格·古尔德（1789—1865），美国女诗人，诗歌短小，韵律整齐，大多发表于报刊，从 1832—1863 年出版过多部诗集。

森，寄信人为洛德。1873 年苏在塞勒姆附近的海滨度假，诗人寄去"爱给……亲爱的洛德夫妇"。约 1874 年，在 Fr1337 号诗的背面，我们看到她给他的侄女阿比·法利的便笺草稿。1875 年 10 月，爱德华去世一年后，洛德夫妇在阿默斯特住了一个星期，诗人及其母亲立下了遗嘱，无疑法官在此过程中提供了法律上的建议；他的妻子伊丽莎白作为证人。他背诵赞美诗很可能发生在 1876 年秋奥斯汀得疟疾期间。翌年 1 月，维尼对桑德兰大桥遭毁一事放心不下，于是就写信询问法官，他回复说，他对此事一无所知，对一切都"厌倦"了，除了玩纸牌。他还常常想起"你和艾米莉，艾米莉的上封短信令我很不安，因为我知道她是多么无私，而且总是隐瞒一切病情，所以担心她的病比她告诉我的更严重。希望你能特别告诉我她的情况"。他那时不知道自己的妻子已患癌症，只是提及她的"风湿病和神经痛"，并再次让维尼描述"你们每个人完整的健康状况"。显然，他不仅在 1877 年 12 月 10 日伊丽莎白·洛德逝世前就和诗人保持联系，而且很担心她的健康状况。

至于他们的友谊具体何时转为黄昏恋，这是很难讲的。诗人死后，维尼遵从她的意愿，烧掉了她一生收到的各种信件，大概也包括洛德的；而她给他的信显然也被毁了。然而，诗人自己还保留着一些寄给恋人的书信版本，而且奥斯汀于 19 世纪 80 年代将其中的一些信件交给了玛贝尔·卢米斯·托德，个中动机只可臆测了。一些是片段式的粗糙草稿。另一些则是誊清的稿子，某些部分被剪掉删除了，这意味着主人有意进行选择性地保存，更深层的意味是，我们现在所看到的，便是可以让我们看且有意让我们看到的。其中能确定时间的四封誊抄的信件都写于 1882 年，具体日期为：4 月 30 日—5 月 1 日，5 月 14 日，11 月 11 日和 12 月 3 日。据约翰逊和莱达认定，这些通信始于 1878 年，这恐怕太早了，特别是因为热情洋溢的 563 号书信片段中讲到春天，似乎不可能是在伊丽莎白·洛德死后刚刚几个月写下的。

有证据显示，他们开始恋爱还要晚一些。1882 年 4 月，查尔斯·沃兹沃思去世，几个月后，艾米莉致伊丽莎白·霍兰道："如果说有些特别的月份似乎给予，有时则卷走 — 8 月带给我最多 — 4 月 — 抢劫我最多。"[1] 据我们所知，伊丽莎白·洛德死后，奥蒂斯在 8 月访问阿默斯特的最早年份是 1880 年。他从 8 月 23 日住到 30 日，是逗留时间最久的一次。他先妻的娘家人（姓法利）陪着他，奥斯汀称这群人为"洛德家"。诗人在一封同时期的信中（编辑们的系年有误）也依此称呼。9 月初，她给凯瑟琳·斯威策姑姑的信中满纸道歉和解释："我打算立即给你写信的，可是你走后洛德家来了，而洛德法官是我父亲最亲密的朋友，所以我陪了他们一阵子，直到他们上周一走；然后得知你挚爱的 A____ 博士去世的消息，我觉得你可能希望独处。"奥蒂斯于 1880 年 8 月 30 日星期一离开阿默斯特。次日，凯瑟琳所在的麦迪逊广场教堂的退休牧师威廉·亚当斯博士逝世。第二天《共和报》刊登了这则死讯。即使忽略奥蒂斯和爱德华之间的友谊对狄金森的影响，通过这些精确的事实，读者也能看出她不写信的借口是不自然、不可信的。看上去她像在蒙骗姑姑。

9 月 23 日即不到一个月后——据我们所知，这是间隔最短的一次——法官回到镇子。据奥斯汀的日记，这一次法利家的侄女们由内德陪同四处溜达，奥蒂斯自由了，24 至 26 日不知身在何处。

据苏的记录，1880 年奥蒂斯赠给艾米莉一件很有品位的贵重礼物——一部有大理石花纹的莎士比亚用语索引。此前是否赠送过礼物，不得而知。[2]

1　她的朋友索菲娅·霍兰死于 1844 年 4 月，而她得知沃兹沃思和鲍尔斯将远航是在 1862 年 4 月。——原注
2　可能有两首诗跟洛德有关：《我以为火车永不再来》（Fr1473）和《哦，一小时的甜蜜》（Fr1477），富兰克林认为它们作于 1878 年，未作解释。第一首似乎与后来那首叹息火车开走的诗作有关，见《我们没有珍惜的夏日》（Fr1622），写在一封致洛德的书信草稿的背面。——原注

有封信，约翰逊和莱达都置于各自所编的系列书信之首，大约是早期的爱情告白：

> 　　我可爱的塞勒姆对我微笑[1]－我常常寻摸他的脸庞－但我不再伪装了－
>
> 　　我承认我爱他－我喜悦我爱他－我感谢天堂和大地的造物主－把他给我让我来爱－兴奋如潮水般向我涌来－我找不到我的河道－小溪变成大海－一想到你……

继续念下去，该信还有一个粗糙的草稿：

> 　　……白天，为你醒来，入睡前，和你一起变得神奇－多漂亮的短语呵－我们去睡觉，好像睡眠是一个国家－让我们把它变成一个国家吧－我们可以／将要把它变为一个国家，我的祖国－我亲爱的来吧，哦做一个爱国者吧，现在……哦灵魂的国度啊，你现在有了自由。

　　在类似上述引文的一些段落里，这种（表面看来）毫无顾忌的狂喜引起了狄金森学者们一些好奇的反应。1954年米莉森特·托德·宾厄姆将之公布于众，并庄严地摘引上帝在燃烧的荆棘边上警告摩西的神谕："当把你脚上的鞋脱下来，因为你所站之地是圣地。"[2]最近，玛尔塔·沃纳（在她编辑的散文集中让我们将这些手稿片段看作是美学对象，不要去"想象故事情节"。她宣称，"我的编选工作提出一种突破传统的解读……我认

1　塞勒姆是洛德法官居住的城市。Salem（塞勒姆）和 smiles（微笑）刚好押头韵。
2　见《旧约·出埃及记》（3：5）。

为，这些草稿……最有力的'启示'……不是传记式，而是文本式的"。

沃纳的选集中所附的手稿影印本图片显示出狄金森的若干写作习惯——她如何利用纸片，她的字迹在草稿和保存稿中有何不同。但大多数读者肯定会觉得，无论其中有没有故事，这些片段真正的有趣之处在于，它们透露了狄金森的情爱狂热以及她与洛德的关系。跟她年轻时的一些书信一样，这些文字也有一种喷薄而出、夸张嬉戏的成分，因为"灵魂"在它自己的祖国。这种自由以亲密感为基础，以一种丰富而又看似不羁的语言游戏来表达自己。诗人是给一个有很高文化修养的男人写信，一部分乐趣便在于他们可以分享一种想象力和语言上的嬉闹——20年前她在给"主人"的一封痛苦的书信中称之为"在心上上演心的恶作剧"。若离开语言，这关系就会变得索然无味。有时，她"几乎担心我们之间的语言完结了"。

尽管她的小溪怀着喜悦投向他的大海，狄金森既不愿意与之融合，也不愿意"放弃伪装"。她的草稿表明，她早已参悟了欲望和距离的微妙关系，并不考虑任何真正的让步："难道你不知道当我有所保留、拒绝给予时你是最幸福的吗 – 难道你不知道'不'是我们托付给语言的最狂野的字眼吗？（另起一段）你知道的，因为你都明白。"[1] 奥蒂斯果真知道吗？如果知道，他喜欢这样吗？艾米莉的"不"对他来说也许确实太狂野了，因为她既承认自己的渴望又坚持自己的自由："我只是一个不安分的睡眠者，在欢乐的夜晚，要时常离开你的臂弯去旅行，但你会把我送回来，对不对，因为那是我唯一所求之地。"她一口气写下了这些话，敢于谈到他们的共同之夜及她的漂泊癖好。她似乎还认为，"不"不是"不"，而是额外的

---

[1] 无论是谁保存了这份包含这些重要文字的手稿，都只想保留这些文字，而不包括其他文字：这页纸的上下两端都被剪掉了。如果是奥斯汀在交给托德之前将这封信及其他关于洛德的手稿裁去的，那么其动机可从他女儿的回忆中推论出来——他"病态地担忧大家会觉得妹妹艾米莉对爱情'失望'"。——原注

游戏、亲昵、告白的基础。当然，我们不能确定这封信是否寄出去了。[1]

至于洛德想从她那里得到什么，手稿片段显示了两种可能。一封誊清的信讲到一个（供人翻越栅栏门的）梯磴，她"不给你跨越－但它全是你的，等时候到了，我会抽开门闩，让你躺在青苔地里"，这个片段暗示，此前他可能向她要求某种情爱的满足。她自我辩护道，"是痛苦……叫你离开了我，饥饿，可是，你要那神圣的面包皮，而那会毁灭面包"，此言与考文垂·帕特莫尔的《家里的天使》中的一段诗行相呼应。苏在这一段上做了很重的记号，关于一个女人屈服太快，结果"糟蹋了面包撒了酒"。[2]

另一种可能是，在狄金森的母亲 1882 年 11 月 14 日去世之后，诗人彻底解脱出来，于是，洛德显然向她求婚了。12 月 3 日，她详述了他温和、周到的求婚背后的种种微妙之处：

> 你说怀着爱的胆怯让我到你亲爱的家中，你会"努力不让它有任何不舒服的感觉"－如此温柔细腻的羞怯，看起来多么美好！没想到一个存留至今的女孩会得到如此圣洁的谦逊－
>
> 你甚至满怀歉意地叫我到你的怀抱里！我可怜的心是用什么做的啊？

这个有趣的段落不仅表明诗人曾让直率的老法官感到望而却步，而且也表现出她多么热心于反思这一点，甚至推测（跟他一起）她会表现得多

1　狄金森在 1882 年 4 月 30 日誊清的信中提到近来"在你怀里"。这和她写到洛德的"臂弯"一样使人想起苏的陈述（据托德转述），狄金森姐妹"两个人都没有什么道德观念……一天我走进客厅，发现艾米莉靠在一个男人的怀里"。莱达将这句话的时间定在 1882 年 9 月，似乎可信。但是托德迟至 50 年后的 1931 年才说出来，其精确度遂成了一个问题。

狄金森的一首早期诗作《暴风雨夜－暴风雨夜！》（Fr269）以这样一个希望结尾，"但愿今夜－我能－/停泊于你！"尽管一些读者将其看作性爱的意象，其所指很可能是拥抱时的双臂合拢，一个有力的维多利亚式意象。在黛娜·克雷克的《一家之主》中，主人公"渴望得到她，把她藏在他的臂弯里"——他最终是这么做的。——原注

2　关于这首诗作以及苏的标记，详见第十六章。

么咄咄逼人。

这对恋人达成的基本理解似乎是文学上的：每个礼拜天都互相写信。在以"星期二是很郁闷的一天"开头的一个书信片段中，诗人追踪了自己在一个星期中不同阶段的期待状态。在另一封信里，因为他失职了，她就责备"那个小淘气""把灿烂的一周弄得了无生趣"。不过，令人好奇的是，有一个旁证说明这个老人曾经如何努力尽责。1883年4月8日礼拜天，他的侄女阿比·法利给内德·狄金森写信说，"洛德姑父在隔壁房间给'府邸'写信，甜蜜的信——我猜"。阿比对此事公然表示轻蔑："你的邻居刚寄来一封信，里面还有甜蜜的花，给'亲爱的奥蒂斯'，我猜。啊，这世上有多少哄骗啊。"奥蒂斯财产可观而无子嗣，他的侄女当然有心阻挠二婚。几十年后，老人阿比变得更加尖刻，据说，关于狄金森，她说过这样的话："小贱妇——我难道不了解她？我敢说我了解。放荡的女人。想男人想疯了。甚至想得到洛德法官。而且精神不正常。"

狄金森想各种法子不让人知道他们在通信，她写的是乔治·蒙塔古的地址，让马吉的姐夫或妹婿托马斯·凯利传书。1882年5月，有人误传法官奄奄一息，汤姆想得很周到，即刻出现了，诗人"朝他的蓝夹克奔去，让我的心在那儿碎了吧"。另一次，她好像告诉恋人，她衣服底下藏了一封长信而使她看起来体积增大不少，叫人生疑。洛德回复时便以"金宝"[1]称呼她，她很高兴地把玩着这个名字，接着承诺换信纸："不过，蒂姆的怀疑会减轻的，因为我有更薄的纸了，能躲过最精明的人。"这些规避策略是为了保护自己，可能也是为了保护法官（以防阿比？）。一次，她梦见他死后人们为他做了一尊雕像，有人叫她"揭开"雕像，她拒绝了。她

1　金宝是一只大型非洲象（1860—1885），先后圈养在巴黎和伦敦动物园，成为轰动一时的明星，颇受大众喜爱。1882年，金宝被美国著名的马戏团收购，开始在美国巡演，曾到访阿默斯特。金宝体型壮硕，成年时高达3.23米，因此，他的名字后引申为"大型""超大"之意，进入日常英语，沿用至今。

解释说:"生前不做的事,死后我也不做。"[1]

对恋人之死的这个梦中反应,与其说是悲伤所至,不如说是关于脱衣、隐私以及她时不时对自己"过于坦白"的恐惧。当然,二人的恋情还是被人知道了。维尼在诗人的葬礼上将"两棵天芥菜放在她手边,'带给洛德法官'"。洛德这边呢,金博尔家[2]的亲戚对此也很了解。70年后,一个后代读到宾厄姆的《启示》(Revelation),突然有所醒悟:她的母亲(生于1871年)常常说起表兄奥蒂斯是艾米莉·狄金森的朋友,却从未说过是爱德华·狄金森的朋友。

奥蒂斯是否如艾米莉声称的那样是爱德华最好的朋友,这并不重要,重要的是她是这么看的。两个人都是不屈不挠的老派辉格党律师,可以视之为法律理念的代表,奥蒂斯遂有可能参与诗人那些涉及顺从与违抗的复杂游戏。"阿默斯特最好的小姑娘"很高兴将洛德作为惩罚权的具体体现,然后激他,让他成为她的目无法律的嬉戏的同谋。她曾草草写下一首给他的诗,这份草稿声称:

> 多么迅疾－多么轻率的一个－
>
> 爱是多么永远犯错－
>
> 那欢快的小小神祇
>
> 不受鞭打我们甘心服侍－
>
> Fr1557,大约1881年

与受虐狂相反,这首诗所表现的是"永远犯错"而不受鞭打。奥蒂

---

1 据我们所知,诗人梦见自己做出选择和行动,仅有这一次。关于她的其他几个梦,描述都很短,见以下书信:16、60、62、175、304和320。她经常提到梦见了某个人,见书信32、342a、471、585和907。前文引过诗人致惠特尼的一封信,提到一个关于鲍尔斯的梦。——原注

2 金博尔家,洛德母亲的家族。

斯是一个代表尊严与秩序的完美恋人，甚至还是温顺版的爱德华（爱德华"从不玩耍"）。"爸爸还有许多壁橱，"她揶揄法官，"爱从未洗劫过它们。"洛德死后，她把他描述为"髑髅地和5月"的不稳定结合体——制定法律的耶和华和捣乱的丘比特。他是她一生中最后一个强壮而又权威的男人，他与19世纪80年代被论及颇多的"审美"类型毫无共通之处，也与她所嘲弄的"人体模特"——教授们大相径庭。

看来，跟具有独裁作风的恋人打交道，艾米莉是个出人意料的专家，就好像这是她训练出来的一段关系。他们俩显然度过了一段美妙的时光——写作、拥抱，她没有承诺过什么；尽管洛德过世（1884年3月13日）让她很难过，但她并未垮掉。他的魅力是否因最后的疾病和衰老而减少了？1882年12月，他从法官席退休，一位同事婉转地写道，由于法官的"头脑久久沉浸于怀疑和危险，在他的朋友称之为偏见的地方，他可能变得有点病态，而且他说话……越来越强势、严厉"。

狄金森决定不和洛德结婚，有人认为这再次证明她不具备"那种能力，以享受与人亲身交往和建立亲密感的乐趣，所以就放手了"。考虑到他们两人的关系基本上是模糊不清的，如此绝对地下结论恐怕不够明智。确实有可能诗人最后就是想度过一段好时光，然后放手。至于她的追求者当时感觉如何，也只能靠想象了，不过我们不该忘记，正如他的诗人朋友曾经说过的，"好时光总是共有的；否则就没有好时光"，很可能洛德也很享受。

有一件事我们可以确定：如果艾米莉·狄金森为了这个执拗的老男人及其难缠的侄女而放弃了自己的生活，那将会是一个灾难。

解决

查尔斯·沃兹沃思牧师从旧金山带回费城的一样东西是"咽喉感染，

妨碍了发音"，一份加州的报纸还提到，这可能和"紧张、衰弱"有关。这个麻烦持续了很久，以至于在他的葬礼上，牧师的工作效率下降被归咎于"语言器官能力的神秘减弱"。但我们在《费城问讯报》所载的长长的悼词中看到，1879 年他就职于克林顿街以马内利教堂之后，"身体状况有所改善，也更受欢迎了"。

次年夏天——很可能是狄金森和洛德法官开始罗曼史的那个夏天——沃兹沃思来到阿默斯特，跟她见了第二面也是最后一面。她正在拾掇花儿，他拉响门铃，显然认为自己不可能被打发走。维尼听见他和马吉在说话，就说，"嗓音低沉的那位绅士想见你，艾米莉"。她"喜出望外"，问他为何没有提前通知她，他说来这儿是一时冲动，"从我的讲道坛登上火车"。这个回答有些奇怪，不过暗示了他的讲话能力有所恢复，这可能促使他决定来看她。她在这次来访的两段描述中都没有提过任何关于声音障碍的内容。

但他让她明白，他"随时可能会死"。两年后牧师染上肺炎，大夫说他已病入膏肓，当预备后事。"我没什么可预备的，"他答复说，"都预备好了。"1882 年 4 月 1 日凌晨，牧师溘然长逝。

一篇报纸文章引用了牧师临死前那个礼拜天布道的最后一句话，"回家，回家"，狄金森显然读到了。1886 年 4 月，诗人在自己死前的几周，写下了我们所知的最后一封提及牧师的信，两次重复这两个字，并加了引号。收信人是牧师最亲密的朋友之一。"请原谅这声音吧，此刻不朽。"她的信这样结尾道。

沃兹沃思生前，狄金森只和伊丽莎白·霍兰写信时提到过他，他死后，她却很郑重地告诉几位男性，他的友谊对她多么重要，这很奇特。在致希金森的一封信中，她称牧师是她"在尘世最亲密的朋友"，不过未点出名字。致洛德，她提醒说，"我可爱的塞勒姆"并非独自享有她："这对我来说是一个意味深长的四月－我在你怀里－我的费城离开人世，而……爱默生……已触摸到那秘密的黄泉。"[1]

狄金森和沃兹沃思唯一的共同熟人叫詹姆斯·狄克森·克拉克，约20年前，她只短短会过他一面，他恰好是一个"温情而慷慨的人"。克拉克身患脊柱病，从70年代早期起就在布鲁克林区的德格劳街与父亲和兄弟同住，从那儿他寄给诗人一卷沃兹思的布道集，牧师去世时集子尚在印刷中。她若读了，就会发现作者为她所不喜欢的"老派说教"辩护，并对一些解脱和狂喜的热情做了戏剧化处理："（他们）感到不朽的力量在他们的体内搏动，从他们可怜的、有限的感受与罪恶中迸发出来，腾飞！腾飞！腾飞！向着永恒的荣耀。"狄金森在与克拉克此后的通信中寻求更多关于沃兹沃思的信息，他既是陌生人，又是她在尘世最亲爱的朋友。在此过程中，她和克拉克也成为朋友，就像鲍尔斯死后她和玛丽亚·惠特尼建立联系一样，她将一种联系的结束转变为另一种联系的基础。现在，她的朋友圈人数如此稀少，每一个死亡都是一场灾难。

1883年6月，克拉克去世，狄金森惊呼（该段从书信集中被删去了），"朋友，然后是朋友的朋友！彻底失去啊！"她于是给克拉克的兄弟查尔斯写信，在她生命的最后三年一共给他写了15封信，却从未与对方谋面。沃兹沃思依然是中心：她对沃兹沃思的回忆；他和他的孩子们之间的问题；为什么他有一次将诗人比作自己的儿子威利。读这些信会有一种震惊之感：诗人和那个对她来说如此重要的男人之间的联系是如此稀薄。的确，读这些信就是看她怎样和朋友的朋友们创造出更稀薄的联系。

和克拉克的通信清晰地表明，沃兹沃思是狄金森的中心。在一封信中，她表示期待他"在另一个世界帮我"。在另一封信中，她敢于称他为"我

1　详见第十一章。

的'天父'"。但这两封信都未提到分离的爱人在天国的第一次相互凝视，这是她之前多次用到的比喻，我们也不曾在任何地方看到如她父亲离世时那种悲伤的表达。不过，无论她对牧师的感情如何（确乎缓和了），我们都不指望她在她的诗歌以外的任何地方探索她最私密的关系如何收尾。

实际上，她似乎就是这么做的，有一首诗以某人的死为开头，而她的生命正朝着此人迈进：

> 我没有到达您那里
>
> 但我的脚一天天滑近
>
> 有三条河和一座山要跨
>
> 还有一片沙漠和海域
>
> 这根本算不上任何旅行
>
> 若我当面讲给您听

接下来的诗节列举了旅行之艰辛。说话人并没有描述她努力接近的那个人的任何特征，尽管她确实提到一只等待提供帮助的"右手"。她所期盼的是"讲"，她60年代早期那些描写远方的爱人的诗作也是如此。结尾，她催促自己的脚"欢乐地踏步"，涉入最后的海域：

> 流水发出新的低语
>
> 三条河和一座山已越
>
> 两片沙漠和海域！
>
> 现在死亡侵吞了我的津贴
>
> 于是得以见到您—

Fr1708

1863 年即沃兹沃思去加州旅行的次年，狄金森曾写下一首诗，当是本诗的姐妹篇，若对照着看，上面所引这首诗就有了意义，它显然是一个重要的总结。而在那首较早的诗作中，狄金森似乎也幻想着一次遥远的西部长途跋涉，作为她内心极为重要的活动：

> 我穿越直到疲倦
>
> 一座山 – 在我心里 –
>
> 更多的山 – 然后一片海域 –
>
> 更多的海 – 然后
>
> 发现 – 一片沙漠 –
>
> 我的视线阻塞
>
> 以稳固的 – 飞扬的 – 沙粒

Fr666

她坚持着，"呼喊"她的双脚向前，许诺赐予双脚"整个天堂 / 在我见到圣恩的瞬间"。

较早的那首诗充满希望，另一首则显得沮丧，这两则奇特的寓言相互对照。而《圣经》中的摩西在出埃及之后、进入迦南地之前也有类似的失望，这加强了狄金森寓言的深意。1854 年，艾米莉的朋友亨利·埃蒙斯主持了一次为当地山峰命名的郊游，并为此写了一篇文章，她给他的回信中引用过这篇文章的句子。[1] 次年，阿默斯特学院图书馆收入海德利的《圣山》（*The Sacred Mountain*）。在关于毗斯迦山 [2] 这一章中，我们发现一段

1　详见本书第十四章。
2　毗斯迦山（Mount Pisgah），位于约旦河东，摩西曾从毗斯迦山顶眺望迦南地。

文字，读起来很像狄金森的原始素材：

> 海已渡过－忍受着众人的低声抱怨－令人疲惫的大沙漠走
>
> 完了－年富力强的40年已耗尽，只为一个目标，然后（摩西）
>
> 死了，没有到达那个目标……

不幸的是，由于《我没有到达您那里》只有一份苏的誊抄本留存下来，无法确定写作年代，所以也就不能确定该诗是否因沃兹沃思之死而作。我们只能参考比安奇的意见：艾米莉向苏倾诉了自己对他的爱，而苏守口如瓶。这些表面事实也许可以解释为什么《我没有到达您那里》由嫂子保管，而且她抄下此诗后，最终销毁了手稿，或许也顺带销毁了一些能提供隐情的信息。

沃兹沃思去世两年后的1884年3月，洛德也走了。狄金森跟伊丽莎白·霍兰、诺克罗斯表妹、凯瑟琳·斯威策和查尔斯·H.克拉克提到此事时，一般都把他称作她失去的"另一个朋友"；她对斯威策说，洛德是"我们最近失去的"。自始至终，她并未说她遭受了一生唯有一次的那种失去，而是一系列失去中的最后一个，剩下她孤零零地承受可怕的丧友之痛。"怎么拯救我分崩离析的老友圈"，她给克拉克写道，"是时时袭来的痛苦"。她未在任何地方将友人的逝去表述为一种特别的终结。这并不是否认她的悲伤，而是关注她如何理解、表达悲伤。这些信中有一首诗写道，她是一只知更鸟，找寻"她失去的鸟群"（Fr1632）。另一首诗写道，"我们失去的每一个都带走了我们的一部分"，她是一弯残月，很快将被"潮汐召唤"（Fr1634）。海洋在她的诗作中屡屡出现，如今呈现出一片有力的退潮。"休息和水是我们最需要的"，她给表妹写道。在致萨拉·塔克曼的信中，她表达了一种强烈的渴望，想要漂走，像飞一样：

风多么慢－海多么慢－

它们的羽毛多么迟缓！

Fr1607　大约 1883 年

　　她对一个男人，而且只对一个男人有过牢不可破的依恋，这种强烈的依恋感曾体现在她 19 世纪 60 年代早期的作品中，后来怎样了？或许换个方式来问更容易回答：面对洛德的表白，诗人的依恋感发生了什么变化？在她写给他的最后几封信中，我们找到了一个答案。下面这段似乎陷入一种昏昏欲睡、漫无目的的独白，近乎神游。她给其他收信人写信，从来没有陷入过这种写作状态。写信日期为 1882 年 11 月 11 日。

　　请原谅这种游离式的写作。失眠使我的铅笔跌跌撞撞。爱也阻塞了它。我们在一起的生活是你对我长久的宽恕。我的乡村爱情侵占了你的法官领地，唯有君王方能宽恕。我从未屈膝于别人。精神从没有两次是一样的，每一次都是另一次－另一次更神圣。哦－要是我早点发现它就好了！不过柔情没有日期－它来了－淹没了一切。[1]

　　诗人表达了一种旧时的遗憾（"哦－要是我早点发现"），然后立即

1　约翰逊将这份草稿的写作时间定在 1882 年 4 月 30 日和 5 月 1 日之间，这是错误的，其实可依据其中的这句话来判定日期："斯特恩斯（Stearns）博士太太来问，巴特勒'将自己比作自己的救世主'，我们是不是没感到特别吃惊。"本杰明·F. 巴特勒（Benjamin F. Butler）是一个直言不讳、特立独行的民主党人，1882 年 11 月 7 日，他在经历六次失败后，当选马萨诸塞州长。他的胜利演说开篇道："诸位公民——引经上的一句话吧，匠人所弃的石头已成了房角的头块石头（大笑并鼓掌）。"此言出自《旧约》，基督徒将它用于耶稣身上。《春田共和报》和《阿默斯特记录报》（*Amherst Record*）都注意到了这段。巴特勒对妇女选举权和农业的支持已足以使他成为保守的共和党的眼中钉了。狄金森对他的态度不得而知，但对他的演讲，显然并未像斯特恩斯太太那样愤怒。她的叔叔威廉·狄金森是一个狂热的巴特勒的支持者。——原注

克服了这种情绪（"不过柔情"），这段话表达了她对自己的情爱经验的最后看法。言下之意，她否认曾屈膝于另一个人，似乎是记起来她其实有过，于是又补充了一个限定："精神从没有两次是一样的……"也就是说，和每一个新的爱人，爱情都是不同的，而且更好。爱情本身是单个的、全能的，但现在它可以包含不止一个人——在 60 年代早期这是一个异端想法。正如她警告洛德的那样，她"只是一个不安分的睡眠者……要时常离开你的臂弯去旅行"。

在情爱方面，狄金森不仅成就了"内在的"自由，而且是一种非常真实而坚韧的自由。这是她在挣扎的年月里所获得的，它磨炼了她对一个不可企及的男人的执迷，大大扩展了她的个性和想象力。1872 或 1873 年她写了一首诗，属于最奇特之列，那时她的斗争胜利了，和沃兹沃思的通信尚未重新开始（洛德还远未登场），这首诗记录了她所成就的"凄凉的欢欣"：

> 通过何种忍耐之狂喜
>
> 我抵达这麻木之极乐
>
> 呼吸我的空白因你的缺席
>
> 证实我这个和这个 –

Fr1265

说话人看了一眼"这个和这个"，而没有认定它们是什么（成捆成捆的信札？她的手稿册？她身体的某些部位？）她是要用这些东西来证明她所获得的东西，也就是说，她获得了一种迟钝的能力来度过"没有你"的空虚生活。她达到了一种完满而无实质意义的平衡，于是便以一系列矛盾修饰法来做总结。令她狂喜的东西仅仅是她的等待，而非拥有。她唯一的极乐是麻木。没有和他一起生活，而是呼吸着因为缺少他而形成的空白。这并非她的平常心境，不过，在她和法官投身爱情之前，这仍是她的众多感受之一种。

1882年左右，这段罗曼史已到了成熟阶段，这时期的一首诗开头写道："我之前摸索着找他而不自知"（Fr1585）。诗作《通过何种忍耐之狂喜》，草草写在洛德来信的信封上，便是摸索的一条线索吗？洛德死后，她给诺克罗斯表妹们写了一封倾吐心声的信函，又回到那个问题：她对他的热情与初恋那种强烈的排他性有什么关系？"我们一直以为狂喜是非个人化的，直到第一个朋友死去，才发现他是我们喝水的杯子，而我们对杯子本身尚不了解。""之前……不自知"和"尚不了解"这两个表述是吻合的。充满敌意的阿比·法利说她"想男人想疯了"。更恰当的说法是，她和法官的爱情为她之前执迷于主人而受挫的经历提供了一种情感上令人满意的解决。她在洛德的怀抱中（这是她最贴近情爱快感的表达？）发现，爱情和男人是不同的。她对一个单一"原子"的迷恋得以缓和之后，便懂得了这一点，从而（差不多）放弃了在天堂互相凝视的幻想，并试图从克拉克兄弟那里获知关于沃兹沃思的一些确凿事实。

如果诗集的编者们所认定的日期是正确的，那么1882年后只有一两首诗书写爱情题材。狄金森以下面这首最后的回顾之作终结了这个主题，其中"密友"和"玩伴"都是复数形式：

> 我的战争都埋在诗里 –
>
> 还剩一场战役 –
>
> 一个敌人我尚未谋面
>
> 但时常将我打量 –
>
> 在我和我的身边人

之间犹豫不定

却选了最好的－忽略我－直到

周遭的人都先我而去－

倘若故去的密友

没有把我忘记，

那该多么甜蜜－

因为人生七十

玩伴已稀－

Fr1579

　　爱——它的痛苦、它的游戏——已经完满，化为艺术，埋在诗人自制的秘密手稿册里。

第二十二章

1880—1886 年：优雅的自制

对于狄金森围地中的其他居民，出现了冷酷的阵线划分，战争才刚刚开始。奥斯汀彻底跟苏疏远，1882 年他和玛贝尔·卢米斯·托德坠入情网。托德，一位教师的年轻妻子，热烈地回应了他的感情。翌年，吉布不幸夭折。他是奥斯汀和苏中年生养的一个孩子，排行最小，是全家的宠儿。如今 50 多岁的艾米莉是那么的依恋着全家的老老小小，这一切对她来说想必痛苦万分，可她别无选择，只能面对。透过她对家庭变故的反应，可以了解她晚年的家庭观念以及她如何看待自己在这个世界上的位置。

家庭内部的分裂对狄金森作品的出版和接受产生了深远影响。1890年即她死后四年，她的诗选出版，赢得了广泛声誉。接着又出版了几部选集，包括两卷本的书信集。所有这些都是由奥斯汀的情人玛贝尔编辑的，维尼从旁鼓励，希金森出谋划策；这些编选本对狄金森的作品做了自由的编辑加工。1913 年苏去世后，坚决捍卫母亲的女儿玛莎推出了艾米莉寄给隔壁的诗作选，接着又推出了第一本厚重的传记《艾米莉·狄金森的生平和书信》（*The Life and Letters of Emily Dickinson*，1924）；八年后又出版了《艾米莉·狄金森面对面》（*Emily Dickinson Face to Face*，1932）。玛莎决心彻底抹掉托德夫人的记录，将艾米莉姑姑收归狄金森家所有，取得版权，从而维护这位被冷落的妻子和失去两个儿子的悲惨的母亲（内德1898年死于心脏病）。毫不奇怪，这些书籍的出版为苏的婚姻提供了一份圣洁的记录，对她和隔壁天才之间的关系做出了理想化的描述。里面还充斥了大量偶然的靠不住的"事实"。

不过，比安奇把自己放在一个无人能比的位置上，而且她叙述的很多事情似乎提供了一种独家视角，给予我们近距离观察诗人的机会——她在家庭圈子中全神贯注地阅读；她"喜欢做表示勇敢的夸张手势"；她在门上转动一把幻想的钥匙，说，"就这么一转－就自由了，马蒂"。诗人热爱游戏、玩笑、虚构、秘密、破坏规矩和各种调皮捣蛋之举，关于这些方面的描述没有谁能赶得上这个"帝王般的女孩"（Imperial Girl），艾米莉正是这么叫她的。老年比安奇回首往昔时，理解了狄金森年过半百时所赢得的良好的自我控制力："尘世的劳役和烦恼对她来说并不存在。她放手不顾外界的一切纷扰，获得了一种优雅的自制。"这个句子凝练地概括了诗人精神之独立，正是这一点使她跟阴沉的奥斯汀和苦恼的维尼完全不同。

狄金森的自制如此完满，以至于她在许多诗篇中表达的成就感似乎并未表现为任何公开的吹嘘。一般来说，对自己精湛的技艺有一定把握的作家都期待一种配得上自己的公众认可。他们留下一部作品选本；他们诡秘地向先贤祠颔首，以示他们的骨灰盒放在什么位置最合适。狄金森笔耕不辍，却几乎从未花心思清理或编排自己的诗作，也没有采取任何措施以保证其作品能触及广大读者。恰恰相反，她迫使维尼和马吉保证一定要烧毁她写的东西，很可能也包括她的手稿册以及那些零散的诗作。毫无疑问，这在很大程度上归咎于她一直以来对各种公开曝光的反感。但是为什么她从未在任何一封书信里评价过她的成就呢？这种沉默可以被理解为谦卑、疏忽，或某种幻灭吗？她不知道自己有多好吗？这可能是我们最想了解的问题。

要找到答案，一个方法是追踪她对两位作家的兴趣，一位是乔治·艾略特，一位是艾米莉·勃朗特。在某种意义上，她们三人可谓并驾齐驱。狄金森崇拜这两位女作家，但在内心深处，她有一种强烈的归属感，并急切地想了解她们个人的历史。1880 年看到乔治·艾略特的死讯，她简直无法将"那些印刷在纸页上的字迹"从脑海中赶出去。诗人惋惜这位小说家缺少"信仰天赋，是她的伟大否决了她"，至于个中原因，诗人猜测道："也许没有童年，她早年失去了信的机会，后来再无别的机会。"1882 年，编辑托马斯·奈尔斯告诉狄金森，乔治·艾略特的第二任丈夫"没有放弃"为亡妻写传记的计划。翌年，玛蒂尔德·布林德的《乔治·艾略特》和阿格尼丝·玛丽·罗宾逊的《艾米莉·勃朗特》在美国首次发行，诗人迅速做出反应，暗示出她对自己的成就是有感觉的。

读布林德的《乔治·艾略特》，狄金森看到了一幅玛丽安·埃文斯[1]青春期的画像：严肃、笨拙和内心孤独，与父兄相处的诸多痛苦和烦恼，以及早年对福音派的拒斥。这本传记称她"一来到世上就已臻成熟，好像第二个智慧女神密涅瓦"，同时也一再强调"旺盛的心智并不能使她免于女性所特有的敏感和软弱"。这本书让她更多地了解了她自己和这个英国女人的同与异，她给奈尔斯写道："我以前不太了解玛丽安·埃文斯的生活－一个无花而结果的命运，在劫难逃，就像尼日尔无花果。"这个"在劫难逃"的果实让人联想起"在劫难逃的香膏"（Fr1368B），出自诗人赠给海伦·亨特的结婚贺信。诗人给奈尔斯的信中还包含一首诗作，关于一种从虚无中创生的补偿性的生产能力，这与埃文斯活跃的一生并不那么相符，倒更符合诗人本人：

---

1 玛丽安·埃文斯是乔治·艾略特的本名，狄金森在书信中始终以本名称呼这位女作家，从不用她的男性化笔名。

她的丧失让我们的收获蒙羞。

她背负生命的空囊

英勇无畏，就好像东方

在她的脊背悬荡－

抒情主人公的语气显得有些窘迫，因为她缺少创造力，于是羡慕别人。可是到了第二节我们看到，原来她也是一个负重者和酿蜜者，所以才懂得埃文斯的秘密：

沉重莫过于生命的空囊

搬运工个个心知肚明－

徒劳无益把蜂蜜惩罚－

只会让它更加甜蜜－

Fr1602B

显然，诗人觉得在某种程度上自己和这位小说家不相上下。

罗宾逊的传记出版还不到一个月，狄金森就读完了，这本书证实了她此前的想象："巨人艾米莉·勃朗特，正如夏洛特所说，'对别人满心同情，对自己则毫无怜悯'。"这本书直观且富于戏剧性，处处是细节和洞见，这一切想必会引发诗人的种种联想：勃朗特幼年丧母、恋家、逃避陌生人；她强大的自制力；她的家庭主妇才干；她对布兰韦尔[1]的溺爱；她带刺的才华；她的正直、纯洁，她对激情的大胆书写。她爱一只大狗，她抛弃又改造了加尔文宗，她诡异的想象力转化了"普通生活的泥巴地"。

---

1 布兰韦尔，艾米莉·勃朗特的哥哥，比她年长一岁，家里的独子。

"假如屠夫的儿子来到厨房门口，她会像鸟儿一样飞走。""这个孤僻、坚毅的女人天性善良，为他人着想……她做面包，在霍沃思村小有名气。"这简直就是这位阿默斯特诗人的翻版！狄金森给伊丽莎白·霍兰写信说，"《简·爱》之后，还没有哪本书比艾米莉·勃朗特一生的故事更令人激动"。她称勃朗特是"十字架上的拿破仑！"她把勃朗特的伟大建立在她对痛苦的驾驭之上，并坚持让伊丽莎白读这本书，不管眼睛好不好。"那是一种如此奇异的力量，我一定要让你拥有它。"

狄金森从未这样大力推荐过别的书。这本勃朗特传记有力地证实了她的思想——力量建立在软弱之上。关于她自己作为诗人的奇特力量，这本书究竟告诉了她什么，既然她对此缄口不言，我们也只能猜测。诗人没有私藏这笔令人激动的新财产，而是希望与人分享。正如在《献上这枚月桂》（Fr1428）里，真正的伟大从不自封伟大。对它自己，也对我们读者和传记作者，毫无怜悯。

狄金森围地中的家庭生活

父亲走了，母亲因中风和髋骨骨折而不能活动，家宅里的大小事务都落到狄金森三兄妹、屋里的仆人马吉·马厄及料理干草、牲畜、果园和草坪的雇工身上。奥斯汀主外，负责大工程，如1880年安装自来水；维尼则接替母亲，主持屋内的一切。住在附近的一个朋友哈丽雅特·詹姆森从未见过"如此孝心的女儿"。用艾米莉的话说，母亲只需"叹口气"，"勇敢－忠心－准时的"维尼就会跑来伺候。一个夏夜，阿默斯特镇发生了有史以来最严重的一场火灾，镇中心的一半都葬送火海，当时，维尼脚步"轻得像一只印第安软皮鞋"，来到姐姐的房间说，"别害怕，艾米莉，不过是 7 月 4 号"。[1] 艾米莉凭直觉意识到维尼在说谎,但她十分配合,听任妹妹为她遮风挡雨。伊丽莎白·霍兰提到一个女儿怀孕,说得像密码一样让人捉摸不透,是维尼"摘下这秘密的玫瑰,递给"诗人。

从各方面看,特别是从维尼自己潦草、仓促的便笺来看,你会得出一个印象:她总是风风火火,用姐姐的话说,总是"以惊人的速度"。1880年是大选年,她比"总统候选人还要忙得多……他们只需管好联邦,而维尼要管好宇宙"。奥斯汀虽然更为沉着一些,但也总是显得忙忙碌碌,负担很重。克拉拉·纽曼·特纳邀请他去诺威奇市(Norwich),他因日程太满而无法答应,让她可怜他这个男人,"人生的乐趣就只是每日劳作,以支撑开销不小的一大家子"。后来他终于有空去做客了,对方极力劝告他:"不要过得那么辛苦。"

诗人和她的兄妹之间有一个显著差别,她有一种天赋,随时能退守沉思的和空想的状态,以一种悠闲自在、充盈富足的姿态应对现实,然后沉浸在幽默顽皮的建构之中。这种内在的游刃有余在很大程度上归功于她的家人不要求她承担过重的家庭义务。虽说如此,她仍继续承担着食品储藏室、厨房和清洗室的各种琐事,而且帮助维尼照料卧病在床的母亲。1880年 9 月初,天气闷热潮湿,气温升至华氏 100 度,这就意味着看护工作一刻不能离人:"给她读书 – 为她扇扇子 – 告诉她'明天病就好了',还得把谎言说得跟真的似的 – 解释为什么'蚱蜢成为重担'"[2],这些常常用掉一整天时间。把时间花在家务上,艾米莉并没有怨言,从"母亲那些亲爱的小要求"中,她感受到真正的柔情,正是这个女儿十年前说她"从没有母亲"。

母女之间的隔阂正在消融。现在艾米莉·诺克罗斯·狄金森被迫丢开

1　7 月 4 日是美国国庆日,维尼为了不让艾米莉受惊,想让她相信,这不过是国庆烟火。
2　"蚱蜢成为负担",见《旧约·传道书》(12:5):"人怕高处,路上有惊慌,杏树开花,蚱蜢成为重担,人所愿的也都废掉,因为人归他永远的家……"

了她一生的家务活，用诗人的话来说，跟从前相比她似乎成了"一位更大的母亲"。尽管严重残疾，母亲对他人产生了一种新的兴趣，有一次，霍兰夫妇让她忧心忡忡，她说，但愿她能"将他们两个都揽在怀里抱起来"。诗人大吃一惊。这正是她自己那种自我生发的力量——源自无力的深处那种假想的力量。毕竟是母女，不会没有共同点。

狄金森夫人死于 1882 年 11 月 14 日。五个星期之后诗人给伊丽莎白·霍兰寄去一份柔和的总结："我们从未亲密过……当她是我们的母亲时－但是同一块地下的矿藏因隧道而相遇，当她成了我们的孩子，慈爱来临。"诗人善于在常规模式以外寻求和解，这段话就是一个例证。不过，母亲的离世仍无法和父亲的离世相比，她没有那么悲伤，相关的诗作也寥寥无几。最有关系的一首诗也只是顺带而过、轻描淡写："最卑微的一生"也得到跟"高贵者"同样的隆重葬礼（Fr1594C）。

隔壁遇到的麻烦更大。1874 年 5 月，小内德患了一场严重的"风湿病"，此后，他的心脏就成为严重的忧虑。1877 年 2 月的一个夜里，这个 15 岁的男孩第一次癫痫大发作，从此癫痫就一直困扰着他。那时人们对此所知甚少，据一位教授的妻子记录，癫痫发作之后，大夫告诫说，要小心他的心脏，令全家人"极度紧张"。从那以后，奥斯汀的日记就不时出现这样的记录：在夜里被"刺耳的声音"惊醒，"好像房子在晃"，或者一个月后，"被一个声音惊醒，似乎有马车驶过－感觉出事了－还有苏的惊叫"，之后，他会冲上楼，发现儿子在抽搐，不断呻吟，呼吸"急促"。1883 年 3 月，据奥斯汀的记录，这个年轻人"患有风湿病和其他几乎所有的病"，"家人的大部分时间都在照顾他，逗他开心"。据当年的一本标准医学辞典，急性风湿病就是风湿热的同义语，而 50% 的病例伴随心脏并发症。比安奇永远也不会忘记那天夜里（她说是在 1883 年夏，但这个时间值得怀疑），哥哥的"风湿病突然发作，危及心脏"，午夜过后她发现诗人站在窗外："'他好些了吗？——哦，他好些了吗？'她轻声问。"

比安奇称狄金森从此再也没有穿过草坪，是她弄错了，不过长久以来她和常青居几乎没什么直接接触，这倒似乎是个事实。1880 年全年，哥哥的日记只提到一次去看望"两个住在另一座房子里的人"。1882 年圣诞节后——这段时间想必他会顺便来访——诗人写道："奥斯汀很少来……跟加百利一样难得来一次。"比安奇关于大姑的第一本书上有张照片，照的是一条"小径，连接狄金森家的两座房子，只够两个互相爱慕之人穿行"，言下之意，这条路是苏和艾米莉走出来的。一些学者对此很认真，不过，显然这条小径是由别人因各种目的而走出来的。姑嫂见面极少，以至于 1880 年苏送给艾米莉一本迪斯雷利的最新小说《恩迪米昂》（*Endymion*）[1] 作为圣诞礼物，上面的题词是："没见面的艾米莉——但我仍然爱着。"这是一部隐匿真名的全景式纪实小说，以英国政治、社会的内幕消息为基础，如果读者试图从这本小说里寻找一点线索来解释苏为什么选择这个礼物，以及这对于姑嫂关系意味着什么，定会一筹莫展。无论这本书多么适合苏的社交抱负，[2] 若指望用它来吸引艾米莉的兴趣，可以说再没有比这个更不合适的了。

诗人后来写给嫂子的一些短笺对解读造成了极大挑战，个中原因或许在于她们的关系变成了语言上的，而非行动上的。约 1878 年她写道："苏珊知道自己是赛壬[3] - 她的一个字，就可以挫败艾米莉的正义。"下面这句话，若不是其中夸张的风趣及附带的道歉，听起来会是激情的口吻："请

---

1 本杰明·迪斯雷利（Benjamin Disraeli, 1804—1881），英国肯斯菲尔德第一伯爵，英国政治家，两次出任首相，在国内和国际政坛上都很有影响力，同时还是一位活跃而多产的小说家，《恩迪米昂》是他生前出版的最后一部小说，据说获得了高额稿酬。小说描写一位新兴的托利党在辉格党时代的罗曼史，主人公的名字源自古希腊神话中的英俊牧童，诗人济慈曾创作过一部同名长诗。

2 1903 年，玛莎和苏一起去欧洲旅行，玛莎嫁给了亚历山大·比安奇上尉，据说他是圣彼得堡的御前骑兵护卫。上尉陪新娘到美国，把她的钱挥霍殆尽，在纽约入狱，最后消失。经过这次代价巨大的不幸遭遇，玛莎对于从姑姑身上得到版税颇有兴趣。——原注

3 塞壬（Siren），希腊神话中半人半鸟的海妖，常用歌声诱惑过路航海者而使航船触礁毁灭。

原谅今早的粗野－我一时被缴了械。"我们不知道发生了什么，不过这番忠诚的声明在某种程度上是补偿性的，弥补之前的逃避行为。"记住，亲爱的，"艾米莉 1884 年 1 月写道，"对你这个最重要的问题，我唯一的回答是一个坚定不移的是。"这个表述又是因无法满足要求而引起的，当时，苏沉浸在哀痛之中，而艾米莉因为生病无法行动。苏这边是要"知道""记住"。艾米莉则要重申一种结合，其基础是承诺而非联络：一种不可或缺的爱。她的信笺不是反映存在于日常生活中的联系，而似乎是创造这种联系的媒介。用诗人的话说，"我们之间的纽带很细，但发丝从不溶解"。1883—1884 年苏陷入痛苦的深渊，艾米莉倾力给对方以鼓励，她在信中写道，希望她"给苏提供生命之所需，但苏自给自足"。一首附带的诗则说，"滔滔雄辩的"水流，无人担忧，而静水（指苏）：

　　　　却如此，由于最致命的原因
　　　　实际上－它们已满

Fr1638B

　　隐含之意是，艾米莉给苏寄去了鼓劲的信，但苏没有回复，因为她满身麻烦，无法回复。

　　此时，隔壁的空气确实到了足以致命的程度。因为父亲可怕的情绪，马蒂和内德越来越疏远他，他便在日记中抱怨他们和苏筹办的那些派对——在东方饭店"狂饮作乐一晚上"，"在房子里闹到 10 点半"。内德 21 岁生日那天，"疯狂的眼泪和取乐"持续到凌晨 1 点，"有人跳舞竟塞进暖风口的格栅里"。日记的作者记录此类事件的一贯语调是讥讽和冷漠。他希望在纽约有一间安静的屋子，"把有关阿默斯特的想法都通通淹没"。1882 年 10 月，吉尔伯特家族的一场婚礼清空了整栋房子，苏和马蒂离家三周，他挥笔写就了一篇关于和平与安静的狂文——"生活完完全全的甜美、顺畅……自从星期二开始"（星期二是女眷离家的日子）。他将该信寄到密歇根，叫她们看看，摆脱了她们，他有多自在。

我们欣喜地偶然发现，狄金森给洛德的一张书信草稿不仅记录了那些女眷 11 月 10 日回来时奥斯汀的沮丧，[1]而且表明诗人本人无意掺和其中："漫游者（昨夜）回（家）了 - 奥斯汀说她们晒得像浆果一样黑，像花栗鼠一样吵，而且就我所知，他觉得他的孤独遭到严重入侵。私掠者之间的种种隐私乱了套，让我觉得很好玩。"显然，诗人并不打算介入奥斯汀的处境。不过她还是很同情地加了句，"但'心知道它自己的'一时兴起"。除了她玩弄"隐私"会使人想起那个具有"海盗"意味的词语[2]，可以说她的态度既宽容，又带着一种开脱罪责的乐趣，似乎是预防任何对乖戾的哥哥的严厉评价。这番评论建立在旁观和文字游戏的基础上，暗示了一种无政府主义的心态，并不怎么关心社交或道德后果。如希金森所猜测的那样，狄金森家确实各自为政。这份草稿恰好为此提供了辩护：兄长有放任自己"一时兴起"的自由；而她呢，保持中立。

但隔壁却已划分了阵营。1881 年夏末，一个生气勃勃的年轻女子玛贝尔·卢米斯·托德搬到镇上，她的丈夫是阿默斯特学院的新任天文学教师。托德生在苏和奥斯汀结婚那年，是一个训练有素的歌手、钢琴演奏者和花卉画家。她惯于生活在城市，阳伞和扇子平添了她的魅力。她喜欢卓著的老男人，喜欢引人注目，她长着一双大大的眼睛，身材姣好，秀发可爱。她在日记中写道，"这完美的一天每一刻都是可爱的——戴维（她

1　玛贝尔·卢米斯·托德那天的日记写道，"马蒂和她母亲"回家后"非常非常有活力"。——原注

2　狄金森这里玩弄了一个语义双关的文字游戏，"私掠者"（privateer）和"隐私"（privacy）的词根相同，而"私掠者"（privateer）一词的另一个意思是"私掠船"，这种船通常带有武器，以劫掠其他船只，类似海盗（pirate）。

丈夫）如此爱我——而且其他人也都喜欢我、爱我、欣赏我"。像对待萨拉·詹金斯一样，苏邀请她来常青居，为阿默斯特社交界锦上添花。"穿了我最苗条的白裙子"，玛贝尔的日记写道，"我很喜欢她"。苏请这个新人演奏音乐并配器演唱，跟苏（她"完全理解我"）密谈很久，一起骑马，并有幸耳闻隔壁的"神话"，苏还将这位隐居天才的"奇怪诗作"读给她听。她的第一评价是"它们充满力量"，这很可能反映了苏自己的赞赏。一天晚上，当新教员的妻子在家宅隔壁演唱时，"极少露面的神秘的艾米莉在黑暗中静静谛听"。

这个家庭那么卓尔不群且舒适安逸，特别是狄金森先生，如此"高贵、强壮，还有一点古怪"。他对新来者似乎特别有兴趣，一起散步、骑马，意气相投。1882 年 9 月 11 日，即艾米莉在黑暗中听玛贝尔唱歌的第二天，玛贝尔和奥斯汀在一次安静的散步中互诉衷情，随后又在那些如今已广为人知的通信中，一遍又一遍热情洋溢地表达爱意。玛贝尔多情且毫无保留，她"预感"到他们将很快就可以充分告白。奥斯汀如今拥有了成熟的力度，30 年前他追求苏时还不知道如何掌控这种力度，这一次他在情书中从不抱怨、非难或抚慰。从各方面看，这似乎是一个完美的结合，甚至连戴维都表示应允了。只有一个问题：苏。

这段婚外情具备所有元素：狂喜，时而偷偷摸摸，时而明目张胆，被遗弃的妻子越来越疑心。玛贝尔害怕苏冷冰冰的姿态，在奥斯汀的支持下，寻求到一个不明真相的同盟维尼。1883 年初，奥斯汀气势汹汹地说，"循规蹈矩是给那些不够强大的人准备的，他们无法自己做自己的法律"。[1]6 月，他和苏大吵一架。7 月，他向玛贝尔承诺，"夏天之前把问题

1　两年后，威廉·迪安·豪厄尔斯推出他迄今为止最雄心勃勃的小说《塞拉斯·拉帕姆的发迹》（*The Rise of Silas Lapham*），奥斯汀读了连载版。1885 年 7 月发表的那一章讲到那个油漆巨头大老粗拒绝了一项可以让他免于破产的肮脏的财务机会，这位读者顿时"感到恶心，我想拿它砸豪厄尔斯的脑袋"。——原注

奥斯汀·狄金森　　　　　　玛贝尔·卢米斯·托德

解决，否则就打碎机器"。那年秋天，这对情侣开始用家宅作为避风港，12月在那里发生了第一次关系。他们也用托德家的房子。

多年后，玛贝尔的女儿米莉森特才承认，在她早年的生活中，狄金森先生的出现曾经令她多么不安。为什么那个身材高大、不苟言笑的男人总是走进妈妈的卧室，而且锁上他背后的门？她有时听到妈妈低声对他说"我的王"，这是什么意思？奥斯汀在自己家里比从前更加沉默寡言、态度冷淡，施用他所谓的"至高的独立"。遗留一个不可能的局面不予解决，而非打碎机器，那才是他真正的策略。苏则凭借她的悲伤、病痛和丈夫的背叛行径，确保孩子们站在她这一边。1884年12月她给马蒂写信，她不仅是一个丧子的母亲，而且俨然一个受难的妻子："我负担很重，如此沉重，我有时甚至觉得要不了多久，你和内德就会孤苦伶仃地留在世上，所有的悲哀都无人倾诉，只能互相倾诉——我的灵魂大部分时候都异常沉重，希望在我身后，遥不可及。"这里的潜台词是，内德和马蒂已经没有父亲了。这位弃妇在家庭的战场上并非没有自己的武器。

家庭以外，奥斯汀的王牌是他在社区中的地位，他令人畏惧的尊严，以及拒绝解释和评价的铁石心肠。玛贝尔从当地银行申请贷款，他厚着脸皮连署担保。为了能让她和她丈夫建房，他从狄金森草场中分割了不少土地，而且不知怎么还让他妻子在契约上签了字。他与苏疏远而接近玛贝尔已成为公开的秘密，不过，如何定义这种关系是别人的事。闲话当然少不了，可是，若想当然地认为他们的密切关系被一般人理解为通奸而且就这样被宽恕，那就错了；80年代尚无任何确凿的证据，那些显而易见但不太方便的事情是可以轻易否认的，在19世纪的阿默斯特，还有什么比镇上的卓越公民与托德夫人的绯闻更不方便的呢？到1889年，这对情侣已亲密交往了五年之久。那年3月，希契科克博士敦促奥斯汀采取措施，制止学生乱住宿的情况，据说，"这所房子里有个女生确实跟一个男房客一起睡过觉，而他也并非她的丈夫"。如果奥斯汀的老友意识到奥斯汀与玛贝尔的实情，简直无法想象他还能给他写这样的信。[1]

狄金森晚年常常为偷窃行为和偷来的爱辩护。约1882年的一首诗对"男孩和女孩的幸福的罪"（Fr1583［B］）投去宽厚的目光（此系替换的表达）。但彼时，奥斯汀和玛贝尔尚未有"罪"。狄金森，像爱默生一样，容易给人目无法律的印象，其实并非如此。一个名叫丹尼斯·斯坎内尔的马夫醉酒，她担心"牲口棚的诚实"，于是向内德打小报告，便笺的结尾是"献上爱，给警察"。西门尼底曾为在温泉关牺牲的斯巴达人作隽语诗（据

---

1 詹姆斯的小说《专使》（*The Ambassadors*）写于约10年后，故事情节的前提假设正是一个有教养的新英格兰人拒绝相信年轻的查德·纽瑟姆和一个法国贵妇发生了什么风流韵事。兰伯特·斯特雷瑟无法接受这个事实，他坚信"如此高贵、美好的友谊……不可能是粗鄙的"（第15章），直到撞见这对情侣在乡间休假过夜。——原注

威廉·莱尔·鲍尔斯的英译）："过路人啊，请你们带话给斯巴达人，说我们遵从了法律，长眠在这里。"[1]狄金森即兴引用了这个典故，可见法律、规定在她身上多么根深蒂固。这些卫士是受到了"一种诱惑－一种渴望"的激励吗？诗人回答说：彻底的献身行为是不能用这一类心理加以解释的：

> 哦大自然－这些都不是－
>
> 是法律－甜美的温泉关说
>
> 让我献出我垂死的吻－

Fr1584　大约 1882 年

我们能把它称为情爱的升华吗，或者说情爱已经象征了某种更终极的东西？这个问题姑且搁置，狄金森沉溺于"法律"的程度不亚于她沉溺于"不"这个词的程度，她注定脱不开这两样东西，而她的婚姻破裂的律师哥哥则不然。

问题在于她知道那是通奸吗？ 1882—1883 年冬，苏生了疑心，这对情侣便转向家宅寻求庇护。玛贝尔和维尼成为朋友，奥斯汀告诉她把信寄到维尼的邮箱，他会从那里收取。3月中旬，艾米莉对他的频繁来访评论道："我哥哥近来常常跟我们在一起，差不多每天都来，以至于我们几乎忘记他已有家室了。"这暗示出她知道隔壁的婚姻出现裂缝了吗？很可能是这样：那年夏天她称玛贝尔为"哥哥和妹妹的亲爱的朋友"，显然将苏排除在外；1885 年她又用过类似的说法，而苏不可能是那个"妹妹"般的朋友。那年夏季，奥斯汀两次告诉他的情妇，他见"维尼和艾米莉比从前多多

1　西门尼底（Simonides，公元前 556—公元前 448），古希腊抒情诗人。温泉关之战，希波战争中的一个重要战役，发生于公元前 480 年，斯巴达军队在这个狭小的关隘依托优势地形，阻挡了在数量上几十倍于自己的波斯军队。

了——而你总是主要话题"。不过，奥斯汀向两个妹妹透露的信息是有限的。同年，他被情妇的一封信迷住了，说他想要"艾米莉什么时候读一下（这封信），待时机成熟，这样她就会知道你是什么样的人了"。在兄长看来，艾米莉虽然有同情心，但她不适合了解真相。不要忘了，就连霍兰家的怀孕消息都是通过维尼传递到她那儿的。总之，关于这场婚外恋的肉体方面，她似乎不大可能明白真相，更别说同谋（如某些人所断言的）。

我们如何看待这个问题，关系到我们如何解读她给苏的信。其中最醒目的一条说："除去莎士比亚，你告诉我的知识最多，生者中无人能比－这样真诚地说出来是一种奇怪的赞美－"（L757）该短笺只存玛莎的摹本，而且是直接影印本，最后一行字的下面部分被撕去了。玛莎将一条把母亲跟莎士比亚相提并论的短笺公布于众，意图很明显。真正的问题是：这条便笺上还写了别的什么吗？这两句话是什么意思呢？第一句似乎暗指苏再次为艾米莉的知识储备提供了一些重要内容，但第二句却没有那么感谢她，反而承认真诚地说出来会是奇怪的。苏把一些事物揭示给她，她表示感激，这说明她很有雅量？这些信息是不是令人感到十分幻灭，竟让诗人的感谢成为"奇怪的赞美"？

艾米莉给苏写过许多热情的短笺，从未对奥斯汀或玛贝尔有一星半点的批评。苏因其独占心和报复心而树敌颇多，其中包括维尼。维尼站在奥斯汀一边反对她，而艾米莉似乎始终保持不偏不倚，设法站到某一边，但不反对另一边。能做到这一点或许因为她习惯退守，同时也反映了一种平和的性情和宽宏的气度。至亲之间发生了无法挽回的背叛、决裂、憎恨，而她得以平静地生活在其中，与相互仇恨的阵营相安无事，这便是"优雅的自制"的一个好处。

吉布的夭亡

比起奥斯汀的不忠，他和苏的第三个孩子托马斯·吉尔伯特之死，对全家人的打击更大，孩子当时才八岁。内德患上心脏病后，苏怀上了吉布，大家都这么叫他。吉布是个魅力十足、聪明伶俐的男孩，他"迷人的举手投足"和"小小的妙语"赢得了所有人的喜爱。奥斯汀和苏中年得子，何况，对于狄金森家来说，他不仅是最后的也是最好的传宗接代的希望，而且是唯一一个与父母双方都非常亲热的孩子。

吉布

1883 年秋，吉布染上伤寒症。父母日夜看护，精疲力竭，最终还是徒劳。10 月 5 日吉布离开之日，一位表亲并不知道吉布的情况，从德卢斯寄来一套野营装备。那年夏天，一项巨大的帐篷在院子里搭起来，供他和小伙伴玩耍；他的男孩冒险生涯才刚刚开始。据维尼讲，奥斯汀看起来"像死了一样"。"愿上帝垂怜你们，可怜的心碎之人。"苏的姐姐玛莎写道。她最同情这位父亲，她总是摆脱不掉他"苍白的脸"。

这一次也是唯一一次，奥斯汀一丝不苟的日记出现了持续近两个月的空白。然后，12 月 13 日即恢复记日记的两周后，我们发现了第一个双横线，指代他和梅布尔的性关系。奥斯汀重新有了活力，那个痛失幼子的母亲则需要通过其他方式来调整。从一封来自杰尼瓦的信可以推测苏如何描述她的孤独感："你的日子和我的相像。"如今的寡妇玛莎·史密斯写道："我差不多每天夜里爬到床上都是如此厌倦、孤单。"苏的女儿说，她"不想见任何人，有一年多时间，她甚至不想坐车出门"。她刚结婚那段时间，曾经想方设法摆脱吉尔伯特家人的亡故带来的悲伤，如今这伤痛又找上门来，再也无法摆脱。

不过，隔壁的痛苦可能更甚。据邮政局长的夫人哈丽雅特·詹姆森的一封家书揭示，"吉尔伯特死的那夜"，狄金森"在马吉的陪同下去了奥斯汀家，这是 15 年来她第一次走进这所房子——消毒剂的气味令她恶心得厉害，凌晨三点左右，她不得不回家——呕吐——爬上床，从此一直很虚弱，后脑勺剧痛"。维尼的一封信证实，吉尔伯特夭折当夜姐姐去了隔壁，"出现神经性休克，而且病了好几周，很严重"。詹姆森的印象是，"对奥斯汀的同情"拖延了她的康复。三个月后，维尼告诉一位从前的牧师及其妻子，"自从吉尔伯特死后，艾米莉非常虚弱，我一直很担心"。所有这些报告似乎都是可靠的，然而，艾米莉自己的便笺和书信对吉布的死却表现得那么坚强，这使我们想起夏洛特·勃朗特对她妹妹艾米莉的概括（狄金森 1881 年引用过）："对别人满心同情，对自己则毫无怜悯。"

诗人对这个悲剧的反应不完全符合正统基督教的教义，比如沃兹沃思的布道就是一个代表。《上帝的栽培》宣称："在信仰的眼中，没有什么比幼儿之死更美好的了。""死亡不是毁灭！死亡甚至不是朽烂！死亡是收获！"类似地，诗人收藏的沃兹沃思的另一篇布道词《天使的职事》（*Ministrations to Angels*）先勾画了一个失去挚爱"偶像"而变得凄凉的家庭，然后在隐喻和热情劝勉的基础上，提供了一幅矫正后的愿景："如果你早知道的话，就会发现一个戴着冠冕的生命自永恒之乡来，身负属天之爱的使命，已经跨过你的门槛，来给予你们无价的教导。"和沃兹沃思的布道词一样，狄金森给苏的第一封慰问信坚持认为——而且似乎更加热诚——悲剧即胜利。但她做了改动，她没有指涉上帝，而是将吉布的死解读为他自己的超越：

吉尔伯特在秘密中得欢喜－

他的生命随它们跃动……

这生命没有新月－自满月开始旅行－

如此翱翔，从不停驻……

无需推测，我们的小埃阿斯跨越了整个……

　　埃阿斯是以力量著称的希腊英雄。像他一样，诗人奋力挣扎，将自己的侄子视为一个独特、勇敢、智慧的人物，一个掌握了终极秘密的能手。这里，她似乎有意采用了一个异教徒的视角，"异教徒"这个词，她曾在别的地方用来形容自己。她同意沃兹沃思的做法，一定要将悲剧转化为胜利——为此，所有的语言资源都需要充分发掘利用。不同的是，牧师的语言依赖《圣经》和正统派教义，而诗人的语言依赖（如果还用这个词的话）它自身。

　　此后的短笺显然也都在鼓励对方振作精神、勇敢坚强，诗人写给嫂子的所有文字都是如此：强烈、绝对、不可更改。其中最动人的一封短笺提到精神的韧性——经受过绝望的窒息，得以重返生命意识和敞开状态：

无望起初雾霭蒙蒙但不允许持久－精神将自行关闭，……

亲近神秘，追随广阔之空间，将夺回其所在之地－

　　以空间的观念为基础，狄金森描绘了一个人类的伟大形象——在一个没有意义或方向的世界上找到了自己的路："在黑暗中前行，好像夜晚的负重之舟，尽管没有航向，却有无限。"在这句话后面，她又加了一首关于天国之不可知的诗作：

它的传说中的门关得这样紧

在我的光线[1]播种之前，

甚至一个预兆的推动

也无法在上面留下凹痕－

　

狄金森再次面对一扇关闭的门，这是她的思想和艺术的内在之门。1883 年的另两首诗也包含了这些诗行，作为结尾，强调了她在人类知识的限制面前试图推门，结果失败了。但这里，她有吉布，他破门而入，留下哀伤的家人努力跟在他后面：

你已打开的世界

为你关闭

但并不孤单，

我们都随你而来－

　

诗的结尾将目光投向这个消逝的探索者在人间的临时居所，以及狄金森围地上为他支好的帐篷：

帐篷在听，

但军队已离去！[2]

Fr1625

1　第 5—8 行也出现在其他诗作中，参见 Fr1616A、Fr1627B，在那里，"Beam"（光线）的替换词为 "Mind"（心灵）。——原注

2　据玛莎回忆，吉布两个月前过生日，"举行了一个派对，有鼓、三角帽和喇叭，游行队伍朝着家宅、绕着花圃前进——所有邻居都欢呼，艾米莉姑姑从窗边招手、鼓掌"。——原注

狄金森给伊丽莎白·霍兰的信中说，这个男孩最后的话是，"开门，他们在等我"。对于吉布的谵妄语，她选择将其解读为预言性的："谁在等他，要是能知道是谁，我们愿意献出一切－痛苦终于开了门，他奔向祖父母脚下的小坟－所有这一切以及更多，可是还有更多吗？比爱和死更多？那就告诉我它的名字吧！"诗人就这样被折磨着，但其情感绝非粗糙亦非简单，她描绘了一幅男孩跑着去和祖父母聚合的戏剧性画面。但即便是这一类的提问，在给苏的信中也是没有的。诗人显然感到，在苏面前她必须坚强。

此后两年，苏一病不起，异常虚弱，这更坚定了艾米莉的决心，一定要鼓励她。1884 年夏天发生了一件怪事，苏称之为"毒药事件"，她的女儿将其归咎于"白色山茱萸"（有毒的盐肤木）。受害者在 8 月的病情报告中告诉马蒂，"我的脸一点也不给我添麻烦了，手也还算安静。内德今天早上驾车带我出去了一趟，说这是十天来我头一次出门"。12 月，苏再次提到自己身体不稳定（"你的信几乎叫我病倒了"），以平息女儿的抱怨，她在康涅狄格州法明顿镇波特小姐的学校遇到了麻烦。不久之后，我们看到，她把自己的死亡预感甩给这个女孩。有一次，她感染了带状疱疹和流行性感冒病毒，大夫开了砒霜给她，这时，内德告诫妹妹"不准再写这样的家信，它们几乎让母亲病倒了"。苏的病情稍好一些，有一封信开头道："我下床了，亲爱的莫普西（马蒂），裹着长袍，希望下午 4 点以前不要脱衣。我刚到楼下去了，在各个房间走一走。见着爸爸一下，我站不稳，所以又回到我的医院（她的房间）。"这里暗示出奥斯汀的冷漠，并且他的冷漠影响了她。他 1884 年的日记甚至没有提及她多病的身体。12 月 19 日她生日那天，他反而去了"另一栋房子"，而且晚上有一些 ＝。相反，艾米莉让苏知道，她"每天"都询问马夫斯蒂芬·沙利文，苏"有没有显得疲倦"。她还提醒苏，她的儿子对母亲的关爱。显然，诗人理解嫂子，而且尽可能给予她所需要的同情。

1884 或 1885 年，狄金森给隔壁送去了一封最难解的短笺，近年来引发了不少关注。放在婚姻困境、丧亲之痛、疾病和忧郁（以及苏带着传教士的热情主持了一所劳工阶级的安息日学校，在德怀特或"圆木镇"）的背景下来读，这封短笺或许算得上是诗人为嫂子鼓劲的一个顶点：

> 黎明或许来之偶然－妹妹－
>
> 夜晚依事而至－
>
> 相信卡片上的最后一行就会封阻信仰－
>
> 信仰是怀疑。
>
>   妹妹－
>
>
> 给我看永恒，我就给你看记忆－
>
> 都放在同一个包裹里
>
> 再运回来
>
> 做苏吧，当我是艾米莉－
>
> 在隔壁，一如既往，无限－

Fr1658

如多年前给悲伤的佩雷斯·考恩的信，诗人对于信奉终极事物的确定知识提出辩驳。如果天堂和其他一切都可以提前完全理解，我们的信仰就会被"封阻"，我们的头脑就被加上了镣铐。是我们的无知使我们有生气，使我们有可能伟大。第二个"妹妹"强调她的郑重（和同情），然后，她又加上一首诗，取消了神和人之间的界限。诗作挑战性地宣称，你所谓的永恒便是我所谓的记忆，二者同属我们的无限。一两年前狄金森说过，

"过去不是一个你可以束之高阁的包裹"，这概括了她最后对记忆的基本看法。诗的结尾力劝苏做她自己——高贵起来，不要依赖狭隘的信仰，不要抱怨。作为安慰，苏应该深思：当她终于逃过黑夜，找到黎明，她获得的无限将和她一直以来所拥有的一样多。

如同诗人写给别人的许多短笺，这里，诗人再一次从一个日常生活之外的有利视角来反观一种关系。她曾反复提到"停尸房的台阶"。对苏，她曾一次又一次回顾，以总结她们之间的亲密而遥远的友谊。但是到了1884—1885年，是做出终极鼓励的时候了。

然而，狄金森此时已如此虚弱，这些努力的代价极大。不像苏给马蒂（后来成为苏的捍卫者）写信示弱，狄金森不以弱自居，而是大笔支取她日益消损的力量。毕竟，她的战争并不都是埋在诗册里：她一次又一次鼓起勇气，坚定地维护新鲜和可能的优先权，而不是无力、悲剧、死亡的优先权。正如人们后来所认识到的那样，部分是由于这种巨大的努力，她最后的消损便始于吉布令人心碎的夭亡。1885 或 1886 年，她给一位牧师夫人的便笺写道："不要长大，不要走出《创世记》，这是一个甜蜜的警告。"或许她的意思是说，我们不应放弃天真而屈从经验。

萨拉·塔克曼的丈夫 1886 年 3 月去世，诗人寄去一张短笺，发出了这样的感叹："多么叫人欣喜！多么无限！一个极乐的声音说，不是声音，是一个图景，'我不给你祝福，我就不容你去'。"此处引用的是《旧约·创世记》（32：24—32）的故事，雅各和一个天使（他以为是天使）摔跤摔了一夜。黎明时分，雅各尚不知对手是谁，于是他说，"你不给我祝福，我就不容你去"，[1] 结果发现和自己摔跤的正是上帝，而且他胜过了上帝。

1　此前狄金森曾两次提到这个故事。第一次是大约 1860 年的《约旦往东一点》（Fr145）。另一次是大约 1879 年，她在一张上好的纸张上认真地写道，"让我选择黎明"，后来又在背面写下《"秘密"是一个日常的词语》（Fr1494）的草稿。

最后，上帝既祝福了他又伤害了他：祝福是指上帝把雅各的名字改为以色列，伤害是摸了他的大腿窝，使他永远成了瘸子。狄金森似乎觉得和神摔跤还不够，她大胆调换了神人的相对位置："我不给你祝福。"人称代词的替换看起来不是失误所致。她离世的那年春天，在写给希金森的最后一封信的结尾处，她也使用了同一个逆转手法："对福佑的无畏，雅各对天使说，'我不给你祝福，我就不容你去'——拳击手和诗人，雅各是对的。"

她还给这个故事加上了"诗人"一词，这说明她多么清楚她的抒情天职在她重要的人生奋斗之旅中担当着何种角色。年轻时在奋兴运动中她一度屈从于救世主，如今她屈从于事物的本性，二者在性质和程度上不相上下，都不是彻底的屈从。她坚决地维护她自己作为"异教徒"的狂喜的力量和崇高的观念。她是个不折不扣的打破规矩者，而现在，她在公然表示反抗的悖论中最后宣称，正是那一点使她"是正确的"。

若将狄金森看作某种反抗上帝的亚哈船长[1]，那就未免太夸张了，亚哈跟"福佑"毫无干系；不过，她确实坚持重新诠释并超越她的父辈、宗教和文化传给她的遗产。当终点临近，她认为自己像雅各一样获胜了。这一点你很难不同意。两个人都赢得了比赛，但有一个独特的区别：雅各瘸了，这是显而易见的；而狄金森把自己深深的伤口藏在带门的隔断后面，藏在"面纱"里。她在书写中从未承认过，加在她身上的束缚对她造成了严重或根本性的损害。相反，她把所有狄金森式的坚毅都汇集起来，召唤出来，让"不"这个字变成了语言中最狂野的一个字眼，将她无与伦比的资源都贡献出来，成就了一种处女式的闭门术。

这是她和雅各的另一个区别：雅各有妻儿，他的新名字成为一个民族的名字。雅各（以色列）是一位男性族长，对他来说，祝福和伤害是分开

---

1 亚哈（Ahab），美国小说家赫尔曼·梅尔维尔（Herman Melville, 1819—1891）1851 年发表的长篇小说《白鲸》中的主人公，他带领全体船员在海上追寻白鲸，一心复仇。

的。狄金森是一个单身女人，同时遵从着也违抗着男权秩序，祝福和伤害在她身上是一体的。对于我们而言，这似乎意味着她的天才与她的疯狂是分不开的。

一颗休止的心

据狄金森的主治医生奥维斯·比奇洛的说法，诗人死于"布赖特氏病"（Bright's Disease），病期有两年半——从吉布之死开始。我们若翻看比奇洛手里的那本理查德·奎因所著的《医学辞典》（*Dictionary of Medicine*，1883），就会发现"布赖特氏病"是复数形式，分为三种肾病：发炎、灰白状、肾硬化。医生未指出诗人的病症属于哪一种，他的诊断究竟有多么准确就成了一个疑问。

我们的怀疑还有其他一些原因。1886 年阿默斯特镇有 69 人死亡，其中 5 人死于"布赖特氏病"，死于尿毒症和"肾病"的各一例。这些数字跟马萨诸塞州其他镇子相比，似乎太高了，值得怀疑。1886 年，东汉普敦死亡 90 例，韦尔镇 133 例，莱克星敦 48 例，无一归咎于"布赖特氏病"。梅德福德 140 例中，只有两例是由该病引起的。我们有理由怀疑：对于比奇洛大夫来说，肾病是否成了一个万能的名称，凡疑难病症都可归入这一类？

诺伯特·赫希霍恩医生和波莉·朗斯沃思提出了更重要的理由来否认官方给出的死因。他们注意到，人们经常评论狄金森青春、无瑕的面容，这不符合尿毒症的表现——皮肤发黄，发痒，有异味。他们认为，真正的死因是严重的原发性高血压，此病在 1886 年尚无法诊断。这个说法似乎符合目前已知的各项事实：诗人生活中的压力；丧亲的情感影响；彼时的医学状况；以及最后两年半的症状记录，特别是考虑到她多次的晕厥和最后的发作。

鲍尔斯去世后，诗人给希金森写道，朋友的死提醒你，"你再也不能重新开始，因为世界已经不在了"。她的生命和活力有赖于跟精选的朋友互通信札，可是噩耗一个接一个传来，世界就这样被无可挽回地抽空。狄金森努力应战："死亡的抢劫虽然太快，可热情会以双倍的速度重新赢回来"，或许她指的是与惠特尼及克拉克兄弟新近建立的友谊。但她迟早得承认，即便如此，她的力量也是有限的。"死亡的深渊对我来说太深了"，她 1884年秋天说，"我的心还来不及从一个深渊爬起来，另一个就已经来了"。

这是她解释自己那年夏天突然病倒的方式。6 月 14 日她正和马吉做蛋糕，忽然"看见一片巨大的黑暗来临"，接着就晕倒了，直到深夜才醒过来。奥斯汀将其描述为"一次奇怪的发作，晕眩及其他等等"。两个月后，当她开始感到能写字了，她告诉表妹们，她醒来的瞬间，发现哥哥"和维尼，还有一个奇怪的医生正俯身看着我"。接下来"好几个星期都虚弱无力"，这段时间"让其他人担惊受怕"。

据我们所知，她这段时期寄出去一首诗，在诗里她提到顺从即将到来的死亡："不是疾病玷污了勇者……而是一颗休止的心。"（Fr1661）另一次，她写信时想起吉布，便突然打住，好像有种不祥的预感："但是越来越潮湿了，我得进去。回忆的雾气升起来了。"没有证据表明她的医生们向她提过布赖特氏病。相反，她被告知她正遭受"神经的复仇"，侄子夭折那天她病倒之后，医生说的正是这个词。她对医学不感兴趣（"我不知道病名"），似乎接受了这个解释。当年 9 月诗人写信给海伦·杰克逊说，"神经衰弱"迫使我老是坐着。

10 月 12 日礼拜天，奥斯汀才发现妹妹又出现了一次奇怪的急性发作。他在日记中记录道：

大约五点去过另一栋房子，发现维尼在忙着照顾艾米莉，又发作了一次——从三点开始，就一个人，没人来帮她，也没人听得见。

斯蒂芬帮着把她抬到躺椅上，去唤马吉来。

第二天苏给马蒂的信没有提到这次危险的发病。苏提及此事的唯一一封信写于九天后，当时她的兄长德怀特从密歇根来访，跟病人谈过话："昨晚艾米莉姑姑见了大舅，他说是（原文如此）非常理性。"这个材料证明了两个事实：诗人的头脑曾处于游离状态，苏的联系并不密切。而维尼则坐立不安，三个月后，一旦艾米莉"不在我眼皮底下"，就担心"有什么新的危险降临于她"。[1] 街对面的哈丽雅特·詹姆森的印象是，艾米莉活得"比我们预想的长一年"，这归功于"她妹妹的悉心照料和关爱"。

这种随时面临危险的感觉在狄金森 1885 年的许多便笺、书信中都见不到。她显然并不担心，关于自己的健康没什么可说的，不像她活到 80 多岁的嫂子，诗人并不乞求同情。她继续关注别人的生活，同情朋友们的不幸，感谢他们寄来她不曾见过的孩子们的照片。杰克逊死于癌症，她写信劝慰丧妻的丈夫："特洛伊的海伦会死的，但科罗拉多的海伦，永远也不会。"致鲍尔斯的儿子，她写道："拿走我的一切，但留狂喜与我。"

1885 年 11 月 30 日，她的虚弱及其他（未描述的）症状令人如此忧心，哥哥取消了去波士顿的行程。接下来的几个月，诗人卧床不起，维尼加倍监护病人。1 月 19 日，她和奥斯汀就艾米莉的情况做了一次严肃谈话。他偶尔代替维尼在床边守一小时左右。奥斯汀 3 月 18 日的日记写道："待在

1　据说，比奇洛医生曾抱怨，他无法为狄金森做检查，因为她只允许我坐在那里观察她，而她"从敞开的房门口走过"。很多人喜欢这个故事，不过一个明显的问题是，既然她时不时处于昏迷状态，医生很容易就近检查。另一个问题是，首次记录这个故事的莱达未能确认信息来源。（来自20 世纪 50 年代他对比奇洛后人的访谈吗？）这个故事多半不能当真。——原注

另一栋房子（家宅）里直到六点，═完美。晚上陪艾米莉坐了一个钟头。"

　　春季，狄金森感觉稍好，寄出一大摞最后的信件，其中有些比平时要长许多。她告诉诺克罗斯姐妹，她"从 11 月起就躺在床上"，将自己的康复比作早春藤地梅的盛开。4 月初，在给查尔斯·克拉克的信中，她问候沃兹沃思的孩子们，说她开始"在房间里走一走，一次一个小时"。克拉克的回信提及 81 岁高龄的老父依然矍铄，诗人回应说，"恐惧令我们全都成为武夫"，她很可能是指为别人而非为自己。这就是她提到死亡恐惧的最贴近的一个表述了。

　　最终，还是诺克罗斯的血脉最浓，她跟表妹弗朗西丝和路易莎的最后交流也是最浓缩的：

　　　　小表妹，
　　　　召回。
　　　　艾米莉。

　　她在暗指她大约一年前读过的畅销小说《召回》，作者是休·康韦 [1]。这是一部巧妙而引人入胜的小说，用她的话说，讲述了一个"萦绕于心的故事"，"给我留下难忘的印象"。小说将那个时代的两个热门话题联系起来——心灵感应和无政府主义的国际阴谋。故事开始，盲眼的叙述者误入一间房子，听见有人被刺，一声可怕的呻吟随即被抑制。后来他重获光明，娶了一个美丽而冷漠的女人为妻，这个女人似乎没有过去，婚姻徒有虚名。真相渐渐浮出水面，在《召回》这激动人心的一章，夫妻俩重返犯罪

1　休·康韦（1847—1885），英国小说家，原名弗雷德里克·约翰·法格斯（Frederick John Fargus），发表了五部长篇小说和若干短篇小说。悬疑浪漫小说《召回》（*Called Back*）发表于 1883 年，十分畅销。

现场，女人记起来她的哥哥是被谋杀的，叙述者只要碰一下妻子的手，小说开头所述的所有细枝末节就会闪现在他的脑际。她的心理开始康复，但直到叙述者来到西伯利亚（小说栩栩如生地描绘了那里的监狱系统），找到了当年的凶手，和凶手交谈，这个女人的心理才彻底康复。

跟从前一样，狄金森只摘取她所需要的部分，这一次她摘取的是这个简洁而模棱两可的退场语。她是在接近那另一个世界之后被短暂地召回尘世吗？抑或，她在尘世度过了无知而令人沮丧的一生，即将被召回到无限的世界？我们无法回答，只知道她的谜语仍是那么震撼而又显得轻松。

5月13日早上，奥斯汀先巡视了一圈杜鹃花的栽种情况，正准备去办公室，听维尼说艾米莉"很不好过"。他决定留下来，以便随叫随到。他的日记写道，妹妹"快10点的时候好像昏过去了，进入完全无意识的状态——现在已是下午6点，还没有醒过来。比奇洛大夫差不多整个下午都在"。《共和报》报道说，她那天早晨"中风了"，信息来源或许就是这位医生。

次日，奥斯汀记录说，妹妹带鼾声的呼吸持续了一整天："艾米莉没见好转——从昨天下午开始就呼吸沉重，完全昏迷。"玛贝尔的日记描述他"极其压抑"。"沉重的呼吸"又持续了一天，最后彻底停止。奥斯汀整个人也垮了，5月15日的日记写道：

> 天亮之前，可以确定艾米莉在这边再也醒不过来了。
>
> 这天糟糕透了就在（下午）六点的笛声之前，她停止了那可怕的呼吸。
>
> 蒙塔古太太和詹姆森太太陪着维尼。
>
> 我在近旁。

5 月 16 日是空白。据说维尼也"彻底被击垮了"。

苏接管过来，她为《共和报》写了一篇独具特色的长篇讣告，以狄金森"敏感的天性"来解释她的离群索居，并重点阐释她的心灵与性格的美好。她安排尤妮斯·R. 鲍威尔准备了一件白色法兰绒长袍做寿衣并修饰遗体，当地的殡仪师埃勒里·斯特里克兰对遗体做了防腐处理。他很惊讶，死者"看起来如此年轻，她微红的褐色头发不掺一根银丝"。维尼私下允许哈丽雅特·詹姆森瞻仰遗容，她觉得"艾米莉小姐……看起来更像她的哥哥，而不是她妹妹，浓密的赤褐色头发，面色活泼"。

葬礼在家宅的书房举行，朴素而简短。新任牧师乔治·S. 迪克曼读了《新约·哥林多前书》第 15 章的一句话，这句话狄金森自己也曾引用过："这必朽坏的总要变成不朽坏的，这必死的总要变成不死的。"希金森也到现场发表了致辞，似乎带有反驳之意，他说诗人"似乎从未推迟过（不朽）"。接着他念了艾米莉·勃朗特具有反叛意味的《我的灵魂并不怯懦》（*No Coward is Mine*），该诗是狄金森最喜爱的一首（"千万个信条都是徒劳／撼动人们的心灵"）。他见到遗体，也认为面庞"奇异地恢复了青春——她 54 岁（其实是 55 岁），看起来 30 岁的样子，没有一根灰白头发，也不见皱纹"。玛贝尔·卢米斯·托德随丈夫参加了葬礼，马蒂当然也在，但没有记录显示苏在场，尽管葬礼是她策划的。詹姆森希望苏和维尼之间"能再友好一点"。

阿默斯特学院校长、希契科克博士、约翰·詹姆森和德怀特·希尔斯等四人作为名誉护柩者，他们将棺材从后门抬出，接着，托马斯·凯利、丹尼斯·斯坎内尔、斯蒂芬·沙利文、帕特·沃德及另外两个狄金森家的雇工，经由小路把棺材抬到墓地，他们选择的这条路径象征着对死者的尊重——诗人是那么热爱隐私。那是一个美丽的春日，花开处处。托德夫妇加入送葬行列。

维尼整理艾米莉的遗物时，遵循姐姐的要求，烧毁了她一生积累的书信，这件事她后来又后悔了。不过，她惊讶地发现了大量诗作，缝制成若干小册子，似乎太珍贵了，没舍得烧掉。她决心将其出版，遂交给苏编选。但苏的意思是付印，而非出版。相信"对我们所有女人来说，名声并不重要，'爱和家还有确定性（certainty）才是最好的'"，她梦想着一本私下流传的诗作和书信集。可是两年过去了，不见有什么进展，维尼遂转向玛贝尔·卢米斯·托德，请她做抄写员。托德开始抄写狄金森的诗作，她工作越多，震动越大，也越卖力。她和维尼说服希金森给予支持和指导，到了 1890 年 11 月，一部狄金森选集已经为 19 世纪末的市场准备好了。托德联系了威廉·迪安·豪厄尔斯，凭着他的名望、他对新英格兰风格的兴趣以及长期以来对文坛新秀的欢迎，他确实成为一位有益的同盟。他在回信里说，"你当初把狄金森小姐的诗作拿给我看，我根本不知道它们有多好。这篇评论可否请你过目……"豪厄尔斯敏锐的评论刊载于《哈珀月刊》，他总结道："如果我们的生活没有诞生出什么，只诞生了这些奇特的诗作，我们会发觉在艾米莉·狄金森的作品中，美国，或者更确切地说是新英格兰，为世界文学增添了独特的一笔。"许多评论人都有同样的感受，《艾米莉·狄金森诗集》迅速一再增版。

奥斯汀和维尼分别于 1895 年和 1899 年去世，大量手稿留给了两个势不两立的对手和她们各自的女儿——苏和玛莎·狄金森·比安奇，玛贝尔和米莉森特·托德·宾厄姆，由此又诞生了一系列出版物，直到 20 世纪中叶以后。相比之下，比安奇在狄金森作品的出版和解读方面，施加了尤为令人窒息的影响力，而托德和宾厄姆在管理这些遗产的过程中，也尽了自己的一份力。诗人拒绝以一种忠实、整齐的形态传播自己的作品，其后果直到今日依然伴随着我们。

一种前所未闻的才华与纯洁走到了头，随之而来的一切是公开的、衍生的，有赖磕磕碰碰的读者圈。诗人终其一生思索无限和完美，她想必会觉得她持久的名声不过是一个值得轻蔑的替代品罢了。不过，我们似乎无法找到答案。

附 录

附录 1　狄金森家族和诺克罗斯家族谱系图

狄金森家族谱系图

与冈恩（Gunn）、蒙塔古（Montague）、史密斯（Smith）、
格雷夫斯（Graves）、考恩（Cowan）、纽曼（Newman）家族的联系

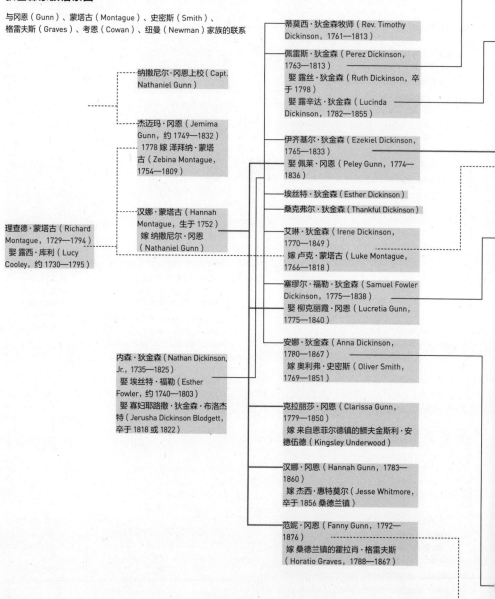

纳撒尼尔·冈恩上校（Capt. Nathaniel Gunn）

杰迈玛·冈恩（Jemima Gunn，约 1749—1832）
1778 嫁 泽拜纳·蒙塔古（Zebina Montague，1754—1809）

汉娜·蒙塔古（Hannah Montague，生于 1752）
嫁 纳撒尼尔·冈恩（Nathaniel Gunn）

理查德·蒙塔古（Richard Montague，1729—1794）
娶 露西·库利（Lucy Cooley，约 1730—1795）

内森·狄金森（Nathan Dickinson, Jr., 1735—1825）
娶 埃丝特·福勒（Esther Fowler，约 1740—1803）
娶 寡妇耶路撒·狄金森·布洛杰特（Jerusha Dickinson Blodgett，卒于 1818 或 1822）

蒂莫西·狄金森牧师（Rev. Timothy Dickinson, 1761—1813）

佩雷斯·狄金森（Perez Dickinson，1763—1813）
娶 露丝·狄金森（Ruth Dickinson，卒于 1798）
娶 露辛达·狄金森（Lucinda Dickinson, 1782—1855）

伊齐基尔·狄金森（Ezekiel Dickinson，1765—1833）
娶 佩莱·冈恩（Peley Gunn，1774—1836）

埃丝特·狄金森（Esther Dickinson）

桑克弗尔·狄金森（Thankful Dickinson）

艾琳·狄金森（Irene Dickinson，1770—1849）
嫁 卢克·蒙塔古（Luke Montague，1766—1818）

塞缪尔·福勒·狄金森（Samuel Fowler Dickinson，1775—1838）
娶 柳克丽霞·冈恩（Lucretia Gunn，1775—1840）

安娜·狄金森（Anna Dickinson，1780—1867）
嫁 奥利弗·史密斯（Oliver Smith，1769—1851）

克拉丽莎·冈恩（Clarissa Gunn，1779—1850）
嫁 来自恩菲尔德镇的鳏夫金斯利·安德伍德（Kingsley Underwood）

汉娜·冈恩（Hannah Gunn，1783—1860）
嫁 杰西·惠特莫尔（Jesse Whitmore，卒于 1856 桑德兰镇）

范妮·冈恩（Fanny Gunn，1792—1876）
嫁 桑德兰镇的霍拉肖·格雷夫斯（Horatio Graves，1788—1867）

698

范妮·狄金森（Fanny Dickinson, 约 1794—1844.8.24）
嫁 塞尼卡·霍兰（Seneca Holland, 1790—1871）

索菲娅·霍兰（Sophia Holland, 1828—1844）

南希（南妮）·考恩（Nancy (Nannie) Cowan, 1841—1869.6.21）
嫁 约翰·G. 米姆上校（Capt. John G. Meem, Jr）

玛格丽特·麦克朗·考恩（Margaret McClung Cowan, 1876—1879）

埃莉诺·雷亚·考恩（Eleanor Rhea Cowan, 生于 1885）

南希·狄金森（Nancy Dickinson, 约 1806—1846）
嫁 约瑟夫·埃斯塔布鲁克教授（Prof. Joseph Estabrook）

阿普尔顿·狄金森（Appleton Dickinson, 约 1808—1829）

佩雷斯·狄金森·考恩（Perez Dickinson Cowan, 1843—1923）
娶 玛格丽特·E. 雷亚（Margaret E. Rhea）

露辛达·狄金森（Lucinda Dickinson, 1811—1849）
嫁 詹姆斯·H. 考恩（James H.Cowan, 1801—1871）

佩雷斯·狄金森（Perez Dickinson, 1813—1901）

玛丽·安·狄金森（Mary Ann Dickinson, 1829—1902）

萨拉·简·狄金森（Sarah Jane Dickinson, 1829—1904）
嫁 来自韦斯特菲尔德（Westfield）的达尔文·L. 吉勒特（Darwin L. Gillett, 1823—1901）

爱德华（内德）·狄金森 [Edward (Ned) Dickinson, 1861—1898]

内森·狄金森（Nathan Dickinson, 1799—1861）
娶 玛丽·安·泰勒（Mary Ann Taylor, 1807—1878）

乔治·蒙塔古（George Montague, 1804—1893）
娶 玛丽·A. 帕森斯（Mary A. Parsons, 生于 1812）

威廉·奥斯汀·狄金森（William Austin Dickinson, 1829—1895）
娶 苏珊（苏）·亨廷顿·吉尔伯特 [Susan (Sue) Huntington Gilbert, 1830—1913]

玛莎（玛蒂）·狄金森 [Martha (Mattie) Dickinson, 1866—1943]
1903 嫁 亚历山大·D. 比安奇（Alexander D. Bianchi）

哈丽雅特·蒙塔古（Harriet Montague, 1808—1895）

泽拜纳·蒙塔古（Zebina Montague, 1810—1881）

艾米莉·伊丽莎白·狄金森，诗人（Emily Elizabeth Dickinson, 1830—1886）

爱德华·狄金森（Edward Dickinson, 1803—1874）
娶 艾米莉·诺克罗斯（Emily Norcross, 1804—1882）

拉维尼娅（维尼）·诺克罗斯·狄金森 [Lavinia (Vinnie) Norcross Dickinson, 1833—1899]

托马斯·吉尔伯特（吉布）·狄金森 [Thomas Gilbert (Gib) Dickinson, 1875—1883]

威廉·狄金森（William Dickinson, 1804—1887）
娶 伊丽莎·霍利（Eliza Hawley, 卒于 1851.7.31）
娶 玛丽·L. 惠蒂尔（Mary L. Whittier）

威廉·霍利·狄金森（William Hawley Dickinson, 1832—1883）
娶 埃伦·E. 派克（Ellen E. Pike）

柳克丽霞·狄金森（Lucretia Dickinson, 1806—1885）
嫁 阿萨·布拉德（Asa Bullard, 1804—1888）

马克·哈斯克尔·纽曼（Mark Haskell Newman, 生于 1833）
娶 玛丽（Mary）

玛丽·狄金森（Mary Dickinson, 1809—1852.3.30）
嫁 马克·哈斯克尔·纽曼（Mark Haskell Newman, 1806—1852.12.21）

凯瑟琳·D. 纽曼（Catherine Newman, 1836—1868）
1865 嫁 乔治·A. 图克斯伯里（George A. Tewkesbury）

塞缪尔·福勒·狄金森（Samuel Fowler Dickinson, Jr, 生于 1811）
娶 苏珊·威瑟斯庞·库克（Susan Witherspoon Cook）

萨拉·菲利普斯·纽曼（Sarah Phillips Newman, 1838—1909）
1868 嫁 J. 安森·贝茨（J. Anson Bates）

凯瑟琳·狄金森（Catharine Dickinson, 1814—1895）
嫁 约瑟夫·A. 斯威策（Joseph A. Sweetser, 1809—1874 失踪）

克拉丽莎（克拉拉）·B. 纽曼 [Clarissa (Clara) B. Newman, 1844—1920]
1869.10.14 嫁 悉尼·特纳（Sidney Turner, 卒于 1891）

克拉拉·纽曼·卡尔顿（Clara Newman Carleton）
嫁 乔治·E. 珀尔（George E. Pearl）

蒂莫西·狄金森（Timothy Dickinson, 生于 1816）
1838 娶 汉娜·蒙塔古·狄金森（Hannah Montague Dickinson, 生于 1814）

安娜·道奇·纽曼（Anna Dodge Newman, 1846—1887）
1874.6.3 嫁 乔治·H. 卡尔顿（George H. Carleton）

弗雷德里克·狄金森（Frederick Dickinson, 生于 1819）
娶 玛丽·L. 理查森（Mary L. Richardson）

艾伯特·G. 卡尔顿（Albert G. Carleton）

伊丽莎白·狄金森（Elizabeth Dickinson, 1823—1886）
1866 嫁 奥古斯塔斯·N. 柯里尔（Augustus N. Currier）

桑克弗尔·史密斯（Thankful Smith, 1807—1889）

奥利弗·伊斯门·史密斯（Oliver Eastman Smith, 1815—1883？）

格特鲁德·蒙塔古·格雷夫斯（Gertrude Montague Graves, 生于 1863）

约翰·朗·格雷夫斯（John Long Graves, 1831—1915）
1858 娶 范妮·格林利夫·布里顿（Fanny Greenleaf Britton）

路易丝·布里顿·格雷夫斯（Louise Britton Graves, 生于 1867）

699

诺克罗斯家族谱系图

与维尔（Vaill）、弗林特（Flynt）、科尔曼（Coleman）、斯特恩斯（Stearns）、伍德（Wood）家族的联系

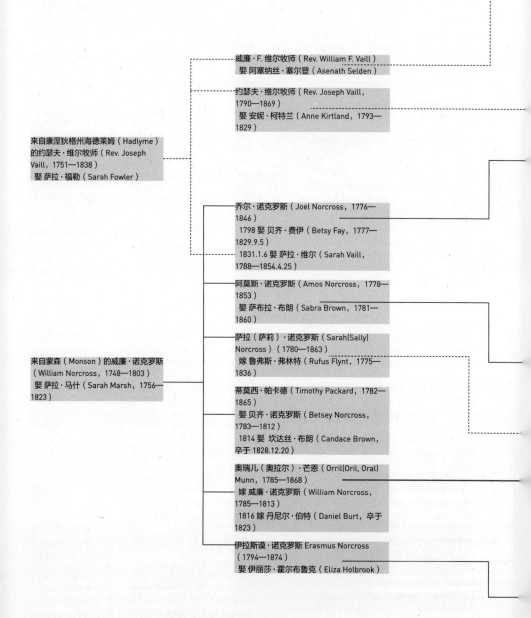

威廉·F. 维尔牧师（Rev. William F. Vaill）
娶 阿塞纳丝·塞尔登（Asenath Selden）

约瑟夫·维尔牧师（Rev. Joseph Vaill, 1790—1869）
娶 安妮·柯特兰（Anne Kirtland, 1793—1829）

来自康涅狄格州海德莱姆（Hadlyme）的约瑟夫·维尔牧师（Rev. Joseph Vaill, 1751—1838）
娶 萨拉·福勒（Sarah Fowler）

乔尔·诺克罗斯（Joel Norcross, 1776—1846）
1798 娶 贝齐·费伊（Betsy Fay, 1777—1829.9.5）
1831.1.6 娶 萨拉·维尔（Sarah Vaill, 1788—1854.4.25）

阿莫斯·诺克罗斯（Amos Norcross, 1778—1853）
娶 萨布拉·布朗（Sabra Brown, 1781—1860）

萨拉（萨莉）·诺克罗斯（Sarah(Sally) Norcross）（1780—1863）
嫁 鲁弗斯·弗林特（Rufus Flynt, 1775—1836）

蒂莫西·帕卡德（Timothy Packard, 1782—1865）
娶 贝齐·诺克罗斯（Betsey Norcross, 1783—1812）
1814 娶 坎达丝·布朗（Candace Brown, 卒于 1828.12.20）

奥瑞儿（奥拉尔）·芒恩（Orril(Oril, Oral) Munn, 1785—1868）
嫁 威廉·诺克罗斯（William Norcross, 1785—1813）
1816 嫁 丹尼尔·伯特（Daniel Burt, 卒于 1823）

来自蒙森（Monson）的威廉·诺克罗斯（William Norcross, 1748—1803）
娶 萨拉·马什（Sarah Marsh, 1756—1823）

伊拉斯谟·诺克罗斯 Erasmus Norcross（1794—1874）
娶 伊丽莎·霍尔布鲁克（Eliza Holbrook）

托马斯·S. 维尔（Thomas S. Vaill, 1817—1892）

安·伊丽莎白·维尔（Ann Elizabeth Vaill, 生于 1820）
1843 嫁 塞缪尔·W. 塞尔比（Samuel W. Selby）

阿曼达·布朗（Amanda Brown, 1803—1836）
嫁 海勒姆·诺克罗斯（Hiram Norcross, 1800—1829.2.26）
1834 嫁 查尔斯·斯特恩斯（Charles Stearns, 1788—1860）

奥斯汀·诺克罗斯（Austin Norcross, 1802—1824）

艾米莉·诺克罗斯（Emily Norcross, 1804—1882）
嫁 爱德华·狄金森（Edward Dickinson, 1803—1874）

威廉·奥蒂斯·诺克罗斯（William Otis Norcross, 1806—1863）
1830 娶 玛丽·范宁（Mary Fanning, 1810—1889）

伊莱·诺克罗斯（Eli Norcross, 1809—1811）

拉维尼娅·诺克罗斯（Lavinia Norcross, 1812—1860.4.17）
1834 嫁 洛林·诺克罗斯（Loring Norcross, 1808—1863）

阿尔弗雷德·诺克罗斯（Alfred Norcross, 1815—1888）
娶 奥利维娅·蔡平（Olivia Chapin, 1816—1898）

南希·费伊·诺克罗斯（Nancy Fay Norcross, 1818—1824）

乔尔·沃伦·诺克罗斯（Joel Warren Norcross, 1821—1900）
1854 娶 拉米拉·琼斯（Lamira Jones, 1833—1862）
1866 娶 玛吉·P. 冈尼森（Maggie P. Gunnison）

埃尔韦拉·诺克罗斯（Elvira Norcross, 1801—1866）

玛利亚·弗林特（Maria Flynt, 1801—1871.1.11）
1826 嫁 莱曼·科尔曼牧师（Rev. Lyman Coleman, 1796—1882）

奥利维娅·弗林特（Olivia Flynt, 1809—1837）

威廉·诺克罗斯·弗林特（William Norcross Flynt, 1818—1895）
娶 乔安娜·金（Joanna King, 1820—1850）
1852 娶 欧多西亚·卡特·康弗斯（Eudocia Carter Converse, 1822—1906）

艾伯特·诺克罗斯（Albert Norcross, 1810—1881）
娶 阿戴琳·康弗斯（Adaline Converse, 卒于 1875）

贝齐·诺克罗斯（Betsy Norcross, 1813—1878.4.15）
嫁 马修·F. 伍德（Matthew F. Wood, 1809—1876.7.13）

乔治·亨利·诺克罗斯（George Henry Norcross, 生于 1828）

威廉·亨利·诺克罗斯（William Henry Norcross, 1823—1854.4.19）

艾米莉·拉维尼娅·诺克罗斯（Emily Lavinia norcross, 1828—1852.7.2）

威廉·奥斯汀·狄金森（William Austin Dickinson, 1829—1895）

艾米莉·伊丽莎白·狄金森，诗人（Emily Elizabeth Dickinson, 1830—1886）

拉维尼娅（维尼）·诺克罗斯·狄金森 [Lavinia（Vinnie）Norcross Dickinson, 1833—1899]

查尔斯·弗雷德里克·诺克罗斯（Charles Fredrick Norcross, 1831—1875）

玛利亚·范宁·诺克罗斯（Maria Fanning Norcross, 1833—1834）

亨利·范宁·诺克罗斯（Henry Fanning Norcross, 1835—1925）

拉维尼娅·诺克罗斯（Lavinia Norcross, 1837.12.13—1842.5.19）

路易莎·诺克罗斯（Louisa Norcross, 1842.1.20—1919）

弗朗西丝·拉维尼娅·诺克罗斯（Frances Lavinia Norcross, 1847.8.4—1896）

阿瑟·狄金森·诺克罗斯（Arthur Dickinson Norcross, 1848—1916）

爱德华·狄金森·诺克罗斯（Edward Dickinson Norcross, 1860—1862）

安娜·琼斯·诺克罗斯（Anna Jones Norcross, 生于 1855）
1877 嫁 刘易斯·E. 斯韦特（Lewis E. Swett）

威廉·琼斯·诺克罗斯（William Jones Norcross, 生于 1858）
1881 娶 内莉·特拉斯克（Nelly Trask）

伊迪丝·卡尔顿·诺克罗斯（Edith Carlton Norcross, 生于 1873）

奥利维娅·科尔曼（Olivia Coleman, 1827—1847.9.28）

约翰·L. 达德利牧师（Rev. John L. Dudley, 1812—1894）
1861 娶 伊丽莎·科尔曼（Eliza Coleman, 1832—1871.6.3）
1872.10.23 娶 玛丽昂·V. 邱吉尔（Marion V. Churchill, 1844—1919）

拉维尼娅·N. 伍德（Lavinia N. Wood, 约 1853）
1877 嫁 来自布鲁克林（Brooklyn）的罗伯特·雷（Robert Rae）

附录2　艾米莉·狄金森的第二张照片？

2000年，一位经销大批照片的商人在易趣网（eBay）上出售一张女人的肖像照，背面署名此肖像人为艾米莉·狄金森。这张照片的卖家名叫斯蒂芬·怀特，经销这批照片的商人名叫雅诺什·诺夫马斯基，来自洛杉矶，二者都没有意识到诗人狄金森当时仅有一张照片为世人所知。这枚来路不明的肖像照引起了菲利普·F.古拉的关注，他是北卡罗来纳州州立大学教堂山分校的美国文学与文化教授，古拉以481美元的价格将其买下。[1]此照片的副本可见于本书照片部分的第二页。

这张照片由蛋白版法[2]制成。蛋白工艺风行于19世纪60至90年代，常用于翻印比它还早的银版照片（银版照片没有底片，因此独一无二）。在制作这张蛋白照片时，那张被翻印的银版照片很可能已失去了光泽或遭到损坏。或者，也可能是复制过程中的反光造成了蛋白照片底部的缺失。

照片背面有一些铅笔字迹，看上去没有一个字迹是新近留下的。在照片下方的中部有一个较大的"4"，可能意味着这是第四次尝试翻印或者翻印成功的第四张。照片底部右侧的四分之一处有一些极其模糊的字迹，似乎是以"Q"或"D"打头的单词，还有一个几乎无法辨认的年份——1886年。字迹看起来似乎曾被层层胶水涂抹过，

1　"A New Kodak Moment with Emily Dickinson", *New Yorker*, 5-22-2000, p. 30. 非常感谢古拉教授提供的信息和建议。

2　蛋白工艺（Albumen Process）是一种古老的摄影工艺，1850年发明，是第一种规模化生产的用于负片印相的相纸。这种工艺在1860—1890年达到高峰，20世纪以后逐渐被淘汰。如今所能见到的19世纪的照片，大多数都是蛋白照片。——译注

或许表明这张肖像曾经贴在某个相簿里。

还有一处题词出现在照片背面的顶部。显然是为了记录肖像人的身份和卒年，题词内容为：

Emily Dickinson—

died

[D?]ec 1886

有人认为第三行的第一个字母（模糊难辨）是小写字母"r"，这样一来，"rec"就是"received"（接受、收到）的缩写。另一些人认为，这个由三个字母组成的单词是"December"（12 月）的缩写，这显然不是诗人的卒月，诗人是 5 月去世的。以上两种读法都无法解释这个奇怪的"died"（卒于），在原始照片的背面，它看上去好像是挤在第一行和第三行中间。恰当的解释很可能是这样的：未知的题词者在写完名字后，接着就写卒年，他脑中想到了一个"死"的标准说法"deceased"（逝世），于是使用"deceased"的缩写"dec"，写下"Dec 1886"；后来他意识到字母"D"大写不合适，抑或"Dec"容易被认为是月份，他 / 她为了消除歧义，连忙在两行字的中间——这也是人们通常补充插入信息的地方——插入了"died"一词。不写月份，暗示了题词人也许不知道或认为月份不重要，或者题词时诗人已过世多年。重要的是题词人是谁。

至于这张照片的肖像，起初有人推断它的日期为 1865 年前后，坐在照片中的人手拿一副有系绳的眼镜。若根据照片中的时装来推断，其日期则要早 12 或 15 年，而那个所谓的系绳眼镜很可能是一枚胸针。《盛装照相》(*Dressed for the Photographer*)一书的作者琼·赛维拉认为照片中裙子式样的流行年代是 19 世纪 40 年代，发型则是 50 年代初。南希·雷克斯福德认为肖像人的连衣裙上半身夹克式的胸衣，束胸内衣的领子，内袖等的设计都是 50 年代早期的服饰特点。[1] 如果以上的断代大致正确，那么银版照片的拍摄时间应该最晚不过 1853 年，因此，有人不无理由地质疑照片中的人对于一个 20 岁出头的姑娘来说未免太老了。这个疑问引发了另一个问题：对一个自知远远落后于时尚的人，用服饰来推测年代是否可靠？ 1854 年狄金森对亚比亚说，

1　Joan Severa to Philip F. Gura, 5-8-2000, e-mail; Nancy Rexford to Gura, 8-29-2000, e-mail.

"亲爱的，我太过时，你的那些朋友都会盯着我看的。"[1]

熟悉诗人第一张照片的人自然禁不住要问：这张新照片中的人到底像不像艾米莉·狄金森。古拉教授咨询过两位人体人类学家：尼古拉斯·赫尔曼和理查德·詹特斯博士，他们运用数字扫描的方法比较了两张照片的形态学特征。通过将新照片旋转，置于相同的"瞳距"下加以测量，他们发现两张照片在下颌高度（从唇部到下巴末端的距离）及其他一些特征上相似度很高。赫尔曼和詹特斯的结论是，两张照片"在可辨认的颅骨界点和总体形态学特征上呈现出一致的模式和关系"。[2]他们无法证实两张照片中的人不是同一个人——这在大部分案例中是容易证实的。

本书第九章已经谈到我们所熟悉的那张银版照片，记录了诗人久病恢复后刚过16岁生日的样子。根据照片中那件又紧又不合身的裙子来推断，那时的她似乎正在猛长。诗人的妹妹和侄女都对这张照片感到不满，想换一张。在她们看来，用这张照片来代表诗人的形象显然在误导读者。

1851年秋天艾米莉去了一趟波士顿，回家后妹妹拉维尼娅发现姐姐的健康和精神都好了很多，还变得"相当胖"。诗人担心自己体重减轻了太多，可能被认定为肺结核，所以严格遵照詹姆斯·杰克逊医生的医嘱，努力恢复和保持健康的外表。如果她确实拍过第二张银版照片，想必拍摄时间应该会选在她相对健康、丰满的时候，自然也会精心打扮一下。[3]

1853年7月的某天，当时哥哥奥斯汀在坎布里奇，爱德华·狄金森刚刚拍了一张照片，艾米莉给他写信说："我想在你回来之前寄去父亲的银版照片。"这年秋天，艾米莉为父亲过度严肃感到不安，向奥斯汀透露说，希望父亲"的表情'再高兴一点儿'——我觉得那个艺术家是对的。"艾米莉提到银版摄影师对父亲表情的评价，说明她当时应该就在拍摄现场，因而她自己也可能也拍了一张。书信档案从来没有提到过奥斯汀早期的照片，这个事实（再一次）提醒我们现存的档案材料是多么零星不全、有所择选。由此，艾米莉与"艺术家"的会面，比如跟这位北安普顿最有名的银版摄影师杰里迈亚·韦尔斯[4]的会面，也很有可能没有记录在案。

1　Let 299.

2　Nicholas P. Herrmann, M.A., and Richard L. Jantz, Ph.D., to Philip F. Gura, 10-21-2000.

3　Home 174; "Root" 31. 见第 12 章, pp.279—81.

4　Let 262, 269; Chris Steele & Ronald Polito, A Directory of Massachusetts Photographers 1839—1900 (Camden, Maine: Picton, 1993).

1862 年，托马斯·温特沃思·希金森向诗人索要照片，她是这样回复的：

> 你能相信我－没有吗？我没有照片，现在，但是我很小，像只鹪鹩……
>
> 这让父亲常感惊慌－他说死生无常，全家人的铸模他都有了－只缺我一个，可我发觉，生气磨损易逝那些东西，不过几日而已，预先阻止了羞辱……[1]

被强调的"现在"（位于两个逗号之间）是否暗示说，直到不久前她确实有过一张照片？有没有可能艾米莉已经拍了一张照片而爱德华不知道，比如她在 1855 年 3 月（穿戴一新）去费城的时候？引人注意的是，她使用了一个复数形式的名词——"那些东西"，这是否说明她有过不止一次拍照的经历？至于"生气"磨损是指什么，可能不仅指拍照时的拿姿作态，或是之前的样子太不成熟、未免难堪，而且可能还指银版照片的光泽。

希金森的请求说明已婚男子向她索要照片并无不妥。如果几个月前狄金森通过塞缪尔·鲍尔斯将她自己的照片寄给了沃兹沃思（就在牧师离开费城启程前往旧金山之前），那么这个表示强调的"现在"和 1862 年 3 月她给玛丽·鲍尔斯的信中那明显的焦急语气就都能解释得通了。艾米莉不知道塞缪尔早就去了华盛顿，生怕玛丽会拆开信，发现自己不得不为别人"跑腿"，会觉得很"麻烦"。[2]

关于这张照片的真伪，任何一个合理推断都不能不回应以下这个问题：19 世纪 90 年代初，玛贝尔·卢米斯·托德对诗人的书信和可供复制的肖像照片进行了一次地毯式搜索，当时这张照片怎么没有被发现呢？我们之前的假设——诗人唯一的银版照片寄给了沃兹沃思——可以再一次用来解释这个问题，同时它也提醒我们重新关注诗人给沃兹沃思的好友詹姆斯和查尔斯·克拉克兄弟的书信，特别是其中那个格外显眼的相关的段落。

威利斯·伯金汉姆在其编著的狄金森遗著的评论集中，根据费城报纸报道的诗人

1　Let 411.

2　Let 396.

未知的恋人，再次道出了直接的猜测："托德夫人告诉我们狄金森小姐没有'对爱情失望'，这些诗歌透露出她对爱有很多思考，并崇拜理想的恋人；有人认为她爱过一个男人。"[1]这就是为什么首先是沃兹沃思本人、然后是他的家人和朋友不得不对挡不住的流言蜚语严加防范。从牧师去世后狄金森给詹姆斯·D.克拉克的信中随处可以感受到这种一贯的小心谨慎。一次，她回忆了沃兹沃思的"伟岸"和忧郁，还引述了他的一些阴郁的言辞，然后这样写道：

> 谢谢你，为那面孔－想必让你费了很多周折才找到－也谢谢
> 那告诫，虽然揭开他的伤痛是我无法揣度的－
> 你温柔地尝试去补救那些无法补救的，我也当记在心里。[2]

第一段告诉我们，克拉克为诗人弄到了一张沃兹沃思的照片，同时暗示牧师的家人要求保密。第二段似乎可以这样读解，这个读解令人激动，她自己那张很难复制的照片最近从费城寄出了。比较合理的解释是，沃兹沃思家人同时寄出了两张照片，于是克拉克和狄金森都提到这件事。得知克拉克复制了一张可供流传的照片，她"当记在心里"——感谢——他的"温柔"，因为他那么讨人喜欢地有兴趣保存一张她的照片。

在克拉克两兄弟里，簿记员查尔斯似乎是沃兹沃思更特别的朋友。1883年詹姆斯去世后，查尔斯承担了跟诗人通信的任务，在诗人生前的最后三年里，她一共寄给他15封书信。多年后，拉维尼娅请查尔斯退回这些信件[3]，他仔细地逐一为每一个信封和信纸做了标记，甚至还用铅笔抄写了其中的两封信。查尔斯终生未婚，是亲属中活得最长的一个，20世纪初年，当时70多岁，他回到马萨诸塞州，先是住在格林菲尔德，后来搬到朗梅多，这两个地方都类似北安普顿，坐落在康涅狄格河畔。1915年他在纽约的麦卡平酒店去世，终年82岁，没有人继承他的财产。根据《纽约时报》的报道[4]，"超过30000美元"的全部财产都捐给了北安普顿、布鲁克林和纽约的慈善事业。

---

1 Buckingham 473.

2 Let 745.

3 Charles H. Clark to Lavinia Dickinson, 1-14-1892, ED Todd315 A.

4 Springfield Union 3-18-1915; New York Times 4-10-1915.

照片背面的"4"与詹姆斯·D. 克拉克的笔迹相像，[1] 但顶部的那个题词的笔迹仍无法鉴定。不过，它们不会是查尔斯·H. 克拉克或牧师的女儿伊迪丝·沃兹沃思的笔迹。

作者附言 [2]：

自从这个附录出版以来，12 年过去了，我不得不遗憾地说，关于这张照片的真实性，尚未找到任何证据。至于把这张照片推测为艾米莉·狄金森的肖像照，也仍旧停留于以下结论：这只是一个未经证实的、或许不太可能的推测。

阿尔弗雷德·哈贝格

2013 年 4 月

1　James D. Clark to Jonathan Pearson, 4-17-1882, Schaffer Library Special Collections, Union College.

2　这是本书作者应译者的邀请为这篇附录的中译本所做的补充说明。——译注

附录3 诗歌索引

附录 4　致谢

为完成这本狄金森传记，以下图书馆提供了最翔实最有价值的资料，对于这些图书馆的负责人和工作人员的大力协助，在此深表谢意：Amherst College Archives and Special Collections Library, the Rare Books Department at the Boston Public Library, Brown University's John Hay Library, the Congregational Library in Boston, the Houghton Library at Harvard University, the Jones Library in Amherst, the Mount Holyoke College Archives and Special Collections Library, the Manuscripts and Archives Division of the New York Public Library, and the Yale University Library, including Manuscripts and Archives and the Beinecke Rare Books and Manuscripts Library. To the directors and staff of these institutions, I am profoundly in debt for access to their collections。

有不计其数的图书馆工作人员需要感谢，其中我要特别感谢以下诸位，对于我没完没了的询问，他们表现出极大的耐心和机智：

Patricia J. Albright; Mark N. Brown; Daria D'Arienzo and John Lancaster; Sylvia De Santis; Ellen H. Fladger and Betty Allen; Susan Halpert, Jennie Rathbun, Emily Walhout, and Roger Stoddard; Thomas Knoles; Dan Lombardo, Jessica Teters, Peter Nelson, and Kate Boyle; Grace Makepeace (much lamented); Ralph Melnick and Rick Teller; Mariam Touba; and Harold F. Worthley。

以下这些图书馆、历史学会和法律文库也提供了特别的帮助：Amherst Town Clerk; Andover Historical Society, Mass.; Franklin Trask Library Special Collections, Andover Newton Theological School (Diana Yount); Archives and Records Preservation, Supreme Judicial Court, New Court House, Boston (Elizabeth Bouvier); Baker Library's Historical Collections Department, Harvard Business School; Historical Society of Berks Co., Pa.

(Barbara Gill); Berkshire Athenaeum, Mass. (Ruth T. Degenhardt); Boston Public Library; Bowdoin College Special Collections (Susan Ravdin); Burton Historical Collection, Detroit Public Library (John W. Gibson); California State Library (Sibylle Zemitis); Calvary Presbyterian Church, San Francisco (Joe Beyer); Cambridge City Library; Colorado College Special Collections (Virginia R. Kiefer); Concord Free Public Library (Leslie Perrin Wilson); Connecticut State Library; Dartmouth College Library (Philip N. Cronenwett); Duke University Special Collections; Emma Willard School Library, Troy, N.Y. (Barbara Wiley); Enoch Pratt Free Library; Essex County Registry of Deeds, Newark, N.J.; Essex Registry of Deeds, So. Dist., Salem, Mass.; Forbes Library, Northampton, Mass.; Francis A. Countway Library of Medicine; Geneva Historical Society, Geneva, N.Y. (Jennifer L. Walton); Georgia Historical Society (Jessica Burke); Greenfield City Library, Mass.; Hampden County Registry of Deeds (Donald E. Ashe) and Probate Court, Springfield, Mass.; Hampshire County Registry of Deeds (Patricia A. Plaza) and Registry of Probate, Northampton, Mass.; Harvard Law School Special Collections (David R. Warrington); Hobart and William Smith Colleges, Archives (Charlotte Hegyi); Historic Deerfield (Shirley Majewski); Historic Northampton; Historical Society of Pennsylvania; Hubbard Free Library, Hallowell, Me.; Huntington Library; Ipswich Public Library, Mass. (Genevieve Picard); Lafayette College Special Collections (Diane Windham Shaw); Lapeer County Registry of Deeds, Mich. (Ann Stier); Lehigh University Special Collections (Philip A. Metzger); Library of Congress, Manuscripts (Michael J. Klein); Lilly Library, University of Indiana (Lisa Browar); Litchfield Historical Society, Conn. (Tess Riesmeyer); Lynn Historical Society, Mass. (Diane Shephard); Macomb County Historical Society, Mich. (Betty Lou Morris); Marblehead Historical Society (Karen Mac Innis); Maryland Historical Society (Francis P. O'Neill); Massachusetts Archives; Massachusetts State Library; Massachusetts Historical Society; Middlesex County Registry of Probate, Cambridge, Mass.; Milwaukee County Historical Society; Mississippi Department of Archives & History; Monson Free Library and Reading Room Association; Monson Historical Society; Monson Town Clerk; National Archives (Wayne DeCesar, Mary Frances Morrow, Fred J. Romanski, Joseph Schwarz); New England Historic

Genealogical Society; New York Botanical Garden; New-York Historical Society; New York State Historical Association, Cooperstown, N.Y.; New York University, Archives (Kate Senft); North-Prospect United Church of Christ, Cambridge, Mass.; Oneida County Historical Society, Utica, N.Y.; Onondaga Historical Association, Syracuse, N.Y. (Judy E. Haven); Ottawa County Registry of Deeds, Mich.; Free Library of Philadelphia; Polytechnic University Archives, Brooklyn, N.Y. (Heather Walters); Presbyterian Historical Society, Philadelphia (Kenneth J. Ross, Susan J. Flack); Princeton Theological Seminary Library (William O. Harris); Probate Court, District of Litchfield, Conn.; Pusey Library, Harvard University; Radcliffe College Archives; Romeo District Library, Mich. (Beth Martin); Rutherford B. Hayes Presidential Center; Sacramento Public Library, Calif. (Ruth Ellis); Smith College Archives (Aimee E. Brown) and Rare Book Room; Southwick Historical Society, Mass. (Patricia Odiorne); Springfield Library and Museums (Margaret Humberston, Liz S. Ziegler); Stone House Museum, Belchertown, Mass. (Doris Dickinson); Suffolk County Registry of Deeds, Boston, Mass.; University of Massachusetts—Amherst, Special Collections and Archives (Linda Seidman); University of South Carolina, Special Collections; University of Virginia, Special Collections; Utica Public Library, N.Y.; Wendell Town Clerk, Mass.; Westfield Athenaeum, Westfield, Mass. (Ann Tumavicus); Williams College Archives (Sylvia Kennick Brown)。

查阅资料方面，我还深深地受惠于 Jim Elmborg 和 Kent Miller，以及 the Interlibrary Loan services of the University of Kansas and Washington State University。

另外一些帮助我的人有：Melvin E. Bleich (Romeo Observer), Claire Dempsey, Cindy Dickinson (Dickinson Homestead), Sam Ellenport (Harcourt Bindery), Gregory Farmer (Martha Dickinson Bianchi Trust), Eliza Habegger, Robert Lord Keyes, Russell M. Lane, Deane Lee, Sue Lorraine, Dorothy Russell, James Seaver, James Avery Smith, Sumner Webber, and C. Conrad Wright。

几位第一手资料的持有者慷慨提供了他们手中的文本和图片：John and Priscilla Chatfield, Roger L. Gregg, Philip F. Gura, Mary C. Pearl, Jane S. Scott, Cynthia Smith, and Alice V. Yarick。

若干狄金森的专家学者为我的考察开辟了道路，他们是：R. W. Franklin, Benjamin

718

Lease, Carolyn S. Moran, Marianne Noble, Hiroko Uno, Jane Donahue Eberwein, and Rowena Revis Jones。其中，令我感激不尽的是 Elizabeth Bernhard 和 Domhnall Mitchell 两位，跟他们的多次面谈和书面交流让我深受启发，难以忘怀。他们是那么热情友善，而且还对我的某些章节提出了坦率的批评意见。

本书的几个章节曾以单篇形式发表于 New England Quarterly（"Evangel"）和 ESQ: A Journal of the American Renaissance（"Lost Homes"），另有一篇以论文的形式发表于 Emily Dickinson International Society。National Endowment for the Humanities 提供了研究经费。

最后，我要特别感谢我的代理人 Nat Sobel、无与伦比的编辑 Bob Loomis，以及我的专家和勤勉的文字编辑 Jolanta Benal 和 Vincent La Scala，对于他们提供的各种各样不可或缺的帮助，我的感激是难以言喻的。

译后记

"我把狄金森当作私交很深的朋友。"

——博尔赫斯（Jorge Luis Borges, 1899—1986）

"除莎士比亚之外，狄金森所表现出的认知的原创性超过了自但丁以来的所有西方诗人。"

——哈罗德·布鲁姆（Harold Bloom, 1930—）

一

"我的战争都埋在诗里"取自狄金森一首诗作的首行："My Wars are Laid away in Books"。此诗大约创作于 1882 年，当时诗人 52 岁。事实上，这里的"诗"改译自"书"。其实，无论译作"诗"或"书"，从字面上看都是有缺憾的，"埋"也并不完美；但译作"我的战争都埋在诗里"或许可以更准确地表达诗人的一生。

首先，"books"不一定是现代意义上的出版印刷的图书，也可以是各种形式的书本，包括手工制作的簿子或册子。考虑到诗人一生创作了近两千首诗作，而生前印刷成铅字的不超过 10 首，这里的"书"显然与出版印刷关系不大。另一个事实更加耐人寻味：从 28 岁那年起，狄金森开始筛选、整理和保存自己的诗作，把它们一首首工整地抄写在上好的纸张上，然后用针线缝制成小册子。从 1858 至 1865 年，她一共缝制了 40 本小册子，还整理出 10 组未缝制成册的诗歌，共计 1100 多首，此外，诗人后期还留下大量零散的手稿，约 400 首。这些成册的或零散的手稿的存在，诗人未向任何人透露，包括她最亲近的妹妹。那些发生在她内心的一个人的"战争"都埋藏在这些私密的诗作里，因此这里不妨把"书"译作"诗"。

从字面上看，用"埋"或"藏"来翻译"lay away"其实不够准确，或许更准确的翻译是"存放"，暗示存放在某处以备后用，至于以后怎么用，则不得而知。"在心为志，发言为诗"，一个人内心的搏斗以某种方式表现在作品中，也可以叫作"存放"，而读者追踪形迹，探寻心声，于是，之前的存放就没有白费。不过，考虑到诗人的诗作不是简单地存放或摆放在那里，而是埋藏在深处，译为"存放"未免过于轻松。一方面，狄金森的大部分诗作在生前从未与人交流；另一方面，那些通过信札寄出的诗作，由于表情达意过于幽微曲折、难以索解，往往回音寥落。正如本书作者哈贝格先生所言："关于狄金森的一个悖论是，她一边邀请你，一边又躲闪着不让你跟她亲密——她将'无可奉告'做到了极致。"

"战争"或"战斗"是狄金森终生的核心隐喻——"她孜孜以求地创作不是为了得到认可，而是为了表达一场无法逃避的、艰苦的、关乎生存的战斗"。斯人已逝，那一场场战斗皆已成为历史，埋进她生前以信札流传或在私下珍藏的诗作里，吸引着一代代读者前来探幽寻秘，为她执着而无畏的战斗而叹息，为她诗歌永恒的生命力而惊喜……

二

　　艾米莉·狄金森对于中国读者早已不是一个陌生的名字，最迟在 1926
年，狄金森的诗名就进入了中国。[1]1984 年由江枫翻译的第一部《狄金森
诗选》(216 首) 出版，目前狄金森诗歌的中译本选集 (单行本) 多达十几种，
她的近 2000 首诗作中，大约 1100 首已被翻译成中文出版，被选入各种文
学和诗歌选本的译作达 120 多首，有十几首清新易懂的小诗还陆续被选入
全国多种语文教材。有相当数量的作家和文学爱好者以各自的方式抒发了
对狄金森的兴趣和热爱。[2]

　　经考察，中国大陆曾经出版过一种狄金森评传的译本：贝蒂娜·克纳
帕著，李恒春译《艾米莉·狄金森传》，花城出版社，1996 年，220 页。[3]
事实上这不是一部狄金森传记，而是一部通俗评传。全书分为两大部分，
第一部分叙述作家生平，不过概述了当时众人熟知的故事，其读者对象很
像是中学生；第二部分评述诗人的艺术成就，可惜大多为引文的堆砌和作
家之间的对比。总之，正如一篇书评所说：除了对个别诗作的分析不无趣
味之外，这本读物对于研习狄金森的学生几乎没有什么价值。[4]此书被当作
"狄金森传"引入中国，且参考价值如此之低，实在令人遗憾！难怪翻译成

1　关于 "狄金森在中国" 的早期接受情况，参见拙文 "Emily Dickinson's Reception in China:
a Brief Overview", in *Emily Dickinson Journal*, John Hopkins University Press, Vol. XX, No.3
pp.111—117 (2012). "Translations of Emily Dickinson into Chinese, 1949—1983", in *The Emily
Dickinson Journal*, Vol. XXIII, No. 2, The Johns Hopkins University Press (2014) .

2　关于狄金森的诗作进入各类文学作品选和语文课本的情况，参见周建新译《艾米莉·狄金森诗
选》序言，华南理工大学出版社，2011 年。关于狄金森对当代大陆和台港作家的影响以及 "本
土化形象建构"，康燕彬做了细致研究，见康燕彬《狄金森和中国》(博士论文，英文，2009 年)
以及相关文章。

3　此书译自 *Emily Dickinson*. New York: Continuum Publishing, 1989。作者贝蒂娜·克纳帕（Bettina
L. Knapp, 1926—2010）是纽约城市大学亨特学院罗曼语和比较文学教授，十分多产，撰写过近
四十种学术和通俗读物，包括《中国妇女形象：一种西方视角》。

4　见 *American Studies*, Vol. 31, No. 2, Fall 1990。

中文之后始终不见流传，似乎也没有什么反响。

或许正是由于中文读者对狄金森的生平缺乏了解，而广大读者又好奇心切，于是，台湾的一家出版社很可能出于商业炒作的目的，把一部小说家虚拟的《狄金森日记》[1] 当作狄金森的亲笔日记引入中国市场（吴玲译，赵卫民作序，《艾米莉·狄金森的日记》，蓝平出版社，1999 年 11 月）。这个中译本没有在任何一处指明这是一本虚构小说，而中译本序言的作者（或许出于无知）居然重复了小说作者杰米·富勒（Jamie Fuller）的虚构之语，确认日记出自狄金森之手。[2] 随后，这部小说又在大陆出版，采用了新的书名：《孤独是迷人的——艾米莉·狄金森的秘密日记》（百花文艺出版社，2000年），并赫然标明"艾米莉·狄金森著"、"杰米·富勒注释"，"独家中文简体版权"的字样。[3] 事实上，狄金森没有留下任何日记，据哈贝格先生的考察，目前已知的狄金森留下的类似日记的记录只有一条（见本传第 207页）。

看来，狄金森的传记来得太迟了。

三

本传的作者阿尔弗雷德·哈贝格先生曾是美国堪萨斯大学的英语系教授，为了专心撰写狄金森的传记，他辞去教职，隐居在美国西部俄勒冈州人烟稀少的乡下——"失落的草原"（Lost Prairie）。在中译本序言中他描述了选择隐居的经过以及事后的反思，其从容镇定而又不失热诚的态度令

1　Jamie Fuller, *The Diary of Emily Dickinson*, Mercury House, 1993. 事实上，这部小说构思巧妙，值得一读。

2　就在此书在台湾出版后不久，12 月 26 日《台北时报》登出了狄金森学者和译者赖杰威（George W. Lytle）的批评文章《狄金森译本的误译》，指出了译本的重大错误以及其他翻译和编辑问题。

3　大陆学者也陆续指出了中译本伪造的事实，比如李泗维"艾米莉·狄金森秘密日记疑云丛生"一文，见《中华读书报》2003 年 4 月 30 日。

人感佩，这也正是这部传记的总体风格——客观信实，不夸张，不臆断，不做惊人之语，真知灼见就在娓娓道来的字里行间。

在哈贝格的笔下，诗人是一个曾经在生活的战场上挣扎的人，她成为诗人的旅程以及诗歌艺术的发展变化都是有迹可寻的。作者追索狄金森的人生足迹，上溯到祖父辈的坚毅和狂热，父亲对家人的保护意识和对女性的极端保守的态度。作者查访了大量一手材料，扩展到诗人生活圆周内对其有直接和间接影响的各种可能的线索，特别是狄金森学者们从未想到过的地方，比如教会、政府、税务档案，这一切于本书的尾注和附录里可见一斑。正如作者所说："我的目标无非是把我们所能知道的关于狄金森的一生写出来，特别是她的生活和作品之间的裂缝。"

要填补这个裂缝并不容易，特别是在狄金森的诗歌里几乎见不到自白或自传性的细节。"她的诗歌里存在各种距离，其中最重要的是她与自己的距离"，这个距离也体现在她的大部分书信里。难怪完成了这部严肃厚重的《狄金森传》，哈贝格先生仍提醒我们注意：

> 狄金森的一个悖论是，她一边邀请你一边又躲闪着不让你跟她亲密——她将"无可奉告"做到了极致。
> 没有谁卸掉了狄金森房门上的锁或从墙上拆除了她的门。秘密的核心绝没有被解开……

似乎正是带着这样的警醒，作者总是小心求证，一边闯入一边留步，在证据不足的情况下，他的结论常常点到为止，且能启发思路。一旦找到可靠的事实依据，作者也不惮于表达权威自信的判断，并往往令人信服。限于篇幅，这里不必赘述，仅举一个读者感兴趣的问题，谈谈这部传记给译者留下的思考。

狄金森是否激情燃烧地爱着一个男人，像她在诗作中所书写的那样？她爱的男人到底是谁？那些不具名的"主人"书信究竟是写给谁的？关于这些问题，诗人和她身边的人都没有留下任何确凿的证据，之前的研究者说法不一。作者钩沉史料，纠正书信编年，排除站不住脚的推论，得出了一个更为稳妥的结论：有一个男人，大概是位牧师；已婚，难以接近或根本不适合；她对他了解甚少，却把自己热烈的渴望与幻想投放在他身上；他们开始通信，后来见面了，也许只有一次，随后分手，她在后来的诗歌中一而再地返回到这段不可能的关系中，以幻想的方式来发展和深化其中潜藏的因素。为数不多的证据大都指向牧师沃兹沃思，其他的候选人是男是女都可以排除，而沃兹沃思永远不会被排除，但他从来也没有得到证实。

　　关于狄金森的恋情，也许我们能知道的仅此而已。也许，现实中的某个男人仅仅是狄金森的浪漫情感的一个道具，或许根本就不存在也不需要一个男人。在这个意义上，作者提出了一个更为中肯的意见："无论沃兹沃思是不是这个男人，这场浪漫情感的危机都是狄金森长期延滞的成熟过程和她强烈而持续地渴求亲密感的一个必然结果和高潮。"

　　无数读者好奇地打探这个男人，试图"闯入"诗人的隐私，无非是因为诗人为这份激情所留下的文字感染了我们，与其执拗地去拆解诗人层层包裹的隐私，不如以更"温柔"的心态去体会诗人传出的信息，正如我们带着敬畏和温柔去理解大自然和生命的奥秘。这个愿望诗人在一首小诗《这是我写给世界的信》（Fr519）里早就说过，如今她的诗作正在突破语言的界限，早已不限于她的"同胞"：

　　　　　　这是我写给世界的信

　　　　　　世界不曾写信给我 –

　　　　　　皆为自然发出的简朴消息 –

带着温柔的壮丽。

她的信息被交托给

我看不见的手－

出于爱她－亲爱的－同胞－

请温柔地评判－我。

　　跟诗人的生平相比，狄金森的诗作里包藏着更多的秘密，也更为诱人。这部传记完整引用诗人的诗作 70 多首，部分引用诗作 90 多首。作者结合诗人的生平对具体诗作的解读常常出奇制胜，令人叹服。

　　例如，在诗人与嫂子苏珊之间围绕着《安卧在他们的汉白玉舍－》（Fr124）一诗发生过一次诗歌交流，作者分析了交流的全过程，通过两个版本的文本细读，再次让我们看到了两人之间暗含的紧张关系："在友好、缓和的基调底层潜藏着根本性的分歧……从一种角度来看，她们之间的对话具有某种诡异的象征意味，仿佛是两个活着的女人分别离群索居地密封起来——这才是她们真正讨论的东西。"又如，作者精当地分析了一首几乎不被关注的罕见的现实主义风格的诗作"哪怕去死－我也要知道－"（Fr537），把一幅幅城市生活的画面：门、窗户、房子、报童、倾卸的煤炭，解读为诗人一连串幻想的镜头，最后聚焦于诗中人幻想中的男人的住所，顿时敞开了一个完美的诗意空间。

　　当然，全面细致地解读诗人的诗作不是传记的任务，若想深入狄金森的诗歌世界，有赖更多的专题研究著作。比如，对于诗人不合常规的语法以及诗作中复杂的性别意识，女性主义批评和解构批评方法提供了更多的洞见。不过，多少有些遗憾的是，诗人还有一部分幽深难解的诗作在这部传记中没有露面，或许它们包藏着作者尚未摸索到的秘密信息？

有种种迹象表明，诗人在 1861 年夏秋之交遭遇过一次严重而彻底的恐惧，"一种终极的被孤立、被抛弃、被拒绝的感觉"。1862 年 4 月诗人在给希金森的第二封信中说，她"自从 9 月 - 遇到了一件可怕的事 - 我不能告诉任何人 - 所以我唱歌，就像路过墓地的男孩一样 - 因为我害怕"。这"可怕的事"究竟是什么？来自何处？有没有被克服？对于这些问题，作者提供了试探性的解答：诗人周边的几个最亲密的朋友当时各自身陷麻烦和困境之中，"她被她选择的人遗忘了"。可是，这个解答似乎浅尝辄止。阅读诗人在同一时期或稍后创作的一些诗作，可以感受到更多的信息，比如大约创作于 1862 年的《我看不到任何路 - 天堂被缝合了》（Fr633），描写"我"好似宇宙洪荒之中一个孤独的小点，消失在空间和时间之外。是不是诗人在宗教、自然和艺术之外，再次陷入终极存在的危机和恐怖之中，这恐怖太幽深，以至于无法言说？正如诗人在另一首诗作中所说："恐惧无以调查，唯有在黑暗中环绕"（Fr877）。一切历史和日常的考索似乎都无法令人满意地触摸到那个闪着微光的虚空所在，那个秘密的核心。

四

阿根廷作家博尔赫斯（Jorge Luis Borges, 1899—1986）是一个世界文学（包括中国文学）的热情读者，他在一次访谈中说，"狄金森是美国乃至我们美洲有史以来最伟大的女作家"，"我把狄金森当作私交很深的朋友"。[1] 文学批评家哈罗德·布鲁姆（Harold Bloom, 1930— ）在《西方正典》中提出："除莎士比亚之外，狄金森所表现出的认知的原创性（cognitive originality）超过了自但丁以来的所有西方诗人。"在他主编的"当代批评

1　见《博尔赫斯八十忆旧》，巴恩斯通编，西川译，作家出版社，2003，第 7 页，第 132 页。

观点"之《狄金森》新版序言里，他再次强调："据我判断，在 19 世纪和 20 世纪用英语写作的所有诗人中，狄金森给我们展示出的认知的难度是最为实在的。"[1]

一旦被狄金森吸引，很容易欲罢不能，愈陷愈深。对我来说，下决心阅读和翻译这部厚重的传记实出于一种强烈的好奇心。我多年前就浏览过狄金森的部分诗歌译作，记得那些描写自然和死亡的诗作，充满哲理，读起来似懂非懂。之后读到一些零散的传奇故事，为她特立独行的坚强意志而震惊：是什么力量和信念让一个弱女子终身独守，私下默默创作，一心探索自然、人生、爱、死亡和不朽？

2009 年春天，我和夫君在结束访学之前走访了哈佛大学霍顿图书馆的狄金森特藏室，见到了诗人的画像、书桌、手迹，随后又来到阿默斯特小镇，参观了狄金森生活过的地方。诗人留在身后的物件和空间吸引着一批批纷至沓来的观光客，诗人生前沉思冥想、闭门谢客，如今，凡想见到的都能得见，凡想进入的都得进入，可是，诗人早已不在那里！她在某个遥远的地方，停步等待我们，带着她强大的意志和认知的深度。

正是从那个时候开始，我决定近距离地考察诗人的生平和创作。令人吃惊的是，美国学术界对狄金森的研究已经达到如此细致和丰富的程度，狄金森现存的手稿不断被重新编辑出版，与狄金森相关的各种历史档案材料都被挖掘一新，学者们动用了差不多一切可资利用的理论视角，不断推出令人耳目一新、应接不暇的结论或假设。我决定挑选一部传记来读，以传记为线索，顺藤摸瓜，不失为一条进入狄金森世界的最佳途径。

回国后，我给学生讲授世界文学专题，偶尔会加入阅读狄金森的心得，

---

1 Harold Bloom, *The Western Canon*, Harcourt Brace & Company, 1994, p. 291. *Emily Dickinson*, Edited and with an Introduction by Harold Bloom, Blooms Literary Criticism, An Imprint of Infobase Publishing, 2008.

我的两个学生曾轶峰和胡秋冉受我的热情感染，也开始研读狄金森的诗作。曾轶峰是硕士研究生，英文基础好，勤奋好学、热情向上，实在是难得一见的优秀学生。[1] 胡秋冉，一个文雅细腻的女孩子，表现出过人的悟性和才情。[2] 我邀请她们一同阅读和翻译哈贝格的传记，一方面作为研读狄金森的参考书，一方面作为一次实地翻译训练。两个学生摩拳擦掌，立即划分了章节，埋头苦干起来。令我欣喜的是，她们边学边译，互相切磋，随时与我交流翻译中的疑难和心得。经过近一年的艰苦努力，按时提交了翻译初稿和各自的研究小成果！考虑到她们一个是硕士生一个是本科生，没有任何翻译经验，何况刚刚接触狄金森，一个有难度和深度的诗人，这份翻译练习看起来整齐有序，凡存疑之处或难度太大无法翻译的地方，都一丝不苟地标注出来，其严肃认真的态度给我留下深刻印象。不过，我也意识到译文的初稿距离准确流畅的定稿还相差甚远，很多地方似是而非。虽然后来的译稿事实上全部经我逐字逐句检查、修改，几乎相当于重译，可是她们辛勤的汗水和对学术翻译的尊重值得肯定，真诚祝愿她们在未来的学业上不断进步。

追想我们师生三人漫长的翻译路程，我从诗人和作者那里学到了很多很多，想必轶峰和秋冉有更深的体会。借助这部传记，我们对诗人的想象就不再是空中楼阁，她的人格和艺术力量，我们就可以分享到更多。倘若热爱狄金森的中国读者也能从本书中受益，我们的努力就有了更大的回报。

在翻译中，我们遇到了一些难题：首先，传记引述了大量一手材料，因篇幅所限，作者有时不得不引用其中的片断或者只是一笔带过，而我们

1　当时她正在寻找学位论文的题目，于是下决心探讨狄金森诗歌的中文翻译问题。两年后她考取中国人民大学攻读博士学位，继续以狄金森为课题，并获得了在纽约州立大学布法罗分校留学的机会。
2　当时她申请到一个"国家大学生创新性实验计划"的项目，开始研究"狄金森对余光中诗歌的影响"，最后提交了一篇出色的文章。

苦于无法把引文还原到最初的语境，理解和翻译起来十分费力，经常感到没有把握，非查阅原始资料或咨询作者才能解决，而这些原始资料在国内大多见不到。于是，从2012年夏天起我开始跟作者通信，哈贝格先生及时而耐心地解答了我提出的一个又一个问题。随后，我被中文系派往芝加哥圣保罗大学从事教学活动，得以查阅到各种参考资料。在芝加哥工作生活的一年里，我白天从事各种教学活动，傍晚陪孩子读书、做功课，总是到了夜深人静之际，才能坐下来，拿出传记，打开译稿，翻阅资料，反复揣摩诗人的一生和传记作者试图向我们传达的信息。那个曾经在雾茫茫远处向我凝视的面影，渐渐焕发出更多的神采。

更大的困难在于狄金森本人的文字。传记大量引述诗人的诗作和书信，有时候作者提供了比较详细的解说，有时候则仅仅摆在那里，让文本自己说话，可是，无论哪一种情况都需要翻译成准确可解的中文。这些被引用的诗文大多没有中译本可供参考，若有中译本可以参考，更需要谨慎小心，有时候我们对译文的理解跟已有的中译本相去甚远。总之，对于每一个翻译细节的考量，都必然要求返回狄金森的认知和语法，而且，对于大量充满歧义的诗文，美国学者们的解释也不尽相同。

狄金森的诗歌以高度凝缩艰涩、语法奇崛险怪著称，若译文过于流畅优美，恐怕偏离原意过多，其认知的难度和险怪的风格就被大大降低或遮蔽了。在这个问题上，台湾译者赖杰威（George W. Lytle）的意识最为警醒，他对他的合作者说，为了"尽可能保存狄金森非传统，甚至常常是离经叛道的风格"，他们宁愿译文"太怪、太不顺了，不像中文"。[1]

翻译狄金森的诗作最理想、最有效、最负责任的实践需要结合以下三

---

1 见董恒秀和赖杰威译《艾蜜莉·狄金生诗选（新增订版）》（台北木马文化事业股份公司，2006年）之"译者序"。这个译本虽然选译诗作有限（60首），但译文可圈可点，赏析文字中提供的若干信息和解说也值得参考。

种方式：一、提供原文；二、提供两个译本，一直译（逐字直译）、一拟作（也就是根据诗意加以改写）；三、对原诗的语法、词语的选择和诗体风格提供必要的注释和解说（集注本更加理想）。可是，这一切对于一部本来就篇幅巨大的传记来说，完全不具有操作性。而且，由于这些诗作附属于传记，为传记服务，若译文过于生硬，在缺乏解说的情况下，恐怕读者难以理解。权衡之下，只好采取折中的态度，译文多半保持在硬译和归顺之间，为了方便读者，也提供了原文网址与查阅编号。对于某些诗作的理解，包括选词和句法，译者颇下了一番斟酌的工夫，可惜一旦落实为译文，仍难以令人满意。

感谢作者哈贝格先生解答了我提出的大大小小近 70 个问题，特别是对于比较晦涩难解的诗作，作者不辞辛苦提供了必要的信息和他本人的理解，一部分内容在译者注中有所体现，比如《谁认为成功最美》（Fr112）一诗中的"Purple host"一词的译注就是从作者的来信中选译的。感谢作者的耐心，为中文读者撰序，并为附录 2 提供补充说明。

五

在本书面世之际，我诚挚地感谢诸多学者、编辑、同事和朋友的帮助。记得 2010 年我和夫君在纽约州立大学布法罗分校访学，克丽斯丹娜·米勒（Cristanne Miller）教授[1]向我推荐了哈贝格先生的这部传记，她说："从各方面来看，这部传记都是首选。"感谢她在几次愉快的面谈和无数电子邮件中以热情诚恳的态度解答了我提出的各类问题，后来我们的通信渐渐演变为一种问答式的笔谈，令我在极短的时间内获益良多，也坚定了我探索

---

[1] 米勒教授是该校英语系主任，曾担任"艾米莉·狄金森国际学会"主席，当时是"艾米莉·狄金森国际学会"会刊的执行主编。

和翻译狄金森的决心。感谢圣保罗大学英语系的同事约翰·沙纳汉（John Shanahan）和玛茜·迪纽斯（Marcy Dinius）在交谈或书信中解答了我在若干词语理解方面的困惑。

感谢北京大学出版社对本书初版的支持（2013年）。在阅读和翻译的过程，汉语学界的狄金森研究者和译者所做的工作为我们提供了各种方便和借鉴，哪怕是其中不那么成功的尝试也是十分宝贵的经验，特此致谢。

（* 以上取自本书2013年初版译后记，略有删节、补充和修改。）

六

此书中译本初版于2013年，距今已整整十年之久，恰逢中信出版社重新购得中译本版权，得以再版修订。重审旧译，感慨良多。

十年固然不短，但对于狄金森研究而言，这把剑仍在打磨之中，这口井依然深不可测。在此期间，我与国际狄金森学会（EDIS）合作首次在中国组织召开了狄金森国际研讨会（2014年），发起并出版了国际合作翻译项目《栖居于可能性：狄金森诗歌读本》（2017年），翻译出版了文德勒的狄金森诗歌150首释读《花朵与漩涡：细读狄金森诗歌》（2021年）和《绚烂的空无：狄金森的信封诗》（2023年）。最近几年，我多次参与狄金森学会的年会，并于2019年成为学会的理事成员，参与评奖委员会工作，与一批优秀的狄金森学者开展各种形式的交流，结下了深厚而愉快的友谊。2023年夏天我终于得以重访狄金森故居，在阿默斯特和波士顿两地查阅狄金森手稿和著作，其中意想不到的收获和快乐，非言语所能表达一二。她的生平和创作已成为我不可或缺的幸福源泉……

十年之间，我无数次重读哈贝格教授的《我的战争都埋在诗里》，这次修订工作是一次更加深入而全面的细读，于是，发现了更多的问题和疑点，带着这些问题，我和哈贝格先生在十年之后展开了新一轮通信讨论，虽然他手头有新的项目，时间更加紧迫，但他仍以同样的耐心和热情回复了我的几十个问题，尽管有些问题远远超出了这部传记的范围，他仍慷慨地给予同样的热忱和鼓励，令人感佩！狄金森是我们共同的热爱，是她让我们的友情常青。

感谢两位年轻的合作伙伴轶峰和秋冉，感谢她们在繁重的教学工作之余对译稿修订付出的再一次努力。感谢中信出版社的编辑，她们在细致而耐心的审阅和排版设计中提出了若干宝贵建议，让本书更加漂亮耐读。

虽然我们为修订工作付出了种种努力，译文质量获得明显提升，但错误和疏漏仍在所难免，期待读者批评指正。

王柏华

2023 年 11 月 上海

本书译名人名对照表、注释及更多相关信息，
请扫描下方二维码查看。